西藏自治区社会科学院重大项目
《历辈班禅额尔德尼传》系列丛书之五

七世班禅额尔德尼·罗桑班丹旦白尼玛传

无边诸佛共相怙主班禅一切知尊者罗桑班丹旦白尼玛确列朗杰吉祥贤身语意之传——世间庄严

洛桑晋巴 著
周润年 罗桑旦增 译注

西藏藏文古籍出版社

《历辈班禅额尔德尼传》系列丛书编委会

图书在版编目(CIP)数据

七世班禅额尔德尼·旦白尼玛传/洛桑晋巴著;周润年等译. --拉萨:西藏藏文古籍出版社,2022.4

ISBN 978-7-5700-0357-0

Ⅰ.①七… Ⅱ.①洛… ②周… Ⅲ.①班禅七世(1782-1853)-传记 Ⅳ.①B949.92

中国版本图书馆CIP数据核字(2022)第283943号

《历辈班禅额尔德尼传》系列丛书之五

七世班禅额尔德尼·罗桑班丹旦白尼玛传

作　　者	洛桑晋巴
译　　注	周 润 年　罗桑旦增
责任编辑	顿　　拉
译　　校	崔 琛 琛
封面设计	嘎东普琼
排　　版	阿旺曲吉
出　　版	西藏藏文古籍出版社
印　　刷	安徽省桐城市神州书刊印务有限公司
发　　行	西藏新华书店
开　　本	787×960　1/16
印　　张	41
字　　数	479千字
版　　次	2022年4月第1版
印　　次	2022年4月第1次印刷
印　　数	1-3,500
书　　号	ISBN 978-7-5700-0357-0
本套定价	65.00元

目　录

总序

2013 年 3 月，西藏自治区社会科学院启动《历辈班禅大师传记》编辑出版项目。其中，由西藏自治区社会科学院与扎什伦布寺合作编撰的藏文版《历辈班禅大师传记》，于 2014 年 7 月正式出版发行。该丛书汇集了扎什伦布寺收藏的第四世至第九世班禅额尔德尼传记的木刻本，和从全国各地搜集到的第一世、二世、三世班禅额尔德尼的传记，共 12 册 380 余万字。此次出版的汉文版《历辈班禅额尔德尼传》是该丛书的藏译汉版本，包括《一世、二世、三世班禅额尔德尼传》《四世班禅额尔德尼·罗桑确吉坚赞传》《五世班禅额尔德尼·罗桑益西传》《六世班禅额尔德尼·罗桑班丹益西传》《七世班禅额尔德尼·罗桑班丹旦白尼玛传》《八世班禅额尔德尼·罗桑班丹旦白旺秋传》《九世班禅额尔德尼·确吉尼玛传》等七册。

“班禅额尔德尼”是藏传佛教格鲁派最负盛名和影响力的活佛转世系统之一。“班”是梵语“班智达”的简称，意为“学者”；“禅”是藏语“钦波”的简称，意为“大”；“额尔德尼”是满语，意为“珍宝”。1645 年，蒙古固始汗封罗桑确吉坚赞为“班禅博克多”，“博克多”是蒙语，意为“睿智英武”。格鲁派确认罗桑确吉坚赞为四世班禅，追认宗喀巴门徒克珠杰为一世班禅，索南确朗为二世班禅，罗桑顿珠为三世班禅。1713 年，清朝康熙皇帝封赐五世班禅为“班禅额尔德尼”，并将此封号加封以前历辈班禅，“班禅额尔德尼”遂成这一活佛系统的封号。自 1792 年清朝乾隆皇帝设立金瓶掣签制度后，于八世班禅额尔德尼开始，历辈班禅转世灵童均须经中央政府批准金瓶掣签认定，或须报请中央政府批准免于金瓶掣签认定①。

通过该丛书可以看到，历辈班禅额尔德尼一脉相承，继承和发扬藏传佛教历史悠久的爱国主义传统，高举祖国统一、民族团结、爱国利民的旗帜，在维护中央政府权威、协助治理西藏地方、抗击外敌侵略、维护国家主权和领土完整统一等方面，发挥了重要的历史作用。如四世班禅额尔德尼·罗桑确吉坚赞积极与入关前的清朝皇太极政权联系，主动要求归于新的中央政权管辖之下，极力劝说五世达赖进京朝觐。五世班禅额尔德尼·罗桑益西全力配合中央政府平定准噶尔部叛乱和噶伦争权造成的内乱。六世班禅额尔德尼·罗桑班丹益西坚决站在中央政府一边，听闻珠尔默特那木扎勒杀害驻藏大臣，阴谋叛乱，立即派人前往拉萨慰问幸存的驻藏大臣家属及其随从，送去物资。后来，他又在英国侵略不丹时，拒绝英国人控制的东印度公司对他的拉拢和利诱，还不远万里专赴北京，朝觐皇帝，庆贺乾隆皇帝70大寿。七世班禅额尔德尼·罗桑旦白尼玛协助中央政府治理西藏，帮助医治因廓尔喀人入侵带来的战争创伤，同时动员群众支援前线，驱逐森巴侵略军，维护国家领土和主权的完整。清朝进入衰落时期后，历辈班禅仍一如既往，坚定地站在维护祖国统一的立场上，坚决维护中央政府对西藏的主权，恭顺历代皇帝，尊重历任驻藏大臣，赞翊中央。八世班禅额尔德尼·罗桑班丹旦白旺秋时期，正值晚清政局不稳、国家动荡之际，但他始终坚持拥戴中央政权、维护国家主权的立场，全力抵制英国入侵我国西藏，还在当时西藏大众向驻藏大臣呈递立誓不准外国人入藏的公禀上列名并出具图章。九世班禅额尔德尼·确

① 十世班禅由国民政府代总统李宗仁于1949年6月3日颁发免于金瓶掣签的命令继任为第九世班禅额尔德尼。

吉尼玛早年积极开展抗英斗争,在辛亥革命后坚持反对英帝国主义侵略及西藏上层反动势力分裂祖国的活动。1923 年,他流寓祖国内地后,始终坚持祖国统一、维护民族团结,积极从事抗日斗争,被民国政府任命为“护国宣化广慧禅师”“西陲宣化使”。他在南京新亚细亚学会所作的《西藏是中国的领土》的讲演,充分体现了他坚持西藏是中国不可分割的一部分的爱国主义立场。他临终遗言说:“我如此全力做事,是为了拥护中央,发展佛教,各民族团结和睦,国家稳定。”他指示“所属的火枪除了留给卫兵和勒参巴护身需要外,其余全部献给中央,有利于帮助消除国家的危难”,并叮嘱“最后一定要为我们藏族僧俗官民和其他诸民族共同一道心思国家建设、汉藏和睦而努力。”由此可见,历辈班禅额尔德尼始终坚持维护祖国统一、增进民族团结的爱国利民立场。

此次出版的《历辈班禅额尔德尼传》系列丛书,大部分内容是首次汉译面世,具有极高史料价值,不仅是研究历辈班禅额尔德尼的第一手重要中文史料,也是研究扎什伦布寺历史及日喀则社会、经济、宗教、文化等方面历史状况的重要史料;对于了解藏传佛教的教规教义及其历史发展,以及近 600 年来中国西藏的社会状况和历史发展、西藏地方与中央政府的关系、各民族间的交往交流交融史等,也具有重要参考价值;同时,还有利于研究和总结藏传佛教爱国爱教的优良传统,充分挖掘和发扬藏传佛教教规教义中有利于社会进步、人民幸福的积极因素,进一步推动藏传佛教中国化,引导藏传佛教与社会主义社会相适应。特别是对历辈班禅额尔德尼维护祖国统一、促进民族团结、反对民族分裂光辉事迹的挖掘、宣传,有利于引导广大僧俗群众爱国爱教、遵规守法,大力弘扬藏传佛教和谐向善的理念,做增进民族团结的典范;高举爱国主义伟大旗帜,做维护祖国统一的典范,坚定不移地与十四世达赖集团的分裂破坏活动作斗争。

本丛书的翻译工作得到社会有关各界的大力支持，一些译者还亲赴扎什伦布寺学习考察，并得到了寺管会的热情接待和指教，特别是得到了十一世班禅额尔德尼·确吉杰布的接见和鼓励。丛书编委会要求翻译人员严格按照西藏藏文古籍出版社2014年出版的藏文版《历辈班禅大师传记》（12册）丛书内容进行翻译，并增加注释和引言、后记、汉藏人名地名对照；要求责任编辑通篇核对原文，译校人员做好编较、统一专用词语等工作。但应指出的是，由于传记作者所处的社会历史背景使然，他们在写作时难免会受到当时西藏社会思想的影响，如一些关于佛教高僧的神奇故事和传说的描述等；在写作体例和内容侧重上，有的流于枯燥烦琐和冗长，多有对求法、讲经、谒见、馈赠等宗教活动方面的记述。另外，译文中涉及到的不少专有术语，特别是一些历史地名、人名、职官、寺院名称、宗教仪轨、佛学典故和确切时间等，还需进一步研究，以使翻译更加准确。为此，尚祈读者鉴察。

编　者

2021年4月25日

前 言

在清代西藏历史人物中,七世班禅额尔德尼·罗桑班丹旦白尼玛确列朗杰是一位具有特殊地位的重要人物。七世班禅额尔德尼·罗桑班丹旦白尼玛于藏历第十三饶迥之水虎年(1782 年,清乾隆四十七年)四月八日诞生在后藏白朗宗吉雄庄园。六世班禅额尔德尼·罗桑班丹益西圆寂后,乾隆帝为了防止认选灵童时出现弊端,禁止地方官员插手,决定制造两个金瓶,一个放置在北京雍和宫,供内外蒙古认选灵童时使用;另一个放在拉萨大昭寺,供藏族聚居区域认选灵童时使用。从那时起,达赖喇嘛、班禅额尔德尼及其他大活佛的转世灵童,如有两个以上时,都要经过金瓶掣签确定。六世班禅额尔德尼·罗桑班丹益西的转世"灵童"共找到了 4 个,扎什伦布寺派出六世班禅额尔德尼的苏本堪布前往 4 个"灵童"的家里进行明察暗访,并拿出六世班禅额尔德尼生前用过的茶杯、铃杵、念珠等,让"灵童"自己挑选,以行试验。据记载,只有白朗宗吉雄豁卡的"灵童"选出的器物,都是六世班禅额尔德尼用过的。于是苏本堪布首先肯定这个"灵童"确系六世班禅额尔德尼的"转世"。于是扎寺即请驻藏大臣博清额转奏清高宗予以批准。1782 年,清高宗批准了奏请。七世班禅额尔德尼完成了认定程续。

1784 年,灵童被迎到扎什伦布寺,藏历八月十二日在扎什伦布寺日光殿举行了七世班禅额尔德尼坐床大典,驻藏大臣博清额亲自主持,乾隆帝派果芒呼图克图为钦使到扎什伦布寺看视坐床。藏历九月七日,在扎什伦布寺的益格穹曾宫内,举行了八世达赖喇嘛给七世班禅额尔德尼剃发并取法名的典礼,取法名为罗桑班丹旦白尼玛确列朗杰贝桑布,简称旦白尼玛。接着,又授了近事戒。

七世班禅额尔德尼自坐床以来,是清朝中央政权对西藏地方治理的全盛时期,《钦定二十九条章程》和金瓶掣签等一些重大政治制度和宗教制度,就是这一时期制定的。但是,此时西藏地方也开始遭到外国势力的侵略,廓尔喀人两次入侵西藏。1788 年,廓尔喀统一尼泊尔各部后,因其所铸钱币掺有杂质,西藏方面拒绝使用,加之边界贸易征税等纠纷,廓尔喀于 6 月侵占后藏济咙、聂拉木、宗喀三个宗。这时 7 岁的七世班禅额尔德尼到了受沙弥戒的年龄,为了躲避战乱,由驻藏大臣迎请他到拉萨,从八世达赖喇嘛受沙弥戒,后驻布达拉宫约两年,由八世达赖喇嘛为他传授经法。1788 年末,清军入藏,理藩院侍郎巴忠和噶伦丹津班珠尔与廓尔喀草草言和,私自许银赎地,廓尔喀方才退兵。1790 年二月,七世班禅额尔德尼返回扎什伦布寺。1791 年,廓尔喀人讨要赎地银,再次大举入侵后藏,驻藏大臣保泰将七世班禅额尔德尼又移请到拉萨。当年藏历八月二十日,廓尔喀兵入侵日喀则,扎什伦布寺的札萨克喇嘛于前夜带了些贵重金银器物逃走,僧俗纷纷避难,扎什伦布寺遂被洗劫,廓尔喀兵抢掠金银财宝后退到聂拉木地区。乾隆帝接到奏报,立即命令四川总督鄂辉、成都将军成德,带清军 4 千人由打箭炉(康定)进军西藏,后又派福康安率军增援。清军入藏后,很快打败入侵的廓尔喀军,直逼廓尔喀首都加德满都附近,廓尔喀王拉纳巴哈都尔派使乞降,送回了所俘的西藏官兵和从扎什伦布寺掠走的贵重财物,包括班禅额尔德尼灵塔上的宝石及赐给六世班禅额尔德尼的金册。七世班禅额尔德尼辛勤工作,领导有方,再加清朝中央政府的大力支援,到其晚年时,扎什伦布寺及所属百姓,基本上恢复到灾前的水平。这些都与七世班禅额尔德尼的努力工作分不开。

1801 年，七世班禅额尔德尼年届 19 岁时，从八世达赖喇嘛受了比丘戒。1804 年，八世达赖喇嘛强白嘉措圆寂，七世班禅额尔德尼写祈祷文告，祈祷达赖喇嘛早日转世。1808 年藏历二月，七世班禅额尔德尼到拉萨为九世达赖喇嘛隆朵嘉措剃发取法名。1813 年藏历九月，为九世达赖喇嘛授沙弥戒。1815 年藏历二月，九世达赖喇嘛圆寂，年仅 11 岁。1822 年藏历一月，七世班禅额尔德尼遵道光帝之命，在拉萨主持十世达赖喇嘛的金瓶掣签仪式，并为十世达赖喇嘛楚臣嘉措剃发起法名、授沙弥戒。

1826 年，七世班禅额尔德尼仿照达赖喇嘛修建的罗布林卡，在日喀则年楚河畔修建了一座夏宫，命名为“贡觉林”。“贡觉林”周围树木浓荫，风景秀丽，后来就成了历代班禅额尔德尼的夏宫。

1834 年，七世班禅额尔德尼到拉萨为十世达赖喇嘛授比丘戒。1837 年藏历九月，十世达赖喇嘛在拉萨突然圆寂，七世班禅额尔德尼受噶厦地方政府的请求，写文告祈祷达赖喇嘛早日转世，并令扎什伦布寺全体僧众念经祈祷。1838 年，道光皇帝派使者到西藏颁给七世班禅额尔德尼金册一份，共 13 页，重 235 两，上刻满、蒙、藏、汉四种文字，重申扎什伦布寺所辖的宗、庄园、百姓永归班禅额尔德尼管辖，任何人不得攘夺侵占。同年驻藏大臣通知扎什伦布寺，该寺五品以上僧俗官员的任命，由驻藏大臣转奏批准，按朝廷制度赏给顶戴。1841 年，按道光帝的旨意，驻藏大臣和噶厦地方政府请七世班禅额尔德尼到拉萨，在布达拉宫为从西康选来的灵童十一世达赖喇嘛举行金瓶掣签仪式，并由七世班禅额尔德尼剃度，取法名为阿旺罗桑旦白仲麦克珠嘉措（简称克珠嘉措）。1842 年，因七世班禅额尔德尼在鸦片战争中捐资助赏，道光帝加封“宣化绥疆”封号，并于 1846 年颁给加封的金册、金印。1846 年，七世班禅额尔德尼在布达拉宫为十一世达赖喇嘛授沙弥戒。

七世班禅额尔德尼·罗桑班丹旦白尼玛一生,先后从八世达赖喇嘛、仲则罗桑次臣、古格罗桑丹增等师广习佛法,佛学知识渊博,著作丰富,有关显密佛经、仪轨、传记、信札、修法、时轮、喜金刚等方面的著作130多种,其中《本生传记》(自传)《马鸣论师传略及三十四本生故事释义》《密集根义悉地·宝库之钥》《度母一百零八相释论》《各寺庙寺规戒言》等较为著名。七世班禅额尔德尼一生历经清高宗、清仁宗、清宣宗和清文宗四个皇帝,和他共事的驻藏大臣前后有37人,帮办大臣有39人(其中有些帮办大臣后来升任办事大臣)。七世班禅额尔德尼始终坚定地站在西藏是中国领土不可分割的一部分的立场,站在西藏地方属于清朝中央的立场,对历代皇帝都是非常恭顺的,对历任驻藏大臣都是很尊重的,凡是扎什伦布寺的大事,都通过驻藏大臣请示皇帝批准;清朝皇帝要他办的事情,他都尽心尽力完成。所以皇帝与驻藏大臣对七世班禅额尔德尼都非常信任,且评价也是很高的。这是七世班禅额尔德尼在维护祖国统一与民族团结方面的重大贡献。另外,七世班禅额尔德尼是八世达赖喇嘛的徒弟,也是九、十、十一世达赖喇嘛的师傅,他和这几代达赖喇嘛的关系都是很好的。例如,在清道光二十四年,清宣宗令他为西藏摄政,起初他不愿担任,后因不能违抗“圣旨”,而勉强担任了八个月摄政,以后坚决辞去。这种明智的态度,对巩固西藏内部的团结作出了贡献。从雍正年间开始,达赖喇嘛与班禅额尔德尼又共同与驻藏大臣治理西藏。在宗教事务中,他们彼此互相敬重,一直保持着师徒关系;在政治事务中,他们共同合作,患难与共,为建设和保卫我国的西南边疆作出了重要贡献,曾共同坚决抗击英帝国主义对西藏的侵略。同时,七世班禅额尔德尼还和噶厦地方政府一直保持着良好的关系,对西藏内部的团结作出了很大贡献。

《七世班禅额尔德尼·罗桑班丹旦白尼玛传》可以补充其他史书记载的不足,将该书第一次全文翻译成汉文,不仅对研究七世班禅额尔德尼·罗桑班丹旦白尼玛的生平以及西藏的历史,而且研究清代藏族历史和民族关系史,都具有重要的史料价值。

译 者

2017 年 11 月

序　发誓叩首、礼赞和讲述殊胜之地

一、赞颂词

无边诸佛共相怙主班禅额尔德尼一切知尊者罗桑班丹旦白尼玛确列朗杰吉祥贤身语意之传记世间庄严记载于此。

恭敬顶礼大悲至尊先师之足莲，愿以悲悯收留（鄙人）时刻不分离。

贤惠慈悲，威德兼备，佛法之日，利乐众生，遍观班禅额尔德尼，十方得胜，众生之顶，愿您胜利。（原文梵藏对照）

二、发誓叩首、礼赞及讲述殊胜之地

相好身如，晴空群星，闪闪光辉，普照大地。语言具有，六十妙音，安慰三界，威慑魔军。意具智悲，力量三者，安驻法界，岿然不动。顶礼释迦，能仁大王，悲悯胜过，一切佛陀。善引长时，漂流无明，轮回海中，有情众生。威猛勇气，超出九霄。无际海胜，所负重任，难以估量。唯独自己，常时承担，无量光佛，愿持悲悯。于净不净，无际地域，面向各种，幻变众生，教诲指导，深广善道，供奉弥勒、文殊菩萨。辩论了义，不了义宗，势如破竹。教理顶端，六庄严①及，二圣②诸等，到达佛经，大海彼岸。圣地③贤哲，实为（我辈），顶礼之处。凭四大法，小小细雨，培育佛法，新幼苗者，由衷敬礼，阿底峡和，仲顿巴

① 即古印度六位佛学家，龙树、帕巴拉、无著、世亲、陈那、法称。

② 古印度佛学家释迦光和功德光。

③ 指古印度。

等，噶当诸师。智慧宝藏，手持莲花，一切具德，秘密之主，示现三部①，一体真性，成就佛法，大事业者。智慧日光，无与伦比，照耀佛典，百瓣盛开。格言蜂蜜，满足有缘，叩首顶礼，罗桑扎巴（བློ་བཟང་གྲགས་པ།）。贤哲师兄道者曲多吉，以及温萨巴，桑杰益西（སངས་རྒྱས་ཡེ་ཤེས།），罗桑确坚（བློ་བཟང་ཆོས་རྒྱལ།），彼等三代，众生怙主。诚挚敬礼，益西坚赞（ཡེ་ཤེས་རྒྱལ་མཚན།），云丹坚赞（ཡོན་ཏན་རྒྱལ་མཚན།），二位经师，格言光辉，照亮众生，消除愚昧，黑暗之心，又降利益，细雨不停。于此雪域，为了护持，罗桑扎巴，格鲁教派，持白莲者②，化身成为，旦白旺曲，绛白嘉措③。诚挚敬礼，至尊上师。智慧佛法，戒律枝上，三昧禅定，绿叶茂盛，无垢智慧，硕果沉甸。如意树王，二位经师，永得胜利。原始怙主，无量光佛，凡夫心中，全身装束，褐黄袈裟，舞姿态势，罗桑班丹，十力④具德，旦白尼玛，确列朗杰，佛法众生，利乐莲亲⑤。三门⑥顶礼，三恩上师⑦。余以一颗，利他之心，公正述说，指引众生，如愿善道，圣贤传记，珠宝连串，以此作为，佛法精华，格鲁派及，有情信众，华丽耳饰。您的功德，犹如沧海，菩萨声闻，独觉梵天，帝师诸等，难以估量。微贱敝人，怎能知晓。虽然如此，但余仍以，忠诚动机，乐意述说，点滴功德，进入一切，愿解脱者，所筑房屋。虽已远离，生死衰败，但能保持，降生之态，依止上师，寸步不离。虽已证得，贤哲果位，

① 即密宗三部，指佛部、金刚部和莲花部。

② 指观世音菩萨。

③ 指八世达赖喇嘛。

④ 指如来十力。

⑤ 莲亲是辞藻，指太阳。

⑥ 即身、语、意三业：身业，此业主要指行动（包括人们的道德实践和道德行为）；语业，亦称口业，此业主要指言语（包括人们关于道德的种种言论）；意业，此业主要指思想活动（包括人们的道德意识和道德观念）。关于三业的解释有多种说法。但将三者综合起来，多指能考察人们的行为和动机。

⑦ 三恩上师，即佛教显宗中，指授戒、传经和讲经的上师。密宗中，指灌顶、讲密法和传授秘诀的上师。

但仍远离，争名夺利，世间八法[①]。虽已心住，一切佛性，但为振兴，佛法大业，持凡夫态。甚或赐与，临终有缘，良缘厚礼，此乃奇特，序言之始。

发誓叩首、礼赞和讲述殊胜之处及用心倾听等勉励词语作为前导，天等一切众生之怙主，聚集三时一切佛之主宰，密宗各部及坛城大海之遍主，其大恩胜过一切诸佛菩萨，其尊名虽难以出言，为表要义非讲不可。吾等堪布、根本恩师、上师至尊罗桑班丹旦白尼玛确列朗杰吉祥贤（རྗེ་བཙུན་བློ་བཟང་དཔལ་ལྡན་བསྟན་པའི་ཉི་མ་ཕྱོགས་ལས་རྣམ་རྒྱལ་དཔལ་བཟང་པོ།）之美誉遍及三域[②]。顺利地置一切能耳濡目染心念身受之众生于一时和究竟之利乐吉祥者，其共通与不共之事业传记浩如烟海，为弥补自他[③]之信仰，此处些许讲述凡夫信徒心中所现之共同事迹。

共计六章，一、引言及乘愿降世篇；二、广听佛法闻道篇；三、证得殊胜功德篇；四、广行利乐佛法众生之情形；五、汇集要义；六、最终示现圆寂之情形。

第一章　引言及乘愿降世篇

第一节　引言

（一）无量寿命智慧佛（རྒྱ་བ་ཚེ་ཡི་ཤེས་དཔག་ཏུ་མེད་པ།），浊世一切佛法众生之怙主，思之为褐黄袈裟装束，舞姿态势之大导师，其三密[④]之传记，广如太空，深如沧海，身居法云之诸大佛子都难以估量，况且我等愚昧无知犹如百万智力未开之幼童，怎敢衡量如此非凡怙主。

① 利、衰、誉、毁、称、讥、苦、乐。

② 三域即天上、地上及地下。

③ 自己与他人。

④ 藏密修法的身、口、意三密。

然我深信能讲良师之点滴功德乃是开启所有妙善门径之教诲，于是斗胆言语少许。

怙主于无数劫以前，成为转轮大王轮辋之时，在宝藏如来跟前，首先生起无上菩提之心，随之坚持佛子之神圣行为，最终彻底消除非理作意①所生起的虚妄分别和二观②，于圆轮坛城无际清净佛田极乐世界③示现具金刚本色语之莲花部主④。虽其自性已成为无量寿命智慧佛，然正如《华严经》⑤所云："月亮升起时，无数月影现于各种盛水器皿中，但月亮永远不会变成两个。"当天空中升起一轮明月时，其影像同时显现在千百万个盛水器皿中。同样由于精进分别心已息灭，故根本圆满受用身就永远不会变动。但化机⑥所信服的千百万

① 非理作意是指胡思乱想。

② 指幻想、如青光眼病者视觉中，以一为二的幻像。

③ 指无量光佛刹土极乐世界。

④ 指观音，系八大菩萨之一，性慈悲，其形象有四臂观音（སྤྱན་རས་གཟིགས་ཕྱག་བཞི་པ།）、十一面观音等多种。四臂观音为坐像，柳叶细眉微微弯曲，双目微闭，自然下视，小口紧闭，一副慈悲之相尽在脸上。头冠饰宝顶戴，颈佩三副项链，一对大耳环垂至肩头，两绺秀发披于双肩，胸部和腹部袒露。一双手在胸前轻合，好似为众生祈祷幸福；另一双手置于左右两侧，左手以拇指和中指执一朵莲花，因而该菩萨又有持莲之别名，右手也以拇指和食指执一串念珠。左肩披一兽皮。盘坐于莲蕊所托之圆形座板，左腿在里右腿在外，赤脚，脚掌向上。十一面观音为立像，像有11副面孔，正面5个，侧面各3个。三方的头像均重叠。各面孔五官清晰，除前方自下至上的第四个头有三眼且睁目张嘴呈愤怒状外，其余10面均为双目，口且微闭，自然善惠。主体共有八臂，大臂均向下，姿势对称，上两对手臂的形态及持物同坐像，第三对小臂向两侧平伸，左手持弓箭，右手握法轮，第四对小臂下垂，左手握一金刚杵，右掌向前，徒手。身后周围均为手，掌心向前，拇指自然分开，其余四指并拢，每个手掌均有一只眼睛。这些手和眼睛象征菩萨有千手千眼，以观众生行为，拯救诸多生灵，因此又称之为千手千眼观音菩萨。菩萨双腿自然分开，赤脚直立于莲蕊宝座。

⑤ 全称《大方广佛华严经》，亦称《耳饰经》。此经开创了大方广佛及一切道菩萨的特殊事业、刹土、眷属和世界庄严及其深广教义。据说是释迦牟尼成道后为其众弟子所说的一部重要经典。由于经的内容过于深奥，为了使弟子容易听懂，释迦佛从最浅易的《阿念经》讲起。《华严经》是佛教最高乘经典，基本上与宝积类经典同时出现。全经分七处八会，第一会讲如来净藏三昧；第二会讲广信行人定位三昧；第三会讲菩萨无量方便三昧；第四会讲善伏三昧；第五会讲明智三昧；第六会讲大智慧光明三昧；第七会讲华严三昧；第八会讲如来狮子奋迅三昧。《华严经》的藏文旧本是益西德等人合译的，从《大方广佛一世自在庄严品》至第四十五品《华严品》共有39030颂，130卷零30颂。后来，贝饶杂纳重新校订，共收《大方广如来品》《金刚幢回向品》《十地品》《普贤行品》《出生如来品》《出世间品》《华严品》等七品，99卷，缺译《极广藏品》《妙音庄严品》《莲花庄严品》《极广经》等4品。汉文有3种译本：东晋佛跋陀罗译《六十华严》60卷，34品；唐实义难陀译《八十华严》80卷，38品；唐般若译《四十华严》40卷。《华严经》翻译后介绍到汉、藏地区，影响很大，汉传佛教根据这部经的思想，形成了华严宗。

⑥ 指信徒。

个水池中，同样显现奇特色身①。贤劫第四导师②于中土金刚座实现菩提藏③，佛以使一切邪魔外道恶兽恐惧之狮子吼声般的箴言善说，唤醒一切无明众生之时，须菩提④摧毁烦恼敌军，聚足七圣财⑤，成为誉满三界之大声闻。随之相继转生为圣迦叶⑥弟子莲香沙弥、祈求讲说《三摩地王经》者月光童子和最佳持寿明药师童子，等等。

超出彼等者乃是大尊者须菩提，他为抉择慧度⑦要义，向世尊请教问题，如来在回复中作了抉择，并据题义又质问若干，须菩提据佛之意旨给予圆满答复。莲香沙弥依止圣迦叶，从迦叶处广泛获得大乘教法并修练。月光童子祈求讲说《三摩地王经》，后来精通空性，开启了数百扇三摩地门，成为性空观之佼佼者。药师童子正确掌握医药理论，他以医药让大批有情众生从病魔之威胁中获救，犹如给病危众生施舍宝贵的生命。据传他已发现持寿明（长寿秘诀）至今仍健在。又云于北方香巴拉⑧转生为九亿六千万城池之诸城主叩首跪拜其足莲⑨的妙吉祥称法王⑩，该王向亿万梵仙加

---

① 色身指由于有缘福德资粮究竟圆满，面对一切净及不净化机应现利他有贪报身及无贪化身的两类身形。

② 指释迦牟尼佛，据佛经说法，释迦牟尼形象可分为32相，80种好。无论佛祖身体各部的比例、颜色、形状，都达到了完美无瑕无以复加的程度。如32相佛头顶上有肉髻；头发呈螺形向右旋，发色为青绀色；额头宽广平正；两眉间有白毫，晶莹如雪；双颊如狮般丰满，肤体柔软细腻呈紫磨金色；双手下垂过膝部，等等。如80种好，佛手足指甲如赤铜色；手指圆润；嘴唇红润美好如苹果；脖劲圆满，等等。释迦牟尼佛像千百年来已经形成统一造型，历代各民族塑造时只有细部变化，总的形象大致未变。

③ 实现菩提藏或实现如来果位，意即成佛。

④ 须菩提是释迦牟尼佛十大弟子之一，为解空第一。

⑤ 七圣财指信财、戒财、闻财、舍财、惭财、愧财和慧财。

⑥ 圣迦叶，如来十大弟子之一，为头陀第一。

⑦ 慧度为六度之一，梵音为般若波罗密多，重点讲性空。

⑧ 意译持乐世界。佛教一净土名，此净土为圆形，雪山环绕，状如八瓣莲花，花瓣之间河水周匝。贵种王朝，世领其地。佛说时轮经教由此传出，据传迄今仍盛传。

⑨ 足莲是辞藻，指双脚。

⑩ 此王为香巴拉二十五代法胤中的第一代。在公元前177年登位，曾把《时轮根本经》节略为《时轮摄略经》。

持金刚部①,以此广传时轮大法。后又转生为人称聪颖杜鹃的大论师清辩,此为龙树菩萨上首弟子,开创阐明大乘之道,破除实有②,抉择自性有之中观自续派者。此又化身为依止婆罗门出家的大班智达阿拨亚嘎。他依至尊金刚瑜伽母之授记,撰著显密论典多部。

于圣地(古印度)乌仗那一地化身为莲花生大师,彼降伏十方鬼魅,广传佛法。曾到雪域(西藏)建立桑耶寺(བསམ་ཡས་དགོན།)③,在西藏大力弘传佛法,降伏鬼神八部,制伏异教徒,离开雪域到天竺卓丁一地,降伏魔女,于该地作利生事业长达十二年之久,后赴罗刹地,据传至今仍住该地。另传金刚铃尊者④(རྡོ་རྗེ་དྲིལ་བུ་པ།)、拨瓦拨扎(ཛ་ཕ་ཛ་ད།)和达波拉杰(དྭགས་པོ་ལྷ་རྗེ།)等都是同一天性的化身。后又转生为祖师仲敦巴⑤,于雪山环绕的清凉西藏,点燃了噶当七宝⑥教法大炬。又转生为桂译师枯巴拉孜(འགོས་ལོ་ཙྪ་བ་ཁུག་པ་ལྷ་བཙས།),彼曾赴天竺,在西藏开龙树密集之规。还转生为萨迦班智达贡嘎坚赞(ཀུན་དགའ་རྒྱལ་མཚན།,1182－1251)(译者注:原名班丹顿珠,藏传佛教萨迦教派第四代祖师,亦是一位学识渊博之学者,故世人尊称其为“萨迦班智达”,简称“萨班”

---

① 金刚部,密宗三部之一。

② 即谛实有。

③ 位于西藏自治区扎囊县境内的雅鲁藏布江北岸。

④ 古印度一得成就者名。

⑤ 藏传佛教噶当派的创始人,全名为仲敦巴甲瓦迥乃 (1005－1064年)出生在前藏堆隆普(今堆龙德庆县)富豪人家,幼年丧母,与继母不和而离家出走。19岁拜从尼泊尔学法返回康区的赛宗为师,并与上师一同去康区,一方面勤谨侍奉赛宗,为他放牧、推磨,经常参加农牧生产劳动。另一方面向赛宗学习中观、密咒等佛法,并向印度高僧弥德学习声明学和梵文。辽重熙十四年(1045年)前往阿里拜见阿底峡尊者,并邀请阿底峡到前后藏传法。他对阿底峡作了极大供养。仲敦巴从此一直追随阿底峡,直到阿底峡在聂塘圆寂为止。清宁元年(1055年),仲敦巴在聂塘主持悼念阿底峡的仪式,并在那里建了一座寺院。清宁二年(1056年)初,带领阿底峡的其他弟子,连同阿底峡的遗体一起搬到热振地方,同年修建热振寺,从此,热振寺就成了噶当派的根本寺院。噶当派是由仲敦巴传承阿底峡的教旨而逐步发展起来的。仲敦巴一生未受过比丘戒,但他持戒极严,胜过其他比丘僧,将毕生奉献给了弘扬佛法的事业。

⑥ 又名“七种法宝”或“七出世法”。藏传佛教噶当派支派教戒派所修的四位本尊和三藏的合称,指释迦牟尼、观世音菩萨、救度佛母、不动明王和经、律、论。

（意为萨迦派的大学者），为萨迦五祖之一。后藏萨迦地方人，属款氏家族。幼年从伯父扎巴坚赞出家，受沙弥戒，赐名贡噶坚赞。后随从迦湿弥罗（今克什米尔）班智达那西拉学习声明和佛教经论、注释等。金泰和六年（1206年），从释迦师利受比丘戒，博学经论，通晓五明。金贞祐四年（1216年），任萨迦寺座主。在任期间，修缮殿堂，招徒说法，讲授诸大论师之著作。南宋淳枯四年（1244年），应成吉思汗之孙阔端之邀请，前往凉州（今甘肃武威）商议西藏归附蒙古事宜。先遣其侄八思巴与恰那多吉去见阔端，自己则与西藏各地首领联络协商归附条件。南宋淳祐六年（1246年）其抵达凉州，翌年代表西藏地方势力与阔端会见，洽商归顺条件，后曾两次致书西藏僧俗上层，晓谕归顺条件，宣传蒙古武力之强大，阐明蒙古对西藏降顺后之政策，规定了乌拉制度，指明要清查户口，进贡财物等。自此，西藏归属于蒙古。在凉州期间，经常讲经说法，弘扬佛教，并为阔端治愈重病，受到嘉奖。后卒于凉州，其肉身灵塔建造于生前驻锡之幻化寺中。其著述颇多，后人辑之为《萨迦全集》，内容涉及宗教、逻辑、语言、医学、天文、历算、修辞、诗歌等数十种。其中影响较大的有《分别三律仪论》《正理藏论》《智者入门》《萨迦格言》等。特别是《萨迦格言》乃是以封建社会的处世理论为内容的具有哲理性之格言大集，不仅在藏族地区广为流传，而且还译成汉、蒙等多种文字，受到国内外学者的高度赞赏。），彻底批驳外道戳齐噶窝，使其皈依佛法，照明佛法光辉如同白昼。转生为旧密大成就者雍敦多吉贝（གཡུང་སྟོན་རྡོ་རྗེ་དཔལ།）者，多次降伏鬼神八部。转生为克珠旦白尼玛确吉杰布格列贝桑（མཁས་གྲུབ་བསྟན་པའི་ཉི་མ་ཆོས་ཀྱི་རྒྱལ་པོ་དགེ་ལེགས་དཔལ་བཟང་པོ།）者，驳倒一切违背三界众生怙主宗喀巴（རྗེ་ཙོང་ཁ་པ།，1357－1419）大师①教法的邪教徒，清除所有犹豫污垢，将法王宗喀巴大师的教法自大海之西，广传到大海之东。其身曾降临香巴拉等地禁行。化身为成就自在索南确吉朗布者，禁止平凡

① 藏传佛教格鲁派创始人。多麦东部之宗喀地方（今青海省湟中县）人。本名罗桑扎巴。元至正十九年（1359年），随从噶玛噶举黑帽系四世活佛乳必多吉受居士戒。至正二十年（1360年），从噶当派名僧确吉顿珠仁钦出家于夏琼寺（在今青海化隆回族自治县查甫地方），学习显密教法。明洪武六年（1373年），赴藏抵止贡寺，拜萨迦派上师仁达瓦，宣奴罗追学习显教及其他重要论述。后又前往桑普、那塘等寺院学经，经答辩荣获格西学位。明洪武十八年（1385年），于雅砻南结拉康从楚臣仁钦受比丘戒。后往丹萨替寺以师礼谒见扎巴绛曲，两人互证所学。洪武二十一年（1388年），改戴黄色僧帽，表示坚持戒律，大力进行宗教改革。在大力提倡严守戒律的同时，积极著书立说，创立格鲁派的理论基础。永乐七年（1409年），在阐化王帕竹、扎巴坚赞及其僧俗首领的支援下，维修了大昭寺，于大昭寺创立拉萨大祈愿法会（亦称传召大法会）。后又于拉萨东北旺古日山上修建甘丹寺，遂此派得名为格鲁派。永乐八年（1410年）主持甘丹寺之开光寺仪。后与徒众长期居住于此寺，推崇、传播大密大乘经典。卒于甘丹寺，由其首席弟子贾曹杰达玛仁钦继续任甘丹赤巴。一生著有18卷巨著，主要有《菩提道次第广论》《密宗道次第广论》《中观学正文之注释》和《了义和不了义精要》等。

庸俗之行为，奉行不共非常之章法。转生为成就自在罗桑顿珠者，坚持宗喀巴大师师徒之耳传教诫，使之永不衰退。随之化身为班禅额尔德尼罗桑确吉坚赞①（བློ་བཟང་ཆོས་ཀྱི་རྒྱལ་མཚན།），以讲解、辩论和著书三种方式，广弘佛教精华即第二佛宗喀巴大师的格鲁教法。尤以讲经、修行二者为主，享年百余岁。身现大金刚持至尊罗桑益西（བློ་བཟང་ཡེ་ཤེས།）吉祥贤相者，彻底清除对佛教精华三界法王宗喀巴大师的格鲁教法心存不通达（不悟）、邪念和犹豫之垢污，照明佛光如同白昼。为迎合若干化机的心意，以隐蔽禁行，常时进入二次第（译者注：即生起次第和圆满次第。生起次第系金刚乘教法，属于无上瑜伽部方便续。为求净治四生习气，解脱凡庸见、闻、觉知之缚，现见本尊、真言、智慧本性而修之瑜伽。分细分生起次第与粗分生起次第两种。前者以本尊所持的某一标志为对境修习微细金刚定的生起次第，后者是以本尊全部身形为对境进修的生起次第。藏传佛教认为，生起次第者，与化生相应，使刹那生起；与温湿相应，使从种子手相生起；与卵生相应，使从现证五菩提生起；与胎生相应，使从虚空中出现。生起次第法于一现证上具有死、中有、生等净罪方便，法、受用、幻化等三身须能作，修念净与细明点，具备三定，或念修、近修、修行、大修等4支念修。同时，必具瑜伽、随瑜伽、十分瑜伽及大瑜伽，具备生起次第之支与朵玛、食物与悲悯、卧与立、威仪与供奉瑜伽等8种瑜伽，亦须修护摩、轮供等仪轨。圆满次第系金刚乘无上瑜伽部密法。于金刚身严守要窍，依靠有堪能风、脉、明点，以四空现证

① 罗桑确吉坚赞（1570–1662年）藏传佛教格鲁派领袖四世班禅额尔德尼。后藏兰伦热布（今日喀则之西）地方人。明万历十年（1582年），于安贡寺出家，依克珠桑杰益西受沙弥戒；十一年（1583年）被认作罗桑顿珠的转世灵童，于安贡寺举行“坐床”典礼；十四年（1586年）前往扎什伦布寺学经，参加辩论，进行深造；十九年（1591年）拜扎什伦布寺第十四任赤班丹曲益培为师，受比丘戒；此后，前往甘丹寺参加辩论，获“大德”称号；二十九年（1601年）返扎什伦布寺任第十六任赤巴，创立扎什伦布寺大祈愿法会，规定每年正月初三日至十六日为会期，其内容与拉萨大祈愿法会相同；四十二年（1614年）为四世达赖喇嘛云丹嘉措授比丘戒；四十四年（1616年）四世达赖喇嘛圆寂，格鲁派遭受压制，处于困难境地，罗桑确吉坚赞赴拉萨任哲蚌寺和色拉寺赤巴，主持佛教事务。是时，藏巴汗下令不许达赖喇嘛转世。罗桑确吉坚赞为藏巴汗治好病，说服藏巴汗准允寻访达赖喇嘛转世灵童。明天启二年（1622年）主持五世达赖喇嘛寻认、受戒、坐床诸事，为五世达赖喇嘛之师。明崇祯十年（1637年），四世班禅额尔德尼和五世达赖喇嘛秘密商议，引固始汗部人藏，诛格鲁派的藏巴汗，灭噶玛地方政权，建立甘丹颇章地方政权，此后，共同商议，遣使朝清。清崇德七年（1642年），格鲁派僧人伊拉固克散（绛青曲吉）一行首往盛京（沈阳），朝见清太宗。清顺治元年（1644年）返回拉萨，带有清太宗给达赖喇嘛、班禅额尔德尼的亲笔信件和礼物。顺治二年（1645年），和硕特蒙古部首领固始汗授予四世班禅额尔德尼为“班禅额尔德尼博克多”（意为大学者、智英武之人），此为班禅额尔德尼系统获得名号之始。顺治四年（1647年），清世祖派遣官员至西藏，封之为“金刚上师”。顺治八年（1651年），清政府邀请四世班禅额尔德尼和五世达赖喇嘛进京，是时四世班禅额尔德尼因年老体弱，谢辞人京。清康熙元年（1662年）四世班禅额尔德尼圆寂于扎什伦布寺，享年92岁。其遗骨佛塔建在扎什伦布寺内。

光明，以四喜现证生慧的特殊智慧，分为咒瑜伽、三昧耶瑜伽、形瑜伽、智瑜伽。藏传佛教认为圆满次第法最初由龙树传出，包括《金刚诵次第》《所缘心次第》《自身加持次第》《现证菩提次第》及《双运次第》。后来，佛智论师摄龙树的五次第为《心藏不灭明点》《秘品明点》《幻化鼻孔明点》及《法性智明点》第四明点瑜伽。金刚铃论师分为《自身加持次第》《各种金刚次第》《宝满次第》《杂兰达拉次第》及《不可思议次第》《第五胜乐次第》。黑行者发展成为《续次第》《密咒次第》《智慧次第》《秘密次第》等四圆满次第，认为四次第总摄一切道。）之禅定之中。安坐于世间亿万贤哲之发髻顶端者法王班丹益西（དཔལ་ལྡན་ཡེ་ཤེས།）吉祥贤役使帝师方主等一切沉醉于傲慢之流，使彼等听从嘱咐，并以此神威，努力使第二佛宗喀巴大师的格鲁教法传遍边缘及腹心各地。请诸等圣贤岁岁专注于闻思修三门修持，致使佛法更昌盛，当他们证得最高修行果位时便示现圆寂。降临世间的其他若干贤哲中，有遭遇魔难者，也有清净律仪不到位者，然而无量光佛全身装束褐黄袈裟舞姿态势者，所信守之一切戒律无任何失误，其所作一切如良药只利于佛法兴盛。

尤其是白善辩王尼玛格列贝桑（ཉི་མ་དགེ་ལེགས་དཔལ་བཟང་།）至法王班丹益西之间的每个圣贤，正如《密集注释金刚鬘》中所云："外行于声闻，内喜于密集。"自从少年起严守253条戒律如固堤，以杜绝放荡不羁之恶水泛滥。保持别解脱清净戒律如身穿一尘不染之纯净衣裳。三更半夜，寂静无声之时所生起的乐空与二谛①合一之最上瑜伽手印加盖于动静情器②，在凡人眼中常时无止境地观赏到总是洁净无边的天空。然而离戏深寂之厚云重叠于无漏悲悯之青云冠顶上，将清除业力及烦恼闷热的深广妙法细雨不停地降落到有幸运的化机田地上。如是诸圣贤为弘扬共同佛法与甚深中观见合一之大密金刚乘即百瓣精华莲池格鲁教法而日夜勤勉，这对于一

---

① 二谛是佛教观察认识一切事物和现象的两种真理，指世俗谛和胜义谛。佛教各派对它有不同的解释。南觉巴所传二谛教授主要吸取了中观应成派思想，在胜义谛上讲，诸法无自性，当体即空，就世俗谛说，诸法亦无自性，只是无明障蔽众生慧眼，视诸法皆有自性，其实空无本体。主要论著有阿底峡的《入二谛论》等。

② 动静情器指大地和动物，佛书译为情器世间。

切佛法众生来说乃是难以估量的大恩大德。

如是曰:无量劫以前,在宝藏如来跟前生起菩提心,为完成记全极乐世界之布局于己心境中,到达了圆满、成熟和修行功德[①]三彼岸,证得正等觉(即成佛)成为极乐世界之怙主。所有具十力者(具十力者,即佛的异名)眼见众生遭受苦难,为迅速救度彼等,不时转生为大悲悯者(指观世音)如是,极乐世界之怙主,亦为悲悯,他于无边大地变化成各种身形,忙于利益众生事业直至轮回生死边际为止。极乐世界怙主是一切祥瑞赐与众生之佛,如幻术般示现各种幻象。无量光佛是照耀光辉和荣耀之佛,向您敬礼,愿保佑一切有礼众生。依转轮幅辋,从十方诸佛、佛子中获得授记后圆满断证功德。然而为救度沉溺于苦海中的弱小众生,其佛身幻变不可思议,尤其自从于释迦王近前,请求赐教其所撰离戏深寂义(指空性)的若干问题,并圆满回答了世尊所问一切。随之获得如鹅王阿罗汉一般赞誉的大圣须菩提开始,直至转生为佛法无边罗桑班丹确吉扎巴为止的诸等圣贤,在大地与雪域点燃了佛法火炬。因如是之故,彼等之作为奥不可思,赐与佛法众生之恩惠,即使黄金填满三界,将之常时奉献与诸圣贤,亦难以补偿其恩惠。

第二节　圆满家族中诞生之情形

圆满家族中诞生之情形,如是说,成就自在莲花生(པདྨ་འབྱུང་གནས)授记:"须菩提化身降生于后藏峡谷之隅,和我一样置藏地于安乐。"虽此预言特指班禅额尔德尼罗桑确吉坚赞,但其作为金刚偈言,因一偈多意,此授证必定也指怙主。证明是此即(他)与后藏

---

① 修行功德系梵音头陀。

峡谷之隅,托布杰拉日岗巴世系的一切智佛①同一血统而将诞生之原故。另外,《明镜授记》 中云:"具教太阳名称者,不可思议之瑜伽师,佛法教证二者中佛法太阳或教太阳。"如此在授记中用别称代替总称来明示其称号。尤其是《唐书铜洲传记》中,从"余莲生之发心本生中,称之为嘛呢苏热耶的功业数不胜数。"至"如此之圣人著称于上部吉雄。"为止亦明示其称号等。若叙述第十四世尊者罗桑班丹旦白尼玛确列朗杰吉祥贤②,须谈及其前世尊者罗桑班丹益西吉祥贤,六世班禅额尔德尼对其父倍加关怀,格外赏赐。其父平时身穿纯净的僧官衣裳,品行端正。但出乎意外的是六世班禅额尔德尼将一套白色长衣、皮袍和狐皮帽的俗衣赐与彼,对此众主仆深为惊奇。

随之其父便放弃僧官衣服及僧人行为,将其母娶为妻。有一次救主即六世班禅额尔德尼喊其为"爸爸",随即亦云:"哎呀口误,叫此人为爸爸。"其父母虽同居数年,但一直未得子嗣。彼等很担心,因大救主对其父母关怀备至,故向六世班禅额尔德尼呈献各种皈依礼物,多次祈求获得贵族子嗣。然仍未能如愿以偿。于是其母在救主跟前叫苦不迭,六世班禅额尔德尼终于亲口赐教道:"子孙会来,但只来一个精明强干者。"然而其子嗣如海底捞针,极难求得。一段时期,六世班禅额尔德尼铸造一尊黄金度母像,其造型奇特,故称之为长生度母。

六世班禅额尔德尼令彼等祈祷长寿度母保佑。在他往赴汉区之前其母向他呈献优质璧玉耳环一对等,连续祈祷,祈求务必获得子嗣,六世班禅额尔德尼亦多次承诺道:"余亦当尽责。"有一次在寝宫里召见其父谈论各种事情时,问彼:"汝之妻除求得子嗣外无话可谈否?"其父答道:"正是。除此之外无话可说,祈求依余妻之

① 一切智佛,即指八世达赖喇嘛·绛白嘉措。

② 十四世尊者,即指七世班禅额尔德尼·旦白尼玛。

心愿务必获得一子嗣。”六世班禅额尔德尼亦道：“我尽力为汝等求得一个对佛法众生有利之子，如若得来忤逆之子，却毫无意义。因此，余一定尽力寻求一个对佛法和众生有利，使父母出人头地的最佳儿子，汝等不必犹豫。”

临近往赴内地时，本寺僧侣噶钦[①]噶匆堆巴（དཀའ་ཆེན་དཀའ་ཚོང་འདུས་པ།）祷告（六世班禅额尔德尼）道：“愿您勿于内地耽搁多时，尽速返回！”答曰：“一定尽速返回，不但返回而且届时变得更为年轻。到时噶钦你也来迎接我。”又问：“请问返程路经何途？于何地迎接？”下令道：“经过朗木岗回来，到春堆迎接即可。”即将命驾起程东方大国[②]之时，在温萨达磨宫殿（六世班禅额尔德尼）亲手塑造一只头顶具日的老虎像，其虎面朝着朗木吉雄的方向，预料其化身将于虎年降生于吉雄，并具有太阳称号的念头公开与众人，尤其对其父（指七世班禅额尔德尼之父）重赏有加，关怀备至。赐金刚语“返回时准许余借宿”等等。总之，因上师观察选择到时间、洲渚、地域、种姓、母亲等五种，故已明确了上师降生之地点、地域方向等，为此，诸善于审慎观察者，必能准确无误地寻得其（灵童）。如同我佛在兜率宫化身为白幢天子时于此赡部洲所观察到的五照见[③]

如是，正如《大宝卷》所云：“十善法为殊胜法，赡部洲为圆满洲，娘夏布为核心地。”沿着自药叉之王宁金岗桑[④]住地即上部山谷哈窝岗桑（ཧ་བོ་གང་བཟང་།）至下部山谷油娃（ཡུ་བ།）栋缓缓流动的河水地带被称为娘。娘又分上下两部分，古日山沟上下两部叫年堆麦（ཉང་སྟོད་སྨད།）其中年麦一地曾经借用巴曹崔成坚赞（པ་ཚབ་ཚུལ་ཁྲིམས་རྒྱལ་

① 噶钦，即指后藏扎什伦布寺中精通格鲁派必修的五部佛典，经过辩论考试的格西。

② 东方大国，指清朝中央政府。

③ 五照见指如来以五种观察选择降诞人间：国王迦毗罗婆窣堵、种姓刹帝利、氏族甘蔗释迦、生母摩诃摩耶、时会五浊恶世。

④ 药叉之王宁金岗桑，毗沙门天或多闻天王一子名。

མཚན།)和那朗多吉堆迥(སྣ་ནམ་རྡོ་རྗེ་བདུད་འཇོམས།)二圣贤姓名的一部分后,该地被称为白朗(པ་སྣམ།)此地乃享受十善瑞祥之富饶宝地。由被称之为世间女王的欲界自在退敌咒语女王,即威猛护法女神和称之为居士的战神王二神守护。其良田宽广肥沃,粮食颗粒饱满,将长流的河水引入渠道浇灌良田,使旱灾得以消除。居住在此地的人们一心敬重三宝,乐善好施,刚毅坚韧,英勇顽强,具有上流人物之风范。其中有一位降生于圆满家族格萨尔王正统世系的圣贤,手持莲花褐黄袈裟装束舞姿态势佛王罗桑旦白旺秋绛白嘉措吉祥贤有寂顶饰为首的诸多圣贤诞生之世系中,又据传是胜光①之转生,彼讲写算样样精通,善于观察预兆,常时冠以冠冕,每月初一停止一切世俗之大小事务。将村中喇嘛夏日普尊为上师,日夜不离,不管在家还是外出,勤于闻思如同长流之水。灵验了占卜生日等占星册中彼能主宰赡部洲四分之一的预测,掌管全西藏。并受到英明勇敢,无与伦比等赞叹之语,受如此莫大赞誉者乃是尊父班丹顿珠②。与此同时佛母③乃是吐蕃原始六氏族中的木氏后裔,彼名其美杰姆,出生于弟巴拉穆巴家。弟巴拉穆巴因常时受到傲慢大神梵天的静猛护佑而誉满天下。当时拉穆家虽有多子,但其中双亲最疼爱的是佛母。其舅饶丹顿珠嘉措,非常爱护三律仪④,彼体验大法印的同时不断修持吉祥金刚大威德第一次第之瑜伽。尤其是佛母,据说她是至尊度母的化身。自幼起看重因果,天资聪

① 胜光,或胜军王,是古印度舍卫国王。

② 即七世班禅额尔德尼的父亲。

③ 佛母指七世班禅额尔德尼的母亲。

④ 三律仪分为显宗三律仪和密宗三律仪两种。显宗三律仪为别解脱律仪、静虑律仪和无漏律仪,均为防止身语恶行之修学律仪。别解脱律仪者,受五戒八戒等戒法发身内之善无表色者。别解脱者,戒法别名。戒法为别解除身口之恶者,故云别解脱。静虑律仪者,入于禅定,身中自发防非止恶之无表色者。无漏律仪表,圣者发无漏智,身中自发防非止恶之无漏无表色者。密宗三律仪是:别解脱律仪、菩萨律仪和密乘律仪。

颖，指导家务有方，能及时办理各种俗务，并使之远离罪孽，其性情暴燥多会训斥仆人，虽多数仆人都有提防，但她对任何人从不怀恨在心，故主仆关系始终融洽。她总是与妇人之短见相悖。父亲逝世后于佛王（指八世达赖喇嘛）跟前受沙弥尼戒，一心修佛，严守戒律，每年从比龙上师处听讲有关菩提道次第和修心方面的口授教法达一月之久，并予以体验，致使上师甚喜。规定每年氐宿月（藏历四月）与众仆人一起严守八分斋①。二双亲受到佛王师徒爱护眼珠般的关照。母亲非常敬重父亲，父亲亦从未伤过母亲一点心，他们彼此互敬互爱，勤勉善行供施②依止经师大班智达益西坚赞等诸多善士，勤奋修持并体验以加行六法为先行的全部道次第。正因为深知神圣化身是己之亲生子，故彼等早已铲除亲吻等凡夫行为。彼等对佛陀的敬仰如双目亲眼瞻仰，毫无虚假。总之彼等之圆满功德不可思议，实为应合掌顶礼之大圣人。

如是，当大宝活佛即将诞生，将成为双亲之子的时候，其父连续梦见宗喀巴大师两、三次，又梦见两只从未见过的油光乌鸦，不知从何处飞来。在建筑加行六法修行室时，不知从何处来的一小僧于此观察多时，父亲问彼从何处来，彼答是扎什伦布寺僧人，并对其父大有好感。由于该新建修行室为长方形，如若中间立一墙隔开，其另一室似乎专为将来接生贵子而建造的。另外，一位在扎西宗喀（བཀྲ་ཤིས་རྫོང་ཁ）山中修行，原本是扎什伦布寺③僧侣的奇特人物在梦境中呈现，空中的太阳比平常更大，其光辉照遍大地，一直上升到晌午前，彼从茅屋的走廊前向上观望时，在东方的天空中有

① 八分斋，藏历四月守持禁食等的斋戒。

② 供施，上供三宝，下施乞丐。

③ 藏语全称“扎什伦布巴吉德钦却唐皆南巴杰娃林”，简意为“吉祥须弥”。位于西藏自治区日喀则市南尼玛山麓，是格鲁派六大名寺之一，也是历辈班禅额尔德尼的住寺。

两个白人抬着一个黄轿呼喊道，命驾大班禅额尔德尼一切智前来此地。彼感觉为何从空中命驾呢？于是瞧见轿子里有一亮光闪闪的大银瓶，便问汝二人前去何处？二人回答吾二人前往朗木吉雄。心想此二人定是拉穆护法神的化身。二人面带笑容，点头表示同意，随之经过人称白日拉的大山顶上的蓝天直奔朗木去了。德白蔡巴打尖休息时，梦见驾临班禅额尔德尼和卓尼[1]饶丹前来，令彼腾屋借宿。水虎（壬寅）新年一开始，两只油光乌鸦亦赶走据说是颇罗居士灵魂树上已筑巢的雀鹰和喜鹊，随之彼等夜宿其树上，白昼一直停留在吉雄谿卡房顶上。铁牛年（辛丑年）吉雄谿卡大获丰收，田野上并成双联的青稞穗密集又饱满。当年一粒青稞种子打出三十多个青稞穗的粮食。贵子降生的那一天，一只乌鸦整天停在诞生地方的西南之隅，等等。出现如此之多的奇特现象及征兆，真是不可思议。在如此圆满祥瑞的状态中，于第十三饶迥[2]阳水虎（壬寅年）年或称致善（即水虎年，公元 1782 年）藏历四月八日，一婴儿其肤色白润，形体优美而动人，他将成为一切有情之引导者，犹如太阳摆脱乌云的束缚一般从母体中降生，母亲亦安然无恙。啊！顿时世间一切成为清净怙主的纯净世界，纯净的诸天神欢喜的喧哗声一直传到世间顶端。喜欢善业的天神们，将美丽的彩虹笼罩在天空中，于是降下了蒙蒙细雨，又敲起了缓缓的雷鼓，其雷声响彻天地。

如是云：洁白雪山性虽清凉，教化凶残火遭殃者，诸佛佛子齐声颂您，勇气超群无与伦比。恨念成魔有情众生，息怒助彼怜悯佑彼，您发坚定誓言普渡，凶恶难伏浊世有情。班丹益西面向落日，西山顶上投掷仁爱，有情光索指另净土，重返雪域东山顶端。如同

---

① 卓尼，藏语，汉意为知宾，即内外接待宾客，传达命令的官员。

② 饶迥，藏语意为胜生，藏历六十年周期之名，第一饶迥始于公元 1027 年。

天神林苑落地，充满幸福吉祥雪域，洞察班丹顿珠其人，纯属东氏高贵家族。犹如金卵身怀梵天，乌摩怀胎六面童子，摩诃摩耶身怀悉达（悉达指如来佛），佛母胎因幼婴而美。幼童未染母胎污垢，亦如出淤泥中的莲花，远离污泥浊水污点。长时习惯发心祈愿，为利众生转生轮回，但不沾染轮回罪孽，轮回海中普度众生。如同微风拨开云端，从中显现日落一般，即从其美杰姆胎中，诞生完美相好幼童。金山山王荣光闪烁，莲目月容实难寻见，但之获于娑婆世界，幼童汝与彼无相异。汇全部知识之智慧，佑众生如子之仁爱，此二条创世王（即梵天的异名）俱无，此神怎能与汝相比。发心由火晶界构成，妙善由东山顶腾起，色身圆满消除逆暗，悲悯日光普照均匀。盛开利益百瓣（百瓣指莲花）之友（莲花之友指太阳），功德宝藏诸佛弟子，汝是佛法护主圣贤，乃遍观知识七马主（藻饰，太阳的异名）。为开利益佛法莲花，雪域奔向天神之路，世间脑海热浪滚滚，天人主公大主宰者，高奉佛法宝幢四方，守护善品天神海龙，欢快歌声响遍四方。如是云，此即“无边诸佛共相怙主班禅额尔德尼一切至尊者罗桑班丹旦白尼玛确列朗杰吉祥贤（རབ་འབྱམས་རྒྱལ་བའི་སྤྱི་གཙུག་སྐྱབས་མགོན་པཎ་ཆེན་ཐམས་ཅད་མཁྱེན་པ་རྗེ་བཙུན་བློ་བཟང་དཔལ་ལྡན་བསྟན་པའི་ཉི་མ་ཕྱོགས་ལས་རྣམ་རྒྱལ་དཔལ་བཟང་པོ།）身语意之传记世间庄严”中引言及乘愿降世篇。

第二章　广听佛法闻道篇

广听佛法闻道篇分三部分，即：一、受别解脱戒前如何行事；二、受居士和沙弥戒时如何行事；三、受后期比丘戒时如何行事。

第一节　如何受别解脱戒之情形

第一,此佛子大圣贤诞生时,彼接受诸善神所献之沐浴,其双亲亦献沐浴与彼,使母胎所沾染的污垢荡涤干净。其幼童全身白里透着红光如无垢水晶,温柔敦厚,满面笑容,头圆如伞,天庭广阔,鼻梁高起,双耳状如右旋螺,双目如莲花,肢体丰满,软腰适度,六根明净,被视为世间明珠。在严防一切逆缘的同时,依地方之习俗举行盛大的生子庆宴。随后在各方面的爱护抚养下如生长在池中的莲花一般开始茁壮成长。

复次,如何认定(灵童)。当时包括佛子大圣贤在内共有四名候选灵童,为此扎什伦布寺秘密派遣一位索本堪布札萨喇嘛前去调查了解。他分别拜见四名候选灵童,并逐个进行观察研究,但对其他三名不甚信服,而对此无任何污点并直接能显现相好威光的青年佛子却不由生起发自内心深处的敬仰。他将前世七世班禅额尔德尼的一串真念珠与两串假念珠均置于一个珠宝盘中,随后在附近观察时,其灵童开始只是扫一眼,随之高兴地环视周围在坐的所有人,接着毫不犹豫地用手轻轻拿起那串真念珠后最终将念珠末端的那颗大珠含在口中。通过此事索本堪布深信此幼童确实是殊胜化身,但为顺应奉天承运皇帝(指清乾隆帝)之诰命,而未予加以公开。随之祈求拉木大护法神明示此四疑点(四疑点指四名候选灵童)中究竟有无殊胜化身,如有恳请赐予确切的认定卦辞为谢。如若此次赐卦之时机尚未成熟,甚至此四(灵童)皆非殊胜化身,又该如何是好。遂回复道:“这是一件殊胜且关乎佛法众生幸福源泉之大事。奉天承运大皇帝对佛王师徒[①]的转世非常关心,此

① 佛王师徒,即指达赖喇嘛和班禅额尔德尼。

乃天下皆知之大事。尤其是大皇帝(即乾隆帝)和前世班禅额尔德尼(即六世班禅额尔德尼·罗桑班丹益西)[①]两位曾经有过金颜会晤,为此,对此次之转世较历世班禅额尔德尼更为重视。扎什伦布寺全寺众僧诵经修法以事佛,并且不惜巨款从事铸造佛像,刻印佛经,建筑佛塔及灵塔等善业,由于各种善事善业之威力,四灵童之中必有转世真身,然而浊世众生因福薄加之鬼蜮作乱,故未能及时通报转世灵通认定之确切情况,但依照奉天承运大皇帝之圣旨,与怙主佛王(即指八世达赖喇嘛)[②]妥善商议后卦辞一定陆续通报。"与此同时怙主佛王亦努力祷祝,愿为利益佛法众生尽早降临殊胜化身。一天夜里他梦见他的寝宫汪康里,前世班禅额尔德尼以弥勒坐势[③]端坐于宝座上。他以首顶礼班禅额尔德尼怀中,以急切之情有力祷告为利益佛法众生渴望迅速降临殊胜化身。班禅额尔德尼虽不言语,但从他那笑容可掬中完全显现出表示应允的神态。给具吉祥海螺顶髻梵天也作了有效的酬补请托[④]。拉木大护法神赠送(八世达赖喇嘛)一面以无色锦缎装饰之铜镜,并嘱咐道:"关

---

① 六世班禅额尔德尼法名班丹益西,系西藏南木林县扎西则地方人,生于藏历第十二绕迥土马年(1738年),父名唐拉,母名宁达旺姆。乾隆三十一年(1766年)清朝高宗皇帝册封六世班禅额尔德尼为"班禅额尔德尼",印文为"敕封班禅额尔德尼之宝"。六世班禅额尔德尼于藏历第十三绕迥金鼠年(1780年11月2日)在北京黄寺圆寂,时年42岁。

② 八世达赖喇嘛(1758-1804年),法名绛白嘉措意为"妙吉海",出生于托布嘉拉日。5岁时被认定为七世达赖喇嘛的转世灵童。次年迎至布达拉宫坐床,受近事戒。8岁时拜六世班禅额尔德尼罗桑华丹益西为师,受了沙弥戒,20岁受了比丘戒。1781年(清乾隆四十六年)乾隆帝命八世达赖喇嘛亲政。1783年,八世达赖喇嘛主持认定七世班禅额尔德尼,并在扎什伦布寺为其剃发起法名。1788年和1791年,发生了两次廓尔喀人进犯西藏的事件。八世达赖喇嘛、七世班禅额尔德尼(此时已移至拉萨)与驻藏大臣联名向清朝政府上奏告急,请求速派大军入藏抵御外侮。1792年5月,福康安将侵入西藏的廓尔喀人全部驱逐出境,6月,清军深入廓尔喀境,廓尔喀国王数次派人至军前乞降。8月28日,福康安接受了廓尔喀国王的投降,随即清军返回西藏。福康安经过扎什伦布寺时,与八世达赖喇嘛共同订立了有名的《钦定章程》。《钦定章程》经乾隆帝批准实施,八世达赖喇嘛极为高兴,于1795年(清乾隆六十年)与驻藏大臣商议后,决定减免或豁免百姓交纳的赋税,对穷苦百姓优加抚恤。1801年,在拉萨给七世班禅额尔德尼授比丘戒。1804年(清嘉庆九年)在布达拉宫圆寂,时年49岁。

③ 弥勒坐势,即两足下垂至地,与一般两腿盘坐的坐势不同。

④ 酬补请托,即指一种酬谢恩泽以娱神,弥补祭祀亏缺以消罪过,并祈祷满足自己意愿的宗教仪式。

于殊胜化身之净相皆显示于此镜中。”于是观察此镜时，有一次从镜中出现梵天温和而极白的微笑容颜，其头顶发髻上具一右旋螺，口中授记念念不停的印象。又有一次梦见其侄（八世达赖喇嘛之侄）班丹顿珠（དཔལ་ལྡན་དོན་གྲུབ།）突然前来拜见，他怀里抱着一个沉重的物品，将之放于八世达赖喇嘛跟前云：“这是奉献给您的大礼物。”随之接受摸顶加持。当时达赖喇嘛似乎清晰地回想起他（指其侄）就是大堪布金刚执（即指六世班禅额尔德尼·罗桑班丹益西）殊胜化身的亲生父亲。又一夜梦见自认为殊胜化身的一个俊美男孩和近侍堪布等出现在跟前，其男孩抓紧达赖喇嘛的手不放，并作出许多欢乐的动作，高兴地走到近侍堪布的怀中，不时地抚摸其腮帮，出现了不少奇特之征兆。

达赖喇嘛将包括上述详情在内的所有卦象以回文的形式赐与扎什伦布寺近侍堪布。尽管如此，根据之前拉木大护法神（ལ་མོ་ཆོས་སྐྱོང་ཆེན་པོ།）所应许的卦辞陆续通报之承诺，于藏历水虎年十一月八日又向（拉木大护法神）求卦后，遂回答道：“关于唯一怙主一切智班禅额尔德尼的殊胜化身，怙主佛王曾于藏历铁鼠年年底，通过酬补请托等宗教仪式急切问神卦辞，其神答云：后来之人全部凶狠毒辣，诡计多端，多闲言碎语，故余实难明示卦辞。怙主佛王您所显示的授记正如以前余所禀报，于您视线中所现一切纯属清净圣智，是完全可以信赖的。余亦以三宝作证，在四个疑点（即四名候选灵童）中，虽然吉雄班丹顿珠（སྐྱིད་གཤོངས་དཔལ་ལྡན་དོན་གྲུབ།）和其美杰姆（འཆི་མེད་རྒྱལ་མོ།）二人所生之子是唯一怙主一切智班禅额尔德尼（即六世班禅额尔德尼）的殊胜转世化身，但是由于他除显示一些前世七世班禅额尔德尼的影响外，本尊之明显根本咒却一概忘却，为此其凶兆极显，为避免其厄难，在奉天承运大皇帝的圣旨到来之前对外一律严守保密。”如是，怙主佛王和拉木大护法神确认的殊胜化身即奏请奉天承运大皇帝批复。随后回复金印云:“乾隆四十七年十二月二十日敕令,朕刚打开查阅北京有关部门[①]呈来的关于确定班禅额尔德尼转世活佛的奏折时,当看到于寅年四月八日在后藏白朗吉雄一地父第巴班丹顿珠和母其美杰姆二人生一男孩时,朕心中顿时感觉此乃转世活佛。接着往下阅读时奏折写道:包括后选活佛的三名男孩在内共有四名,索本堪布将班禅额尔德尼的念珠示与每个男孩,让其辨认,只有四月八日诞生之男孩能确认无误。为此达赖喇嘛和拉木护法神两者一致认定该男孩是真正的转世活佛。朕看此文时觉得极合朕意,深感欣慰。

过去班禅额尔德尼一心怀着崇敬之心情,远道前来觐见朕,与此同时在此处举行多种佛事,随后示现圆寂。逝世后的两年里朕一直期待着其转世活佛显示与否。今因良缘及祝祷之威力,班禅额尔德尼转世活佛已显示,理所当然。此乃吉祥妙善之要事。依此看来,由于班禅额尔德尼所获之成就果位极高,故彼来往自如,毫无障碍。如此之事朕内心无比喜悦。朕看完此奏折及仲巴呼图克图(དྲུང་པ་ཧུ་ཐོག་ཐུ)与侍者堪布呈来的奏章后,让其传阅给章嘉呼图克图(ལྕང་སྐྱ་ཧུ་ཐོག་ཐུ)和驻北京诸寺院喇嘛,彼等阅后欢欣鼓舞,众云:达赖喇嘛和拉木护法神决定大善哉。由于堪布额尔德尼诺门汗阿旺次成关于班禅额尔德尼转世一事及时禀报达赖喇嘛,让其作出决定也应赞许。此次为庆祝转世活佛之显现,达赖喇嘛、阿旺次成、班禅额尔德尼转世活佛、仲巴呼图克图与索本堪布各赏大号特等哈达[②]一条,羊脂玉如意一个,特赏班禅额尔德尼转世活佛珍珠念珠一串。”。随后驻藏

① 指理藩院,位于北京市东长安街南长街边原玉河桥附近,坐北朝南。为清特设的官署机构。最初选址在原西城的刑部以北,后移至此地。是专门署理西藏、青海及蒙古和喇嘛事宜的机构,新疆平定之后,新疆之争也统归管理。自从平定大小金川之后,凡是接待各方土司来京朝觐,也由该机构负责。它下属六个司一个厅,即典属、王会、旗籍、柔远、徕远、理刑六司和司务厅。还设置了一位尚书、两名侍郎及郎中、员外、主事、笔帖式等官员。这些官员全都在满族与蒙古族人中挑选。

② 上乘哈达,即上品特制丝质哈达。

大臣驾临扎什伦布寺，厚赏转世活佛等人。并对仲巴呼图克图与索本堪布二人云："文殊大皇帝听到转世活佛已显现的消息后甚喜，汝等应倍加恭敬大皇帝之恩德。为使转世活佛长寿，应专心祭祀诸护法神，努力举行长寿仪轨。依照转世活佛之宗教习俗将于藏历龙（辰）年六月迎请转世活佛到扎什伦布寺坐床，在此之前暂时住在扎什伦布寺附近一清净之处，期间汝二人轮流负责护卫。"与此同时亦收到章嘉呼图克图[①]写给转世活佛、仲巴呼图克图与近侍堪布等人的关于庆贺转世活佛正式显现的贺信，如此等等，此事既成事实，不分天神凡人，高低贵贱都坚信无疑。随之，遵照奉天承运大皇帝之圣旨，于谓之"饰品"即藏历水阴兔（癸卯年，1783 年）年八月五日良辰，参加迎送的附近僧俗部众，僧众仪仗队，歌舞团队等络绎不绝，乘坐轿子坐于佛母怀中的转世活佛被迎请到结译师确桑的古寺甘丹列谢曲林。于八日良辰当转世活佛荣登金刚宝座时，汉藏诸要员依次排坐于下，举行敬献贺礼等仪式，随后驻藏大臣光爷（ཀོང་ཡེ།）将大皇帝关于转世活佛暂时迎请何寺为善之批复诰书及赏给转世活佛的珍宝如意、景泰蓝、珍贵瓷器 5 个、锦囊 3 对、黄红色库锻（团龙锻）及红绒等 6 匹，恭敬有礼地奉献给转世活佛，活佛亲手接受锦囊以上的各物品，并颇有兴趣地认真观察。之后大臣本人跪拜活佛，向活佛奉献上乘哈达，并禀报道：为使活佛延年益寿筑铸长寿经，遂又奉献汉银 50 两。活佛接收后给予彼双手摸顶之加持。

怙主佛王（སྐྱབས་མགོན་རྒྱལ་བའི་དབང་པོ།，即指八世达赖喇嘛）关于让全体主仆尽享素食佳馔的措辞优美之公文、由白银制造的立体佛

---

① 章嘉若贝多杰（1717－1786 年）清代高僧，著名佛教学者。法名全称益希旦白仲美若贝多杰，简称若贝多杰。原籍凉州（今甘肃武威）。章嘉若贝多杰精通藏、梵、蒙文，通晓汉满文，博学多识，尤通佛学，著述凡 170 余种，主要有《佛历表》《宗派建立论》《七世达赖喇嘛噶桑嘉措传》《藏文正字学》《藏文文法三十颂与字性添加法略解》《五台山详志》《热振大座主传》《甘丹赤钦阿齐图诺们汗传》《甘珠尔目录》《人中论注疏》《上乐教法史》等。

土庄严下垂五色哈达者、身所依响铜佛像、语所依金汁佛经、意所依白银佛塔、银质镀金法轮、镶银白螺、袈裟一套、铺垫、带银座瓷碗、承接器(痰盂之类)、净瓶、靠背、厚坐垫、汉钹及汉铙钹、鼓、金银、绸缎、茶条①、水果和白青稞包等九种类型的大批礼物由达赖喇嘛派遣的贴身近侍达尔罕夏鲁堪素(དར་ཧན་ཞ་ལུ་མཁན་ཟུར།)献给班禅额尔德尼转世活佛。活佛除双手接受身语意三所依外,对其它所有堆集之物作了献新②之礼节。接下来摄政诺门汗、佛王叔阿其图堪钦(ཨ་ཆི་ཐུ་མཁན་ཆེན།)、诸噶伦、拉鲁嘎蔡(ལྷ་སྐྱུ་དགར་ཚོས།)、特邀代表噶伦嘎喜巴(དགའ་བཞི་པ།)等人依次奉献曼札、三所依、金银、绸缎、茶叶和白青稞包等大量礼品。活佛亲自接见众人后摸顶约60人,其余人员获得瞻仰相好微笑容颜之良缘。

以前在布达拉宫邀拉木护法降神时,遵照佛王八世达赖喇嘛的嘱托,当时降临大梵天,他将佛王赐给他的曼札奉献给班禅额尔德尼转世活佛,并亲口祈祷云:降临真实活佛,大恩大德。如前世一样再次具备才识精湛、德行谨严和心地善良之三优点,寿命比尊者罗桑益西更长。达赖喇嘛曾经嘱托如此祷告对于因缘极为重要。随后,班禅额尔德尼转世活佛感谢护法的祷祝,并答应了护法的要求。接着从礼品中取出一个作为献新赐与护法,活佛以喜悦之情凝目注视护法。当天前来上供各种礼品者颇多,加之护法降神等原因,时间拖延很长,但活佛无任何不适,尽管他诞生仅有一年零四个月,却像壮年人一样表现非常威严,以雄姿稳坐于宝座

① 茶条即十六小砖的长条茶包。

② 藏族民间饮食风俗。流行于西藏、青海、甘肃、四川、云南等藏族地区。有两义:①藏族的一种农业祭祀活动。秋收时,要把第一次收获的青稞、麦子、谷类等粮食敬献出来,以酬谢自然精灵和天神保护农作物,使各种粮食免遭野兽践踏和风雨、冰雹及霜冻之侵袭。②藏族在吃(饮)新鲜饮食前举行的一种敬神活动。如青稞酒、糌粑面、切玛等新鲜食物制作完后,首先要摆于佛龛前的供桌之上,以示敬献佛神;吃(饮)时,还要用手指拈食物少许,向空中弹撒三次,以示敬献佛、法、僧三宝,完毕,方开始食(饮)用。

上。尤其是大护法降神时其气势威猛雄壮，赫然震怒，使众人无不畏惧，但他毫无惧色，还时常摸顶与护法，由于他远离凡夫俗子之习气，力行圣人正士之道德行为，取得了众人异口同声的赞誉，并深深地受到众人的爱戴和钦佩。当天气候宜人，出现许多吉祥征兆。扎什伦布寺大基萨①、四个札仓②和帕索米村③等前来奉献素食油炸馔者夏孜谢额乃云丹坚赞（ཤར་རྩེ་ཞལ་ སྔ་ནས་ཡོན་ཏན་རྒྱལ་མཚན།）和米村头人为首的约30人受到摸顶加持。

十一日良辰，梵天大神（ལྷ་ཆེན་ཚངས་པ།）亲临（班禅额尔德尼转世活佛）跟前，梵天依五世班禅额尔德尼在净相中示现的无量寿仪轨，详细祷祝班禅额尔德尼转世活佛足莲长存百劫④。活佛凝神聆听后，从饮食中取少许饮之，以为献新。护法神赐予长寿经并打开时，活佛将手指指向其字母作出阅读经文之姿，并对大护法亦作出欣喜之态。拉章（译者注：拉章藏文意即大活佛居室。相传一世达赖喇嘛根敦珠巴创建扎什伦布寺时曾梦见自己的住所（拉章）屋顶有11个宝幢，故称拉章“坚赞团波”，以后成为历世班禅额尔德尼在扎什伦布寺的住所名称。班禅额尔德尼拉章与西藏地方政府相仿，也分僧俗两个系统。僧官系统称为“孜”，有永增岗（班禅额尔德尼的经师侍读理事机构）、孜膳房、孜森噶（传达处）、孜上乘、孜恰等机构；俗官系统称为“雪”，有堪

---

① 大基萨，即指寺庙公用地。

② 藏文音译，意为僧院或学院，为藏传佛教寺院的一级单位，本身有完整独立的组织，有自己的经堂、佛像、僧伽、学法系统，还有自己管辖的土地、属民、庄园等。凡具一定规模的寺院都设有若干个札仓，一般札仓以所修习的内容命名。如：参尼札仓是学习显宗的学院，或叫法相学院；居巴札仓是修习密宗的学院，简称密院；曼巴札仓是研习藏医藏药的学院，又叫医明学院；欠巴札仓是演习跳神舞的僧院。有的札仓依地域命名，均因札仓所处地理位置或学僧家乡而得名。如甘丹寺的夏则札仓为东山僧院之意，色拉寺的杰巴札仓为外地行者僧院之意。札仓的住持人藏语称为堪布，相当于汉地佛寺的主持或方丈。堪布的任期，各寺不同，哲蚌寺为6年，甘丹寺和色拉寺为7年，塔尔寺为3年，有的可以连任。堪布以下设拉章强佐一人，强佐数人，格贵一人，翁则一人，雄勒巴一人，以上人员组成札仓拉吉，重大事情由札仓拉吉开会决定。

③ 米村，大寺庙中基层僧团组织。寺院札仓中以僧徒来源地划分而成的僧团单位，例如色拉寺协巴札仓共有哈尔东、三木洛、恰孔、哲窝、巴都、察瓦、洛巴、贡德、拉卧、丹玛、阿里古格、阿里拜突、阿里桑尕、阿里达摩、藏巴、杰切、厄巴、聂巴达布、则塘和博窝等20个康村。康村僧职人员实行委员制，为首者为吉根，意为长老。其下有欧涅若干人管理康村财产及经济事务；拉冈一人，负责生活资料及接待宾客；卡太格根两人负责杂务，保管及照料经堂院落、僧舍、厨房等。都有一定任期。大的康村之下还分若干米村，类似僧人小组。

④ 足莲长存百劫，意即万寿无疆。

布会议厅、译仓、拉章、强佐、雪膳房、拉章译仓等机构。共有七品以上僧俗官员、侍从270多人、一般执事人员约600人。）为酬谢护法确认转世活佛及不使四业①散乱，祈请护法举行会供曼荼罗仪轨，特向大护法赠送由五色上乘哈达装饰的曼札、五色哈达、上等黄金三两、茶条、器具一整套、金银、整匹锻绸等种数颇多之厚礼，护法领受厚礼同时，授记如何念经祝寿。去年扎什伦布寺派遣堪布人员前往北京向大皇帝致敬及给大皇帝祈福念经者都已返回。为欢迎皇帝颁发的诏书和赏赐之厚礼，扎什伦布寺特举行大型僧众仪仗仪式。当有大皇帝御笔的长条上乘哈达及诏书献给班禅额尔德尼转世活佛时，活佛以非常喜悦的心情恭手接受，并给钦差大臣、噶伦嘎喜巴和堪布主仆等30人以摸顶加持。接下来由拉章设盛宴款待众人的同时，赠送由黄金炼制而成的大型精美立体佛土庄严，并有五色哈达穗子足以减弱彩虹之艳丽者、三所依等丰厚礼品。由上中下三等仲科②奉献银制曼札。向钦差大臣巴爷献上乘哈达、金佛像、三十整套香；给噶伦献上乘哈达、整匹缎子等九种礼物，向达赖喇嘛父母及其主仆贡献丰厚礼物。拉木降神师、其子基仲（རྗེ་དྲུང་）及护法殿僧12人许自第一天念经礼赞战神开始，酬补祈祷平息和与愤怒二梵天共计3天。对此给与彼等丰厚的酬金。由经师嘱托班智达达尔汗罗桑群培为班禅额尔德尼转世活佛举行摧破金刚之洗礼仪轨。班禅额尔德尼转世活佛对其敬意及爱慕出自内心而毫无虚伪。当活佛对其摸顶时无论有人提醒与否，主动与其会面行头礼以表亲切。与此同时，他不时地饮用净水。从经师手中接取铃杵，并各自正确握在掌中作出摇铃之势，然后交与经师，等等。大有前世（六世班禅额尔德尼）之习气重新苏醒之势。

---

① 四业或四事业，即息业、增业、怀业、诛业。此即佛所具备的二十五果法之一类。

② 仲科，原西藏地方政府俗官。

经师谢额乃（ཡོངས་འཛིན་རྗེ་ཞལ་སྔ་ནས།）虽已年逾八旬，然其耳目两根如壮年般清晰，彼已成为大成就自在者。经师依竹杰之规，给班禅额尔德尼转世活佛进行《长寿灌顶》仪轨，活佛以极大的崇敬和喜悦之情聆听佛经后，小心谨慎地赠送了酬金。十七日，为使活佛尽速壮大，便迎请到二楼寝室，当时从东北之隅天空中出现许多形如树枝的五色红霞及五色网状锻幕似的彩云。活佛用手指指给已故母亲和拉木降神师等在他周围的所有人。他如此凝视其彩云，必有特殊之观感。前世（六世班禅额尔德尼）私有庄园扎西孜家兄弟前来敬献厚礼及拜谒班禅额尔德尼转世活佛，活佛让彼等与他共餐三日，用餐时亲手递肉食与彼等，表示对其尊重和亲切。白蔡乃前来敬献厚礼。学识渊博的比隆（འབི་ལུང་།）上师为活佛认真拜忏祈祷。拉木杰仲和隐居山中的比隆寺僧人二者，依照大经典《入中论》①之要义，广泛进行研讨辩论，致使活佛格外高兴，特赏赐每人护身结一个，上乘哈达一条。在素食宴会中甘丹列谢曲林寺管寺僧团敬献上品礼物，获得斋僧茶、财物布施等多种赏赐。转世活佛曾经为迎合父母的心意，对麻尼孜众人只是瞥视而已，却毫无关切之感。然而甘丹列谢曲林寺的僧人为活佛表演神舞时，活佛以极大的兴趣从开始一直观看到结尾，期间戴冠观看亦为自己所定夺。充分显示了圣人传记乃是天然而成的特点，使其周围的众侍从稀奇不已，并发出由衷的赞誉之声。陈设素食宴会盛情款待拉木乃主仆众人，并赠厚礼。举行净相无量寿佛仪轨，预

① 全称《入中论根本颂》。大乘佛教中观应成派根本典籍，藏传佛教格鲁派必修的“五部大论”之一。月称（约600－650）著，纳措茨程嘉瓦和巴草尼玛札合译，有木刻和铅印两种版本。全书用颂文著成，共分10品，是按照《十地经》10种发心为纲目，分十一地详细讲述入观的次第、慧度、抉择二谛等。从发菩提心讲到佛果功德，提倡由深观广行两种方法修学中观，破唯识见。第六品是全书的重点，篇数占全书的2/3，主要解释般若波罗密多，讨论如何抉择二谛，是月称论师的一部主要著作，亦是《中论》通论性质的著作。月称自注，有宗喀巴和根敦珠巴的注释本和法尊法师的汉译本。

祝足莲长驻直至生死流转边际[①]额尔德尼达尔汗降神师以极大的崇拜之心祈祷活佛,活佛一一应允,并双手接受曼札、三所依和吉祥哈达。宴会间甘丹寺一位格西与比隆山间隐士饶绛巴[②]二人,根据《波罗蜜多经》[③]的要义,开展关于正法的辩经活动,其场面使班禅额尔德尼转世活佛喜出望外,后来他经常以呐喊及佛经辩论之初的开辩声音,模仿彼等辩经时的言论动作。为使班禅额尔德尼转世活佛茁壮成长,特邀请大护法神降临,祈求大神降赐预言,如若迎请活佛到城外散步,能否出现晦气之类逆缘?大护法神回复道:“如今活佛所居非活佛居住之寺,是为活佛成长起见暂居之地,此乃权宜之计,故无任何厄难及相悖。”十八日降神时为使班禅额尔德尼转世活佛免遭灾难,向护法供奉厚礼,以求保佑。

二十五日,至尊大护法对活佛及其父母做空行迎禳解仪轨,由拉木降神师作金刚阇梨,护法殿12名僧人供奉温、愤梵天,制作大红食子及灵器[④]等,以为拜忏酬补,念经祈祷共达七昼夜。二十九日放咒[⑤]时班禅额尔德尼转世活佛一直观看,十分开心。鄂尔多斯藏京康肯贝子扎西达杰主仆等前来赠送礼品,赐彼排坐饮茶,食用素食油炸面点。彼等礼品颇厚,给予贝子以回文及回赠。赏赐主仆人等圣物[⑥]、氆氇等足够的礼品。又请大护法降神,在酬谢护法

① 足莲长驻直至生死流转边际,意为万寿无疆。

② 饶绛巴,藏文意为通晓佛教经典的大博士。

③ “波罗蜜多”即“般若”,意为“智慧”。佛教认为,般若乘的修习道路有5条:①积德之道,以发菩提心积累功德;②精进之道,当菩萨修行达到以空为对象的静观后,即已修完此道;③观之道,即空观;④发展之道,佛教认为,菩萨修行要经过欢喜地、离垢地、发光地、焰胜地、难胜地、现前地、远往地、不动地、善慧地、法云地等10个阶位,十地修习的主要内容为:施、戒、忍、精进、静虑、般若、方便、善巧、愿、力、智;⑤彻悟,即对一切佛理的彻底觉悟。

④ 灵器,供施代替品。用彩线绕成或用糌粑捏成日用品、牲畜、房屋等摹拟物。用以供神者称上供灵器,用以布施鬼类者称为下供灵器。

⑤ 放咒,在驱魔食子及灵器上诵咒,然后向一定方向抛出以驱策鬼怪诅咒魔敌。届时鸣枪,驱鬼咒敌,其场面热闹非凡。

⑥ 圣物,经过诵咒加持的器物或药物等。

完成以前委托之事的同时，祈求完成现今之嘱托，即完成四业，不使其涣散。正当此时，大护法亦取出长条哈达和彩缎装饰的银制曼札堆，奉献给班禅额尔德尼转世活佛，禀告云："班禅额尔德尼转世活佛自从驾临本寺起迄今，相好贵体康健，身语意之功绩奇特无比，置能视闻忆触之众生于成熟解脱之大道，深受大恩。祈求继续保持康健贵体，愿足莲长驻百劫。余虽无形体，但为修持四业，长住此处，决不离开。"班禅额尔德尼转世活佛用手指向自己宝座右边铺设的护法座位高兴地说："请您坐在那里。"虽然拉章已向降神师回赠丰厚的礼品，但是活佛又赏给以降神师为首的拉木家八位老爷及其仆人等许多礼品。降神师禀报活佛道："我暂且回前藏①，请求待活佛坐床时准许晋见。"活佛答道："噢爷爷请快速返回。"总持班智达罗桑群培（བློ་བཟང་ཆོས་འཕེལ།）吉祥贤经师因受风寒贵体稍有欠安，已故班禅额尔德尼转世活佛父亲依活佛之嘱托赠送经师白银曼札等大量礼品，祈求足莲固若金刚。经师答云："因地势高走路有些疲乏而无大病，但年事已高，不知如何，尽管如此，一定按活佛指示行事。"总持便回赠厚礼，渴求活佛愿足莲长驻百劫为一切有情继承佛教大事。活佛欢喜地许诺其祷祝，并接受经师的洗礼。列谢曲林寺地高水寒，不适应年高体虚的经师，为经师之健康考虑，准许其暂时返回主寺。当他辞行致敬时又赠送丰厚的礼物。

加尔各答（ཀ་ལ་ཀ་ཏྲ།）市市长英格热且拔若先生派遣使臣达霞（ཏྲ་ཤི།）等十多人前来向班禅额尔德尼转世活佛敬献礼品。达霞等晋谒见班禅额尔德尼转世活佛时敬献拔若先生所赠珍珠、珊瑚精质璎珞各一、宝石精美时钟一个、眼镜一付、紫黄色绸缎两匹、肉

① "前藏""后藏"是历史上的用法，西藏自治区成立后不再使用。历史上"前藏"大致指的是拉萨、山南一带，"后藏"大致指的是日喀则周围。在不同历史时期、不同语境中，"前藏""后藏"所指地域有所不同。——编者

蔻、丁香以及银器各一等礼品，使臣本人所献尼子一匹、金丝缎一匹等以上礼品颇盛，活佛大喜，赐使臣主仆以排坐饮茶、享用素食油炸糕点的优待。彼等虽不懂佛法，但一见活佛尊容，由衷生起敬仰，亦云："如此年幼，然具有与凡人截然不同的身语意之奇特功绩。"辞行时赐彼油炸点心，给拨若先生回函及丰厚的回赠。并赏赐使臣主仆令彼等满意之礼物。比隆上师（འབི་ལུང་བླ་མ།）在此处如同于班禅额尔德尼转世活佛诞生之庄园举行洗礼仪轨一样洗礼三日，辞行时敬献酬金于比隆上师。十一月二十二日收到经师逝世后的回向礼，班禅额尔德尼转世活佛的双亲禀报活佛其经师已逝世，请予发愿回向。活佛虽然口头应允，但是已明显地看出其身心疲乏之状态。当天佛母认真仔细地将通人冠①冠于活佛头顶，然后给活佛佩戴黄金宝石项链。此时活佛拉住项链，置于一处，表示拒绝。佛母云：阿！此乃凶兆否？活佛心中是否早知其经师已逝世？总之，班禅额尔德尼转世活佛尽力满足先后专程前来朝拜自己的无数僧俗贵贱善男信女的意愿，至于彼等所奉献之礼物类别及其数量、由何人奉献等详情若一一记述，恐文冗长，就此搁笔。

十二月二十九日班禅额尔德尼转世活佛兴致勃勃地观看二十九日抛食除祟②的宗教仪式。跳神僧人和放咒风向都显示吉祥兆头，为此给僧众布施茶水及珍贵财物。三十日，一切智佛王派遣其内寝侍从韦觉（འོད་འཇོ།）主仆前来转呈达赖喇嘛给班禅额尔德尼转世活佛的新年致词。班禅额尔德尼转世活佛赐彼等摸顶及依次排坐饮茶，享用油炸面点的优待。每年如此，已成定规。班禅额尔德尼转世

① 通人冠，即佛教学者专用的帽子，帽顶尖长，左右有飘带。

② 藏历除夕的前两天，每家每户的屋内外、院子里要进行大扫除，摆放新卡垫，贴新年画，撒吉祥图案。十二月二十九日晚饭前在灶房正中墙上，用干面粉绘上"八吉祥徽"。在庭院大门上用白石灰面画上象征永恒吉祥的"雍仲"的符号。此日，每家都要抛送食子、驱除魔鬼。表示人寿年丰，岁岁太平，合家安康。

活佛自从驾临此地后，无忧无虑，茁壮成长，口齿逐渐伶俐，活佛称米饭为“爱”、熟肉为“嗡”、风干肉为“矣木”、净水为“乌嘎”、酒为“阿嘎”等，发出很多奇怪的诨名。于吉日良辰班禅额尔德尼转世活佛食用糌粑后，出去晒太阳时端坐于阳光下，并作出很多念诵佛经的动作。八月十五日在寝室里正于佛母怀中饮奶时活佛听到作布萨的犍稚声，便问佛母：“是何声音？”佛母回复云：“是敲打犍稚声也。”随之停止饮奶，起身走到寝室的向阳窗口处往外观察，并令人敲犍稚于活佛视线范围内，此时他以极大的欢喜长时视察其场景。侍从问活佛是否赏赐哈达？活佛答云：“当然。”于是奖赏敲犍稚者洁净哈达一条。以前在列谢曲林寺只有一两只乌鸦，到八月二十五日左右一时聚来30只左右，它们发出极为动听的鸣叫，显得悠闲自在。自此之后到班禅额尔德尼转世活佛莅临主寺（指扎什伦布寺）之前，这群乌鸦白昼停留在寝室和经堂之顶，夜晚睡在树林及城墙角落。此乃历世班禅额尔德尼所凭依之威力，无比的诸护法神如同班禅额尔德尼的身影寸步不离其身的象征。当指着尼赛（ཉི་ཟེར།）山上晒展的大佛像上端前世班禅额尔德尼的画像，提问班禅额尔德尼转世活佛：“此像何人？”活佛答云：“是宁宁（སྙིང་ཉིང་།）[①]也。”凡是有无量光佛及无量寿佛像的其他唐卡都展于活佛跟前，提问活佛“彼等为何佛像？”亦答云：“皆为宁宁也。”拿其他佛像指给看时答云：“非宁宁也。”等等，如此奇特之妙善言语脱口而出。

自鬼宿月（即藏历十二月）起，在一段时期保姆将班禅额尔德尼转世活佛负于己背，以其双亲为首的亲眷承担服侍。活佛在日光殿的走廊处漫步溜达的同时，依常规须念诵祷祝经文。此时侍从提醒活佛念经祈祷，活佛便念道：“愿幸福吉祥莅临。”其声音清

① 宁宁，即指班禅额尔德尼转世活佛自称为宁宁。

晰、准确、又悦耳。接着主动念诵了《三时佛经》。班禅额尔德尼转世活佛在室内溜达时吩咐侍从必须随身携带平时在家养的麻雀、鸽子、鹞鹰等飞禽跟随活佛环行，这使他倍感欣慰。由于为室内环行者行善起见，班禅额尔德尼父亲在每根柱子上都系有身语意三所依加持经文缎条，这就给环行中的鸟类飞禽播下了将来彼等获得善趣天人果位的有效种子。如是班禅额尔德尼转世活佛的身语意之奇特秘密功绩的确难以言传，正所谓孔雀虽美，但难以猜测大海的深度。

藏历木龙（1784 年）新年初一举行班禅额尔德尼转世活佛坐床典礼。一切智佛王专遣内寝侍卫，为避免兆头错乱，特送来致敬信函及丰厚礼品，赤钦诺摩康（ཁྲི་ཆེན་ནོ་མོ་ཁང་།）、达赖喇嘛叔阿齐图堪布（ཡ་ཆེ་ཐུ་མཁན་པོ།）、诸噶伦、济仲昆仲二人、拉鲁、拉木等前藏要员以及琛列巴钦波等前来晋见及奉献礼物。内寝侍卫等人驾到及辞行时按常规接受班禅额尔德尼转世活佛的摸顶加持。旭日东升时，由四位密宗僧人向守护佛法的吉祥欲界自在母奉献供品。此时依主寺（指扎什伦布寺）的传统惯例，班禅额尔德尼转世活佛应坐于僧众集会的首席，当密宗僧人演奏进贡器乐时，活佛兴高采烈地观看奏乐，并用自己的小鼓与彼等一起愉悦地念经。卡热詹东巴陈设丰盛的宴席宴请班禅额尔德尼转世活佛，活佛赐彼全体主仆排坐饮茶之优待及精美礼品。除一些特殊事情外，以下纯系常规故至此搁笔。奉天承运大皇帝关于班禅额尔德尼转世活佛命驾主寺的诏书于二月二十一日送达，知客及秘书若干人快马到郊外设灶，以高悬旗幡，举行隆重的僧众仪仗仪式，来热烈欢迎诏书。班禅额尔德尼转世活佛赐送呈诏书的加果齐、联络官等主仆约三十人摸顶及设宴款待，并赏赐佛像、藏香、氆氇等礼物，彼等辞行致敬时亦赐佛像等。佛王叔阿齐图堪钦前来拜见班禅额尔德尼转世活佛，附带赴芒喀尔泡洗温泉时,将八世达赖喇嘛赠送给班禅额尔德尼以为致意的上乘哈达、松石镶嵌的黄金项饰、如来舍利和橛形结护身符等礼品转呈班禅额尔德尼转世活佛。活佛面带微笑,用双手恭敬地接受诸等礼品。自此以后他时常将项饰佩带于项上,视之为珍贵实物。已故班禅额尔德尼父亲问候活佛:“贵体康宁否?”活佛答云:“余康宁,老爷爷贵体康宁否?”并以喜悦的心情正确作出曼札献新仪轨。已故班禅额尔德尼父亲在此居住期间,班禅额尔德尼给与他以最高的待遇,加之相互赠送厚礼,令他十分高兴。

琛列巴钦波敬献班禅额尔德尼转世活佛一小碗酸奶,活佛饮少许后入内室,到门口因失手将瓷碗落到坚硬的地面上,但是除了撒下一点酸奶外,其他都完好无损。琛列巴钦波等在场的所有人感到十分惊讶,都说如此神通广大确实不同于凡夫俗子。另外活佛始终让前来拜谒、祈福禳灾、贡献礼品及辞行致敬等的来往人员,都实现其各自的心愿。班禅额尔德尼转世活佛竟然下令下密院十二名格西念诵佛经。示现如此不可思议之作为。四月十九日,佛母在班禅额尔德尼转世活佛跟前广泛谈论前世班禅额尔德尼的身语意功德,云:“前世班禅额尔德尼命驾汉地的那一天,寺院内外顿时空空如也,余登神像绘画室顶上观望乘马仪仗队一直看到眼前消失为止。当时余不由落下很多痛苦的泪水。”活佛正听着突然云:“彼为宁宁也”。可见其记忆宿世的妙语如此奇特。二十九日,班禅额尔德尼转世活佛不时地观察寝室的走廊方向,侍从认为可能有人前来晋谒,用眼一瞥却发现走廊的柳墙顶上停着一只油光的大乌鸦,毫无惧色。侍从禀告活佛云:“顶上是何也?”,活佛答:“是红护法也”。侍从想活佛可能会说是天女,于是又禀云:“是天女否?”答云:“是培格孜(བེ་ཙེ།)也。”此时乌鸦不知飞向何处。毫无疑问,此乃活佛对“培格孜”的观感矣。

六月四日班禅额尔德尼转世活佛于诸所依跟前双手合掌，置诸所依于头顶，怀着无限恭敬信仰的心情以五体投地向诸所依叩拜七次。接着随从母亲的诵经声念诵《佛法福田至尊上师经》一遍，又向诸佛像顶礼许愿，祈求加持。十八日夜晚活佛就寝后双手合掌，两眼一直凝视着天空，侍从便询问："您见何物？"虽未答复，但他于合掌中已入睡，一定出现某种奇特观感。牛宿月（即藏历七月）五日，为达到至今所收的一切进贡物品专供祈祷护法神众所用，避免其在中转中遭受损失，将所有贡品供奉给主寺各殿堂中天然生成的和曾开口言语的佛像等诸奇特所依。活佛双亲陈设五种百供[①]几次，从库中提取几百条哈达作为念诵佛经等用，由活佛父亲亲临殿堂，并迎请班禅额尔德尼转世活佛，请他于曼札、哈达跟前祷祝，他将曼札、哈达顶在头上，认真祈祷感激不尽。喀尔喀部落（ཁལ་ཁ་ཚོགས།）进贡团体驾到，彼等将哲布尊丹巴致班禅额尔德尼的致敬函及所献之礼品转呈给班禅额尔德尼转世活佛，活佛以极喜之态接受。

彼等排坐饮茶时，班禅额尔德尼转世活佛笑容满面，不停地多次扫视众伊齐（ཡིས་ཚེ།）[②]作出很多高兴的姿势。众伊齐一见其尊容，他们心想其身之相貌，语之声调，意之智慧远离凡夫童子，具有超凡的智慧，彼等由衷生起信仰、崇拜和欢乐三情，目不转睛，专心致志地瞻仰其尊容，奉献不可想象的珍品。辞行时亦回赠丰厚的财物。十九日太白曜与奎宿星相会合，是大吉之日，当天日出前于甘丹列谢曲林寺（དགའ་ལྡན་ལེགས་བཤད་ཆོས་གླིང་།）的所有屋顶上高悬旗幡，吹响法号。依照正法律藏中所云给班禅额尔德尼转世活佛穿上出家僧衣，接着呈献膳食，穿好僧衣后班禅额尔德尼转世活佛感觉特

① 五种百供，在神像前罗列香、花、灯、水和神馐等五种供品各满100者，称为五种百供。

② 伊齐，似指蒙古人，待考。

别高兴，他不时地环顾左右侍从，将僧衣指给众人云："瞧瞧这个。"喀尔喀人等祈祷祝寿后，按常规准备给活佛换穿俗衣时，他表示拒绝说："还是这个好。"大有依依眷恋之感。于春季孟夏月活佛双亲等闭关修行后，利用六、七天时间在寺庙城墙内的小柳林和背后的山坡等处休闲游玩，班禅额尔德尼转世活佛令侍从摘取他所喜欢的鲜花，然后他把鲜花带到佛像前低垂着头，以双手毕恭毕敬地献给三所依，好像亲口云："请飨用！"干旱缺水时只要班禅额尔德尼转世活佛在庙内水井和人称禅水的泉水中投掷石子，即刻降下雨水，从中显现其加持的特殊威力。自从去年十二月开始直至本月为止，班禅额尔德尼转世活佛的主要玩具是鼓和铙钹，他经常作出酬补、礼赞和请托护法神众的念经动作，他向跟从他的众人高声发出念诵酬补的声调"矮""阿"二字，以暗示彼等敲打鼓钹，彼等听闻后依活佛的暗示伴随着悦耳的念经音调演奏迎请天女等鼓钹器乐，这使活佛倍感欣慰。这无疑是前世班禅额尔德尼在世时从不间断八日食子①和二十九日食子②酬补诵经仪轨的思想影响。

大梵天神降临时，其云："主寺的拉章称之为'坚赞团波'(རྒྱལ་མཚན་མཐོན་པོ།)③，这意味着高举主寺扎什伦布寺的教法宝幢直至生死流转边际，巨大法音响彻云霄。实为妙善兆头。"于是取出长条哈达献给班禅额尔德尼转世活佛，活佛亦赐哈达等丰厚礼品给他们。协宗定钦巴(ཤེལ་རྫོང་།)敬献班禅额尔德尼转世活佛一尊造型精美的绿度母金铜像，这尊佛像是一切智根敦珠巴(དགེ་འདུན་གྲུབ་པ།，即指一

---

① 八日食子，藏历三月初八日为四面怙主节日，因于是日，为以四面怙主为首的护法神众，举行祭祀，供献食子，以禳灾祈福。

② 二十九日食子，藏历十二月二十九日抛送的驱魔送祟的食子。

③ "坚赞团波"意为高耸的经幢，相传一世达赖喇嘛根敦珠巴创建扎什伦布寺时曾梦见自己的住所(拉章)屋顶有11个宝幢，故称拉章"坚赞团波"，以后成为历世班禅额尔德尼在扎什伦布寺的住所名称。

世达赖喇嘛根敦珠巴）在建造扎什伦布寺大弥勒佛像时，特造七尊至尊度母像专为建造弥勒大佛献新所用，其中的一尊一世达赖喇嘛赏赐给协宗定钦巴之先辈本索南贝桑（དཔོན་བསོད་ནམས་དཔལ་བཟང་།）以为其信仰的佛像。班禅额尔德尼转世活佛接收后，头顶佛像，祈求加持，然后再问其详细来历，回禀后活佛大喜，等等。班禅额尔德尼转世活佛的言论及功绩甚多。彼等如是云：天神众有情，持舟主智慧，所生胜化身，如意树硕果，视为发财瓮。大梵天授记，如同日光耀，真实胜化身，盛开百瓣莲，亦除偏袒暗。幸运众化机，有缘同相会，中断内外之，违缘黑暗军，猛射白昼光，黑暗无影踪，照亮如意宝，殊胜真化身。踏遍瞻部洲，数十万邦者，妙音地梵天，以梵音宣布，上天之授记，于四方八隅。利益末劫之，凶狠众生者，三域[①]九生之，供奉所依处，汝自少年起，从事礼佛及，讲经说法等，圣人之本色，愈里永不褪。眼前之体力，虽小不壮实，内心之智慧，辨析及才能，三者皆完备，圣人之德行，明显示现时，所有人确信，是真实活佛。尤其活佛一见，罗桑班丹益西之师罗桑群佩，虽彼年岁极幼，依然向师致敬，难解疑团顿消。长时依止之，具誓护法主，白玛嘎热（莲花生大师的别名）之居士螺额者，钻入人体内，发誓于事业，专心不散乱。汝若成四业，众神如群星，汝如星中月，众喊汝优胜。前世良好之，习气熏染香，声誉风飘荡，傲慢众富贵，云集如云雨。

八月八日，琛列巴钦波额丹木图诺莫康（ཨེ་རྡེ་ཏམ་ཐུ་ནོ་མོ་ཁང་།）主仆、噶厦地方政府诸噶伦及大皇帝派遣的钦差大臣等前来迎请班禅额尔德尼转世活佛到主寺（即扎什伦布寺）。班禅额尔德尼转世活佛面带笑容地说："请享用酥油茶及甜米饭！"并以右手招呼众人。钦

① 三域，即天上、地上和地下。

差大人云:“虽年龄如此幼小,却充满智慧。”暗自表示钦佩。活佛将自己的羹匙递给钦差,云:“请用此匙!”钦差大臣毕恭毕敬地接受活佛手中的羹匙。此时活佛面向双亲作出伸舌的动作,使全场忍俊不禁,等等。从中显示活佛虽年极幼,但善于观察分析风俗、纯净及污秽等。

给甘丹列谢曲林寺(དགའ་ལྡན་ལེགས་བཤད་ཆོས་གླིང་།)僧众集会赠送礼品及服侍一整天。给寺庙的公用土地赏赐大鼓、鼓槌等公积资财。班禅额尔德尼转世活佛观赏护法神众,给僧众每人布施哈达一条,藏币章喀一两。十一日,班禅额尔德尼转世活佛同佛母被迎请到赤金色骄子内。在以琛列巴钦波为首的侍从乘马仪仗队的中央,班禅额尔德尼转世活佛乘坐的赤金色骄子驾临时,夏鲁寺僧众仪仗队、该寺四名谢阿乃(ཞལ་ངོ་ནས།)、豁卡及宗等迎驾马队,以及附近的歌舞团队载歌载舞,热烈欢迎班禅额尔德尼转世活佛一行驾临。活佛一行在聪堆陆定(ཚོང་འདུས་གྲུ་སྡིངས།)暂住一宿。佛法众生之吉祥怙主普觉(ཕུར་ལྕོག)活佛,专程前来迎接班禅额尔德尼一行,班禅额尔德尼转世活佛见到普觉时十分高兴,与此同时向他表示问候。凡是虔心叩拜和瞻仰班禅额尔德尼转世活佛尊容的一切善男信女都沉浸在虔信敬仰的吉祥欢乐之中。十二日从聪堆陆定起驾,夏鲁(ཞ་ལུ།)、鄂(ངོར།)等各寺的僧众举行仪仗仪式,众俗人演唱歌舞等等,欢迎列队自吉那日东山谷(སྐྱིད་སྣ་རི་གདོང་།)上部一直延续到萨玛(ས་དམར།)为止。渡过则布热(འཛེ་བུ་རབ།)河后,由拉章的俗官、各宗、豁卡的管家、米村总管、各寺上师、俗人贵族、克什米尔及尼泊尔人等数千人的马队盛装迎驾。班禅额尔德尼一行在萨玛德勒嘎蔡(ས་དམར་བདེ་ལེགས་དགའ་ཚལ།)暂住一宿。此先后两天均有彩霞出现,成为供大众欣赏佳品。

十三日月曜会合危宿星之吉日良辰,高举奉天承运大皇帝赏给前世班禅额尔德尼的宝伞等神圣旗幡的擎旗马队、云锣、洞箫和唢呐等象征政教和财富日益发达，庄严高人集会的诸等器乐仪仗队、庞大的迎驾坐骑仪仗队伍等都整齐地排列在神采奕奕的班禅额尔德尼转世活佛跟前。扎什伦布寺精通教法的僧众及该寺所属的各寺僧众都身穿三法衣[①]头冠金色高冠，手提宝幢等法器。以鼓、钹、长号和唢呐等器乐吹奏婉转悦耳的法音乐曲，形成了声势浩大的僧众仪仗队。庶民百姓换上节日的盛装，歌女高歌演唱，男女载歌载舞，热闹非凡。从萨玛德勒嘎蔡至扎西嘎蔡（བཀྲ་ཤིས་དགའ་ཚལ）寺末端，一路两边夹道欢迎的队列从未间断。另外，从各地赶来专为瞻仰班禅额尔德尼转世活佛尊容的人群挤满大地。在扎什伦布寺拉章、殿堂、四札仓和各米村的公房等所有房顶上插遍伞、幢、旗、幡和彩旗鬘等，其五彩缤纷，光彩夺目之景色胜过天上的彩虹霞云。铙钹、长号和唢呐吹奏的声音轰如雷鸣。芬芳的熏香烟云徐徐缭绕，与空中的白云媲美。当班禅额尔德尼转世活佛驾临勒谢林巴（ལེགས་བཤད་གླིང་པ）公房前时，一位扎西根培寺闭关修行僧，名叫阿旺多吉的老僧坐在契钦康萨下方一心祈祷前世班禅额尔德尼，渴望晋谒班禅额尔德尼转世活佛。此时佛母下令暂停轿子，停轿后班禅额尔德尼转世活佛令侍从请那位肩披黄色披单的比丘过来，老僧尊命前去敬献已准备好的哈达与班禅额尔德尼转世活佛，活佛接受哈达后赐彼摸顶，并云："多吉比丘！"这时众人更加坚信班禅额尔德尼转世活佛是前世班禅额尔德尼的真身。于是，于《噶当大宝经卷》授记之圣地，千万圣贤之源泉，大寺院扎什伦布吉祥战胜一切洲之高悬宝幢宫之悦意法持殿内，隆重举行班禅额尔德尼转世活佛荣登永恒金刚宝座的坐

① 三法衣，梵音译作支伐罗，即祖衣、七衣和五衣。

床仪式。在向班禅额尔德尼转世活佛敬献人参果和酥油茶后，由密宗大师谢阿乃和护法神殿众僧每人呈献八瑞相①，以示打开吉祥门，琛列巴钦波等亦每人呈献表示八瑞②之八种彩色图案。随后班禅额尔德尼转世活佛被迎请到噶当颇章，登坐其金刚宝座，随之亦献人参果③等，此时班禅额尔德尼转世活佛心情十分舒畅。

最后被迎请到日光聚焦殿，遂登坐金刚宝座，呈献人参果等后，奉天承运大皇帝为庆贺班禅额尔德尼转世活佛坐床扎什伦布寺，特赏御笔长条上品丝质吉祥哈达、珍宝如意、珍宝念珠、绸缎靠垫及厚软垫、各种玻璃和景泰蓝器皿、银筒、银质鹅颈壶和黄色团龙多匹等，由钦差札萨克喇嘛果芒呼图克图和驻藏大臣博清额等转呈给班禅额尔德尼转世活佛，活佛以非常喜悦心情毕恭毕敬地接受上乘哈达、珍宝如意及念珠。随之依次呈献六皇子、章嘉活佛、赞波诺莫汗及惹罗呼图克图等钦差诸政教要人的厚礼。待班禅额尔德尼转世活佛给汉地诸政教要人摸顶后，安排所有在场的汉藏政教大小官等依次排坐，敬献酥油茶及甜米饭，茶饭席毕，由乐舞队表演音乐舞蹈。随后由一切智怙主佛王派遣的首席噶伦札萨克团巴斯喜旺堆和近侍侍读昂仁堪布扎西嘉措二人呈献银制立体佛土庄严饰以五色绸缎、身语意所依、整套衣服、带托瓷碗、承接器、净瓶、靠垫、软座垫、法轮、白螺、铙钹、金、银和黄色团龙锻等只记一些极为重要的礼品名称。至于赤钦诺门康和拉章强佐④贡献

① 八瑞相指镜、酪、长寿茅草、木瓜、右旋海螺、牛黄、黄丹和白芥子 8 种物品，藏族群众视之为吉祥物。

② 即指吉祥结、妙莲、宝伞、右旋海螺、金轮、胜利幢、宝瓶、金鱼等 8 种象征吉祥的图案。这 8 种吉祥图案，大都与信奉藏传佛教有关。如右旋海螺、宝伞、金轮、胜利幢等本身就是宗教信物，而每种信物都有一段美妙神奇的传说。

③ 人参果是西藏特有的一种草本植物的果实，类似花生，但无外壳，其味香甜，营养滋补，既可生吃，又可烧煮，熟品配奶渣、食糖、糌粑、酥油后，可制作各种糕点。人参果和大米混煮成粥，大补元气，系美食珍品；加入鲜奶、奶油、白糖，营养更富，招待宾客别具风格。

④ 强佐，即管家。旧译商卓特。旧时代理封建领主管理财产的人。

的丰厚礼品，尤其是匡佐的礼品，因种类十分齐全致使汉地政教要员及达赖喇嘛的双亲颇为满意。普觉活佛、噶伦团巴和鼎钦巴等很多人亦呈献各种财物，随后表演音乐舞蹈，最终由两名噶钦依据大论典《释量论》[①]，从教、理两方面进行辨证论谈，相互辩驳。尽管全场座位排列得相当长，然而班禅额尔德尼转世活佛十分高兴，他无任何倦意稳坐于宝座上，他虽年幼，但是身语意之奇特功绩令人不可思议。以汉地政教要员为代表的所有聚于此处的人，心中生起虔诚的信仰。当天上午天气非常好，有时在虚空出现象征八瑞祥的彩虹，使众人大饱眼福。傍晚降下了散花细雨，使大地浸润，与此同时缓缓地响起雷鸣。毫无疑问，此乃诸等护法善神在天宫祭祀矣，真可谓圆满吉祥的预兆。

僧众集会的晚茶时分，给每僧布施一尺长的吉祥哈达一条，给边缘小寺及山间小寺的僧众一概发放布施。所有参加仪仗及歌舞的迎驾人员都收到满意的赏品。十五日上午大梵天神、拉木瓦、本寺诸仲科、各札仓的拉基、扎什伦布寺所属各寺及百姓都呈献丰盛的贡品予班禅额尔德尼转世活佛，与此同时亦献予琛列巴钦波等人。于是，拉鲁、霍康（ཧོར་ཁང་།）和闻杰塞仁布切（འོན་རྒྱལ་སྲས་རིན་པོ་ཆེ།）等多人呈献贡品与班禅额尔德尼转世活佛。西藏地方政府举行盛大宴会宴请班禅额尔德尼转世活佛，并奉献厚礼。宴席中噶伦团巴阁下祷祝班禅额尔德尼转世活佛云：“愿佛法众生吉祥怙主足莲

---

① 因明七论之一。全名《广释量论本颂》。法称著，格洛、欧·洛丹喜饶、贡噶坚赞翻译。全书四品：《成量品》《现量品》《为自比量品》《为他比量品》，共1454颂半。主要阐述量的定义、释迦佛为“量者”的道以及论者本人引生比量智所必须的条件，如正因等，是因明七论属于主干的三论之一，亦称《广本》。法称为第一品作注，书名《释量论理自注》。其他注疏有拉旺洛著《释量论颂初品释》和《释量论颂后三品》，格洛翻译；释迦智著《释量论详解》，格洛翻译；智生著《释量庄严论后三品释》，欧·洛丹喜饶翻译；胜者著《释量庄严论广释》，绛曲喜饶翻译；日护著《释量庄严论第一品详解极圆净论》和《释量论第二三品广释》，能乐喜著《释量论随顺广释》。《释量论》译介到西藏后，很受学者的推崇，成为藏传因明依据的根本论著。藏文注疏有萨班著《量理宝藏》十一章、宗喀巴著《因明七论除暗论》、克珠杰著《因明七论除暗庄严论》和《量理海论》、根敦珠巴著《量理庄严论》、布敦著《量句义明显释》等。

永恒直至生死流转边际。”活佛高兴地接受其祷告。随之由噶伦团巴阁下、近侍兼因明学上师、匡佐帕姆拉鼎巴、鄂拉章及其各札仓、朗巴色林巴、甘丹绕杰巴和甘丹曲科等绝大部分寺庙都奉献贡品。为额外回赠八世达喇嘛主仆等事索本堪布于十五日已离开扎什伦布寺。十八日琛列巴诺门汗前去鼎萨尔杰康迎驾八世达赖喇嘛，临行前晋谒班禅额尔德尼转世活佛，向活佛辞行。自此之日起，班禅额尔德尼转世活佛每天兴高采烈地云：“佛王大宝先生（即指八世达赖喇嘛）很快来临，高兴极了。”

二十一日，圣者持莲袈裟装束舞姿态势雪域众生怙主一切智佛王一行从聪堆动驾，依常规以琛列巴钦波为首的数千人马赶到萨玛设灶迎驾。当达赖喇嘛和班禅额尔德尼转世活佛师徒二圣初次相见时，其喜悦心情有如父子相遇难以表述。随之班禅额尔德尼转世活佛被侍从牵手迎请到日光聚焦殿宝座跟前，在八世达赖喇嘛跟前铺设矮垫，班禅额尔德尼转世活佛站在垫上五体投地向达赖喇嘛叩拜三次。随后彼此敬献洁白纯净的上乘长条哈达。达赖喇嘛向班禅额尔德尼云：“贵体康宁否？”答：“康宁。”然后师徒二佛王各坐自己的宝座。敬献白银佛土庄严饰以五色哈达穗子者、三所依、金、银、绸缎等礼品。班禅额尔德尼转世活佛亦献造型精美的文殊菩萨像一尊等一些礼物。达赖喇嘛高兴地接受了诸等礼品。与此同时，甘丹赤钦额尔德尼诺莫康（དགའ་ལྡན་ཁྲི་ཆེན་ཨེར་ཏེ་ནི་ནོ་མོ་ཁང་།）敬献曼札、三所依及各种财物时双手摸顶问道：“贵体安康否？”。待众人向师徒二佛王敬献哈达后，由拉章陈设盛宴。随之学经僧人离座对辩，乐舞队表演乐舞，等所有程序完整圆满后，达赖喇嘛和班禅额尔德尼转世活佛都十分高兴。二十二日，班禅额尔德尼转世活佛用完午膳后晋谒达赖喇嘛，向达赖喇嘛敬献佛像和黄色团龙绸缎数匹。当时师徒二佛王极为开心，整日座谈，第二天又一起聚餐，金颜相会①，久时不散。

二十四日，于贤劫殿金颜相会西藏地方政府举行盛大宴会，札仓僧众依显宗仪轨念诵佛经，与此同时隆重从事祈祷祝福班禅额尔德尼转世活佛坐床的各种佛事。达赖喇嘛叔堪钦等祈祷班禅额尔德尼转世活佛足莲永恒不变，并祈求其承诺，班禅额尔德尼答云：“善哉。”班禅额尔德尼转世活佛亦以食指轻点各种贡品予以献新礼节，头顶三所依②，以求加持。首席噶伦③诸等亦向师徒二圣呈献贡品，辩经论谈及乐舞表演等依次排坐时间甚久，萨迦法王昆仲（ས་སྐྱ་བདག་ཆེན་སྐུ་མཆེད།）主仆前来晋谒，加之汉藏要员等聚集此处的人数数不胜数。但班禅额尔德尼转世活佛毫无惧色畏葸，却仍笔挺地稳坐在金刚高座上严如峻山。有时面向达赖喇嘛合掌微笑，瞻仰其尊容后，作出若干种言谈的姿势，其谈笑风生有如成年人的举止，即其不可思议的身语意之奇特功绩博得了众人异口同声的赞誉。向奉天承运大皇帝回赠丰厚的贡品及回敬奏本，赐各政教要员以各种赏品。赤钦诺门汗（ཁྲི་ཆེན་ནོ་མིན་ཧན།）向师徒二圣呈献多种上品。以吉祥萨迦法王昆仲为首的僧人20余人为班禅额尔德尼转世活佛隆重举行万供祈祷法会，亦给予彼等丰厚回赠。二十九日为廿九食子节，当天密宗院僧众表演神舞，三十日开启佛祖画像唐卡，由师徒二圣共同虔心瞻佛。

札仓僧众50余人要求单独晋谒，届时给彼等摸顶赐茶，令其高唱道歌，于是彼等引吭长吟天女之瘟道歌，使师徒二圣大喜，赏

---

① 金颜相会，指八世达赖喇嘛和班禅额尔德尼转世活佛相聚一起。

② 即佛像、佛经、佛塔。

③ 原西藏地方政府最高行政官员。通常为4名，官阶为三品，即噶藏贡伦的简称。有时在文书中又称为顿那敦（意为在达赖喇嘛跟前效力），或敬称为萨旺（意为护持一方）、夏白（意为“莲脚”）。清乾隆十六年至嘉庆九年（1751－1804年）期间，设3名俗官噶伦和一名僧官噶伦。嘉庆九年至光绪四年（1804－1878年）噶伦全由俗官担任。光绪四年至二十年（1878－1894年）设4名俗官噶伦和一名僧官噶伦。1894年以后恢复为三僧一俗。

每人上乘哈达一条。嘎喜公班智达(དགའ་བའི་ཀུན་པཎྜིཏ།)及其公子噶伦台吉、红帽活佛、扎西孜(བཀྲ་ཤིས་རྩེ།)以及贵族和寺庙的居家、外出的所有人员一律呈献贡品,此乃自始至终保存之惯例。其中诸当事者一概受到摸顶、排坐饮茶和慰问等待遇,亦可享受回赠礼物。一般献礼者均受到瞻仰尊容之莫大荣幸。从九月三日至六日为止,三天之内,给以内存一切救世主大金刚执①法体的银质大灵塔为首,凡在本寺各无量宫中的一切诸佛天神像,由以人天大怙主为首的甘丹寺法座额尔德尼诺莫康(ཨེར་ཏེ་ནི་ནོ་མོ་ཁང་།)、普觉活佛、谢阿乃四名、色拉、哲蚌和甘丹三大寺三上师、侍读、朗杰札仓金刚师、显宗僧五十名、密宗僧三十名许等依照吉祥大威德之规,念诵佛经,隆重举行加、正、结三行俱全的开光仪式。随后向怙主佛王(即指达赖喇嘛)呈献金银等以为酬金,给其余参加开光仪轨的所有人及僧俗官员以令其满意的丰厚酬金。当进行最后的酬补诵经时,从晴朗的天空中纷纷降下白雪似的散花细雨,众人有目共睹,出现如此奇特圆满的吉祥预兆,使诸有缘者由衷生起无比喜悦。

如是云:少年佛子功绩中,充满亿万万利益,甘丹列谢曲林寺,众生享尽其利益。祈愿发心之伟力,面朝讲修之源泉,扎什伦布大寺时,袈裟宝幢如僧海,伞幢幡等队列齐,悬旗结彩钹号响,香烟缭绕笼罩天。各地人群执法器,语言服饰却各异,迎驾仪仗歌舞景,天神仙女齐喝彩。汉蒙藏之诸僧俗,达官显贵环绕汝,尤如众僧围帝释,亦如群星绕月轮。谢地扎格闭关僧,跟随前世班禅额尔德尼者,遇彼忆前安慰彼,轰动全场更敬信。吉兆已显,应作政教转轮王;相好圆轮,万丈光辉照大地。足莲荣登,扎什伦布高幢殿,无量宫之狮子座。奉天承运,文殊菩萨大皇帝,伟如金汤大长城。供养

① 一切救世主大金刚执,即指六世班禅额尔德尼·罗桑班丹益西。

赞誉，福田檀越已结成；所赐财物，庞大丰厚难预料。采取善巧之德行，助汝怙主，高举事业白伞盖，直至三有之顶端。如同常啼菩萨，总以爱戴之心，依止法胜为师。汝具共同佛性，意行随汝依止。具详上师班丹顿珠子，以其关爱仁慈菩萨心，如法治理信教众庶民，狮子座上威猛如严狮。净饭王子，与汝无二，汝应广弘，如来教法。身为天境，人间怙主，应向天人，大宣法声，以除天人，共同苦难。诸天神众，欢乐喧哗。谓之“无边诸佛共相怙主班禅额尔德尼一切知尊者罗桑班丹旦白尼玛确列朗杰吉祥贤身语意之传记世间庄严”中足莲登于高悬宝幢殿狮子宝座。

第二节　受居士和沙弥戒时的情形

七日（藏历九月七日）为吉日良辰，日初时于悦意法持殿由圆满佛法主宰佛王一切大通达（即指八世达赖喇嘛）削发剃度至尊活佛大宝（即指班禅额尔德尼转世活佛），剃度前问彼：“愿献发新否？”，彼答：“愿意。”剃度后，取法名为至尊罗桑班丹旦白尼玛确列朗杰吉祥贤（རྗེ་བཙུན་བློ་བཟང་དཔལ་ལྡན་བསྟན་པའི་ཉི་མ་ཕྱོགས་ལས་རྣམ་རྒྱལ་དཔལ་བཟང་པོ།）。随之，祝福三宝，散布花瓣以为祥瑞。然后以佛王为轨范师（梵音阿阇梨），大班智达益西坚参（ཡེ་ཤེས་རྒྱལ་མཚན།）经师为告时师，授与彼守持五戒律之圆满居士戒。届时诸师朗诵彼亦能顺口随念。遂向师奉献丰厚酬金，师亦赐上好礼品。当天不分远近僧俗，都悬旗吹号，使一切善品心生欢喜。随后在贤劫神殿达赖喇嘛、班禅额尔德尼金颜相会，由拉章举行的盛大宴会上向达赖喇嘛奉献丰厚的礼品，给赤钦诺门汗等所有人依地位及其身份呈送上好礼物。西藏地方政府亦设大宴，在隆重的宴会上向班禅额尔德尼小活佛奉献厚礼，达赖喇嘛叔父堪钦及诸噶伦以及各寺庙等纷纷呈献大量礼物。十二日于噶当殿宴请达赖喇嘛，除此外曾多次举行过小宴。当日午后前师徒一直相聚一起，由达赖喇嘛讽诵开讲《皈依发心仪》《迎请沐浴》《佛王师徒二圣本生祷告》《祷文一切诸佛智悲》《三时佛》《贤者佛》和《兜率上师瑜伽法》等经文传承，《文殊规则之无量寿五佛〈长寿灌顶〉百遍》《吉祥金刚威德唯勇灌顶》之加行及正行、《金刚摧破之洗拭守》《释迦牟尼赞》《尊者礼供》《七支》《具祥三域》《度母善写》等经文传承和《檀木度母随许》等。演讲之时班禅额尔德尼小活佛停止任何玩耍，怀着喜悦和仰慕的心情专心致志地听讲后，向达赖喇嘛敬献曼札、三所依、金、银及多匹绸缎等以为酬金。

七世班禅额尔德尼如前辈班禅额尔德尼一样头戴尖帽①，步入长廊参加僧众集会时，钦差大臣博清额、加尔笔和笔贴式等前来晋谒。班禅额尔德尼对大臣博清额十分亲切，赠彼附设装饰的佛珠和佛像。诺门汗主仆晋谒班禅额尔德尼转世活佛时禀报道："班禅额尔德尼从达赖喇嘛身前接受不可思议的佛法，恳求七世班禅额尔德尼就像四世班禅额尔德尼·罗桑确吉坚赞一样成为一切佛法之主。"班禅额尔德尼十分高兴地云："是，是！"这些日子班禅额尔德尼贵体非常健康。此处虽人口相当密集，然而具有地域纯净等很多优点，其原因是达赖喇嘛、班禅额尔德尼师徒二圣的发心加持和具威诸护法神合理完成各自事业之威力。九月二十五日，在（扎什伦布寺）石板大场地举行盛宴宴请师徒二圣，向达赖喇嘛主仆馈赠极丰厚的赆仪。三十日金颜相见时谈论与佛法有关的情况，与此同时奉献曼札、佛像、金银及诸多水果器皿等。十月一日，班禅额尔德尼抓住达赖喇嘛的僧衣云："请尽快驾临此地！"大有师徒难舍难分之感情。当天日出时达赖喇嘛主仆一行从扎什伦布寺命

① 尖帽，僧众集会时所戴形如鸡冠状之帽。

驾，在桑巴夏（ཟམ་པ་ཤར།，意为东桥）设灶，即由薛阁下主仆坐骑队前去送驾。又派遣致敬慰问团，分别由索本梅尔刊（གསོལ་དཔོན་མེར་ཁན།）堪布到鼐喜（སྙེ་བཞི།），卓尼波惹瓦（མགྲོན་གཉེར་སྦོར་བ།）到拉萨，印经师嘉扎巴（པར་དཔོན་ལྷུགས་གྲགས་པ།）到澎波（ཕན།）山下。以大班智达经师为首的比丘六十许人举行迎请沐浴，当朗诵七支加行时经师称赞班禅额尔德尼念诵曼札如此详尽，班禅额尔德尼十分高兴，于是以左右手有条不紊地紧握铃杵，挥杵摇铃。罗钦（ལོ་ཆེན།）活佛前来拜谒时，禀告班禅额尔德尼云："此为何人？"班禅额尔德尼以回忆前世之神力答云："仁钦也。"。托付班禅额尔德尼父亲之仁钦班智达经师给千人以上的求法信众讲解、发心及供养《道次第善趣道》，众信徒奉献大量酬金与彼。八日夜晚，班禅额尔德尼将父母请到日光殿佛龛前面，云："汉骡扎伦蔡母由鞍辔扮得格外精神，请看！"父母问彼："在何处？"彼以手指指向一处云："就在此处。"父母却看不见，认为当时班禅额尔德尼出现一种奇特的观感。又有一次黎明时分，班禅额尔德尼父母和两个侍从都听到好像銮铃在室内来回走动似的婉转声音，遂问卜于拉木护法，护法答："是吉祥天母到来之象征。"。自十四日起大班智达经师向班禅额尔德尼详细讲授《依竹杰系的〈长寿灌顶〉百遍》和《长寿仪轨甘露水流》等经文传承，《摧破金刚洗礼》及其随许，《文殊阿惹巴杂那随许》和《兜率上师瑜伽法》等，班禅额尔德尼亦随师复诵诸佛经，所复诵之经文音正又清晰，遂向经师叩长头。如此撰写了合理依止师友之精彩传记。经师赠给班禅额尔德尼一尊法王宗喀巴大师的像，并要求彼云："应为无比的格鲁派教法作出有如重现宗喀巴大师之奇特功绩。"彼答："是，是！"。

达赖喇嘛一行送驾人员卓尼（མགྲོན་གཉེར།）等返回后，将信函及随函礼品敬献给班禅额尔德尼，班禅十分高兴地接受后问彼：

“大宝阁下(即指八世达赖喇嘛)一路康宁否? 坐骑稳妥否?”。推林谢阿乃(ཐོས་གླིང་ཞལ་སྔ་ནས།)和多康之霍尔炉霍头人(ཧོར་བྲག་མགོ་དཔོན།)前来晋谒奉献万供,随之拉衮活佛(ལྷ་མགོན་སྤྲུལ་སྐུ།)、塔尔寺僧众进贡团体亦前来进贡。总之远近各处的进贡人员皆获得晋谒,如愿以偿。班禅额尔德尼虽年极幼,但能讽诵《无缘大悲经》等许多佛经,又能供奉曼札,以手堆集四洲、须弥等,同时每天上午到寝室诸佛像面前长叩三次,从未间断。彼以如此之稀奇功绩享受时光。依照达赖喇嘛的卜筮内容,班禅额尔德尼轮流居于遍观尊胜宫之各殿内。依常规每年班禅额尔德尼赐密咒大师谢阿乃、跳神指挥、法王夫妇扮演者、阿岗哈木扮演者及度母仪轨筹办者等人以摸顶。二十九日傍晚,已到就寝时班禅额尔德尼作出许多坐立不安的动作,班禅额尔德尼母亲便云:“请坐下! 这么寒冷的季节老母亦受冻矣。”于是班禅额尔德尼毕恭毕敬地垂首云:“发露忏悔①。”于廿九食子节,班禅额尔德尼从拉章密严刹土殿的窗口向外观看其场景,见其一切安排就绪,圆满妥当。三十日,由于感冒稍有倦意,当即广泛诵经祈祷,翌日痊愈。

藏历阴木蛇(1785年)新年之际,依惯例供养礼赞吉祥欲界主母。将定结度母佛像迎请到东殿,以为班禅额尔德尼双亲之所依。于日光殿向班禅额尔德尼敬献人参果时,班禅额尔德尼从碗中挑选一块纯净的人参果,吩咐侍从:“此人参果献新应供奉给至尊度母。”遂令其送去。随后将甜米饭等食品的献新都陆续派人奉献给度母。后来班禅额尔德尼亲自到东殿,面向度母长叩三次,取出上乘敬神哈达献给度母祈求加持。随之班禅额尔德尼手持内存前世班禅额尔德尼的书法之宝箧,首先为自己祈求加持。然后将宝箧

① 意为深表歉意。

轻轻触于大臣佐在场所有人的头顶上，并云："祈求加持。"密宗僧众大会敬献八瑞物等耽搁时间较长，但班禅额尔德尼仍然巍巍荣坐于僧众集会的首席宝座。散会后班禅额尔德尼将密咒大师谢阿乃敬献给自己的上乘哈达转献给度母佛像。以前虽无呈递特殊报告者，班禅额尔德尼在饮茶时"法王宗喀巴大师"等偈和"愿扎什伦布永昌"脱口而出。此乃彼心中只有宗喀巴大师的教法之奇特象征。将新建造的白银白胜乐、白度母、无量寿佛、宝髻尊胜母和依怙寿主等五尊镀金佛像，各身高十二岁童子、附带镀金铜靠背及莲宝座者，均陈设于东殿佛龛内。随后，班禅额尔德尼在诸佛像前念诵纯正清晰的咒文"嗡苏札迪喀拨杂耶索哈"的同时抛洒花瓣。

十四日良辰，密咒大师谢阿乃云丹坚赞（ཞལ་སྔ་ནས་ཡོན་ཏན་རྒྱལ་མཚན།）被封为（班禅额尔德尼的）经师，班禅额尔德尼从彼接受《道次第师承启白之经文传承》和《金刚摧破之洗礼》等。当时索本堪布向班禅额尔德尼呈献曼札，班禅额尔德尼令彼云："取余之曼札来！"遂将前世班禅额尔德尼的曼札献与班禅额尔德尼，班禅额尔德尼大喜亦按经文将堆集置于曼札的各处，然后向佛王大师即经师叩长头以示深表敬意。此乃彼已通达妙善根源是依止师友之奇特功绩。由索本梅尔刊（གསོལ་དཔོན་མེར་ཁན།）堪布延请班禅额尔德尼到珍宝宅出席喜宴，喀尔喀等地大批人员前来进贡，所供品种甚多，班禅额尔德尼十分高兴地接收后，置彼等于敬、信、喜之中。

为迎接前来赠送奉天承运大皇帝特赐与班禅额尔德尼关于在北京白塔顶上天神奉献哈达，此乃有目共赏，象征瑞祥兆头之金敕和御赐长条哈达等使臣，设灶于桑乃夏（或称桑巴夏）东桥，由密宗僧众百许人的仪仗队前来迎驾圣旨。当使臣走到班禅额尔德尼跟前时，活佛站在红垫上，双手举起成色上乘长条洁白哈达献给大皇帝以表慰问致敬。钦差大臣将御赐上乘洁白长条哈达献与班禅额尔德尼，活佛以双手毕恭毕敬地接受，然后坐在宝座上。笔贴式大老爷宣读藏文圣旨，班禅额尔德尼听后十分高兴。钦差大臣将曼札、白银大升、绸缎数匹和金如意等呈献与班禅额尔德尼，班禅额尔德尼愉快接收。噶伦嘎喜瓦单独晋谒班禅额尔德尼，活佛与彼谈笑风生。钦差等到达及辞行时所赠佛像、藏香、氆氇及其它物品，种类齐全。彼等停留居住期间，宴请及个别嘉奖都做到使之欣喜满意。感谢大皇帝的奏章亦已上呈。班禅额尔德尼脱下裘皮衣服，换上僧衣，吩咐近侍要作《长寿灌顶》，手持䥫鼓和摇铃作出灌顶手印，将阿岗哈木（梵文意为善缘）、班丹亚（梵文意为乐器）、布克巴（梵文意为花）、笃白（梵文意为熏香）等脱口而出。

喀尔喀右翼札萨克图亲王喇嘛确杰罗桑朗杰（བླ་མ་ཆོས་རྗེ་བློ་བཟང་རྣམ་རྒྱལ།）奉献大量贡品与班禅额尔德尼，活佛接收后有关赐彼封号的文书授与彼，并在文书上亲笔题写“祝愿吉祥如意”几个字，其身边的人无不惊奇。在具德时轮修供仪轨中，其仪轨开始、中间和结束的每一天班禅额尔德尼向三尊主要佛像各献一条内裤哈达，自右向左环绕彩粉坛城一周，于四方各隅叩长头三遍，虔心发愿。赴金龙喀却和韦龙扎噶两寺任住持者二人向班禅额尔德尼辞行时，令彼等将来成为佛法之典范。三日，来自孟加拉的瑜伽咒师苏热杂甘地及其随从晋谒班禅额尔德尼，班禅额尔德尼接受孟加拉王的致敬信函及随函厚礼。桑顶活佛（བསམ་སྡིངས་སྤྲུལ་སྐུ།）所进祝寿礼品数量颇大，班禅额尔德尼邀彼聚餐，数日前班禅额尔德尼活佛寻找一条上等哈达准备献给多吉帕姆，待桑顶（译者注：位于西藏自治区浪卡子县的羊卓雍湖南侧。关于该寺初建年代说法不一，《宗派源流镜史》中说，由香巴噶举派创始人琼波奈觉的四传弟子克尊循珠所建；也有说为珀东巴却列南杰（1375－1451）于15世纪初所建。该寺为僧尼合住寺院，由女活佛多吉帕姆为主持。至今已传十二世。其中的二世为六世班禅额尔德尼之侄女。十二世多吉帕姆德庆曲珍现为西藏自治区政协副主席。该寺在18世纪时曾有僧尼80名，本世纪初近200人，后不断减少。寺内主修金刚亥母秘法，修炼印度瑜伽密宗，日依几而寐，夜沉思而坐。女活佛多吉帕姆被认为是印度神金刚亥母的肉身再现，备受信徒们的敬仰。寺内灵堂中供有历辈多吉帕姆的肉身。）活佛赴宴时赐彼摸顶，将哈达搭于彼项上云："此乃吉兆矣。"彼等辞行时给予丰盛的贶仪。祈愿法会的前后两天班禅额尔德尼莅临拉章日光殿天窗檐。第二天晌午进餐前往吉那，于吉那法会上班禅额尔德尼领诵《七支》和《祈愿》等佛经，大匡佐、班禅额尔德尼双亲、堪仁布切、经师仁布切和护法神殿僧众随声朗诵。帕索米村（བ་སོ་མི་ཚན།）和赛巴米村（སྲད་པ་མི་ཚན།）的僧众夏季晋谒班禅额尔德尼，祈求摸顶，冬夏两谒乃惯例矣。因忆前世之故，班禅额尔德尼一见嘉木样协巴贡却晋美旺波（དཀོན་མཆོག་འཇིགས་མེད་དབང་པོ།）[①]如同前世班禅额尔德尼一样对彼十分亲切，并询问其身体情况等。

嘉木样活佛隆重宴请班禅额尔德尼，与此同时奉献厚礼。他以悦耳适意的语言祝愿班禅额尔德尼足莲永驻，才识精湛、德行严谨和一心利他诸三者之功绩与前世班禅额尔德尼毫无二致。班禅额尔德尼接受祝词。后于小宴和辞行致谢时给予特殊礼遇。新任掌堂师和咒师呈献香新，卸任掌堂师和咒师亦献余香，彼等不分新旧均受班禅额尔德尼摸顶加持。

---

① 清代藏传佛教高僧（1728－1791年），拉卜楞寺第二世嘉木样。父名俄昂南嘉，是昂拉百户，母亲索南吉。5岁从尕·诺布坚参大师受居士戒。6岁从格西曲杰出家为僧。7岁随伯父东科尔活佛索南嘉措居住，取名郭拉，从舅父罗哲嘉措比丘学习藏文。13岁时，由东科尔活佛受沙弥戒。德瓦仓罗桑丹珠在一世河南亲王察罕丹津福晋南杰卓玛的支持与陪同下，寻访一世嘉木样的转世灵童，并于乾隆八年（1743年）七月十三日迎至拉卜楞寺坐床。22岁时，由三世章嘉呼图克图授比丘戒，赐号"三宝无畏自在妙音智精进"称号。25岁时，赴西藏人哲蚌寺郭莽札仓学经，先后受教于七世达赖喇嘛、六世班禅额尔德尼等高僧大德，获格西学位。32岁时，是年五月二十三日，被西藏地方政府封为"具善明教班智达诺门汗"称号，遂返回拉卜楞寺。42岁时，赴北京，从章嘉若贝多杰学集密五程次第明灯，顺路云游内蒙古四十九旗弘扬佛法。45岁返回拉卜楞寺，乾隆皇帝敕封为"护法禅师班智达额尔德尼诺门汗呼图克图"。二世嘉木样以博学多才而闻名佛学界，曾先后出任拉卜楞寺、佑宁寺、塔尔寺、夏琼寺等寺院的法台，广收门徒，盛名远扬。经他投资修葺和创建的寺院不下40座，这些寺院成为拉卜楞寺的属寺，寺院秘属部落也成为拉卜楞寺的香火部落，为扩大拉卜楞寺的影响，发展其势力，使其成为安多地区最大的宗主寺奠定了坚实的基础。生平著作有12函6卷，主要有《第一世嘉木样传》《章嘉若贝多杰传》《班禅额尔德尼罗桑华旦益传》（上、下）、《塔尔寺志》《人中论之探讨》《宗派论述宝蔓》《般若八品之探讨摄要》《卓尼丹珠尔目录》等。乾隆五十六年（1791年）十月二十七日，从青海返回拉卜楞寺时，在尕多麻昂寺圆寂。

三十日,僧众出游,班禅额尔德尼与僧众一起莅临格桑江热(སྐལ་བཟང་ལྕང་ར།)。索西长老及大掌堂师等人依惯例祈求摸顶加持。每年往赴白阔曲德(དཔལ་འཁོར་ཆོས་སྡེ།)和昂仁(ངམ་རིང་།)①两寺的游学辩经僧人出行前及返回报到时均受班禅额尔德尼摸顶,此为惯例。九月三日,即木曜会氐宿之日,定为占吉日②为迎合徒众之心意,班禅额尔德尼开始学习藏文字母,彼因恢复前世班禅额尔德尼的印象习气,毅然选定噶当殿为教室。是日,亦得怙主佛王经驿站送来的信函、沐浴净水和满盘南方的鲜果。班禅额尔德尼阅读信函,开首为吉言“善哉”二字,颇为吉利。所赠礼物为三所依、金银和绸缎等。班禅额尔德尼多次观看誓愿文翰亦作阅读之态。文殊大皇帝派遣慰问者堪布日喀瓦(རི་མཁར་བ།)等人抵达后,宣读圣旨云:“前世班禅额尔德尼进宫与朕会晤,汝为利益佛法众生作出伟绩,升系土朕痛苦难忍,然现已出现其转世活佛,以前闻钦差所言有很多迹象足以证实此乃班禅额尔德尼之真身,朕甚喜。朕为天下之主,置一切为安乐者,活佛现因年幼,未到学知识之年龄,待到学龄时加倍学习知识,成为前世一样。匡佐仲巴呼图克图和索本梅尔刊堪布二人负责其培养和服侍等事务。”随旨赐予赏品。班禅额尔德尼询问:“圣上安康否?章嘉活佛的贵体康宁否?”

去年班禅额尔德尼坐床后派遣堪布等人(赴内地)赠送礼品者已返回,彼等携带随(皇帝)之诏书以及额外赏给班禅额尔德尼的

---

① 地处西藏自治区西南部,日喀则地区中北部,珠穆朗玛峰正北,冈底斯山脉东段。北接尼玛县,西连措勤县,南与萨嘎县、吉隆县、聂拉木县、定日县接壤,东与谢通门县、拉孜县相连。历史上也译作“昂忍”“昂木仁”“仁孜”“敖不忍”“傲不仁”“阿布林”“章阿布林”“将阿木凌宗”“昂仁宗”等,公元14世纪,帕木竹巴政权设昂仁宗,后隶属班禅额尔德尼堪布会议厅管辖。1923年九世班禅额尔德尼离开扎什伦布寺出走内地后,西藏地方政府派人管辖该宗。1959年12月,成立昂仁县人民政府,隶属日喀则地区管辖至今。桑桑乡的酥油,因味香色美而出名。境内有寺庙多座。藏戏和歌舞在西藏很有名。县府卡嘎,平均海拔4380米,现已具有文化卫生、商贸金融、邮政通讯等公共服务设施。

② 占吉日,旧时藏俗须于某日举办某事,而是日恰逢凶日者,则提前择一吉日,预作举办状,以破除不详。简言之,原定日期为凶日,须提前选择吉日,提前选定之吉日称之为占吉日。

御赐上乘长哈达一条、赤金铸造的无量寿佛像一尊,其高达19指和108颗珍珠贯串的佛珠一串,附加四颗珊瑚和佛珠金坠①以为饰品,其每颗珍珠大小约一颗中等蚕豆。所赐诏书云:"朕闻班禅额尔德尼转世活佛之认定极快,其言行等如同前世班禅额尔德尼而无区别,朕甚欣慰。现其年幼尽力作好珍摄防疫等,待其接受学问时,如同历世班禅额尔德尼一样闻、修和体验显密二宗,其为佛法所作出的功绩若能成为黄帽教法之庄严,朕倍加欢喜。如上明白晓谕仲巴呼图克图和索本堪布。"班禅额尔德尼以恭敬而喜悦之情接受诏书,不久上呈感谢信函。十二月,班禅额尔德尼经常对其母亲和近前侍者云:"吉祥天母②莅临。"于廿九施食节,班禅额尔德尼莅临般若神庙观看跳神,十分开心,一直看到表演劝进为止。大庙祝敬献曼札、三所依及藏香等贡品,班禅额尔德尼接受后赐摸顶。此时拉章呈献素食油炸糕点乃惯例。是年有大批蒙古信徒远道晋谒班禅额尔德尼,众蒙古获得接受摸顶及瞻仰容颜之机会,使之如愿以偿。

藏历火马(1786年)年一月,给基纠(སྤྱི་སྐྱུར)进贡者及大掌堂师等人摸顶,赐彼等排坐饮茶,茶余奖赏。供养祈愿法会斋僧茶的诸俗官敬献礼品,皆获摸顶。密宗院敬献八瑞物,令彼等唱道歌《智

---

① 金坠,即指每个坠贯串十颗小金丸的坠。

② 八佛母之一。据说吉祥天母能给人以智慧和幸福,因此深得藏族青年男女的尊崇。吉祥天母又称作"三界荣耀女王",认为是众神之首、众佛之母,原西藏地方政府奉之为保护神。她具有8种装饰:①神采赫奕鳄鱼威武装饰;②方便智慧日月双轮装饰;③烧烦恼毒智慧之火装饰;④根除生死之源新月獠牙装饰;⑤如遍行愿金刚翅装饰;⑥具备权威金刚装饰;⑦入解脱处王之红铜甲装饰;⑧禳灾除邪黑乌铁甲装饰。另一说是:①头发竖起消除轮回装饰;②金刚鹏翅方便智慧装饰;③深蓝宝石顶冠英武威慑装饰;④金刚顶髻增上智慧装饰;⑤王之红铜铠甲光辉装饰;⑥无二加行智慧女装饰;⑦禳灾除邪黑乌铁甲装饰;⑧烧烦恼者金刚火装饰。藏传佛教认为,吉祥天母在每年藏历的正月初一日骑着阳光周游全世界,这一天太阳光在她肚子里,加之又是藏历新年的第一天,为祈得吉祥如意,藏族人民在这一天都供奉吉祥天母。关于吉祥天母还有一段神话传说。据传这位女神原先颇为风流,有100个情人和她来往,并送给她不少礼物,她也经常外出和情人幽会。她父亲劝阻不住,只好用铁链锁住她。后来,母亲送给她一头骡子,帮她逃跑。父亲发现后立即追赶,眼看追不上,便从后面射了一箭,射中了骡子屁股。父亲把她抓了回去,让她与一个罗刹结婚,并诅咒她变得跟鬼一样相貌奇丑。

慧怙主》，尊命引吭高歌《疾行天女》，班禅额尔德尼十分高兴。八世达赖喇嘛之叔父阿其图罗桑平措（ཨ་ཆི་ཐུ་བློ་བཟང་ཕུན་ཚོགས）即将到来，班禅额尔德尼父亲前去迎迓。班禅额尔德尼曾多次寄书函与祖父（指达赖喇嘛叔）和父亲，以述衷情。当祖父前来拜见时，班禅额尔德尼从达赖喇嘛曾经赠给他的哈达、金曼札和如来佛像中取出曼札，堆积米堆，然后将佛像置于己顶祈求加持，最后将哈达搭在手上云："大宝阁下（指达赖喇嘛）三密康宁否？祖父贵体健康否？一路身语意平安否？"待赠哈达后，祖父祈祷祝愿，奉献哈达及厚礼与班禅额尔德尼。班禅额尔德尼为曼札堆中撒少许粮食以献新，祷祝三宝云："祈求如愿以偿"。

常驻拉萨的驻藏大臣阿李（ཨ་ལི།）①曾被前世班禅额尔德尼纳入大密金刚乘之法门，赐密名为不动金刚。去年他派专人送来名为"弟子不动金刚呈文"及皈依礼品，今又派其管家前来送礼。班禅额尔德尼赐彼等排坐饮茶，唠其家常。辞行时教诲道："望钦差保重身体，勤奋行善！"班禅额尔德尼随同祖父朝圣，多次叩长头与赤黄度母和噶东弥勒诸等佛像，并向诸佛虔信祷告。班禅额尔德尼目瞪其保姆罗桑卓玛（བློ་བཟང་སྒྲོལ་མ།），问："阿姨，汝曾去过极乐世界否？"答："未曾去过。"班禅额尔德尼重复两遍云："然所谓极乐世界正是此处。"于日光殿班禅额尔德尼出席时轮仪轨法会，坐于首席宝座。两名格西辩论《时轮生圆次第》，以为供奉法云，致使班禅额尔德尼大喜。鼐曲德寺（གནས་ཆོས་སྡེ།）一名僧人为求得班禅额尔德尼亲手抓的灵妙青稞，将法王夫妇等20个面具展示于班禅额尔德尼面前。班禅额尔德尼将法王面具戴于己面，将其它面具戴在其父和跟前近侍面上，佯作于廿九施食节跳神、劝进，缓缓舞蹈，遂

① 阿李，似指博清额，待考。

领诵“祝至尊上师永驻……雪山环绕的刹土……佛法具德上师足莲永驻……”诸等偈咒，众人跟随着班禅额尔德尼大声讽吟，一时喧哗，是日天降雨加白雪。祖父辞行时赠送丰厚的赆仪，详细嘱托将曼札、佛像、佛经和佛塔转赠给达赖喇嘛，祈请多多关照。五月，班禅额尔德尼听到章嘉若必多杰（ལྕང་སྐྱ་རོལ་པའི་རྡོ་རྗེ།）圆寂的消息后，好几天神情沮丧，心神不定。为捐助其祭奠，从大皇帝库中取白银500两，于各庙殿举行千供，熬茶布施僧众大会及各教派寺院。

七月十二日，为庆典八世达赖喇嘛亲政，担任西藏地方政教首脑特遣卓尼波惹瓦班丹桑波（མགྲོན་གཉེར་སྤྲོར་བ་དཔལ་ལྡན་བཟང་པོ།）一行赠送贺礼者已返回，将清册开首所列大皇帝赏赐班禅额尔德尼的彩缎唐卡四臂观音①及羊脂玉顶子一副、四相缎②服一件、蟒黄色座垫一个、黄色香炉一个和各种精美品皿敬献给班禅额尔德尼，班禅额尔德尼以礼受之。当时江孜代本③江金（ལྕང་ཅན།）行为不端，对于江金的所为，班禅额尔德尼保姆主张禁止赐予其摸顶。班禅额尔德尼瞪眼云：“何出此言，班禅额尔德尼对众生一视同仁，绝无偏袒，禁止摸顶之规过去未曾有过，将来亦何曾有。”于是众近侍纷纷叩首道歉。班禅额尔德尼面见前世班禅额尔德尼侄于罗桑扎西（བློ་བཟང་བཀྲ་ཤིས།）活佛，赐彼摸顶及排坐饮茶，彼敬献班禅额尔德尼阎魔护法神之面具，班禅额尔德尼令将之延入护法神殿内。班禅

① 四臂观音，是藏传佛教观音菩萨多种变相中最多见的一种，标准造型是一面四臂，正面二手合掌，掌中持果或宝珠，上方右手持念珠，左手持花。此像发髻顶饰金刚杵，五叶冠满嵌松石、珊瑚。细长发辫垂肩，上身袒露，胸前垂挂项链、璎珞，面颊清瘦神态庄严。莲座背部无莲瓣，阴刻八宝纹涂红颜料。

② 四相缎，织有水纹、岩石、云彩、龙等四种图案的缎子。

③ 原西藏地方政府藏军军职官衔，相当于团长。旧译戴琫。清乾隆末年，始确定每一代本辖兵500员，下分两个如本管辖，每个如本辖兵250员，后来逐有扩充。代本官阶为四品，必须是贵族出身。代本由地方政府赐封庄园1个，称为“达豁”，即代本的薪俸庄园，庄园里的土地、农奴、房屋都为代本在职时占有。此外地方政府每年还发给代本藏银900两（后增加到9000两，15两相当于1个银元）。代本还可用10名士兵当佣人。代本除有权指挥所属官兵外，还有权对违抗劳役的士官鞭打或关监牢。

额尔德尼偶尔观察护法神殿供品——豹身空壳，令索本堪布择一良辰将之树立为护法神像。闰七月九日夜，其双亲和众近侍聚于东殿，班禅额尔德尼注视着南方的向阳窗举起手指，云：“星月交界处有天女鸟瞰余等，其坐骑骡子之铃声听见否？”索本堪布回答：“皈依处，是您阁下亲见天女，余等既未曾瞻仰天女，又未曾听见铃声。”班禅额尔德尼又云：“嗟！天女多明显，铃声多响亮，天女旁有骑骆驼者，如此之多！上方还有驾驭白玛、右手持长矛，左手托聚宝盘的尼赛大神，你们已进入日光殿。”言语间两手拍掌，喜形于色，似乎精彩节目，以饱眼福。遂又云：“又来一个护法神祇，骑棕色马矣。”索本堪布云：“请问何护法神？”答：“是威猛梵天矣。”于是索本堪布朗诵祷文，云：“啊！人神怙主阿弥陀佛光。”班禅额尔德尼云：“若无白昼或灯光，独自一人观看，能看到天女、护法神祇、护法神马、护法神狗等很多类型。”班禅额尔德尼母亲及匡佐索平莅临时，班禅额尔德尼讲述以上所见之情形有声有色，使彼等无不惊奇。西藏地方政府管理熬茶布施的僧官面呈达赖喇嘛写给班禅额尔德尼的慰问信函和随函礼品，班禅额尔德尼愉快接受。此僧官一行报道及辞行均给予排坐饮茶之待遇，并委托彼等将回函代为转赠。罗桑强巴（བློ་བཟང་བྱམས་པ།）是阿旺强巴（ངག་དབང་བྱམས་པ།）的转世活佛，为其获得学位提供规定布施。江孜（རྒྱལ་རྩེ།）贵族唐麦家诺布旺堆（ཐང་སྨད་ཀྱི་ནོར་བུ་དབང་འདུས།）及其亲眷康钦巴（ཁང་ཆེན་པ།）因得罪西藏地方政府，将处以极刑。彼等主仆前来托情，以免死罪，遂派索本罗桑顿珠（བློ་བཟང་དོན་གྲུབ།）一行求情。彼等返回后携带达赖喇嘛的慰问书函及老寿星像等随函礼品，并答应唐麦一案，从宽处理。推林谢阿乃益西曲增（ཐོས་གླིང་ཞལ་སྔ་ནས་ཡེ་ཤེས་ཆོས་འཛིན།）的转世罗桑曲增（བློ་བཟང་ཆོས་འཛིན།），前来应试《台成四章》，赐彼摸顶及厚礼。依照达赖喇嘛的卜筮，于或冬至经加持之泥土刻印长寿三尊佛像五万以上,并须灵妙青稞加持。

以前流行于拉萨的天花瘟疫已传到本寺山下百姓中,为预防起见,依照达赖喇嘛和大护法之指令班禅额尔德尼暂时迁居脱豁(ཐོབ་གཞིས)。与十一月二十九日动驾至斋岗渡口,赏赐船夫及劳役者,使之心悦诚服,亦施舍与乞丐。对赞东杰波(གཙང་གདོང་རྒྱལ་པོ)献哈达及宝剑,对温寺三宝献哈达、祈文,自帕充(ཕག་སྒོང)和东嘎(གདོང་དཀར)至脱豁,凡是来进贡、晋谒的豁卡管家都给与回赠,给僧众以布施,歌舞迎送者以使之欢欣的赏品。班禅额尔德尼莅临顿珠觉杰(དོན་གྲུབ་འཁོར་རྒྱས)豁卡之兜率聚殿,拉章向全体师徒主仆呈献丰盛的油炸珍馐。达赖喇嘛特遣代表群则医师向班禅额尔德尼呈献书函及内含大批金银、绸缎、油炸食品、10箱各种水果和红糖,砖茶茶条8个、果子茶条60个、上等酥油和二等酥油共计230克、纯净青稞700克及整腔绵羊肉300只。班禅额尔德尼笑纳敬赠,给代表主仆摸顶及排坐饮茶,辞行时与彼等亲切交谈,并予厚赏。托付彼等代为呈献回函及回赠礼品与达赖喇嘛。脱豁和噶绕(དགའ་རབ)二管家及噶绕集会宴请、进贡班禅额尔德尼,遂从进贡中退还合适之财物与彼等作为回礼。班禅额尔德尼祭祀二豁卡之二主神,呈献哈达、神殿供品——宝剑附剑鞘、长矛、鼓、旗及弓箭与主神,祈祷祝愿佛法昌盛,众生安乐。琛列巴钦波奉献哈达及珠宝大包,祷告班禅额尔德尼足莲永驻,瘟疫即息,不久于主寺与神圣僧众相聚,共享欢乐良缘。告毕即返主寺。二十二日陈设六十食子,由八位密宗僧在作羯磨仪轨中奏响《九叠瑞》乐曲,班禅额尔德尼观后极喜,默默祈祷。二十九日,于廿九食子节,在原有八名上补充十六名咒师,待跳神、放咒结束时,班禅额尔德尼父亲等众青壮汉子于篝火前夸口称贺,撒放糌粑三遍连声大呼:“愿善神得胜!”所办一切极为妥善,班禅额尔德尼大喜。经驿站达赖喇嘛送来书函、诸佛舍利、圣物（立誓愿者所需物件）、有效熏烟料和净水等。班禅额尔德尼俱受之，遂及时回函，其虽年幼，但一直坚持早晚叩首于佛像前，朗诵上述各经文从未间断，诸等中所得诸善法聚可转变成为大菩提。其拼读字母洪亮悦耳，发音纯正乃示与凡夫矣。其无与伦比，则不分贵贱高低赢得人人喝彩。

藏历火羊（1787 年）新年初一下午，给所有坐骑（骡子）配以崭新鞍鞯，五只绵羊、九头牦牛和三条看门狗等皆背负佛被[①]饰以五彩锦缎。于石板广场陈设切玛 ཕྱེ་མར། 云，护法神殿僧众作劝进，依次第祭祀共相及别相护法神祇。与此同时依常规举行欢宴，为利益佛法众生，尤其为熄灭瘟疫，给予作开光供养四轨三依曼札，沐浴洗礼，修持白伞盖大遮拦及酬补护法诸神等法事者，以优先服侍及优厚酬金。此时大皇帝降旨嘉奖班禅额尔德尼父亲，封彼为公爵，随诏书附有丰厚赏物，遂责令驻藏大臣亲自呈献，由僧众仪仗队前来迎接彼一行，彼晋谒班禅额尔德尼，班禅额尔德尼问详情，亦云："贵体安康否？一路平安否？"钦差回想起自己承蒙前世班禅额尔德尼之大恩，曾受过大威德[②]灌顶，获得教法与物质嘉奖，况且班禅额尔德尼转世之品行与前世毫无差异，不由得垂泪如雨。彼以极崇敬的心情敬献珊瑚璎珞、大皇帝之御茶——砖茶 100 块等赏品，班禅额尔德尼俱收之，遂赠送回礼及回信。三月十四日，比隆上师前来拜谒，班禅额尔德尼从彼受洗礼，彼亦授《长寿灌顶》与班禅额尔德尼双亲。办理西藏事务之钦差阿大臣将大皇帝额外赏

---

① 佛被，即遮盖佛像、经书、佛塔等所用的方形丝织物。

② 四大菩萨之一的文殊菩萨的化身。据说，文殊菩萨为镇伏阎王而变成此身，佛教经典称，大威德怖畏金刚本尊"有伏恶之势，谓之大威；有护善之功，谓之大德"。它是藏传佛教格鲁派所修本尊之一，并视为该教派主要护法神之一。时轮学院极奉此神。常见的大威德怖畏金刚像有单身和双身两种。其单身像为三面、六足、六臂，乘一头大白牛，双身像为九首，正面作牛头，头各三眼，三十四臂，各持金刚杵、剑棒等法器，十六足，裸体，拥抱明妃罗浪杂瓦，身色蓝或黄，头上有炽烈火焰，头顶无量寿佛，手持噶巴拉，足踏卧鹿或牛，牛下卧一男人体。

赐班禅额尔德尼的两条上乘哈达献与班禅额尔德尼,班禅额尔德尼愉快接受。八月十二日大臣佐自主寺前来晋谒,赐彼摸顶,不久命驾返回主寺,路途居噶绕拉章(དགའ་རབ་བླ་བྲང་།)四宿,期间基萨(སྐྱི་ས།)、豁卡管家和垂日(སྤྲུལ་རི།)隆重宴请、进贡班禅额尔德尼,亦给予彼等适当回礼。进河岸神殿献哈达及供品与诸神像,于河北渡口住一宿,期间扎西孜觉拉(བཀྲ་ཤིས་རྩེའི་ཇོ་ལགས།)主仆前来拜谒,赐彼等摸顶,置彼等于班禅额尔德尼随从。四日荣登扎什伦布寺宝座。是日,班禅额尔德尼愉快接受达赖喇嘛赠送的书函、随函礼物及祷祝长寿之丰盛礼品。班禅额尔德尼祖父阿其图(སྐུའི་མེས་པོ་ཨ་ཆི་ཐུ།)堪布、经师、济仲师兄及诸噶伦亦奉献祷祝长寿之礼物。毕图却杰喇嘛噶钦罗桑顿月(དཀའ་ཆེན་བློ་བཟང་དོན་ཡོད།)贡献曼札、三所依、藏币2800 两、绸缎 60 匹。此外青海贝勒罗桑次丹(པའི་ལི་བློ་བཟང་ཚེ་བརྟན།)、赤甲那巴卓尼巴(ཁྲི་རྒྱ་ནག་པའི་མགྲོན་གཉེར།)、章嘉呼图克图祭奠团和惹科呼图克图(ཏྭ་ཁོ་ཧུ་ཐོག་ཐུ།)等大批蒙族僧俗前来晋谒班禅额尔德尼,贡献大量礼物,祈求后继有人,班禅额尔德尼俱应众信徒之心愿,赐彼等摸顶,回赠合适礼品作为回礼,使之如愿以偿。

藏历土猴(1788 年)新年,依惯例照常欢度。列普(སླེ་ཕུ།)管家贡献的曼札、黄金 50 两、藏银数千两及青稞 10000 克,密咒掌堂师川布噶钦达瓦(དཀའ་ཆེན་ཟླ་བ།)贡献的曼札、三所依、衣服及必需用具一套、黄金 400 两、藏银约 20 章多①和绸缎数匹。赐彼摸顶,其适当礼物与彼作为回赠。十五日良辰吉日,应大掌堂师罗桑扎西的祈求,班禅额尔德尼应承给全体僧众大会的每个僧人摸顶加持。是日,身着出家僧服,倍加欣喜,即云:“此发何时方能剃去?”此乃象征迅速接受中期出家戒律和沙弥戒的愿望。登宝座后将披单搭

① 计量单位,一章多等于 50 两。

在怀上，自言自语道："此时应作如是。"遂肩披披风，头戴通人冠，以欢喜之态给众僧人摸顶历时达5天。以前狂风随常，气候恶劣。自僧众大会晋谒受摸顶以来，风和日丽，气候宜人。班禅额尔德尼背诵经文诵至："见闻思及触，赐与众人为良缘。"恰巧哈尔东（ཧར་གདོང་）比丘僧罗桑桑珠（བློ་བཟང་བསམ་འགྲུབ་）敬献一尊至尊罗桑确坚（བློ་བཟང་ཆོས་རྒྱན་）的塑像，此像曾经过斋立杰（བཀྲས་ལི་རྗེ་）之青稞加持，其造型极精美。这就自然形成其寿数及贤、严、良三事等同与法王罗桑确坚（བློ་བཟང་ཆོས་རྒྱན་）之因缘。令将饰以五色锦缎之公母牦牛及犏牛等3种玩具和青稞酒①、青稞面等依次摆布，伴随鼓乐高歌供养仙女曲。招收新咒师，呈请班禅额尔德尼掣卜，掣出德央巴（བདེ་ཡངས་པ་）和勒珠巴（ལེགས་གྲུབ་པ་）二人名，此二名合成德勒（བདེ་ལེགས་）二字，颇具吉祥。琛列巴钦波请求班禅额尔德尼为三尊佛像加持灵妙青稞。自家经营的香甘丹德庆绕杰林（དགའ་ལྡན་བདེ་ཆེན་རབ་རྒྱས་གླིང་）库中贡献净青稞15000千克及大量财物。其15000克净青稞，按每僧供养青稞3克计，等于供养僧众大会一天之纯净青稞。喀尔喀主哲布尊丹巴遣人呈献祷祝益寿贡品及布施僧众大会。所遣人员皆受摸顶及排坐饮茶之礼遇，辞行亦赐丰厚回赠。

此时，驻藏钦差向班禅额尔德尼敬献礼品，彼云："余乃蒙人，因拜谒阁下大宝如饥似渴，特奏请大皇帝准许进藏，帝应允。余虽无厚礼，但蒙怙主之恩，一路平安获得晋谒汝之金颜良缘，不胜感激。"其随从汉人虽不懂宗教，但对班禅额尔德尼的虔信却毫无虚假，都争先恐后地接受摸顶，久久瞻仰其尊容。噶伦桑珠颇章

① 藏族民间传统饮料。流行于西藏、青海、四川、甘肃、云南等地区。其制作方法是，先将青稞洗净煮熟，然后加上酒糟，用陶罐或木桶装好封闭，使之发酵。两三天后，加入清水封闭好，再隔一两天，即酿成。青稞酒和黄酒相似，呈淡黄色，味甘醇微酸，酒精含量较少，约15－20度。分为头道、二道、三道，头道酒色黄而透明，粘性大，酒精度高，味道也最好，其他则次之。青稞酒是藏族同胞男女老少酷爱的饮料，是婚丧嫁娶和节假日必不可少的饮料。

(བཀའ་བློན་བསམ་གྲུབ།)获单独晋谒,噶伦及钦差聆听班禅额尔德尼亲切言谈不分彼此,彼等先后受到个别嘉奖,报道及辞行亦受重赏。四月四日,班禅额尔德尼为新任密咒师谢巴噶钦罗桑次丹(བཀའ་ཆེན་བློ་བཟང་ཚེ་བརྟན།)摸顶,遂令彼须注重戒律、品行、开讲及听闻。于车臣康萨(ཚེ་ཆེན་ཁང་གསར།)处给作长寿仪轨祷祝及敬献寿品的密宗院僧众摸顶加持。十五日,依惯例于各神殿宙宇分别举行千供,献哈达、发愿祈祷与各护法神祇。四月德格嘎托(རྡེ་དགེ་ཀ་ཐོག)活佛主仆呈献礼品,赐彼排坐饮茶,茶间问彼家常,赠回礼。赐予昂仁新任堪布萨奎济仲(ས་ཁྲུད་རྗེ་དྲུང་།)主仆、推林基纠瓦(ཐོས་གླིང་བྱི་སྦྲུར་བ།)和西藏地方政府收购水果的僧官主仆等人给予摸顶。听到在拉萨大昭寺[1]长廊赶制缎绣佛像的消息后,即捐献各种颜色的团龙锻约三十匹。赐达赖喇嘛派遣的慰问专使塔尔林(དར་གླིང་།)堪布医师一行摸顶及排坐饮茶,茶间询问家常。于六月四日转山节,迎请首生[2]仪式一开始,午茶吹响法号,诸供养者即作沐浴于殿前,重新担任大掌堂经师,此时为如来佛祖和十六罗汉(译者注:藏传佛教中,受佛祖释迦牟尼之命,十六罗汉为:因竭陀尊者、阿氏多尊者、伐那婆斯尊者、迦里迦尊者、伐阇罗佛多

① 藏语称“觉康”,意为“释迦牟尼佛殿”。位于西藏自治区拉萨市中心。始建于7世纪吐蕃王朝松赞干布时期。相传寺址由唐文成公主相度地势选定,由尼泊尔尺尊公主兴建。因当时用白山羊驮土运输,故初称“若刹”(山羊驮土)。初建时规模不大,后经元、明、清历代不断扩建,现建筑面积约2.1万平方米。除经堂、佛殿外,还有原西藏地方政府的高级办事机构。其建筑融汉、藏、尼泊尔和印度古建筑艺术为一体。主殿“觉康”共四层,采用梁架、斗拱、藻井等形式。其上为五座铜质镀金像,金碧辉煌,气势巍峨。二三层椽头有成排的木雕伏兽和狮身人面像,雕工精巧,形象奇特。寺内藏有大量珍贵文物。正殿供有文成公主从长安带来的释迦牟尼12岁等身镀金像,其他各殿供有松赞干布、文成公主、金成公主、宗喀巴等塑像。还藏有唐代丝织佛像、元代大银灯、明代珍珠佛衣和金灯。殿堂及四周回廊的壁画,不少是几百年前绘画大师们的手迹,其中的《文成公主进藏图》《大昭寺修建图》,具有重要的历史价值和艺术价值。宗喀巴塑像前的金奔巴瓶,为乾隆五十七年(1792年)御赐,瓶高34厘米,通体用莲花瓣纹、如意头纹和缠枝纹等图案组成,另有五色锦缎制的瓶衣。瓶内插有签筒,筒内有如意头像牙签五支,是专供寻找活佛和呼图克图灵童时所用。寺院正门前有唐长庆三年(823年)所立《唐蕃会盟碑》,上书藏、汉两种文字,记述了唐蕃结为舅甥之好的经过。碑侧有一古柳,相传为文成公主亲手所栽,世人称唐柳。自明清以来,每年一度的正月传大召法会在此举行。大昭寺是西藏最早的大型建筑之一。

② 首生,藻词,意为头发。

尊者、跋陀罗尊者、迦罗加伐蹉尊者、迦诺迦跋黎堕阇尊者、巴沽拉尊者、罗怙罗尊者、注茶半托迦尊者、宾度罗跋罗堕尊者、半托迦尊者、那迦希尊者、苏频陀尊者和阿秘特尊者。）之绘画唐卡请求灵妙青稞者不约而至，彩霞升天空，花雨降大地，到处充满吉祥。班禅额尔德尼削发后，设人参果、酥油茶和油炸珍馐，以琛列巴钦波为首的仲科以上官员纷纷敬献厚礼与班禅额尔德尼，使之大喜，供养宴亦更为完善。

彼等如是云：手持莲者，取汝名为，罗桑班丹旦白尼玛，确列朗杰。授汝圆满，居士戒律，汝喜受之，据为已有。汝依次第，承受大威德金刚之，四灌顶后，心中播下，四身种子。坚守誓戒，如护眼珠。若以所得，供养侍奉，祈祷遍主，金刚执首，扰意魔军，怒火炽燃。阎魔敌即大威得，放咒天母贝格孜，衣毛毡者怒梵天，彼等看清群魔计。汝之三密事业等，若有魔云来遮拦，只好狂风去驱散，汝之声誉遍天下。出自芒嘎东山之，真身转世虚空宝，灿烂光团遂汝射，为治脱杰莲园来。其美旺姆携侍从，乃为尊胜殿增光，少年佛子与眷属，亦为兜率宫增光。大小明处之言语，有寂词句之根基，藏文韵母“阿”字等，朗读清脆众喜悦。上弦第一胜日起，直至望日月愈满，少年佛子三密事，亦如望月日日兴。六四转山节日里，黝黑头发延入寿，满天法云诸神殿，白法螺号响三域。云云，彼等乃中途休闲偈耶。

随之，由于廓尔喀挑衅，七月，前、后藏代本陆续前来，彼等报道及辞行均获班禅额尔德尼摸顶。为确保班禅额尔德尼的安全达赖喇嘛和钦差商定，特遣札希总爷（བཀྲ་བཞིའི་ཙུང་ཡེ།）和其兵卒百名，彼等于十四日抵达晋见班禅额尔德尼受到摸顶及单独嘉奖。不久，驻藏大臣及其属员70许、兵卒250名、联络官丹林札萨克喇嘛（བསྟན་གླིང་ཇ་སག་བླ་མ།）和俗官二人前来探听敌情，除兵卒外一概受到班禅额尔德尼摸顶及排坐饮茶之待遇。钦差打算将班禅额尔德尼迎请到拉萨,但因四位谢阿乃和大掌堂师祈求班禅额尔德尼不需如此,遂住于本寺。班禅额尔德尼亦找钦差云,明年赴拉萨受出家戒一事已定,故今年不该如此。然而宗噶(རྫོང་དཀའ།)失陷使钦差大惊,便决意邀请,不予更改。七月二十八日,班禅额尔德尼自本寺命驾,于拉布三岔路口暂住一宿,达赖喇嘛派遣卓尼阿旺仁青(ངག་དབང་རིན་ཆེན།)送来书函及随函礼品,班禅额尔德尼收之,令彼排坐饮茶,茶间询问情形。于拉唐贡(ལྷ་ཐང་གོང་།)住宿时,西藏地方政府遣匡佐嘉措瓦(རྒྱ་མཚོ་བ།)一行安排路途事宜,彼等给予摸顶。时隔未久,班禅额尔德尼祖父阿其图堪布派遣的献礼人员到来。于森那住宿期间,达赖喇嘛所遣卓尼拉日群则(ལྷ་རི་ཆོས་མཛད།)送来书函及随函礼品各种水果及大量素食(དཀར་ཀྱེ།),班禅额尔德尼俱收之,于排坐饮茶间与其谈笑风生,遂赠贶仪。黑帽活佛[①]及杰曹巴(རྒྱལ་ཚབ་པ།)二人前来献礼,给予摸顶,令其排坐饮茶,茶毕赠回礼。因以前雨雪极其严重,遂令护法神殿僧众供奉神饮与护法神众,施放食子与土地神,于是天气渐转晴朗。噶伦噶喜瓦(དགའ་བཞི་བ།)、色拉寺乌格(དབུ་སྐྱེས།)札仓喇嘛执事和拉萨聂仓巴扎西孜(གཉེར་ཚང་པ་བཀྲ་ཤིས་རྩེ།)家少爷等于杰沃(ཀྱེ་ཐོ།)草坪迎驾。于卓木(འབྲོག་མོ།)住宿期间,达擦[②]活佛呈献油炸珍馐,晋谒班禅额尔德尼尊容的还有赤甲那巴(ཁྲི་རྒྱ་ནག་པ།)活佛、哲蚌寺现任赤巴及卸任赤巴、僧众大会维那(དབུ་མཛད།)[③]、纠

---

① 黑帽系以蒙古大汗蒙哥为噶玛拔希确吉喇嘛(1204－1283)赐金边黑僧帽而得名,共传17代;红帽派以元朝帝室成员赐给三世黑帽活佛的弟子扎巴僧格(1283－1349)红色僧帽而得名,共传10代。第五世黑帽活佛被明成祖封为“万行具足十方最胜圆觉妙智慧善普应佑国演教如来大宝法王西天大善自在佛”,他的弟子先后被封为国师、大国师。噶玛噶举派从第四世红帽派活佛曲扎益希(1453－1524)开始和后藏的仁蚌巴家族联合,以武力打败了帕竹地方政权,与新兴的格鲁派相抗衡。第六世红帽派活佛又联合仁蚌家族、辛厦巴家族和蒙古族军事力量对抗格鲁派。至18世纪,噶玛噶举派在康藏一带仍然拥有强大实力,而且把寺院建在与西藏毗邻的不丹、锡金、尼泊尔、拉达克等国家和地区,拥有众多的信徒。噶玛噶举派的主要寺院有噶玛丹萨寺、粗布寺、德钦当寺、乃囊寺、羊八井寺和八蚌寺等。

② 西藏地方政府摄政达察济咙呼图克图。

③ 寺院中的领经师。

察僧二名、乃迥护法、色拉寺执事、噶玛夏（ཀརྨ་ཤར།）护法、阿拉夏吞（ཨ་ལ་ཤ་ཐོན།）、诺增噶蔡（ནོར་འཛིན་དགའ་ཚལ།）、房管员夏仲（ཞབས་དྲུང་།）、白绕更波（དཔལ་རབ་ཀྱི་རྒན་པོ།）、洽克瓦（ང་ཁེ་བ།）、房管员、江金公（ལྕང་ཅན་གུང་།）、吞吉赛（ཐོན་ཀྱི་སྲས།）及噶伦玉陀巴（གཡུ་ཐོག་པ།）昆仲等众多迎驾者。班禅额尔德尼给予众人摸顶，令众排坐饮茶。随之于蔡古林卡（ཚལ་གུང་གླིང་ཁ།）住宿，期间受到觉莫龙（སྐྱོར་མོ་ལུང་།）僧众仪仗队和熏东嘎（ཤུན་གདོང་དཀར།）歌舞团队的隆重欢迎。遂赐僧众以布施及歌舞团队以厚赏。

复次，驻藏大臣、加果齐、笔贴式二人、粮台长官（ཐོགས་དཔོན།）和舒爷（ཤོ་ཡེ།）等前来迎驾，赐彼等排坐饮茶及油炸素食。随后，班禅额尔德尼祖父阿其图堪布、达赖喇嘛之兄济仲、拉鲁公绕丹朗杰（ལྷ་ཀླུའི་གུང་རབ་བརྟན་རྣམ་རྒྱལ།）、噶伦札萨克喇嘛（ང་སག་བླ་མ།）、经师大宝之匡佐和匡佐强巴道丹（བྱམས་པ་སྟོབས་ལྡན།）等前来晋谒尊容，令其排坐饮茶，食用油炸果。宴请班禅额尔德尼三祖父，席间欢笑畅谈。十五良辰吉日上午，于丹巴岔口由哲蚌寺6000名僧众组成庞大的仪仗队伍，手执各种法器前来迎驾，于参尼林卡由哲蚌寺公家设灶供应油炸素食，彼时，白光战神附于人体的巫师以跳神迎迓班禅额尔德尼，向其敬献五彩哈达和圣酒。随之，喇嘛执事、各大活佛、各康村师长及温群则①等均获摸顶，凡是当家者本人亦给予排坐上茶的礼遇。哲蚌寺公家呈献曼札三所依及贡品，班祥亦赐回礼与彼等。复次于宴会厅，由西藏地方政府设灶迎迓。厅内给达赖喇嘛的昆仲济仲罗桑根顿扎巴（དགེ་འདུན་གྲགས་པ།）、僧官卓尼3名、僧官15名、拉鲁公（ལྷ་ཀླུའི་གུང་།）、公班直达（གུང་པཎྜིཏ།）、江金公（ལྕང་ཅན་གུང་།）、噶伦噶喜瓦（དགའ་བཞི་བ།）、札萨克喇嘛、噶厦卓尼（བཀའ་མགྲོན།）、秘书等俗

---

① 温群则，意即高级修法。

官20名、热振诺门汗(ར་སྒྲེང་ནོ་མིན་ཧན།)、普觉活佛、色拉和甘丹两寺执事、驻藏大臣两名、加果齐、笔贴式3名、粮台长官、舒爷、总爷、拉萨各地朝圣代表、克什米尔(ཁ་ཆེ།)人以及固尔桑(གུར་སང་།)人等以摸顶,令众人排坐饮茶,并问好诸要员。于是动驾莅临故乡土地神之宫堡,敬献哈达与诸神。之后于罗布林卡良缘殿升登狮子宝座,由钦差等诸要员及僧俗官员依次敬献哈达。西藏地方政府隆重陈设油炸珍馐。随后班禅额尔德尼遣索本梅尔刊堪布(གསོལ་དཔོན་ཇ་སག་མེར་ཁན་མཁན་པོ།)为慰问代表,向达赖喇嘛敬献曼札、身语意所依、黄金3两、汉银元宝以及上乘绫缎两匹。十三日为大皇帝华诞,西藏地方政府于布达拉宫大厅邀僧200多人,为皇帝祈祷祝愿,达赖喇嘛亦莅临,升坐僧众大会首席。

敬献上乘哈达及汉银元宝等九种礼品与达赖喇嘛,给每一僧人布施藏银一章喀及一条哈达。给班禅额尔德尼呈献赏品的西藏地方政府官员代表卓尼阿旺仁钦(ངག་དབང་རིན་ཆེན།)、彻德匡佐凯巧(འཕྲུལ་བདེ་ཕྱག་མཛོད་མཁས་མཆོག)以及僧官朗森等人受到班禅额尔德尼的摸顶及赏赐。龙堆(ཀློང་རྡོལ།)喇嘛和普觉活佛二人亦获摸顶及排坐饮茶之加持。

三日上午,班禅额尔德尼祖父阿齐图堪布、钦差庆官爷(ཆིང་ཀོང་ཡེ།,即指庆麟)和噶伦等前来迎驾,朗杰札仓(རྣམ་རྒྱལ་གྲྭ་ཚང་།)僧众仪仗队手执各种法器,布达拉宫金顶上悬挂的吉祥彩幔可与虹霓媲美。云锣唢呐等乐器之妙音悦耳动听。待临驾布达拉宫,行近马路后门时,由两名彻德匡佐(འཕྲུལ་བདེ་ཕྱག་མཛོད།)和两名聂仓巴(གཉེར་ཚང་པ།)焚香引路,行至后门马蹬,诸内廷近侍、18名侍读、卓尼和秘书、侍卫、匡佐以及聂仓等敬献哈达与班禅额尔德尼。由是,班禅额尔德尼莅临明处遍观殿,与其呈献人参果和酥油茶。经师班智达与热振诺门汗前来拜谒,赐彼等摸顶,并与之漫话家常。遂于聚光殿初次与达赖喇嘛会面，班禅额尔德尼站在红垫上，向达赖喇嘛长叩3次，敬献上乘长条哈达和法王松赞干布（སྲོང་བཙན་སྒམ་པོ།）[①]响铜像，祈求加持。达赖喇嘛亦赐上乘哈达及至尊文殊菩萨像与班禅额尔德尼，并给予碰头见面礼加持。复次，达赖喇嘛升坐宝座，班禅额尔德尼向彼敬献白银制成的精良曼札、身口意所依、银元宝三个和五彩团龙锻整匹等作为贽敬。达赖喇嘛以“不辞旅途辛劳，驾临此处，不胜感激”等语与之亲切交谈。由是，师徒二圣进入旧厅，班禅额尔德尼愉快接受西藏地方政府堪囊[②]呈递大皇帝所赐之常规与额外赏品。师徒升登宝座，待钦差等敬献哈达后，彼此观赏宫廷乐曲，畅所欲言。期间僧官代表祈祷祝愿二圣。班禅额尔德尼荣登拉萨大昭寺囊斯殿宝座。迎送人群亦随身不离，色拉寺约200僧、麦如四类僧众仪仗队及拉萨四翼歌舞团队都纷纷跟随班禅额尔德尼，夹道欢呼。噶伦共同、私家祈祷及呈递贽见礼品者甚多。五日，班禅额尔德尼携其简便侍从进入布达拉宫，是日，师徒聚会一整天。

十月十二日献厚礼与达赖喇嘛，此为接受有关诵经礼佛之经文传承特备之贽见礼，内有上乘洁白哈达、37钱黄金装饰之白银曼札和身语意所依。班禅额尔德尼亦从达赖喇嘛经师跟前承受洗礼

① 松赞干布（569－650年），新旧《唐书》作弃宗弄赞（简称弄赞）、弃苏农，号弗夜氏。吐蕃著名赞普。幼年聪慧、沉毅，善骑射、击剑，多才多艺，故其臣僚奉以尊号松赞干布。13岁袭其父囊日论赞之王位，先后兼并青藏高原诸族、部，迁都逻些（今西藏拉萨），统一整个青藏高原。隋开皇四年（584年）遣使迎娶泥婆罗（今尼泊尔）尺尊公主，翌年成婚。开皇七年（587年）营造布达拉宫。开皇九年（589年）始建大昭寺。开皇十二年（592年）竣工，举行隆重的开光仪轨。唐贞观十五年（641年）遣使至长安迎娶唐文成公主。次年，文成公主至吐蕃，与其成婚，并建造小昭寺，安置公主带来的释迦牟尼像。后派遣贵族子弟赴长安，入国学。请唐人掌其表疏。唐贞观二十一年（647年）唐王玄策使天竺，为中天竺所掠，其发兵助之，击破天竺，献捷于长安。贞观二十三年（649年）唐太宗卒，高宗即位，受封为驸马都尉、西海郡王，后又封为责王，赐杂采3000段。唐永徽元年（650年）卒于彭玉色莫岗（今西藏澎波），唐高宗遣鲜于匡济赍书人吐蕃吊祭。在位期间，发展吐蕃生产，创制藏文，定立法律、官制和军制，吸收中原文化，引进先进生产技术，促进了唐蕃双方经济文化的交流。其所作出的功绩，获得藏族人民的普遍崇敬。

② 堪囊，原西藏地方政府派往边境负责守望的僧俗官吏。僧官称“堪布”，俗官称“囊索”。

及《菩提道炬论》①经文传承，遂奉献丰厚酬金予彼。闰十月十五日，在门康（སྨན་ཁང）隆重陈设五供及仙人之如法资具于十六罗汉卷轴唐卡面前，由供祀官、侍读和本护法神殿之僧众作经师班智达所撰《十六罗汉仪轨》，遂规定每月八日整天为作其仪轨之日。当时，由于廓尔喀进兵入侵雪域②，时局不稳，大皇帝特遣钦差雅仲（ཡ་ཧྲང།，即指雅满泰）和札萨克喇嘛朗喀（ཇ་སག་བླ་མ་ནམ་མཁའ།）行抵，由特遣人员索本札萨克喇嘛、卓尼和俗官四人设灶迎迓。钦差雅仲和驻藏大臣晋谒班禅额尔德尼，上呈大皇帝所赐珍珠佛珠饰以红蓝宝石，班禅额尔德尼喜收之，并问候诸汉官，令彼等排坐饮茶，食用油炸珍馐，亦赐之佛像、藏香和氆氇等物。十二月二十八日入布达拉宫，二十九日师徒聚会，于欢喜殿向阳窗前观赏札仓定期施放食子之跳神表演③，所办一切极妥善。献与达赖喇嘛藏银150两代为礼品，在上呈油炸珍馐时，为欢庆新年敬献上乘双条哈达、以白银

---

① 亦称《菩提道次第明灯》，见行思想的代表作，甘丹派主要典籍。阿底峡（982－1054年）著于西藏阿里地区，据传专为绛曲欧而作。阿底峡与格维洛哲合译，共77页，全部是颂文。解放前法尊法师从藏文翻译成汉文流传，共两千余字。全论讲述为了避免死后堕人恶趣，在世时必须爱惜自身，敬奉佛法僧三宝，依照师长指导，根据戒、定、慧三学的规定，刻苦修行，以求得个人解脱。然后广发普度众生之宏愿，实行六度，永离诸苦，普度众生，往生佛土。尤其强调指出，只有圆满完成显教经论教理的学习，才能依次进修密法。规定了修学者自下士道到中士道，从中士道向上士道的修习程序，由浅向深。下士道学徒惟于世间和生死上寻求快乐利益，只求个人解脱，无普度众生的愿望。如说："若以何方便，唯于生死乐，但求自利益，知为下士夫。"中士夫属于小乘类。如说："背弃三有乐，遮止诸恶业，但求自寂灭，彼名为中士。"上士夫不仅自求解脱，且助众生解脱，具有自利利他和自脱度他的思想。如说："若以自身苦，比他一切苦，欲'求永尽者，彼是上士夫。"这部论著在藏传佛教史上影响很大，15世纪宗喀巴以它为蓝本，完成了《菩提道次第论》广、中、略三部，成为格鲁派佛教的根本典籍。有多种木刻本和抄本传世。

② 清乾隆五十二年（1787年），廓尔喀（今尼泊尔）借口西藏当局贸易课税过重，派兵侵入后藏济咙、聂拉木、宗喀等地劫掠。四川将军鄂辉率营军、屯土兵入藏抗击。乾隆五十五年（1790年），廓尔喀再次入侵后藏。川督鄂辉又奉命率营军，入藏抗击廓尔喀军。清廷征调大、小金川屯土兵2000名，进藏反抗廓尔喀入侵军。士兵英勇善战，屡战屡胜，在战斗中，许多士兵血染疆场，长眠边塞。为慰忠魂，带兵官将他们的发辫割下带回故土掩埋，故有"毛辫子坟"的遗迹。两金川兵丁喜用整豹头皮做头饰，被称为"猫猫兵"。因其英勇善战，被誉为"雪豹军"。两金川随征土守备因其战功获得世袭之权，并被授予"巴图鲁"（忠勇之士）称号。

③ 西藏藏传佛教寺院举行大型宗教节日活动时的一种舞蹈。各地方言指称不尽一致，像四川甘孜州康定塔公寺、居里寺、日库寺、安觉寺、金刚寺等每逢祭典都要跳，称之为"巴羌"。有的寺院是每年农历正月在固定时间内跳，称之为"木郎"；也有的在秋后庆丰收，寺院举行宗教仪礼时进行。跳舞时戴面具，故又称为面具舞，并伴随宗教乐器。内容多以神话、宗教故事等题材为主。

曼札为主的大量贡物。内廷近侍等诸家奴和朗杰札仓僧众敬献哈达与师徒二圣,以作为新年贺礼。班禅额尔德尼母亲携其简便随从,于达赖喇嘛尊前停留 5 日,朝拜布达拉宫各种神殿诸佛菩萨像,与此同时广行 5 种会供。

藏历土鸡(1789 年)年新年之际,师徒二圣互赠礼品于第一、二两天的宴会上举行乐舞,敬献吉祥相物及七政宝,由札仓金嗓子歌僧引吭高颂,以示献礼。第二天华贵服饰、供云舞蹈、二僧对辩和离席续辩等精彩表演,层出不穷,使观者目不暇接。散席后,班禅额尔德尼与达赖喇嘛尊前与之谈论教法。额外赏赐以汉藏要员为首的众僧俗官吏,彼等上呈之礼物其数量及档次亦更可观。初三日,经师大班智达授与班禅额尔德尼《摧破金刚》之洗礼,赠彼银制曼札及上乘绫罗绸缎等为优厚酬金。十一日达赖喇嘛莅临拉萨大昭寺,师徒二圣相逢。宴席上由性相上师琛列顿珠提出自宗之论点,达赖喇嘛依《毗奈耶经》,以教理详细答复,其昆仲芒惹堪布(མང་ར་མཁན་པོ།)亦参与其研讨,历时多时,与会众人无不兴高采烈。于是将长哈达献与诸善辩者以为善哉。

十五日,供养僧众大会一白昼,其早茶会上布施每僧索达①一条,午茶及晚茶会上布施每僧银轮一个。午茶僧众大会迎请达赖喇嘛升坐其首席宝座,向其祈祷及进贡财物亦颇丰。午茶散会后,师徒同行朝拜以我佛释迦牟尼佛像为首的各殿诸佛神像。夜晚在八角街观赏十五供②。十七日,班禅额尔德尼邀请达赖喇嘛莅临其

---

①　索达,一种质量较差的哈达。

②　十五供,藏族群众传统的宗教节日。是为纪念佛祖释迦牟尼诞辰而举行的宗教活动。佛经描述释迦牟尼降生在藏历正月十五日,有各方神灵皆手捧各种供品向其膜拜之说。故藏族僧俗群众于每年藏历正月十五日,在拉萨大昭寺释迦牟尼尊前摆花添灯,设置供品,相传成习,形成了藏族地区的供灯习俗。是夜,拉萨大昭寺前摆设桌架,供奉酥油灯及各种供品。此外,各寺院有特长的僧人及民间艺术家用酥油制作出精美的酥油花盘、各种姿态的供奉天女;还有的以连环画形式塑成各种神话和民间故事,神态逼真,构思精巧,精美异常。精彩的图景,多姿的花灯,吸引着成千上万的信众和游客。晚上,八角街上人山人海,人们在花灯下,狂欢起舞,放声歌唱,彻夜不眠。

所居囊斯殿，供养及呈献厚礼与达赖喇嘛全体眷属。随后师徒二人进入三界殿，由拉萨行会、克什米尔人、尼泊尔人和印度人等 200 余僧俗人众敬献哈达及白银 30 两，赐彼等摸顶。复次，达赖喇嘛亦邀班禅额尔德尼莅临兜率顶殿，师徒相逢彼此交谈宗教甚多。并设丰盛的便宴与其全体眷属。师徒并行于遍照殿向阳窗前，观赏传大昭后哲蚌寺密宗僧和朗杰札仓僧抛掷食子、放咒送鬼以及武士表演等。西藏地方政府以油炸珍馐款待全体眷属。达赖喇嘛在拉萨（大昭寺）居住期间，其茶食等膳食大多由本厨房（班禅额尔德尼厨房）供奉。传小昭期内，给每僧提供米粥及酥油茶，并布施每僧一银轮。给将于布达拉宫晒展的新制绫缎佛像开光。为便于观看僧众仪仗仪式，师徒二位即登房顶，与色拉、哲蚌和甘丹三寺之师长执事以及与会所有僧众一起举行迎请、洗礼及开光仪式，遂向达赖喇嘛和七世班禅额尔德尼奉献优厚酬金。

四月十五日乃三节会合之日，班禅额尔德尼于拉萨幻化大昭寺，设千供与以世尊释迦牟尼佛像为首的诸神殿三所依，奉献白银曼札和五彩哈达与两尊释迦牟尼佛像，供奉其他所依如献哈达、沐浴诸等佛事亦从未间断，时时虔诚朝拜，祈祷祝愿。于此前后，七世班禅额尔德尼从贤正自在大德经师班智达处承受洗礼《长寿灌顶百回》《兜率上师瑜伽广解》《十三大威德金刚修行宝箧之经文传承》《如意轮白度母之不共随许》《绿度母随许》和《六臂怙主投食灌顶除障不共随许》等经文传承。经师亦决意传授自己所撰《怙主食子供养简略》，暂且由青稞生面所制之食子作为供养，并嘱咐班禅额尔德尼待背诵《食子仪轨广论》后，务请不时进行酬补、请托。班禅额尔德尼毕恭毕敬地接受其教诲云："谨遵师命！"。并赠曼札三所依、金银及大匹绫罗绸缎以为酬金。布达拉宫僧官学校教师之侄罗桑隋巴（བློ་བཟང་བཟོད་པ།）将其诗文考卷及兰札、乌尔都等二十八种字体之书法敬献给班禅额尔德尼，遂予优厚奖赏。大皇帝先赐班禅额尔德尼父亲以公之封号与珊瑚顶戴及花翎，随之赐彼与金册、上乘哈达及神奇珍珠念珠。遂将谢恩致敬之奏文及丰厚贡品面呈于巴（即指巴忠）钦差。

五月一日，木曜会鬼宿乃大吉矣。是日上午，达赖喇嘛驾临拉萨幻化大昭寺，师徒金颜相逢。西藏地方政府设盛宴，隆重举行离席对辩、问答研讨及乐舞表演等。邀请班禅额尔德尼至达赖喇嘛寝宫共进午餐，并设午宴与其眷属。箕宿月（藏历五月）四日为佛转法轮之重大节日，当天在拉萨幻化大昭寺，与如来应正等觉无二之释迦牟尼如意大宝佛像尊前，由（扎什伦布寺）拉章陈设5种千供，班禅额尔德尼向如来敬献上乘五彩哈达、黄缎衲衣、盛满果品及芬芳香药之仙人器皿，锡杖、精质白银曼札及藤宝念珠。向达赖喇嘛敬献上乘哈达、银制曼札等许多珍宝作为初次礼品。由佛法教主达赖喇嘛为亲教师，贤哲自在大德经师班智达（མཁས་མཆོག་སྦྱིན་པའི་དབང་ཕྱུག་ཡོངས་འཛིན་པཎྜི་ཏ།）为业轨范师，甘丹寺法座罗桑门朗（བློ་བཟང་སྨོན་ལམ།）为告时师，在以普觉活佛、阿齐图堪布、芒萿堪布及昆仲济仲罗桑多吉（རྗེ་དྲུང་བློ་བཟང་རྡོ་རྗེ།）为主的具足三学之比丘僧12名中，于日出时授予班禅额尔德尼戒除十种重罪之沙弥戒，劝进其成为佛法之主。随之，大亲教师达赖喇嘛赠送班禅额尔德尼上乘哈达及白银铸造之有座背如来佛像一尊作为贺礼。由拉章呈献优厚的酬金与以达赖喇嘛为主的所有参与（授戒）者。噶伦等拉章和西藏地方政府众俗官奉献哈达与师徒二位以示祝贺。复次，师徒二位莅临大昭寺中转诸殿宇，朝拜天成五位一体观世音佛像等，广作虔诚祷告。酬补请托吉祥天母，并举行曼荼罗会供。五日，于大昭寺大长廊，由拉章出资设欢筵，盛情款待达赖喇嘛，亦向彼敬献双层上乘哈达等极优厚之礼品。遂由班禅额尔德尼大声朗诵曼札讲解——

礼赞达赖喇嘛功德之《长寿永生祷告》，其语调俱全纯正、清晰和悦耳三特征，使与会众僧俗由衷生起敬信不已。此《长寿永生祷告》班禅额尔德尼本来有心记牢，然于三、四日内只瞥一眼而未加重视，达赖喇嘛曾多次语彼云："此祷告除择他人外，班禅额尔德尼因年幼，难以堪当。"然班禅额尔德尼执意由己承担。故催其阅读，但搁之不顾，无奈之下其保姆语其云："不愿讽诵佛经，如此上师未曾有。"尽管班禅额尔德尼宽慰彼云："保姆啦，汝不必担心，余保汝满意。"然而班禅额尔德尼母亲等并不放心，劝其另择他人，而其仍未听劝，于是达赖喇嘛令彼云：如若实在劝不动可让其诵读，如有忘词停顿等汝等助其提醒，众仆人认为此次难以顺当。是日，班禅额尔德尼身着黄披单，首先以净信向达赖喇嘛长叩三次，然后放下披单一端，手执曼札毕恭毕敬地以"三时十方一切佛"为开首，将《长寿永生祷告》一直朗诵到终结为止。彼时其容颜神采奕奕，举止端庄，其诵声缓和，不紧不慢，悦耳婉转，一切与会者视之为真佛而无动摇，使其身口意之声誉波及愈远。达赖喇嘛亦极欣喜，一切妙善根基自此奠定。诸噶伦真心实意地言："班禅额尔德尼转世活佛表现如此精明，不胜感激，吾侪即死亦心安理得。"随后，私下呈献贺礼者甚多。班禅额尔德尼当天夜里诵经完毕，坐于内室供台旁，常时向南注目凝视，并语其母云："母亲大人，现余于梦中明显见一大威德金刚坐于余面前。"班禅额尔德尼母亲亦云："汝现未入睡，何来梦境？"班禅额尔德尼答云："余确实亲见矣。"此乃其亲见本尊之明显特征。于十一日由甘丹颇章，十三日由各寺庙及众百姓为庆祝班禅额尔德尼接受沙弥戒奉献大量礼品。班禅额尔德尼于小昭寺呈献无量供云，并瞻礼该寺各神殿之诸佛菩萨像。正值弃山星（金星）出现之季，达赖喇嘛携班禅额尔德尼临驾罗布林卡园林，师徒共享沐礼。八月，帝遣堪布罗桑班觉令其呈递诏书及额外奖品与班禅额尔德尼。为祝班禅额尔德尼受沙弥戒，帝又遣钦差令彼将诏书及丰厚赏品呈递给班禅额尔德尼。班禅额尔德尼以欢喜之态俱收之。遂以奏章感谢皇恩，并向钦差表示欣慰。自十一月三日起，除特殊情况外一概拒绝晋谒摸顶，开始闭关修行，听闻讽经，专心礼佛。二十七日，上布达拉宫从达赖喇嘛尊前承受十六罗汉仪轨《弘法如意大宝经文传承》，是日班禅额尔德尼整天于达赖喇嘛座前。当时扎什伦布寺四名谢阿乃及掌堂师社团遣推桑林仲钦（ཐོས་བསམ་གླིང་དྲུང་ཆེན།）摧促班禅额尔德尼返驾后藏，并呈递公文与班禅额尔德尼，彼等亦受摸顶及询问。自七日开始，从经师谢阿乃云丹坚赞尊前听受《法王宗喀巴大师传记起信津梁》之传承。十一日，收到班禅额尔德尼父亲在后藏身患尿病加之气盛，其病情十分严重的书信及告助礼物。为此班禅额尔德尼十分烦恼，尽管针对其所缘境竭尽祈祷礼拜之能事，但无效果。于第三天其逝世之噩耗、回向礼及琛列巴钦波的回向文和礼物均以快马送来。班禅额尔德尼十分悲痛，彼作发愿回向的同时，备礼祈请达赖喇嘛赐亡者回向文。此时其祖父阿齐图老人莅临，决定于此住宿五日，期间祖父的许多宽慰言语大大消除其烦恼和痛苦。于爷爷大人（མེས་པོ་ཆེན་པོ།）的精心指导下圆满完成了为祭奠应作之布施前后藏诸寺院，呈献回向礼品与诸上师圣人以及广泛供养诸三所依等事项。

藏历铁狗（1790 年）新年，班禅额尔德尼依惯例呈献新年贺礼与达赖喇嘛，（达赖喇嘛、班禅额尔德尼）彼此举行新年欢宴。初八日，班禅额尔德尼母亲于达赖喇嘛足前剃度献发新，受沙弥戒，诸内廷近侍献哈达与彼，以示祝福。十二日良辰上午，师徒共同荣登祈愿大法会首席宝座，西藏地方政府呈献大礼与班禅额尔德尼，以示祷祝。十三、十四两日，由赞普诺门汗、达赖喇嘛叔或称班禅额尔德尼祖父以及班禅额尔德尼母亲等人迎请班禅额尔德尼入席亦奉献厚礼与彼。十五日,由拉章承担,师徒联袂升登祈愿大法会首席宝座,亦呈献大礼与达赖喇嘛,以示祷祝。祈愿大法会上班禅额尔德尼朗诵曼札讲解,其诵声具备面广意深,纯正、清晰和悦耳三特征,达赖喇嘛极其欢喜,完全肯定其才华。此次如僧海之祈愿大法会为例,众僧无不生起敬信,有的不由垂泪满面。与此前后,班禅额尔德尼从经师班智达足前悉听《札伦法行之经文传承》《独雄大威德预行灌顶》,翌日续听《独雄大威德正行灌顶》《金刚摧破之随许》《洗礼》《玛迪规之白文殊不共随许》《上师供空乐无别之诠解》,后又听受《发心供养》等。班禅额尔德尼遂献曼札三所依、黄金五两、白银元宝以及绫罗绸缎等优厚酬金与经师。三日,达赖喇嘛给班禅额尔德尼及其众眷属传授《文殊规之无量寿五佛之〈长寿灌顶〉》,随之授予《圣观世音千手千眼之随许》及自身之祷祝《罗桑钦则玛之经文传承》等,遂献极优酬金与达赖喇嘛。四日,西藏地方政府全体公职人员向班禅额尔德尼赠送丰厚贶仪。五日,西藏地方政府举行隆重的告别宴会,并赠送大量贶仪与班禅额尔德尼及其众眷属,班禅额尔德尼愉快接受。随之,师徒相聚,饶有风趣地专论有关宗教话题。达赖喇嘛赠送哈达与班禅额尔德尼并嘱彼云:“愿汝贵体康宁,足莲永驻,务必勤勉闻修,请铭记再次见面时将佛法之诸次第余亦亲授与汝。”如此谆谆教导后,班禅额尔德尼答云:“谨遵师命,无论何时何地常赐余仁慈关照。”于是以依依之感自己决断云:“佛宝阁下(即达赖喇嘛),请尽速召余至前藏。”其祖父阿其图堪布亦前来敬献哈达等礼品,嘱托班禅额尔德尼在佛学知识方面加倍勤奋闻修,持之以恒,如此内外密之教诲如双亲教子一般,难解难分。

十一日,日出时班禅额尔德尼命驾至后藏,达赖喇嘛二近侍、拉鲁公、达擦济咙呼图克图(རྟ་ཚོགས་རྗེ་དྲུང་རིན་པོ་ཆེ།)、四噶伦、二驻藏大臣、三加笔（སྒྲུང་ཡིག，即加果齐、笔贴式）、达赖喇嘛内廷近侍及僧官、噶厦卓尼及仲尼、五品僧俗官吏、俗官、色拉、哲蚌和甘丹三寺师长及执事、丹杰林（བསྟན་རྒྱས་གླིང་）活佛、普觉活佛、匡佐强巴道丹、朗杰札仓执事、拉萨诸重镇朝圣者以及克什米尔人和尼泊尔人等前来送行并于宴会厅皆受班禅额尔德尼摸顶及排坐饮茶之遇。班禅额尔德尼询问驻藏大臣等并予以赏赐。于法相林卡由哲蚌公上设灶迎迓，当班禅额尔德尼升登宝座时，乃迥护法向其敬献缘起哈达，班禅额尔德尼亦回赠哈达与护法。哲蚌寺公上呈油炸珍馐外加财礼，班禅额尔德尼将财礼退还原主，并给予奖赏。凡前来送行的诸大寺庙现任及卸任住持、活佛、活佛之侄执事以及朗杰札仓执事等都获得摸顶及赏赐。从此地开始，于沿途各地，僧众仪仗队、歌舞等迎送驾者络绎不绝，皆受到奖赏。达赖喇嘛特遣卓尼格桑崔陈（སྐལ་བཟང་ཚུལ་ཁྲིམས）令彼将本尊神像、糕点及糖果等面呈班禅额尔德尼，班禅额尔德尼于岗帕夏麦一地接受诸礼，赠卓尼主仆摸顶及排坐饮茶，并回函与达赖喇嘛。十九日于弥勒寺院设宴，由基萨呈献油炸珍馐与班禅额尔德尼及其众眷属，班禅额尔德尼入大殿，向其奉献财物，由该寺堪布祈祷其足莲永驻。班禅额尔德尼赐摸顶与该寺师长及僧众，布施基萨僧众作为回礼；并于威光普照的弥勒佛像尊前，广设五种供云，敬献五彩上乘哈达及银制曼札等虔诚祷告："愿佛法众生，永生利乐！"

二十三日迎驾，自桑夏（ཟམ་ཤར，即日喀则东郊桥）桥直至扎什伦布寺，僧众仪仗队及歌舞团队等瞻仰班禅额尔德尼尊容的人群络绎不绝。班禅额尔德尼荣登扎什伦布寺大殿狮子宝座，享用人参果、油炸珍馐等精善食品后，即入拉章高幢宫之意乐法持殿，依毗奈耶律仪举行欢宴。二十四日，为欢庆班禅额尔德尼顺利抵达扎什伦布寺，拉章于大殿设盛宴宴请班禅额尔德尼及其众眷属，给大殿僧众每人布施藏银一两，给近邻诸寺僧众仪仗队队员布施酥油茶。三十日，班禅额尔德尼从驿站收到其祖父阿其图堪布逝世之噩耗，遂作盖印回向文，以强力为之诵经祈祷，深感悲痛。此刻，向达赖喇嘛呈献回向礼，向以两尊释迦牟尼像为主的诸三所依，供祀千供，于本寺诸神殿庙宇亦祭祀千供，奉献哈达。本寺大殿及凡在登记册的前后藏所有寺院一律发放布施于僧众，此事承蒙琛列巴钦波得以妥善处理。驻藏大臣禀告班禅额尔德尼云："大皇帝曾令妥善保存曾御赐前世班禅额尔德尼的数卷《甘珠尔》，待您闻修熟练后，即应阅览。"琛列巴钦波以黄金100两铸造一尊内藏班禅额尔德尼头发的无量寿佛像，以散花为开光迎之噶当殿，为此殿主尊佛像。大皇帝从钦差处得知班禅额尔德尼父亲公班丹顿珠逝世的消息后，遂降旨云："朕因对其十分关爱，深感遗憾，特赐白银500两。"驻藏大臣奉旨前来，将已故公之衣帽置于坐垫上，驻藏大臣亲手敬一杯茶于垫前桌上，将几十大升白银亦摆在几案上，以示奉献。班禅额尔德尼赐钦差主仆摸顶和筵宴，其报到及辞行时亦受到额外赏赐。

五月四日吉日良辰晌午，班禅额尔德尼于满盈三学财富之集圣僧海大殿荣登其宝座时，达赖喇嘛特遣之索本德竹堪布罗桑根敦扎巴向班禅额尔德尼呈献以祥瑞图案装饰之上乘哈达等极丰盛重礼。给僧众大会熬茶10次，给每僧布施藏银一章喀，果子茶15块。由四噶伦、所有孜仲及前后藏各村落等呈献大量礼品与班禅额尔德尼，班禅额尔德尼受礼后以具纯净、清晰和悦耳三特征之声音讽诵回向文与众信徒，使之敬信无疑。是日细雨连绵，妙善圆满。晚茶时僧俗部众延请班禅额尔德尼升登僧众大会首席宝座，呈献厚礼并虔心祷告与班禅额尔德尼，侍奉僧众贡献布施。七日晌午，达赖喇嘛的兄弟芒惹堪布叔罗桑多吉和索本德竹堪布等人迎请班禅额尔德尼升登僧众大会首席宝座，向其呈献厚礼，给众僧放布施。十五日于格桑江热殿班禅额尔德尼荣登狮子高床，由大基萨呈献礼品，僧众大会每僧俱受摸顶加持。二十日，班禅额尔德尼赏赐索本德竹主仆，退还彼等之祈祷礼物，并额外赐宴，凡报道及辞行均给予迎送之遇。又嘱托彼将回函面呈与达赖喇嘛。七月十三日，为庆祝大皇帝八十寿辰华诞，僧众大会广泛举行诵经祷祝法事，皆受到布施之侍奉，晌午班禅额尔德尼亲临僧众大会，与众僧一起祝愿大皇帝万寿无疆，同时广诵回向文。之后，每天悉听经师谢阿乃曾于拉萨传授但未授完之《法王宗喀巴大师传记起信津梁》剩余部分一座法[①]。班禅额尔德尼母亲将自己平时上供用的一个顶端须弥山为纯金，四方为四珍宝，埤垸及屋顶之排水槽皆为红玉所构成，造型极精美的曼札奉献给班禅额尔德尼，使之兴高采烈，畅所欲言。天降节，班禅额尔德尼决意虔诚献洗礼及哈达与噶当殿中的诸所依和于密严殿中供奉的尼塞尔大觉阿像，礼赞祷祝诸等佛事圆满完成。三十日，应邀莅临楼下宫阙，在所献一般礼品及各种丰盛的美食中，对汉藏各类工艺品颇爱欣赏。达赖喇嘛遣侍卫转送的主要内容为“望继续勤勉于佛法之闻修，如文殊怙主上师再现一般置一切众生于成熟解脱之道”的盖印文书、自动开闭银莲花的景泰蓝宝瓶和多种荷包等，班禅额尔德尼欢喜地以礼接受。阅读文书开首一行许，其余则令母亲阁下代之续读，彼悉听诸词及其含义，听毕彼甚喜即云：“大宝阁下（达赖喇嘛）对余恩重如山，余甚念上师佛王大宝阁下，渴望即刻会面。”于是潸然泪下。是年，由德饶和噶饶两家之管家、索本札萨克梅尔堪布、母亲阁下以及卸任基康罗桑朗喀等迎请班禅额尔德尼登僧众大会首席宝座，遂献大

① 一座法，佛教信徒进行一段讲经或修法的时间。

礼,祈愿祝祷。夏鲁、岗金德基代表及鄂尔多斯卧多贝勒于寝宫进贡祷祝。甲绒[1]杰布王、布丹弟悉、锡金王、青城[2]谢热呼图克图祭奠团、青海索南多吉亲王以及阿拉善吞等所献贡物甚多,所遣人物亦众多。本寺及诸寺庙之所有例规开支不但永不衰落于前世班禅额尔德尼时期而且愈大愈兴盛,今后亦如此持之以恒。

彼等如是云:依赖狃习之发心,如近王[3]群簇帝释,僧俗达官众眷属,蜂拥雪域藏中心。犹如千目尊胜宫,自天迁移大地之,第二普陀无量宫,晋谒导师(达赖喇嘛)尊容矣。时隔未久,释迦牟尼,佛祖尊前,以众持律,之顶严圣,大亲教师,罗桑旦白旺秋绛白嘉措为首,信仰僧伽,20 名中,认真接受,沙弥戒律,真正成为,诸天有情,巨大宝塔。随意断四,色彩而变,手中钵盂,与蜂媲美,金山身上,褐黄法衣,虹霓充盈。唯有锐利,铁钩制伏,心之大象,邪恶念头。永不堕入,正士所贬,罪恶深渊。出家进入,世尊善说,正法大门。一切功德之根基,佛法大海之精华,教法上乘律藏经,满足有缘之心愿,贤哲龙王之顶饰,戒律珍宝充心识。彼时,众人视野中,显现神奇象征耶,众说此即本圣人,为使第二佛佛法,成就事业如佛祖,发心祈愿所获之,硕果累累缘起矣。闻思枝叶尚未旺,智勇二者极坚定,玛拉雅[4]之启白香,众亦欢喜更敬仰。纯白雪山怙主眷,真诚精髓所存之,如海财宝献与汝,毗沙门财隐北方。为受灌顶、传承及,教导请托圣贤(达赖喇嘛)云:“不久召余至拉萨。”遂令起程赴后藏。荣登震慑万日之,祥瑞天然成就寺(扎什伦布寺),无畏狮子金宝座。具戒圣集僧海中,深广法传龙声轰,超出众僧之

① 即指旧时大小金川十八家土司所属地区,即今阿坝藏族羌族自治州。

② 即今呼和浩特市。

③ 近王,遍入天的异名。

④ 玛拉雅,梵文,义为香山。

头顶。汝之声誉莲池中，众生意之大象入，彼等忙于赞颂汝，悲悯大宝藏怙主。盈满海水之中央，鹅群自然成群入，但愿吾等生生世世，如鹅跟随圣贤您。此为中途休闲之偈。

“盖切（འགལ་བྱེད）”藏历铁猪（1791年）新年施放元旦食子等按例进行，初五日于寝宫由雅德索寺（གཡག་སྡེ་སོག་དགོན།）师僧代表敬献祈祷供品，初八日由德琼巴罗桑坚赞（སྡེ་ཆུང་པ་བློ་བཟང་རྒྱལ་མཚན།）迎请班禅额尔德尼升登晚茶僧众大会首席宝座，呈献大礼并祷祝足莲永驻百劫。同时还为给僧众大会熬茶三次，供养米粥，给每僧布施藏银5钱，众僧亦为彼等广诵回向文。为消禳寺院脚下发生的疑似天花疫情，遵照达赖喇嘛卦象的精神，凡是山间静修小寺的僧人一律返回本寺，班禅额尔德尼在高幢拉章殿闭关不出，每日从经师谢阿乃处听受《宗喀巴大师全集》之传承，每天早晨念诵法王罗桑确坚所著《独雄大威德金刚之现证》及《静猛文殊四秘咒》，晚上从不间断《金熔液酬补》。正当给佛母阁下（班禅额尔德尼母亲）的修持所依即（天竺响铜铸造的如来佛像有纯金冠冕和红玉镶嵌的颈饰一尊及班禅额尔德尼四岁的卷轴唐卡三幅）作青稞加持和洗礼时天云花雨，兆头极妙善。五月里，因近郊瘟疫猜疑已停止，故共同集资隆重供祀尼赛瓦（ནེ་སེར་བ།）护法神像。暂时隐藏的僧人亦于祈愿法会前陆续返回本寺。四月，班禅额尔德尼听完《法王宗喀巴大师全集秘籍》传播后，给予经师优厚酬金，遂又开始听受《班禅额尔德尼一切智罗桑确吉坚赞全集》之传承。前来呈献大皇帝八十寿辰欢庆礼品的堪布向班禅额尔德尼敬呈诏书及礼品，班禅额尔德尼以欢喜俱收之。

七月，听完《班禅额尔德尼罗桑确坚全集》后，开始听受《法王罗桑益西全集》传承。当时由于廓尔喀进兵西藏入侵协格尔（ཤེལ་དཀར།），保沃钦差（དཔའ་བོ།，即指保泰）敦请班禅额尔德尼命驾至前藏,遂于十六日离开本寺,沿路依例送迎经过托布杰,于二十五日莅临布达拉宫,师徒得以相聚。两位钦差郑重迎请师徒二位至噶塔寺(འགར་ཐར།),并决定翌日即行。色拉、哲蚌和甘丹三大寺师僧代表郑重禀报钦差,云:“由于三宝之大力加持,加之宫堡固若金汤,何来损失?师徒二位的护卫一事吾等全力以赴,故师徒佛王万万不可出行。”二钦差亦已变心,便语达赖喇嘛云:“即使命驾出行,若遇追击,于原野更难以护卫,故请明示,遵命照办。”达赖喇嘛答云:“彼等无力来此处,即使来了,有色拉、哲蚌和甘丹三大寺僧众护卫,况且宫堡如此坚固,不会受任何损失。然余确实不愿往噶塔。”于是钦差依照达赖喇嘛的原话启奏大皇帝。由于(师徒)无须命驾(至噶塔),众上下贵贱欢呼雀跃,以撒糌粑大声祷神,诸雪域人之幸福根基奠。此时廓尔喀兵进抵扎什伦布寺的消息传来,师徒二位万分担忧。二十五日,师徒二位、达擦[①]、德莫活佛(དེ་མོ་སྤྲུལ་སྐུ།)等全体要员前来听旨,将译成藏文的圣旨宣读给众人,其大意是:“廓尔喀贼兵洗劫扎什伦布寺,抢夺以身语意为主的许多器物,朕十分痛心,达赖喇嘛、班禅额尔德尼师徒二位不去噶塔正合朕意,乌斯藏乃教法兴盛之佛田,亦为师徒二位之驻地,如若师徒二位不在,乌斯藏将有陷入廓尔喀贼寇之危机,现特决定向廓尔喀开战,军饷可由银库拨出,还须筹集大量粮食等等。”并严厉训斥二驻藏大臣不能身先士卒。听毕,由察雅寺(བྲག་གཡབ།)[②]小活佛和隆多喇嘛阿旺罗桑(སློང་རྫོལ་བླ་མ་ངག་དབང་བློ་བཟང་།)二人呈献汉银30秤[③]作为修葺前两世班

---

① 即济咙呼图克图,亦称通显呼图克图。

② “察雅”藏文原意为岩窠。相传17世纪中叶,噶举派高僧扎巴坚赞在克贡村附近山头悬崖下修行,清康熙二十年(1681年),建扎西曲宗寺并开始传法。此后便把扎巴坚赞修行之地称为“察雅”。也有人把扎西曲宗寺称为“察雅寺”,把寺庙所辖属地方称为“察雅”。较著名的寺院有扎西曲宗寺和地处香堆的向康大殿,殿内有一尊称为天生的弥勒佛像。另有香堆区达仁乡的遍知佛殿,殿内有一组摩崖造像,为吐蕃时期所造。

③ 一秤合藏银50两。

禅额尔德尼灵塔的捐资，遂赐回执及回礼。正当此时班禅额尔德尼念诵《十三本尊大威德自生》。二十二日，于旧大厅师徒金颜相见时，大臣福氏中堂（ཧྥུ་ཤི་ཀྲུང་ཐང།）[1]到达，师徒二位向大皇帝致敬问候，毕恭毕敬地接受大皇帝赏赐的御赐上乘纯净哈达、璁玉念珠附加以绿琉璃装饰及琉璃球坠儿以及荷包三双。师徒二位设盛宴宴请内阁大臣（福康安），并亲手赠送上乘哈达及佛像等以示欢庆。亦遣人往其住所“持宝乐苑”呈送氆氇等财物。

二十五日，于新大厅由内阁大臣出资迎请达赖喇嘛、班禅额尔德尼师徒二位升登500僧大会首席宝座，为祷祝文殊大皇帝足莲永驻，政治昌盛，向达赖喇嘛敬献上乘哈达、白银1000两、绫罗绸缎90匹，向班禅额尔德尼敬献上乘哈达、汉银元宝10锭、绫罗绸缎70匹，向达擦诺门汗（རྟ་ཚགས་ནོ་མིན་དབྱ，即指济咙呼图克图）等诸大活佛及大会掌堂师依其身份赠送适当的礼物。给僧众大会每僧布施哈达一条、汉银一两。达赖喇嘛广诵回向文。后来，内阁大臣前来拜访班禅额尔德尼，班禅额尔德尼对其十分敬重，以油炸珍馐盛情款待，不时问候。内阁大臣云：“前世班禅额尔德尼莅临皇宫时，余驻守江南担任将军，故未能晋谒，但亦遣人赠送礼品以示慰问。此次因皇恩浩荡，有缘亲谒怙主（即班禅额尔德尼）容颜，此乃极妙善之良缘。”于是毕恭毕敬地向班禅额尔德尼敬献上等哈达一条、合金造的如来佛像一尊及香膏70套。随之前来拜谒及接受摸顶的汉藏官吏、僧人活佛和蒙藏等僧俗庶民，还有为豪门贵族的亡人祭奠者等朝圣人甚多。为使所有一切得以如愿以偿，班禅额尔德尼虔心讽诵回向经文，默默祈祷保佑。

藏历水鼠（1792年）新年上午，班禅额尔德尼莅临护法神殿登

---

① 即指福康安。

坐僧会首席宝座,给欲界自在天母供祀元旦食子。于旧大厅按例由西藏地方政府设大宴宴请师徒二位,历时两天,班禅额尔德尼决意特请经师大班智达为其所依本尊大威德金刚像和天母像卷轴唐卡举行法事及给予青稞加持。二月二十五日,大中堂(即福康安)跪拜弥迪(乾隆皇帝)肖像唐卡后,前来拜谒班禅额尔德尼,亦受到了丰盛油炸素食的款待。班禅额尔德尼赠其所需求之弥迪(སྨི་དི)曾用印尼之白银所铸附设居室的度母像一尊。海公(ཧས་ཀུང།)[①]敬献班禅额尔德尼两头骆驼,受到班禅额尔德尼的所赠礼物小金佛予尊。当时,拉萨传染瘟疫的消息传播愈大,布达拉宫山下亦发现一两个染病者,为此一律禁止朝拜,对于诸汉官亦不便令彼等依坐次排坐饮茶,只能以赠送茶叶及酥油代之。然海公一行却受额外优待,不仅受到班禅额尔德尼的摸顶,还被排坐饮茶,享用油炸佳肴。于吉祥时轮修供仪轨之跳神仪式上,师徒二位升登法会首席宝座,并赐诸舞者以摸顶及哈达一条。从十日起,为请求经师大班智达详细讲解《菩提道次第善趣道》,班禅额尔德尼携其随从 40 余名,特敬献白银曼札、金轮和黄金一两与经师,以此作为最初因缘。当开始背诵《善趣道》时,山顶上阵阵雨雪,雷声隆隆,兆头极祥。传下士道教法之前上师每天将要点传授 3 遍,以班禅额尔德尼为首的所有听法者将之默记于心,上师考问后即以易解之诀窍方法将《道次第善趣道》传授给徒众。如此于 20 天内《善趣道》讲解已告结束。为此祭祀 5 种千供以此为发心供养。遂敬献曼札三所依、黄金 10 秤、白银元宝、藏银一秤及绫缎等 45 种贡品与经师,以此作为酬金。于是经师语重心长地对班禅额尔德尼云:“师尊(即班禅额尔德尼)您是此法之主,应竭尽全力,闻思修于此法上,更应

① 即指海兰察。

擐甲发心将法王宗喀巴大师的教法发扬光大,永不衰落。”班禅额尔德尼始终信服、敬重和热爱己师,将教诲铭记于心。后来,随师听受《善趣道》及《毗奈耶海心》传承、《百食子》《五十上师》《六座》《十四根本堕罪》讲解、《龙树密集》《胜乐卢伊跋》《大威德金刚十三本尊》及《白伞盖》①等灌顶仪轨之加行,《转法轮文殊》之全部随许、《如意宝白怙主》《内外密三法王》《吉祥退敌咒佛母》《四面圣主》《蓝衣金刚手大势至》及《毗沙门大金》诸等之随许,以及彼等之食子仪轨等经文传承。间或贡献曼札、身口意所依、金银和绫罗绸缎等优厚酬金与经师。之后,《禳灾洗礼》《外修文殊之念修法》以及其礼赞皆由经师撰著。《圣妙吉祥真实名经》《岗罗马》《所知虚空》《宗喀巴全集秘籍之静猛文殊并修》及其诠解,诠解著者乃嘉木样谢巴耶,《兜率上师瑜伽法》讲授3天、《现观庄严论》②经教传承、《告诫沙弥总纲》经文传承、《十六罗汉》《药师七如来》《黑色文殊》《山居叶衣佛母》以及《三面六臂白伞盖》随许,等等。上述诸多经教皆听受与经师,为此将丰厚的酬金奉献与彼。经师亦谆谆教诲班禅额尔德尼云:“应极尽体验所听诸法之能事,广泛扩展有缘化机,为继承发扬第二佛陀宗喀巴大师的教法大宝而勇于擐甲发心。”班禅额尔德尼皆应允之。

四月十九日,驻藏大臣和大人(ཧོ,即指和琳)前来向达赖喇嘛、班禅额尔德尼师徒二位报道致敬,并呈递大皇帝御赐礼品上乘

① 佛书名。六世班禅额尔德尼·罗桑班丹益西于乾隆四十五年(1780年)进京朝觐,乘乾隆皇帝70寿诞庆典之际,将此经注呈献皇帝。经文主要内容是祈祷平安吉祥,使天下一切众生乐福平安。经页长48.2厘米、宽10厘米。经文以藏、满、蒙、汉四体文字各殊印一部,合存一紫檀经盒内,盒面刻“班禅额尔德尼所进白伞盖”。故宫博物院收藏。

② 全称《般若波罗密多教言现观庄严论》或《般若经论现观庄严颂》,是用现观的意义贯通《般若经》全部思想的一部论著。欧·洛丹喜饶等人合译,共计3卷8品。主要论述三智、八条七十义,即一切种智、道智、一切智、一切正等现观、顶现观、次第现观、刹那正等现观及法身,讲从普通凡夫、次第修习佛法以达成佛的过程。三智是为证得真理,断除一切烦恼,脱离诸苦的三种特殊认识。狮子贤、法友、智生慧、金州法称、惹达纳肯底、布达西遮等论师作注。

哈达和精美荷包三双与师徒二位,二位喜收之,遂付彼致敬回文。五月,达赖喇嘛给班禅额尔德尼传授《贝木之规大悲千手千眼圣观音》灌顶仪轨之加行,遂奉献曼札三所依、黄金3两、白银元宝3锭及以整匹绫缎为主的97(63)种贡品与达赖喇嘛。随之,师徒二人于罗布林卡共享洗礼。达赖喇嘛亦传《文殊之规无量寿五佛〈长寿灌顶〉百遍》与班禅额尔德尼,之后班禅额尔德尼向达赖喇嘛告别致敬。大皇帝敕封达擦诺门汗时,特邀班禅额尔德尼,并呈献油炸珍馐、哈达及整匹绫缎。九日班禅额尔德尼离开布达拉宫。十三日于森那(སེང་ནག)暂住一宿,为大皇帝之华诞举行祭祀、酬补及请托等宗教仪轨。随之行至甘丹绕杰寺(དགའ་ལྡན་རབ་རྒྱས)上师神殿,于殿瞻仰诸神像,并观赏其大祭场面,赐供祭酬补的诸僧摸顶及酬金。甘丹绕杰寺僧众代表迎请班禅额尔德尼登坐大会首席宝座,遂献祈祷供品,班禅额尔德尼布施每僧藏银一章喀。达赖喇嘛遣人赠送慰问礼品,班禅额尔德尼喜收之。二十一日,大皇帝御赐之幡旗骑士队,僧众仪仗队和歌舞团队依惯例列队夹道欢迎,班禅额尔德尼一行顺利抵达桑珠孜宫。二十四日,为迎驾大将军海公(ཧང་ཏུན་དུས་གུང་ཆེན་པོ,即海兰察)从上部归来,特设灶,组成僧众仪仗团队。遂彼于日光殿晋谒班禅额尔德尼,班禅额尔德尼赐彼摸顶,令其享用油炸素食,坐次饮茶,并询问诸等事情。海公大人亦恭敬地将上乘哈达,汉银元宝四锭等呈献给班禅额尔德尼。临行时给海公爷回赠哈达、佛像、灵物和氆氇等丰盛礼物。实则此时因班禅额尔德尼身染麻疹,疲乏困倦,对外一直禁止拜谒,然彼之地位显赫,只得于意乐持法殿海公单独觐见班禅额尔德尼。为迎驾内阁大臣福氏中堂,特遣匡佐札萨克喇嘛至彭林(ཕུན་གླིང),其欢迎仪式较前者更为隆重,排场亦更大。当彼前来报到时陈设丰盛的油炸佳肴,班禅额尔德尼亦以喜悦心情向彼问安,同时赠送佛像、藏香和氆氇等极丰厚之贶仪与彼。彼等停留七天后命驾出行，班禅额尔德尼亲自送彼至萨玛，班禅额尔德尼赠彼油炸珍馐、佛像和哈达等，彼亦将哈达及当场从彼之腰间解除两个锦绣荷包俱赠与班禅额尔德尼。复次，总督等诸官吏呈递礼品者甚多，亦予彼等丰厚的回赠，使众主从心满意足。二十三日，因佛母阁下（班禅额尔德尼母亲）感冒发烧，全身疲乏，班禅额尔德尼特往吉吉那噶询问母亲病情。将去参加欢庆的堪布一行临行前受到摸顶加持，并将上报大皇帝的奏章及其贡品箱等俱交付与彼等。十一月八日，至"党杰噶木"一地拜会佛母阁下。九月至十二月，诸汉官、联络官及甲绒兵卒等朝拜者甚多，然都已如愿以偿，获得摸顶加持。

藏历水牛（1793 年），新年依惯例施放元旦食子及举行新年欢宴。二月四日，奉旨将尼泊尔拨惹萨赫（རྡྲ་ར་ས་ཧེབ།）为叩拜大皇帝特奉献圣上之 5 头大象中赐两头与达赖喇嘛、班禅额尔德尼师徒二位各一头。赐给班禅额尔德尼的大象是日进抵，班禅额尔德尼即刻莅临，对其仔细观赏，十分开心，遂上报皇恩无边之奏章。经师谢阿乃不时向班禅额尔德尼贡献洗礼。特邀佛母阁下至吉吉那噶两次，期间俱获周密殷勤之服侍。五月，驻藏大臣向班禅额尔德尼通报满文金敕云："大皇帝关于蒙藏地区认定活佛灵童一事，鉴于避免以前出现之种种舛误，予拉萨和雍和宫各赐金瓶 1 个，今后认定活佛，将有诸灵童署名之签子置于瓶内，向三宝念诵真言，之后掣签即定。"于是给驻藏大臣赐上乘哈达，以示庆祝。班禅额尔德尼从经师谢阿乃承受《〈长寿灌顶〉百遍》，于隆重的即与应供上师有关连的会供曼荼罗上奉献酬金与经师。六月，经师益西坚赞逝世，说明其誓愿的快速回向文及其财物经驿站收讫。班禅额尔德尼悲痛万分，祷祝其深奥意向得以终结。匡佐先生的就职典礼本已去年办妥，但当时班禅额尔德尼居于前藏，此次令其在诸章的家产归并一起，召诸当家者依次排坐饮茶，赐匡佐札萨克喇嘛梅尔刊堪布一尊布禄金刚阎婆罗（财神）像和护身结等，被封为事业实施者。从二十四日开始，依止经师谢阿乃听受《法王罗桑班丹益西全集》经文传承及《依大威德金刚之咒禳灾脱缚》后，并赠丰厚酬金与经师。前来祭奠经师大班智达的人员匡佐主仆等已抵（后藏）呈递丰盛的礼品及回向文与班禅额尔德尼，班禅额尔德尼遂发愿祷告，赐众人坐次饮茶，问安。十五日，匡佐给僧众大会大行布施，熬茶6次，面粥一次，给每僧供奉藏银两章喀，给大殿奉献能覆盖整个大殿上空的绘有三十五佛和十六罗汉之圆形大唐卡和上等绫缎大幡两个。匡佐将班禅额尔德尼延至大会首席宝座，虔诚祈求云："愿您足莲永驻百劫，依已故经师之遗愿，对于显密教法之诸等理论圣贤师尊（即指班禅额尔德尼）应极尽闻思修之能事，不断转动法轮，以便使第二佛陀宗喀巴大师的教法弘扬振兴。附带，自在先哲已与世长辞，祈求尽速降临其真身转世。"班禅额尔德尼承诺其请求，并赐彼回向文等。随之设便宴宴请匡佐及其随从者，并对各方面给予明确指示，辞行时亦予重赏。七月，依掌堂师拉康巴（ལྷ་ཁང་པ།）之祈求，给僧众大会以鲜花摸顶。向大皇帝致敬进贡者萨龙弥纳堪布一行返抵，带来常规及额外奖赏物品甚多，班禅额尔德尼以礼喜收耳。

十月十五日于贤劫神殿，由密宗院诸诵咒僧以吉祥密集之仪轨举行盛大的开光仪式。班禅额尔德尼以撒青稞加持东庙堂、楼上长廊周围诸神殿和大殿顶上之上下神殿，瞻仰诸佛像，祭祀5种千供，以实设意变之供养祈祷发愿。遂于德瓦坚（བདེ་བ་ཅན།）殿进餐后，即登晚茶僧会首席宝座，次日作吉祥开光及回向文，出席开光庆典的僧众每人赏赐上乘哈达一条和藏银5钱。随之又登密宗札仓僧众大会之首席宝座，琛列巴钦波向班禅额尔德尼敬献财礼，经师仁布切、四位谢阿乃、大掌堂师及密宗札仓诸僧职人员等依个自之身份适当呈献礼品。给密宗札仓每僧赠藏银一两，聚餐设盘供，佳肴珍馐使众僧十分欣慰。翌日亦登法会首席宝座，迎请天母现观，引吭高歌薦日玛。然后，召集僧众大会念诵《等量虚空》经及供祀食子与天母。乌坚宗巴噶钦罗桑格桑（ཨོ་རྒྱན་རྫོང་པ་དཀའ་ཆེན་བློ་བཟང་བསྐལ་བཟང་།）参加辩论，森钦活佛（སེང་ཆེན།）以《摄类论》为依据，哈尔东巴（ཧར་གདོང་པ།）、冲布巴（ཁྲོན་སྦུག་པ།）、拉喀瓦（ལ་ཁ་པ།）和桑洛米村（བསམ་བློ་མི་ཚན།）、诸噶然巴（བཀའ་རམས་པ།）各自依其《释量论》《中观》[①]《般若》[②]、《毗奈耶》及《俱舍论》[③]为依据，展开辩经研讨使人心悦诚服，致使贤者皆大欢喜。邦结[④]总爷（སྤང་གཅལ་ཚོང་ཡེ།，总兵）、粮台长官、钟公（ཀྲུང་གུང་།）、回民马老爷（ཁ་ཆེ་རྨ་ལོ་ཡེ།）、日喀则二宗本和上中下三等俗官都纷纷前来道喜，并献哈达。尼泊尔子（混血儿）多吉呈献曼札三所依、金银等厚礼与班禅额尔德尼，彼亦受摸顶加持。觜宿月（藏历十一月）闭关修行，专心修诵本尊。下月（十二月）二日解除闭关，为酬谢诸佛举行盛大的会供曼荼罗，祭祀食子供奉法王。十二月五日，陈设丰盛油炸面食，琛列巴钦波、佛母阁下（班禅额尔德尼母亲）及经师谢阿乃等诸师长执事皆着盛

---

① 中观学派根本典籍。青目作注，后秦鸠摩罗什的汉译本，共4卷，27品，500颂。藏文由印度智藏论师与觉若鲁耶坚参翻译，一卷半。宗喀巴说共有450颂。后来迦湿弥罗大寺主哈苏玛底与西藏学者巴曹尼玛扎根据月称的《西句论》，于迦湿弥罗无比城宝藏寺重新校订，不久印度大寺主嘎那嘎与巴曹译师在拉萨大昭寺重译印刷。注释书有70余部，其中青目的《中论根本注》、安慧的《大乘中观释论》、佛护的《中观根本释》、清辨的《般若灯论释》、月称的《明句论》、吉藏的《中观论疏》和宗喀巴著《中论广释》等影响较大。

② 它是大乘佛教的基础理论，其主要内容是宣传佛教教义，主张世俗认识及其面对的一切对象，均属"因缘和合"，假而不实的"性空"。只有通过"般若"即智慧才能到达涅槃之彼岸。

③ 全称《阿毗达磨俱舍论》，简称《对法藏论》，小乘佛教说一切有部的代表作。世亲（约四五世纪人）著，成书年代不明。噶瓦贝孜翻译，题名《对法俱舍论》二卷和《对法俱舍颂释》。汉译本有两种：玄奘译《阿毗达磨俱舍论》，共30卷，600颂；陈真谛译《阿毗达磨俱舍释论》，共22卷。"阿毗达磨俱舍"意为"对法"。全书共八品，界、报二品总论四谛性质，世、业、随眠、贤圣、智、定等六品别论四谛。称友著《对法俱舍释义明解》60卷，噶瓦贝孜翻译；满增著《对法俱舍论释义随相论》60卷，巴操尼玛札翻译；静住天著《对法俱舍释义要用论合经义疏》，喜饶欧赛翻译；聚贤论师著《对法俱舍颂释合经义论》15卷；方象著《对法俱舍论释要理明灯》，绛曲熏努翻译。格鲁派把这部论著作为主要修习课程。

④ "邦结"即日喀则市一地名，全称"邦结果"。

装，以公家或以私自的身份敬献哈达与班禅额尔德尼，祈求撰著祈祷发愿文书，班禅额尔德尼当即以喜悦之情撰写耳。应蒙族诸医师之再三祈求，令其主从单独与琛列巴钦波、佛母阁下和经师谢阿乃等少数人聚在一起，遂向彼等传授被称之为《无量寿佛一尊一瓶》之《长寿灌顶》，与此同时将新作祈祷发愿回向文书口授与彼等。尽管此乃最初之讲经说法，然而从其著书的缘起、前言的讲说及正文中表达对境的解说等看来似乎是讲经多次的老手，一气呵成，效果颇为存留。是日，天气极好，琛列巴钦波和佛母阁下二人呈献曼札三所依、金银及绫罗绸缎等厚礼。诸蒙古族对其坚信不疑，亦奉献大礼与班禅额尔德尼。明年正值达赖喇嘛的年关，为此特遣卓尼罗桑饶丹（མགྲོན་གཉེར་བློ་བཟང་རབ་བརྟན།）呈递祝祷供品，彼抵达后遂延至一楼寝宫，整日给与周到殷勤的服侍。

二十二日下午，于奇特庄严宫升登法会首席宝座，加持食子。因初次登坐此宝座，琛列巴钦波、佛母阁下和班禅额尔德尼舅舅济仲饶丹顿珠嘉措（རྗེ་དྲུང་རབ་བརྟན་དོན་གྲུབ་རྒྱ་མཚོ།）等仲科以上的官吏各敬献哈达一条，以示祝贺。西藏地方政府布施密宗札仓，拉鲁家侍寝官主从前来给各怙主神殿呈献哈达及供品，彼等晋谒报道受到摸顶，问安。二十五日，大咒师谢阿乃罗桑次成（ཞལ་ངོ་ནས་བློ་བཟང་ཚུལ་ཁྲིམས།）迎请班禅额尔德尼升登密咒殿僧众大会首席宝座，班禅额尔德尼于晌午莅临，琛列巴钦波等人急于敬献妙善哈达。于此停留两碗茶之功夫，随之布施密宗僧众，入怙主神殿内室及黄殿等朝拜佛像，敬献哈达与神殿供品，以求保佑。遂于密咒殿寝宫，由密咒师长盛情侍奉众主从一日。复次，莅临甲喀尔恰（ལྕགས་འཁར་ཏེ།）坐法会首席宝座，密咒大师敬献曼札三所依及各种礼品，密宗维那敬献大威德镀金铜像及熏香等。驾临卓巧恰（སྒྲོལ་ཚོགས་ཏེ།）以心境狠狠击中所缘境，即行将摧毁之凶残教敌。二十八日之事亦如上所述。

廿九施食节，班竹神殿观赏其放咒情形，其余皆依例行事之。本年被迎入法会首席宝座者除上述以外，还有卸任当雄喇嘛益西次成（ཡེ་ཤེས་ཚུལ་ཁྲིམས།）之侄、土尔扈特王和亲王次仁渥巴锡准格尔大臣（ཆེང་ཡང་ཚེ་རིང་ཨུ་པ་ཤི་ཛུན་གར་ཨམ་བན།）等遣人给僧众大会熬茶布施，呈献大量祈祷供品。另有饶降巴江白（རབ་འབྱམས་པ་འཇམ་དཔལ།）、台吉加布（ཐའི་ཇི་སྐྱབས།）和土尔扈特准格尔伊利堪布（ཐོར་གོད་ཛུན་གར་ཡི་ལི་མཁན་པོ།）等人所遣人员于寝宫奉献祷祝供品，祈求保佑等。所有蒙族施主皆得七世班禅额尔德尼妙善之承诺，协助其念诵将善资粮转变为大菩提因之回向文。彼等先后受到坐次饮茶及询问，报道辞行悉得使之满意的回赐。

“全喜（ཀུན་དགའ།）”即藏历木虎（1794 年），新年按例供祀元旦食子，举行欢宴等。初九，比隆上师来拜见，到赐摸顶及宴席。比隆将《竹节之规〈长寿灌顶〉百遍》传授与班禅额尔德尼及佛母阁下等人。于五日之内，每日（从比隆）听受《菩提道次第善趣道加行六法详解》一座法的工夫，之后举行与上师供有关连的会供曼荼罗及发心供，其供奉资粮不可思议。加上《长寿灌顶》之酬金，二酬金共献曼札三所依、黄金 38 秤（即 24 秤）、汉银元宝二锭、藏银一秤及绸缎 3 匹，也给其他听法者散发布施。三月四日为良辰吉日，班禅额尔德尼开始听受能周密合理地抉择二谛摄收之一切所知，亦以睿知令由闻思钻研经典之门径，即符合经部宗之综合学问《摄类学理海》。是日，于意乐法持殿，琛列巴钦波、经师谢阿乃、佛母阁下、济仲舅舅和侍读 4 人依座次向班禅额尔德尼敬献膳食、茶。班禅额尔德尼诵完《皈依发心等量虚空》等经文后，心想只有理解词义，方能记于心中，于是与噶钦平措（དཀའ་ཆེན་ཕུན་ཚོགས།）展开辩论，遂又与另三位噶钦研谈。待研讨完毕，为庆祝班禅额尔德尼开始听讲法相（即因明）课及扎什伦布寺修葺已竣工，并为此举行盛大开光仪式。达赖喇嘛特遣专使赠送贺信及贺礼。达擦诺门汗亦呈献贺礼,大管家等众人皆献哈达以示恭贺。当时天云花雨,雷声轰鸣,兆头极好。十一日,因佛母阁下的寝宫已正式竣工,特迎请班禅额尔德尼至吉吉那喀(སྐྱིད་སྐྱིད་ནགས།),为其作开光仪轨,遂于此居住7日。七世班禅额尔德尼升登长寿殿之宝座,由4位谢阿乃和密宗僧10位高唱与长寿仪轨有关连的八瑞物道歌,之后佛母阁下呈献以曼札三所依为领先的大量祈祷贡品,班禅额尔德尼以欣喜之态收之,遂作吉祥开光。由内室及拉章承担众主从及工匠一日之开销。

十七日,延僧诵经期间,班禅额尔德尼经恰蔡岗徒步绕行至殿宇,升登时轮修供法会首席宝座,赐起座对辩者以藤旗,并决意三十日于日光殿登坐时轮法会首席宝座时讲法与众,届时内室赠送众僧以丰厚酬金。钦差(ཧོ་ཨམ་བན།,即和琳)结伴前往后藏,向班禅额尔德尼呈献上乘哈达、汉银元宝8锭、绫缎10匹及各种瓷器班禅额尔德尼喜收之,并予回赠。随之于日光殿设宴接见钦差,欢宴上由4名格西辩经论法,加之乐舞表演,当场向钦差赠送上乘哈达及大佛像等丰盛贶仪。五月,以无量寿佛为主尊的巨大缎制佛像和将于神变祈愿法会上晒展的新造缎制佛像从鲁鼎宁巴(ཀླུ་སྡིངས་རྙིང་པ།)迎请时,以琛列巴钦波为首的僧众仪仗行列对其恭敬侍奉,将之延至大殿天窗檐前予以示展。以大咒师谢阿乃为主的密咒僧人,作以三净为加行的开眼仪轨。翌日于展佛壁上晒展佛像时,设5种供祀于佛像前令全体密宗僧行简略开光仪式。之后亦于此处续行法会,班禅额尔德尼莅临法会升登首席宝座,连同聚会僧众共同进行迎佛、洗礼、供奉、吉祥开光及回向文等。于开光宴上给僧众大会连续熬茶,给每僧布施瑞祥哈达一条,诸工匠亦获足够酬金。此时细雨绵绵,使人由衷生喜,实乃妙善兆头焉。班禅额尔德尼正值年关,西藏地方政府特遣侍从七世班禅额尔德尼舅父拉木济仲(ལྷ་མོ་རྗེ་དྲུང་།)献呈祈祷供品。彼等停留期间先后给予厚赏、马头明王禳解术,辞行时亦予回赠,并向达赖喇嘛致以感谢回文。六月份,经师谢阿乃给班禅额尔德尼以禳解咒语及洗礼,遂赐彼丰厚酬金。十五日,赐法筵与诸谢阿乃及掌堂师,亦赐摸顶,问安。七月八日,于日光殿依座次照常向班禅额尔德尼敬献酥油茶及油炸果点,之后依次讽诵经文,念毕七世班禅额尔德尼从宝座上起身至日光殿中央,诸侍读相继问彼难题,彼对答如流,众皆甚喜。随之以琛列巴钦波和佛母阁下为首的不分贵贱先后向七世班禅额尔德尼敬献哈达,以示恭贺。亦赠经师谢阿乃以哈达、整匹绫缎,赐各侍读以哈达、上等绸缎及白银赏品等。是日,聂木康萨一家呈献开秋献新糌粑,实为吉利。十日,拉孜甘丹卧敏林寺喇嘛及僧众代表呈献祈祷供品,班禅额尔德尼赐彼等摸顶排坐饮茶及筵宴,退还部分礼物。随之那塘寺师长代表呈献祈祷贡品,对亦受到同等款待。班禅额尔德尼赐奔荣官长及协格尔宗本以摸顶、坐次饮茶;并应色拉、甘丹和哲蚌三大寺僧众及大掌堂师之请求,于二十五日法会上赐以鲜花摸顶。

三十日,常规出游结束后,应吉康札仓(དཀྱིལ་ཁང་གྲྭ་ཚང་།)之邀请,至寝室食用酥油茶、甜米饭及油炸糕点,餐后给诸拉基勒参巴(བླ་སྤྱི་ལས་ཚན་པ།)、米村根波(མི་ཚན་རྒན་པོ།)等僧职人员以摸顶。随后朝拜并以加持各怙主神殿及殿宇,献大护法以上乘五彩哈达、火枪、内含弓箭之弓箭囊一整套、柳叶大刀、矛及羊脂玉如意等供品。献命主以羂索,献红脸以铜刀,献一般神像以大哈达一条。为总教法,尤其为西藏的安宁祈祷祝愿。在先廓尔喀王臣及其庶民向大皇帝投诚叩拜时遣往(内地)贡献贺礼者堪布主从现已返回,班禅额尔德尼以崇敬欢喜之态接受诏书及哈达等。二十五日,佛母阁下出行洗温泉澡,临行前赐彼摸顶。以前对彼大有依依不舍之感,然今却悠闲舒畅，并嘱托云：“恩母，将很快见面矣。”是时，从经师谢阿乃听受《摧破金刚随许》，随之接受洗礼，遂赐大量酬金与彼。是年为（班禅额尔德尼的）年关，为除年厄迎请班禅额尔德尼升登法会首席宝座，给僧众熬茶布施的施主甚多，与《长寿灌顶》仪轨》有关的呈献祈祷贡品者亦有然木鼎玛（རམ་སྡིངས་མ།）寺僧众集会代表、塞·诺布却阔林寺（སྣད་ནོར་བུ་ཆོས་འཁོར་གླིང་།）、列谢曲林寺（ལེགས་བཤད་ཆོས་གླིང་པ།）、昌摩且寺（གྲངས་མོ་ཆེ།）仲·罗桑隋巴（དྲུང་བློ་བཟང་བཟོད་པ།）、鲁东卸任管家（ལུག་གདོང་གཉེར་རྙིང་།）、温寺（དབེན་དགོན།）僧众集会代表、戎甘丹巴（རོང་དགའ་ལྡན་པ།）、岗金群培（གངས་ཅན་ཆོས་འཕེལ།）师长僧众、那烂陀（ན་ལེནྡྲ།）寺堪布及噶伦强巴道丹统蒙（བྱམས་པ་སྟོབས་ལྡན་ཐུབ་མོང་།）、竹木日吾当钦巴（འབྲུམ་རི་བོ་མདངས་ཆེན་པ།）、丹杰林活佛、彭措林（ཕུན་ཚོགས་གླིང་།）①寺、普觉活佛、尼木杰吉蔡（སྙེ་མོ་རྒྱལ་བྱེད་ཚལ།）、香·甘丹却科（ཤངས་དགའ་ལྡན་ཆོས་འཁོར།）寺、佐格（མཛོ་སྒོ།）代表、德庆饶杰巴（བདེ་ཆེན་རབ་རྒྱས་པ།）、桑珠甘丹巴（བསམ་གྲུབ་དགའ་ལྡན་པ།）、喇嘛措索巴（བླ་མ་ཚོགས་གསོག་པ།）更登及夏仲喇嘛梅尔刊堪布（ཞབས་དྲུང་བླ་མ་མེར་ཁན་མཁན་པོ།）等人士。布施僧众大会，延入法会首席宝座及呈献祈祷贡物乃是本区僧俗不分贵贱之共同夙愿。为此，班禅额尔德尼依琛列巴钦波等人的请求，撰著祈祷回向文赐予僧众大会。复次，由琛列巴钦波承担供奉僧众大会一日，并为添置造型精质的银壶 30 个，每壶重 70 两，特布施每僧藏银一章喀及吉祥哈达一条，以此作为银壶之开光。噶饶管家益西嘉措（དགའ་རབ་གཉེར་པ་ཡེ་ཤེས་རྒྱ་མཚོ།）呈献祈祷贡品时，给僧众大会

---

① 在今西藏自治区西南部今拉孜县境内。地处拉孜县驻地东北面、雅鲁藏布江南岸即今拉孜县彭措林区。该宗为班禅额尔德尼在后藏管辖的四个宗之一。宗址设在彭措林寺旁，清康熙五十二年（1713 年），为清朝皇帝直接敕封班禅额尔德尼的管辖区，由清廷直接领导，受驻藏大臣指导。班禅额尔德尼领导的“班禅额尔德尼拉让”（又称班禅额尔德尼囊玛康），管辖班禅额尔德尼属区的一切政教事务。辖区内有拉孜、昂仁、彭措林、康巴 4 个宗和藏北的达木萨迦宗以及谢通门、梅康萨、达那仁钦则、金龙、兰伦绕 5 个宗级谿卡，此外还有花插于噶厦辖区内的谿卡 63 个。境内有著名的彭措林寺。

奉献总重量为1000两之银壶14个，熬茶两次，布施每僧尼泊尔银币一章喀。复次班禅额尔德尼承诺哈尔东米村（ཧར་གདོང་མི་ཚན།）、佛母阁下、谢·札西格培（བཞད་བཀྲ་ཤིས་དགེ་འཕེལ།）寺喇嘛益西贝竹（ཡེ་ཤེས་དཔལ་གྲུབ།）、西藏地方政府、青海吐睿郡王塔来台青阿旺塔杰（ཐུ་ཟུའི་ཇུན་ཝང་ད་ལས།）之养女仁增旺姆（རིག་འཛིན་དབང་མོ།）及巴塘德庆康萨（འབའ་བདེ་ཆེན་ཁང་གསར།）诸等人士之请求，赐彼等回向文，亦予便利及退还适当贡品，使之欣喜满意。对蒙族等高僧贤贵亦以便宴款待或厚赏之，并与之专论教法，致使彼生敬信及喜悦。

木兔（1795年）藏历新年，照例举行元旦食子及欢宴。初三，应大掌堂师之祈求，至基鸠（སྤྱི་སྐྱར།）升登其法会首席宝座，因其宝座初次升登，故以大臣佐为首的近侍仆从及在职人员等每人敬献哈达一条，随之赐索西（ཟུར་བཞི།）、法会勒参（ལས་ཚན།）及基鸠瓦（སྤྱི་སྐྱར་བ།）以摸顶加持。法会之余至无上殿饮茶歇息片刻，后重登宝座赐修习《释量论》之学僧二人摸顶，之后赐每僧以藤旗一面，随之掌堂师呈献素食油炸珍馐。初四晚上赐诸新录取之噶钦和大掌堂师以摸顶。于两碗茶之功夫，恰洽巴离席畅谈诸噶钦之成绩，赞颂彼等对教法之裨益，断定即将成为教法之中坚。由于噶饶巴白玛（དཀའ་རབ་པ་པདྨ།）应试《菩提道次第》之直接传授，赐彼以奖赏。前几年应试法相原文及诠释者人数必有不少，但悉无记录，亦无法整理焉。十三祭祀日，由内室出资熬茶侍奉僧众大会，发愿及预祝七世班禅额尔德尼为利益佛法和众生犹如法主罗桑坚赞（བློ་བཟང་རྒྱལ་མཚན།）。祈愿大法会期间整日宴请新造缎质佛像的绘画及裁缝大小师傅、工头、杂工70人许，并依其身份各赐哈达和现金。举行法筵时七世班禅额尔德尼向索西掌堂师等人详细询问关于众僧如何齐心守戒，以利于虔诚讲修，与此同时妥善教导今后如何发挥讲修之妙诀。比隆上师向七世班禅额尔德尼传授《〈长寿灌顶〉百遍》，遂赐彼丰厚酬金。喀尔喀哲布尊丹巴所遣诸等人士向法会熬茶布施,延请七世班禅额尔德尼升登法会首席宝座,其所献经忏祈祷贡品颇厚,个人私自呈献贡物与班禅额尔德尼,诸等人士皆获良好承诺,赐口头回向及经忏回向文等,给彼等主仆以摸顶、排坐饮茶、问安及便宴,离别即退回适当贡物与本人,总之赢得众人之欢喜。索本公觉(གསོལ་དཔོན་དཀོན་མཆོག)、结桑喇嘛(ངའི་སང་བླ་མ།)和喀尔喀(ཁལ་ཁ།)二旗诸等人士被召至尊前赐宴与油炸珍馐盘,并与彼等详谈如何使文殊怙主上师(即指宗喀巴大师)的教法于喀尔喀得以弘扬光大,同时作了后会有期之良好承诺。达木瓦噶钦罗桑坚赞(སྟག་མོ་བ་བཀའ་ཆེན་བློ་བཟང་རྒྱལ་མཚན།)前来应试《波罗蜜多八时》,此举因利于教法,赐彼以厚赏,温寺僧罗桑坚赞(དབེན་དགོན་པ་བློ་བཟང་རྒྱལ་མཚན།)应试《胜乐本续》,所赐赏品如上,以下应试者亦如上述。

十四日,昌都帕巴拉(ཆབ་མདོ་འཕགས་པ་ལྷ།)①祭奠人士即其弟公托(ཀུན་ཐོབ།)活佛和司库主仆等给僧众大会熬茶布施,迎请七世班禅额尔德尼升登法会首座,呈献大量贡品,班禅额尔德尼俱收之,并虔心祈祷完已故帕巴拉之心愿,迅速降临其转世灵童,同时赠彼等以回向文,承诺实现其亲眷今生来世之愿望。遂赐坐次饮茶、筵宴、灵物等,离时退还适当贡品以为回赠,赢得诸等人士之喜悦。时轮修供时莅临法会首席宝座,由内室出资虔诚发愿坛城和形象

---

① 明正统二年(1437 年)格鲁派僧人喜饶桑布在昌都建强巴林寺,通常称昌都寺,并自任堪布。至第三任堪布采用活佛转世的办法继承,称帕巴拉活佛。清顺治帝时封帕巴拉活佛为博善禅师、诺门汗。清康熙五十八年(1719 年)因帕巴拉活佛协助清军入藏有功,康熙帝封帕巴拉活佛为呼图克图,颁给印、诰,并将昌都封为其香火地,有属民 7000 多户,形成帕巴拉呼图克图管辖区,受驻藏大臣和达赖喇嘛领导。昌都寺另有喜瓦拉呼图克图、贾热活佛、滚多活佛,在帕巴拉活佛圆寂或年幼时,从他们中推派一人掌管帕巴拉活佛的政教事务。昌都寺有属寺 50 多座,僧人 4500 多人,亦属帕巴拉活佛管辖。帕巴拉活佛辖区有昌堆、昌麦、百日、穹波、米加达 5 个小宗,18 个甲本区和昌都城区,均由帕巴拉拉章管理行政事务,拉章由强佐负责。强佐之下设涅钦(大管家)3 人,协助强佐工作。另有仲译 3 人管文书,协本两人管刑法派差,涅穷 3 人管征粮收税。5 个小宗由帕巴拉活佛委派宗本。各甲本区设甲本一人,由拉章委派。甲本之下设居本、豁堆各数人。在清代,拉章强佐最初由理藩院任命,后由帕巴拉活佛委派。1918 年藏军占领昌都后,拉章强佐仍由帕巴拉活佛委派,但须报请达赖喇嘛批准。

二者，并向二者各献哈达一条，给每僧布施中等上乘哈达一条，白银 11 章喀，给阿阇梨、悦众及维那各赠一贡品。嘉钦则寺群培坚赞（རྒྱལ་ཆེན་རྩེ་པ་ཆོས་འཕེལ་རྒྱལ་མཚན།）和勒谢林寺班丹顿珠（ལེགས་བཤད་གླིང་པ་དཔལ་ལྡན་དོན་གྲུབ།）二僧前来应试《释量论台成四章》。松大人（གསུང་ཧྭ་ཤིན།，即松筠）前来呈现大乾隆皇帝御赐之大量赏品，班禅额尔德尼以恭敬欢喜之情接受，并向大人以欢乐之语言详细表达亲切友好之情，大臣对班禅额尔德尼之贤、正、善三功德由衷敬信。除上述赏品外还有白银 10000 两，此御赐款项依钦差大人之嘱托平均赏给上、中等及乞丐贫民。十八日特为大皇帝修佛，由拉章给僧众大会额外熬茶布施，给每僧布施尼泊尔银币一章喀，七世班禅额尔德尼升登法会首席宝座，讽诵回向文。昌摩且寺僧罗桑丹增（བློ་བཟང་བསྟན་འཛིན།）应试《解脱明释》，温寺罗桑饶杰应试《胜乐本续》。松钦差大臣返回时，于日光殿设宴，宴会上表演三种舞蹈，由两名侍读辩论经典。在外室宴请（松筠）与之亲切交谈，有关法相（即因明）的谈论占谈话之多半，其智慧令钦差深深倾动。于是彼从拉萨用汉藏合璧之手法，以大吉大利之妙善书法，即以金字书写的真实之作，呈献于七世班禅额尔德尼。此即如是：班禅额尔德尼年十四，面轮超群极清净，身形如莲光泽明，菩萨心如主坛城。体验之法即佛语，成就弘扬佛法愿，智者殊胜如莲蕊，有情众生见汝面，无限信仰由衷生。生成智慧超天神，化身心田更清澈，幼年升登莲宝座，谈论法相畅无阻。历世弘扬黄帽法，边、中众生靠背矣，救主汝之悲悯使，黄帽教法永驻及，苦难众生离苦海。务必多闻勤思法，愿将足踏大地之，微微尘埃转化为，无数众生所依塔。罗桑班丹旦白教法，七驻[1]即尼玛之，万丈光辉直射入，巧勒朗杰佛典苑，利益花

---

① 七驻，藻词，太阳的异名。

蕊从中笑。立与破之狮子吼,击败一切谬论象。愿将怙主之语步,置于众诡辩者髻。吉祥!

六月四日,应大掌堂师哈尔东巴(ཧར་གདོང་པ།)之祈求,班禅额尔德尼莅临敬奉法会升登首座,即刻由大掌堂师敬献曼札三所依、香等,遂赐回向文,是日天气良好,亦降花雨(细雨),吉兆明显。因初次莅临敬奉法会,故由仲科以上之职员敬献哈达。八月十二日,大咒师谢阿乃罗桑次成被授予经师,在其坐床典礼上,向班禅额尔德尼传授《譬喻前嘉》之回向文和《释量论》片刻,班禅额尔德尼当即向彼赠送曼札、上乘哈达、崭新藏币 8 秤及上等绫缎等。当呈献油炸糕点时,班禅额尔德尼起身与之论谈,此即吉兆,安排甚妥。九月一日,经师于日光殿建立经院,准备酥油及甜米饭,自此经院每日持续不断。冲卡布巴格勒坚赞(ཁྲོན་ཁ་སྒུག་པ་དགེ་ལེགས་རྒྱལ་མཚན།)应试《理海大疏》本注。按例去年向大皇帝致敬进贡的人员已返回,班禅额尔德尼以喜悦之情恭敬地接受诏书及御赐赏品。昌摩且瓦朗杰顿珠(གྲངས་མོ་ཆེ་བ་རྣམ་རྒྱལ་དོན་གྲུབ།)、罗桑格桑(བློ་བཟང་སྐལ་བཟང་།)及乌坚宗巴罗桑(ཨོ་རྒྱན་རྫོང་པ་བློ་བཟང་།)等应试《释量论台成四章》。自十月十五日起,扎什伦布寺所有佛像、佛经和佛塔之修复工程咸已圆满竣工。班禅额尔德尼莅临密宗院石板大场参加开光仪轨,升登僧众大会首席宝座,念诵回向文,给每僧布施吉祥哈达。届时,依经师之祈求编撰《妙音至尊文殊》和《妙音佛母》之神奇礼赞。嘉钦则(རྒྱལ་ཆེན་རྩེ།)寺僧益西丹增(ཡེ་ཤེས་བསྟན་འཛིན།)应试《释量论台成四章》,参卓巴罗桑仁青(མཚན་སྒྲོག་པ་བློ་བཟང་རིན་ཆེན།)应试《医学四续》。鄂尔多斯将军博达贝子(འོར་ཏུ་སུ་ཅང་ཅུན་ཛོ་ད་པའི་སེ།)所遣人员弥仁衮却(མི་རིང་དཀོན་མཆོག)给僧众大会熬茶布施,将班禅额尔德尼延入法会首座,奉献大量贡品,祈求祈祷保佑。遂承诺其祈求,口头赐《兜率上师瑜伽法》。廓尔喀王向大皇帝进贡大象五个,其中一个御赐班禅额尔德尼，班禅额尔德尼在观赏大象时于庭院内设切玛①和新青稞酒新示吉祥。十九日，从鲁鼎（ཀླུ་སྡིངས།）延请斋僧大锅，班禅额尔德尼从窗口撒放青稞以示加持，并奖赏工头。协却寺（ཤེལ་ཆོས།）师僧、浓齐曲杰（ནོམ་ཆི་ཆོས་རྗེ།）所遣人士及佐堆巴益西门朗（མཛོ་སྟོད་པ་ཡེ་ཤེས་སྨོན་ལམ།）等至寝宫奉献祈祷贡品者较多，遂给予彼等以妙善承诺及退还其适当贡品以为回赠，使之满意。总之信徒甚或瞻仰其尊容或闻其声音使之肃然起敬。

火（མེ།）即藏历火龙（丙辰年，1796 年）新年，依惯例供养元旦食子，举行新年欢宴及莅临基鸠法会。汉历初一，父皇法主退位，是日其十五皇子即位，此时在肖像唐卡（即乾隆帝像）前陈设不可思议之供养，挥扬旗幡，吹奏长号，班禅额尔德尼莅临 4 名谢阿乃及几百名僧众之首位，为政教安稳，尤其为大皇帝万万岁，整日给僧众熬茶、布施。向肖像唐卡敬献五彩上乘哈达。初八，由内室额外熬茶，给每僧布施一第二宝轮②。初九，聂仓钦波勒巴顿珠（གཉེར་ཚང་ཆེན་མོ་ལེགས་པ་དོན་གྲུབ།）向僧众大会熬茶、布施、奉献以上等花色绫缎缝制的锦幡、香囊及宝幢等供品，迎请班禅额尔德尼升登首席宝座，呈献大量贡物，班禅额尔德尼收之，并加盖回向文。另迎入法会者还有仲饶丹（མགྲོན་རབ་བརྟན།）、雪噶巴（ཤོད་འགག་པ།）、班禅额尔德尼舅父济仲啦、协聂夏仲（བཤད་གཉེར་ཞབས་དྲུང་།）及波尔多（སྤོར་ཏོག）诸管家等，七世班禅额尔德尼予以回向发愿，并将适当贡物退回彼等。内室给密宗院每僧藏银 3 章喀。佐增札萨喇嘛给班禅额尔德尼传授

---

① 藏语译音。汉意为“糌粑酥油饰品”，又译“五谷斗”和“吉祥斗”。一般来说，切玛有两种。在西藏普遍使用的切玛是用窄底敞口反梯形木盒，中间用木板分为两小格，内盛糌粑，其上放少许酥油，插数根青稞穗、数枝鲜花和彩花板板。切玛端至面前，用手抓少许糌粑抛撒空中，并致吉祥如意等祝愿之词。安多及部分康区普通使用的切玛是形似木碗且有盖的圆器皿，内盛糌粑，高垒其上，呈圆锥状。在糌粑顶端用酥油做一圆日和弯月装饰品，切玛端放在家之中央，一直放到藏历新年结束。除年节外，在一些隆重的节日也摆放此物。

② 第二宝轮，藻词，银元的异名。

依止《红色大威德》之宝瓶灌顶，传毕举行会供曼荼罗，赐彼以丰厚酬金。密宗院全体僧众敬献班禅额尔德尼八瑞物，内室亦布施每僧白银一章喀。班禅额尔德尼向琛列巴钦波、佛母阁下及其诸内眷深刻讲授《竹杰之规〈长寿灌顶〉》，彼亦从比隆上师听授《〈长寿灌顶〉百遍》及《圣妙吉祥真实名》之传承。该上师于吉吉那喀寝室向150名僧徒讲说《菩提道次第》，由内室给全体师徒丰厚的布施。经师向班禅额尔德尼传授依止《白伞盖》之禳解诅咒。七世班禅额尔德尼莅临时轮仪轨法会之首位，照常布施僧众大会。氐宿月佛母阁下及其少数近侍守持八方禁食斋戒，每年从内室向僧众布施。首次付梓《经师大班智达全集》，由内室捐资藏银350两。六月八日，应掌堂师萨龙巴之迎请前往法会参加敬奉，为内室之姊妹护法（即大红司命主）神殿由班禅额尔德尼亲自增设诸等神像，遂予以酬补请托之法事。七月份，依止经师依次听受《那塘百法》《觉卧之规二十一尊度母》及《尼赛瓦随许》诸经，并赠丰厚酬金与经师。

九月份，于日光殿（ཉི་འོད）由山间净修小寺之比丘和沙弥僧365名（向班禅额尔德尼）奉献与上师供有关连的会供曼荼罗之佛事，七世班禅额尔德尼应允，遂赐摸顶与僧众。又到日光殿给上述山间小寺全体僧众以摸顶，并赏赐丰厚的生活资料。届时将《兜率上师瑜伽法》及其新作《敦朗玛》回向文赐给僧众。早先向大皇帝奉献致敬贡品的堪布已返回，御赐诏书及赏给僧俗官吏之前所未有的奖品，七世班禅额尔德尼以喜悦之情恭敬收之。此时依止经师听受《释量论》之诠解、《因明七论》《集量论》《救主班丹益西全集》、已、庚、辛（ཀ། ཁ། ག།），秘籍、《觉卧教法源流一百零三章》《幻轮论》克珠杰著、其小字注释《小轮见地》《怙主小册整套》克珠杰校对、《天母三业论》根敦珠著及五世班禅额尔德尼所听经文即《姊妹护法小册》。随之又听受《至尊妙吉祥文殊》及《妙音天母》之随许。遂赠送重金给经师,以为酬金。奉全体驻藏大臣之命,于九月三日,召请密咒大师谢阿乃罗桑丹增(ཞལ་ངོ་ནས་བློ་བཟང་བསྟན་འཛིན།)至内室,令彼担任额外经师,向彼呈献酥油茶及人参果。彼遂向班禅额尔德尼详细传授《兜率上师瑜伽法》《岗洛玛》及《智悲无垢》。然后到日光殿,上、下怙主(即指达赖喇嘛和摄政)、佛母阁下和六位侍读皆依坐次登坐于己位。诵经完毕,班禅额尔德尼与其辩论对手即攻读摄类学者川卜活佛根顿扎巴侍读和恰布岗(ཁྲབ་ཀང།)等人彼此展开辩论,班禅额尔德尼声音洪亮,姿态超群,无与伦比,受到在场众人之敬信。琛列巴钦波(向班禅额尔德尼)敬献大礼。届时由内室供奉密宗院全体僧众一整日,布施每僧第二宝轮 1 个,赠送轨范师、悦众及维那以贡品。敬献诸佛像以饱含祝愿之哈达,给授记度母像上涂金,并与其项上敬献特制的红白珊瑚璎珞项饰两串。阿钦(སྔགས་ཆེན།)、吉钦(དཀྱིལ་ཆེན།)及推林谢阿乃诸等赞誉者皆获奖赏。七世班禅额尔德尼时时念修大威德,利用一切空闲时间勤奋听修教法。先后由鄂尔多斯塔赖贝子(ཨོར་ཏུ་སུ་ཏ་ལས་པའི་སེ།)喇嘛之管家罗桑格勒(བློ་བཟང་དགེ་ལེགས།)、察雅活佛罗桑丹增嘉措(བྲག་གཡབ་སྤྲུལ་སྐུ་བློ་བཟང་བསྟན་འཛིན་རྒྱ་མཚོ།)及喀尔喀右翼札萨克图王(ཛ་སག་ཐུ་རྒྱལ་པོ།)之上师当钦巴(མདངས་ཆེན་པ།)等人给僧众大会熬茶布施,其供奉颇盛,彼等迎请班禅额尔德尼升登首席宝座,奉献大量贡品,祈求保佑,七世班禅额尔德尼承诺彼等之心愿,依各自之请托遂编撰《上师瑜伽》,传授《度母》《兜率上师瑜伽法》《主要道颂》《香巴拉祈愿经》《能仁莲面》及《长寿仪轨甘露水流》等。

佛母阁下之修持所依白度母如意轮像已竣工,班禅额尔德尼与其经师谢阿乃为此举行吉祥开光仪轨,收到丰厚酬金。班禅额尔德尼给琛列巴钦波和佛母阁下二人传授大威德禳解。拉康巴格龙绛木央嘉措(ལྷ་ཁང་པ་དགེ་སློང་འཇམ་དབྱངས་རྒྱ་མཚོ།)等人于寝宫呈献贡物，班禅额尔德尼决定凡是虔诚信徒不分生与死者，其一切贡物应作三份：即一上奉三宝，二中供僧侣，三下施乞丐，以免浪费糟蹋。对将赴蒙古等地的诸新任主持，在临行前给予深刻教诲：为侍奉黄帽教法始终不懈地勤奋努力，还要承诺主要施主之请托，以及如何修持善业等眼前与今后之诸要事。与此同时赐彼等灵物及金刚护身结等所需赏物。置有缘众生于成熟解脱之善道。

彼等如是云：嘉勇少年佛子身，虽受万敌弹雨击，然以神通变碎花，未受廓尔喀军威胁。地梵[①]代表钦差云，边军进抵协格尔，居于地上大菩萨，汝速动身至别处。为利他心之阳光，处处燥热象佛子，连同眷属迅速入，雪域中心莲池中。无量劫前正法之，甘露充满汝心瓶，但如大海不餍水，汝之听闻永无足。本来位于此地轮，但如离地之净土[②]如法治地之场所，布达拉宫誉满天。法主绛白嘉措(འཇམ་དཔལ་རྒྱ་མཚོ།)及法库益西坚赞处，接受不尽甘露法，法之大雨将滂沱。菩萨种姓承祧者，经教大师班智达，播种旺盛菩萨种，诞生幼苗菩萨汝。利他茂叶菩提树，为无缘悲水滋润，六度四摄法[③]果熟，汝称永乐如意否？无上金刚乘海广，唯有精进舟能渡，双运如意宝王[④]将，必定获于汝手中。听圣十一面灌顶，亲见佛王为大悲(即观世音菩萨)，愿汝加持为显密，一切教法之主宰。年虽幼小智千瓣，所撰措辞优美之，诗文佳作芬芳香，迎来众贤者称赞。空行言教甘露水，源于竹杰善规海，潴聚意海有缘者，获福财寿三丰收。周密思维之小棍，翻搅法钥摄类海，轻易寻见推理宝，洋洋得

---

① 地梵即地上大梵，指乾隆皇帝。

② 净土即指清净佛图。

③ 四摄法，即菩萨摄持众生的四种方法。

④ 如意宝王，一种宝石名。

意更神采。内大臣福氏中堂(即指福康安),呈献大皇帝(即嘉庆)御赐,恭敬接受向汉官,赠送佛像、灵物、藏香、氆氇令彼喜。怙主之智慧,打动了大臣心,即刻向汝献,神奇赞颂文。

藏历火蛇(1797年)年新年,照常举行元旦食子供祀及新年欢宴。初八与初九两天,晚茶及祈愿茶时,莅临法会首席,讽诵回向经文,给施主佛母阁下和卓尼格隆罗桑饶丹(མགོན་གཉེར་དགེ་སློང་བློ་བཟང་རབ་བརྟན།)等以摸顶。为使七世班禅额尔德尼依无垢之推理能顺利横渡显密经典之大海,广开闻思法相理论之大门,为达到其目的,不使因缘错乱,决定集中所属僧俗部众,共同于初十晚茶及祈愿茶时,迎请班禅额尔德尼升登法会首席宝座,向孜雪奉献丰盛贡物,给僧众大会熬茶10次,给每僧布施哈达一条,藏银3钱。班禅额尔德尼赐众进贡者以摸顶、回向文、《往生极乐净土愿》及《丹跋玛》等以助平安。以扎西桑木丹林寺(བཀྲ་ཤིས་བསམ་གཏན་གླིང་།)匡佐和格隆为首的乞化者①共同贡献丰厚物资及祈愿保佑,班禅额尔德尼遂予承诺,赐彼等满意之奖赏。给亚卓(གཡག་འབྲོག)及亚加巴(གཡག་རྒྱབ་པ།)二地的众渔民赏赐青稞1682克以阻止其捕杀鱼类。二十八日,密宗院全体僧众整天举行《白伞盖大回遮》之法事,给每僧布施藏银一章喀。三月初三,为祈祷班禅额尔德尼长寿,琛列巴钦波于岗金群培林寺组织僧众大会念诵前世班禅额尔德尼所撰《无量寿佛礼赞长寿王》,其开光熬茶及布施颇盛。班禅额尔德尼多次莅临时轮修供法会之首席宝座,照常向形象及坛城敬献哈达,布施僧众大会。二十五日,给僧众大会摸顶及瞻仰坛城二者同时进行。二十八日,莅临法会整天参加酬谢仪轨。举行仪轨的诸僧向班禅额尔德尼敬献曼札三所依及贡品,并祈祷班禅额尔德尼长寿,班禅额

① 乞化者,即独居小寺修行的佛教徒。

尔德尼遂予承诺,并给所有僧众以摸顶加持,届时昌都帕巴拉活佛坐床,特遣仲科前来呈献贺礼,彼等辞行时托付彼等向喜桑(ཞི་བཟང་།)活佛献礼品。给昌都札仓(ཆབ་མདོ་གྲྭ་ཚང་།)供养熬茶布施。四月十五日,给诸神殿广设五种供云,班禅额尔德尼亲临朝圣,于诸神像前进行迎请洗礼,向以七支为加行的诸主尊神像敬献上乘哈达一条,给一般神像亦献大小不等之各种哈达,与此同时抒发心愿。于诸护法殿宇亦献哈达及祈祷祝愿。

五月份,为教法之昌盛及班禅额尔德尼之诸闻思获取绝顶成果,于岗坚群培林寺(གངས་ཅན་ཆོས་འཕེལ་གླིང་།),由琛列巴钦波承担特为以无量寿佛为主尊,宾客佛像有主尊佛像之上首弟子观世音、秘主、释迦王、尊者阿底峡、宗喀巴大师、班禅桑波扎西(པཎ་ཆེན་བཟང་པོ་བཀྲ་ཤིས།)、法主罗桑确坚、法主罗桑班丹益西(རྗེ་བློ་བཟང་དཔལ་ལྡན་ཡེ་ཤེས།)、白绿度母两尊、吉祥天母及多闻姊妹等像赶制由色彩绫缎拼合而成的华衣,同时配备汉钹和汉式铙钹各一对,大鼓和鼓槌一套,以上均已完好成就。此次开光供奉历时七天,给每僧布施白银两章喀。由于七世班禅额尔德尼以虔诚之心奋力体验经师所传闻修次第,使其开悟,遂证得广大智慧,致使引得其经师心如盛满欢乐甘露之宝瓶一般的欢心。然而经师依然认为,尽管寝宫经院之修持循序渐进,但还未曾莅临僧众大会升登圣僧集会之首座,为此在法会上与众圣僧多次进行辩驳研讨,此乃上上策耳,于是催促七世班禅额尔德尼如此行事。于初次夏住时,不断莅临敬奉法会升登北方中间长廊宝座,诸修习中本摄类学僧徒面向北方,上师与弟子共同讽经,班禅额尔德尼密封回向文后,在四位谢阿乃和诸侍读格西的服侍下,与轮班僧徒谈论教理,届时作为中证者的经师亦参与其辩论。班禅额尔德尼极喜于辨证反驳,一直延续至傍晚由诸轮班僧徒和近侍手提双重方形灯笼护送班禅额尔德尼回宫。如此为使佛法蒸蒸日上，如上弦之月日益圆满。

七月十三日，依密宗院之提议密宗院全体僧众应试诸道歌大调次第，为此于弥勒殿顶供奉僧众1日，给每僧布施哈达一条和藏币一章喀。由内室额外赏赐一章喀。遣往（内地）的堪布谢巴罗桑班觉（བཤད་པ་བློ་བཟང་དཔལ་འབྱོར།）已返回，七世班禅额尔德尼以恭敬与喜悦之情接受超越往常之额外御赐赏品。彼时于由温萨耳传教法之主成就自在罗桑朗杰（བློ་བཟང་རྣམ་རྒྱལ།）所创建，经师大班智达益西坚赞所加持之殊胜隐居芒域安乐山间兜率大山洞，为使佛法精华第二佛宗喀巴大师之教法，尤其为其耳传口诀振兴不衰，将格隆甲等竹德寺（དགེ་སློང་ཇ་བཅས་གྲུབ་སྡེ།）定为修供之地，给该寺提供足够一年之奉茶12克13两2钱、线香1780根、哈达7条，以上代金为60两9钱7分5厘。自本年起，每年由匡佐支付其费用，并予以执照，以为凭证。至此季节七世班禅额尔德尼进行向他人灌顶及自受灌顶，闭关念修约20日，最终由经师大宝、密宗院僧职、护法殿僧、时轮修持者、讽诵密咒者以及侍读诸等僧人服侍班禅额尔德尼作为仪轨陪伴者，遂行火供补充仪式，与此同时举行与上师供有关连之会供曼荼罗及酬补仪轨历时2日，为此向彼等奉献丰厚酬金。琛列巴钦波和佛母阁下二人亦予布施。索森（གསོལ་གཟིམ།）[①]至仲科（དྲུང་འཁོར།）均献哈达以示祝贺。

十一月一日中午，随从僧俗103人之酥油茶及甜米饭宴会上赏赐5盘供食，给每人布施哈达一条、白银两章喀。随之以无边教理之云海中所产生之事势推理为攻击邪说的金刚霹雳，置教理之如意大宝于讲辩著之宝幢顶端，为获取所需一切深广教法，七世班禅额尔德尼认真听闻如上所述之《摄类学理海》为代表的诸经典理论，亦如法

① 索森，即指索本和森本，即司膳和司寝。

王宗喀巴大师所云:“智慧聪睿之周密,欲求细如上茅尖,依止上师修理论,直至满足此欲望。”七世班禅额尔德尼深思其语意,依止经师大宝修练如何理会开启正理门之性相名相因法与如何指摘谬误。随之领悟因法之要点,进而启发智慧,达到通达理论之目的。于是从嘉木样辛迪巴罗追坚赞(འཇམ་དབྱངས་ཤྲཱི་པ་བློ་གྲོས་རྒྱལ་མཚན།)、绛敦尊追坚赞(བྱང་སྟོན་བརྩོན་འགྲུས་རྒྱལ་མཚན།)、达那根敦罗桑(ཏ་ནག་དགེ་འདུན་བློ་བཟང་།)及衮钦勒巴敦珠(ཀུན་མཁྱེན་ལེགས་པ་དོན་གྲུབ།)等人的文籍中牢记《释量论台成四章》之总义,随之勤勉于辩论,时隔不久,开通其对典籍之论述、前后之衔接及其引申义诸等之智力,能以无垢正理分辨内外二道宗派之差异,诸外道之宗论有如盲人摸象,盲目行事,又如手头拮据之狡诈老翁引诱童子一般,只是诱骗诸渴求解脱者而已。于是以正论轨及正论式之方法使自己和诸有缘者深信唯有佛陀世尊之教法堪称诸渴望解脱者之津梁。以诘过论式驳斥和制伏诸邪说者,为喧吼无垢正理而永不畏惧。

七世班禅额尔德尼若想极善于辨析《释量论》之总义等,便要学习宗喀巴大师的两位上首弟子所著二部《释量论注释》和杰·门朗跋瓦(རྗེ་སྨོན་ལམ་དཔལ་བ།)所著原文及注释,对理解原著的精神实质下了深厚基础。如若不从理论法则上寻得获取解脱和一切智之途径,而仅仅以皈依经教为信服,是无法从最深处领会的,若想真正理解,只有修持《释量论》而无别法。正如法主圣人(指宗喀巴大师)所云:“于此北方修量学,非修量学若干人,异口同声经藏与,因明七论不通达,体验菩萨之次第。妙音文殊嘱陈那,撰写此著将成为,一切众生之眼珠,以此嘱托为准则。此乃种姓论之优,见此情形若明察,集量论之礼赞义,顺次逆次皆成量,追求解脱出有坏,成为准则其所指,确信解脱之津梁,囊括二乘众要义,理路清晰由衷喜。”七世班禅额尔德尼认为不能仅仅满足于词句及笼统之义,亦遵照上师第二佛宗喀巴大师的教导,从理论法则上求得三乘途径之一切要义,依此解惑,故而更加用功。每日默记长度等同于箭杆之经文纸条十三张毫不费力,念诵几次即可背诵如流。即为彼等诸事,自火蛇年(即丁巳年,1797 年)截至土羊年(即己未年,1799 年)三月,莅临寝宫经院及敬事法会从不间断,以细微理路认真研究,并与广通经典理论之诸善知识一起辩驳研讨,诸不通达、思维错乱和犹豫之污垢皆被消除,以纯净之研究方法加以修炼后掌握了学说之所有疑难点,以四位谢阿乃和诸侍读大善知识为首如海之众智者中,犹如圣人陈那(ཕྱོགས་གླང་།)[1]和法称(ཆོས་གྲགས།)[2]驳倒外道一样,其与无垢正理吼声相连的言论使一切智者生喜,其声誉传遍中央及边缘一切地方。四位谢阿乃和侍读大善知识亦言当前大救主(即七世班禅额尔德尼)之智慧与妙音文殊融为一性,尽管我等轮流服侍,经院和敬事法会开始之前细读经文,不分昼夜地思考彼等之含义,极力研讨,但总是一鳞半爪,抓不住要点,对七世班禅额尔德尼之诸言语只好不时叩首表示赞同,彼等不由失言道:“最近要比新生子孙还难。”

这一年内,曲科伦布寺(ཆོས་འཁོར་ལྷུན་པོ།)僧格桑群培(བསྐལ་བཟང་ཆོས་འཕེལ།)、桑杰朗杰(སངས་རྒྱས་རྣམ་རྒྱལ།)、确扎西(ཆོས་བཀྲ་ཤིས།)及益西班觉(ཡེ་ཤེས་དཔལ་འབྱོར།)等应试《慈氏五论》(བྱམས་ཆོས་སྡེ་ལྔ།);仲孜瓦罗桑诺布(འབྲོང་རྩེ་བ་བློ་བཟང་ནོར་བུ།)、吞巴益西坚赞(ཡེ་ཤེས་རྒྱལ་མཚན།)及色康巴朗杰雅培(སེར་ཁང་པ་རྣམ་རྒྱལ་ཡར་འཕེལ།)等应试《释量论台成四章》;当钦巴罗桑丹增(མདངས་ཅན་པ་བློ་བཟང་བསྟན་འཛིན།)、绒措瓦噶钦益西格勒(རོང་

① 亦称为龙域,古印度一位佛学家,瞻部洲六庄严之一。生于南印度,从胜根出家,依世亲论师精通因明。著有《集量论二释》《观所缘缘论释》《观三时》《人正理论》《宗法九句》等诸多因明学著作,成为因明学开派祖师。

② 法称,瞻部洲六庄严之一。六世纪时生于南印度一婆罗门家中,长期随从陈那的弟子自在军学习《集量论》等著作,如实阐述陈那之学,成为著名的因明论师。

མཆོ་བ་དཀའ་ཆེན་ཡེ་ཤེས་དགེ་ལེགས།）及毕图巴噶钦罗桑丹增（དཔེ་ཐུབ་པ་དཀའ་ཆེན་བློ་བཟང་བསྟན་འཛིན།）等应试《现观庄严论八时》；古格侍读群则益西丹增（གུ་གེ་མཚན་ཞབས་པ་ཡེ་ཤེས་བསྟན་འཛིན།）应试《摄类二十一单元》；温寺巴罗桑丹坚（དབེན་དགོན་པ་བློ་བཟང་བསྟན་རྒྱན།）、丹巴雅培（བསྟན་པ་ཡར་འཕེལ།）及德饶巴丹巴嘉措（བདེ་རབ་པ་བསྟན་པ་རྒྱ་མཚོ།）等应试《胜乐本续》；罗布巴罗桑尊追（སློ་སྦུག་པ་བློ་བཟང་བརྩོན་འགྲུས།）应试《注疏·博大精深》等，七世班禅额尔德尼赏赐以上应试者心满意足之奖品。除岗坚群培（གངས་ཅན་ཆོས་འཕེལ།）的绸缎佛像、公集资产及普布切大山洞寺（ཕུག་པོ་ཆེར་འཆར་ཅན།）的照常赏赐等未能兑现外，其余祭祀三所依，熬茶布施僧众大会，讽经念佛及酬补护法诸神等所需之茶叶、酥油、青稞、现金、肉类、大米、物品、奶渣及清油等折合现金为 5895 两 7 钱 5 分整。前后各年除微小增减外均无较大变化。

藏历阳土马（1798 年）新年，依惯例供祀元旦食子举行欢宴及于祈愿法会念诵回向文等。初九日，大皇帝（即嘉庆）降旨册封经师大宝为诺门汗名号，赐七世班禅额尔德尼以诏书，师徒二人以喜悦与恭敬之情接受矣，转呈诏书者江孜总爷（རྒྱལ་རྩེ་ཙོང་ཡེ།，即江孜总兵）主仆亦受到宴请及重赏。与此同时向经师大宝奉献大礼，其座垫加高三重（层）缎褥，其座前方桌亦予加高。十五日，依嘛呢郭本（མ་ཎི་སྐོར་དཔོན།）①之祈求，于中央佛殿前七世班禅额尔德尼接见信徒数万人以上。除在甲那拉康（རྒྱ་ནག་ལྷ་ཁང་།）②就餐外，整日满足众教徒之要求。二月，不断莅临敬事法会，赏赐密封回向文。与此同时和轮班者四名谢阿乃及诸侍读辩论研讨，共同诵经，以便提高判断能力，致使经师大宝心中大喜。比隆上师晋谒报到，班禅额尔德尼令其与己共餐，一起谈论与教法有关的话题。依此隆之请求，在二十六日升登

① “嘛呢郭本”，汉意为负责转经者。

② “甲那拉康”，汉意为汉区神殿。

多如僧海之众智者法会中央宝座，毫无拘束地大声演讲《善趣正道回向文》，其讲演广无边际，畅如流水。于吉吉那喀寝宫由此上师（即指比隆上师）口授《菩提道次第》并举行发心供养，按例照常由内室给听法者 210 名人以丰厚布施。贝勒玛噶释利喇嘛（པའི་ལི་མ་ཀ་ཤྲི་བླ་མ）奉献祈祷供品，依本人之祈求传授《三主要道颂》及《香巴拉道文》，彼等辞行时以喜悦之情赐彼等回礼。四月二十日为预备，翌日为正式从经师谢阿乃处接受《羯磨吉祥持金刚调伏鬼魅》之大灌顶和《大威德之规禳解诅咒》及洗礼，并向经师奉献丰厚的酬金。

五月十四日，四位谢阿乃及百名僧众集结之法会首席，于肖像唐卡（即指清乾隆帝肖像）前念佛诵经，祈愿祷祝大皇帝万万岁，并向法会赠送丰厚酬金。五月二十三日为吉日良辰，是日开始演说及修习经教理论，再次广泛闻修各种《释量论注疏》《中观》《般若》《毗奈耶》及《俱舍论》等一切大经典之要义，通过博览群书，攻破一切难点，成为共同的佛法，尤其是三界法王宗喀巴大师无垢流风的核心，置我等于虚空边际等同的众生于极高和永久安乐的最佳地位，为此（我等）一心祷祝（我等）之救星足莲永驻，让深广法轮永不停转。于是众侍从贡献大礼及哈达与七世班禅额尔德尼，七世班禅额尔德尼一一承诺，以极喜之态，赐彼等以摸顶加持。两次夏季法事与两次秋季法事中亦莅临敬事法会，于法会引经据典，演说辩论，使众智者由衷生喜，经师大宝亦悠闲舒畅，以极喜之态云："救主之演说非常精彩，还须精益求精。"遂向班禅额尔德尼贡献无垢上乘哈达及黄金 8 秤，七世班禅额尔德尼喜收之。正如宗喀巴大师所云："不可因此而满足，弥勒世间六庄严，以及二圣之学说，一切全面详细修持。"七世班禅额尔德尼心中不断牢记《慈氏五论》，尤其娴熟《现观庄严论明义释》和宗喀巴大师《金鬘疏》，特别用心理解依般若波罗密多诀窍体验之次第编中关于至尊妙音文殊亲口传授给法王宗喀巴大师的《疏要庄严论》,以及四大札仓中保存的所有关于般若及其轶文附录。对各种疑难问题多次讨教与诸大善知识,即均得以及时解除。时隔未久,七世班禅额尔德尼极善于抉择《现观庄严论明义释》等文的内容叙述。随之深知名言上有和自性实有上连微尘都非有,二者不但不相违,反而相辅相成。并还懂得能否处理好无自性法与轮回涅槃之关系,完全取决于能否真正理解龙树师徒之学说中关于抉择真实性(即指空性)的各种理论。于是七世班禅额尔德尼深入探究《中观理聚六论》等一般中观学说,尤其是《根本中观颂般若》(即指龙树《中论》)及《入中论》,从而深刻认识自他情物等一切内外事物如虚幻之假象,无任何立足之处。尽管如此,但无自性之实物(即空性)与因果报应之一切论述却永恒真实而可行的,于是从内心中生起了远离一切常断两边的甚深中观见。随之熟记世亲论师所著《论藏》之一切叙述总括为八点的《俱舍论》原文和一切智根敦珠所著《注疏·明照解脱道》,并研究四札仓中保存的有关文籍,七世班禅额尔德尼并非臆说而深刻理会如迦湿弥罗毗婆沙师所主张之八处所知五事①及经部之解说,特别是其第三处世间之论述。随后又熟记功德光论师所著《律经根本律》及其广释,释迦光所著《三百颂》《有光》等诸梵文经籍以及各札仓中保存的所有律藏经籍。七世班禅额尔德尼坚信律藏是一切功德之根基,佛法之精髓,并承诺不惜牺牲生命遵守其诸戒律,始终强调哪怕时间和地点上过时片刻,但仍以还净之仪轨迅速回改,致使戒律永保清净。

《瞻部洲二胜六庄严②相随好》等诸经典中记载:"未能满足一

---

① 五事,即指色法、心法、心所法、不相应行法和无为法。

② 六庄严指龙树、帕巴拉、无著、世亲、陈那和法称;二胜指精通佛教最胜根本即戒律的两大论师释迦光和功德光。

些偏见与草率者，需要对彼等认真研究。”究竟者宗喀巴大师践行了此业绩。吾之具吉祥上师（指七世班禅额尔德尼）六月六日在日光殿接见了从各地巡视前来的松钦差（གསུང་ཨམ་བན།），并为所有官员和仆人摸顶以及赐茶赐宴。此后于寝宫专为松钦差设宴，并赐予油炸面点①。晚上延僧诵经修法以事佛，赐以茶和油炸面点。（七世班禅额尔德尼和松钦差）二人进行了亲切的交谈。十日，在（清朝大皇帝）肖像前聚集了百余名僧人，七世班禅额尔德尼前来为清朝大皇帝念诵万寿无疆发愿回向文，并收到丰盛的酬金。此后，在恰蔡岗（ཕྱག་འཚལ་སྒང་།），汉藏军人进行了体育运动表演，在蒙吉康萨（སྨོན་སྐྱིད་ཁང་གསར།）楼上观看和招待，并根据每个人地位不同赐予了礼品。此后，松钦差抵达驻地贡斯大殿（ཀུན་གཟིགས་ཕོ་བྲང་།），倍感舒适和欢喜。此后，又在日光殿接见了松钦差及其官员和仆人，并赐茶宴和歌舞，将大批礼物归还给个人。此时，一些百姓中有私欲者以及部分寺院的首领，将财物谎称驻藏大臣的路途各种支出费用而挪用，虽然对于这些毫无道德的魔鬼们之身心需要净治或流放，但是七世班禅额尔德尼详明告诫，不久即解除了禁令。如此对于这些深受痛苦的魔鬼们就像从笼子里放飞的小鸟一样获得了自由。

七世班禅额尔德尼为喀才札萨图王（མཁར་ཚན་ཛ་སག་ཐུ་རྒྱལ།）之叔父吞阿旺却强（དོན་ངག་དབང་ཆོས་མཆོག）讲授了《皈依》《兜率上师瑜伽母》《所缘度母悲心经》《密宗事部三怙主②之经咒》《香巴拉之祈愿经》。和钦差前往西藏巡视之时，也像接待松钦差一样招待。七世班禅额尔德尼为延僧诵经修法的僧侣赐以茶宴和油炸面点；七世班禅额尔德尼亲自念诵发愿回向之文以及讲授的佛经是无人能及的，使所有汉藏官员、僧尼十分惊讶，皆赞颂其身之功德，联络员、

① 藏族习俗举行庆祝典礼时，陈设、散发的油炸果子等面点。

② 指佛部文殊、金刚部金刚手、莲花部观世音。

工作人员、知宾、秘书、噶伦等每人依次敬献了财物。以前游方之日，突然一匹马闯进了帐篷，是否有凶兆？特请拉莫护法神①占卜。卜卦清楚地显示有身体上的障碍，为了消除魔障，密宗札仓的全体僧侣按照定期朵玛②于伏魔铁堡③放置有魔鬼的俑像，而后抛弃等切实有益的方法，立即修行办理。佐仔札萨喇嘛（མཛོད་འཛིན་ཇ་སག་བླ་མ།）和佛母罗桑丹增却宗（རྒྱལ་ཡུམ་བློ་བཟང་བསྟན་འཛིན་ཆོས་འཛོམ།）二人首次请求七世班禅额尔德尼授以金刚大威德之洗礼④，二人皆敬献了酬金和礼品。

二十六日，廓尔喀国王以前赠送的礼物——大象经过不丹于此日抵达，于德央庭院摆置了糌粑油团⑤和酒新⑥，各护法神殿为法主尼色瓦的大观世音敬献了许多衣物等礼品以及焚香祭祀、供献神饮供水等，各护法神殿得到了丰盛的酬金。

十一月，七世班禅额尔德尼临近放置闭关之关石⑦时，常驻游方僧雅帕拉塔哈斯（ཡ་ཙྭ་ཧ་ལ་ཧ་སི།）敬献有系着红色矛幡的铁矛锋刀，据说此为代表祝福之圣物，故献于寝宫的观世音佛像前，他也得到喜欢之赏赐品。此日晚上，七世班禅额尔德尼梦见在日光寝殿的法座上念经祝寿，密宗札仓的全体僧侣敬献了与长寿仪轨有关的八吉祥物，故言道：“此为吉祥梦兆。”闭关的二十五天期间，座

① 护卫佛法的神灵。神、鬼等皆属无色界，他们具有非凡的神通，可以施益于众生，亦可伤害众生。护法神皆由释迦牟尼佛或其他高僧大德所收服，立誓顺从佛法，护卫佛法；护卫修习奉行佛法之人，使其免受内外而来的灾害。护法神有各种形象，如怒相护法神、善相护法神及怒善相兼具护法神。善相护法神中最为著名的是长寿五姊妹和玉仲玛；怒相护法神中最为著名的是贡布、达姆巾却杰、班丹拉姆和杰保固阿；怒善相兼具护法神中最著名的是玛吉班拉、护北方多闻子、梵天和雅拉香波。护法神中最著名的是四大天王。

② 藏传佛教宗教活动中，定期对某一鬼神所献的供品。

③ 藏传佛教修诵威猛法事时，所造形如阎罗铁堡的九火十六角锥形朵玛。

④ 为人除去晦气和污秽的一种仪轨。

⑤ 糌粑和酥油等混合而成，于新年或其它节日放置盘内摆在桌上的食品。

⑥ 先斟第一杯用来敬神的酒。

⑦ 藏传佛教徒闭关修行时，放置于静室外边表示不越此外出的界石。

间也十分用心地阅读经典，修习正行吉祥龙树密集不动佛之三十二闭关要领。二十二日，于日光寝殿在大经师等人的协助下，进行补全护摩①、与应供喇嘛有关的会轮和护法等酬补仪轨。佛母的侍从敬献了丰盛的礼金。此后，台吉达斋加布（ཐའི་ཇི་ཏ་མགྲིན་སྐྱབས།）再三请求传授佛法。七世班禅额尔德尼面对请求者亲自传授珠杰派系（གྲུབ་རྒྱལ་ལུགས།）的《长寿无量十万佛之〈长寿灌顶〉》《兜率上师瑜伽母》《朝日初升相关的长寿经》《香巴拉之路引》，请求者根据自己的经济状况各自敬献了礼金。这段时间内，七世班禅额尔德尼所做的事迹已经超出了人们的想象。虽然七世班禅额尔德尼入了所有佛法之门，但所行皆为佛祖之殊胜业绩。历代班禅额尔德尼做出了殊胜事业，七世班禅额尔德尼亦传承了第二佛陀宗喀巴大师的纯洁教法，此乃众人的一致评价，其名声如雷贯耳。

七世班禅额尔德尼为索南贝桑活佛（སྤྲུལ་སྐུ་བསོད་ནམས་དཔལ་བཟང་།）讲授了《兜率上师瑜伽母》《朝日初升相关的长寿经》《香巴拉之路引》。此年到七世班禅额尔德尼的寝宫敬献礼品者有八世达赖喇嘛的近侍转世喇嘛、觉摩隆寺的阿日活佛（སྐྱོར་མོ་ལུང་པ་མངའ་རིས་སྤྲུལ་སྐུ།）、喀钦夏仲之管家（མཁར་ཆེན་ཞབས་དྲུང་གི་མཛོད་པ།）等人；发放布施和迎请七世班禅额尔德尼到法会的人是达本热巴瓦（མདའ་དཔོན་རམ་པ་བ།）、碧伦喇嘛仁布切（འབི་ལུང་བླ་མ་རིན་པོ་ཆེ།）、拉贡活佛（ལྷ་མགོན་སྤྲུལ་སྐུ།）、擦达木扎萨甘丹旦迥吉的喇嘛（ཚ་འདམ་ཛ་སག་དགའ་ལྡན་བསྟན་སྐྱོང་གི་བླ་མ།）贡强蒙拉木（དཀོན་མཆོག་སྨོན་ལམ།）、君王萨培多杰（ཧྲུན་ཝང་བསམ་འཕེལ་རྡོ་རྗེ།）及其儿子台衮吉尔盖太吉卫津达斋杰（ཐེར་གུན་ཇེར་གའི་ཐའི་ཇི་ཨུའི་ཅིང་ཏ་མགྲིན་སྐྱབས།）、扎西佩德寺之喇嘛（བཀྲ་ཤིས་ཕན་བདེ་གླིང་གི་བླ་མ།）、君王才旺杰上师之继承者（ཧྲུན་ཝང་ཚེ་དབང་སྐྱབས་ཀྱི་བླ་མའི་ཤུལ་མི།）、法王罗桑赤列之追随者

① 为补救念修中发生的缺余过失。

（ཆོས་རྗེ་བློ་བཟང་འཕྲིན་ལས་ཀྱི་རྗེས་འཇུག་པ།）、嘉康则格桑琼培之侍从（རྒྱལ་ཁང་རྩེ་སྐལ་བཟང་ཆོས་འཕེལ་གྱི་ཞབས་འཇུག་པ།）、恰农诺门汗罗桑图登格勒坚赞之祭奠者（ཆ་གནོན་ནོ་མིན་ཧན་བློ་བཟང་ཐུབ་བསྟན་དགེ་ལེགས་རྒྱལ་མཚན་གྱི་དགོངས་རྫོགས་པ།），彼等敬献有大批财物，并请求念经祈祷。七世班禅额尔德尼答应了彼等的请求，念诵了回向经文以及亲手撰写的经文。彼等主要的一些人参加茶座，尚得到祝祷、问候等二种形式礼仪，甚为欢喜且心满意足。七世班禅额尔德尼对于新出现的喇嘛们也要求他们在这些地方专心修行文殊和释迦二佛法，就像父母要求孩子一样地关心他们的学习，并赐予了灵物、吉祥结、驱魔符等，使每个人心情愉悦、智慧大增。

藏历土羊（1799 年）新年，按照规制，七世班禅额尔德尼敬献元旦食子①。神变大祈愿法会②之时，佛母罗桑丹增却宗（རྒྱལ་ཡུམ་བློ་བཟང་བསྟན་འཛིན་ཆོས་འཛོམ།）和舅父杰仲③（སྐུ་ཞང་རྗེ་དྲུང་།）等许多施主迎请七世班禅额尔德尼至法会，敬献有财物。七世班禅额尔德尼十分高兴，念诵回向经文，并赐予每人礼品。此后的二十二天中，以七世班禅额尔德尼为首的闻经者挤满了日光殿寝宫听经师罗桑丹增贝

① 藏历新年初一清晨，各寺院以及大活佛们都要为吉祥天母敬献食子。

② 藏传佛教格鲁派创始人宗喀巴经过多年刻苦修习，52 岁时精通佛法，成为西藏有名的宗教领袖。为了扩大格鲁教派的影响，吸引信仰者，在阐化王扎巴坚参等施主赞助下，仿照佛祖释迦牟尼以神变法会降伏外道六师的事迹，明永乐七年 （1409 年）藏历正月初一至十五日宗喀巴在拉萨举行规模空前的祈愿大法会。在法会准备期间，清洗大昭寺内的释迦牟尼等佛像，并修复和油漆年久陈旧的壁画等。法会期间，向释迦牟尼像供献金帽、饰物以及银碗等，为十一面大悲观音和小昭寺内的不动金刚佛像制造银碗，为诸佛供以油灯、净水等；万余僧众讲论佛经，发愿祈祷。前来观光者达数万人之多。之后，拉萨大祈愿法会每年举行一次，均由格鲁派宗教首领主持。后来，仁蚌巴武力控制拉萨，明弘治十一年（1498 年）至正德十二年（1517 年）的 20 年间，禁止哲蚌、色拉两寺的僧人参加每年一度的大祈愿法会。在此期间，法会主持人也由桑浦寺或噶玛派为首喇嘛担任。明正德十二年（1517 年），帕木竹巴的势力有所恢复，仁蚌巴势力被迫退出拉萨。是年，后被追认为第二世达赖喇嘛的根敦嘉措回到哲蚌寺，担任该寺堪布，并于明正德十三年（1518 年）恢复了由他主持大祈愿法会和哲蚌、色拉二寺僧人参加法会的权利，法会每年举行。至五世达赖喇嘛时，开始在法会中以辩论佛经的形式从三大寺学僧中选取头等格西，即格西拉然巴。法会期间，由哲蚌寺铁棒喇嘛维持拉萨市区秩序。拉萨大祈愿法会创立之后，格鲁派各大寺院也纷纷仿效，成为各寺院的大型宗教活动之一。

③ 旧译为“济咙”，大贵族子弟出家后的尊称。

桑布（ཡོངས་འཛིན་བློ་བཟང་བསྟན་འཛིན་དཔལ་བཟང་པོ།）和杰达尼钦波（རྗེ་བདག་ཉིད་ཆེན་པོ།）讲解一切释迦牟尼经典辑要、古代印度佛学家龙树和无著开创的遍智之地众生之殊胜佛法、三士修学佛法所经地道以及论述此种地道之一切经论、引入菩提道次具缘佛法之地、宗喀巴大师之心要秘诀——《菩提道次第广论》结尾的发心供奉等，于众生的每个人之心田种下佛法之种子。正如有诗曰：

“世间所有学者之顶饰，
乘风帆而行极为舒适，
渐次修学龙树和无著，
善传菩提道次第广论。
所有众生愿望全实现，
依止传授语诀之活佛，
为汇聚千条江河之水，
成为吉祥善德之论海。”

之后，七世班禅额尔德尼为经师敬献了颇多的酬金，还为参加法会的其他237人摸顶，并赐予每人一条哈达和两章喀藏币。在吞·图朵尼玛（ཐོན་མཐུ་སྟོབས་ཉི་མ།）祈请下，七世班禅额尔德尼传授了大圣《长寿灌顶》、新撰写的经文、专门修行的回向经、吉那（རྒྱུད་ནག）道次之佛法等，七世班禅额尔德尼亦像以前一样进行了摸顶；碧伦喇嘛仁布切也进行了帝释《长寿灌顶》和洗礼①。

藏历二月二十三日上午，七世班禅额尔德尼骑马抵达桥上时，想起前世班禅额尔德尼圆寂的情形后，立即显现前世班禅额尔德尼圆寂之所缘境，故前往（前世班禅额尔德尼）画像前，在超过300

① 为人除去晦气和污秽的一种仪轨。

名僧人的法会中,进行诵经祈祷等宗教仪式,还进行了 5 遍千供,为大法会布施了斋茶、摸顶并为每人发放一章喀藏币。驻藏大臣们前来供养,并参加了法会,七世班禅额尔德尼念诵佛经并在密宗殿举行诵经仪轨。七世班禅额尔德尼为清仁宗嘉庆皇帝祝寿,特经过驻藏大臣敬献奏折。时轮修供法会之时,七世班禅额尔德尼也抵达法会,如同以前一样赐予哈达以及摸顶。

藏历四月一日为日月星辰圆满之日,班禅额尔德尼寝宫装饰一新,七世班禅额尔德尼在经师诺门汗罗桑丹增贝桑布尊前请求授“金刚鬘灌顶”,紧随前行之弟子。二日,做准备工作;三日,为坛城五种绸缎的领头人赐予官库绸缎,并渐次圆满受密集文殊之金刚佛十九种灌顶。此后,于二十四日期间洗礼四十二坛城之后,闻悉孜雅札玛(ཀྲི་ཡ་སྒྲགས་མ།)四十五坛城之灌顶。在受六转动胜乐法轮和米札(མི་ཏྲ།)灌顶以及观音胜海灌顶之时,按照前辈尊者的方法去实修。此后,赐予殊胜上师珍贵服饰和骨饰。当七世班禅额尔德尼就坐于狮子法座上,其左右摆放有宝伞、法幢等诸多供物。七世班禅额尔德尼念诵吉祥经,遂降下花雨,故赐名为“大密金刚乘大法王”。结束时,于日光大殿中,七世班禅额尔德尼与其他参加法会的人一起进行了与应供喇嘛有关的会轮以及护法之酬补等宗教活动。七世班禅额尔德尼向大经师敬献有坛城三所依、3 块 8 两黄金、3 包 50 两白银、5 匹九色彩缎。是时,天气大旱,虽然有许多降雨师采用静猛多种方式但降雨甚少,人们遭受了许多痛苦。此日降雨后,持续不断地降雨,故使干旱的庄稼如同遇到灵丹妙药死而复生。因此,大家一致说:“此乃殊胜大师之恩德”!

六日,为接待北方旦白准美喀尔喀哲布尊丹巴(བསྟན་པའི་སྒྲོན་མེ་ཁལ་ཁ་རྗེ་བཙུན་དམ་པ།)的人员抵达,七世班禅额尔德尼身前侍从格桑(བསྐལ་བཟང་།)前往桥头设乘骑及炉灶迎接。此后,七世班禅额尔德尼亲自接见，赐予茶席和恩德宴，并念诵《兜率上师瑜伽母》等诸多心愿经以及《金刚大威德经》。在旦白准美喀尔喀哲布尊丹巴再三请求下，为了怙主宗喀巴大师开创的佛法在以喀尔喀为首的所有地方不衰败更加弘扬光大，七世班禅额尔德尼临别时特派精通显密佛法的噶钦罗桑赤列（བཀའ་ཆེན་བློ་བཟང་འཕྲིན་ལས།）前往喀尔喀，赐予主仆丰盛的礼物，并吩咐说："你要承担起护持此地佛法的重任，亦要救度此地的众生！"

五月，清仁宗嘉庆皇帝通过驻藏大臣颁旨曰："前世班禅额尔德尼圆寂后，班禅额尔德尼尔极为劳累，为圆满其事业，弘扬佛法，其作为甚佳。尔亦要按照前世班禅额尔德尼开创的教制，很好地利益佛法！"尚赐予了诸多礼品，众人皆大欢喜。

六月一日，七世班禅额尔德尼开始受《米札百次灌顶》；七月十三日完成灌顶后，向大经师敬献了比以前更多的酬金；十八日，七世班禅额尔德尼突然向寝宫的每尊姊妹护法[①]、尼色佛、预言度母敬献了上等的哈达；向坛城殿的姊妹护法敬献了上等的哈达；向护法神殿的尼色佛敬献了上乘哈达。

八月，在东大桥设乘骑及炉灶迎接拉木法王师弟、官员、仆人等一行50余人，七世班禅额尔德尼于日光殿接见，并赐茶座感恩。达赖喇嘛捎来的礼品有坛城、哈达、50两白银、上乘绸缎等，敬献后彼此皆大欢喜。拉木大护法的驾临使七世班禅额尔德尼及佛教众生的佛缘百增，法轮常转不息，祈祷三宝实现一切愿望。拉木大护法本人也十分高兴，承诺要专心做好事情，虔诚地善做四业，使其更加发展光大。此时，清仁宗嘉庆皇帝特派札萨喇嘛南喀格勒（ཇ་སག་བླམ་ནམ་མཁའ་དགེ་ལེགས།）前来颁发谕旨，并赏赐大量礼物，尚为祭奠

① 亦称为大红司命主，密乘本尊马头明王眷属中之红面狱主。

前世班禅额尔德尼多次惠赐礼品，在法会中布施斋茶、摆置千供。此后，七世班禅额尔德尼于二、三天至扎什伦布寺的大殿中的密宗札仓法会中修行了密集、胜乐、大威德之仪轨，并奖赏了主仆人员，亦呈递了感恩大皇帝之折子。此外，七世班禅额尔德尼还会见了达擦诺门汗主仆100余人、联络噶伦拉丁巴（ཉེ་ཤན་བཀའ་བློན་ལྷ་སྡིངས་པ།）主仆办事人员以及孜雪的卓尼①和秘书等人，并为他们安排了茶座。还在达擦诺门汗身前念诵了祝祷佛经，并请其所做的全部工作转向服务于佛教。（达擦诺门汗）先后反复感恩大梵天之福报，并说道："我要尽一切力量做好各方面的工作，一定全心全意地服务于四业。"前年派遣到朝廷向皇帝进贡的人返回，带来皇帝的谕旨和许多赏赐品，使七世班禅额尔德尼甚为喜悦。七世班禅额尔德尼尚为拉木法王索南丹增旺堆（སླ་མ་ཆོས་རྗེ་བསོད་ནམས་བསྟན་འཛིན་དབང་འདུས།）主仆以及佛母等人讲授了《兜率上师瑜伽母》《所缘度母悲心经》《供奉上师》《度母》等佛经，并赐予"摧破之洗礼"，拉木法王索南丹增旺堆也将自己的奖赏封诰敬献于七世班禅额尔德尼。

此年，七世班禅额尔德尼亦如同以往一样经常在山间净修小庙为僧俗群众摸顶，为奥朵贝勒（ཨོ་ཏོག་པའི་ལེ།）等蒙古各部落的人以及许多安多地方的人讲授了《兜率上师瑜伽母》《所缘度母悲心经》《朝日初升相关的长寿经》《香巴拉之路引和祈愿》《供奉上师》《转趋英雄入场》《救度心经》《经忏论集》等经论。

十月二十五日，七世班禅额尔德尼准备闭关修行金刚鬘法之夜晚，梦见寝宫装饰一新，于大经师尊前授金刚鬘之灌顶，其反复念诵，活力倍增。此梦为吉祥之兆。三日黎明时分，由于出现略微不祥之兆，故于密宗殿持续整天修行《摧破之仪轨》和《吉祥天母之

① 旧时为达赖喇嘛、班禅额尔德尼接待宾客、传达命令的官员。

酬补》,并赐予每位修行僧人一章喀藏币、回向礼安立和上等黄色哈达;在帕索米村为每个米村发放21块茶以及《十万般若颂》《白海螺回遮法》《天母与尼色瓦之祈愿》《回向礼安立》,每位僧人一章喀藏币;为僧尼们发放了上等蓝色哈达以及新著的《苯教求神法》等。在孔那(ཁྱུང་ནག)闭关的脯坐[①]之时,突然从供座边上掉下一块像鸡蛋大的石头,且发出巨大的响声,虽未惧怕但非常奇怪,遂向经师请教。此后,朗钦巴(སྔང་ཆེན་པ།)请求七世班禅额尔德尼诵经等佛事活动,并于奇萨木(ཆིབ་ཟམ།)上敬献有上等哈达、3两黄金、一匹各种颜色的缎子等礼物。七世班禅额尔德尼闭关的座间亦勤奋地不断闻思、修习,结束时随同大经师、法王等仪轨僧侣们进行补全护摩和讲经酬补有关的会轮仪轨。

此年,迎请七世班禅额尔德尼到大法会及发放布施者有蒙古喀尔喀部落的哲布尊丹巴的人员、吞·罗桑次成(ཐོན་བློ་བཟང་ཚུལ་ཁྲིམས།)的人员、拉木法王及其弟子、鄂尔多斯地方(ཨུར་ཏུ་སུ།)的奥朵贝勒(ཨོ་རྟོག་པའི་ལི་ཧོག།)之喇嘛白图巴(བླ་མ་དཔེ་ཐུབ་པ།)的继承人、喀额嘎丹强秋(མཁར་སྟོན་དགའ་ལྡན་བྱང་ཆུབ།)之札萨喇嘛卫津(ཛ་སག་བླ་མ་དབུས་སྦྱིན།)等人、康克贝勒(ཁང་ཁན་པའི་ལི།)之喇嘛噶钦罗桑达尔杰(བླ་མ་དཀའ་ཆེན་བློ་བཟང་དར་རྒྱས།)、额尔德尼麦克廓却奇巴(ཨེར་ཏེ་ནི་མེར་ཁན་ཁུ་ཆོས་ཆི་པ།)之色扎西达尔杰(སེ་བཀྲ་ཤིས་དར་རྒྱས།)等人;到寝宫请求七世班禅额尔德尼念经以及敬献礼品者有曼殊师(མཉྫུ་ཤྲི།)之人员、达擦活佛(ཏ་ཚགས་རིན་པོ་ཆེ།)、界耶堪布(སྐྱིན་གཡས་མཁན་པོ།)之修法者等人,七世班禅额尔德尼按照每个人的愿望皆念诵了回向经,并赐予茶座、礼品以及进行了教诲,尚祝福彼等暂时和永远安康。

藏历铁猴(1800年)新年之际,如同以往一样举行活动。七世

① 藏传佛教的僧人日间三坐瑜伽的最后一分。

班禅额尔德尼指示密宗札仓的吹唢呐者们要全部按照喇嘛菩提寺(བླ་མ་བྱང་ཆུབ་སྒྲོག)的方式练习,吹唢呐者们经过修习祈祷,敬献了“梵天文武之食子”佛乐,七世班禅额尔德尼也赐予彼等新著的经论。元月二十日,按照通萨木诺布札仓(ཐོས་བསམ་ནོར་བུའི་གླིང་།)之谢阿乃罗桑班觉(ཞལ་སྔ་ནས་བློ་བཟང་དཔལ་འབྱོར།)和众僧的请求,谢阿乃和札仓负责人引香、上下各年级的僧侣们从德央札仓的道路左右两边站满欢迎的人群,七世班禅额尔德尼从寝宫出来后立即摆置酥油茶、人参果和藏式点心;七世班禅额尔德尼为谢阿乃赐予茶座且答谢感恩。此后,七世班禅额尔德尼就坐于法会的座椅上按照历代班禅额尔德尼的传统例规,上下各年级的僧侣们背诵默记之经文。自从谢巴噶钦益西坚赞(བཞད་པ་དཀའ་ཆེན་ཡེ་ཤེས་རྒྱལ་མཚན།)制定法规后,各年级皆制定有自己的班训。七世班禅额尔德尼为彼等赐予吉祥结、哈达以及摸顶等,大家皆大欢喜。谢阿乃手拿曼札,祝祷七世班禅额尔德尼长命百岁、法轮常转不息以及此寺院的僧侣们心心相续、戒律纯洁、佛法昌盛! 所有僧侣共同向七世班禅额尔德尼敬献了大批财物。七世班禅额尔德尼也为虔诚念经和敬献礼品者进行摸顶并赐予银子和绸缎,还为法会布施了斋茶及上等的幡和伞盖。此后,七世班禅额尔德尼连续七天于持金刚大经师尊前闻悉了《吉祥大威德金刚生起与圆满之甚深指引》,《马头鸣王密修》《胜乐五佛之外面二坛城之灌顶》《噶当十六明点之灌顶》。此后,还依次闻悉了《修行法海之诸佛加持》《多闻子十五大教导》《大修行者尼玛贝巴(གྲུབ་ཆེན་ཉི་མ་སྦས་པ།)所传二十一度母》《十三大护法》《八十得道者》《大威德一勇士》《三勇猛手持金刚相集结》《金刚心彩洞》《十一面佛五黑洞》《吉祥天母之加持》《胜乐佛之密咒》。此外,七世班禅额尔德尼还单独闻悉了《护法心融之加持》。结束时,所有护法使者进行酬补会轮仪轨的同时,向遍主金刚勇识大经师献上丰盛的酬金，甚为欢喜。为了消除佛母身体之孽障，七世班禅额尔德尼为法会布施斋茶的同时，还为每人发放了一章喀的藏银，并为密宗札仓的每位僧人发放了一章喀藏币。

七世班禅额尔德尼特派堪布到内地皇宫祭奠皇父以及参加皇帝的大典，但因堪布水土不适，在路途圆寂，其同伴返回时带来皇帝的谕旨和诸多礼物，甚为欢喜。七世班禅额尔德尼为乌惹公次旦顿珠吞罗桑多杰（ཨུ་ར་ཀུང་ཚེ་བརྟན་དོན་གྲུབ་སྲོག་ཐོན་བློ་བཟང་རྡོ་རྗེ།）、夏仲格勒热吉（ཞབས་དྲུང་བདེ་ལེགས་རབ་རྒྱས།）、德朵瓦部落（རྡེལ་རྫོར་བ།）的蒙古族麦康扎萨吞喜饶仁钦（མན་ཁང་ཛ་སག་གི་སྲོག་ཐོན་ཤེས་རབ་རིན་ཆེན།）等人传授了《朝日初升相关的长寿经》《香巴拉之路引和祈愿》《善行祈愿经》《乐者祈愿经》《佩嘎和尼色佛之酬补与供献神饮》等经论，并赐予《度母经》《上座礼供经》《菩提誓言经》《三种护法经》等典籍。佛母前来拿取香[1]河之水，所需侍从、必需品、路途招待皆已配备。当佛母外出时，七世班禅额尔德尼特派前往远方白堆象山（པན་སྟོད་སྒོ་རི།）前迎接者卓尼萨款巴（མགྲོན་གཉེར་ས་ཁུད་པ།）以及前往东桥头设灶招待者大侍寝官杰尊罗桑（གསོལ་དཔོན་ཆེན་མོ་རྗེ་དྲུང་བློ་བཟང་།）、卓尼罗桑却丹（མགྲོན་གཉེར་བློ་བཟང་ཆོས་ལྡན།）以及六名仲札[2]沿途款待，设置日光寝宫会见并以茶座和藏式点心盛情款待佛母及其随从。二十七日，咱雅班智达（ཛ་ཡ་པཎྜི་ཏ།）和囊伦艾普拉旺多杰（ནང་བློན་ཨེ་ཕུ་ལྷ་དབང་རྡོ་རྗེ།）为法会布施斋茶，并迎请七世班禅额尔德尼至法会中，敬献大批财物。七世班禅额尔德尼于吉祥圆满之地长时间念诵回向经文。后于21天的时间中闭关修行“六十二胜乐拉乌益巴（ཕྱུའུ་ཨེ་པ།）佛”，结束时经师谢阿乃带领着31位前藏的仪轨僧人共同进行了补全护摩和

---

① 后藏香曲河流域，是雅鲁藏布江的一支流，今位于西藏南木林地区，是十三世纪时八思巴建立的十三万户之一。

② 原西藏地方政府的僧俗官员。

护法誓海等酬补仪轨,七世班禅额尔德尼向经师敬献了丰盛的酬金。佛母以前身体欠佳,七世班禅额尔德尼抵达吉那不久即念诵大威德之禳解病魔,遂使佛母的病痊愈,后又赐予禳解诅咒①食门之加持法。

清仁宗嘉庆皇帝让大法官赐予七世班禅额尔德尼上乘哈达及三串玉手链,班禅额尔德尼甚为喜悦。八日,七世班禅额尔德尼抵达吉那,赐予佛母"成就王之《长寿灌顶》"和"禳解诅咒法"。七世班禅额尔德尼向密宗札仓和二个帕索米村布施供养之日,修习了《佩嘎和尼色佛之酬补》和《佛顶大白伞盖陀罗尼》,并赐予密宗札仓的每位僧人一章喀藏币,赐予米村的每位僧人 3 章喀藏币和一条哈达。为吉祥天母敬献了吉祥的哈达;在荐斯嘉斋杂林江色(སྤྱན་གཟིགས་རྒྱ་དྲིལ་འཛོམ་གླིང་རྒྱང་སེར།)、斯其札堆嘉沃(གཟིམ་ཁྱི་དགྲ་འདུལ་རྒྱ་བོ།)设立佛位,祈祷本尊、护法神保佑。十五日,七世班禅额尔德尼抵达吉吉那喀,为消除佛母之身体孽缘,请求经师谢阿乃及诸多格西等仪轨师修行"息静护摩和大圣法王之酬补",并在存放衣服的空行寝宫(གཟིམ་ཁང་མཁའ་སྤྱོད།)新制作天王多闻子之长期朵玛②,由蔡霞格西(མཚན་ཞབས་དགེ་བཤེས།)于护法神殿进行朵玛加持,七世班禅额尔德尼赐予彼等丰盛的酬金。佛母之前长期患病,二十七日傍晚举行利他安立的宗教仪式,七世班禅额尔德尼秘密前往参加,以弥勒坐姿③坐在佛母的小木椅上,双手放于背后,略显善逝④之势,故言初为平庸之姿态,再费力亦如此而已。此后,又言道:"彼乃为佛陀,吾如何费心亦无此行,现在要尽所有财物,唯有勤奋努力方能

① 专门为所谓被恶咒诅伤者诵经修法以禳解病魔的一种宗教活动。

② 长期陈列在神像前,不予撤除的食子。

③ 坐时两足下垂至地,以别于一般藏俗盘膝而坐者。

④ 梵音译作修伽陀。依安乐大道菩萨乘,趋证安乐上果佛位者。

得到圆满之法。”达赖喇嘛统计卫藏地区的所有活佛，此方大寺院之主（指达赖喇嘛）对前藏不分教派的寺院皆布施供养以及给乞丐发放布施，作为善行者本人亦要竭尽全力大做善事。藏历二十九之朵玛，七世班禅额尔德尼也未有前往观看，遂于寝宫中摆放有藏式点心，协噶[①]佛教徒在寝宫进行祈福禳灾的宗教活动，乌辛贝子（ཨོ་ཤིང་པའི་སེ།）部落的人员以及贝子上师的管家为法会发放了布施，尚迎请七世班禅额尔德尼至法会中请求祈福。其次，蒙古地方和康区许多佛教信徒敬献了礼品以及祈请诵经祈福。七世班禅额尔德尼答应了所有请求，满足了信徒的愿望，赐予茶座、礼品，并进行了摸顶、加持、祈福等宗教仪式，使彼等众生暂时得到人神善趣的圆满福报以及最终得到解脱位和一切智位。

藏历铁鸡（即辛酉年，1801 年）新年，二十九朵玛、喜宴以及诵经祈福等活动照旧举行。元月十日，在佛母本人寿辰终结之际，吉吉那喀的人们为法会发放布施供养，并迎请七世班禅额尔德尼到法会中，敬献有大量财物。佛母圆寂不久，就获得了“遍智佛”之名号，并进行了盛大的诵回向经以及祈福，七世班禅额尔德尼还为 300 余人摸顶。十七日，七世班禅额尔德尼开始随从遍智金刚勇识大经师诺门汗闻悉《百佛成就法宝藏》和《二十三种加持法》，结束时进行了与应供喇嘛有关的护法誓海等酬补仪轨。为感恩遍智金刚勇识大经师诺门汗，七世班禅额尔德尼敬献有诸多酬金，也为参加法会的 80 多僧人发放了布施。七世班禅额尔德尼在寝宫为参加佛母祭奠的帕索米村的僧人发放 11 次茶饭，同时还为每位僧人发放了 6 钱藏银。密宗札仓的僧人一整天修行《吉祥法轮律仪》时，吉那信众迎请七世班禅额尔德尼到法会中，为佛母的逝世念诵

① 一地名，即西藏日喀则地区定日县治所在地。

回向祈愿经，敬献有许多礼物。七世班禅额尔德尼长久亲口念诵发愿回向经文，不久又敬献吉那的仲斋（དྲུང་ཡིག）和聂囊（གཉེར་ནང་）等部分随员之礼品，西藏地方政府也派遣孜仲（རྩེ་དྲུང་）[1]及其随从前来参加佛母的祭奠活动，七世班禅额尔德尼亲自会见并以茶宴相谢。八日，七世班禅额尔德尼前去朝圣，遇见任何天然生成的佛像、佛经以及主供佛皆要敬献一串念珠和一条哈达，虔诚祈祷实现利益佛教与众生之心愿。如此，七世班禅额尔德尼从幼年起即未有放荡之行为，具备了一切功德之缘分，在诵经、写字等方面不用其他人指导就了如指掌并过目不忘。于浊世之时，能够熟练地掌握全部佛法，使佛教的精髓未有失传，实现了弘扬佛法之梦想。达赖喇嘛从心底非常热爱七世班禅额尔德尼起，如同药园之园丁一般很好地加以护持。七世班禅额尔德尼出家受戒，开启了金刚乘之门。遍主金刚勇识大经师诺门汗等人不断为其传授了语诀、佛经和灌顶等诸多深奥之佛法，使其获得“佛宝之主大法王”之称号。七世班禅额尔德尼之心续中具备了所有证悟佛法之功德，犹如十五之月亮，更加圆满壮大，使轮回之众生从苦海中得到了解脱，遂获得“大舵手”之名号。有诗云：

“路与非路如实能区别，
学海明灯除黑暗愚昧，
于玛蒂贤达热之尊前，
诸多甘露之宴尔来享。
心思敏捷而之白身躯，
积聚思想理论之大海，
结伴时轮之手相汇合，

① 原西藏地方政府的僧官。

讲辩妙音时常遍传扬。
大力王子主宰天地尔，
善男信女根器之顶峰，
殊胜讲辩场上呈英豪，
聪明二俱生比赛本领。
享受诸多甘露有诤论，
美妙歌声遍传大宇宙，
本注合璧枝叶之繁茂，
论述之内容喜结硕果。
勤奋做事展翅高飞翔，
心灵极为聪慧之戴胜①，
凭尔之力量翱翔天空，
精通全部理论与典籍。
殊胜地方与雪域众生，
英雄辈出及一切智者，
各自引经据典著新篇，
全部杰作敬献尊者您。
显宗之因明七论为修行者之眼药，
智慧眼睛去除模糊喜见修学日光，
浩如烟海之莲花盛开如若不知道，
为看见正道而误入歧途解除迷茫。
此时对方充满反对声，
如此乘风感觉甚喜悦，
正确誓言贵重如金山，

① 有肉冠的一种长嘴鸟

无有瞬间摇动之时机。
事势道理之诘过论式，
如反驳坏誓言之沙墙，
塌时有方象师徒二人，
太平房中不可言驯服。
但是要阻止走邪道者，
走正道善者修行正果，
诸多修行者愿去前藏，
等起无疵永远难理解。
般若隐义长寿之宝藏，
收藏七八十种如意宝，
牢固结实丝线来串联，
环形长链挂在您项上。
伟大二资粮出于大海，
光辉灿烂太阳之光芒，
喜照彼岸乐园之众生，
七八十种花朵齐开放。
雄狮经部密意之深义，
如此融会贯通于心中，
般若智慧佛经之日光，
照亮世界不会迷方向。
殊胜三乘众生唯一路，
愚昧病夫痊愈之妙药，
远离二边要走光明道，
闻悉佛法照亮诸心坎。

称龙树师徒二圣希瓦拉[①]，
月中密意大师宗喀巴，
诠释那样善记之，
抵达中观论海之彼岸。
所有深奥密意如意宝，
空性缘起双运之大海，
善缘龙王来灭灾害，
唯由尊者您来掌舵权。
对法七论[②]作者之家园，
引导知识五事[③]康嘎摩[④]之恒河，
勤奋刻苦智慧作引领，
大仙必定就是您。
戒律如意宝贝善执持，
律典释义称为萨穆札，
讲辩超越缓行之木马，
勇往直前解脱无量宫。
二圣[⑤]开创佛教之教规，
众生怙主是心之护水，
临近道次语诀雨中船，

---

① 亦称为寂天，公元七、八世纪时古印度的一名佛学家。为印度国王善铠之子，幼名寂铠。于那烂陀寺出家，著有《入行论》和《集菩萨学论》等。

② 说一切有部的七种根本论著。即以迦多衍尼子著《发智论》为总为身；以世亲著《品类论》、天寂著《识身论》、舍利子著《法蕴论》、目犍连子著《施设论》、拘瑟耻罗著《集异门论》、满慈子著《界身论》等六论为支为足。故后六论亦分别名为《品类足论》乃至《界身足论》。七论著者，亦称为七阿罗汉。

③ 说一切有部承认能包括一切所知界的五部事物：即色法、心法、心所法、不相应行法和无为法。

④ 印度的一地名。

⑤ 指龙树和无著二位佛学家。

您之心田如波澜大海。
幢伞盖等诸多供品中，
降下花雨高唱吉祥歌，
佛教大密金刚乘教法，
圆满教主也要受灌顶。
汉蒙藏所有僧俗群众，
如同快速旋转大法轮，
正确执持戒律之本尊，
勤于修行念诵与供赞。”

此谓之“无边诸佛共相怙主班禅额尔德尼一切知尊者罗桑班丹旦白尼玛确列朗杰吉祥贤身语意之传记世间庄严”之授受沙弥戒的前后如何闻思修。

第三节　受具足比丘戒之情形

受戒之后即受具足比丘戒[①]之时的情况是，藏历铁鸡年(1801年)三月十五日早晨七世班禅额尔德尼从扎什伦布寺动身，于桥东的膳食房用完早茶后，为政府的联络员和前来送行的人们进行了摸顶和赐予茶叶。此后，赐送行的人们、僧侣们、许多身着盛装的歌舞者们、煨桑者们敬献哈达和经幡者们上述礼品。是月十七日，于幽静的佛殿中布施供养完八道斋茶后，当抵达与应供喇嘛[②]有关的僧侣和完成护法公私之酬补[③]的僧侣中的时候，寺院的喇基[④]送

① 近圆戒。近，即迅速成就诸功德；圆，即断证功德究竟涅槃，故名涅槃，又名具足比丘。

② 受藏传佛教信徒供养的上师。

③ 意即酬谢和供养。

④ 喇基即寺院的最高的组织，由寺院个札仓的堪布、铁棒喇嘛、执事僧等负责人员参加的领导会议的组织。

来了礼品并诵经祈祷。七世班禅额尔德尼尚赐予回向经九函、哈达以及赐予每位僧人两手铃；为寺院公积基金赐予 3 个绸缎幡①、一副汉地的钹和一副饶钹、佛被②等礼品。是月二十一日，为迎接拉鲁公的到来，七世班禅额尔德尼加盖有通常用的印和随身用的印，并赐予盛满瓷器的食品。（拉鲁公）甚为高兴，故特派卓尼③萨奎巴（མགྲོན་གཉེར་ས་ཁུད་པ།）前去感谢和慰问，磐拉（ཕན་ལ།）下面有驻藏大臣写的慰问信和赠送的轿子以及一名汉官和 12 名抬轿的汉人，七世班禅额尔德尼也在磐拉做了准备，并为扎西寨（བཀྲ་ཤིས་རྩེ།）、堆隆岗（སྟོད་ལུང་སྒང་།）等地的每位内部侍从赐予慰问礼品，（每位内部侍从）皆回信问候。是月的二十八日，于布达拉的上马台阶处乘骑迎请官员杰仲格勒坚赞（རྗེ་དྲུང་དགེ་ལེགས་རྒྱལ་མཚན།）等前藏八世达赖喇嘛的近侍官员们向七世班禅额尔德尼敬献了哈达，七世班禅额尔德尼为大家摸顶，加持祝福。此后于布达拉的日光寝宫师徒聚会的座席前排列的勒参巴（ལས་ཚན་པ།）④、仲科⑤、聂囊、⑥阿斋（ཨ་བྲེལ།）驮伕⑦等人皆皈依了七世班禅额尔德尼，各自敬献了达擦金丝缎⑧等礼品。西藏地方政府请求迎请七世班禅额尔德尼到师徒聚会的大殿中，西藏地方政府的大臣等贵族、布达拉宫的卓仲（མགྲོན་དྲུང་།）⑨以及其中的勒参巴、仲科等每人向八世达赖喇嘛、七世班禅额尔德尼和达擦呼图克图敬献一条哈达。摸顶结束后，举行了盛大的宴会，

---

① 用绸缎等上等丝织品缝成悬挂于寺院中柱上的装饰品。

② 遮盖佛像、经书、佛塔等所用的方形丝织品。

③ 内外接待宾客的人。

④ 原西藏地方政府五品僧俗官职名。

⑤ 原西藏地方政府俗官。

⑥ 管家。

⑦ 给骡马上驮子的伕役。

⑧ 18 世纪，西藏摄政达穄济咙呼图克图专门使人设计和织造的一种缎子。

⑨ 旧时为八世达赖喇嘛、班禅额尔德尼接待宾客、传达命令的官员。

并有歌舞表演和两位格西辩经等活动。此后,赐予每位格西一条上等的哈达。

四月一日,八世达赖喇嘛和七世班禅额尔德尼整日团聚在一起,为了即将来到西藏的钦差,特从布达拉的库房中选取上等和吉祥响铜佛二尊作为慰问品献给清仁宗嘉庆皇帝。四月三日,请法王丹巴赤列热杰(ཆོས་རྗེ་བསྟན་པ་འཕྲིན་ལས་རབ་རྒྱས།)迎请新造的大梵天佛像,其刚开口之时即说,此尊新造的大梵天佛像在此地不会放置很长时间。最近此佛的面部虽不太清晰,但姿态甚为喜悦。七世班禅额尔德尼祝祷以圆满无比的威力进行护法,弘扬了利乐众生的共同佛法和不同三界法王宗喀巴大师的理论,使之长久不衰。执持此佛法的大尊者们,尤其所有遍主法轮救世的大护法者们皆要通达此生中的功业及其生命,知晓人与非人对寺院僧众的危害,瞬间即可转危为安。学习《寿与福德论海》,使一切吉祥征兆如同夏天的河水般迅猛发展。特别是遍主法轮救世的大护法者们长期要守持比丘之戒律,一往无前地利益众生。对僧侣部众要心口如一,弘扬修证三学①,使一切众生幸福圆满,尽所有力量完成四业。虔诚地祈祷本尊、护法神等保佑,做盛大供云酬谢鬼神和报答恩德,大护法也如此做出号令,并多次低头以及示现喜悦姿态。下密宗院超过数百名僧人朝拜,传授《百位兜率神之传承》。

在布达拉的三界尊胜寝宫,八世达赖喇嘛和班禅额尔德尼整天以亲密而无拘束的形式对仲科以上的官员进行盛宴招待。四月七日,迎请七世班禅额尔德尼到八世达赖喇嘛的旧大厅,进行盛宴招待。念经祝祷的同时,七世班禅额尔德尼手拿曼札(མཎྜལ།)②从八世达赖喇嘛的贵体功德开始念诵深奥之佛经,并圆满而虔诚地进

① 即戒学、定学和慧学。

② 佛教所用供品之一。

行祈祷。于此聚集的所有僧俗文武官员如同获得第一地①一般心情愉悦、十分欢喜地敬献有曼札、佛像、佛经、佛塔、法轮、海螺，八世达赖喇嘛也用双手接下，并虔诚地回赐祝祷词，同时赐予达擦呼图克图、四位噶伦、驻藏大臣等汉藏文武官员各种各样的礼品。四月八日，在布达拉的戴德基瓦（བདེ་ལྡན་འཁྱིལ་བ།）寝宫八世达赖喇嘛和七世班禅额尔德尼整日对彼等二人之腋下、各种经典、此地的护法神殿者、吹唢呐者等进行十处②仪轨。此后，八世达赖喇嘛为所有的人赐予盛大的功德，八世达赖喇嘛亦为七世班禅额尔德尼赐予盛大的功德。清仁宗嘉庆大皇帝也通过英大臣（གཡིན་ཨམ་བན།）转交了文书③，意思是“吾闻悉班禅额尔德尼之母去世的消息，因西方大喇嘛之母逝世，故吾之心情亦十分悲痛，现特表示祭奠，从前藏库中赐予班禅额尔德尼500两白银”。并请英大臣转交，七世班禅额尔德尼亲自接纳，并将“丹参”赠予了英大臣。关于这方面扎什伦布寺未有赐予圣旨宝盒之希望，唯有考虑赐予金印。七世班禅额尔德尼在清仁宗嘉庆大皇帝的心中如同儿子一般。

四月十五日，即三大节日聚汇之日，七世班禅额尔德尼因证法功德无量，遂在拉萨大昭寺释迦牟尼佛像前灌顶受戒。是时，具有博学和功德二方面圆满的执持戒律上座④八世达赖喇嘛任授戒堪布，具有教德自在的经师罗桑旦增（བློ་བཟང་བསྟན་འཛིན།）任业规范师，具有多闻学且执持戒律降孜⑤法王图朵嘉措（མཐུ་སྟོབས་རྒྱ་མཚོ།）任屏教师，教德论师秋强上师阿旺扎西（ཁྱུ་མཆོག་བླ་མ་ངག་དབང་བཀྲ་ཤིས།）任告明

① 大乘菩萨十地中的第一地即为欢喜地。

② 身体中的10个部位，即顶间、喉间、心间、脐间、腋间和密处等。

③ 特指清代西藏地方政府向驻藏大臣呈递的公文。原文有误，应该是“圣旨”。

④ 佛教戒律中尊称戒律比自己高的比丘。

⑤ 甘丹寺的札仓之一。

知时师①,执持诸多显密语诀的那杰札仓②的规范师格桑顿珠(སྐལ་བཟང་དོན་གྲུབ།)任摆放钵盂③者,其他尚有执持三学宝库的达擦活佛等20位持戒上座在中间祈祷,并规范四业仪轨和加行、正行、结行三个阶段之仪轨。七世班禅额尔德尼以佛教基本的自解脱戒之上乘断七④轮性受比丘戒,成为雪域无数执持戒律中之顶髻宝珠。

此时,整个天空布满云彩,其形状有伞、宝瓶、法轮等吉祥八宝,还有七政宝⑤等无数供品,五色彩虹出现于大昭寺上空,夜晚天空降下花雨,还出现有无数奇特之征兆。众生虔诚信仰,激动地流出眼泪,无法用语言表述。从此时起,七世班禅额尔德尼对五堕罪⑥所涉略的253戒如同保护眼珠一样重视,除一些特别忙碌时未进行长净⑦,但亦要进行夏加持⑧,认真修行三事仪轨⑨,修习大小佛法时如同遇到盛开的莲花一样喜悦。此后,大堪布杰瓦旺波(即八世达赖喇嘛,མཁན་ཆེན་རྒྱལ་བའི་དབང་པོ།)为所有僧人酌情赐予了大量酬金,七世班禅额尔德尼亦向所有僧人赐予了大量酬金,达擦活佛和卫藏大会赐予酬金后,僧人中五品以上的官员也向八世达赖喇嘛和七世班禅额尔德尼每人敬献了一条洁白的哈达及礼品。为释迦牟尼佛像敬献有5种上乘哈达、5种上乘银曼札⑩、10串用206

---

① 受戒时,告知时间即年、月、日、时辰等的上师。

② 布达拉的一札仓。

③ 僧人饮食用具。

④ 断除身之三不善和语之四不善。

⑤ 亦称为轮王七宝即金轮宝、神珠宝、玉女宝、主藏臣宝、白象宝、胜马宝和将军宝。

⑥ 佛经所说的比丘、比丘尼五类犯戒罪目。

⑦ 梵文译作布萨、布沙他。月中定期,比丘、沙弥集众对说忏悔犯罪;在家徒众受行斋戒,住净戒中,长善净恶的一种宗教仪轨。

⑧ 于夏天安居时,安居者若未得到容许,于界外住宿一夜,则犯破夏罪,但为了法事,如加持一至七日可逾界宿,为此念诵加持文三遍。

⑨ 长净、安居、解制为三事。每月十五日和三十日各奉行一次长净说戒仪式,每年夏令六月十六日起至七月二十九日为安居仪式,七月三十日为解制仪式。

⑩ 佛教所用供品之一。

颗珊瑚装饰的蓝宝石念珠、橙黄色的佛祖衣、盛满米饭的金钵、铁禅杖、玉等，并向佛祖祈祷；同时，向五位天成①观音像敬献了银曼札、用205颗珊瑚装饰的项珠，如同手足长骨②一样的全套佛衣；向弥勒法轮像③敬献有银曼札和哈达；向其他主供佛敬献有上乘哈达；向剩余的佛像敬献有中库和后库的哈达以及千供等；向吉祥天母敬献有35位僧人念诵的战神礼赞和佛经、五种上乘哈达、用189颗珊瑚装饰的项珠以及各种特殊供品④；也向布达拉敬献有会供和哈达等大量礼品；吉吉那喀地方的舅父⑤杰仲热丹顿珠嘉措敬献有礼品和丰富的呈文，呈送者罗桑格列（བློ་བཟང་དགེ་ལེགས）也进行了热烈地祝贺。

四月十七日，在致谢恩德之供云的同时，拉章（བླ་བྲང་）⑥迎请八世达赖喇嘛和七世班禅额尔德尼至大殿，刚刚就坐于金刚座之时，汉、藏僧俗文武官员等每人向八世达赖喇嘛和七世班禅额尔德尼敬献哈达。在摸顶之机，拿着宝贝和饰品的人们代表各自的单位、座席、院落以优良的传统敬献了礼物。西藏地方政府的宫廷乐舞队表演了多种音乐和舞蹈，此宫廷乐舞队还表演了与《苏那多声论》⑦有关的音乐供奉，于祈祷词之上配有柔和的音乐；二位格西高声朗读《格言之供云》。在盛大节日中，七世班禅额尔德尼手拿曼札

---

① 也称为天成五位一体。传说中的拉萨大昭寺十一面观世音像，泥像本身乃未经塑造、天然聚集而成。像内装有一蛇心旃檀树中天生观音像以及松赞干布、文成公主和尼泊尔公主死时灵魂皆摄入其内，如是五种天然成就的事物共聚一体，故名。

② 此词藏语本义是在四肢骨骼之中，尊严如主人，锐利如剑锋，故可直译为"主锋"，包括两下臂的尺骨和挠骨，及两小腿的胫骨和排骨。

③ 吐蕃王松赞干布时，王妃拜木萨携带至西藏的稀有三尊之一。供奉于大昭寺内手结转法轮印的银质弥勒菩萨像。

④ 陈列在护法神殿中作为祭品的野兽躯壳和武器等物。

⑤ 七世班禅额尔德尼的舅父。

⑥ 大活佛的居室。

⑦ 十大声明论之一。

讲了深奥而广博的经论,大堪布杰瓦旺波示现足莲,众生享受着佛法的快乐。八世达赖喇嘛再三吩咐道:“七世班禅额尔德尼未获得菩提期间,亦可尽情欢乐。权且也要不分昼夜地闻思修,祈请永远保佑!”以八世达赖喇嘛为首的汉、藏僧俗众人向七世班禅额尔德尼敬献了大批财物。

四月十八日,西藏地方政府如同以前一样为七世班禅额尔德尼举行了隆重的宴会,达擦诺们汗(ཏ་ཚོགས་ནོ་མིན་ཧན།)作为祈祷者向七世班禅额尔德尼敬献了大量礼品。献礼后,七世班禅额尔德尼为从四面八方汇聚此处的3000余名僧俗群众摸顶。此后,卫藏大会如同上述一样为七世班禅额尔德尼举行了隆重的宴会,并敬献了礼品。近侍侍寝官杰仲格列坚赞(རྗེ་དྲུང་དགེ་ལེགས་རྒྱལ་མཚན།)将昔日仅有的一尊高大的弥勒佛像重新塑造后安放于坛城之中,并迎请八世达赖喇嘛和七世班禅额尔德尼为此佛像开光,八世达赖喇嘛和七世班禅额尔德尼师徒整日得到供养和大批礼物。诸位大臣和拉鲁公也将八世达赖喇嘛和七世班禅额尔德尼迎请至布达拉宫大殿并献礼后,僧俗上中下三等官员亦依次进行了献礼,所献财物多的不可计数。七世班禅额尔德尼师徒匆忙赶往放置大坛城之地,向主供佛敬献珠宝项珠,向其他佛像敬献了哈达及供云,并为其母亲的逝世进行祈祷。

四月二十八日,八世达赖喇嘛和七世班禅额尔德尼动身前往布达拉宫,顺便朝拜了小昭寺,并敬献有银曼札、302颗珊瑚串成的项珠、橘红色的佛衣、手杖、供品等。七世班禅额尔德尼为前藏的侍从等僧俗100余人传授了八世达赖喇嘛所著《菩提道次直接入门之乐道》,并先后发放了许多布施,为布达拉宫新雕刻了藏文大藏经《丹珠尔》,按照主供佛弥勒的形像雕塑了新佛像,还为整日忙碌于宴会的头人、秘书、工匠、侍从等发放了许多酬金。

五月八世达赖喇嘛和七世班禅额尔德尼动身前往宫后龙王庙[①]进行会供，此期间布达拉宫的那杰札仓的僧人念诵佛经及献洗礼。向拉莫护法[②]祈祷时，敬献有全套的盛装、银曼札、3 两金橛子、马蹄银锭、合金一称[③]、9 整匹缎子 5 包、全鞍镫种马等礼物，并开创了新业。前至八世达赖喇嘛和七世班禅额尔德尼身边祈祷和献礼者也如同上述一样。此后迎请至八世达赖喇嘛的德瓦坚寝宫，八世达赖喇嘛和七世班禅额尔德尼得到西藏地方政府的孜仲以上官员不拘形式的祷祝，同时向八世达赖喇嘛敬献了大批礼物；七世班禅额尔德尼向八世达赖喇嘛请教如何礼赞乃色释迦牟尼佛像[④]，并敬献有上乘哈达、五种上乘金曼札、用无价珍珠做成的金手杖、羊脂玉如意、3 两金、大银锭、3 章朵[⑤]、三匹缎子等礼品。八世达赖喇嘛向七世班禅额尔德尼及其所有人赐予文殊菩萨五种《长寿灌顶》，并发放了许多布施。西藏地方政府的许多高官将自己的津贴和财务供奉出来，八世达赖喇嘛和七世班禅额尔德尼撰写的有关修习深奥佛经的随笔如同一人撰写，圆满完成利乐佛法和众生的无上业绩。

五月十七日，七世班禅额尔德尼从布达拉宫出发前往扎什伦布寺之时，前来送行者有汉、藏文武官员，沿途各地迎接的僧俗群众以及歌舞者们如同以前一样奉献了礼品。二十七日，七世班禅额尔德尼被迎请至白居寺吉萨（དཔལ་ཆོས་སྐྱིད་）和孜钦巴吉奈（རྩེ་ཆེན་པ་སྐྱིད་ནགས་）所属的札仓大殿中，七世班禅额尔德尼于喜庆的茶宴上进行了诵经佛

① 布达拉山后龙王潭中之龙王庙，是六世、八世达赖喇嘛创建的。池塘是五世、八世达赖喇嘛时修建布达拉宫从此取土掘成的洼地。藏历四月十五日，拉萨市民多前往此朝佛供神。

② 一护法神名。

③ 一称等于 50 藏两。

④ 日喀则的扎什伦布寺后山名为乃色，多在此山上展佛，故名。

⑤ 旧时藏币计算单位，一章朵为藏银 50 两。

事活动。

六月初一，七世班禅额尔德尼一行安全抵达扎什伦布寺，并就坐于坚赞统波（རྒྱལ་མཚན་མཐོན་པོ།）寝宫的欢喜持教金刚法座上，此时心中想起内寝殿的乃色释迦牟尼画像，故使心中自始至终无有任何障碍，最终很好地完成昔日委托之酬谢以及认真地完成现实意义重大的事业，还虔诚地敬献有洁白的上乘哈达和羊脂玉如意。

六月二日，七世班禅额尔德尼受邀至宴会大厅，在盛宴上强佐[①]、太师诺门汗、杰仲热丹顿珠嘉措（རྗེ་དྲུང་རབ་བརྟན་དོན་གྲུབ་རྒྱ་མཚོ།）等人敬献有大批礼品，其他许多汉、藏官员也敬献了财物。

六月四日，七世班禅额尔德尼前往汇聚僧俗众人的扎什伦布寺进香，晌午至法会中饮第一道茶后，顶礼八世达赖喇嘛，祝祷长命百岁。为其伟业的弘扬，实现汇聚僧俗众人的愿望，七世班禅额尔德尼修习八世达赖喇嘛本人新撰写的祈祷文《圆满祈福禳灾之千光》，茶后紧接着撰写了《礼赞前行》和《旭日初生》等长寿偈颂。此期间，还进行了回向、吉祥开光、语回向九所依、供奉有大中小供品等，并为每位僧人发放了一两白银。

六月十五日，七世班禅额尔德尼用完午茶后，就坐于上师奉献的大石椅上为比丘僧们传授三律仪。此后，前往大殿的法座上念诵《法言经》和《解脱经》。依次准备坐夏[②]，实修前世班禅额尔德尼们如何进行修行戒律。此日，由于天象非常祥瑞，拉章向七世班禅额尔德尼敬献了大量礼品。八世达赖喇嘛派遣信使为班禅额尔德尼送来秘籍和礼品。七世班禅额尔德尼收到后如同亲见八世达

① 藏语意为管家。

② 即夏令安居，律经中制定比丘、沙弥僧众立誓承认于前夏或后夏3个月中，不越出界外，至黎明犹不还寺，不兴僧伽内讧，提倡勤求闻修，维修寺庙等活动。在古印度雨期的3个月里禁止僧尼外出，以免伤虫损草，而应在寺内坐禅修学，接受供养。称这段时期为"安居期"。在南亚、东南亚各国称为"雨安居"，在中国内地称为"夏安居"。开始阶段称为"结夏"，结束称为"安居竟""解夏"或"解制"。旧时西藏各寺院每年都要按时举行此项活动。

赖喇嘛一般,心中非常喜悦,并收下了丰厚的礼品。此时,班禅额尔德尼长久弘扬佛法尤其是第二佛陀宗喀巴的纯洁思想,执持佛法的众生依止达赖喇嘛的福缘,使佛法更加昌盛;七世班禅额尔德尼心生威严,制定了诵经条例,法会期间呈献供养3次僧茶、小麦糌粑和盐巴等,念诵了《圆满祈福禳灾之千光》。安立了语回向礼,向吉祥天母敬献了八瑞祥哈达以及海螺哈达,为每位僧人布施一两白银;还为密宗札仓安立了整日侍奉和回向礼,并向所有的护法神敬献了哈达、如上的布施品以及千供等。朝拜圣地时,为表心愿敬献有7条上乘哈达、20条阿喜①哈达以及50条中库的智慧哈达。七世班禅额尔德尼应甘丹热杰(དགའ་ལྡན་རབ་རྒྱས།)居者与出行者的请求,为500余名僧俗群众灌了长寿顶。大密咒师为聚会的僧俗群众发放了布施品,迎请七世班禅额尔德尼至法会,向七世班禅额尔德尼敬献了大批财物,并请求赐予新撰写的著作。七世班禅额尔德尼趁大法会设立护法之际,亦传授有许多经文传承。

清仁宗嘉庆大皇帝特派专人为祭奠班禅额尔德尼母亲的逝世敬献了财物,还请大法会中的百余名僧人多次念经祈祷以及进行三事奉②。七世班禅额尔德尼也来到法会中念经祝祷、安立回向礼,并为每位僧人发放一章喀藏币和一条哈达。是时,驻藏大臣亦抵达法会,带来了赏赐礼品,并颁发清仁宗嘉庆大皇帝为祭奠班禅额尔德尼母亲的逝世而赐予的诏书。班禅额尔德尼感恩清仁宗嘉庆大皇帝,通过驻藏大臣向清仁宗嘉庆大皇帝敬献了上乘礼品、画像并呈上折子③等。八日,法会的铁棒喇嘛④达那巴噶钦顿悦群培

① 上品哈达。

② 延僧诵经修法以事佛。

③ 呈给皇帝的奏章。

④ 负责维持僧团清规戒律的寺院执事。

(རྟ་ནག་པ་དཀའ་ཆེན་དོན་ཡོད་ཚོས་འཕེལ།)祈请七世班禅额尔德尼至格桑佛堂的大殿为圣会而聚集的僧众赐予得道《长寿灌顶》,因于此大殿初次灌长寿顶,故拉章向七世班禅额尔德尼敬献了礼品。八日,经师诺门汗钦波(ཡོངས་འཛིན་ནོ་མིན་ཧན་ཆེན་པོ།)为法会发放了布施,迎请七世班禅额尔德尼至法会,祈请七世班禅额尔德尼直接传授《菩提道次论》,使众生遍知方便道之前行,故七世班禅额尔德尼用了二天的时间圆满地讲授《六法》。经师向七世班禅额尔德尼敬献了丰盛的礼品,措辞圆满地祈祷班禅额尔德尼之足莲如劫海一般牢固,再次祈请七世班禅额尔德尼讲授《菩提道次论》,七世班禅额尔德尼高兴地答应了。此期间拉章与班禅额尔德尼的大舅等人也向七世班禅额尔德尼敬献了礼品。

八月十三日,经师诺门汗钦波之近侍当着聆听藏文大藏经《甘珠尔》的人员和堪布的面,将清仁宗嘉庆大皇帝的诏书以及常规和临时赏赐品虔诚地敬献于七世班禅额尔德尼。吉隆山中的桑旦寺(བསམ་གཏན་གླིང་།)比丘们至班禅额尔德尼寝宫敬献礼品之时,七世班禅额尔德尼回赐有《菩提道灯论》以及令人欢喜之礼品。热河[①]班智达札萨堪布的随从夏杰仲(ཤར་རྗེ་དྲུང་།)前至法会布施丰盛的斋茶,并迎请七世班禅额尔德尼至晚茶法会中,敬献有丰厚的礼品。还按照班智达札萨堪布的嘱咐,为清仁宗嘉庆大皇帝和七世班禅额尔德尼的长寿以及社稷昌盛,于扎什伦布寺和热河的须弥福寿寺(译者注:须弥福寿寺位于河北承德避暑山庄北面狮子沟南坡,普陀宗乘之庙以东。乾隆四十五年(1780年),六世班禅额尔德尼为庆贺乾隆帝70大

① 普陀宗乘之庙,位于河北省承德避暑山庄北部,为承德外八庙中规模最宏大者。建于乾隆三十六年(1771年),是乾隆为了庆祝他本人60寿辰和他母亲皇太后80寿辰而建的。普陀宗乘之庙基本上是藏传佛教的建筑风格,是在汉族传统建筑的基础上融合藏族建筑特点建造的,是汉藏建筑艺术交融的典范,全庙布局、气势仿拉萨布达拉宫,其名即为藏语"布达拉"之汉译,故有"小布达拉宫"之俗称。乾隆皇帝在这里接见了万里东归的托尔扈首领渥巴锡一行,并举行了隆重的讲经、说法、祝寿等活动。

寿，从日喀则扎什伦布寺启程，长途跋涉两万余里历经13个月来到承德。乾隆帝为隆重迎接六世班禅额尔德尼的到来，仿日喀则扎什伦布寺特建须弥福寿之庙供六世班禅额尔德尼讲经和居住，所以，此庙又称“班禅额尔德尼行宫”。须弥福寿之庙主体为100层高的大红台，大红台东南有东红台，西有吉祥法喜殿，为班禅额尔德尼寝殿，殿北有金贺堂和万法宗源殿，是班禅额尔德尼弟子的住处。乾隆在《须弥福寿之庙碑记》中写道：“布达拉既建，伦布不可少。择向兴工作，亦以不日成。都纲及寝室，一如后藏式。金瓦映日辉，玉幢扬风舞。”表达了这座庙宇兴建的速度、形制和落成后的壮丽。从总体上看，是典型的西藏寺庙，但从某些建筑个体和细部装饰，又是汉族风格，形式独特。山门辟三个拱口，上建门楼，悬挂着乾隆御书“须弥福寿”匾额，山门正北为碑亭，亭四面墙壁开有拱门，内有乾隆四十五年(1780年)立的《须弥福寿之庙碑》。)念经祈祷，并请求在此地修造天然成就母以及赐予扎什伦布寺的佛经。因此，七世班禅额尔德尼吩咐大侍寝官赐予兜率上师瑜伽有关的大悲心所缘、与释迦牟尼时印度六群比丘有关的《长寿经》《香巴拉祈愿经》等。此后，七世班禅额尔德尼随从大经师闻习了《开启天门之灌顶》《事续守三誓言[①]》《九无量寿佛》《弥遮(མི་ཏྲའི།)之马鸣莲花舞灌顶之加行灌顶》，功德酬劳有上乘哈达和银曼札等丰厚的礼品。萨迦达钦(ས་སྐྱ་བདག་ཆེན།)[②]和夫人以及官员、佣人等150多人前来拜见，敬献有3尊佛像以及曼札等礼品，七世班禅额尔德尼甚为高兴，亦向萨迦达钦和夫人回赐有藏传佛教供置的油炸面点等礼物，并依次进行了谆谆友善的教导。同时还为他们二人以及青海前来接受灌顶的人们赐予《证果长寿之灌顶》和《护法懦姊妹之加持》等。

十一月利用二十三天时间，七世班禅额尔德尼闭关念诵、修行《释迦牟尼的守三誓言》，后期还进行了补全护摩[③]以及与应供喇嘛有关的会轮和护法之酬补仪轨。

① 密宗行者奉行的三种戒律：不卧床、不饮酒、不食如法印食。后者义指不食佛手中所拿如莲花、金刚杵等形状的食品。

② 即萨迦派的教主。

③ 为补救念修中发生的缺余过失，依所修本尊而举行的护摩，或为补全仪轨而举行的业用护摩。

此前，八世达赖喇嘛曾派人下令于乃色（ནེ་སེར།）新造释迦牟尼大佛像，并送来即将圆满完成与续部相同的（造像）样图。七世班禅额尔德尼为专使仲扎次仁丹增达（དྲུང་གྲགས་ཚེ་རིང་བསྟན་འཛིན་ཟླ།）摸顶，并赐予护身结以及循循善诱的教导，还为晋美贝李（འཇིག་མེད་པའི་ལི།）之兄绛央嘉措（འཇམ་དབྱངས་རྒྱ་མཚོ།）等许多蒙古人以及热聂活佛（ར་ཉག་སྤྲུལ་སྐུ།）等人赐予了《长寿灌顶》、引导往生、与释迦牟尼时印度六群比丘有关的《长寿经》《香巴拉祈愿经》敬献佛的食子以及祈请的佛经。十三日，七世班禅额尔德尼来到被批准出家的37位僧人中间，主动担任领经师，早茶时念诵了《大威德增上缘加行之阎魔护法神》《圆满赞颂乃色释迦牟尼像之酬神食子》和《息增怀三业之护摩等决断》等。七世班禅额尔德尼为其母的逝世，从寝殿至各佛殿分发有五种千供，整日为法会赐予礼物，为每位僧人发放3钱银和礼物等，并参拜了所有佛殿和护法神殿，为所有的神像敬献了上等的哈达，衷心祈愿。密宗札仓之供修伏魔铁堡时，八世达赖喇嘛派人向僧众布施供养，并向七世班禅额尔德尼表示问候。清仁宗嘉庆大皇帝之随员敬献有上等的金刚杵，并带来亲切问候和布施斋茶。为祭奠七世班禅额尔德尼之母逝世，八世达赖喇嘛祈赐本尊神保佑，吉那之侍从管家扎西顿珠（གཉེར་ནང་བཀྲ་ཤིས་དོན་གྲུབ།）外出之前敬献有善逝银塔，杰仲热丹顿珠嘉措负责新造。当银塔即将完成时，人们请求安放于统瓦敦丹（མཐོང་བ་དོན་ལྡན།）殿，还进行了千供，七世班禅额尔德尼、大经师和索西等共计27位受密宗仪轨的僧侣依止大威德进行了开光，并为安放于寝殿的银塔敬献有5种上乘哈达，同时还为念经的僧侣发放了布施，大舅父也布施了丰厚的礼金。此年，七世班禅额尔德尼受比丘戒后依次进行了闻思修，并为所谓的“善业者”进行了加持；修习了医药学后对无数有缘者进行了会见、讲经、灌顶以及赐予灵物①和护身结等根本妙汇。当嘉钦则巴仲然巴益西扎西（རྒྱལ་ཆེན་རྩེ་པ་དྲུང་རམས་པ་ཡེ་ཤེས་བཀྲ་ཤིས།）、雯宗巴噶钦罗桑格勒（ཨོ་རྒྱན་རྫོང་པ་དཀའ་ཆེན་བློ་བཟང་དགེ་ལེགས།）、诺布甘丹巴吉（ནོར་བུ་དཀའ་ལྡན་པ་གཅིག）等人请求授圆满吉祥时轮仪轨时，七世班禅额尔德尼与彼等会晤并赐予礼品，使彼等十分欢喜。

藏历水狗年（1802年）元月七日，七世班禅额尔德尼前往晚茶和祈愿茶法会中，为施主卓尼罗桑坚赞和卓尼却丹（མགྲོན་གཉེར་ཆོས་ལྡན།）等人进行了灌顶以及亲口讲诵回向经文。沃域热顶玛（འོད་ཡུག་རམས་སྡིང་མ།）、札嘎堆积（བྲག་དཀར་འདུས་སྒྲིབ།）、嘉钦则巴比丘托美坚赞（རྒྱལ་ཆེན་རྩེ་པ་དགེ་སློང་ཐོགས་མེད་རྒྱལ་མཚན།）等人前至小寝宫请求祈福禳灾的宗教活动，七世班禅额尔德尼为彼等进行了灌顶等。元月十五日，供坛处如往日一样朝拜者甚多，七世班禅额尔德尼前往晚茶法会进行长净②之事宜。元月二十六日，密宗札仓向七世班禅额尔德尼敬献有吉祥八宝，七世班禅额尔德尼照例进行了布施。卓尼阿旺却达（མགོན་གཉེར་ངག་དབང་ཆོས་དར།）为法会布施了斋茶，并迎请七世班禅额尔德尼至法会，敬献有大量财物。欢喜之中，七世班禅额尔德尼念诵了《妙善菩提回向之广论》。

四月三日，经师持金刚罗桑丹增贝桑布（རྡོ་རྗེ་འཆང་བློ་བཟང་བསྟན་འཛིན་དཔལ་བཟང་པོ།）之侍从随从七世班禅额尔德尼闻悉《吉祥密集之生圆次第导引》。不久，七世班禅额尔德尼又为他讲授了《成就语诀——持金刚根本续》，为了加深其记忆，亦让其闻悉《四注疏之经论》。

此后，七世班禅额尔德尼赞颂曰：

---

① 藏传佛教信徒认为有神力的东西，如舍利以及活佛用过的器具和衣物等。

② 月中定期，比丘、沙弥聚集对说忏悔犯罪；在家徒众受行斋戒，住净戒中，长善净恶的一种宗教仪轨。

“释迦之教言定要牢记，
吉祥瑜伽无上之续部，
其中内容博大而精深，
具吉祥密集之神圣续，
所言佛学家龙树之教，
根本续所述路之关键，
加盖有六边四形之印，
为此闻悉经续之随从，
上师语诀中获得知识！”

《一切续之王吉祥密集之根本注释续》中有善讲大规章制度的贝丹达瓦（དཔལ་ལྡན་ཟླ་བ）所著的《开启大释注明灯》和七世班禅额尔德尼所写的内容摘要、注释、辨析等3种口头传说。从七世班禅额尔德尼一直到现在未有中断，都继承了这种传统。精通密续和汉文典籍的许多藏族贤者均以此为根据讲论和辨析疑难问题。于此地汇聚的所有格西①享用着《无上密续大海之密意》的佛法之甘露，十分满足。王子、活佛们也勇敢地找到了“艰险道路之究竟双运之关键”，增益无边。其他人也寻找到道理，种下殊胜之种子，使至尊上师宗喀巴讲论的密续照亮了雪域高原。

四月十五日，新任命为商卓特②大侍寝官康钦杰仲罗桑达结（ཁང་ཆེན་རྗེ་དྲུང་བློ་བཟང་དར་རྒྱས）为七世班禅额尔德尼敬献哈达，七世班

① 藏传佛教寺院的学位，一般分为四个等级即拉然巴、措然巴、多然巴、林赛等。拉萨每年正月传大召期间，在三大寺僧众法会上答辩佛学考取的僧侣学位名。获得拉然巴格西学位一般要经过23年攻读经典的14个班级，拉然巴格西要经过两次复试，一次在十月间在罗布林卡举行，第二次正月在祈愿法会上举行，一般都由达赖喇嘛亲自主持。复试结束后，由甘丹赤巴率格西们绕行大昭寺一周，以示光耀。获得“拉然巴格西”并进入上密院或下密院修学密乘，充当密院经师、领唱师、堪布、甘丹寺东院或北院法主以后，才有资格担任甘丹赤巴的法座。

② 旧时，代理封建领主管理财产的人。

禅额尔德尼为他赐予灌顶以及教导。六月，七世班禅额尔德尼酬谢完成《四家合注之经论》，设置上师供，并为会轮和持金刚大经师献上丰厚的酬金，同时也为祈请佛法的人们发放许多布施。清仁宗嘉庆大皇帝为西藏地方政府赐予大量礼品，七世班禅额尔德尼恭敬欢喜地接纳。受老铁棒喇嘛的祈请，七世班禅额尔德尼在七月中为法会进行《长寿灌顶》。八月一日于扎西河取水时，由于白天心思散逸，晚上时过午夜进行沐浴等事宜，与经师一起受增上缘①后，每天要在天未有亮之前，不间断地闻悉 70 多页《甘珠尔大藏经》。九日，前往寺院升东面的佛殿会见诵经修佛法会的信徒，心中长久祈愿佛法如每天出升的太阳一样灿烂。此时，擦康诺门汗（ཚ་ཁང་ནོ་མིན་དགའ།）至寝宫祈请奇异之佛法且敬献有许多礼品，七世班禅额尔德尼为其加持有百余种修行方法。

十二月二十四日，七世班禅额尔德尼前往奇异庄严之法会，并有乐队随行。领经帅负责诵经以及酬补等事宜，七世班禅额尔德尼为法会上请求加持信徒们发放了许多的布施。二十五日和二十七日二天，前往密宗佛殿，鼓乐齐鸣，七世班禅额尔德尼如同以往一般为念经、朝拜等密宗札仓的僧侣摸顶。前往 29 朵玛②观看跳神舞蹈时，于统瓦敦丹殿母亲罗桑丹增却宗之银塔前礼拜、敬献哈达和供云，并长久进行祈祷，同时也祈祷每年降雨。

七世班禅额尔德尼随从大经师闻悉佛经及闭关，空闲休息还要勤奋修习藏文《甘珠尔大藏经》。七世班禅额尔德尼为了利乐佛法和众生，于时轮殿中按照愿望尽自己最大的力量新雕刻了藏文《甘珠尔》和《丹珠尔》以及《宗喀巴大师师徒》《至尊罗桑确吉坚

---

① 四缘之一，对于生果能增强势力，如眼等五根对于生起自果眼等五识能增加效力，名增上缘。

② 藏历十二月二十九日抛送的驱魔送鬼食子。

赞》《至尊罗桑益西》①《至尊格桑嘉措》(བསྐལ་བཟང་རྒྱ་མཚོ།)②等的全部论集、《至尊罗桑班丹益西》(བློ་བཟང་དཔལ་ལྡན་ཡེ་ཤེས།)四部金字论集以及剩余的五部、二种版本的《甘珠尔》、二部黑字经书、六部金字经书、宗喀巴大师全套论集、二部《智慧空与方便大乐》、二部《八千颂》、二部金字《青琉璃》,同时还修复了旧的衣服(包经衣)和腰带等。七世班禅额尔德尼对这些校对者、管理者、书写文字者、工匠、佣人等赐予灌顶、礼物以及循循善诱的教导,使彼等皆十分欢喜。却廓伦波瓦西饶坚赞(ཆོས་འཁོར་ལྷུན་པོ་བ་ཤེས་རབ་རྒྱལ་མཚན།)和昌摩且瓦达杰旺波(གྲངས་མོ་ཆེ་བ་དར་རྒྱས་དབང་པོ།)二人应试了《八时度经》;达摩瓦罗桑西饶(སྟག་མོ་བ་བློ་བཟང་ཤེས་རབ།)应试了《道次乐道论》《道灯论》《主道论》《祈请恩德论》和《祈请大手印经》;代惹巴罗桑却觉(བདེ་རབ་པ་བློ་བཟང་ཆོས་འབྱོར།)应试了《文殊经论》和《密集根本续》;觉摩宗巴罗桑扎西(རྗེ་མོ་རྫོང་པ་བློ་བཟང་བཀྲ་ཤིས།)、冲卡布巴格顿雅培(ཁྲོན་ཁ་སྤུག་པ་དགེ་འདུན་

① 罗桑益西 (1663－1737)藏传佛教格鲁派领袖,五世班禅额尔德尼。后藏托布加珠仓地方(今西藏南木林境内)人。出生后不久即被接到托布加附近的南多颇章寺,被认定为四世班禅额尔德尼的转世灵童。清康熙六年 (1667年)迎至扎什伦布坐床,师事五世达赖喇嘛。五世达赖喇嘛死后,于康熙三十六年(1697年)任六世达赖喇嘛之师,主持受戒仪式。是年,为五世达赖喇嘛灵塔竣工举行开光仪式。康熙四十四年(1705年),六世达赖喇嘛被废,解送北京。此后,五世班禅额尔德尼又主持拉藏汗所立之益西嘉措受戒,命名诸事。康熙皇帝曾数次敦请其赴京弘法,因故,终未成行。康熙五十二年(1713年),清圣祖派员入藏,正式册封五世班禅额尔德尼罗桑益西为"班禅额尔德尼"("班"是梵语,"禅"是藏语,二字意为大学者。"额尔德尼"是满语,意为珍宝),赐予满、汉、蒙、藏四体文字之金册,确立其宗教地位,遂成格鲁派第二大活佛系统。康熙五十六年(1717年),蒙古准噶尔部侵扰西藏时,其前往达木地方调停,调解无效后返扎什伦布寺。康熙五十九年(1720年),其主持七世达赖喇嘛之受戒、命名事项。清雍正六年(1728年)清廷将后藏拉孜、昂仁、彭措林等地赐其治理,开班禅额尔德尼系统于西藏掌管直辖地区之始。清乾隆二年(1737年)五世班禅额尔德尼圆寂,终年74岁,其灵塔建在扎什伦布寺内。

② 格桑嘉措 (1708－1757)藏传佛教格鲁派领袖、七世达赖喇嘛。康区理塘洽马地方人。清康熙四十九年(1710年),被三大寺僧侣认定为仓央嘉措之转世灵童。康熙五十三年(1714年)于理塘寺出家。康熙五十四年(1715年)迎至青海塔尔寺供养。康熙五十八年(1719年)受康熙帝正式册封,次年,由延信等人护送入藏,是年,于布达拉宫举行坐床典礼,拜五世班禅额尔德尼为师,受沙弥戒,后人哲蚌寺学经。清雍正五年(1727年)由五世班禅额尔德尼为其授比丘戒。后在经师指导下,勤奋攻读经典,学有成就,故被人们尊称为"五明班智达"。雍正六年(1728年)前往康区,后移居西康噶达地方(今康定西北)之惠远庙,讲经说法,弘扬佛教。雍正十三年(1735年)由副都统福寿、兵部郎中祁山、理藩院郎中拉卜坦等护送其返拉萨。乾隆十四年(1749年)与六世班禅额尔德尼建立了师徒关系,为六世班禅额尔德尼讲授经典。翌年,珠尔默特那木札勒发动叛乱,七世达赖喇嘛采取紧急措施,使叛乱事件得以迅速平息。乾隆十六年(1751年),清廷废除了郡王掌权制度,授予七世达赖喇嘛掌握西藏地方政权之权力,是为格鲁派政教合一地方政权之开端。

ཡར་འཕེལ།）和嘉钦则巴罗桑丹增（རྒྱལ་ཆེན་རྗེ་པ་བློ་བཟང་བསྟན་འཛིན།）等人应试了《注释之白珠串四章》；代惹巴贡嘎（བདེ་རབ་པ་ཀུན་དགའ།）应试了《密集根本续》《释续》和《祈愿经》；仲孜瓦益西雅培（འབྲོང་རྩེ་བ་ཡེ་ཤེས་ཡར་འཕེལ།）应试了《时轮圆满仪轨》；代惹巴罗桑丹巴（བདེ་རབ་པ་བློ་བཟང་བསྟན་པ།）应试了《道次红引速道》和《用铡刀刺开魔军》；代惹巴次仁（བདེ་རབ་པ་ཚེ་རིང་།）应试了《胜乐根本续》；却廓伦波瓦桑杰扎西（ཆོས་འཁོར་ལྷུན་པོ་བ་སངས་རྒྱས་བཀྲ་ཤིས།）应试了《五部慈氏法》；嘉钦则巴噶钦绥巴坚赞（རྒྱལ་ཆེན་རྗེ་པ་དཀའ་ཆེན་བཟོད་པ་རྒྱལ་མཚན།）应试了《密集圆满次第胜乐》和《大威德生起次第》；噶钦格顿赞勒（དཀའ་ཆེན་དགེ་འདུན་མཚན་ལེགས།）应试了《道次乐道》和《六加行法》。七世班禅额尔德尼对彼等每位上师皆赐予丰厚的礼物，使彼等皆大欢喜。

七世班禅额尔德尼无论到达何地皆能够遍知民情，并对不同教派寺院的僧侣发放布施，供奉三世佛、向三世佛敬献哈达、宣讲经论、酬补护法、驱魔朵玛等，虔诚弘扬佛法；为持教之众生祈祷，为文殊大皇帝长寿祈祷，祈愿社稷兴旺，国泰民安。为信教众生的幸福生活，终身修行以达缘境。

藏历水猪年（1803 年）元月八日，七世班禅额尔德尼前至晚茶和祈愿茶法会中，为施主侍寝官罗桑格列和协巴乃邬森巴（བཞད་པ་ནེའུ་གསིང་པ།）灌顶，并退回部分礼物和念诵回向经文。二月中，清仁宗嘉庆大皇帝封匡佐杰仲罗桑达结（ཐུག་མཛོད་རྗེ་དྲུང་བློ་བཟང་དར་རྒྱས།）为“达尔汗”①，呈报谢恩。四月八日，七世班禅额尔德尼前往三大佛殿观看各自供奉的五种千供以及其余佛堂供奉的一种千供等，应各大佛殿和佛堂管理者的诵经请求，七世班禅额尔德尼进行了请佛献洗礼等事宜，为前行主供佛敬献上乘哈达，为各位护法神敬献

① 古代蒙古统治者的最高称号。

哈达和供品，为其余佛像敬献各种大小不同的哈达，并虔诚祈愿众生之利乐。四月十二日，为七世班禅额尔德尼之母的善逝日，由其舅父负责新造的21位金铜合金度母像圆满完成。为做好开光的准备，师徒们被安排在吉吉那喀寝宫中念诵《别解脱戒经》。四月十三日早茶之后，七世班禅额尔德尼来到法会中，从大威德金刚开始进行了殊胜庄严的开光仪式，并布施了丰厚的酬金。在奉献礼金的同时，还奉献了礼单和论著。八月中，七世班禅额尔德尼向大经师诺们汗（ཡོངས་འཛིན་ནོ་མིན་ཧན་ཆེན་པོ།）请教了《甚深妙道大手印之引导经》。九月，七世班禅额尔德尼修行结束时，进行了发心供奉和会轮供奉，并向大经师敬献了丰盛的财物，同时还向法会的其他僧人发放了诸多布施。同月，清仁宗嘉庆大皇帝在弥那堪布列林巴（མི་སྣ་མཁན་པོ་ལེགས་གླིང་པ།）之面前为七世班禅额尔德尼颁发了金字诏书，并赐予无数财物，大家甚为欢喜。七世班禅额尔德尼为谢皇恩，敬献了呈文。

此外，七世班禅额尔德尼努力参加法会以及进行长净等宗教活动，为僧俗群众讲诵佛法、摸顶，满足了每个人的愿望。尤其是经师从藏历水狗年元月至木鼠年三月期间，随从经师依次修习《圣道三要》①，特别是经师在讲授《道次乐道之引导广论》时，对于每天背诵一页或一页半内容的要求、皆能持以背诵。弟子们在背诵佛经考试成绩方面，前天讲授的显宗佛经，经过勤奋修习，今天即能够背诵全部内容。其次，在摄义解说实效方面能够正确讲解自己的领悟，趁修行并准备发心供奉之时，按照通宵进行礼拜等依次勤奋修行等习惯，七世班禅额尔德尼在忏罪所向三十五佛②期间，独自一人不知劳累地磕头祈祷，大力继承、弘扬善法教规，使其不

① 即出离心、菩提心和正见。

② 《三聚经》中所说忏悔遮罪和赎罪时作为对境的三十五如来。

得衰败、失传。因此，七世班禅额尔德尼不仅是一位不分昼夜修习佛法精华的殊胜者，而且还用15天闻悉了《捷径之引导论》，用15天闻悉了《胜乐之圆满次第》，用15天闻悉了《胜乐之生起次第》，用21天闻悉了《胜乐之密宗注释——隐义明鉴论》，并以信敬热爱①的方式闭关念诵和修习了《三要义》《转趋勇战之引导》《三十四本生传》②、《百种修行方法之圆满加持》《二十一尊度母之加持法》《那若空行母之灌顶》《十一生起次第瑜伽母》《圆满次第中观之引导》《总论加持未摄五瞻巴拉神》《护法寿主》《遍知》《十一面佛之灌顶》等。

七世班禅额尔德尼除了座间少许休息外，整日一动不动地坐于法座上修习《毗卢七法》③，其身前所有的人敬信地说："七世班禅额尔德尼定是一位自然获得风息的圣者！"如是，其前世即是一位具有渊博无上乘、圆满学问的遍智者，师徒（指达赖喇嘛与班禅额尔德尼）相互间如同连环套不可断裂之缘连法性，佛法之基主要戒学别解脱律仪上乘比丘戒，尤其戒律系脱离一切罪恶之渊，如同雪山中尊者执持威严戒律之金山串一般，示现于殊胜持金刚大经师尊前聆听世间法和出世间法之深奥佛法。七世班禅额尔德尼心中不断生起重人轻己之菩提心④，视众生如子一般；利他之事就地狱之火视为莲花之园一般也全然不惧；对于自己的所有财富视作梦中之喜宴，对上述此等皆能独立自在。七世班禅额尔德尼全神贯注地专研大乐、密乘、怖畏等生圆次第之三摩地⑤，并亲自供养于

① 即信服其人，敬重其言，热爱其思想。

② 古印度佛学家马鸣著，讲述了释迦牟尼宿世行传。

③ 佛教所传的一套静坐姿式：二足跏趺，手结定印、脊椎正直、颈部微俯、肩臂后张、眼观鼻尖、舌尖抵上颚。

④ 一种菩提心修法。于己所现痛苦能忍受，于人所现痛苦则不能忍受而生起承担之心。

⑤ 也称为三昧，于所观察事或于所缘，一心安驻稳定不移的心所有法。

佛面前发誓的殊胜者以及维护善事的大德们,大加赞颂与祈祷。

有诗曰:

“不分信仰之三种技能,
具有心力佛子五面者,
善行如同雄伟之狮子,
长久居住雪域之巅峰。
此乃塑造众佛慈悲之自身妙善之像,
至尊罗桑旦白旺秋降白嘉措之容颜,
示现且心愿相互合而为一往来书信,
清楚显现世世代代师徒之明显标志。
如同星空夜晚之救星,
加持闪闪发光三佛中,
绝伦无比净饭王太子,
无别释迦牟尼之尊前。
堪布、规范师等二十多位敬信僧侣中,
授受圆满比丘戒以及七断行修定律仪,
圆满学之神水灌满纯洁心意吉祥宝瓶,
自己积累佛神等整个瞻部洲之诸功德。
此复未有丝毫束缚如同保护眼珠一般,
由于时地略有不和立即需要更改正确,
如此像阿罗汉及随从和殊胜马胜比丘①,
想与智依此谨慎稳固能执持正确戒律。
净戒毗奈耶之树干长出入药心之叶瓣,
二次果实瞬间落地复有三颗如意宝树,

① 释迦牟尼最初剃度五比丘之一。

您之心绪深睿宽厚且具有自性可忏悔，
永远守舍之时如此遍智亦如何能见知。
诸知识之根本善教法，
毗奈耶系圆满之佛法，
所讲经论为修行之语，
随从至尊修习除愚昧。
未能守护戒学和念知，
做家务事情的法形者，
虽勤奋然未有离恶趣，
未摄入别解脱戒根基。
建有金刚乘之无量宫，
附件如同水晶之宫殿，
快速翻腾变化为何物？
纯正戒律与干净土地。
大宝菩提心与此密宗，
种下智慧种子利二事，
抵达正果之巅无可疑，
根本萨婆多部之律摄。
显密经典摄众生之利，
勤奋修习精通诸佛法，
增长最初自续之方法，
纯洁解脱戒律之美衣。
如同殊胜空乐大手印，
为动静世间众生服务，
持律咒师您是护法主，
释迦二佛三依大海聚。

摆置礼品如同供云海，
寺院聚集有无数僧侣，
供奉财物宝贝格言海，
一母生有漂亮美貌女。
增寿语诀环绕心绪海，
具法殊胜汇海之中央，
众生结实健康且长寿，
实修宝贝打开高尚缘。
汉藏贤者开创娱乐园，
吉祥圆满恩情比海深，
发誓许诺者汇聚此地，
六边四型之门常打开。
五类珍珠宝贝之阶梯，
驻锡双运无量宫众生，
找到引导方法增胆量，
持金刚之头饰是经师。
反复观修金刚之佛经，
金刚乘之关键要掌握，
持金刚之要义如何找？
如此贤哲来自雪山中。
显密经论语诀长流水，
一旦流入您之熟心田，
枯萎庄稼复茁壮成长！”

谓之“无边诸佛共相怙主班禅额尔德尼一切知尊者罗桑班丹旦白尼玛确列朗杰吉祥贤身语意之传记世间庄严”受比丘戒之时

如此闻修。

第三章　证得殊胜功德篇

依此所依证得殊胜功德之情形为：七世班禅额尔德尼依止诸位善知识极为精通，如《经庄严论》[①]曰："若要获得恭敬，从语言、诵经祝福、修行等需依止善知识。"《五十颂》曰："对于一切供养行为，心中无有任何骄慢。"七世班禅额尔德尼将上述格言记于心中，由于大经师之寝宫既小又喧闹，故寝宫之念一直未断。此年，寝宫的内室和外室、厕所、官员住地等得以新建，并改建了那杰宫殿（རྣམ་རྒྱལ་ཕོ་བྲང་།）和尼沃德钦平措贡奇（ཉི་འོད་བདེ་ཆེན་ཕུན་ཚོགས་ཀུན་འཁྱིལ།）殿。大经师之寝室的建筑是按照七世班禅额尔德尼想法所建，故所用土石和泥巴等均由七世班禅额尔德尼所敬献。尤其是新建最主要的三所依，马上向大经师献上基本方案，依靠诸位善知识之智慧而最终圆满成功。在那杰宫殿新雕塑由吉祥赤黄二种金的密、乐、威[②]三尊像之莲花座，高度有53指；尼赛释迦牟尼佛像之莲花座，高度达到60指；主尊三随从（像之莲花座）由许多珠宝装饰。在尼沃德钦平措贡奇殿新雕塑由吉祥赤黄二种金的八药师佛像，金铜合金的法座由珠宝装饰，高度有23指。主尊无量光佛安置于贡嘎院（ཀུན་དགའ་ར་བ།），布置巧妙圆满，并新制作有卷轴画、华盖[③]、顶幕[④]、各种供物和祭品，所有一切皆按照七世班禅额尔德尼之意

① 《经庄严论》，《慈氏五论》中二庄严之一。确定了不了义诸经部之义的论著。全书二十一章，古印度论师释迦僧格、西藏译师拜则由梵译藏，洛丹协绕校订。唐代波罗颇迦罗密多罗由梵译汉。

② 即大密、大乐、大威德三尊像

③ 悬挂在神像顶上的垂帷。

④ 神像座位顶上的方盖。

图设计制作。从此,在那杰宫殿新安排有念经酬补人员20名。七世班禅额尔德尼住锡拉章期间,早茶和晌午皆前往法会,依次进行念经酬补以及早茶念诵的《密集根本续第一章》,领经师也由七世班禅额尔德尼自己担任,并协助进行念经酬补仪轨,尚喜悦地呈献了常规和额外的供养。温寺巴那杰坚赞(དབེན་དགོན་པ་རྣམ་རྒྱལ་རྒྱལ་མཚན།)、顿珠坚赞(དོན་གྲུབ་རྒྱལ་མཚན།)、格顿坚赞(དགེ་འདུན་རྒྱལ་མཚན།)、益西坚赞(ཡེ་ཤེས་རྒྱལ་མཚན།)、罗桑达瓦(བློ་བཟང་ཟླ་བ།)、格顿达瓦(དགེ་འདུན་ཟླ་བ།)等上师向七世班禅额尔德尼敬献了《胜乐根本续》应试;色朵坚巴尊追坚赞(གསེར་མདོག་ཅན་པ་བཙོན་འགྲུས་རྒྱལ་མཚན།)和却廓伦波瓦桑杰雅培(ཆོས་འཁོར་ལྷུན་པོ་བ་སངས་རྒྱས་ཡར་འཕེལ།)等上师向七世班禅额尔德尼敬献有《五部佛法》应试;蔡卓巴格隆益西格顿(མཚན་སྒྲོག་པ་དགེ་སློང་ཡེ་ཤེས་དགེ་འདུན།)向七世班禅额尔德尼敬献有《入行论》《经义略论》和《道次乐道》应试;日喀瓦罗桑顿珠(རི་མཁར་བ་བློ་བཟང་དོན་གྲུབ།)向七世班禅额尔德尼敬献有《祈愿注疏第四章》应试;冲卡布巴格勒罗追(ཁྲོན་སྨུག་པ་དགེ་ལེགས་བློ་གྲོས།)向七世班禅额尔德尼敬献有《小注疏根本释》应试;益西丹增(ཡེ་ཤེས་བསྟན་འཛིན།)向七世班禅额尔德尼敬献有《释量论之灰尘第四章》应试;昌摩且瓦噶钦达杰(གྲངས་མོ་ཆེ་བ་དཀའ་ཆེན་དར་རྒྱས།)向七世班禅额尔德尼敬献有《波罗蜜多八品》应试;温寺巴罗桑次仁(དབེན་དགོན་པ་བློ་བཟང་ཚེ་རིང་།)向七世班禅额尔德尼敬献有《蒙医学四续部之一》应试,七世班禅额尔德尼皆向各位上师进行了礼拜以及赐予欢喜之礼物。

藏历木阳鼠年(1804年),七世班禅额尔德尼为假立法相而三天前去参加法会,七日和八日二天前去参加午茶和祈愿茶,并为每位施主摸顶以及念诵回向文①,十五日所谓之布萨②如同以前一样

① 上师亲口念诵回向之文。

② 也称为十五长净,顺法布萨的定时布萨之一。

举行将宰杀的32只山羊和绵羊进行放生[①]。随从大经师之近侍闻悉了《吉祥金刚大威德佛十三种灌顶》之加行,七世班禅额尔德尼赐予其丰盛酬金。七世班禅额尔德尼前去密宗殿,驻锡三天进行了《吉祥金刚大威德佛十三种灌顶》之加行和正行,结束时为参加会轮的念诵者赐予了丰盛酬金。此年三月九日,随从持金刚大经师闻悉《时轮灌顶》,初献上丰厚礼品。从此即如《根本续》所云:"祖师赐予雄鹰之翅膀,智慧渡过大江之彼岸,佛法传于吉祥哲蚌寺,如此弘扬佛教之密法!"薄伽梵赐予山王雄鹰之翅膀,十方圣地云集佛子菩提勇识布满虚空天界,所有三世佛之大慈母慧渡无数种姓觉醒佛和教化者抵达彼岸,转动法轮的同时,于吉祥圆满圣地哲蚌寺之大佛塔,开创佛法的祖师释迦牟尼转动法轮且幻化王之器具,使无数吉祥法王达瓦桑波(ཟླ་བ་བཟང་པོ།)等神和教化之人,乘吉祥佛法《时轮根本续》等所有续部述及的殊胜节日,于用彩色细砂制作的身语意圆满坛城中,五天内50位上师之教诲,弟子随后执持仪轨。正行如同孩童一般入于7根,即灌顶之孔玛(གོང་མ།)和孔钦(གོང་ཆེན།)二种以及金刚师尊者之灌顶。最后,编写有《根义[②]之道次》。当七世班禅额尔德尼闻修完全部"根本堕罪[③]之介绍"不共深奥实修善法之后,奉献有丰厚的酬谢金。此年,进行第一种灌顶之法时,听到第一次雷鸣之声,达赖喇嘛和班禅额尔德尼二人心

---

① 藏族习俗。一种把将要宰杀或不让人宰杀的牛羊等动物放生的宗教活动。一般在逢本命年生日那天,为躲避灾祸、逢凶化吉,由家人去买下一只正待宰杀的绵羊或山羊,就地放生,令其自然死亡。也有在僧人卜得凶卦或得一场大病等情况下放生的。一般放生仪式在寺院举行。将放生动物(牛羊等)牵引至寺院,领到一方垫子上平放,提摔三次,祈祷诵经,后在其脑门沾湿糌粑等食物,拍背赶出寺院,令其自由游荡。已放生的动物,是神佛的财产,人们只有饲养的义务,没有宰杀或占有的权利。谁若宰杀或据为已有,则会招致灾祸。许多寺院有专门进行放生活动的节日,名为放生节。

② 即器官之外境。佛书译为根义,根所缘境,即色、声、香、味、触等。

③ 根本堕罪。密乘律仪所说的根本罪。律仪如大树根,若善守护,则成生长一切道果功德之本,若不守护,则为生恶趣因及苦之根本,未来生生世世由此堕下,故名根本堕。

情异常兴奋,此地所有僧众都感到吉祥之征兆。

十九日,七世班禅额尔德尼驾临为香曲河之神进行水供,所到之地受到各地的迎送,七世班禅额尔德尼为各地的僧俗群众以及歌舞者们赐予摸顶及财物,并为各寺院布施了斋茶,使众人十分喜悦。前辈班禅在代惹(བདེ་རག)寝宫曾见过四面吉祥护法神,七世班禅额尔德尼也在此殿亲自雕塑一尊梵志护法神像,至今尚存并仍在供奉。当七世班禅额尔德尼返回之时,从德琼苏康(བདེ་ཆུང་བཟུར་ཁང་)迎请至殊胜大乘洲(ཐེག་མཆོག་གླིང་),三天内七世班禅额尔德尼为宴会和内斋承担了诸多支出。四月十四日,返回驻锡地,给西藏地方政府送香曲河送信作回馈。喀尔喀哲布尊丹巴为报答修完所谓"心境圆满",向大堪布杰旺强敬献有书函和礼品;七世班禅额尔德尼亦特派遣侍从乃宁(གནས་རྙིང་)法王为喀尔喀哲布尊丹巴赐予能仁佛画像和哈达等。喀尔喀哲布尊丹巴抵达前藏时,为感恩特代表喀尔喀向七世班禅额尔德尼敬献有11500两白银,尚有噶钦喇嘛诺玛其额尔德尼美尔汗(དཀའ་ཆེན་བླ་མ་ནོམ་ཆི་ཨེར་ཏེ་ནི་མེར་ཁན)、强佐大喇嘛、侍寝官大喇嘛(གསོལ་དཔོན་དྷ་བླ་མ)、贡贝色图萨拉克其(གུང་པའི་སེ་ཐུ་ས་ལག་ཆི)等不同等级的人也敬献了财物,七世班禅额尔德尼皆赐予彼等圆满的佛法和礼品,使众人皆大欢喜。七世班禅额尔德尼按照格贵[①]德觉瓦(བདེ་འབྱོར་བ)的祈祷,聚会时赐予加行、正行守三誓言之大灌顶,同时按照蔡夏列林巴(མཚན་ཞབས་ལེགས་གླིང་པ)、噶钦罗桑顿珠(དཀའ་ཆེན་བློ་བཟང་དོན་གྲུབ)之请求,赐予《圣言宝二具藏之经论》。

八月,获息八世达赖喇嘛病情恶化的消息,七世班禅额尔德尼敬献哈达为其祈祷。因得到此消息甚晚,七世班禅额尔德尼的心

① 格贵,即掌堂师,也称为纠察僧,负责维持僧团清规戒律的寺庙执事。旧时藏传佛教寺院的纠察僧经常随身携带铁棒到处巡视,维持寺院的纪律,故称其为铁棒喇嘛。

情十分悲痛。第二天天刚亮便于各佛堂及护法神殿，尤其是心量天母（སྲོ་སྒྲུག་ལྷ་མོ།）和正殿①的二姊妹护法像前以语业酬补等方面敬献有供云和五彩哈达等诸多供品。为八世达赖喇嘛呈文特在三主供佛以及大殿的天母和二姊妹护法像前进行酬补和业赞等。想起昔日曾于班禅根敦珠（པཎ་ཆེན་དགེ་འདུན་གྲུབ།）②眼前如此承诺金刚誓言之事，如此重大的事情一定要在此时尽快应验，至目前（指八世达赖喇嘛）之病情是否渐有好转？神智是否清楚？关键直到现在神智出现非常不清楚之症状，七世班禅额尔德尼十分关心，下令尽一切所能念经祈祷，众生特别是吾七世班禅额尔德尼为此而担忧，希冀皈依所需之处为："祈祷之目的最终是至尊上师您的慈悲而非他人。祝祷所谓的'午夜病情'尽快好转、长命百岁、法轮常转不息。"不仅马上敬献有上述之呈文，而且立即派遣卓尼至（八世达赖喇嘛）身前服侍，并敬献有祈祷之呈文以及丰厚财物，同时还为许多寺院赐予所需的藏文大藏经《甘珠尔》和《丹珠尔》。清仁宗嘉庆大皇帝为西藏地方政府的工作人员赐予了丰厚礼品，大家甚为喜悦。由于众生无阻之魔障致使八世达赖喇嘛患有象皮病③及尿病，十八日圆寂。达擦活佛向其敬献呈文及祈请礼品，同时还有祈请尽快转世的文书。七世班禅额尔德尼无限悲痛、行舍食品，为三所依供奉大批供品，日夜专心为八世达赖喇嘛的圆

---

① 即大红司命主，密乘本尊马头明王眷属中之红面狱主。

② 一世达赖喇嘛，藏传佛教格鲁派（黄教）早期代表人物（1391－1474）。后藏萨迦附近霞堆地方人。明永乐三年（1405年）于那塘寺出家为僧，拜团柱克珠为师，受沙弥戒。永乐八年（1410年）受比丘戒。永乐十三年（1415年）赴前藏各寺参加辩论，后拜宗喀巴大师为师，为宗喀巴八大弟子之一。宗喀巴逝世后，继续从宗喀巴弟子喜饶僧格、贾曹杰、克珠杰学习显密教理。后返回后藏，于绛勤、打纳、日库等处讲经说法，门徒渐众。明正统十二年（1447年），在桑主则（即今日喀则）宗本乃穷吉巴班觉桑布之资助下，于桑主则倡建扎什伦布寺，自任该寺赤巴（法台）27年之久。明成化十年（1474年）圆寂于扎什伦布寺，时年84岁。根敦珠巴著有《戒经疏》《因缘集》《释量论疏》《正理庄严论》等书，颇有影响。后人追认根敦珠巴为一世达赖喇嘛。

③ 即一种静脉炎使脚腿坏肿病。

寂念经祈祷。

七世班禅额尔德尼一方面为达擦活佛发去了安慰之盖印官契,另一方面积极操办八世达赖喇嘛的丧事和转世之事宜,并特派侍从送去尽快转世之祈祷文。与此同时还为至尊佛母送去了安慰之盖印官契。大堪布瞬间离开众生前往大乐法界,现在所有僧俗群众感到太阳突然西落一般(一片黑暗)。昔日之发心①以及徒众宿业之缘分具备之时,身体大略之坛城如何升降?法性以及徒众各自之幻象无有任何执著实有?对于忧伤和痛苦的诸凡夫唯有受到极大的伤害,对于未来的诸胜者何能有欢喜之时。思虑此等因缘,根本不能怀有有害无益之恶心,具备圆满无漏之心思。无论如何也要勤奋念经祈祷尽快亲见殊胜转世活佛之尊容,故于此日念经布施斋茶,为每位僧人发放一章喀藏币。

二十五日,七世班禅额尔德尼在法会的斋茶上念经,祈祷殊胜八世达赖喇嘛尽快转世。前、后藏不同教派的各寺院呈现丰盛的供养,勤奋念经祈祷殊胜活佛尽快转世。此年,七世班禅额尔德尼又随从持金刚大经师之侍从喇嘛认真地闻悉了《胜乐之生圆次第之深奥指引》。对此七世班禅额尔德尼曰:“一亿密续瑜伽母,六千万佛经之中,像幢顶②高大庄严,吉祥胜乐诸密续。”七世班禅额尔德尼闻悉一切母续之王吉祥法轮胜乐之深奥二次第道诸义,从此性十四纲之上秘密讲授,于极密浊世之一瞬间修行双运之善知方便之语诀,依止宗喀巴大师撰写的殊胜师徒之语诀,《本注相合的密续之神圣持金刚》亲临眼前。以七世班禅额尔德尼为首的无数具缘弟子从诸多金刚瑜伽母之秘密宝库中获取了无上佛法之甘露,修炼成心之花蕊,将殊胜成就之种子播撒人间,并积聚会供曼

① 发菩提心,生起为利众生愿成无上菩提之心。

② 宝幢上端作装饰物的顶子,一般作圆球体。

陀罗[1],使得诸位护法神和瑜伽母十分欢喜。随后,七世班禅额尔德尼还闻悉了《普明大日如来现觉之大灌顶》,敬献了丰盛的礼品。其余时间尚于此参加了法会,并散发了布施。七世班禅额尔德尼随从柰宁巴罗桑桑波(གནས་རྙིང་པ་བློ་བཟང་བཟང་པོ།)、达摩瓦那杰丹增(སྨྲ་མོ་བ་རྣམ་རྒྱལ་བསྟན་འཛིན།)和冲卡布巴格顿雅培(ཁྲོན་སྒྲུག་པ་དགེ་འདུན་ཡར་འཕེལ།)敬献了《释量论之尘串第四章》应试;随从哲布尊丹巴夏斋格隆楚臣桑波(རྗེ་བཙུན་དམ་པའི་ཞབས་གྲས་དགེ་སློང་ཚུལ་ཁྲིམས་བཟང་པོ།)和那杰萨旦(རྣམ་རྒྱལ་བསམ་གཏན།)闻悉了全部时轮仪轨应试;随从仲孜瓦夏充罗桑坚赞(འབྲོང་རྩེ་བ་ཞབས་དྲུང་བློ་བཟང་རྒྱལ་མཚན།)敬献了《疏要开启解脱之道》应试,七世班禅额尔德尼赐予丰厚礼物。

藏历木牛(1805 年)年,扎西格喇嘛嘉钦则巴(བཀྲས་དགེའི་བླ་མ་རྒྱལ་ཆེན་རྩེ་པ།)和扎西热聂宁罗桑惹杰(བཀྲས་རབ་གཉེར་རྙིང་བློ་བཟང་རབ་རྒྱས།)各自在小寝殿念经祝祷,七世班禅额尔德尼与彼等顶礼并赐予礼品。匡佐(ཕྱག་མཛོད།)和内管家(གཟིམ་སྒྲུག)[2]共计为八世达赖喇嘛的灵塔殿大供柱敬献 360 两黄金以及镶嵌着黄金和金刚石等各种宝石的右旋海螺,并赐予 7 位工匠 30 两黄金及珠宝。七世班禅额尔德尼随从大经师的侍从喇嘛闻悉了《道次文殊经》,赐予丰盛的酬金。七世班禅额尔德尼特派遣卓尼萨贵巴(མགྲོན་གཉེར་ས་ཁུད་པ།)向达擦活佛的摄政就任献上了礼物。当八世达赖喇嘛的灵塔开光之时,七世班禅额尔德尼依次献上 5 种千供以及开光之宴。夏令安居之时,七世班禅额尔德尼于堆巴嘉措(འདུས་པ་རྒྱ་མཚོ།)修习《法蕴[3]八万四千教法汇集成的巨编》《古印度佛学家龙树和无著二人开创的制度》、

① 即会供曼陀罗。佛教行者观想凭神力加持五欲及饮食品而成为无漏智慧甘露以供养上师、佛三宝以及自身蕴、处、支分三座坛场,积聚殊胜资粮之仪轨。

② 为班禅额尔德尼管理切身财物的代理人。

③ 释迦牟尼所说对治贪等八万四千烦恼的教法汇集成的巨编。《阿毗达摩集论》说每一千卷称为一法蕴;《阿毗达摩俱舍论》说帝释天所乘巨象所能运载的一驮墨写成的经典,称为一法蕴。

宗喀巴大师著的《菩提道次之精华》、班禅额尔德尼罗桑确吉坚赞著的《经论之甘露与密咒有关的乐道之红引》《三地之唯一明灯》、诸多贤者作显密经论之无垢观点来完善、语决和允诺点缀，噶当派经论来填充远离讲解之不通顺、重复、前后矛盾等瑕疵。

七世班禅额尔德尼在密宗实修方面，是从讲解之目的上进行结集，而非从外表上得以断决，唯以内心相续调伏作为主要实修。无比的释迦王（མཉམ་མེད་ཤཱཀྱའི་རྒྱལ་པོ།）在灵鹫山①有无数种姓觉醒之神与众生，诸三世佛之母转动智慧般若法轮，与此相同大梵天妙音宣讲佛法，使得无数具缘众生于此时去除妄念来生能修得增上生②和决定胜③之地位，最终从立志、供奉、加行等仪式迈向称为“具有佛法、精辟和深奥之见、盛开着大密金刚乘之百瓣花蕊之甘丹佛山”以及众生之莲花园。

是年九月，章嘉若贝多杰的转世活佛④前来拜见，七世班禅额尔德尼远道迎接赐予喜宴。章嘉若贝多杰的转世活佛亲自敬献曼札、三所依以及2180两白银；其父大清太吉德格加（ཏཱ་ཆེན་ཐའི་ཇི།）等敬献白海螺；僧俗群众敬献大量物品，并请求七世班禅额尔德尼护持保佑以及赐予佛法。七世班禅额尔德尼满足了每个人的愿望，为所有的官员和仆人颁发了大批奖赏品。当着堪布和众人的面，

---

① 佛说此山为般若经之处。

② 佛书所说人天善趣的圆满福报。

③ 也称为“永久安乐”，佛书指解脱位和一切智位。

④ 即章嘉益西旦白坚赞（1787－1846年），第四世章嘉活佛。出生在青海省互助县南门峡乡却藏地方。4岁被认定为前世章嘉活佛的转世灵童，并受戒出家到郭隆寺。在扎森额尔德尼座下受沙弥戒，随之学习藏文，听习佛法。8岁奉召进京，朝见乾隆皇帝，皇帝为其布施了大量物品。10岁从热河返回郭隆寺。14岁时，奉旨去西藏学习佛法，在拉萨觐见了八世达赖喇嘛，并从达赖喇嘛受具足戒。20岁返回北京，朝见嘉庆皇帝，向皇帝讲论佛法。皇帝大喜，将香山、五台山、多伦等地的寺院赐为他的驻锡地。33岁时，嘉庆皇帝封他为“管理京师喇嘛班第扎萨克大赖嘛”。尔后去蒙古、甘肃、青海、热河、五台山等地各寺院，向蒙藏僧俗大众广布教乘。42岁，道光八年（1828年）道光皇帝以第四世章嘉活佛经艺纯熟，且听办捐输事件，均属妥帖，特赐予银质镀金“大国师”印一方以及诰命，金顶绿轿等礼品。55岁前往西藏参加十一世达赖喇嘛坐床。道光二十六年（1846年）二世策墨林的西藏摄政职务被撤消，道光帝下令将策墨林在察哈尔的牧场寺产交给四世章嘉活佛管理。

给班禅颁赐了清仁宗嘉庆大皇帝的诏书和礼品，甚为欢喜。此期间，青海亲王索南多杰（ཆེང་དབང་བསོད་ནམས་རྡོ་རྗེ།）、觉囊札萨之妻德吉（བདེ་སྐྱིད།）等一大批蒙古官员前来，亲王迎请七世班禅额尔德尼到法会中，敬献了白银3965两，觉囊札萨之妻德吉敬献有白银300两。七世班禅额尔德尼不分地位高低对所有的官员和仆人赐予了礼品。此时，经师洛贝活佛（ཧྲོ་པའི་སྤྲུལ་སྐུ།）向七世班禅额尔德尼敬献了全部《摄类学》[①]《律经大海之精华》和《现观庄严论》[②]应试；才羌林寺（ཚེ་མཆོག་གླིང་།）的格伦罗桑顿珠（དགེ་སློང་བློ་བཟང་དོན་གྲུབ།）向七世班禅额尔德尼敬献了全部《时轮仪轨》应试；金隆巴杰尊罗桑次成（གཅེན་ལུང་པ་རྗེ་དྲུང་བློ་བཟང་ཚུལ་ཁྲིམས།）和萨多丹巴罗桑班觉（ས་རྡོར་གདན་པ་བློ་བཟང་དཔལ་འབྱོར།）向七世班禅额尔德尼敬献了《释量论之灰尘第四章》应试；嘎热巴旦增雅培（དཀའ་རབ་པ་བསྟན་འཛིན་ཡར་འཕེལ།）向七世班禅额尔德尼敬献了《四部医典》[③]应试；岗钦噶钦罗桑次成（གངས་ཅན་དཀའ་ཆེན་བློ་བཟང་ཚུལ་ཁྲིམས།）向七世班禅额尔德尼敬献了全部《密集仪轨》和《根本续》应试；嘉康巴罗桑雅培（རྒྱ་ཁམས་པ་བློ་བཟང་ཡར་འཕེལ།）向七世班禅额尔德尼敬献了《八波罗蜜多》应试；温寺班丹坚赞（དབེན་དགོན་པ་དཔལ་ལྡན་རྒྱལ་མཚན།）向七世班禅额尔德尼敬献了《胜乐根本续》[④]

---

①　摄类学是对因明学的要义进行分门别类、归纳概括的专门学科，是初学因明学和法相理论者的必修课。

②　全称《般若波罗密多教言现观庄严论》，或《般若经论现观庄严颂》，是用现观的意义贯通《般若经》全部思想的一部论著。欧·洛丹喜饶等人合译，共计3卷8品。主要论述三智、八条七十义，即一切种智、道智、一切智、一切正等现观、顶现观、次第现观、刹那正等现观及法身，讲从普通凡夫、次第修习佛法以达成佛的过程。三智是为证得真理，断除一切烦恼，脱离诸苦的三种特殊认识。狮子贤、法友、智生慧、金州法称、惹达纳肯底、布达西遮等论师作注。

③　藏族医学名著。成书于8世纪下半叶，由藏族大医学家宇妥云丹贡布等9人编辑而成。全书共分四部分：根本医典、论说医典、秘诀医典和后续医典。全书共156章，长达3300多页。对人体生理学、病理学理论以及对疾病的诊断、治疗、药物制作、卫生保健等都有详细论述，奠定了藏族医学的理论基础。后代藏医学家对这部著作曾作了上百种注释本，是藏族医学最宏伟的医典，历千年而不衰，德裕后世，影响深广。有多种藏文木刻本和汉译本。

④　亦称《胜乐金刚根本续》。密教无上瑜伽部母续经典，藏传佛教修密法者的必修课教程。著名佛经翻译家仁钦桑波（958－1055年）译。“胜乐”是密教中的本尊名。经中主要阐述现证无上大乐智道果法，即空点与微细瑜伽的圆满次第法。藏传佛教各派高僧对此均作了详细的解释。

应试。七世班禅额尔德尼如同以前一样为每位赐予了礼品。

藏历火虎年(1806年),七世班禅额尔德尼已25岁时,为了回避其法身之违缘,琛列巴钦波在扎什伦布寺的大殿第二根柱子用金铜合金装饰的莲花柱背后的如意宝树中,用白银雕塑有无量寿佛,在莲花上用金铜合金雕塑,有头戴金刚砖石等许多名贵珠宝的白度母。一月六日,为法会大殿的本尊佛敬献供品。一月七日,应所属全体僧俗群众的迎请,七世班禅额尔德尼前往集会的僧俗群众中,虔诚地修建佛事以及吉祥善住。全体僧俗群众向七世班禅额尔德尼敬献了大批财物,并请求念经祈祷。七世班禅额尔德尼念诵金刚经、经文传承、念诵发愿回向文。

此月中,七世班禅额尔德尼经过香囊(ཤངས་ནང་།)抵达沃域拏蔡(འོད་ཡུག་ཟམ་ཚེ།)为神敬献绸缎锦衣。后经托杰(ཐོབ་རྒྱལ།)地方于二月十七日返回寺院承办佛事。洛钦活佛(ལོ་ཆེན་སྤྲུལ་སྐུ།)向其敬献藏银1075两;侍寝官罗桑坚赞(གསོལ་དཔོན་བློ་བཟང་རྒྱལ་མཚན།)和孜聂罗桑班觉(རྩེ་གཉེར་བློ་བཟང་དཔལ་འབྱོར།)二人向其敬献藏银12148两;西藏地方政府向其敬献藏银1400两;罕东①部落向其敬献藏银800两;康聂丹增桂结(ཁང་གཉེར་བསྟན་འཛིན་དགོས་སྐྱེས།)向其敬献藏银2400两;大经师向其敬献藏银1500两;陀奎王(ཐོར་ཁོད་རྒྱལ་པོ།)之侍从向其敬献藏银2100两;伊利四部向其敬献藏银900两;大亲王(ཏྲ་ཆིང་ཝང་།)向其敬献藏银2900两;喀尔喀色诺云(ཁལ་ཁ་སན་ནོ་ཡོན།)之人士夏仲罗桑丹增(ཞབས་དྲུང་བློ་བཟང་བསྟན་འཛིན།)向其敬献藏银1000两;卫藏大部分寺院、白朗地方的僧人、协巴乃邬赛巴(བཞད་པ་ནེའུ་གསིང་པ།)等富裕人们到七世班禅额尔德尼的寝宫向其敬献许多钱财,向僧侣做了布施供养。七世班禅额尔德尼念诵金刚经和回向文,并赐予定规赠品

① 明朝在青海设置罕东卫。

和金刚结等喜好之礼品，使大家无比敬信和喜悦。罗桑绛巴活佛专程前来，为佛事敬献了大批财物，并请求七世班禅额尔德尼为八世达赖喇嘛转世进行卜卦。七世班禅额尔德尼为此念经祈祷，如同著作中所言，为八世达赖喇嘛转世讲授了佛法，并赐予丰盛的财物，使众人心情大为欢喜。如此，自从诸护法示现善知识以来，七世班禅额尔德尼对无学双运之中道认真取舍和实修，如同心绪中积聚一切显宗与密宗之道的证悟，圆满了总持与辩才①、三摩地等无数功德，修道与证悟之功德如同火光一样闪烁，所有事业之风土神遍及各地，对于众生之诸孽障如同灭除自家的灾害以及三毒②等一般，使具缘众生进入解脱之道。

有诗曰：

“所有利乐秒汇之根源，
如意宝善知识之住地，
尊胜寝宫上下院之套间，
筹建工作如火如涂行。
神龙人之各种各样宝，
闪烁光辉之无数身影，
长寿不老之毗首羯摩③，
相同工巧行蕴之洁净。
但是世间出现巧工匠，
精致制作和布置幻化，
定义清净无比智慧性，

① 即受持所闻法义不忘为总持，宣讲法义无穷无碍为辩才。
② 指贪、嗔、痴等三种烦恼。
③ 也称为工巧天，一天神的名字。

吾一定要完成身语意。
如此诸多身影之前面，
前置心幻之大海供云，
酬补请托礼赞和催劝，
如同大地妙音全覆盖。
殊胜不变之无量光佛，
一起走向美丽之法界，
出现第一具吉祥佛陀，
此末劫示现师徒之身。
三菩萨释①如同金大船，
贤哲语诀划动此大船，
具吉祥续王大海彼岸，
执取空形大手印之宝。
十有世间以及内外中，
如何相合巧工系银水，
未洁之身如同铁身形，
瞬间第一佛陀眼前现。
周围雪山环绕的药城，
北方有美丽的香巴拉，
高尚师徒所作之功绩，
与洁白月亮比拟艳光。
怙主您的名声遍三界。
是时第一班法会召开，
此年为第一舒适夏天，

---

① 谓金刚手菩萨所著《胜乐经首品释》、金刚手菩萨所著《金刚心释》和白莲法王所著《时轮经无垢光广释》。此等佛书皆收入藏文大藏经《丹珠尔》经中。

幽雅的歌声同时鸣起。
智慧之法身洁白无缺，
洗刷污垢入佛教三门，
具有八功德水[①]之井池，
整个相好坛城喜沐浴。
要戒除众生一切不善，
尤其雪域众生之恶行，
救世主拨云重见阳光，
瞬间拯救消失之时光。
即便如此所有大贤者，
永世轮回肯定无饶益，
所有降伏幻化之舞蹈，
能够解脱众生是法性。
荣获修行悉地[②]之位置，
圣地三宝形象之光辉，
二资粮无二证悟思想，
以贤哲益乐加行供奉。
黄教及其教派持教者，
虔诚敬奉大佛之礼冠，
持者为北方的诸施主，
专为供奉此方殊胜地。
金银和琉璃等诸宝贝，
百种法器为神之经济，

① 佛书所具有一甘、二凉、三软、四轻、五清净、六不臭、七饮时不损喉、八饮时不伤腹，八种优美品质的水。

② 宗教徒所说修习诀窍所得的如意妙果。

具有富足无比的财富，
距离遥远地方甚欢喜。
此生的金银珠宝绸缎，
殊胜财物堆积如土石，
怙主您召集殊胜法会，
供时难道眼前之仓库。
瑜伽母之十六千万续，
显示如同内有法幢冠，
二层轮网之吉祥道路，
心中之智库无有间隙。
所有佛经释要之内容，
菩提道次经典之要义，
编著具缘噶当七佛经，
佛法明灯照亮法会中。
此是神和人之祖师佛，
山主灵鹫山之神和人，
佛母庇护无数的信徒，
与智慧般若经典相同。
怙主您三密之功德，
坠落众生各自之心海，
对于无信仰的愚昧者，
改邪归正立即要皈依。
一时离开殊胜救世主，
相好之身与其得敬信，
信仰与敬信梵音佛经，

深明之心有现求三信[①]，

如同相互竞赛有成就。”

谓之“无边诸佛共相怙主班禅额尔德尼一切知尊者罗桑班丹旦白尼玛确列朗杰吉祥贤身语意之传记世间庄严”，依此三戒律证得殊胜功德之情形。

第四章　广行利乐佛法与众生篇

此篇分三部分：即七世班禅额尔德尼于藏历火虎年四月十五日至铁蛇年之间传法过程；时年 41 岁和 59 岁之间传法过程以及 60 至 71 岁之间传法的过程；藏历火虎年（1806 年）四月十五日至铁蛇年（1821 年）之间传法过程。

第一节　藏历火虎年四月十五日至铁蛇年之间弘法功德

（藏历火虎年四月）十五日，雄狮化身的森钦活佛罗桑丹增班觉（སེང་ཆེན་སྤྲུལ་པའི་སྐུ་བློ་བཟང་བསྟན་འཛིན་དཔལ་འབྱོར།）等 3 人为继承佛法而传授比丘戒，谒见上、下二院的 70 余位格西并磕拜七次，通过授比丘戒使他们为佛法重新弘扬拉开序幕，为了使遍知法王的化身早日显现已为了佛法昌盛，各寺院布施斋茶 6、7 次，赠冠带、供品、银饰等无数礼物，为乞丐施舍多次，使佛法和钱财之门敞开。对于个人的某个意愿对属民骄奢淫逸等不良行为要如同以前规定法律执行。所有宗、谿要认真贯彻总纲领，对属民如同父母的慈爱一样无微不至地施救和关爱。汇聚叶丽利众宝殿（ཡི་ལི་ཀུན་བདེ་གླིང་།）坚守佛

① 希求自己亦能具有所敬信者的殊胜功德的三种愿望。

法信念且寻得自相。总堪布为清仁宗嘉庆皇帝的赠赐十分敬仰，经师强调要我为对百幅佛像的制作细心关照和精心指导，虽然没有比上师更能胜任此工作，但依从经师之教言为使命，对每日必要进行开示和细心管理，疑惑东西经常提出问题，从而博得了经师的欢心而敬赐哈达，对画师们也给予了奖赏，装裱完成后送到了上师府上，另还赠有三个曼荼罗贡品及佛祖诞生画像，并进行了祈福仪式，为此本人也获得表彰。经师提出目前想要修建一尊与大昭寺释迦牟尼佛等身像，并作细心认真的汇报后，班禅额尔德尼分别予以指示，筹建了作坊，并任命第巴亚吉为负责人，先后还多次细心关照，将 30000 两白银对左旋白海螺以各种配饰送之寝宫太阳殿，100 余僧人迎请师徒三尊佛像等主佛像，并进行盛大开光仪式，曼扎和三依以及诸多供品敬献于七世班禅额尔德尼以祈祷佛法、利乐昌盛，还嘱咐要念经祈福、驱除对尊者不利因素，使佛法弘扬光大。若未有其他的特殊情况按时参加修习，出家灌顶，做利乐佛法之事。温寺的格登达杰（དབེན་དགོན་པ་དགེ་འདུན་དར་རྒྱས།）、罗桑扎西、达杰曲培（དར་རྒྱས་ཆོས་འཕེལ།）参考《胜乐根本》（བདེ་མཆོག་རྩ་རྒྱུད།）；牦牛部（གཡག་སྡེ།）等五寺参加《密集》《大威德》《大普明》等考试；大法轮喜绕坚赞（ཆོས་འཁོར་ལྷུན་པོ་ཤེས་རབ་རྒྱལ་མཚན།）应试《量理集论》（《ཚད་མ་ལུང་རིག》）；绛巴坚参（བྱམས་པ་རྒྱལ་མཚན།）、绛巴彭措（བྱམས་པ་ཕུན་ཚོགས།）应试《慈氏五论》；杰龙巴益西云登（གཅེན་ལུང་པ་ཡེ་ཤེས་ཡོན་ཏན།）、吞巴罗桑丹达（ཐོན་པ་བློ་བཟང་བསྟན་དར།）、嘉钦则巴罗桑益西（རྒྱལ་ཆེན་རྩེ་པ་བློ་བཟང་ཡེ་ཤེས།）等上师参考《论四章》（རྣམ་འགྲེལ་གྱི་ཐལ་འཕྲེང་ལེའུ་བཞི།）；随从德绕巴罗桑慈诚（བདེ་རབ་པ་བློ་བཟང་ཚུལ་ཁྲིམས།）参加《道次乐道论》（《ལམ་རིམ་བདེ་ལམ།》）和《解脱祷文》（《རྣམ་ཐར་གསོལ་འདེབས།》）等经论的考试，按例向他们颁发了奖品。

藏历火兔年（1807 年），七世班禅额尔德尼亦如往常一样进行了规模宏大的施舍与放生，七日共进晚宴和祈愿茶会活动并为施主们念诵《旦白玛经》（《བསྟན་འབར་མ།》）和《利乐祈愿》（《བདེ་ཆེན་སྨོན་ལམ།》）。郭芒活佛南沃夏茸罗桑念扎（སྒོ་མང་སྤྲུལ་སྐུ་གནམ་སྟོན་ཞབས་དྲུང་བློ་བཟང་སྙན་གྲགས）祈祷之后，出现了各种吉祥征兆。三月十五日，阿巴亚呷喇上师为七世班禅额尔德尼传授了“金刚杵灌顶”，耗时十五个白昼吟诵了《喇嘛五十颂》（《བླ་མ་ལྔ་བཅུ་པ།》）和《僧徒辨别法》（《སློབ་མ་བརྟག་པ།》）等，使此重要仪轨避免失传。二十二日，七世班禅额尔德尼在密集绛贝多杰（གསང་འདུས་འཇམ་དཔལ་རྡོ་རྗེ།）尊前受《胜乐六转法轮》（《བདེ་མཆོག་འཁོར་ལོ་བསྒྱུར་དྲུག》）和《七十二神灌顶》（《ལྷ་བདུན་ཅུ་དོན་གཉིས།》）之时，七世班禅额尔德尼穿着胜乐（ཧེ་རུ་ཀ།）衣冠，按序圆满完成所有灌顶。另还进行了《白行度母十三明论》（《གཟའ་ཡུམ་རིག་བྱེད་མ་དཀར་མོ་ལྷ་བཅུ་གསུམ།》）和《顶髻胜乐母三十三灌顶》（《གཙུག་ཏོར་རྣམ་རྒྱལ་མ་ལྷ་སུམ་ཅུ་སོ་གསུམ།》）等以及本世系的创世者和相关上师瑜珈教言等进行了大量开示。阿如胡钦活佛罗桑年扎嘉措（ཨ་རུ་ཧོར་ཆེན་སྤྲུལ་སྐུ་བློ་བཟང་སྙན་གྲགས་རྒྱ་མཚོ།）迎请七世班禅额尔德尼作为首座并供奉了丰厚的财物，对其予以回赠，并满足了对方拜见顶礼要求。此时，清仁宗嘉庆皇帝为管家赤列曲培（འཕྲིན་ལས་ཆོས་འཕེལ།）封予“扎萨克喇嘛”头衔及诸多奖赏财物，他满怀感激之情接受了清仁宗嘉庆皇帝的奖赏并请驻藏大臣致信给清仁宗嘉庆皇帝以示谢恩。在夏季法会期间，侍从绛巴罗桑索巴（བློ་བཟང་བཟོད་པ།）请求向僧众讲解《白盖伞三面六臂法》（《གདུགས་དཀར་ཞལ་གསུམ་ཕྱག་དྲུག་མ།》）之灌顶、《文殊法十三经》（《འཇམ་དབྱངས་ཆོས་སྐོར་ལྷ་བཅུ་གསུམ།》）、《小次第道》（《ལམ་རིམ་ཆུང་བ།》）和《根本释量论》（《རྣམ་འགྲེལ་གྱི་རྩ་བ།》）等经论。被派遣的堪布返回时带来了清仁宗嘉庆皇帝的谕旨以及殊胜的四臂观音佛像等礼品，班禅额尔德尼甚为喜悦。为认定第八世达赖喇嘛的转世灵童，七世班禅额尔德尼前往拉萨，需经师陪同前往，特此向摄政递交报告的回复说,为了摄政自己的功德实加圆满,已经周密安排了沿途一切所需;同时考虑到经师年时已高,准备了轿子和轿夫。

十一月十日,藏、汉的迎请队伍从寺院出发前往拉萨①,四位噶伦到聂塘(མཉེས་ཐང་)迎接,沿途迎接的还有西藏地方政府派的达擦仁布切(རྟ་ཚགས་རིན་པོ་ཆེ)以及二位驻藏大臣及大量僧众仪仗队。二十九日在大昭寺金座上坐床。因本派尊者与本尊护法神的授记相一致,被称"佛法昌运之子"后,又被迎请到贡塘(གུང་ཐང་)地方,第八世达赖喇嘛的转世灵童的家眷们也被迎请到贡塘的大殿上,并迎请至尊灵童在汉、藏官员面前辨认前世达赖喇嘛的法衣及其曾用过的物品,此后被转世灵童一一辨认出来,因而赢得了大家的认可和肯定。是日天气晴朗,天空中还出现了彩虹等吉祥征兆。汉藏官员们护送转世灵童回到了拉萨并表谢意,为了使转世灵童安康,他们一起吃茶和食物,管理人员接受朝拜们赠送的礼品,并返赠各式礼物,特别是赠送加持过的圣带,祈愿他们今后平安。二十六日,汉、藏官员对清仁宗嘉庆皇帝赠送的匾额敬拜,并在坛城上供奉的有关转世灵童的折子寄发。还对布达拉的各佛像,尤其是对达赖喇嘛的金塔进行了朝拜,并敬献5000盏酥油灯,对于燃灯的15位给予了一天的酬劳,另参加为期一天的朗杰札仓法会,给僧众献哈达及藏币3角,并在法会间念诵大威德经,祈愿功德圆满。然后到金塔前没有安放坐垫发愿并叩拜了很多次。而后又发愿并献五种彩色头等哈达做冠带,对僧人们也赠送了酬劳。法会

① 即第九世达赖喇嘛(1805－1815年),法名隆朵嘉措意为"教政海",出生于西康邓柯。是第一个未经金瓶掣签而确定为转世灵童的达赖喇嘛;1807年被认为转世灵童,由西康迎至拉萨,在公塘寺暂住。1808年2月24日,七世班禅额尔德尼为第九世达赖喇嘛剪发并取法名为罗桑丹觉乃阿旺隆朵嘉措,简称隆朵嘉措。同年9月,在布达拉宫举行了坐床典礼。清仁宗批准第九世达赖喇嘛可乘前世达赖喇嘛乘坐的黄轿,启用前世达赖喇嘛使用的金印。此后,隆朵嘉措入哲蚌寺学法。1813年受沙弥戒。1815年正月十六日,第九世达赖喇嘛隆朵嘉措不幸在布达拉宫暴亡,时年只有十一岁。

期间，前面尊者达赖喇嘛绛白嘉措在做十一无量灌顶（བཅུ་གཅིག་ཞལ་གྱི་དབང་）时，智慧降伏仪式过程中我的身体突然发颤，意识变的模糊，思维不清晰，此时我全神贯注的冥想观世音菩萨护佑，我的这些症状消失无影，身体和思维也重新获得了平静，所以我坚定地认为达赖喇嘛是观世音菩萨的化身。后面我把这个情况告诉了总持（永增）仁布切（ཡོངས་འཛིན་རིན་པོ་ཆེ），总持说，强巴嘉措还未意识到自己是转世活佛。把金刚放于头顶念诵上述咒语能获得很多无阻的教诫。此后（我）对达赖喇嘛没有任何猜忌，忠贞不渝，倍加敬仰。在达赖喇嘛坐床时，我将其靴子举之头顶，达赖喇嘛说不要做那种不好的举动，说靴子很脏。后来我去感谢达赖喇嘛时候，说到我有7匹品种良好的马而且我是非常珍视时，达赖喇嘛请求说他想去看一看，我说这些马都已经驯服好了想请示馈赠于他，后有很多信徒认为我把良马献给达赖喇嘛是我的福报。

有次我用一块干净绸缎佩饰以圣水壶，虽然我没听到但据传言拉萨一部分人对班禅仁布切以绸缎配饰以圣水壶的做法颇有微词，虽然我未曾听过，而有一天在香客拜见达赖喇嘛时看见达赖喇嘛的圣水壶也配以五彩绸缎，并在袈裟前突显着，这一幕也被在场的香客们所看到。在其寝宫中达赖喇嘛说到他配饰缘由为，听说前藏的某些人对这种做法很有看法所以我这样做了，我和班禅额尔德尼为释佛下受恩惠的同门人。而后因达赖喇嘛和我上师的恩泽下使我对辩经更加热爱，经师说现在时逢良缘，让我与达赖喇嘛绛白嘉措安排举行一场辩经活动，如不去违背了上师的意愿，如去遂圆了上师的心愿，但又很疑惑别人会不会认为我是为了出名或喇嘛声誉而做此事，后对我上师多次间接请示以后取消了这个活动，虽然当时我年纪较轻，但心中认为达赖喇嘛是观世音菩萨的化身所以倍加敬仰，不阳奉阴违一心服侍其左右。达赖喇嘛也对此说到:“班禅额尔德尼仁布切在时我的声誉大振,使我能及我所能服务大众,这些都是班禅额尔德尼喇嘛的恩泽。”然而偶尔也有不少仆人有一些不情愿的表现,而我如视释迦牟尼佛一样敬重达赖喇嘛,晚上到噶当殿寝宫内,在释迦牟尼佛像前虔诚念诵陀罗尼经至午夜,早上在其大殿内服侍人员到来之前回到自己的住处,作息也像往常一样行踪极其隐蔽。在念诵经文的时候我也时常会犯困,但因为时值冬季,所以我喝冰凉水来提起精神继续完成我的祷告,之后我克服了所有困难,如愿完成了我的本次仪轨。

八世达赖喇嘛·绛白嘉措驾临之时我比他的侍从们更加爱戴和恭敬,所以他时常强调由于那时的恩泽所以出现了这种盛况,有时他完成与达赖喇嘛的意愿相一致的事业或提到八世达赖喇嘛·绛白嘉措的法名时他都会双手合十,恭敬地认为我虽没有多少学问但仍获得了达赖喇嘛的护佑,尊者能慧知我与你享用食物和食具也是一样的,无论在何地到八世达赖喇嘛·绛白嘉措和法王聂色巴(ཆོས་བདག་ཞེ་སེར་བ།)的尊容时,七世班禅额尔德尼都会双手合十,对于他们恩赐心怀感恩,说这些都是受于达赖喇嘛的恩惠,在其法像的供桌前不断地朝拜顶礼,不管是他在做利乐众生的事业,还是在巡视上、下各寺院,各地方时他都至少用一钱金供奉达赖喇嘛,而且数量不计其数。无论其大小事务多么繁忙,他都会对所住锡的寺院寝宫内的佛像一一膜拜和除秽,擦圣水碗、做灯芯、化酥油、点香和酥油灯等,而那些别人赠与的供品他也不会接受,也不会敷衍塞责而重视清洁、摆放美观。拣选完的酥油水在灌装容器时为了不溢出他倍加认真细心,不断地为其发愿,尤其是对宗喀巴和达赖喇嘛画像所挂之处更不用多说,对于重大的时节仪轨更是认真细心、敬献供品、依照自己的意愿虔心发愿和念诵祷文,击鼓赞颂。

用红黄色的布缎做补丁诸如事情也不能违背佛教禁忌,当他看到侍从对香客进贡的东西用脚推踢，或尤其是将出家人和僧伽的器物与女人的衣服混放在一起时他会严厉训斥。有一次，他去讲法，在艾岗(ཨེ་སྒང།)这个地方住息一晚，并对香客们摸顶时看到管家用一个旧的僧衣把男女衣服捆着拿走了，看到这个情形时他难掩起内心的打击，说管家这事很滑稽并伤到了他的心，扇了他一个巴掌，而这个事情被在场的人目睹并传了出去。另外他也时常制作金银铜和布画为料的观世音化身的宗喀巴、达赖喇嘛绛白嘉措、释迦牟尼佛等代表的诸佛佛像，无论住锡于何地，他都会在其住处把达赖喇嘛・绛白嘉措、释迦牟尼佛像挂起来。对至尊赠送的诸佛像更是倍加敬仰、敬重和珍视。达赖喇嘛赐予的锦缎上衣，黄色长绒僧裙以及配饰有金色绸缎僧衣虽然已相当陈旧，他说作为重大节日的盛装必须要穿着。他对八世达赖喇嘛・绛白嘉措、古格永增仁布切(གུ་གེ་ཡོངས་འཛིན་རིན་པོ་ཆེ།)、尊者益西加措(རྗེ་ཡེ་ཤེས་རྒྱ་མཚོ།)为代表的诸位上师甚是尊重和敬仰，是对我等晚辈人树立怎样敬重恩师的榜样。他为普觉活佛(ཕུར་ལྕོག)及很多俗人讲颂了《长寿经》(ཚེ་དབང་།)，对220名僧众授居士戒(བསྙེན་རྫོགས་ཀྱི་སྡོམ་པ།)，对上院的僧人讲诵《上师颂》(བླ་མ་མཆོད་པ།)和《兜率上师瑜珈》(དགའ་ལྡན་ལྷ་བརྒྱ་མ།)。对谢巴益西旺秀(བཞད་པ་ཡེ་ཤེས་དབང་ཕྱུག)、嘉钦则巴持法罗桑尼玛(རྒྱལ་ཆེན་རྩེ་པ་ཆོས་མཛད་བློ་བཟང་རྒྱལ་མཚན།)、德央巴班丹增坚参(བདེ་ཡངས་པ་བསྟན་འཛིན་རྒྱལ་མཚན།)等应试《释量论》第四章(རྣམ་འགྲེལ་གྱི་ཐལ་འཕྲེང་ལེའུ་བཞི།)，温寺达杰曲培(དབེན་དགོན་པ་དར་རྒྱས་ཆོས་འཕེལ།)和益西丹增(ཡེ་ཤེས་བསྟན་འཛིན།)二人参考《胜乐根本经》(བདེ་མཆོག་རྩ་རྒྱུད།)，达瓦曲扎(ཟླ་བ་ཆོས་གྲགས།)应试《菩提道次地广论》(ལམ་རིམ།)，空行罗桑热杰(མཁའ་སྤྱོད་དགེ་སློང་བློ་བཟང་རབ་རྒྱས།)应试《祈示经第四章》，对绒巴罗桑德勒(རོང་པ་བློ་བཟང་བདེ་ལེགས།)参考《戒律如意太阳》(འདུལ་བ་བདེ་ལེགས་ཉི་མ།)，德饶班丹增顿珠(བདེ་རབ་པ་བསྟན་འཛིན་དོན་གྲུབ།)参考《授密集根本经》(གསང་འདུས་རྩ་

རྒྱུད།),列谢曲林巴罗桑顿珠(ལེགས་བཤད་ཆོས་གླིང་པ་བློ་བཟང་དོན་གྲུབ།)参考《四部医典》,对大家赐与满意的奖品。

藏历土龙年(1808 年)的新年时,为摄政(རྒྱལ་ཚབ་རིན་པོ་ཆེ།)和噶伦、大小活佛以及各堪钦堪穹(མཁན་སྡེ་ཆེ་ཆུང་།)举行了为期两天的隆重宴会。大年初八时,七世班禅额尔德尼被迎请至祈愿法会上,协助诵回向文,大乐祈愿文等经文。为仲益①玉卡瓦(དྲུང་ཡིག་གཡུལ་ཁ་བ།)等僧俗群众授《长寿灌顶》。十三日,即在祈愿法会的全天供养日给 13666 名僧人每人多布施了 1 枚银币。翌日,又给 3160 名乞讨者每人 5 分钱。十五日出席法会现场讲解了一座《三十四本生传》②。受喀尔喀色诺云(ཁལ་ཁ་སན་ནོ་ཡོན།)的请求,为 400 余名僧俗民众授《长寿灌顶》法并赴祈愿法会进行了上述发愿。在此期间,七世班禅额尔德尼得知经师的腿患了象皮病后,立即请后藏的医生曲龙巴为其治疗,并为能够尽早痊愈而进行了祈祷。之后依次为普角觉(ཕུར་ལྕོག)活佛和摄政主从等授《长寿灌顶》法。依照清仁宗嘉庆皇帝旨意,十四日赴贡塘地区,在达赖喇嘛的寝宫为第八世达赖喇嘛的转世灵童剃度,并赐名为罗桑旦白迥乃阿旺隆朵嘉措(བློ་བཟང་བསྟན་པའི་འབྱུང་གནས་ངག་དབང་ལུང་རྟོགས་རྒྱ་མཚོ།),登上众生救主之法位。为第九世达赖喇嘛敬献曼陀罗等丰厚的礼品,并发愿他能把弘扬了利乐众生的共同佛法,尤其是把宗喀巴大师正确的佛教思想发扬广大,第九世达赖喇嘛也非常欣喜地接受了礼物并敬献了三宝。在场的藏、汉民众看到这种情景产生了虔诚的信仰。当天天气格外晴朗,而且贡塘的天空中出现了彩虹,并由彩虹围绕着太阳等种种祥兆,人们看到后更加虔信和欢喜。

之后为百名僧俗传授经文传承。二十九日,在下密院的共同

---

① 秘书。

② 古印度佛学家马鸣著,讲述释迦牟尼宿世行传。

请求下,授予了吉祥大威德金刚灌顶之加行和第二天的正行。藏历三月二十五日,抵达热振寺,在热振寺的厨房设灶郊迎时,寺院的上空出现了一片象鼻型的白云横接至七世班禅额尔德尼的帐篷上顶,看到此景后非常高兴。在场的僧俗群众认为这一定是大法主在亲自迎接班禅额尔德尼的到来。在寺院的请求下,传授了《兜率上师瑜伽》《具德三地》等经文的传承。受热振拉章的邀请,为3000余名僧俗群众传授《长寿灌顶》《菩提道次第广论》的开头部分、三集威猛金刚手大势至的加持,传授七世达赖喇嘛·格桑嘉措所著的菩萨赞修法和《香巴拉祈愿经》。参观寺院时,一位白发苍苍,牙齿俱全,身体丝毫没有衰老迹象的牧区老奶奶给七世班禅额尔德尼敬献哈达,他十分高兴地问候老人,并从外库(ཕྱི་མཛོད།)里取三条护身结,中库(བར་མཛོད།)里取哈达献给这位老奶奶。虽然当时班禅额尔德尼没有说,但是后来他说那位老奶奶其实是智慧空行母的化身。又有位牧区的男子献他一匹蓝色的良马,他正要给男子赐回礼的时候,得知男子早已离开不知去向。于是,班禅额尔德尼满怀欣喜地为觉卧钦布(ཇོ་བོ་ཆེན་པོ།)供施。从此,为它配好鞍细心照料。后来他说这匹马应该是觉卧纳噶瓦钦布(ཇོ་བོ་ང་དཀར་བ་ཆེན་པོ།)所赠。在寺院西边,有棵柏树早已干枯,班禅额尔德尼边用自己的衣角在柏树上擦拭几下,边说现在还没到干枯的时候。之后这棵柏树获得新生,生根发芽。据说这棵树至今还比之前长得茂盛。在大殿东边的大柏树据说为四世班禅额尔德尼接供甘露,已为七世班禅额尔德尼也供了甘露。以上所描述的是关于贤者的事迹。

藏历一月二十九日,从热振启程到空行母的圣地帕邦(ཕ་བོང་།)旁边授予了会贡曼陀罗。在拉莫,曲迥钦莫(ལ་མོར་ཆོས་སྐྱོང་ཆེན་པོ།)和僧俗民众的请求下,为拉莫曲迥钦莫本人和1000余名僧俗群众授

《长寿灌顶》，在荆刺中讲授《兜率上师瑜伽》[1]，《无缘慈悲经》（དམིགས་བརྩེ་མ།）。在僧穆采（བཙུན་མོ།）中传授了上述两部和《大乐祈愿经》等经文。二月六日抵达甘丹寺时，寺院上空出现了一片洁白无瑕的云彩，班禅额尔德尼说看到此番景象之后甚是高兴并盼望云彩里出现宗喀巴大师。之后在山上朝着大殿磕头，磕完就去了寝殿。被甘丹寺僧人邀至，为其诵经祈福，敬献礼品。在甘丹寺宝座传授《兜率上师瑜伽》《香巴拉祈愿经》等经文的传承，授阎魔护法神的加持。当时天空下起了细雨，出现了各种彩虹和祥云等种种祥兆。为金塔等敬献各种供品和五彩哈达并祈福利乐众生。参观转经路时，详细解说路边的各种天然生成的佛像及珍宝，在茶餐期间，宝座两边的僧人分为两组，两组分别派 15 名格西进行辩经的僧人赐予护身结。指出并详细讲解了转经路北方的天然生成的ཨ字，东方的大威德和附近的护法大黑天身相婆罗门（མགོན་པོ་ཞལ་བྲམ་གཟུགས།）像等比较模糊的天然生成的佛像和珍宝，清楚地呈现在人们的视野中。在寺院的泉水边洗礼并作贡献神水，给僧侣们提供了 13 个斋僧茶和食物的供养，还给每位僧侣一条哈达和 3 个银币，传授了《三地具德经》《度母经》《大乐祈愿经》《香巴拉祈愿经》犀甲护法的朵马献法、佛母的加持等。为后藏康村给与余下的布施，赐予为阎罗护法神和香孜拉莫（ཞང་ཆེ་ལྷ་མོ།）供养的俸给。藏历二月十日抵达拉萨，受丹嘉雪巴藏格坚（འདམ་རྒྱ་ཤོག་པ་ཛང་ཀི་ཅན།）之邀，为僧俗群众授《长寿灌顶》。十四日，为哲蚌寺全体僧侣讲授文殊菩萨言教和确知仁布切（མཆོག་སྤྲུལ་རིན་པོ་ཆེའི་ཞབས་བརྟན།，指九世达赖喇嘛念经祝寿）佛事经，《菩提道次第广论》[2]等经文。供养了两尊释迦牟尼像，为色拉寺僧众给予白度母如意轮的加持。二十日，赴贡塘参

① 以宗喀巴为主尊的上师瑜伽。

② 宗喀巴著，是藏传佛教格鲁派的主要理论著作。

加师徒见面会，接受了清仁宗嘉庆皇帝的代表将军颁赐的圣旨并赐予他们师徒二人礼物。为色拉寺哈尔东康村[①]（ཧར་གདོང་ཁམས་ཚན།）的全体僧侣和吾盖（ངཱུ་སྐྱེས།）学院授予了无量寿佛九佛的加行灌顶，《兜率上师瑜伽经》《香巴拉祈愿经》《般若波罗密多心经》等的传承。还为南杰商人等20人进行了禳解病魔的宗教仪式。给上密院的全体僧侣传授了十一面观世音菩萨的加行灌顶，为功德林经院传授了《兜率上师瑜伽经》。经师去温泉疗养时，为经师此行顺利并能尽快再见面进行了祈福，师徒二人互相祈福问候。为才郎（ཚེ་གླིང་།）活佛以及僧俗群众传授佛母、护法、多闻子等的加持。顺利完成了第八世达赖喇嘛转世灵童的认定等事情之后，四月初三启程，十八日到达扎什伦布寺。五月二十五日开始，在经师的尊前学习了《四十九大威德》《八大起尸》《八窝几把等灌顶法》，听闻了律宗，释量论、中观、般若、俱舍论等佛学理论之后为经师敬献酬金。坐夏[②]期间，受掌堂僧冲卡布巴之邀，为众僧传授尊胜佛母灌顶，以及白伞盖法、妙音佛母等法的加持，并进行了为期3天的传法活动。

九月份，清仁宗嘉庆皇帝为解决第八世达赖喇嘛转世灵童继承法位的问题时派来了使者，使者带来了清仁宗嘉庆皇帝赐予的其挂在腰间特殊的小布袋和绸缎等贵重礼品，班禅额尔德尼感激地接受并亲自给清仁宗嘉庆皇帝写了一份感谢信，其内容大意为："正如皇上为黄帽教派能够更好地发展而深谋远虑的思想，望能够鼓励和督促第八世达赖喇嘛转世灵童的学习，并尽全力钻研显密两宗的教义。今后，西藏的众生的幸福掌握在皇上您的手中，所以

① 寺庙中大体上以僧徒来源家乡地区划分而成的僧团单位，若干个康村共同组成一个札仓。

② 夏令安居，律经中制定比丘、沙弥僧众，立誓承认与前夏或后夏三个月中，不越出界外至黎明犹不还寺，不兴僧伽内讧，勤求闻修，维修寺庙倾圮。

小活佛我恳请皇上能够给与一如既往地关怀。”此月，照常举行了每月为修行者的摸顶仪式，接受了清仁宗嘉庆皇帝赐予的赏赐品，由班禅额尔德尼的舅舅才旺（ཚེ་དབང་།）和知宾拉布旦（རབ་བརྟན།）负责前去为第八世达赖喇嘛转世灵童登法位时贺送礼物。为德然巴旦巴顿珠（བདེ་རབ་པ་བསྟན་པ་དོན་གྲུབ།）应试《密集》，温寺僧人罗桑尼玛（དབེན་དགོན་པ་བློ་བཟང་ཉི་མ།）和益西丹增（ཡེ་ཤེས་བསྟན་འཛིན།）应试《胜乐》，列谢曲林巴罗桑顿珠（ལེགས་བཤད་ཆོས་གླིང་པ་བློ་བཟང་དོན་གྲུབ།）应试《四部医典》，夏鲁瓦仁钦堪巧（ཞ་ལུ་བ་རིན་ཆེན་མཁས་མཆོག）参考《时轮》的所有仪轨，巴谢巴尼玛坚赞（པ་ཤབ་ཉི་མ་རྒྱལ་མཚན།）参考《释量论四章》，古格巴罗桑扎西（གུ་གེ་བ་བློ་བཟང་བཀྲ་ཤིས།）参考《中观》，喀尔喀罗桑群培（ཁལ་ཁ་བློ་བཟང་ཆོས་འཕེལ།）应试《略注》，达摩瓦南杰丹增（སྟག་མོ་བ་རྣམ་རྒྱལ་བསྟན་འཛིན།）应试《释量论》，赐予了丰厚的奖品。

藏历土蛇年（1809 年）一月，为了第九世达赖喇嘛坐床典礼仪式的顺利完成，西藏地方政府派阿旺顿珠（ངག་དབང་དོན་གྲུབ།）为七世班禅额尔德尼献礼品，一月初十献了曼陀罗三所依和法衣等外，还给了 1150 两白银，班禅额尔德尼接受礼品后进行了赞见回礼并发愿诵回向文。为赞波诺门汗（བཙན་པོ་ནོ་མིན་ཧན།）活佛和旺钦诺门汗（དབང་ཆེན་ནོ་མིན་ཧན།）活佛的献礼进行了回礼和发愿。满足了两位活佛和众僧俗的愿望。四月十一日，哲布尊丹巴（རྗེ་བཙུན་དམ་པ།）的使者索色尕玛布勒特（གསོལ་ཟུར་སྐར་མ་སྤྲི་ལིག་ཐྲི།）等为班禅额尔德尼奉献了 1100 余两白银，也尽力给与了满意的回礼。派巴叶堪布、噶钦活佛罗桑白觉（བློ་བཟང་དཔལ་འབྱོར།）作为使者去清仁宗嘉庆皇帝的五十大寿之宴。坐夏期间，讲授了《菩提道次第略论》，并进行了持续几天的诵经。此时，赴清仁宗嘉庆皇帝五十大寿之宴的巴叶堪布带着给皇帝写的信函和礼品觐见皇上，信函的大致内容为：“希望皇上始终作为守护和支持宗喀巴大师所创的教派的核心支柱。”嘉央谢巴(འཇམ་དབྱངས་བཞད་པ།)班智达诺门汗活佛给班禅额尔德尼献了许多礼品,为之也进行了赞见回礼。这一年,经师派掌堂僧格勒坚赞(དགེ་ལེགས་རྒྱལ་མཚན།)去热振赤钦(ར་སྒྲེང་ཁྲི་ཆེན།)那里学习阎罗利者红黑、迥这黑习行派、胜乐灌顶、怒金刚法等一些特殊的法后为经师传授,除了胜乐法之外,经师都把这些特殊之法传给了七世班禅额尔德尼。另外还为驱除雪域众生所种下的恶果如疾病、饥荒等灾难,进行了祈福镶灾等的佛事活动,并为成功地驱除了种种灾难。

十一月份,接受了由穆纳堪布(མི་ནྭ་མཁན་པོ།)所献的诏书及附函礼物等。除了特殊情况外,几乎都参与了法筵、长净等佛事活动,并出家者受戒、灌顶朝拜等满足了僧俗群众的愿望。亲自监督了温寺僧人益西扎西(དབེན་དགོན་པ་ཡེ་ཤེས་བཀྲ་ཤིས།)、罗桑达杰(བློ་བཟང་དར་རྒྱས།)、伦珠群培(ལྷུན་གྲུབ་ཆོས་འཕེལ།)、伦珠诺布(ལྷུན་གྲུབ་ནོར་བུ།)等应试的《胜乐本续》、仲智巴瓦索罗桑尼玛(དྲུང་གྲས་པ་བ་སོ་བློ་བཟང་ཉི་མ།)应试的《诗经三章》《缘起赞》《妙音天女赞》写作等,达纳巴杰仲罗桑丹(རྟ་ནག་པ་རྗེ་དྲུང་བློ་བཟང་བསྟན།)、谢巴(བཞད་པ།)转世活佛益西丹增(ཡེ་ཤེས་བསྟན་འཛིན།)、赛康巴杰仲罗桑克珠(སེར་ཁང་པ་རྗེ་དྲུང་བློ་བཟང་མཁས་གྲུབ།)、贾康巴群则顿珠(རྒྱ་ཁམས་པ་ཆོས་མཛད་དོན་གྲུབ།)等应试的《释量论四章》,哲蚌寺的杰仲宗智群培(འབྲས་སྤུངས་པ་རྗེ་དྲུང་བརྩོན་འགྲུས་ཆོས་འཕེལ།)应试的整个《摄类》单元,日喀瓦噶钦罗桑顿珠(རི་མཁར་བ་དཀའ་ཆེན་བློ་བཟང་དོན་གྲུབ།)应试的《现观庄严论八部》,德然巴旦巴顿珠(བདེ་རབ་པ་བསྟན་པ་དོན་གྲུབ།)应试的《菩提道次第略论》及所有法行,达摩瓦丹增南杰(སྟག་མོ་བ་བསྟན་འཛིན་རྣམ་རྒྱལ།)应试的《中观》等并给与了相应的奖励。

铁马年(1810 年)二月四日,被邀至夏孜禅定院,在隆多云丹(ལུང་རྟོགས་ཡོན་ཏན།)引领下,冲卡布巴罗桑云丹(ཁྲོན་སྦུག་པ་བློ་བཟང་ཡོན་ཏན།)等主管人员手持各种熏香,从德央殿开始,在道路两旁僧队高颂佛理经典之精华正论。特别是在茶点期间,起坐对辩僧人嘉钦则巴罗桑列谢(རྒྱལ་ཆེན་རྗེ་པ་བློ་བཟང་ལེགས་བཤད།)和乃宁巴夏仲白丹次成(གནས་རྙིང་པ་ཞབས་དྲུང་དཔལ་ལྡན་ཚུལ་ཁྲིམས།)就关于《释量论》方面进行了辩论。用膳期间,冲卡布巴尼玛坚赞(ཁྲོན་སྨུག་པ་དཀའ་ཆེན་ཉི་མ་རྒྱལ་མཚན།)和嘉钦则巴噶钦格勒亚培(རྒྱལ་ཆེན་རྗེ་པ་དཀའ་ཆེན་དགེ་ལེགས་ཡར་འཕེལ།)对般若内容进行了辩论。对上述起坐对辩僧人们各赐护身结和上品哈达阿西巴代(ཨ་ཤེའི་སྤ་དར།)。七世班禅额尔德尼个人和整个寺院为佛法弘扬祈福,并为孜雪赐予酬金,为仆人赐予相应的礼品。之后为按理论著作分类的各个年级设宴款待。在第九世达赖喇嘛一行人的见证下,理王冲卡布巴噶钦格勒坚赞(ཁྲོན་སྨུག་པ་དཀའ་ཆེན་དགེ་ལེགས་རྒྱལ་མཚན།)担任立论者,吞巴噶钦益西坚赞答辩(ཐོན་པ་དཀའ་ཆེན་ཡེ་ཤེས་རྒྱལ་མཚན།)《俱舍论》,乃宁巴噶钦益西格勒(གནས་རྙིང་པ་དཀའ་ཆེན་ཡེ་ཤེས་དགེ་ལེགས།),拉多巴噶钦贡确坚赞(ལ་སྟོད་པ་དཀའ་ཆེན་དཀོན་མཆོག་རྒྱལ་མཚན།)辩《中观论》、嘉钦则巴噶钦益西坚赞(རྒྱལ་ཆེན་རྗེ་པ་དཀའ་ཆེན་ཡེ་ཤེས་རྒྱལ་མཚན།)辩《现观庄严论》、珞巴活佛罗桑丹尖群培(སྟོ་པ་སྤྲུ་སྐྱེ་བློ་བཟང་བསྟན་རྒྱན་ཆོས་འཕེལ།)辩《无分别论》,乃宁巴降巴次成(གནས་རྙིང་པ་བྱམས་པ་ཚུལ་ཁྲིམས།)辩《摄类学》,给以上辩论者赐予护身结和上品哈达。去护法神王殿向六臂护法、天女、梵天等敬献哈达、护身结、剑等并进行了祈祷。向拉基和勒参巴赐予礼品,为寺院赐予红色的绸缎幡作为寺院公积基金。七日为夏孜仁钦巴(རིགས་ཆེན་པ།)的 26 人所参加的《因明论》考试赐予哈达和茶、酥油等丰厚的礼品。

此时,赐予的巴仁王(སྤ་རིན་ཡང་།)格屯罗桑格勒丹增(བློ་བཟང་དགེ་ལེགས་བསྟན་འཛིན།)丰厚的奖品,传授百根米扎灌顶法(མི་ཏྲ་བརྒྱ་རྩའི་དབང་།),首先由五十位活佛讲经,传授《妙音天女灌顶法》,主要进行了在观世音菩萨的化身达赖喇嘛的灌顶时,七世班禅额尔德尼和其两位主要弟子着盛装。最后为众僧俗开示《长寿经》《度灌顶法》《胜乐时轮》等的灌顶。五月五日,受膳食堪布之邀至利乐殿设宴并给孜雪钱财。赐予近侍堪布、孜聂(རྩེ་གཉེར།)杰仲等德拉顿(རྩེ་ལྷ་དོན།)礼品。七月份赤钦诺门汗邀请七世班禅额尔德尼并用大量钱供养进行了发愿回向文,赞见回礼。前后进行了表扬和受比丘戒等满足了所有的愿望。坐夏期间,在掌堂师谢巴(བཤད་པ།)的请求下为众僧讲经,为与时轮的加持,传授了经文多日。八月十五日,巴叶(སྦ་ཡེར།)堪布噶钦罗桑班觉(དཀའ་ཆེན་བློ་བཟང་དཔལ་འབྱོར།)觐见清仁宗嘉庆大皇帝后平安归来,把清仁宗嘉庆皇帝所赐的诏书和各种礼品献于班禅额尔德尼,他也幸喜而恭敬地接受了诏书和礼品。参拜了其经师进行的长寿洗礼仪轨。并多次派近侍白丹次成(དཔལ་ལྡན་ཚུལ་ཁྲིམས།)到白冷山间发放布施。为了佛教众生的平安,在各寺院诵《甘珠尔》和《丹珠尔》等经文,并对念经的数量进行统计,对护法神进行了酬补,供施灵气,为三所依进行大量供养,受比丘戒,并受灌顶等满足了众多僧俗的需求。并为温寺僧人巴伦珠尼玛(དབེན་དགོན་པ་ལྷུན་གྲུབ་ཉི་མ།)和益西次成(ཡེ་ཤེས་ཚུལ་ཁྲིམས།)应试了《胜乐本续》,罗桑索巴(བློ་བཟང་བཟོད་པ།)应试了《菩提道次第论》,萨德尖巴罗桑次成(ས་བདེ་ཅན་པ་བློ་བཟང་ཚུལ་ཁྲིམས།)应试了《般若八部》,仲孜曲德瓦阿旺曲丹(འབྲོང་རྩེ་ཆོས་སྡེ་བ་ངག་དབང་ཆོས་ལྡན།)应试了《时轮释续》和《修法》,谢巴益西达瓦(བཤད་པ་ཡེ་ཤེས་ཟླ་བ།)应试了《解脱道注疏》,达纳巴(རྟ་ནག་པ།)活佛白丹次成(དཔལ་ལྡན་ཚུལ་ཁྲིམས།)和白特巴罗桑坚赞(དཔེ་ཐུབ་པ་བློ་བཟང་རྒྱལ་མཚན།)应试了《释量论四章》,对他们赐予了满意的礼品。

铁羊年(1811 年),扎萨(ཛ་སག)活佛赤列群培(འཕྲིན་ལས་ཆོས་འཕེལ།)赠予大殿内一部《般若经》和一尊尊胜佛母。二月份为罗桑云丹(བློ་བཟང་ཡོན་ཏན།)所献的酬金赐予回礼。被邀至以罗桑格桑为主的僧队手持熏香,高颂佛经的闻思善言宝洲。起坐对辩者诺布甘丹巴噶钦南杰尊智(ནོར་བུ་དགའ་ལྡན་པ་དཀའ་ཆེན་རྣམ་རྒྱལ་བརྩོན་འགྲུས།)和坚龙巴噶钦益西扎西（གཅེན་ལུང་པ་དཀའ་ཆེན་ཡེ་ཤེས་བཀྲ་ཤིས།）进行《释量论》方面的辩论。用膳时仲孜巴噶钦强巴塔青（འདྲོང་རྩེ་པ་དཀའ་ཆེན་བྱམས་པ་མཐར་ཕྱིན།）和章毛切瓦噶钦南杰顿珠（གྲངས་མོ་ཆེ་བ་དཀའ་ཆེན་རྣམ་རྒྱལ་དོན་གྲུབ།）进行了辩论，以上四位起坐对辩者赐予护身结和上品哈达，为经院的各个年级的僧众讲授了丰富的佛法理论。此时，坚龙巴噶钦益西扎西（གཅེན་ལུང་པ་དཀའ་ཆེན་ཡེ་ཤེས་བཀྲ་ཤིས།）背诵《中观》时，七世班禅额尔德尼问他"依凭照见与阐扬"等内容，噶钦回答说这是宗喀巴大师所讲的理论。此时，噶钦担忧"彻见传授缘起者"用梵文如何讲解时，班禅额尔德尼立刻跟他说："这没什么大碍，这是经师金刚持所带领的僧院所具有的独特传统。"噶钦对七世班禅额尔德尼立即产生了敬仰并认为他是遍知者。众僧也听到该说法后产生了敬信。在七世班禅额尔德尼等的见证下，教理论者格西赛浪巴噶钦罗桑坚赞（གསེར་གླིང་པ་དཀའ་ཆེན་བློ་བཟང་རྒྱལ་མཚན།）担任原立者，仲孜巴罗桑桑木丹（འདྲོང་རྩེ་བ་བློ་བཟང་བསམ་གཏན།）辩摄类学，坚龙巴次成坚赞（གཅེན་ལུང་པ་ཚུལ་ཁྲིམས་རྒྱལ་མཚན།）、哈尔东巴杰仲罗桑金巴（ཧར་གདོང་པ་རྗེ་དྲུང་བློ་བཟང་སྦྱིན་པ།）、谢巴益西达瓦（བཤད་པ་ཡེ་ཤེས་ཟླ་བ།）3 人负责辩释量论，伦布孜巴噶钦嘉木样尊智（ལྷུན་པོ་རྩེ་པ་དཀའ་ཆེན་འཇམ་དབྱངས་བརྩོན་འགྲུས།）辩《中观》，荣巴噶钦罗桑坚赞（རོང་པ་དཀའ་ཆེན་བློ་བཟང་རྒྱལ་མཚན།）辩《律宗论》，格丹热布杰巴噶钦罗桑群培（དགའ་ལྡན་རབ་རྒྱས་པ་དཀའ་ཆེན་བློ་བཟང་ཆོས་འཕེལ།）辩《俱舍论》，坚龙巴噶钦才仁旺布（གཅེན་ལུང་པ་དཀའ་ཆེན་ཚེ་རིང་དབང་པོ།）辩《现观庄严论》，他们作为对手论者与原理者进行精彩的辩论。对这些辩论者每人赐予护身结和哈达。七世班禅额尔德尼个人和整个寺院为佛法的弘扬祈福并赐予大量的酬金并为寺院公积基金赐予绸缎幡。三月，获悉经师诺门汗的所患的象皮病加重后立刻派医生夏嘎巴（ཞ་དཀར་བ།）和懂囊（གདུང་ནང་།）的父亲带慰问品前去探望。最后听说经师的象皮病所能缓解的方法之后，建议去温泉治疗并赐予主仆的所需的乘骑的马和骡子，驮运的骆驼和驴。同时，授予《长寿灌顶》，洗礼并尽心慰问和谈话。坐夏期间，为众僧讲显密经论之精华，先贤的事迹，印、藏学者的理论精髓，法王宗喀巴大师的佛学理论诀窍，达莫班智达（ཏྲ་མ་བཎྜི）师徒的教承，以及众信徒能够尽快获得佛果的经文。嘱咐年轻的僧人要遵守寺院的教规，潜心学习法相理论。这一年，清仁宗嘉庆皇帝经堪布又赐予了许多赏赐品。另外，为僧海赐予新铸两个斋僧大锅的金银材料及熏香，密宗院和甘珠巴两个学院各赐一个新铸斋僧大锅的金银材料，其余部分赐予 1450 驮作为寺院公积金并为负责铸造的人员赐予酬金。同时，满足了广大信众授予比丘，灌顶、摸顶等的愿望。为温寺伦珠丹达（དབེན་དགོན་པ་ལྷུན་གྲུབ་བསྟན་དར།）和格勒加措（དགེ་ལེགས་རྒྱ་མཚོ།）应试了《胜乐本续》，列林巴罗桑亚培（ལེགས་གླིང་པ་བློ་བཟང་ཡར་འཕེལ།）应试了《现观庄严论》中的八部，西尼巴（གཞི་གནས་པ།）活佛罗桑拉布杰（བློ་བཟང་ལྷུར་རྒྱལ།）应试整个摄类单元，按原规矩赐予了满意的礼品。

藏历水猴年（1812 年）二月，为了佛法永存，七世班禅额尔德尼嘱咐昂仁宗琼龙寺常设酬补一份，每年择吉日在扎桑山上由 8 个学院的僧众念经，镇压魔魅和厉鬼，并赐予了供养酬补的经费。印刷了 10 万副尊胜佛母像，1 万副文殊菩萨像。要求每年都供养达日尊者（ཟླ་རི་རྗེ་བོ།），并赐予供养所需的经费。坐夏期间，为僧众给叶装母（ལོ་གྱོན་མ།）、花鹏鸟（ཁྱུང་ཁྲ།）、黑鹏鸟（ཁྱུང་ནག）与金刚杵、金刚降伏（རྣམ་འཇོམས།）等的加持，洗礼，经文的传承等。在经师的门下所授的加持、洗礼等回赐了丰厚的酬金。各种佛宴、授比丘、灌顶、加持等照前进行。为查荣鼐的儿子才旺拉丹（ཚེ་དབང་རབ་བརྟན།）参考了《四部医典》、曲阔伦布巴旦巴坚赞（ཆོས་འཁོར་ལྷུན་པོ་བ་བསྟན་པ་རྒྱལ་མཚན།）应试了《慈氏五论》，温寺僧人益西班觉（དབེན་དགོན་པ་ཡེ་ཤེས་དཔལ་འབྱོར།）

应试了《胜乐本续》、乃宁巴降巴次成（གནས་རྙིང་པ་བྱམས་པ་ཚུལ་ཁྲིམས།）和白特巴罗桑扎西（དཔེ་ཐུབ་པ་བློ་བཟང་བཀྲ་ཤིས།）两人应试了《释量论》四章，拉莫杰仲罗桑坚赞（ལ་མོ་རྗེ་དྲུང་བློ་བཟང་རྒྱལ་མཚན།）应试了整部摄类学，依例赐予了礼品。供施三所依、布施僧众、布施贫民等继续发扬了佛家慈悲的传统。

藏历水鸡年（1813 年）一月二十日，哲布尊丹巴的管家达翰诺云和侍宾索南布勒特（བསོད་ནམས་འཕེལ་ལེགས་ཐུ།）带着信函和 1000 两白银前来拜见七世班禅额尔德尼，为他们摸顶，加持祝福，皆问候回信。坐夏期间，受掌堂师之邀，为僧众传授《现观庄严论》《中观》和《俱舍论》等的传承，给予加持。八月八日私访期间，侍浴、供施、敬神哈达的同时也为各护法祈祷保佑、敬神哈达，尤其对一些要求特殊的护法用银盘供品施食。此时，得知经师大金刚持患有腰痛病之后，立即派夏嘎巴医生和父亲带着慰问品前去慰问。九月，欢喜而恭敬地接受了清仁宗嘉庆皇帝所赐的诏书和赏赐品。以上的事迹可以总结为如下：

新的一年到来之时，
供吉祥天母之圣物，
堪比漫天密布之云彩，
请托愁补礼赞震大地。
吉兆恭迎新年之甘露，
狂送新年礼物之众神。
格外喜悦而尽情呐喊，
为虔信大称法之弟子。
赐予灌顶及生圆次第，
亦赐经教传承来摄益。

尤其为珍宝般的徒众，
浊世短寿一世获三身。
获得佛果捷径之精华，
宣扬无上大乘之佛法。
为认大圣世间自在佛，
达赖喇嘛绛白嘉措之。
转世灵童动身赴拉萨，
堪比天上繁星之众生。
初见如此相好之面庞，
双手合十贴胸示敬意，
即可默念其名来祈请。
汉藏贵族尊贵之气及，
怙主无边的智见之下。
转世灵童认定之喜讯，
传遍整个贡塘之地区。
三宝达赖喇嘛集成之，
众生及其坛城之遍主。
三恩上师绛白嘉措，
此尊视作顶饰常敬之。
智悲力量犹如光芒者，
遍知一切佛之法。
视如顶饰般修习之，
使得世间众生获幸福。
对其功绩怀有不满者，
瞬间被其功绩败而归。
忽视自身大山般缺点，

却计较他人之过者。
定会自灭害他两俱伤。
噶当教派传人仲顿之，
噶当热振寺院之上空。
白色祥云飘飘如哈达，
飘至寺院厨房一角时。
迎接法主到来之吉兆。
参观热振法王之处时，
林间亲见智慧空行母。
觉沃钦波赐予其坐骑，
袈裟之角擦拭干枯树。
称树未到干枯之时后，
瞬间生根发芽获新生。
与众共享柏树之甘露，
供施三所依布施僧众。
特在智慧空行母之宫，
举行盛大供养之活动。
前往文殊圣地甘丹寺，
供施大师灵塔布施僧。
满足众多僧俗之愿望，
登上甘丹宝座传法时。
宛如第二佛祖再归来，
参观寺院时指明一臂大威德。
拉莫护法阿字等天然像，
使得众生产生虔信之心。
贤正善良三俱之大师，

使持戒者享梵行之乐。
集聚三学三圣道及见行修，
弘扬了黄帽系之教派。
佛洲之中的法王您，
前来佛法之源之经院。
为学习佛法之众僧，
传授了浩大之佛法。
参观众多辩经能人云集之地，
为让经师治病疗养，
赐予种种需求来满足。
等以上是中间休息之颂。

第九世达赖喇嘛因需要七世班禅额尔德尼为其授沙弥戒①，故派孜仲夏杰仲和噶仲噶西（བཀའ་དྲུང་དཀའ་བཞི）两位公子带着信函和礼品前来迎请，七世班禅额尔德尼也一一问候了迎请人员。此时，得知经师金刚持的病时而见好时而加重的情况后，派班丹崔成（དཔལ་ལྡན་ཚུལ་ཁྲིམས）带着信函前去慰问，信中说："我授皇帝之命需要去拉萨为九世达赖喇嘛授沙弥戒，此事乃我教重要之事，此行是否顺利？有何灾难？得知经师您的病见好转，我的职责是为第二佛祖的事业而服务，因此恳请经师为我此行的一切平安而祈祷。"经师回信说："教主您此行为九世达赖喇嘛授沙弥戒若有妖魔阻碍您，需要念《甘珠尔》、一万个《白伞经》和《度母经》《战灵器》《酬补呙神》（སྐུ་རིག）等经文。仁布切您会一切顺利，我年事已高，就算死也要把您的一切灾难带着走。"把这些佛事都做完之后，九月九

① 沙弥律仪。本从圆备能生沙弥律仪之因而得，承认乃命终永断沙弥律仪所断十相违品之出离戒。

日向拉萨出发。十七日,在九世达赖喇嘛的寝殿里,师徒相聚,两人互碰额头问候之后,坐回各自的席位,围廊里设宴庆祝。

二十二日,佛祖天降的吉日,在大昭寺释迦牟尼佛像前,由七世班禅额尔德尼担任堪布,甘丹赤钦经师阿旺年扎(དགའ་ལྡན་ཁྲི་ཆེན་ཡོངས་འཛིན་ངག་དབང་སྙན་གྲགས།)担任规范师,夏巴法王降曲群培(ཤར་པ་ཆོས་རྗེ་བྱང་ཆུབ་ཆོས་འཕེལ།)担任告明者。在摄政第穆诺门汗等十多位持律者的见证下,为达赖喇嘛罗桑旦白迥乃阿旺隆朵嘉措(རྗེ་བཙུན་བློ་བཟང་བསྟན་པའི་འབྱུང་གནས་ངག་དབང་ལུང་རྟོགས་རྒྱ་མཚོ།)授予沙弥戒,同时传授赞佛神力经的传承,从此达赖喇嘛登上了众生之救主之位。

达赖喇嘛也为七世班禅额尔德尼敬献上乘哈达、金曼陀罗、银法轮、银饰海螺等作为初步感谢礼物,并敬献了哈达、银曼陀罗、玉法器、国政七宝、四个汉银、五个绸缎等许多作为授予经文传承的酬劳。七世班禅额尔德尼也回赠了礼物。二十三日,地方政府在围廊里设宴款待师徒二人,并敬献哈达、曼陀罗、法衣、银法轮、银盘、钹、海螺、金元宝 15 个、汉银 121 个,哈达、布匹、水果等礼物。达赖喇嘛为敬献者和辩论人员摸顶、赐予上品哈达。达赖喇嘛在奏折中向清仁宗嘉庆皇帝说:“班禅额尔德尼已在大昭寺释迦牟尼佛像前为我授沙弥戒,这一切源自皇上您的恩赐,现将小活佛我的一点心意献给皇上。”二十五日,七世班禅额尔德尼邀请达赖喇嘛至围廊的宴会上,并献于上乘哈达,曼陀罗、法衣、银法轮、国政七宝、象牙、一副钹、金元宝 15 个、汉银 151 个,布匹等贵重礼品。为驻藏大臣、摄政、经师等人也送了相应的礼品。色拉、哲蚌、甘丹寺等为主的各寺院也为师徒二人敬献了礼品。师徒二人丹林、全体内臣、桑珠殿共餐。拉孜曲德巴进行了上座方面的佛事,卫藏措钦(དབུ་གཙང་ཚོ་ཆེན།)和擦汗诺门汗等活佛敬献礼品的同时请求授予《香巴拉祈愿经》的传承。在达赖喇嘛请求下,为地方政府的官员授予

《长寿灌顶》，为众僧俗授予了《喜金刚大威德十三神》的灌顶，为此也献了大量的酬金。智登金塔（སྐུ་བསྟུན་གསེར་གདུང་དགེ་ལེགས་གཟི་འབར།）前进行千供[1]，其余的佛像前共同进行一个千供并为各主圣敬献了四弓长的五彩哈达。尤其是在智登金塔前放置曼陀罗、侍浴、供施，并长时间赤脚磕长头。为帕巴拉（འཕགས་པ་ལྷ།）和希瓦拉、江热活佛（ཞི་བ་ལྷ།　ལྕང་ར།）等 24 位僧人授予沙弥戒，为帕巴拉活佛等 29 位修行者授比丘戒。

十一日，西藏地方政府为七世班禅额尔德尼举行了尊胜佛母仪轨等念经祝寿[2]的活动，同时也敬献了大量的财物。七世班禅额尔德尼接受了礼物并摸顶[3]赐福。为色拉麦活佛（སེ་ར་སྨད་སྤྲུལ་སྐུ།）等 54 名活佛授予了比丘戒。十二日，在围廊里为上下密院[4]等一万余名僧俗群众进行了摸顶。十四日，为哲蚌寺的僧人进行了摸顶。第二天由七世班禅额尔德尼的拉章[5]为第八世达赖喇嘛进行了长寿永生之祈祷，并赐予大量的礼品。之后师徒二人去坛城中心，为释迦牟尼佛等三所依致赞颂词、开光及祈祷。此后与众僧共餐，用餐之后前往白拉山（དཔལ་ལྷའི་རི་རབ།）观看驱鬼食子[6]之仪式，期间邀请达赖喇嘛至德瓦坚寝宫（གཟིམ་ཆུང་བདེ་བ་ཅན།），为其赐予了油炸面点[7]和礼品，并也为摄政的随从赐予了油炸面点。驱鬼食子仪式结束后，七世班禅额尔德尼和八世达赖喇嘛师徒二人为空行母进行了赞颂、酬补以及敬献神饮供水，为其慈猛两相敬献了哈达。此

① 花、香、灯、水，食各满千数的供品。

② 祈福禳灾的宗教法事。

③ 以手抚摸他人头顶作为加持赐福。

④ 宗喀巴弟子西饶僧格 1433 年在拉萨所创密宗院为下密院，其弟子贡嘎顿珠 1474 年所创密宗院为上密院。均为弘扬格鲁派密法之地。

⑤ 大活佛居室。因经济势力不同，乃有大小之分。

⑥ 驱鬼时所抛朵马。

⑦ 藏族举行庆祝典礼时散发的油炸面点。

时，帕巴拉活佛和寂天（ཞི་བ་ལྷ།）活佛、江热活佛等 3 位活佛前来寝宫祝寿，尚为他们进行了回礼。上下密院也为七世班禅额尔德尼和九世达赖喇嘛师徒二人敬献了诸多礼品。

十七日，西藏地方政府迎请七世班禅额尔德尼参加围廊①之宴会，接受了他们敬献的曼札②三所依等大量的返程礼物。第二天，为色拉寺的僧人举行了摸顶仪式。为了返回后藏占吉日③的同时，七世班禅额尔德尼前往小昭寺礼佛，并为达赖喇嘛授比丘戒，为汉、藏、蒙僧俗群众授灌顶法和经文传承等，而且丝毫没有忧劳之境。完成了弘扬佛法之事后，于十月十二日返回了扎什伦布寺。启程之前，七世班禅额尔德尼和九世达赖喇嘛师徒二人在甘丹央孜寝宫（གཟིམ་ཆུང་དགའ་ལྡན་ཡང་རྩེ།）会晤并交谈。九世达赖喇嘛对七世班禅额尔德尼极为尊敬和信仰，并提出了自己有与班禅额尔德尼一同去后藏的想法，为此班禅额尔德尼请求说：“此年和我一同前去有所不妥，明年我还会来拉萨看望您！”并赐一条上乘哈达、3 个汉式银元宝以及 3 匹缎子等礼物，祈祷达赖喇嘛能够长寿安康，嘱咐其要在闻思修方面更加刻苦努力，保证不久的将来师徒还能再次相聚。看到七世班禅额尔德尼如此坚定，九世达赖喇嘛也为其师父祈愿。师徒二人互碰额头，尤其是弟子九世达赖喇嘛对着其上师七世班禅额尔德尼的胸膛双手合十的情景使在场的人们悲喜交加。为此，七世班禅额尔德尼说道：“达赖喇嘛对我如此的敬重，才会想要和我一同去后藏，所以我说明年一定再来拉萨看望您等，用了很多办法才劝说住达赖喇嘛（前去后藏的想法）。”

---

① 走廊围成的院落。

② 佛教所用供品之一，又名坛城。

③ 藏族须于某日举办某事，而时日恰逢凶日时，则提前一天择一吉日，预作举办状，以破除不详。

七世班禅额尔德尼一行人启程后，路途经过堆龙岗（སྟོད་ལུང་སྒང་།）并在此住宿一晚，为送行的噶伦[①]们和普觉活佛等人进行摸顶并赐予礼品。之后，在江麦（ལྕང་སྨད།）住宿时，为两位驻藏大臣、丹林扎萨（བསྟན་གླིང་ཛ་སག）以及噶伦苏康巴（བཀའ་བློན་ཟུར་ཁང་པ།）等送行人员也进行了摸顶、赐福。为达赖喇嘛所派遣的问候使者甘巴夏麦（ཤར་སྨད།）和巴岱（དཔལ་དེ།）也赐予了口头回信和礼物。之后继续赶路，八日抵达扎什伦布寺。十日，被周边的僧俗迎请至大殿的宴会上，并献了许多礼物。为从萨迦（ས་སྐྱ།）地方来的送礼人员给予摸顶赐福并回送了礼物。为乃先达本帕拉（སྣེ་ཤན་མདའ་དཔོན་ཕ་ལྷ།）、孜谆仲夏杰仲（རྩེ་མགྲོན་གྲོང་ཤར་རྗེ་དྲུང་།）等赐复回文及礼物。在聪堆（ཚོང་འདུས།），正在生病的经师派人前来问候班禅额尔德尼，班禅详细询问经师的病情，得知病情有所缓解时，对来者进行了赏赐。七世班禅额尔德尼为经师的病情好转甚为喜悦，并表示要为经师能够早日康复而祈福。此年，塔尔寺前任堪布旦白赛谢额尔德尼麦卡纳呼托图（སྐུ་འབུམ་མཁན་ཟུར་བསྟན་པའི་གསལ་བྱེད་ཨེར་ཏེ་ནི་མེ་ཏུ་ཐོག་ཐུ།）前来为班禅额尔德尼祝寿并敬献有1120两白银，为其念颂回向文[②]，复赐礼品。为来自青海地区的扎萨郭奇第强多杰（ཛ་སག་ཀོལ་ཆི་དའི་ཆིང་རྡོ་རྗེ།）的公子旺青顿珠（དབང་ཆེན་དོན་གྲུབ།）以及他夫人所献的财物进行了相应的回礼。对拉孜曲德巴益西旺秀（ལྷ་རྩེ་ཆོས་སྡེ་བ་ཡེ་ཤེས་དབང་ཕྱུག）应试《菩提道次第广论—溶金版》[③]；班禅额尔德尼·索扎（པན་ཆེན་བསོད་གྲགས།）应试《律宗论》[④]、《俱舍论》[⑤]、《现观庄严论》[⑥]、

① 原西藏地方官职名，是协助摄政或达赖喇嘛管理藏事的人员。

② 上师亲口所诵发愿回向之文。

③ 宗喀巴所著广、中、略本《菩提道次第广论》之略称。

④ 律经，义译为灭，阐述八事，以灭三业罪过，故名为律。

⑤ 全名《阿毗达磨俱舍论》。五世纪中，印度佛学家世亲所著。全书分为八品，共八卷。

⑥ 弥勒所著五论之一。全书分一切种智、道智、一切智、一切正等现观、顶现观、次第现观、刹那正等现观和法身等八品。

《入中论》①；温寺僧人益西白丹（དབེན་དགོན་པ་ཡེ་ཤེས་དཔལ་ལྡན།）应试《胜乐本续》；仲孜巴罗桑丹增（འབྲོང་རྩེ་པ་བློ་བཟང་བསྟན་འཛིན།）和夏鲁巴任青群培（ཞྭ་ལུ་བ་རིན་ཆེན་ཆོས་འཕེལ།）应试《时轮摄略经》；坚龙巴云丹达杰（གཅེན་ལུང་པ་ཡོན་ཏན་དར་རྒྱས།）应试《现观庄严论》等并为他们赐予礼物。此年，为大昭寺的释迦牟尼佛像敬献5种上好的上乘哈达、银曼札、黄色祖衣、禅杖、盛满谷物的钵、五种珍宝等供养三所依。七世班禅额尔德尼为色拉、甘丹、哲蚌、热振、普角、浪卡等大寺院赐予了七日斋僧茶、每位僧人赐予了5钱银子，为其他各教派的寺院也赐予了5日斋僧茶、每位僧人赐予了5钱银子。

藏历木狗年（1814年），照常举行了元旦食子②、大祈愿法会以及进行了各种有益的活动。当大堪布诺门汗的转世灵童前来听法时，向七世班禅额尔德尼敬献了丰盛的礼品。七世班禅额尔德尼为其进行了发愿回向和回礼，并授予灌顶使其满载而归，临行前又赐予了物品及教诲。二月二十四日，赴卧益桑次（འོད་ཡུག་ཟམ་མཚོ།）地方沐浴，享用神泉水。在塔巧岭（ཐེག་མཆོག་གླིང་།）地方央尼巴（གཡང་གཉེར་པ།）和苏康德穷巴（ཟུར་ཁང་སྡེ་ཆུང་པ།）为七世班禅额尔德尼设宴款待，并敬献礼品以及为僧人发放了布施。在南木林加纳（རྣམ་གླིང་ལྕགས་སྙེ།）地方噶曲（དགའ་ཆོས།）僧众团体迎请为首座，并敬献了礼品；德然（བདེ་རབ།）僧众团体也献了油炸面点及礼品，七世班禅额尔德尼为上述人员一一赐予了回礼和布施品。敬品修法3次结束后，为西藏地方政府的慰问人员等赐予礼品和回信。然丁（རམ་སྡིངས།）僧众和扎嘎（བྲག་དཀར།）僧众前来祝寿，也为彼等进行了回礼和布施。

十八日，从恰卡（ཆབ་ཁ།）启程至扎什伦布寺，路经托西（ཐོབ་གཞིས།）时，在此住了3日，为其舅舅次旺（ཚེ་དབང་།）举办了宴会并赐

① 《入中论》，五部大论中，论述甚深空性的经典。

② 原西藏地方政府和各寺院于每年正月初一日清晨奉献给吉祥天母的食子。

予了供养之物，同时噶热聂巴（དག་རབ་གཉེར་པ།）也敬献了油炸面点和供养物品，七世班禅额尔德尼也对他们进行了满意的回礼。

晦日，七世班禅额尔德尼在日光聚焦殿设宴，大密咒师谢阿乃（སྔགས་ཆེ་ཞལ་སྔ་ནས།）和罗桑丹增班觉（བློ་བཟང་བསྟན་འཛིན་དཔལ་འབྱོར།）为其做了曼札祈祷，同时接受了赤列巴钦布（འཕྲིན་ལས་པ་ཆེན་པོ།）所献的礼物。为经师仁布切和旺青诺门汗等诸多僧俗群众摸顶，也为其前去沐浴时担任的知客代本穆佳（སྨི་ཤན་མདའ་དཔོན།）赐予礼物。氐宿月①里，协噶（ཤེལ་དཀར།）僧团来寝殿祝寿，七世班禅额尔德尼为他们摸顶、回礼，还赐予一对上等布料制作的柱幡、一对铙钹作为寺院公有财物，并赐予本人一件袈裟作为依止物，并用一块儿盖有班禅额尔德尼玉玺的黄布包起后赐予谢噶寺院。坐夏期间，在掌堂师德央（བདེ་ཡངས་པ།）的请求下，七世班禅额尔德尼授予《大威德十三神》的灌顶加行、白度母如意轮的加持和经文传承等。为修建帕巴香庚（འཕགས་པ་ཤིང་ཀུན།）白塔而捐赠了 5 个汉式马蹄银（རྒྱ་རྟ་རྨིག），恭敬而欣喜地接受了堪囊②所带来的诏书及附函礼物。此时，七世班禅额尔德尼为经师去吉卡（སྐྱིད་མཁར།）圣泉沐浴提供了骡子、骆驼和驴等所需物外，还赐予大量的礼品，并为经师祈祷早日康复。七世班禅额尔德尼除冬夏期间的闭关照常进行外，还给弟子们授比丘戒以及灌顶等，满足了弟子们各自的愿望。为杰康巴罗桑丹增（རྒྱ་ཁམས་པ་བློ་བཟང་བསྟན་འཛིན།）、吞巴丹巴群培（ཐོན་པ་བསྟན་པ་ཆོས་འཕེལ།）应试《释量论》③四章；喀尔喀金巴罗培（ཁལ་ཁ་སྦྱིན་པ་བློ་འཕེལ།）应试《摄类学》；夏鲁巴仁钦伦珠（ཞ་ལུ་པ་རིན་ཆེན་ལྷུན་གྲུབ།）应试《朵央》（རྡོར་དབྱིངས།）仪轨；温寺

① 藏历四月氐宿月出现，故名氐宿月。相传释迦牟尼于藏历四月十五日降生、成道和圆寂，藏俗在此月中，宗教活动极为频繁。

② 原西藏地方政府派往边境负责守望的僧俗官吏。

③ 古印度佛学家法称所著广本量学，全书有自利、量成立、现前和他利等四品，是因明七论中属于立干的三本之一。

僧人罗桑次成（དཔོན་དགོན་པ་བློ་བཟང་ཚུལ་ཁྲིམས།）应试《胜乐本续》等皆赐予了礼物。此年，为众生的平安向三所依供施，供养僧众，为此先后大约花费了 3390 两白银。

藏历木猪年（1815 年），经师仁布切的病痊愈后抵达扎什伦布寺，并对至尊妈妈（རྗེ་བཙུན་ཨ་མ།）下达命令说："此年大怙主（即第九世达赖喇嘛）有一些大灾难，因此希望所有人为他祈福，我本人也会竭尽全力为他祈祷。你作为众弟子中的唯一对大怙主肩负的责任重大，此事甚为重要，因此望你能虔心为大怙主祈福。"此后，至尊妈妈也为大怙主的平安而敬献许多供养之物，并接受了回赐礼品。十五日，经师仁布切为班禅额尔德尼敬献了曼札三所依、金银、上等绸缎、上等氆氇等礼品，为了统领伟大的政教事业、众生的平安以及长寿安康，特迎请灌顶众神来授予大光明灌顶。中层人士请求七世班禅额尔德尼说："祈望变为吉祥如意，以善慧慈悲赐予具吉祥，佛至吉祥幸福永恒。"最后，七世班禅额尔德尼为遍知主众生救主大持金刚像敬献了绘有七金山①的念珠，此等的无畏化基寿相和威严等，授予大光明灌顶以赞颂和祈祷开始，并为祈愿所有的愿望能实现，念诵了金刚经。班禅额尔德尼也赐予了丰厚的回礼。

西藏地方政府在大祈愿法会上为达赖喇嘛诵经，并为七世班禅额尔德尼带来了信件及礼物，同时七世班禅额尔德尼也准备了为皇上上贡的上乘哈达、扎什伦布寺的合金铜佛像、噶举派的合金铜佛像等。二月中于根素南杰寝宫（ཀུན་གཟིགས་རྣམ་རྒྱལ་ཕོ་བྲང་།）为众人赐予文殊法轮的加持之时，七世班禅额尔德尼表现出心情烦躁的表情，极为异常。当场的侍从们和弟子们看到后，交头接耳讨论他

① 《阿毗达磨藏》中所说，自内而外逐层环绕须弥山周围的七重大山：担木山、持轴山、持双山、善见山、马耳山、持边山和象鼻山。

表现出如此异常的表情是否预示着尊者有何灾难或其他原因，使众人疑惑不解。诵经结束之后，在他的寝宫门口站着一位牵着棕色马的使者，他来告知第九世达赖喇嘛圆寂的消息。此时，人们坚信七世班禅额尔德尼就是遍知主。由第穆仁布切（དེ་མོ་རིན་པོ་ཆེ）向他禀报说："第九世达赖喇嘛在大祈愿法会之后，由于感冒引起身体不适，无论吃药治疗或做辅助治疗等各种法事都无济于事，故于十六日中午圆寂。"除了报丧外，也向班禅额尔德尼敬献了"为第九世达赖喇嘛的灵童早日转世的祈愿书"的信函及礼物，班禅额尔德尼也立马回赐慰问信和礼物。晚上，开始通知所有的僧人都不得戴法帽，同时下达了为僧众发放一章喀藏币的布施，为第九世达赖喇嘛的圆寂和其转世灵童能够早日出生而祈祷的诵经条令①。之后，以三个佛殿为主的各经堂用 5 种供品进行了两个千供和 5 个百供②，为各主圣佛敬献五彩哈达，与各侍读和护法殿人员一起，迎请班禅额尔德尼进行洗礼，并念诵《次道三品经》等，同时进行了认真而虔诚的祈祷，也为各护法神敬献了耳饰，进行对本尊的祈祷。除在密宗殿举行日常的仪轨外，还举行了密集仪轨，在大经堂内为第九世达赖喇嘛的转世灵童能够早日出生而进行了祈祷，并为所属的各寺院赐予物品。从此之后，为了能够早日出现转世灵童之吉兆，众僧侣重新戴上了法帽，并为各神殿的佛像进行千供以及为密宗殿的金刚手菩萨、胜乐和大威德等护法进行有关仪轨并敬献了所需财物。

二十五日，七世班禅额尔德尼派遣卓尼③罗桑饶丹前去祭拜灵

---

① 原西藏地方政府聚集僧众诵经时发布的有关佛事的内容、僧徒人数、物资支付等项，该有达赖喇嘛私章的命令。

② 在神像前罗列香、花、灯、水和食等五种供品各满 100 者为百供。

③ 卓尼，即知宾，内外接待宾客的人。

塔,赐予了为灵塔进行的千供以及5种上乘哈达等大量的礼物,同时赐予了两尊释迦牟尼佛像、甘丹金塔仁布切、吉祥光辉金塔(གསེར་གདུང་དགེ་ལེགས་གཟི་འབར།)等三所依所敬献的供品。为色拉、哲蚌、甘丹三寺以及朗杰札仓、丹杰林(བསྟན་རྒྱས་གླིང་།)等寺院赐予了4次斋僧茶和一章喀藏币等礼品,也为拉萨地区的各教派的寺院赐予了一次斋僧茶。

晦日,负责办理丧事者孜仲噶桑赤列(རྩེ་མགྲོན་སྐལ་བཟང་འཕྲིན་ལས།)请求七世班禅额尔德尼还愿礼佛,并为其敬献了礼品及回信。色拉、哲蚌、甘丹三大寺的活佛、执事①、僧众等向班禅额尔德尼敬献了关于"请求第九世达赖喇嘛早日转世的祈祷文"的信函及礼物,为此班禅额尔德尼回赐了各寺院祈祷文,并在回信中悉心的教导曰:"为吾雪域之共同的事业,现将完成此祈祷文,望尔等常念诵此文,尤其那些大的寺院应弘扬宗喀巴大师的佛法,应为转世灵童尽早出现而做各种佛事,吾于此也会为能够早日实现大家的意愿而祈祷。"刚过四十九天后,特派仲金巴带着逝者灵童转世祈愿书及礼品回复,丧事后,班禅额尔德尼在回信中说:"这里也在为第九世达赖喇嘛进行祈祷,我们应该以虔诚之心共同祈祷并努力做法事,第九世达赖喇嘛虽然未能完成普渡众生、弘扬佛法之心愿,但吾始终把此事牢记于心,时刻都为实现这一目标而努力。因此,我们应该继续努力完成第九世达赖喇嘛之意愿。"

十三日,按照赤列巴钦波(འཕྲིན་ལས་པ་ཆེན་པོ།)、索西、掌堂师等僧官、上中下等侍从以及日喀则所属的各宗②等僧俗群众的共同意愿,在以大密咒师谢阿乃为主的23所密宗院整日进行长寿仪轨,并迎请班禅额尔德尼至普照尊胜寝宫,敬献了丰盛的油炸面点,并

① 寺庙执事。

② 县级行政区或治所名。

安排辩论佛经。大密咒师谢阿乃为他进行了长寿永生的法事，为此他也念诵了金刚经。之后，赤列巴钦布敬献了曼札三所依和礼物。此后，班禅额尔德尼为僧俗群众赐予了护身结，尚为各代本①赐予了哈达，并为两位辩论人员代表皆赐予了奖励和礼品。七世班禅额尔德尼与经师协商后说：“此前的祈愿大法会除了第二天宣讲戒律外，第一天和第三天没有宣讲戒律这一惯例，但此次为了驱除佛法事业长久发展中的各种灾难和障碍，在大祈愿法会的第一天要进行驱除障碍的长净仪式；为了在弥勒佛②未出世期间，此地能够变为吉祥宝地，特要在第三天举行吉祥长净仪式。”经师认为此举非常有意义，七世班禅额尔德尼也参与了三天的长净仪式。以上亦是七世班禅额尔德尼时刻把弘扬佛法之事铭记于心的具体表现。

其次，规定大祈愿法会期间禁止饮酒。七世班禅额尔德尼说：“之前没有在寺院内禁酒的规定，所如今对此事稍有松懈，我难以相信竟会发生此等事情，所以我决定现在开始在寺院内禁酒，并把禁酒的规定继续延续下去。以后在贡觉林寝宫等地方住的时候，内寝侍从、近侍、寺院专派的侦察者们也要表里如一，不得有任何欺骗行为。此外，还有供奉菩萨者等俗人们也要禁酒，作为珍视护法之模范。”七世班禅额尔德尼说道：“有一段时间，寺院内的僧人穿圆头鞋的人（ལྷམ་ཁ་སྒྲུམ་ཅན།）逐渐增多，而且还发生了一些前去行茶③的青年僧徒在靴子底部钉有铁块儿。有一次去尼奥钦茂（ཉི་འོད་ཆེན་མོ།）做佛事时，在寝宫看见密咒④领诵师当钦巴（མདངས་ཆེན་པ།）穿

① 原西藏地方政府藏军军职。

② 慈尊，佛教所说的贤劫第五佛。

③ 旧时，在寺庙大殿为僧侣斟茶。

④ 以念诵咒语为禳灾祈福的宗教职业者。

着一双币子(ཀོ་ཙི་ཆེ།)式的牛皮靴子,我看着很别扭,于是告诉他不要穿此类鞋了,他说如今大家都在穿这种鞋子。所以米村的负责人应立刻禁止僧人穿此类鞋,如有违者必将驱逐出寺院。密咒领诵师告诉我说不应该如此忌讳此等俗事。有一次在尊胜寝宫时,我问领诵师有没有过午不食时,他回答说没有。我告诉他说我们不能这样,密宗院有丰盛的早餐,为何不进行过午不食呢?寺院内部条款里写有密宗院僧人的正常早餐是粥类,为何不实行过午不食?据说是密宗的僧人表面上遵守这些条款,实际上是不遵从这些规定。第二天,我观察依次进行修行活动,发现前面讲的和事实很吻合。于是立刻派聂仓巴班丹扎西(གཉེར་ཚང་པ་དཔལ་ལྡན་བཀྲ་ཤིས།)对地方寺院的僧侣制定许多条款,此后他们一定会认真执行照办。领诵师对我有恩,我每次见他时都会赐予一些酪糕和酥油,并让他示范做遍明之手印(ཀུན་རིག་གི་ཕྱག་རྒྱ།),之后我也就会做所有的遍明手印了,这些成就应归功于领诵师。”

六月四日,七世班禅额尔德尼为第穆仁布切升任摄政而赐予贺信及礼物。摄政第穆诺门汗等西藏地方政府官员和僧俗群众为七世班禅额尔德尼祝寿,特派侍寝官①把班禅额尔德尼迎请堪布格隆扎西(དགེ་སློང་བཀྲ་ཤིས།)到僧众前,堪布格隆扎西为他敬献曼札三所依、法衣器具、金、银、茶叶等大量礼品,并为在场的僧众进行了丰盛的布施,为此七世班禅额尔德尼也念诵了回向文并赐予回礼。第穆仁布切通过书信请求班禅额尔德尼早日认定第九世达赖喇嘛转世灵童,他做了如下回信:“如今这浊世②众生的福报极为衰败,而且大家都不守信誓,所以黑道魔鬼的神变能力极强,也无法预测未来的种种劫难。尽管这样,也需要为达赖喇嘛祈祷,各种善业福

① 为上层贵族管衣服起居等内部事务的侍寝官。

② 五浊恶世。劫末寿等渐变鄙恶,如渣滓故,名为浊世。

报法事以及礼佛供神等事情，若侍从能听从教导便能解开迷惑。我也会把此事时刻铭记于心，时时刻刻为三宝祈祷。”

十三日，七世班禅额尔德尼为第九世达赖喇嘛灵塔的建造捐献了一块 10 秤上等的马蹄金子，一块儿马蹄，28 包，5 块儿马蹄银，9 个索石（སོལ་རྡོ།）。赐予了鸭蛋大金翼白海螺一个以作装饰，绿松石、珍珠、珊瑚、琥珀、青金石等大量珍贵物，并派代穹巴（སྡེ་ཚང་པ།）作为指导建塔的顾问。坐夏期间，受掌堂师白特巴（དཔེ་ཐུབ་པ།）之邀，为僧众赐予纳塘加持（སྣར་ཐང་རྒྱ་རྩའི་རྗེ་གནང་།）和药师佛加持。此时，米纳堪布（མི་སྣ་མཁན་པོ།）带着清仁宗嘉庆皇帝赐予七世班禅额尔德尼的诏书和大量的礼品返回扎什伦布寺，清仁宗嘉庆皇帝还比往年多赐了额外礼品。此年的夏天和秋天，经师仁布切要去拉孜协钦（ལྷ་རྩེ་གཞིས་ཆེན།）沐浴，七世班禅额尔德尼为其敬献了许多孝敬礼物。经师秋天沐浴回来后，请求经师为其授寿元《长寿灌顶》及其秘法，为此经师赴山间修行时献丰盛的告别礼物，还向他讨教各种问题，经师也尽心指导，两人还互相念经祝寿，祈祷等，表现出贤者之举。十一月，七世班禅额尔德尼为达赖喇嘛的灵塔开光时准备了清册并专派人员前往开光典礼。嚓康诺门汗迎请班禅额尔德尼作为首座，并为他祝寿，敬献了丰盛的礼品，亦为僧众进行了布施。为此，班禅额尔德尼念诵了回向文，回礼，讲授了佛法及告别嘱咐。在定期朵马[1]期间为密宗院赐予斋僧茶，布施和索达，还赐了 141 件用珍贵布匹上乘丝缎绣的祖衣作为寺院公积金。另外为众多信徒剃度，授予比丘戒、灌顶、朝拜等满足了她们的需求。由曲阔伦布瓦曲丹增（ཆོས་འཁོར་ལྷུན་པོ་བ་ཆོས་བསྟན་འཛིན།）和曲坚赞（ཆོས་རྒྱལ་མཚན།）应试《慈氏五论》、乃宁巴降巴次成（གནས་རྙིང་པ་བྱམས་པ་ཚུལ་ཁྲིམས།）和冲卡

---

① 宗教活动中定期对某一鬼神所献供品。

布巴尼玛次成（ཁྲིན་སྨུག་པ་ཉི་མ་ཚུལ་ཁྲིམས།）应试《小注疏》四章，布隆活佛（འབི་ལུང་སྤྲུལ།）应试《简明注疏解脱道》（《རྣམ་བཤད་ཐར་ལམ་གསལ་བྱེད།》），古格巴活佛罗桑次成坚赞（གུ་གེ་པ་སྤྲུལ་སྐུ་བློ་བཟང་ཚུལ་ཁྲིམས་རྒྱལ་མཚན།）应试《至布注疏》四章，哲蚌巴罗桑尊智（འབྲས་སྤུངས་པ་བློ་བཟང་བརྩོན་འགྲུས།）和达姆瓦阿旺坚赞（སྟག་མོ་བ་ངག་དབང་རྒྱལ་མཚན།）应试《释量论四章》，噶然巴罗桑丹曲（དགའ་རབ་པ་བློ་བཟང་དམ་ཆོས།）应试《四部医典》，参加应试的僧人们赐予了丰盛的礼品。

火鼠年（1816 年）新年时，询问第九世达赖喇嘛转世灵童认定事情时，班禅额尔德尼说仍需要做相关的法事。此时，经师诺门汗为他授寿元《长寿灌顶》及其秘法期间，尽心侍奉经师，并赴山间净修小寺修行时献丰盛的告别礼物。十四日，前来处理喀尔喀哲布尊丹巴（ཁལ་ཁ་རྗེ་བཙུན་དམ་པ།）的丧事及转世活佛认定方面的官员迎请班禅额尔德尼至大殿，向其敬献了 1300 两白银，为此他念诵回向文、回礼。曲杰喇嘛索南次仁（ཆོས་རྗེ་བླ་མ་བསོད་ནམས་ཚེ་རིང་།），大喇嘛罗桑丹增（དྷ་བླ་མ་བློ་བཟང་བསྟན་འཛིན།），拨希曲杰堪布（པཀྴི་ཆོས་རྗེ་མཁན་པོ།），扎色第羌宏泰纪（ཛ་སག་དའི་ཆིང་ཧུང་ཐའི་ཇི།）等也为班禅额尔德尼献了不少银两，为他们进行了回礼，而且也赐予了所需之法及告别礼。还为前来寝殿敬献佛事的绒先钦巴（རོང་བྱམས་ཆེན་པ།）和参卓僧团（མཚན་སྒྲོག་འདུས་སྡེ།）赐回礼。在氐宿月里，派米纳堪布达姆瓦噶钦罗桑索巴（སྟག་མོ་བ་དཀའ་ཆེན་བློ་བཟང་བཟོད་པ།）带着问候信函及贡品参见皇上。信函的内容如下："皇上特派的将军官兵（ཅང་ཇུན་དཔོན་དམག）作为众生及佛法之救主，小活佛我及所有僧俗群众感谢皇上对众生以及宗喀巴大师的佛法事业的关怀。"七月二十日，萨勒（ཟལ་ཅང་ཇུན།）将军和驻藏大臣（ཤིས་ཨམ་བན།）向班禅额尔德尼传达皇上的旨意后，他通过将军和驻藏大臣向皇上奏道："得知皇上您和廓尔喀已经言和并安定了双方的边境，为安定藏族僧俗群众给予了高度关怀，为此我十分高兴，为了表达感激之情，特向皇上敬献哈达及两尊佛像。” 在掌堂师乃巴（དགེ་སྐོས་གནས་པ།）的请求下，在坐夏期间为僧众授觉派（ཇོ་ལུགས།）二十一度母、桑当那桌三主仆（སེང་ལྡེང་ནགས་སྒྲོལ་གཙོ་འཁོར་གསུམ།）的加持以及持续几天经文传承。因之前将军和驻藏大臣向廓尔喀王呈递令文的威严，照前呈献物品，“故我为了感谢而敬献礼物，如今您派将军和驻藏大臣前来告知您与廓尔喀已经和好的情况后，小活佛我等西天众生极为幸喜，由于皇上您是天下众生及黄帽系的佛法的支柱，才使大家可以安全地进行修习佛法。此恩情虽无以回报，但定为您的长寿永生和扩大江山而进行祈祷等。”并敬献了随函礼品呈递给将军和驻藏大臣请他们上奏给皇上。

此时，一位叫司大人（སུཧྲ་རིན།）的官员患了不治之症，正处于危难时，班禅额尔德尼赐御用圣水，不久后此人的病痊愈了。从此之后此人对班禅额尔德尼极为尊敬，萨勒在萨将军返回时也口头答应他要以黄帽系的佛法事业及众生为主办事。班禅要他们为皇上江山社稷祈祷为事并给与了礼物。司大人的向导仲智聂逊罗桑群培在的时候，汉兵们对于护身结表示鄙视时他说护身结的重要性时，司大人问他：“那么护身结是否能防武器呢？”他回答说能防。于是司大人说：“那看看到底是否真的能防武器。”说完立马把护身结戴在一只羊的脖子上，并把羊拴在一棵树下，在汉、藏各族的人围着的中间放枪准备射击羊。聂逊之前听说过护身结能防武器，但是不知道这次是否能够防，想到这里他心里十分焦急，身体感觉麻木，嘴里默念着《罗桑杰瓦玛》（བློ་བཟང་རྒྱལ་བ་མ།）时听到射击的声音后不由得喊出“喇嘛庆！只见羊倒在地上之后又立马起来时，大家都前去细看抢射到羊的部位，当大家只看到羊身上的毛有点发黄之外，并无大碍，且能自由运动，使在场的人们极为惊讶。从此之后汉军都求护身结，而且如命珍惜它，诉说大怙主之功绩等。总之，晚上睡觉前也说此活佛极为珍贵，并把头朝向寺院方向睡觉等出现过许多奇妙之事。

九月，班禅额尔德尼梦到日落后极为不安心，于是派人带着丰盛的财物前去为经师诺门汗祝寿。降佛日①之黎明时，白伦山净修小寺（དཔལ་ལྡན་རི་ཁྲོད།）的上空出现了如同太阳般的光球降落到寝殿前面，接着一声巨响使得大地呈现六种地动②。在场的僧俗群众都目睹了这一切。班禅额尔德尼说此现象乃末日时间③菩萨们的三种行为以及上大菩萨证得时，向各大威力神、鲁磕头，供施，赞颂他们的功绩而出现的，这些现象都与佛祖本生传中记载的相一致。班禅额尔德尼说着便双手合十产生了极度的虔诚之心。经师仁布切除了腿部患有象皮病之外，小便也不通。医生的治疗和僧俗群众为其做佛事都无法使其病情好转。就在此时，天气格外晴朗，蔚蓝的天空中只见一片形如供品的云彩笼罩着寝殿，仆人和信众看到此景后无所适从。此时经师向其主要仆从仲聂曲仔（མགྲོན་གཉེར་ཆོས་མཛད།）表示要把佛像、佛经及佛塔等所有圣物都献于班禅额尔德尼，他听到后为经师极为担心，再三祈祷经师要长寿永生，并派聂仓钦莫（གཉེར་ཚང་ཆེན་མོ།）带着祝福、曼札三所依、金银等礼物前去觐见经师。为此经师说："我能否继续活着，凡夫俗子怎能知晓。若我不能活着，一定为大怙主承担魔障，愿大怙主要长寿，万事如意，也恳请您为我在空行界出世而祈祷。"除此之外并无交代其他事情。之后夏嘎巴（ཞྭ་དཀར་པ།）医生为其把脉后说："若是一般人，并无任何希望，怎会有如此灾难。"说着眼眶充满了泪水。他认为除了祈祷之外别无他法，并和聂切（གཉེར་ཆེ།）一起向大怙主禀报此事。班禅额尔德尼派夏嘎巴带着西三（ཞུ་སམ།，指呈文）及礼品，并给经师

① 佛从忉利天降之日。

② 动、涌、震、击、吼、爆。

③ 不随业力在此世界轮回受生者，即将证声闻乘阿罗汉及十地菩萨。

带话说一定要健康长寿。经师看后说:“一个病入膏肓老人活着有何用,但不违背大怙主旨意,会为大怙主祈祷并等着从疾病中解脱。”之后为经师把脉后发现病情有所缓解,医师等知道此事之后更加对师徒产生了虔诚之心。得知经师的病有所缓解之后班禅额尔德尼也极为高兴。他说:“我们从小坚信,将从思想和行为上为自己指明道路的老师拜为师父是一切妙集之核心,通过持续修习在身、语、意三行为方面无形中得到的果报众人所见。由于这些都来源于自己的亲身体验,此次一切部主大金刚持三恩上师有意去往清净界时,就算知道此事已成定局,无法挽回,也始终把众生的幸福铭记于心,用莫大的虔诚和信心之心努力祈祷后,病情也突然好转,而且身体也正在恢复。这些都为仆人们、医生、幸运的弟子们揭开了疑惑。”

班禅额尔德尼还说:“正如贤者们的传记中所发生的那样,要跟随为自己指明道路的恩师们,要摒弃增损等不良的态度,把他们视为佛,把他们的行为也视作佛的行为,并谨遵其教诲,让他们高兴,再加上努力学习显密二宗之道,会使暂时或最终的需求在吃苦耐劳的精神之下得到顺利完成。因此有缘智者们、各利己利他主义者们需要把这种亲近上师法铭记于心。”此时,公职人员囊登(ནང་མདུན།)带来了皇上的诏书和礼品,班禅额尔德尼欣然接受。十一月初八,札欣西宗叶登(གྲ་བཞིན་ཤིས་ཚོང་ཡེ་མདུན།)前来执行皇上下达的关于驻守廓尔喀与布让(པུ་རེང་།)的边境方面的圣旨。他说:“为了驻守边境及避免外族争论而引起拉堆(ལ་སྟོད།)骚乱,特派将军及官兵前来守护。未有得到征服这两地之罪行,得以禀报。此方面先皇清高宗皇帝在位时,泥婆罗与廓尔喀发生战争,不仅没有征服,而且在我们派了官兵之后他们恐慌并听从命令,这些都要归功于先祖皇帝们,为了报答他们的恩惠,请僧人们要为各地的和平而祈祷。”并赐大哈达、黄碧雅协(སྤི་ཡ་ཤེལ་སེར་པོ།)串珠、白色羊脂玉鼻烟壶(གཡང་ཏི་དཀར་པོའི་སྣ་དམ།)、羊脂彩云瓷器(གཡང་ཏི་སྤྲིན་རིས་ཀྱི་ཡོལ་གོ)、汉式黄陶罐(རྒྱ་ཁུག་སྦོད་ཛར་སེར་པོ།)大的一对、小的两对。七世班禅额尔德尼恭敬地接受了皇上赐予的礼品后写了一份感谢信,信中说:“皇上为黄帽系教派和小活佛为主的西方众生所做的,无以回报,只能跟随圣旨,为皇上万寿无疆、江山安稳而向三宝祈祷,望今后也能继续保护黄帽系教派。”写完之后把信函交与驻藏大臣。

十五日,为百名乞丐赠送了茶、粥和糌粑。此时,哲布尊丹巴的转世灵童需要通过金瓶掣签来确认,特派大喇嘛罗桑丹增和达利宫(ར་ལས་ཀུང་།)向班禅额尔德尼敬献1080两白银,他为他们颂回向文,回礼等满足了他们各自的愿望。摄政第穆仁布切向班禅额尔德尼请教关于达赖喇嘛转世灵童寻访地点的问题,做了如下答复:至尊的转世灵童定会出现,这一点毋庸置疑,但就像之前所说的由于如今正是浊世之盛期,众生的福报极为衰败,况且人们都不守誓言,所以黑道怨鬼的神变能力极强,达臣和秋确(ཟླ་ཐེང་ཁྲུ་མཆོག)二位林中英雄疑似在黑色之处,若不能尽快确定此事,至少要做能够得到确认的佛事,还应在拉喇(ལྷ་བླ།)详细查看,此事应高度保密。为仲孜巴罗桑坚赞(འབྲོང་རྩེ་པ་བློ་བཟང་རྒྱལ་མཚན།)应试《时轮仪轨》、希乃巴活佛罗桑热杰(གཞི་གནས་པ་སྤྲུལ་སྐུ་བློ་བཟང་རབ་རྒྱལ།)和勒谢林巴南木杰佐巴(ལེགས་བཤད་གླིང་པ་རྣམ་རྒྱལ་བཟོད་པ།)、伦布孜巴格桑降巴(ལྷུན་པོ་རྩེ་པ་བསྐལ་བཟང་བྱམས་པ།)三人应试了《释量论四章》、活佛(སྤྲུལ་སྐུ།)再应试《现观庄严论》、温寺僧人罗桑达杰(དབེན་དགོན་པ་བློ་བཟང་དར་རྒྱས།)和罗桑扎西两人应试《胜乐本续》、曲阔伦布瓦欧珠坚赞(ཆོས་འཁོར་ལྷུན་པོ་བ་དངོས་གྲུབ་རྒྱལ་མཚན།)应试《慈氏五论》赐予了丰盛的礼物。

谓之“旺久”(དབང་ཕྱུག), 藏历一月十五日,迎请作为首座施主经师大诺门汗、达杰聂巴（དར་རྒྱས་གཉེར་པ།）、同司格桑（ཁྲུང་སི་སྐལ་བཟང་།）、西雪群培（གཞིས་ཞོལ་ཚེས་འཕེལ།）、甘木巴门努（གམ་པ་སྨོན་གྲུབ།）等摸顶赐福、颂回向文及回礼。五月份，在白朗的格顶康萨（དགེ་སྡིངས་ཁང་གསར།）随着祥兆出生一个孩子。格康（དགེ་ཁང་།）向班禅额尔德尼请教此事说应做三种法事、酬补护法便能显现。杰尊丹巴的转世灵童寻访人员也请求判定之后说与上述出现的吉兆相同，与其他神卜卦者之语言也相仿。金瓶掣签中抽到这个孩子之后，于一月十八日在格当康（དགེ་སྡིངས་ཁང་།）聚集了所有寻访人员，同时派近侍欧珠多杰（དངོས་གྲུབ་རྡོ་རྗེ།）带着护身结、哈达、长寿永生祈福文等礼物前去觐见，同时赐名罗桑次成晋美旦白坚赞（བློ་བཟང་ཚུལ་ཁྲིམས་འཇིགས་མེད་བསྟན་པའི་རྒྱལ་མཚན།）。并赐予涵有特殊意义的护身结、护身囊、哈达、黄色衣服、碗、五股金刚杵等作为继位的礼物。还派密乘学者①曲顿（ཆོས་དོན།）为转世灵童赐予《长寿灌顶》等，为芸芸众生，尤其为弘扬黄帽系教法所做的法事慷慨赐予了许多所需品。二月二十三日赴桑次沐浴，不久返回了寺院。四月份，为白朗章美齐（གྲངས་མེད་ཚེ།）寺院和拉孜甘丹沃敏林寺（ལྷ་རྩེ་དགའ་ལྡན་འོག་མིན་གླིང་།）的僧人念经祝寿赐斋僧茶、公积基金、礼物等。坐夏期间，掌堂师吞巴（ཐོན་པ།）请求班禅额尔德尼讲授《兜率上师瑜伽》，他讲授的同时也为僧众讲述饮酒之罪过，他说酒会对佛法事业极为有害并会成为衰败佛法事业的主因。当初朗达玛②（གླང་དར་མ།）为了灭佛，想出了画僧人饮酒图的办法来达到目的。在大昭寺的围廊里画僧人饮酒图画之后，为佛法事业造成了巨大的损害。如此，轨范师世亲（སློབ་དཔོན་དབྱིག་གཉེན།）于泥婆罗看见出家人携带着酒钵后对世亲生命有影响等，故赐所作所为要符合诸多经论关于酒之罪缘的教诲，授予白度母、马

① 曾就密乘经义立宗辩论取得学位称为格西者。

② 吐蕃赞普赤达玛的绰号。

头明王密修、白黑二护法、法王、明妃、贝格扎(བེ་ཀྲ།)、四面护法等之加持,并传授了少许剩余的经论。

九月,第穆诺门汗给班禅额尔德尼写信,请求他为达赖喇嘛转世灵童尽快继位、长寿永生以及消除一切灾难书写祈祷词。班禅额尔德尼收到信函之后立即写祈祷词并让驿史送信。班禅额尔德尼恭敬地接受了米纳堪布带来的皇上的诏书及礼品。十月份,第穆诺门汗给班禅额尔德尼写信说:"大怙主说达臣秋强和那两位英雄因为怀疑在黑色之处,各活佛的预言以及三大战神也一致认为转世灵童会在东方出生,所以经过调查发现这个在理塘出生的小孩极有可能性,现在正与驻藏大臣商议派人前去详细调查那个小孩,此时妥否请班禅额尔德尼明示。"班禅做了如下答复:"向三宝祈祷、酬补各护法等做了认真查看的工作,才使上述的疑惑都得以揭开,圆满完成了调查工作。此事除了与驻藏达成商量外,还应在过年之前派代表前去,另外需要做大量的佛事。"

平措林(ཕུན་གླིང་འདུས་སྡེ།)僧团前来寝殿祝寿,予以接见。此时,为了弘扬佛法事业,特别是弘扬宗喀巴大师的佛法,皇上能够健康长寿、江山社稷繁荣昌盛,同时驱除来年班禅额尔德尼37岁时年灾等特殊目的,于火鼠年的吉月吉日开始,新建无量寿千佛等为主的佛像,右主佛是至尊长寿母,这尊佛的高度有三十九指宽①,左手持高为三十九指宽的金长寿瓶,左主佛是无量寿佛,其高为三十九指宽,用浓缩金头盔等装饰品装饰,泥塑观世音菩萨像及金刚手菩萨有两卡②三指宽,颈饰由浓缩金制造,其余的佛像全是用银制成,为两尊主佛分别建造了镀金铜底座,两尊泥塑佛像的靠背用莲花所制。由吉祥黄响铜铸造的无量寿佛的高度为五指宽的和1037

① 长度单位,一指宽相当于七粒青稞并列的宽度。

② 虎口尺。拇指尖和食指或中指尖张开的长度。

个造型一样的塑像耗材红铜官秤[1] 120 克[2] 15 秤，铜 23 克，锡合金 6 克半秤，硼砂 6 克，乳香 10 克，醋柳 5 克，藏茜草 12 克，金筷子 22 双，汉银 60,022 两 1 钱，热镀金 1499，无量寿佛的夭冠、耳饰、颈饰、手足上的镯子，至尊长寿母手中的长寿瓶和包经书的布，这两尊佛像的底座都采用了极其珍贵的珠宝作为装饰，有蒙古的金丝缎和披搭等衣服，主仆像中的装藏主要有释迦牟尼及印藏众贤哲的舍利、衣服、头发等各种珍贵圣物，这些圣物传于过去的贤哲们，由大格西们慷慨奉献作为佛像的装藏物。无量寿佛像配有质量上佳的珊瑚等上等珍贵装饰品，至尊长寿母佛像配有质量上佳的蓝宝石的珍贵装饰品，吉祥响铜制成的大法主像的莲花靠背之高为 14 指宽，夭冠等的装饰和坐骑的马具和颈饰等都是用浓缩金制成，上面用上好的玉和红宝石做成的藏袍左手持有金饰镶嵌的一大块红宝石，靠背上蓝宝石，红宝石、玉、珍珠等来修饰，这些佛像的宫殿即经堂的石梯上绘制了金黄色的颜料画，每尊佛前都配有整齐的玻璃、供品、各种珍贵的祭祀工具和上等顶帘等这些圣物，按照班禅额尔德尼的旨意，采用了上等的材料，独特的艺术设计，成为了神人共同敬拜的圣物。建造完工之后，恰逢吉日，在贡斯朗巴杰瓦（ཀུན་གཟིགས་རྣམ་པར་རྒྱལ་བའི་ཕོ་བྲང་།）宫中的日光奇有齐美德丹（ཉི་འོད་ངོ་མཚར་འཆི་མེད་བདེ་ལྡན་ཕོ་བྲང་།）宫殿的众僧之首席，班禅额尔德尼用纯净而丰盛的供品进行了圆满的祭祀仪式，赤列巴钦布（འཕྲིན་ལས་པ་ཆེན་པོ།）敬献供养品及报酬的同时献曼札三所依及大量财物。为工匠头儿们设宴款待，赐予丰厚的报酬和礼品。还给所有的工匠、献装藏者及秘书等人也赐予了满意的礼品。同多数寝宫一样，班禅额尔德尼亲自动手向神供圣水并虔诚地祈祷。十四日，哈尔东米村邀请

① 旧时藏式官秤，一斤约重 8 市斤。

② 藏斤，分 20 藏两，重约 7 市斤。

班禅额尔德尼赴宴，享用油炸面点，宴会上格西噶钦格桑曲扎（དཀའ་ཆེན་སྐལ་བཟང་ཆོས་གྲགས།）、噶钦格桑扎西（དཀའ་ཆེན་སྐལ་བཟང་བཀྲ་ཤིས།）、扎西格培（བཀྲ་ཤིས་དགེ་འཕེལ།）和罗桑南塞（བློ་བཟང་རྣམ་སྲས།）等向班禅额尔德尼献了格言之供云，献曼札三所依、法衣、900 余两白银作为祝寿之用。为经师仁布切和成利巴钦布献礼品，司膳和侍寝宫等服侍人员也给了相应的油炸面点、斋僧茶。为大经院熬献 4 次茶和粥，一克粮食的布施，密宗院赐平常的布施外，另加一枚章嘎等赐予了很多物品。卡日农噶屯院（མཁར་རྡོན་དཀའ་མཐུན་གླིང་།）的恰噶呼图克图罗桑旦白萨协（ཚ་དཀར་ཧོ་ཐོག་ཐུ་བློ་བཟང་བསྟན་པའི་གསལ་བྱེད།）和夏孜夏纳乃噶钦格勒坚赞（ཤར་རྩེ་ཞལ་ངོ་ནས་དཀའ་ཆེན་དགེ་ལེགས་རྒྱལ་མཚན།）在寝宫为班禅额尔德尼祝寿及大量的财物，为他们赐予了满意的回礼。

另外还为众多有志者和勤奋者受戒、灌顶等，满足了他们的各种愿望。羌郭杰仲罗桑才让（རྒྱང་སྒོ་རྗེ་དྲུང་བློ་བཟང་ཚེ་རིང་།）应试了《欢喜金刚的所有仪轨》、德然巴益西次旺（བདེ་རབ་པ་ཡེ་ཤེས་ཚེ་དབང་།）应试《胜乐本续》《传承祈愿赞颂》，仲孜曲德巴罗桑朗杰（འབྲོང་རྩེ་ཆོས་སྡེ་པ་བློ་བཟང་རྣམ་རྒྱལ།）应试时轮的所有仪轨，平措林巴更敦南杰（ཕུན་གླིང་པ་དགེ་འདུན་རྣམ་རྒྱལ།）应试《菩提道次第广论》，伦布孜巴白丹群培（ལྷུན་པོ་རྩེ་པ་དཔལ་ལྡན་ཆོས་འཕེལ།）应试《现观庄严论》八品，勒谢林巴格桑乔朗（ལེགས་བཤད་གླིང་པ་སྐལ་བཟང་ཕྱོགས་སྣང་།）和德阳巴杰仲白丹金巴（བདེ་ཡངས་པ་རྗེ་དྲུང་དཔལ་ལྡན་སྦྱིན་པ།）、西乃巴西热旺钦（གཞི་གནས་པ་ཤེས་རབ་དབང་ཆེན།）应试《释量论四章》，达日巴仲然巴罗桑陀美（མདར་པ་དྲུང་རམ་པ་བློ་བཟང་ཐོགས་མེད།）应试《密集生圆次第》，达纳巴杰仲罗桑丹增（རྟ་ནག་པ་རྗེ་དྲུང་བློ་བཟང་བསྟན་འཛིན།）应试《解脱道注疏解说》，伦布孜巴罗桑坚赞（ལྷུན་པོ་རྩེ་པ་བློ་བཟང་རྒྱལ་མཚན།）应试《摄类学》，温寺僧人白丹顿珠（དབེན་དགོན་པ་དཔལ་ལྡན་དོན་གྲུབ།）应试《胜乐本续》，对以上参加应试的人员像往常一样赐予丰厚的奖品。

上述有诗云：

“诸佛慈悲自身至佛地，
大名称为“殊胜恰那贝玛”，
此人弘扬雪域之佛教，
历世灵通周而复转世，
具有强大心力之军队，
承担护持佛法之责任，
此时有罗桑旦白迥乃，
尚有阿旺隆朵嘉措名。
彼等心绪如同大金船，
无边智慧怙主之舵手，
断除基轮受此比丘戒，
执持全部之清净戒律。
同时赞颂加持近结尾，
赐予深奥精意之佛法，
守护释迦教法之佛光，
如此所做皈依此怙主。
其他转世顶饰为遍智，
大智者持金刚之舵手，
殊胜活佛之依系大船。
王子持明戒之宝贝满，
派遣上师大海起波浪，
僧俗群众满意之缘海。
《密集格言海》是为公正，
缘份信仰海波澜壮阔，

上下部众聚集哲蚌寺，
为众多僧俗人群因右手，
如同大象伸鼻做加持，
无数前世已生菩萨心，
从此师徒同发三味耶①，
金刚连环套相关之兆，
亲自接见悲童同命它。
此后莲花苑中有蜜蜂，
同纯净奶池中的鸳鸯，
诸多智者相聚此宴会。
聚集扎什伦布之法苑，
此乃理论甜蜜之喜宴，
使您的心意春机盎然。
一切信仰百叶之乐园，
深广佛法之音极洪亮，
绵绵细雨是庄稼养分，
太阳普照莲花尽开颜。
善道利事格言之甘露，
我佛大法贤行弘传扬。
所有喜乐意愿将实现，
妙善语诀如常流神水，
愿始所存今世突变异，
祛除众生心中三昧污，
历经无数劫时难寻觅，

① 即誓言，一种不可逾越的金刚誓词。

双运如意灌顶之大王，
浊世短命若想证圆满，
您必依止遍主持金刚！
外部世间之各种影像，
如同石莹宝镜中明亮，
鲜为人知知识之藏宝，
智慧镜中万显其光辉。
具有一切智慧除障眼，
观世音与怙主文殊佛、
妙音母等佛救度众生，
您定将众生依止殊胜。
教证大海身乃天上云，
雪域佛法与众生之地，
突然喜降利乐雨露者，
征得法界圆满已归天，
那时已具弘传佛法国，
您身同那皎洁的明月，
无数慈悲白光大普照，
解脱雪域大地心中间。
虔诚祈愿太阳之舵手，
黑暗地狱逐渐获光明，
世间怙主幻化光明者，
即将迎讶东方雪山顶。
劝说穿皮鞋放荡行为，
此行搅混律戒之清水，
足智多谋采取诸多法，

一声唤醒改变不良行。
白天家犬也不做守之，
唯有黎明黑暗夜行为，
密院伙食也做不洁之，
自行流入大海变干净。
自己上师无论做何事，
应当看做诸佛所行事，
一切行事积累诸功德，
最终愿为解脱需谨慎。
为此殊胜经师之教诲，
传授文殊怙主之善法，
灌顶传承语诀等一切，
您之深奥心意布大海。
难以衡量标准之年份，
结拜尊者佛子之身前，
如若心思融入佛之体，
何须现在闻修善逝法。
但是言道若修不需闻，
所言愚笨徒众之修法，
为了参与愚众获智慧，
无疑需要努力闻思修。
白财①制作手结火幻轮，
掷时青年管家于山川，
幻边持力真实手中握，

① 绵羊的异名。

青年管家执梵天世界。
遍主系诺门汗大经师，
具有持明至宝双运身，
证得之时祖师也随从，
实施傲慢为了获敬信。
此征兆是神降之节日，
黎明时分天界启明日，
如同坛城一明点之光，
降临寝宫前降伏众生。
此时佛母也未有出现，
大地贤者敬信仿修法，
持宝六相烹调此食物，
双手合十百次来赞颂！
慈悲法主众生之救星，
沉迷罪孽由白光尽除，
饮酒僧尼罪恶皆降伏，
宽广开阔幻化万条道。
善知识宝贝顶饰既美丽而又经常受到恭敬，
精通显密经论具有真知灼见之千只智慧眼，
于尊胜释教无量宫中高举讲经修佛之法幢，
摧毁敌方非天之军队解脱我方欢喜僧俗众。”
此乃为中间休息之偈颂。

藏历土虎年(1818 年)一月四日,拜慈瓦(བད་ཚལ་བ།)来到班禅额尔德尼的寝宫向其祝寿,并赠送 115 两白银,班禅接见并回礼。此年为班禅额尔德尼 37 岁的灾祸之年,为了避免发生任何灾祸,祈祷身体健康、佛法事业有成，更换了大宫殿等雨帘以及大经堂和各宫殿地毯，为法会敬献新铸造的80个铜壶上面镶有珊瑚和琥珀。七日，僧俗群众邀请班禅额尔德尼到会场，有大密咒师谢阿乃起头颂祈愿经，并献曼札三所依、衣服等大量物品，为扎什伦布寺下面居住的人们也给了许多物品。为僧众献9次个茶和粥，每为僧人一条索达，五分钱，赐予善逝圆满之忏经以及与燃佛相同的《大乐祈愿经》等的加持。为卫藏阿里等地区的寺院所有僧人献5个斋僧茶，为色拉、哲蚌及甘丹3个寺院献5分钱。第穆仁布切来信说：“去理塘调查小孩的人员拿着问询之征兆临摹，孩子的父母问询之临摹。总之，一切按照大怙主的旨意进行的，极为可信，现已认定理塘的小孩，此事妥否？是否需要进一步的调查？”班禅额尔德尼回信说：“调查中各自的问询之征兆临摹，结合考察之征兆来决断此事，两者方法都有很多优点。佛法事业极为重要，所以再次仔细调查核实，最终确定理塘的那个为最佳人选，但是三所依的化身不可思议，若有其他可疑的地方务必认真调查。上次也提过此事有许多阻碍，因此需要做法事来扫除阻碍。另外，此事按理需要禀报皇上，但由于今年是年灾，应高度保密。”

牙合索寺（གཡག་སྡེ་སོག་དགོན།）、扎西更培（བཀྲ་ཤིས་དགེ་འཕེལ།）、帕索米村、岗坚群培（གངས་ཅན་ཆོས་འཕེལ།）、温寺（དབེན་དགོན།）、甘丹拉杰（དགའ་ལྡན་རབ་རྒྱས།）、甘丹列谢曲林（དགའ་ལྡན་ལེགས་བཤད་ཆོས་འཁོར་གླིང་།）、纳塘寺（སྣར་ཐང་།）、赛诺布群阔朗（སྲིད་ནོར་བུ་ཆོས་འཁོར་གླིང་།）、德钦拉杰（བདེ་ཆེན་རབ་རྒྱས།）、赛杰巴（སྲིད་རྒྱུད་པ།）、嘉钦则巴（རྒྱལ་ཆེན་རྩེ་པ།）、协札仓齐木（བཞད་གྲྭ་ཚང་ཕྱི་མོ།）、香多日沃格培（ཤངས་མདོ་རི་བོ་དགེ་འཕེལ།）、聂木杰协擦（སྙེ་མོ་རྒྱལ་བྱེད་ཚལ།）等分别为班禅额尔德尼长寿永生祈祷，同时到寝宫祝寿，一一接见并回礼布施。西藏地方政府也派仲夏杰仲罗桑赤列（སྒོང་ཤར་རྗེ་དྲུང་བློ་བཟང་འཕྲིན་ལས།）祈祷祝寿，并为众僧献15个斋僧茶

和布施、向班禅额尔德尼敬献1600两白银，为布达拉宫雪送来财物进行忏经并回礼。以摄政和噶厦地方政府人员为代表的卫藏的各活佛和官员寄来长寿永生祈祷信，班禅额尔德尼分别予以回复。为经师即甘丹前法台派管家敬献丰厚的礼品未进行回礼，但赐予了佛像、佛经及佛塔。大密咒师谢阿乃前来寝宫敬献100两白银作为祝寿，班禅额尔德尼也为他进行了回礼并悦意地与他交谈。喀尔喀科扎（ཁལ་ཁ་ཁྲ་རལ།）和杰卡西（རྒྱལ་ཁག་བཞི།）的人士，玛孜呼图克图罗桑图丹旺秋（མཛླ་ཧི་ཏུ་ཧོག་ཐུ་བློ་བཟང་ཐུབ་བསྟན་དབང་ཕྱུག）的办丧人员邀请班禅额尔德尼驾临首席向其敬献丰厚的礼品，为之颂回向文并回礼。在普觉罗桑先巴仁布切的请求下为经学院授《兜率上师瑜伽》《马头明王密修》（རྟ་མགྲིན་གསང་སྒྲུབ།）、铁髻马头明王（རྟ་མགྲིན་ལྕགས་རལ་ཅན།）、穿黄色叶衣者（ལོ་གོན་མ་སེར་མོ།）、金刚大力士（རྡོ་རྗེ་ཐུགས།）、光辉明妃（འོད་ཟེར་ཅན་མ།）等的加持。班禅还为《陀罗尼经》《能依时轮上师瑜伽》《香巴拉祈愿经》《僧伽聚会之轮韵文》《依止无量光佛之转引》，第二部著作中关于观修护法方面的祭祀拉姆之后等的加持。班禅额尔德尼闭关时强巴仁布切前来觐见，当时，虽未能接见但闭关结束后与之悦意地谈话，表示平常要以寿元长寿仪轨为目的。金巴仁布切请班禅额尔德尼至众僧前，为其祝寿，予以接受。之后强先巴仁布切授他寿元长寿仪轨，强巴仁布切说：“敝人怎敢为大怙主您授《长寿灌顶》，绝不能，感谢您能谅解。”再三推辞，但在班禅额尔德尼极力要求下授了《长寿灌顶》。由于班禅额尔德尼善于尊重师父，在听法的全过程都磕长头，表现出他高尚的品德。之后为金巴仁布切赐予了丰厚的酬劳，为其祝寿，并请求他以后常来后藏，前后赐予了无与伦比的奖赏。强巴仁布切也遵从了班禅额尔德尼的旨意。

此年寺院发生了金刚荆棘的传染病，所以班禅额尔德尼在夏坐休沐期①之后就没回寺院,在札曲边洁身,长居于此。接受了皇上的诏书和丰厚礼品。扎萨活佛赤列群培身体欠佳,故班禅额尔德尼替他写了感谢皇上册封他的信函,交于其新管家罗桑拉丹(བློ་བཟང་རབ་བརྟན།)。12 月 22 日,制作日朵(ཉིན་གཏོར།)时,担任指挥,用最好的酥油制造了一个精致而标准的朵玛,下午时带到众僧聚集的场所,为寺院制作了具有神力的朵玛,继承了寺院的传统。新年时,整整三天参加僧众念经的活动,并担任领诵师。出家受戒、灌顶等照常进行。为协巴活佛罗桑群培坚赞(ཆོས་འཕེལ་རྒྱལ་མཚན།)和旺秋群培(དབང་ཕྱུག་ཆོས་འཕེལ།)、晋龙巴罗桑达杰(གཅེན་ལུང་པ་བློ་བཟང་དར་རྒྱས།)等三人分别应试《摄类学》,雅德索寺的领诵师绰桑热卓(ཁྲོ་བཟང་རིག་གྲོལ།)和罗桑贡布(བློ་བཟང་མགོན་པོ།)应试《道次速道红引》,罗桑旺秋(བློ་བཟང་དབང་འཕྱུག)和罗桑顿珠(བློ་བཟང་དོན་གྲུབ།)二人应试《金刚手菩萨、大威德和普明菩萨之仪轨》《道次速道红引》,嘉钦则巴罗桑金巴(རྒྱལ་ཆེན་རྩེ་པ་བློ་བཟང་སྦྱིན་པ།)、冲卡布巴朗杰坚赞(ཁྲོན་ཕྱུག་པ་རྣམ་རྒྱལ་རྒྱལ་མཚན།)、伦布孜巴南杰金巴(ལྷུན་པོ་རྩེ་པ་རྣམ་རྒྱལ་སྦྱིན་པ།)等应试《释量论四章》,群阔伦布瓦丹巴坚赞(ཆོས་འཁོར་ལྷུན་པོ་བ་བསྟན་པ་རྒྱལ་མཚན།)和丹巴曲达(བསྟན་པ་ཆོས་དར།)两人应试《慈氏五论》,对他们像往常一样赐丰厚的礼品。

藏历土兔年(1819 年),一月十九日,清仁宗嘉庆皇帝六十大寿时,七世班禅额尔德尼给皇帝写了一份信,并派堪布德角巴噶钦罗桑格勒前去道贺。信函的内容如下:

“嗡纳姆马智师日阿耶,遍知一切之师文殊菩萨,无数虚幻之网享受之时,如今扭转乾坤之化身,金色莲花盛开之贵体,四洲佛地皆众生,之首江河波浪之浪花,受其百般之洗礼,受自释迦恩典修善者,手捧众

① 佛教徒在进行夏令安居的长期宗教活动之后安排的休假宴会。

多供奉之物，道贺六十大寿之宴，双手合十跪坐君面前，诉说最为尊敬之语，雄狮撑起的珍宝皇位上，百瓣金色莲花席垫上，贵体犹如太阳之光辉，是否驱除遮蔽之物安康，大地梵天尊者其恩惠，受其燃烧之光之恩德，吾心莲花极盛开，正在享用文殊善言之甘露，前行期间无数供神磕头，再次双手合十置胸前，虔心祈祷之大意为，集聚万种遍地圆满之，拥有千眼寿宴之享受也，被百万缘起开启难为情，为在尊贵御前献寒礼，特派十书格西前来贺，从其慈悲关怀众生到，所有众生之利及生命，神人自在天大皇帝，用金刚央仲雄狮金龙之，高高托起皇位之今日，整个世界之众生及，无迷无敌黄帽之教派，能够在此大地之上，不断得到发展之救主，乃除皇上您外便无人，释迦弟子之所有祈祷，集聚发愿弘扬佛法之，所有能量聚在您身上，生在雪域大地之吾僧，永不远离慈悲之关怀，为黄金书信能够如河般长流，力争观音菩萨显身之像，作为纯洁意乐而敬上，翼宿月上弦日序，吉祥右旋白法螺，永不停地响起妙音，吹在大地之上之寺院，纪念圣上之恩德，特此行礼敬上。”为了不断弘扬第二佛祖之佛法，此年特地用韵文书写，祝寿的册子等一并上贡。

二月，按照七世班禅额尔德尼的旨意，在经师诺门汗的温泉治疗结束后，赴扎西奇达（བཀྲ་ཤིས་ཚེ་བདག་ས།）报到致敬，为经师举行了长寿及洗礼仪式，并敬献酬劳。七世班禅额尔德尼还献曼札三所依等许多礼品，说要为经师能够活到80岁而祈祷。经师也说为大怙主的佛法事业蒸蒸日上而虔心祈祷。师徒两互相献礼，祝寿和祈祷。五月份大祈愿法会的第三天发愿献耳饰，照常献植油、面点。此年开始在扎西奇达举行了三事仪轨，六月十五日早上举行扎西长净，之后是第十五个上弦长净，做夏令安居的准备，十六日上午举行夏允诺等与扎什伦布寺进行一致。七月份，掌堂师向现任的掌堂师交代事务的仪式照常举行，并为新掌堂师在讲修和戒律方面赐予教导。二十五日举行了禳解长净仪轨。三十日解制之后出游，在曲夏鲁札贝(ཆུ་ཤར་ལུག་ར་བ།)林卡支起噶系(ཀ་ཤི།)顶棚,七世班禅额尔德尼在秋季出游期间,做四分朵马和三续等放在札曲河,同时把油炸面点也放入河里。晚餐时,酬补了护法姐妹。此时邀请经师诺门汗仁布切,认真听取经师授予《长寿灌顶》洗礼的秘籍。师徒二人在一起时只谈论佛法之事,经师离开时也进行了极其认真而远虑的谈话,七世班禅额尔德尼虽然有些疑虑,好像预感到经师明年将会离去,但始终要求经师为了佛法定要长寿,起码也要活到八十岁。经师仁布切说:“六十一二希望大,七十一二没问题,到了七十三岁会毫不犹豫地离开。”七世班禅额尔德尼说:“这种事绝不会发生,六十到七十可能会有一些小危难,但你都七十岁了,再到八十岁就没问题,身体会健康的。”“既然这样,那我七十三岁时会死去吗?”经师开玩笑的说。因那天太忙,第二天才派噶钦格勒坚赞带着上乘哈达、黄金、药物等礼品,并带话祝健康长寿。经师回音:“要为大怙主祈祷,定要保佑长寿,万事如意等的祈祷。”

孜索斯阿曲图达汗堪布杰仲罗桑坚赞(རྩེ་གསོལ་ཟུར་ཨ་ཆི་ཐུ་དར་ཏན་མཁན་པོ་རྗེ་དྲུང་བློ་བཟང་རྒྱལ་མཚན།)和近侍杰仲罗桑班觉(བློ་བཟང་དཔལ་འབྱོར།)叔侄二人为了弘扬佛法,救主师徒健康长寿,每年在三个节日上投入火花年章500两作为布施僧众的费用,今年加大了投入,提高到拉章1150两。规定总共斗章1683两作为一个月的伙食费用,剩下的要用做斋僧锅修补之用。九月份,接受了米纳堪布带来的诏书和礼品。因央萨(དབྱིངས་ས།)活佛扎穷(གྲྭ་ཆུང་།)圆寂,故派司膳格勒坚赞(དགེ་ལེགས་རྒྱལ་མཚན།)向皇上献感谢信,感谢十月份皇上为册封扎萨活佛及任命管家。按照皇上的旨意,为达赖喇嘛转世灵童授居士戒的时刻即将到来,因此庄园下面风水不洁净,所以十二月十二日班禅额尔德尼一行人赴甘丹列谢曲林(དགའ་ལྡན་ལེགས་བཤད་ཆོས་གླིང་།)与转世灵童一起布施油炸面点,为僧众授兜率上师瑜伽的传承,授长寿,单臂大威德,无量寿,阎罗王内外密、护法姐妹等灌顶。喀尔喀(ཁལ་ཁ།)为师徒二人献油炸面点及大量礼品。九日为达赖喇嘛转世灵童剃度,受居士戒。喀尔喀为师徒二人敬献许多礼品,拉章等为他们设宴款待并献重礼。十日为转世灵童授单臂《大威德灌顶》举行加行仪式,第二天正式进行授灌顶仪轨。为喀尔喀克然(ཁལ་ཁ་ཁྲ་རལ།)的设宴款待及献礼,赐护身结和哈达等。通过驻藏大臣向皇上禀报为转世灵童剃度、受戒、授灌顶等的情况。

十二日为30余位出家僧人授比丘戒。为寻找第九世达赖喇嘛转世灵童一行人设宴款待,赐相应的见面礼。札萨亲王玛尼巴扎(ཇ་སག་ཆིང་ཝང་མ་ཎི་བྷ་དྲ།)前来寝宫祝寿,献700多两白银,也拉果桑呼图克图诺门汗(ཡེ་ལ་ཀོ་བཟང་ཧུ་ཐོག་ཐུ་ནོ་མིན་ཧན།),拨希法王(པཀྵི་ཆོས་རྗེ།)等大小僧俗前来献礼,七世班禅额尔德尼分别为他们赐予满意的回礼。喀尔喀为七世班禅额尔德尼献丰盛的油炸面点和3000余两白银,班禅额尔德尼作祝寿,并赐予回礼。为转世灵童授予《马头明王密续》和白度母的加持,并悉心教导。达赖喇嘛转世灵童离开时,达赖喇嘛对七世班禅额尔德尼说非常感谢仁布切保佑我,班禅对他说希望您健康长寿,成为继承第二佛祖的教法的弘扬者,不管去哪里都要注意身体,达赖喇嘛也悦意得接受教导,师徒二人亲密的关系及良好品德值得赞扬。为了佛法弘扬,七世班禅额尔德尼规定要从明年开始,每月十三和十五日8个比丘僧要为利新达拉(ལི་ཤྲིན་ཏ་ར།)酬补,其经费为马蹄汉银3个,并要求各负责人保证每年如期举行酬补仪式。因师徒二人都没有任何灾难,事事顺心,故在札曲河边举行庆祝活动。此时经师仁布切向请示建造一尊纯金无量寿佛像,七世班禅额尔德尼立刻关注此事,派鲁当官(ཀླུ་སྡིངས་དཔོན་པོ།)和白布(བལ་བུ།)领诵师带着丰盛的物品,并带话说上师所做的事儿乃无数妙集之本。此年虽没能观察土地是否洁净,但相应地满足了众佛缘者的愿望。

藏历铁龙(1820 年)年一月二日,前来迎请第九世达赖喇嘛转世灵童的人员到来后为七世班禅额尔德尼进行三次祝寿,前后两次设宴款待,期间献油炸面点和 1350 两白银,七世班禅额尔德尼一一赐回礼,满足了他们的种种法愿。派近侍班丹次成(དཔལ་ལྡན་ཚུལ་ཁྲིམས།)与官员前往拉萨,派知宾夏仲(ཞབས་དྲུང་།)到白朗(པ་སྣམ།),并向他们反复嘱托。安排格桑顿珠为哲布尊丹巴的固定近侍,并赐油炸面点,祝寿等,同时为班禅管家、杰卡西、驻藏大臣、诺门汗、达喇嘛等贵族们也赐令文及礼品。菩提达瓦坚赞(བྱང་སེམས་ཟླ་བ་རྒྱལ་མཚན།)寺院的佛像、佛经、佛塔及增寺贡桑旦塔曲林(འཛོམ་དགོན་བསམ་གཏན་ཐེག་མཆོག་གླིང་།)的大部分建筑都几乎荡然无遗,七世班禅额尔德尼修建各佛殿、重建四个学院,并规定每年新年时酬补吉祥天母,氐宿月里进行了八个守饥行,继承之前的仪轨传统,对三所依的供份,一天三顿茶粥,每年给每位僧人发放 36 驮粮食,24 驮代替粮食的茶和酥油,所需木材的搬运、水槽的补漏等事情要依靠部分堆穷[①],加大力量对佛像的修复。断行者们也应守戒,修行,成为佛法的榜样并由拉孜宗那边派人监督他们的行为。此时,收到经师仁布切旧病复发的消息后,七世班禅额尔德尼极为担心,立即作出答复,赐予了祝寿的物品。同时,让僧众念尊胜佛母心咒长版,并要求报所念的数量,为此从寝宫出 10 个斋僧茶给僧人布施。之前去札曲河时,没能念一些经文而担心,因此又从寝宫的库里给僧众 13 个斋僧茶和 1 枚章喀,让僧众再次念上述经文。

氐宿月十四日黎明之时,在当仓噶(རྗེ་ཚངས་དཀར།)的请求下,为众多斋戒者授大乘长净戒。大司膳罗桑班觉在格桑围廊里为佛祖

① 小烟户。

千佛像、宝座、柱子、耶仁(གཡབ་རིན།)、噶合尼(ཀྱི)根敦珠和经院的下面的玛尼堆等佛祖菩提的佛像，六字真言心咒等名签开眼刷金，班禅额尔德尼为其赐上等八块黄金(གསེར་བརྒྱད་ཇོ།)、绸缎、茶叶等礼品，并对管家等人也赐哈达、绸缎等的礼物，大大赞赏他做善事的行为。七世班禅额尔德尼接受了巴叶堪布罗桑格勒带来的皇上诏书和礼品，得知清仁宗嘉庆皇帝驾崩的消息后，立刻秘密动身扎什伦布寺，在根素颇章，让所有密宗院的僧人进行为期 3 天的金刚手菩萨、胜乐、大威德等的仪轨并亲赴会首，为唐卡仁布切进行礼供、献耳饰、举行密集仪轨，赴僧众聚居地进行了祈祷。为其他寺院也赐布施、各神殿千供、经学院和修行者们每人赐两个半章，为每位乞讨者赐一钱。二十五日向驻藏大臣呈递了为新皇帝宣宗道光祝贺和嘉庆皇帝丧事所进行佛事情况的文书。为了感谢新皇帝宣宗道光所赐的诏书及新皇帝的登基，特地写了一份书信并献贡品。十月份，经师诺门汗仁布切没允准身边的人为他祝寿祈祷，还看到英雄空行母的幻影及其他特殊的征兆，还说此次我会死去，就算死大怙主本是佛祖，像常啼菩萨和勋努诺桑一样非常善于亲近上师，所以定会为你们保佑，你们不用过于伤心。准曲(མགྲོན་ཆས།)等近侍请求经师答应派人去告知大怙主，并请教经师应如何禀报情况时，经师说："应把我的种种迹象一字不漏地告诉大怙主，作为佛祖的他肯定能预知所有的事情，但是此次的确到了该告诉的时候了，应把所有的迹象明确地告诉他，主要祈祷大怙主能够健康长寿，尽量满足众生的愿望，我将会带着大怙主的所有灾难到空行母界，望大怙主为我保佑。"向七世班禅额尔德尼禀报此时之后，班禅额尔德尼立刻派德琼尼顿(ཞེ་ཆུང་པ་ཉི་དོན།)带着礼品，嘱托他要为经师祝寿祈祷，还让噶钦格勒坚赞进行迎接空行的仪轨。德穷巴返回时携带经师敬献班禅额尔德尼的不久前由 8 块黄金和 50 块宝石建造的无量寿佛像,“制唐”(གྲུབ་ཐང་།)制成的佛祖的传记,还嘱咐七世班禅额尔德尼要为了佛法和众生定要健康长寿,大力弘扬佛法,请求多照看他的伙伴们。七世班禅额尔德尼立刻给近侍们带话说:“定会一切按照您的旨意进行。”还派噶钦格勒坚赞前去祈祷,他说:“由于我们这些弟子福分小,所以上师金刚持仁布切表示离去,各种迹象表明,昨天甘丹安曲[①]日经师肯定把其色身(གཟུགས་སྐུ།)收回,显现之前拥有的智慧佛身(ཡེ་ཤེས་ཆོས་སྐུ།),但是为了上师能够长寿,我个人努力祈祷也算是一切妙集之本。所以二月七日你要替我去努力祈祷经师能够长寿。”噶钦按照班禅额尔德尼的旨意前去看望经师时,虽然经师只说了一句“向大怙主祈祷”,但第二天病情明显好转,去森多(གཟིམས་མདོ།)时心情也非常好,当晚做完例行的三分食子后回寝殿不久逝世。

对于此事,大怙主说:“我在燃灯节那天早上念诵金刚经,做迎接空行界的酬补,意识到我与上师没有聚散,更是想到了要为经师进行能够直接接受的形式祈祷,这使得经师能够多呆两天,但二十五日那天离去等种种迹象表明上师能够多待一会比获得很多劫的修行还要有十万倍的福泽。”二十八日早上准曲派仲丹正(དྲུང་རྟ་མགྲིན།)前来向七世班禅额尔德尼献回向礼,禀告经师逝世后的种种现象。返回时七世班禅额尔德尼说:“你们不必过于伤心,虽然经师仁布切不在,但我可以过来照顾你们而且不会比经师差,噶钦格勒坚赞经师把你安排为负责修缮和发展他的寺院,所以你不能去别处,准曲负责办丧事,除了土地之外其他财产都用作丧事之用,你们的衣食住行都由我来安排,就按我上面说的去办吧。”仲丹正回去把七世班禅额尔德尼的话告诉大家后,大家异口同声地说:

① 燃灯节。宗喀巴于藏历十月二十五日逝世,藏俗多于是夜燃灯供佛。

"大怙主深知",悲喜交加的声音极为低沉。大怙主对噶钦格勒坚赞说:"大学者琼布(ཁྱུང་པོ།)等贤哲们都说,把经师仁布切的遗体放在积累福泽之地会对这一地区乃至对整个疆域有益。"说了种种益处,尤其交代了灵塔的大小、破土仪式、塔像内藏的配法、箧的制作、遗体的放置方面都有共同或异同的特点,灵塔的了不了义等所有细节都要认真对待,灵塔所需的银和工匠都有我来安排,你不必担心,另外由首席木匠达多来制作中心木,任命近侍扎西担任高级铜匠们的头领,任准曲为总指导员,并要求十一月三日开始动工,为灵塔献耳饰和供云、为僧众布施。

在山间古刹的遗物加上七世班禅额尔德尼自己筹备的金银绸缎等大量财物交与经师的侄子德琼巴曲仔(བདེ་ཆུང་པ་ཆོས་མཛད།)和随员僧侍比丘僧多杰,派他们去色拉、哲蚌和甘丹等寺施斋僧茶,向两尊释迦牟尼佛等拉萨地区的三所依供奉、为甘丹金塔仁布切进行千供、为僧众祈福施斋僧茶外,还要给每位僧人两章噶。七世班禅额尔德尼安排从十八日到灵塔建造完成之前僧人们每天要供 3 次五色百供,并由噶钦格勒坚赞来做供施祈祷。度有三指宽的灵塔仁布切已建成,花费了 300 两白银,上面镶有金银珠宝,配镀金制成的宝伞、日月和尖顶,塔内存放内藏。灵塔在二十五日正式展出,由噶钦格勒坚赞和热布拉色(རི་སྦུག་ནི་ཟེར།)两位举行开光仪式,当时天空出现了彩云,下起五彩细雨,彩虹直射灵堂等出现了种种祥兆。材料和技术都非常完美,也按照七世班禅额尔德尼规定的时间顺利完工,因此,对工匠们及其领头人予以奖赏。在开光仪式之际,规定了给噶钦格勒坚赞主仆 4 人中的其中之一的工资从白冷按修行者们享用的工资标准发放,其余三人的每年按条据显示的标准发放。在幽静之地,赐给侄子准曲宝石镶嵌的具有两个脚和四个脚的花瓶,并准许侄子准曲为灵塔献礼佛基金的请求。为随员仲丹正、比丘僧多杰、居士僧杰普等人分别赐 50 两白银，六块茶。由堪钦诺门汗罗桑次旺(མཁན་ཆེན་ནོ་མིན་ཧན་བློ་བཟང་ཚེ་དབང་སྒྲུབས།)提议为经师撰写一部传记，七世班禅额尔德尼早有此想法，所以立马为这件事情做准备，让噶钦格勒坚赞从经师的侍从们手里收集备忘录，准备撰写经师大金刚持的传记。

七世班禅额尔德尼对经师的极度尊敬，别人都看在眼里，对此七世班禅额尔德尼自己也说自己一直尽力与经师保持一致，从来没做过经师不喜欢的事情，以前经师住的房子很小，我给他建了一栋大房子，所以每次破土动工时从未受到土地和鲁①的骚扰，就如由上师送行定能到达目的地，定日瓦(དིང་རི་བ།)请用敬师代替脚钱吧！不管经师如何命令，我都没有违背旨意，以前在经师身边有个侍从叫温布的假借经师的旨意，做了很多破坏僧人纪律的事情。我就算知道这种做法是不对的，但因为不想违背经师的旨意，而一一接受了，后来此事被经师知道之后，说我敬师的行为值得赞扬，但有些人表面上把我们尊为教主，背地里当破坏教法的小人，所以恳请您除了我亲自对您请示的事情之外，其他如温布等人的话不要服从。之后七世班禅额尔德尼即便住在更朗宫，每次赴扎什伦布寺时都会为拉章的每个佛殿都供施，酬补度布果巴(སྒྲུག་པོ་བཀོད་པ།)，去经师的寝殿为经师仁布切修持的色身殿面前上香，点酥油灯进行发愿，还对所藏的《大藏经》进行巡礼朝拜等，如同勋努桑布的行为。后来，七世班禅额尔德尼为了拜经师的灵塔，前后两次到白泠山古刹(དཔལ་ལྷུན།)，期间进行隆重的供奉。在场的侍从亲眼见七世班禅额尔德尼光着脚，不用垫子磕长头发愿。二十二日皇上为安慰巴叶赐了诏书，另附珊瑚佛珠作为礼品，由驻藏大臣转交于七世班禅额尔德尼。在冬夏期间的闭关，出家，授比丘戒，灌顶觐见等方面分别做了相应的

---

① 佛教典籍中所说的八部众中一类水栖的人。

安排。百特巴罗桑谢饶（དཔེ་ཐུབ་པ་སྐུ་སྐྱེ་བློ་བཟང་ཤེས་རབ།）应试《释量论四章》赐满意的礼品。

铁蛇年（1821 年）一月份，七世班禅额尔德尼接见蒙古图阔王（ཐོར་གོད་རྒྱལ་པོ།）母子准格尔伊利（ཇུན་གར་ཡི་ལི།）的僧俗活佛和官员派甲子加本（རྒྱབ་རྗེ་རྒྱ་དཔོན།）等，并做相应的奖赏。王才旦多杰（ཚེ་བརྟན་རྡོ་རྗེ།）、王妃扎西培（བཀྲ་ཤིས་འཕེལ།）、王兄次旦杰（ཚེ་བརྟན་སྐྱབས།）到寝宫祝寿，并献 3500 两白银，准格尔伊利等僧俗 300 人献 1270 两白银，擦哈猱儿人员（ཚ་ཧར་མི་སྣ།）僧俗献 1200 两白银，准格尔六大部落（ཇུན་གར་ཤོག་དྲུག）的僧俗献 700 两白银，伊利恰噶（ཡི་ལི་ཚ་དཀར།）等僧俗献 700 两白银，亲王安国觉噶（ཆིང་ཝང་ཨན་ཀོ་ཇོར་ཀལ།）等僧俗献 170 两白银，公更噶才让部落（གུང་ཀུན་དགའ་ཚེ་རིང་།）献 100 多两白银，郡王多杰坚赞（ཇུན་ཝང་རྡོ་རྗེ་རྒྱལ་མཚན།）的部落献 600 两白银，准格尔大喇嘛金巴嘉措（ཇུན་གར་ཏཱ་བླ་མ་སྦྱིན་པ་རྒྱ་མཚོ།）的部落献 740 两白银，塔尔巴德（ཐར་པ་ཏ།）掌堂师和管家等人献 1100 两白银，罗桑德钦活佛等献上了礼品，为上述所有献礼者进行了回礼，为勤奋学法者赐显密法缘和见面礼等，满足了他们的愿望。对扎康（བཀྲས་ཁང་།）和容湖（རོང་མཚོ།）两处造船技术员、监督员、侍从设宴款待，并赐礼品。氐宿月之初，为清宣宗道光皇帝呈递祝寿函，禀报为上师办丧的情况，特派堪布，同时为雍和宫（ཡོང་ཧོ་དགོན།）和热河扎什伦布寺等两大寺院赐斋僧茶，供云等。为办丧事，做敏珠（སྨིན་གྲོལ།）法事，诺门汗呼图克图等六大寺院赐上等礼品，1000 两白银作为布施之用，大的上乘哈达 100 条，小的 1000 条，100 个茶砖，为各子寺献 100 两白银，上乘哈达小的 1000 条，200 个茶砖，为三个礼佛殿赐五种千供，并献哈达一条，为前来供施的 30 位僧人赐一章喀藏币和一条哈达，献所有的佛殿为五种千供，为各主佛像献耳饰哈达，为僧众赐斋僧茶 23 个和四钱，五位僧人献一条哈达，七世班禅额尔德尼也增加 5 个斋僧茶和5分钱,在众僧前发愿,颂回向文。并参与了密宗院在大厅里举行了为期3天的金刚手菩萨、胜乐、大威德等护法的仪轨和祈祷。为各坛城献耳饰,每位僧人4钱及每5人赐一条哈达,为各子寺赐5个斋僧茶。钦差大臣返回时向皇上献收据及贡品。诺门汗及众人用汉语、蒙古语、法语等语言进行讨论政教之事。

八月份,米纳堪布从京城回来把皇上赐予的诏书及礼品交与七世班禅额尔德尼,七世班禅额尔德尼欣喜地接受。为香噶曲(ཤངས་དགའ་ཚོས།)僧众前来寝宫祝寿赐回礼,赐六圈三列作为斋僧茶之用。办理赤加纳(ཁྲི་རྒྱ་ནག་པ།)的丧事的管家前来向七世班禅额尔德尼请求办丧及尽快出现转世灵童的祈祷颂文,并献1000两白银,对此七世班禅额尔德尼赐回礼。为康涅丹增斯塔(ཁང་གཉེར་བསྟན་འཛིན་སྤྱི་ཐར།)来寝宫祝寿,献大量礼品赐回礼。还有香萨(ཤིང་ས།)活佛、格西共同的人员,金丹朗(སྦྱིན་བསྟན་གླིང་།)、罗桑丹增南杰(བློ་བཟང་བསྟན་འཛིན་རྣམ་རྒྱལ།)活佛,果洛(མགོ་ལོག),若尔盖(མཛོ་དགེ།)和雅安(ར་ངབ།)地区的活佛和官员,阿拉夏久美沃色(ཨ་ལ་ཤ་འཇིགས་མེད་འོད་ཟེར།),奥尔德斯俄香活佛(འོར་ཏུ་སུ་ཨུ་ཤིང་བླ་མ།)、吞·罗桑丹达(ཐོན་བློ་བཟང་བསྟན་དར།)、吞·白交(ཐོན་དཔལ་འབྱོར།)、土观呼图克图(ཐུ་བཀན་ཧོ་ཐོག་ཐུ།)的父亲,哈尔青诺云呼图克图(ཏར་ཆེན་ནོ་ཡོན་ཧོ་ཐོག་ཐུ།)的办丧人员,伊利堪布(ཡི་ལི་མཁན་པོ།)的管家等康区蒙古僧俗等人献的礼品,予以奖赏,接见,法缘、允准继承等满足了各自的愿望,还用他们的方言向他们问候和教导,使得他们对七世班禅额尔德尼更加虔诚、尊敬,欢喜,纷纷向七世班禅额尔德尼祈祷。娄宿月里,司膳杰仲罗桑坚赞(རྗེ་དྲུང་བློ་བཟང་རྒྱལ་མཚན།)为每年在密宗院举行的金刚手大势至修供仪轨捐献400两白银,2031驮粮食。德钦活佛罗桑次成应试了《文殊辑要三善经》《五经函之根本》《律海集要》《菩萨行经》《心灯》《本身传——前善经》《劝戒亲友书》,那塘巴阿旺嘉措应试《药师佛经》

及《医书三续》，冲卡布巴南坚赞（ཁྲོན་སྟག་པ་རྣམ་རྒྱལ་མཚན།）应试《小疏》四章，协巴活佛罗桑群培坚赞（བཞད་པ་སྐུ་སྐྱེ་བློ་བཟང་ཆོས་འཕེལ་རྒྱལ་མཚན།）、南杰索巴（རྣམ་རྒྱལ་བཟོད་པ།）和旺秋群培（དབང་ཕྱུག་ཆོས་འཕེལ།）等 3 人应试《释量论》四章，温寺僧人罗桑云丹（དབེན་དགོན་པ་བློ་བཟང་ཡོན་ཏན།）应试《胜乐本续》，为上述应试的人员赐予丰盛奖品。

七世班禅额尔德尼为第九世达赖喇嘛隆朵嘉措授菩提密宗三戒律，并通过闻思修来教导他要继承宗喀巴大师的佛法，授权他为教法之主等，为西藏做了许多有利于佛法之事。在后藏地区也为常住居民及来自各地的无数僧俗群众显尊容，赐语甘露、出家、受戒、灌顶、秘法等为佛法作出了许多贡献。生者与死者的所有财物都用在修建佛经、佛像及佛塔上，没有一丁点的浪费现象。为佛像献供品，为佛法永存而献供佛基金，供养各教派的僧众等，班禅额尔德尼继承了贤哲们良好的传统，也为未来将要执持佛教的人士作出了榜样。

有诗云：

“昔日之乌释耶国王等①，
诸多钱财供养佛祖时，
佛祖每日示现多幻化，
众生得到成熟与解脱。
如此又将诸多钱与物，
怙主您之殊胜聚僧寺，
敬奉与供养出家僧侣，
念诵三轮清净回向文。

① 又称为波斯匿王、胜光王、胜军王。古印度舍卫国王，与释迦牟尼同月同日生。即位后，经常随从佛听法，被其臣下摈逐，乃往求于未生怨王，病死途中。

具有茂密森林之大地，
无数生灵仙人之年灾，
三时大佛普降甘露雨，
灌满僧侣聚集之乐海。
其他轻慢大持佛法者，
圆满世界由毒花装点，
三种智者做事利佛众，
如此做法比日星奇有。
您是吉祥右旋大海螺，
不断奏出美妙之乐曲，
遍传大地佛法之经院，
跏趺安坐于金刚法座。
诸低智商者无法傲游，
汉藏智者显密之大海，
勤奋修行佛法之众生，
汇集于三身宝贝之洲。
此生弱小吾之思想境，
现处于无久轮之空想，
疑虑被愤怒军常促使，
从此弱小吾增强心力。
深奥殊胜教法金刚经，
通达深广心灵之境地，
广义开启众生之慧源，
深意灌满垮塌之山坳。
三学雪山之巅示现经论之锋利剑，
讲辩著之绿叶覆盖广袤美丽大地，

无垢类别一家之主于千头大象中，
如不断吼叫雄狮怙主您常胜无敌。
名为吉祥河水之坛城，
如同神之乐园迁大地，
身披漂亮干净绿草衣，
不断缓缓流入之泉水。
花环装饰美丽之大地，
跳着各种各样的舞蹈，
青年人们美妙的歌声，
二部声音腰鼓传大地。
此乃是政与教之喜宴，
圆满新生前程无限好，
长寿灌顶引领数千人，
用锐利三眼观前方吗？
美丽词汇之问照心田，
好事圆满成熟味香甜，
实物礼品及迎请函信，
君王使者于路敬人王。
昔日做出无量之事业，
殊胜功德来自心智慧，
土地大梵天稍微观看，
信仰、尊敬、快乐相互增。
黄帽法幢矗立于北方，
地方学者为杰尊达巴，
殊胜幻化如意之法王，
白朗善房大海中念诵，

著有《甘丹格言法大洲》。
转世活佛有殊胜心绪,
有梵行比丘戒之甘露,
敬献满瓶甘露及黄衣。
空行护法智慧大经师,
空行自在至尊瑜伽母,
布满天界彩虹与光路,
迎请至洁净空行之地。
此时护法之清净心海,
大经师之影像极清楚,
意极其不佳心又劳累,
一声呼唤醒心之水仓。
但是愚昧者有着幻想,
身体启日坛城虽已落,
远离罪孽自心不受染,
胜义上师之言何未明?
如意宝贝灵塔闪金光,
中心供奉尊胜大佛塔,
宝贝金银琉璃来装饰,
新建圆满如意大宝塔。
全部众生如此呼声高,
所有声音如同诵佛经,
汉蒙等地也有诸回音,
用各自语言传授佛法。
此加持种子各自发芽,
心识信仰依止湿润土,

种植后喜获丰收果实，
正行之缘份各自获得。
遍智净镜之诸法性型影闪金光，
深广格言甘露流入讲修佛法海，
伟大吉祥事业尽除浊世之衰败，
吉祥宝贝上师降下如愿正果雨。”

谓之“无边诸佛共相怙主班禅额尔德尼一切知尊者罗桑班丹旦白尼玛确列朗杰吉祥贤身语意之传记世间庄严”记载于此。

藏历火虎(丙寅年)年氐宿月(藏历四月)十五日至铁蛇(辛巳年)年之间大做利益众生之事。

第二节　行年四十一至五十九岁之间弘法功德

行年四十一至五十九岁之间主要事迹概述如下：

谓之“各种”即藏历水马年(壬午年,1822 年)正月初二,七世班禅额尔德尼谨遵清宣宗道光皇帝圣谕,为认定第九世达赖喇嘛之转世灵童①和给达赖喇嘛灵童授予居士戒而移驾卫迥(དབུས་སྡོངས། 即拉萨)时,僧众以佛教礼仪迎接,信众以世俗的歌舞形式举行了盛大的迎接活动。班禅像往常一样给僧俗信众摸顶赐福,尤其对设灶郊迎(ཐབ་བསྒྲ།)处的诺门汗(法王,古代蒙古族官职名)、噶伦

① 即十世达赖喇嘛,法名楚臣嘉措(1816 - 1837 年),意为“戒海”。出生于今西康理塘一贵族家庭,自九世达赖喇嘛逝世后,在西康地方共找到了三个“灵童”。1822 年,清道光皇帝命将三个”灵童”都送到拉萨,正月十五日,在布达拉宫举行“金瓶掣签”仪式。掣签仪式由七世班禅额尔德尼主持,结果抽出西康理塘的楚臣嘉措为十世达赖喇嘛,七世班禅额尔德尼为其剃发授近事戒,并取法名为阿旺罗桑丹增楚臣嘉措,简称楚臣嘉措。二月初三日,授沙弥戒。同年 8 月 8 日,十世达赖喇嘛在布达拉宫举行坐床典礼。清宣宗(道光帝)派人前来西藏“看视坐床”。清道光九年(1829 年)十三岁的十世达赖喇嘛楚臣嘉措到哲蚌寺学经。十四年(1834 年)4 月 8 日,拜七世班禅额尔德尼为师,在大昭寺授近圆比丘戒。十七年(1837 年)9 月 1 日,十世达赖喇嘛楚臣嘉措在布达拉宫暴亡,只活了二十二岁。到逝世为止,十世达赖喇嘛一直没有亲政。

(བཀའ་བློན།)、札萨克(ཇ་སག)①、代本(མདར་རྩིས།)、孜雪(རྩེ་ཤོད། 原西藏地方政府时代指达赖喇嘛和摄政)的上下官员赐福摸顶,给上等官员赐予茶叶等礼品予以慰问。在行辕(བཞུགས་སྒར།)中给驻藏大臣赐福摸顶,并授予详尽的启示教诲。班禅额尔德尼对普觉活佛说:"从现在起,你要陪伴我直到返回后藏为止。"普觉谨遵班禅额尔德尼法旨,一刻不离左右,期间聆听高深的佛法,进行了促膝长谈,表达了无上的尊崇。十二日在热堆(ར་སྟོད།)②会晤两位驻藏大臣。十三日移驾罗布林卡夏宫。之前以摄政(རྒྱལ་ཚབ།)为代表的高僧大德、堪布、以及色拉寺、哲蚌寺的喇嘛和朗杰札仓等的喇嘛已经为金瓶掣签之事进行了长久的诵经祈祷。(一月)十五日,班禅额尔德尼登上挂有皇帝尊像寝殿的金座,与藏汉僧俗高级官员一起将金瓶(གསེར་བུམ།)置于五色绸缎的坐垫上。奉旨前来的驻藏大臣联豫行九叩大礼后,将一侧写有藏文珠匝字体(འབྲུ་ཚ། 藏文珠匝体,笔画转折处棱角突出的藏文行书字体),一侧写有汉文的三个象牙签(བ་སོའི་བྱང་བུ།)由灵驻藏大臣(ལིན་ཨམ་བན། 驻藏帮办大臣灵海)亲手置于金瓶之中,奉旨前来的温钦差大臣(ཝུན་ཡན་བན། 驻藏大臣温宗尧)亲手掣签并当场宣布结果。理塘仲垛(ལི་ཐང་སྒྲོན་འདོགས།)的孩童被选为达赖喇嘛灵童,此乃为法主七世班禅额尔德尼的心识判断,也符合甘丹颇章③三位战神(དགའ་ལྡན་ཕོ་བྲང་གི་དགྲ་ལྷ་གསུམ།)为主的护法神众、上

---

① 札萨,札萨克,清代官名,义为总管。有备兵札萨克与旗札萨克,外有喇嘛为札萨克者管辖僧众,此官在原西藏地方政府为三品官。

② 又名惹热堆极乐寺。拉萨近郊聂塘地方一古寺名。公元1205年,嘉钦如瓦所倡建,藏族译师洛丹协绕曾经常住其中,当时号称卫藏六大佛寺之一,后为讲习辩论因明学之地。

③ 甘丹颇章意为兜率宫,为拉萨哲蚌寺的一座建筑。该建筑原名"多康恩波"(蓝色石头房子),是帕竹政权首领在哲蚌寺居住的官邸。明正德十三年(1518年)帕竹第悉阿旺扎西扎巴坚赞将其献给二世达赖喇嘛根敦嘉措,根敦嘉措为使众生结下法缘,早日转生兜率天宫,将此建筑改名为甘丹颇章。此后二世、三世、四世、五世达赖喇嘛都曾以此为住宅。明时,和硕特部固始汗和格鲁派联合攻灭第悉藏巴政权,格鲁派掌握了西藏地方政权。因达赖喇嘛为该政权的首领,故人们通常以当时达赖喇嘛的住所甘丹颇章来称呼格鲁派的地方政权,此后甘丹颇章政权又成为原西藏地方政府的代称。

师和神灵之预言，是虔信佛法三宝的大皇帝和佛教善缘的无欺之象。噶厦地方政府举行了盛大的庆典并敬献了油炸面点等丰厚的礼物，摆好了迎请灵童的礼金。之后，班禅额尔德尼像往常一样对金格勒宝石灵塔（གསེར་གདུང་དགེ་ལེགས་གཞི་འབར།）进行了礼供，然后移驾罗布林卡夏宫，用两天时间为成千上万僧俗信徒赐福摸顶。

十八日，在侍奉噶伦协扎（བཀའ་བློན་བཞད་སྒྲ།）等人的陪同下移足热堆寺（ར་སྟོད།）拉章内；旭日甘露时分（指上午 9 时整至上午 11 时整），在拉堆拉章之小寝宫中与众驻钦差大臣一起，按清宣宗道光皇帝的旨意对九世达赖喇嘛之转世灵童金瓶掣签所持的三个疑点进行了澄清，钦差大臣以按照班禅额尔德尼的意愿认定了理塘孩童为达赖喇嘛的灵童为由，要求向东方皇帝遥行九叩礼表示感谢，他面朝东方向大清皇帝叩拜九次。七世班禅额尔德尼主持九世达赖喇嘛之转世灵童剃度①（གཙུག་ཕུད་བཞེས་པ།）的同时授予达赖喇嘛灵童居士戒（དགེ་བསྙེན་གྱི་སྡོམ་པ།），并取法名为阿旺罗桑绛白丹增楚臣嘉措（ངག་དབང་བློ་བཟང་འཇམ་དཔལ་བསྟན་འཛིན་ཚུལ་ཁྲིམས་རྒྱ་མཚོ།），上号众生之神圣依怙尊。同时，赐予达赖喇嘛灵童上乘哈达、红色护身结、佛祖释迦牟尼之塑像、乌班（དབུ་པཏ།）②、袈裟、副裙（སྨུ་ཤམ།）③、僧裙，僧靴等。西藏地方政府为酬谢班禅额尔德尼主持认定达赖喇嘛灵童敬献了厚礼，贵族、札萨克、基巧堪布（སྤྱི་ཁྱབ་མཁན་པོ།）④等也呈献了礼物。供职于聂塘（མཉེས་ཐང་།）的堪布罗桑索巴（བློ་བཟང་བཟོད་པ།）也敬献了大量的礼物，班禅额尔德尼教导他要勤于职守，并赐予护身结和哈达。师徒⑤一行移驾大经堂，噶厦向班禅额尔德尼呈进了素食及

① 藏俗出家时由堪布动手剃去的一撮头发。

② 藏族僧侣所戴长顶尖帽，据说帽式系从东孟加拉传入。

③ 比丘十三资具之一。裙长五肘，宽二肘，为夜间穿于下身之一。

④ 基巧堪布，原西藏地方政府时代，达赖喇嘛随身近侍中高级僧官职位名。

⑤ 此处师徒指七世班禅额尔德尼和十世达赖喇嘛两人。

丰厚的礼物。以三大寺为代表的各大寺院之拉基（བླ་སྤྱི།）[1]、地方政府的高级僧官、土观呼图克图[2]等也呈进了大量的礼品，拉章（བླ་བྲང་།）方面代表九世达赖喇嘛之转世灵童，给班禅额尔德尼敬奉了丰厚的礼物，呈进了美味的膳食。二十一日驾临辩经场为喇嘛和寺庙执事人员（བླམ་ལས་སྡེ།）赐福摸顶，并讲述释迦牟尼佛祖之《三十四本生传》（སྐྱེས་རབས་སོ་བཞིའི་བཤད་ལུང་།），亲诵发愿回向文。之后班禅额尔德尼用丰富的供品礼供了古寺名刹。

当月及次月，班禅额尔德尼为300多名信徒亲授近圆比丘戒[3]，甘丹众僧呈进三所依（རྟེན་གསུམ།）[4]的厚礼。尚未完成对赤仁布切（ཁྲི་རིན་པོ་ཆེ།）[5]等人呈进的午膳感谢和摸顶赐福时，几位格西（དགེ་བཤེས།）前来颂诗礼赞，班禅额尔德尼为他们赐予了哈达和护身结。尔后，祈请拉木护法（ལ་མོ་ཆོས་སྐྱོང་།），给拉木护法神敬奉了酥油灯、哈达及其它供品，托付了护法职责。至此，为九世达赖喇嘛转世灵童

① 拉萨三大寺院的高级僧官，为各札仓堪布及铁棒喇嘛、执事僧、公家等执事人员。

② 呼图克图为蒙语，义为圣者。清代中央政府授予藏族和蒙古族地区佛教大活佛的封号。凡属这一级活佛，均载于理藩院册籍。西藏的大呼图克图有些具有出任地方政府摄政的资格。此为第四世土观呼图克图罗桑图登确吉坚赞。

③ 又名近圆戒。圆，谓断证功德究竟涅槃；近，谓迅速成就是诸功德，故名近圆。

④ 又名三所依。佛像为身所依，佛经为语所依，佛塔为意所依。

⑤ 赤仁布切为甘丹赤仁布切之简称，是甘丹赤巴的敬称。甘丹赤巴为甘丹寺住持。藏文音译，又译写作"甘丹寺墀巴"或"噶勒丹赤巴"等。甘丹赤巴又意指为继承格鲁派创始人宗喀巴法座者，其佛教地位极高，仅次于达赖喇嘛与班掸，必须学识渊博，并具备出任摄政的资格。其传承不像达赖喇嘛和班禅额尔德尼等利用转世的方式进行，而是依一套循序渐进、逐步考试的制度进行。按照要求，只有拉萨三大寺僧侣在拉萨正月传大召法会上通过五部经论的答辩考试，取得有名次的拉然巴格西学位后才有资格，再转入上密院或下密院修习密宗，取得密宗"阿让巴"学位，然后充任密院"格古"4个月，再通过一定考试升补喇嘛翁则3年，再升任堪布3年，堪布任满3年后转为堪苏（御任堪布），等待甘丹寺夏孜或绛孜法王出缺时递补，上密院的堪苏只能升任夏孜法王，下密院的堪苏只能升任绛孜法王。夏孜和绛孜法王在甘丹赤巴任满7年卸任或出缺时轮流升补。甘丹赤巴每任7年，自宗喀巴创建甘丹寺并出任第一任甘丹赤巴至1959年，共传有96任。以上程序在五世达赖喇嘛时期才逐渐健全。驻藏大臣琦善，根据甘丹赤巴晋升制度在其所制定的28条章程中第二十条做了更明确的规定，"补放噶勒丹池巴，应请照旧，先择其自幼曾在布赉绷、色拉、噶勒丹三大寺为僧，安静焚修20余年，大小传召时，考取兰占巴名次，再人下温都逊寺内学习法事，深通之后，充补格西堆次已深至七八年，方准入选。属上温都逊寺（即上密院）者，选放掌教喇嘛翁则，由翁则拣升该寺堪布，由堪布升补辖尔孜曲结，再轮升噶勒丹池巴。属下温都逊寺（即下密院）者，由格西堆次年久，轮充格斯贵，由格斯贵年满选放掌教喇嘛翁则，由翁则选该寺堪布，由堪布升补绛孜曲结，再轮升噶勒丹池巴。不准越一次超升，以杜营谋，致坏清规之弊"。渐成定制。

金瓶掣签（གསེར་བུམ་བརྟག་ཞུ།）、认定、剃度、赐名、授予居士戒之事圆满结束。诸位驻藏大臣给班禅额尔德尼呈进佛像和绸缎等礼物致谢。八日，普觉寺（ཕུར་ལྕོག）①、策默林②（ཚེ་སྨོན་གླིང་།）及江仁寺（རྒྱང་རམ།）之僧众祈求诵经祝寿，班禅额尔德尼吟诵了自己撰写的祈请达赖喇嘛永驻世间的祈祷（རྒྱལ་དབང་མཆོག་གི་ཞབས་བརྟན།）及《兜率百佛赞》（དགའ་ལྡན་ལྷ་བརྒྱ་མའི་ལྷུགས་ལུང་།）等经文。

九日，给功德林（ཀུན་བདེ་གླིང་།）③活佛转世灵童授予沙弥戒（དགེ་ཚུལ་གྱི་སྡོམ་པ།）的同时，赐予了诚恳的教诲。十三日，移驾聂塘热堆（མཉེས་ཐང་།），在众多高僧大德加持过的达仓④（སྟག་ཚང་།）拉堆拉章之小寝宫中，在与拉萨大昭寺释迦牟尼佛同一时期所建的能仁达萨（ཐུབ་དབང་སྟ་ཟུར་མ།）⑤前，于藏历二月（翼宿月）（དབོ་ཟླ།），持律尊者堪布罗桑班丹旦白尼玛确列朗杰贝桑布（མཁན་ཆེན་བསྟན་པའི་མངའ་བདག་རྗེ་བཙུན་བློ་བཟང་དཔལ་ལྡན་བསྟན་པའི་ཉི་མ་ཕྱོགས་ལས་རྣམ་རྒྱལ་དཔལ་བཟང་པོ།）派来的堪布、摄政仁布切派来的弟子、策默林活佛派来的受戒者、森巴活佛（སེམས་དཔའ་སྤྲུལ་སྐུ།）、扎曲多乐噶钦格勒坚赞（བཀྲས་ཆུའི་རྡོ་སློབ་དཀའ་ཆེན་དགེ་ལེགས་རྒྱལ་མཚན།）等数十位高僧为了给九世达赖喇嘛之转世灵童阿旺罗桑绛白丹增楚臣嘉措授沙弥戒，给十世达赖喇嘛呈进早先就预备好的银制曼陀坛城（དངུལ་གི་མཎྜལ།）等丰厚的赠品，十世达赖喇嘛也回赠了丰富的礼物。十世达赖喇嘛和七世班禅额尔德尼师徒二人在大经堂晤面时，噶厦地方政府举行了盛大的庆典仪式，为了让七世班禅

---

① 拉萨北郊色拉寺后山上一小寺名。

② 藏语意为“祝愿长寿寺”，是拉萨四大林之一。位于西藏拉萨市大昭寺之北，由色拉寺高僧阿旺楚臣创建于清乾隆四十二年（1777 年）。阿旺楚臣曾任过西藏摄政。该寺主被朝廷封号为“灌顶国师诺门汗”。

③ 功德林也叫永安寺，位于拉萨布达拉宫西南。建于公元 1794 年〈清乾隆五十九年〉清乾隆和光绪两代时，其寺主为打擦诺门汗即济咙呼图克图，曾前后两任西藏摄政。

④ 达仓，古代西藏一氏族名。

⑤ 释迦牟尼佛之异名。

额尔德尼出任十世达赖喇嘛的堪布,给七世班禅额尔德尼敬献了丰盛的厚礼。拉章方面向十世达赖喇嘛供奉了油炸面点及丰厚礼物,下辖的寺院和僧俗信众也向十世达赖喇嘛敬奉了大量的礼品。师徒二人在圣聚小寝宫中小聚,摄政仁布切、众噶伦、卫藏各大部族头人(དབུས་གཙང་ཚོ་ཆེན།)等向十世达赖喇嘛呈进厚礼,众堪布(མཁན་ཟེ།)及所有公职人员(གཞུང་ཞབས་པ། 原西藏地方政府贵族僧俗官员的统称)也敬献了礼物。班禅额尔德尼为十世达赖喇嘛首次获得缘觉传授了特殊三段经义,讲解了六支加行(སྦྱོར་བའི་ཆོས་དྲུག)①,班禅额尔德尼恭恭敬敬的接受了十世达赖喇嘛敬赐的厚礼。

妙音林(སྨྲ་དབྱངས་གླིང་།)、丹杰林(བསྟན་རྒྱས་གླིང་།)②寺的僧众给班禅额尔德尼呈进了油炸甜点及丰厚的礼物,班禅额尔德尼为众僧吟诵了《兜率百佛赞》《香巴拉祈愿经》(ཤམྦྷ་ལའི་སྨོན་ལམ།)等。二十四日,班禅额尔德尼派堪布罗桑索巴通过众驻藏大臣向清宣宗道光皇帝禀报向十世达赖喇嘛授沙弥律仪的情况,并上书谢恩。此后,班禅额尔德尼移驾布达拉宫宫顶赏景,叩拜了格勒森巴灵塔,并向灵塔敬献了大量的供品;为其他圣物敬献了供品及五彩哈达。二十八日,策默林活佛前来祈祷并呈进礼物,为了答谢策默林活佛,班禅额尔德尼为僧众念诵《兜率百佛赞》,为 164 名修行士(བསླབ་བྱ།)授予近圆比丘戒。彼时班禅额尔德尼贵体欠佳,加之被驻藏大臣激怒,故在移驾罗布林卡的路上,空中出现有身披袈裟的八世达赖喇嘛·绛白嘉措身像,八世达赖喇嘛像劝班禅额尔德尼无需动怒,班

① 佛教密乘时轮金刚圆满次第修炼气息时,于所缘境上进行的收摄、禅定、运气、持风、随念和三摩地。

② 藏语意为"佛教兴旺洲"。是拉萨四大林(另三林是策觉林、策默林、功德林])之一。位于西藏自治区拉萨市大昭寺西北。清乾隆二十二年 (1757 年),第七世达赖喇嘛圆寂,朝廷命第穆六世阿旺降白德列嘉措摄政,乾隆赐建该寺,并题"广法寺"之匾。清嘉庆十六年(1811 年),第穆六世去世,第穆七世接任摄政,朝廷封号为"额尔德尼诺门汗"。清光绪二十五年(1899 年)第穆九世时,因谋杀达赖喇嘛事件的牵连而被囚禁,不久死去。从此,清廷革除了第穆呼图克图的名号并禁止转世。因该事件,丹杰林的全部财产被没收,寺院也衰落,如今仅存两个佛殿。

禅额尔德尼听后获益不浅。五浊横流时代(སྙིགས་དུས།)一些桀骜不驯的人对八世达赖喇嘛·绛白嘉措持有偏见而进行诽谤,此事让班禅额尔德尼忧心忡忡,独自一人前往罗布林卡散心时,天空现出八世达赖喇嘛在世时的形象,他身披袈裟、头戴僧帽(པཎ་ཞྭ།),不久便幻化为四臂观音。班禅额尔德尼满怀虔诚之心,相信这是上世达赖喇嘛在安慰我。此时达赖喇嘛之形象逐渐变得模糊,但其言语犹然在耳。又说,当关键时刻在罗布林卡寝宫八世达赖喇嘛·绛白嘉措之法台前虔诚祈祷时,能听到"啊哦吁"(ཨ་ཧོ་ཝེ།)的声音,班禅额尔德尼感到达赖喇嘛仍在人间,心生欢喜。所以班禅额尔德尼每次驾临拉萨时常选此处就寝,抑或住在新的寝宫时,也要前往罗布林卡寝宫八世达赖喇嘛·绛白嘉措之法台前供奉酥油灯等供品和诵经祈祷,有时还进行特别祈愿等殊胜法事。

七世班禅额尔德尼前往桑耶寺游览圣地、朝拜圣物时,问卦护法神班丹拉木,该骑那匹乘骑?护法神言道:"您会收到一匹称心如意的坐骑。"果不然收到一匹呈进的枣红乘骑。移驾桑耶寺时贵体略感不适,只好在吉姆(སྐྱིད་མོ་གཞོངས།)地区扎营休憩。随行人员不知所措,提议继续歇息时,七世班禅额尔德尼言道:"无需如此焦虑,吾将明天康复。此疾为前世役使众多天龙八部(ལྷ་སྲིན་སྡེ་བརྒྱད།)所造之孽。"揣测此言,其上世应为莲花生大师。八日游览桑耶寺白哈尔护法殿,班禅额尔德尼祈请孜俄玛波护法神(ཙེའུ་དམར་པོ།)和五王护法神,敬献绸缎哈达,托付了护持业四支(ལས་བཞིའི་འཕྲིན་ལས།　业四支:因支、等起支、造作支和成就支;一说为分别决定支、滋生增长支、不作不遇和作已不失支)之佛事。七世班禅额尔德尼先后为僧众呈献丰盛的供养,同时游览了桑耶寺。饶迥札仓(རབ་བྱུང་གྲྭ་ཚང་།)之僧众为班禅额尔德尼念诵了长寿经并呈进了丰厚的礼物,举行了规模宏大的初十跳神舞,为此回赠了厚礼。之后他给护法神诵经献绸缎，敕令护法神誓保佛法、利乐众生。为了让其不离不弃地规范护法神，饶迥札仓敬献了一杆长矛和一把剑，班禅额尔德尼欢喜纳受。按护法神之预言，班禅额尔德尼赐给白哈尔护法殿一根由金铜制成的红宝石火焰幢顶的宝幢。作为上世达赖喇嘛之亲传弟子，今世达赖喇嘛的上师，普觉活佛罗桑强巴仁布切（ཡོངས་འཛིན་ཕུར་ཅོག་བློ་བཟང་བྱམས་པ་རིན་པོ་ཆེ།）迎请班禅额尔德尼对护法神殿和十二朗杰札仓为大威德金刚（རྡོ་རྗེ་འཇིགས་བྱེད།）做了具有完整加行、正行和结行①（སྦྱོར་དངོས་མཇུག་གསུམ།），以及自受灌顶（བདག་འཇུག）②、开光法事、会供曼陀罗（ཚོགས་ཀྱི་འཁོར་ལོ།）③等仪轨，为孜俄玛波护法神念诵礼赞④（བསྐང་འཕྲིན།）、敬献甘露之酒（གསེར་སྐྱེམས། 向神祭酒，一种宗教仪式）。寺院执事为班禅额尔德尼师徒及所有仪轨助手呈进了丰厚的礼物。也就在这时，班禅额尔德尼为达赖喇嘛的转世灵童授予沙弥戒，并为39名修行者授予近圆比丘戒⑤。

十五日，班禅额尔德尼移驾桑耶哈波日山（བསམ་ཡས་ཧད་པོ་རི།），为战神主持礼赞仪轨法事的同时游览了马头明王林（རྟ་མགྲིན་གླིང་།），为护法神进行了礼赞。班禅额尔德尼游览寺院时，坐骑神骏次仁珠玛（ཅིབས་ཆེན་ཚེ་རིང་གྲོ་དམར།）在此恭候，声明⑥学院的年轻僧人对班禅额尔德尼的坐骑议论道："普通坐骑在这儿不会嘶叫或奔跑，但班禅

① 加行、正行和结行，也译作预备、正式和结束三阶段。

② 自受灌顶，自入，自受灌顶。为他人灌顶之先，金刚阿闍梨自己进入智慧坛场之中，观自我与本尊身、语、意、德、业五者无二无别，接受灌顶，取得允许弟子进入坛场之权。

③ 会供曼陀罗，佛教行者，观想凭借神力加持五欲及饮食食品成为无漏智慧甘露以供师、佛三宝及自身蕴、处、支分三座坛场，积聚殊胜资粮的仪轨。

④ 酬补、请托、礼赞、崔权的宗教活动。

⑤ 近圆比丘戒亦称为比丘学处或比丘律仪。近圆比丘戒主要是防止比丘或比丘尼犯五篇或五堕罪，即他胜、僧残、堕罪、向彼悔和恶作，或者说，近圆比丘戒即为不犯他胜、不犯僧残、不犯堕罪、不犯向彼悔、不犯恶作。

⑥ 大五明之一，语言学：主要有四部论著，是古梵文四大名家的四部声明学著述，即古印度六面童子所著《嘎拉巴》（积分论）；月八戒居士所著《赞扎巴》（月八戒论）；妙音天女所著《央金玛》（妙音论）和婆罗门马尼所著《巴尼巴》（巴尼论）。藏族地区普遍使用妙音天女所著的《央金玛》。

额尔德尼之坐骑并非普通坐骑，若如此，请班禅额尔德尼的坐骑仰天嘶鸣三声。”该坐骑听完此话，立刻仰天长嘶三声，差一点从牵马者手中逃脱，僧俗信徒无不为班禅额尔德尼和他的宝骑产生敬仰之情。班禅额尔德尼为15名修行者授予近圆比丘戒，并在名贵绸缎之幡背面写了：“唵萨德（ཨོཾ་ས་སྟི།）胜过一切殊胜的美衣，敬献给一切众生的皈依处，所有意愿都能如愿以偿。”文下署有“扎什伦布寺于藏历水马（1822年）年所赐，祝吉祥”的祈祷文。十六日，七世班禅额尔德尼从桑耶寺移驾森阿寺（གསང་སྔགས་མཁར།），森阿寺僧众前来迎请并呈献了丰厚的素供和礼物，班禅额尔德尼念诵了《兜率百佛赞》《依怙尊礼赞》（མགོན་པོའི་བསྟོད་པ།）等。十八日移驾罗布林卡，二十二日哲蚌大会（འབྲས་སྤུངས་ཚོགས་ཆེན།）呈进了丰厚的礼物，各札仓也呈进了自己的礼物，并念诵长寿经，几位格西敬献了善说礼赞（ལེགས་བཤད།），班禅额尔德尼一一回赐哈达。哲蚌藏巴康村（འབྲས་སྤུངས་གཙང་པ་ཁམས་ཚན།）恭迎班禅为僧俗信众赐予《长寿灌顶》。二十八日，所有僧众和各札仓前来呈礼膜拜，膜拜快要结束时，众格西进行辩经，班禅额尔德尼赐予他们哈达；翌日，为众僧俗信徒念诵了密宗事部三怙主（རིགས་གསུམ་མགོན་པོ།）密咒和《所缘度母悲心经》（དམིགས་བརྩེ་མ།），在罗布林卡①宫先后为上千名信徒授予近圆比丘戒，为他们走上善趣之境（མཐོ་རིས་དང་ཐར་པའི་ལམ།）广开坦途；为前来祈福的摄政仁布切

① 罗布林卡意为“宝贝园林”。位于西藏自治区首府拉萨市西郊，占地36万平方米，始建于18世纪中叶。据说此地原为拉萨河故道，每年夏季，这里绿茵茂盛，百花齐放，风景优美，七世达赖喇嘛常到这里扎帐消夏。后清驻藏大臣为达赖喇嘛修建了乌颇章（凉亭宫），七世达赖喇嘛晚年时，又修建了一座以他的名字命名的“格桑颇章”，并定名这一带为“罗布林卡”。之后，七世达赖喇嘛每到夏季便在这里处理政务。从七世达赖喇嘛开始，历辈达赖喇嘛在藏历每年三月十八日便从布达拉宫迁居罗布林卡，到藏历八九月间又返回布达拉宫。罗布林卡自建以来距今已有200余年，其间进行了两次大的扩建。八世达赖喇嘛时期建造了辩经台、观戏楼、湖心宫、龙王宫和圆经室。十三世达赖喇嘛时又建了金色林卡、金色颇章和格桑德吉等，后又建造达旦米久颇章。其中格桑颇章、金色颇章和达旦米久颇章是园内的主要建筑。格桑颇章和金色颇章均为三层，底层为供举行大型宗教活动的大经堂，上两层分别为达赖喇嘛卧室和小经堂。达旦米久颇章中最为引人注目的是西藏通史壁画。八世达赖喇嘛时，在园内移种了大量花草树木。据统计，园内各种花木植物达100多种，被誉为高原植物园。

念诵长寿经和噶当四佛[①](བཀའ་གདམས་ལྷ་བཞི།)的随许加持等经。之后移驾拉瓦堆(ར་བ་སྟོད།)与达赖喇嘛晤面时,为诺门汗、策默林活佛、功德林活佛、土观呼图克图、沃色活佛等念诵了《兜率百佛赞》,并赐予独雄大威德金刚的灌顶(འཇིགས་བྱེད་དཔའ་གཅིག)仪式,作为酬谢,他们为班禅额尔德尼呈进了丰厚的礼物。

七世班禅额尔德尼派往清宣宗道光皇帝之处的特使带来了皇帝的圣旨,为达赖喇嘛和班禅额尔德尼师徒二人以及大摄政带来了皇帝赐予的丰厚礼物,恭敬地收下礼物。为答谢皇恩,班禅额尔德尼通过众驻藏大臣向清宣宗道光皇帝呈进感恩信和佛像等厚礼。拉章方面为此举办了盛大的庆典,念诵了长寿经,呈进了丰厚的礼物。之后班禅额尔德尼为达赖喇嘛为首的西藏地方政府众活佛念诵了长寿经,进行了白文殊随许加持(འཇམ་དབྱངས་དཀར་པོ།),西藏地方政府为达赖喇嘛师徒二人呈进了油炸甜点和丰厚的礼物。班禅额尔德尼与普觉强巴仁布切形影不离地研辩佛经,并赐予长寿洗礼密咒(ཚེ་དབང་བྱབས་ཁྲུས་མན་ངག),普觉强巴仁布切向七世班禅额尔德尼磕长头的礼仪为所有拜师者给予很好的范例。彼时,班禅额尔德尼为扎什伦布寺发放布施的同时赐予诵经条令、真言酥油[②](སྔགས་མར།)、亲笔函等。致函内容为:“具有明解脱八德[③](རིག་གྲོལ་གྱི་ཡོན་ཏན་བརྒྱད།)的犹如大海般的圣众之耳,敬启者,此次认定达赖喇嘛灵童,并为灵童剃度授戒,实属顺利,皆仰众喇嘛僧人虔心祈祷之力。今年五鬼身居西方,即便做除障法事,西行仍会引起旧恙复犯,如果时令合缘,只要对佛法有利,吾将努力为之。现在寺院的

① 噶当四佛,即释迦牟尼佛、观音菩萨、不动金刚、度母。

② 真言酥油,宗教徒诵咒吹起后的酥油。

③ 明解脱八德,即如实明德、一切明德、内明德、明德、从贪欲中解脱德、从阻障中解脱德、从下劣障中解脱德。

疑惧会慢慢消弭，众僧若想膜拜听经，可前来札曲（བཀའ་རྒྱུ།）朝拜听经。祈愿法会上要用丰盛的斋茶敬奉众僧。吾为每一位僧人赐有第二宝银制经轮（རིན་ཆེན་གཉིས་པའི་འཁོར་ལོ།），为班丹拉木护法神①（དཔལ་ལྡན་འདོད་ཁམས་དབང་མོ།）奉有锦缎等物品，请圆满完成吾之祈愿，愿远离一切路途凶险！写于罗布林卡格桑颇章，良辰吉时。”

移驾后藏时，五月二日驻足拉堆②，为达赖喇嘛灵童传授《白胜乐经》（བདེ་མཆོག་དཀར་པོའི་རྗེས་གནང་།）的随许，接受了丰厚的报酬，班禅额尔德尼回赠礼物并赐予教诲。十五日莅临札曲，分两拨为云集大帐的僧俗信徒授予《长寿灌顶》：第一天为密宗院（རྒྱུད་གྲྭ།）、闻思院（ཐོས་གླིང་།）进行了《长寿灌顶》，第二天为东部和中部僧侣进行《长寿灌顶》时，各札仓的格西进行了辩经。八日，十世达赖喇嘛在布达拉宫举行坐床仪式，班禅额尔德尼派近侍（སྐུ་བཅར།）、刚坚堪布（གངས་ཅན་མཁན་པོ།）和知宾切多（མགྲོན་གཉེར་ཆོས་རྫོགས།）给仪式呈进了丰厚的礼物，为迎送章嘉活佛③馈赠了礼品；拉章和所属僧俗信徒举办了盛大的庆典，提供了各种物品；给地方政府、章嘉活佛和驻藏大臣等赐予了令文圣缘。法台等人颁赐有清宣宗道光皇帝的圣旨、各色绸缎 10 匹、大哈达 5 条、小哈达 10 条，这些礼品由驻藏大臣巡回时放置于唐卡前，班禅额尔德尼恭纳礼品，上疏谢恩，呈文大

① 吉祥天姆，佛教密宗一女护法神名，为妙音天母化现的忿怒身像。

② 热堆极乐寺。一名寺名，在拉萨近郊聂塘地方。公元 1205 年由甲钦如瓦创建，藏族译师洛丹喜饶曾住该寺，从事译经活动。当时号称卫藏六大佛寺之一，后为讲习辩论因明学之地。

③ 即章嘉益西旦白坚赞（1787 – 1846 年），第四世章嘉活佛。出生在青海省互助县南门峡乡却藏地方。4 岁被认定为前世章嘉活佛的转世灵童，并受戒出家到郭隆寺。在扎森额尔德尼座下受沙弥戒，随之学习藏文，听习佛法。8 岁奉召进京，朝见乾隆皇帝，皇帝为其布施了大量物品。10 岁从热河返回郭隆寺。14 岁时，奉旨去西藏学习佛法，在拉萨觐见了八世达赖喇嘛，并从达赖喇嘛受具足戒。20 岁返回北京，朝见嘉庆皇帝，向皇帝讲论佛法。皇帝大喜，将香山、五台山、多伦等地的寺院赐为他的驻锡地。33 岁时，嘉庆皇帝封他为“管理京师喇嘛班第扎萨克达赖喇嘛喇嘛”。尔后去蒙古、甘肃、青海、热河、五台山等地各寺院，向蒙藏僧俗大众广布教乘。42 岁，道光八年（1828 年）道光皇帝以第四世章嘉活佛经艺纯熟，且听办捐输事件，均属妥帖，特赐予银质镀金“大国师”印一方以及诰命，金顶绿轿等礼品。55 岁前往西藏参加十一世达赖喇嘛坐床。道光二十六年（1846 年）二世策墨林的西藏摄政职务被撤消，道光帝下令将策墨林在察哈尔的牧场寺产交给四世章嘉活佛管理。

意为:“依止大皇帝弘扬黄教(格鲁派)之圣恩,可吩咐达赖喇嘛之灵童温习知识,为显密二宗之讲辩要加倍努力。以吾为代表之众生的幸福离不开皇帝之浩恩,望皇恩眷顾。”等,把信札礼品交由驻藏大臣转献于清宣宗道光皇帝。此时在米纳堪布和噶厦地方政府内外侍从面前喜幸接收圣旨和丰厚礼品。十月份达赖喇嘛坐床庆典时,班禅额尔德尼派近侍罗桑索巴进贡丰厚礼物及信函,并达赖喇嘛为法会熬茶和十五日为僧众布施哈达和藏银二两,佛殿敬献绸缎等回信。之后,班禅额尔德尼严肃认真的认可了夏鲁瓦仁青迥乃(ཞ་ལུ་བ་རིན་ཆེན་འབྱུང་གནས།)应试《时轮根本续》(དུས་འཁོར་རྩ་རྒྱུད།)①考试;萨德坚巴益西扎巴(ས་བདེ་ཙན་པ་ཡེ་ཤེས་གྲགས་པ།)应试《释量论》(རྣམ་འགྲེལ་གྱི་ཐལ་འཕྲེང།)辩部之四个章节考试,并为他们两个给予了丰厚的赏赐。

藏历水羊年(癸未年,1823 年)一月八日,由嘉加巴罗桑贡却(ང་རྒྱབ་པ་བློ་བཟང་དཀོན་མཆོག)按照公众祈请,迎请班禅额尔德尼为众多信众进行长寿祈祷,并呈进丰厚的礼物,七世班禅额尔德尼赐予回向文和回赠礼。十日,赴晚茶和祈愿茶时进行了回向,并移驾札曲河。协噶僧众为班禅额尔德尼敬赠长寿寝宫,赐予摸顶赐福。班禅额尔德尼给建造温寺(དབེན་དགོན།)②拉章孜银制灵塔佛殿的石匠、木匠、工人等赐予了丰厚的工钱和礼物。是时,罗桑强巴仁布切前往芒卡(མང་མཁར།)熬茶,班禅额尔德尼为其提供骡马乘骑、官侍、僧俗仪仗舞蹈队,并派德琼巴(ཉི་ཚང་པ།)携礼前去侍奉,返程时在青麦德钦(འཆི་མེད་བདེ་ཆེན་དགའ་ཚལ།)地方安排举办《独雄大威德金刚的灌顶》大法会。后以班禅额尔德尼和强巴仁布切为主

① 《时轮根本续》又称《时轮金刚大续》及《时轮经》,亦有称《吉祥时轮续》者。此经相传为释迦牟尼应香拔拉法王月贤等 96 小国王之祈请而讲,后由月贤笔录成书,共 12000 颂。公元 1027 年被译成藏文。

② 温公寺,寺院的异名。

的29位高僧为新建普照大光明(ཀུན་གཟིགས་ཉི་འོད་ཆེན་མོ།)之长寿千尊佛(ཚེ་ལྷ་སྟོང་སྐུ།)和佛龛做了以大威德金刚自受灌顶开光仪式,受到了无限的尊崇,酬礼特别丰厚。随着法事的圆满完成,大咒师[①](སྔགས་ཆེན།)向班禅额尔德尼祈福,强佐呈进了丰厚的礼物,侍从人员也呈进了各自的礼品,为他们赐福摸顶,为远方的客人赐予礼品。班禅额尔德尼当众给强巴仁布切为主的僧众讲解了《兜率百佛赞》和《依靠时轮金刚的上师瑜伽坛城》[②](བླ་མའི་རྣལ་འབྱོར་ཚོགས་འཁོར།);为强巴仁布切的四个侍从讲解了他们求教的四个祈愿,授予新著的极乐祈愿[③](བདེ་ཅན་སྨོན་ལམ་གསར་རྩོམ་མ།)、阎罗[④]天地运转的坛城画法(གཤིན་རྗེའི་ས་འཁོར་གནམ་འཁོར།)等传承,最后赐予发菩提心供奉[⑤](སེམས་བསྐྱེད་མཆོད་པ།)法。班禅额尔德尼讲解了包括如何依止上师、修习双运(ཟུང་འཇུག)[⑥]过程的大小觉悟,关键是:“一位上师的加持力大与否,在于自身而非钱财。”“冥想解脱令人疑,虔诚令人能解脱。”为此,一切取决于依止上师的方法,故授予强巴仁布切为上师仁布切(ཡོངས་འཛིན་རིན་པོ་ཆེ།)[⑦]的法名,并敕令所有大小侍奉人员只允许呼其为上师仁布切而不许呼其先前的真名。班禅额尔德尼给强巴仁布切敬献了3个曼陀罗、所依佛、金银绸缎、乘骑、茶叶等丰富的礼物,祈愿他长久驻世。并敕令强巴仁布切的返程以北线较好,

---

① 大持咒者,指精通咒术的人,精通密乘的人。

② 上师相应法,上师瑜伽法,上师修行法。指密教修行者对自己灌顶上师所修的上师相应法,即以自己上师为修观的对象。

③ 极乐世界,大乐道,无痛苦之大乐道。

④ 阎罗,阎王。死者之王。密法中,南方惘字出生阎罗黑色,伸展右足立水牛上,怒发上竖,结恐怖印并执骨杖。

⑤ 发心,发菩提心。愿求无上菩提之心,维摩经慧远疏曰:“期求正直道,名为发心。”即以希求他利为主因,以相应希求自证菩提为助伴,成为趣入大乘正道之门,住大乘种姓引生大乘殊胜意识。

⑥ 双运,两种事物同时存在,两两融合,不相冲突。密乘五圆满次第之一。智慧空性与方便大悲双运,智慧光明空性与方便俱生大乐双运,或指外环境完美空性与内心永恒大乐双运。

⑦ 总持,是指善知识和给自己传法的喇嘛而言,有时也指给喇嘛讲授经典的老师。

派特使切多携礼前去，让依止上师实现誓愿。此年开始，每月初三、初八及十五，依次为咒室（སྔགས་ཁང་།）、正屋（དཀྱིལ་ཁང་།）、闻院（ཐོས་གླིང་།）、四个夏孜（ཤར་རྩེ་བཞི།）等，会供大威德金刚、姊妹护法神[①]（ལྕམ་སྲིང་།）、拉木护法神（ལྷ་མོ།）等的曼陀罗。作为会供资金，班禅额尔德尼为每个会供各赐一个马蹄银，敕令各层喇嘛提供资金。这时普觉上师仁布切贵体欠佳，派人携礼祈求保佑，班禅额尔德尼为了佛法繁荣，即刻为其念经祈寿，赐予如来佛之三个舍利[②]（དེ་བཞིན་གཤེགས་པའི་འཕེལ་གདུང་གསུམ།）和金银等。来人再三叩首，班禅额尔德尼也以礼回敬，并赠与厚礼致意。米纳堪布带回清宣宗道光皇帝圣旨和佛教圣物，班禅额尔德尼毕恭毕敬的接受了礼物。班禅额尔德尼派堪布班丹次成（དཔལ་ལྡན་ཚུལ་ཁྲིམས།）前去办事的同时，祈求达赖喇嘛为普觉上师仁布切长久驻世而诵经祈福，并敬献了礼物。堪布从拉萨快到普觉寺时，普觉经师对管家说：“明天给我准备盛装，特别要那件达赖喇嘛赐予我的坎肩（སྟོད་འགག）、修行帽（སྒོམ་ཞྭ།）、半月形披风（གོས་ཟེར།）。”并命令两位管家也要身着盛装，说：“即刻就要接到前世的圣旨了。要迎接我们永世怙主无量光佛（འོད་དཔག་མེད།）的圣旨，此时不着盛装何时着？” 普觉经师着盛装等待堪布携达赖喇嘛之圣旨和祈愿前来，堪布传达赖喇嘛祈愿和圣谕时，普觉经师双手合十，无比虔诚地聆听，并将上赐哈达携于颈部，无比尊崇地接受了全部圣缘礼物。他面带欣喜神色，并言：“朝拜这些圣物与朝拜达赖喇嘛无别，没有比此刻更荣幸的了。遍知一切的达赖喇嘛给予我如此多的关照，吾将感激不尽。吾之所有财物中，请挑出让达赖喇嘛满意的礼物。同时转告达赖喇嘛，在无穷的来世中能够

① 姊妹护法，大红司命主。密乘本尊马头明王眷属中之红面狱主。

② 舍利，佛骨，传说为火化高僧骨殖后留下能自然增多的结晶物。

得到您的关照，特别是在前往极乐世界[①]（ཤམྦྷ་ལ་ལ།）时能有幸成为您的大弟子，吾将万分欣慰。”这些情况上达给达赖喇嘛，达赖喇嘛马上派来祈愿经师。

普觉经师圆寂后，达赖喇嘛派人在其灵前供奉 5 种千灯供、五彩阿喜哈达供（སྣན་ཞལ་ཨ་ཤེ་སྣ་ལྔ།）、银制曼陀罗；另送一包金子、5 秤（一秤等于 50 两）汉银、3 藏银、百束藏香、8 组 8 匹绸缎、24 驮茶、两大包水果、两千斤大米等；为众僧提供为期一个月的三世地道[②]（ས་ལམ་སྐབས་གསུམ།）护法供奉；为普觉经师尽早转世之祈愿法会下批购茶，购酥油的 46 两银子，并呈哈达 73 条，21 两银子等厚礼，派管理各札仓的策林经师仁布切和堪布专程赐予。策林经师仁布切为灵塔敬献哈达，进行祈愿，行走之间表露出无比虔诚的祈愿之心。之后，应策林经师仁布切、近侍喇嘛诵经师、堪布贝丹次成（དཔལ་ལྡན་ཚུལ་ཁྲིམས།）、侄子（管家）强巴达杰（བྱམས་པ་དར་རྒྱས།）、三处修行地的僧侣工作人员的请求，班禅额尔德尼著写了普觉经师传记——《佛法耿达花开之月色》（ཐུབ་བསྟན་ཀུན་ད་བཞད་པའི་ཟླ་འོད།）一书。普觉经师圆寂后每月十五日在札曲地方举行大威德金刚的灌顶法会仪式。之前，铁龙年（1760 年）普觉经师应邀赴后藏举行《长寿灌顶》和祛禳洗礼[③]（བྱབས་ཁྲུས།）时，贵体略有不适则祷告能长期驻足后藏；返回普觉寺时班禅额尔德尼建议乘舆[④]（ཕེབས་བྱམས།）代步为好，并特意敬献了一顶轿子。因孜本[⑤]波雪巴（སྤོ་ཤོད་པ།）虽然平日非常敬重强巴仁布切，在达赖喇嘛礼授《长寿灌顶》时，看见强巴仁布切坐在法台

① 香巴拉，意为极乐界。佛家所说印度北方远处一理想国名。传说其地十分富强，幸福安乐，如同西方极乐世界。

② 地道，大乘菩萨十地和五道的简称。

③ 洗礼，为人除去晦气和污垢的一种仪轨。

④ 舆，轿子。

⑤ 孜本，原西藏地方政府孜康负责人。

上,而达赖喇嘛和班禅额尔德尼在台下认真聆听并先后数次磕等身头后,立刻返回帐篷说今天看见了一些古怪离奇的事情,感到十分不舒服,当拜谒强巴仁布切时他特别激动的恶语相加:“达赖喇嘛师徒给您叩头时,您却装模做样的横坐在法座上,连身体都不欠一下,这是一种愚昧无礼的行为。”达赖喇嘛知道此事后,对孜本教诲道:“你是否无缘无故斥责我的上师?你不认为这样做会减少福祉吗?但是一切善行的根本在于依止上师(བླ་མ་བསྟེན་ཚུལ།),以后见此情景不必惊讶!”。即刻使孜本等人对强巴仁布切产生了由衷的崇敬。后来,强巴仁布切的侄女在香尊加桑热巴座前时,曾前去朝拜达赖喇嘛,达赖喇嘛满足了她提出的所有愿望,惠赐了丰厚的财物。另一一满足了夏冬之闭关修行(བཙད་རྒྱ།)、授出家近圆比丘戒、灌顶传法、前来朝拜等所有愿望。

坚仑瓦班丹曲培(གཅེན་ལུང་པ་དཔལ་ལྡན་ཆོས་འཕེལ།)应试《释量论辩部》(法称著)之四个章节;喇嘛罗桑顿珠(བླ་མ་བློ་བཟང་དོན་གྲུབ།)、喇嘛罗桑桑德(བླ་མ་བློ་བཟང་གསང་བདག)二人应试《时轮金刚》的全部仪轨(དུས་འཁོར་གྱི་ཆོ་ག་ཡོངས་རྫོགས།);日喀瓦次成坚赞(རི་མཁར་བ་ཚུལ་ཁྲིམས་རྒྱལ་མཚན།)和坚仑巴罗桑尼玛(གཅེན་ལུང་པ་བློ་བཟང་ཉི་མ།)应试《八波罗密多》[①](ཕར་ཕྱིན་སྐབས་བརྒྱད།);曲科林巴罗桑克曲(ཆོས་འཁོར་གླིང་པ་བློ་བཟང་མཁས་མཆོག)应试了《现观庄严论》(མངོན་རྟོགས་རྒྱན།)和《经庄严论》[②](མདོ་སྡུད་པ།)、《噶当书》[③](བཀའ་གདམས་གླེགས་བམ།);德央巴益西顿珠(བདེ་ཡངས་པ་ཡེ་ཤེས་དོན་གྲུབ།)应试全部《摄类学》(བསྡུས་གྲྭ།)进行了考试,班禅一一满足了他们的愿望。

---

① 波罗密多,“多”即使过度到彼岸之意,是从烦恼的彼岸到觉悟的彼岸。

② 《经庄严论》,慈氏五论中二庄严之一。确定了不了义诸经部之义的论著。全是二十一章。古印度论师释迦僧格、西藏译师拜则由梵译藏,洛丹协绕校订。当代波罗颇迦罗密多罗由梵译汉。

③ 噶当书,噶当派著名典籍《祖师问道录》和《弟子问道录》的总名。

藏历木猴年(1824 年)三月,七世班禅额尔德尼敕赐札琼僧众举办时轮金刚法会。五月份移驾本寺(扎什伦布寺),像往常一样举办了 3 天的祈愿法会仪式,应诵经师达巴(འདར་པ།)的请求,为众僧赐予尊胜佛母之灌顶(རྣམ་རྒྱལ་མའི་དབང་ཆེན།)。以大执事者为首的工作人员把所有进供的礼品放在一起,礼请班禅额尔德尼移足众僧之中,为筹措曼陀罗三所依等呈进了丰富的礼品。大咒师祈请长久驻世经文,班禅额尔德尼赐予金刚语(རྡོ་རྗེའི་བཀའ། 确定不移的话)。荣强钦(རོང་བྱམས་ཆེན།)、岗坚(གངས་ཅན།)、忻噶曲(ཤངས་དགའ་ཆོས།)、德热(བདེ་རབ།)等僧众祈愿班禅额尔德尼长久驻世并呈进小寝宫,予以赠礼,并赐加月供。班禅额尔德尼在堪布会议厅尊敬而又欣喜的接受了清宣宗道光皇帝赐予的圣旨和礼品。

九月移驾维雨散次(འོད་ཡུག་ཟམ་ཚོར།)温泉沐浴,礼宾曲赞(མགྲོན་གཉེར་ཆོས་མཛད།)在为期两天的时间内呈进了丰富的素食和礼物,班禅额尔德尼也回赐了丰厚的礼品。德热和噶曲(དགའ་ཆོས།)的众僧邀请班禅额尔德尼,呈进了丰富的礼物,也为他们赐予丰厚的回赠。班禅额尔德尼还为神泉边的属下赐予包有 50 两银子和 3 匹 5 组绸缎的布包礼物。返程时应噶热(དགའ་རབ།)僧众的祈求,为众僧传授了独雄大威德金刚的随许灌顶,发放了布施。由噶热管家负责一天的素斋并为班禅额尔德尼敬献了礼品;托加(ཐོབ་གཞིས།)庄园负责 3 天的素斋,呈献了礼物,给他们回赠了丰厚的谢礼。十一日返回扎什伦布寺。另为夏冬闭关修行和有成就者们授予了相应的出家比丘灌顶和摸顶赐福等。班禅额尔德尼主持噶热巴罗桑丹增(དགའ་རབ་བློ་བཟང་བསྟན་འཛིན།)应试《小菩提道次第》①(ལམ་རིམ་ཆུང་བ།),仲

① 《菩提道次第论》,公元十四世纪末宗喀巴著,共二十四卷。有广中略三种版本,主要阐明三乘渐次修行之道,分为下士、中士、上士三类,并论述止观的修持方法。内容基本上依据阿底峡的《菩提道灯论》。这是藏传佛教格鲁派关于显教的主要理论著作。

孜曲德瓦格勒群培(འཛིན་རྗེ་ཆོས་སྡེ་བ་དགེ་ལེགས་ཆོས་འཕེལ།)和贡却桑丹(དཀོན་མཆོག་བསམ་གཏན།)应试《时轮金刚》的全部仪轨,温寺僧人班丹索巴(དབེན་དགོན་པ་དཔལ་ལྡན་བཟོད་པ།)和班丹永旦(དཔལ་ལྡན་ཡོན་ཏན།)应试《胜乐释续》(བདེ་མཆོག་ཆ་རྒྱུད།)[1],列林巴格桑曲林(ལེགས་གླིང་པ་སྐལ་བཟང་ཕྱོགས་གླང་།)应试《疏要庄严论》(རྣམ་བཤད་ཐར་ལམ།)等考试,班禅一一赐予礼物。

从这一年起班禅额尔德尼决定迎请哲蚌大领诵师为主的二十几位僧人于每月的初八、十五和三十日在札曲十胜地佛殿(གནས་བཅུ་ལྷ་ཁང་།)举办益西坚参大师(རྗེ་ཡེ་ཤེས་རྒྱལ་མཚན།)著述的十胜地仪式,并赐予丰厚的礼物,还下达了这个佛教仪轨要年年举办之法旨。

在藏历木阴鸡年(1825 年)的祈愿大法会上,昂仁总管和梅管家[2](སྨུས་གཉེར་པ།)等呈进了丰富的礼物,班禅额尔德尼在诵经赐福的同时也赐予了回赠。按照《斯林玛》中(ཟགས་གླིང་མ།):"在扎西方向四处建佛殿,可以阻挡四处的兵灾,可以阻挡肆虐的霜冻冰雹和疾病,这样的圣者会诞生在吉雄河上游。"又言:"名为嘛呢思雅者(མ་ཎི།),实为当代莲花生,犹如观音骏马和大象,能够普度众生灵。"的预言,在来自神山岗瓦桑布(ལྷ་ཆེན་གངས་བ་བཟང་པོ།)的八功德水的河岸边,为雪域的佛法永存和众生长享安宁幸福而建造了扎西贡觉林(བཀྲ་ཤིས་ཀུན་སྐྱོད་གླིང་།)之佛殿的所依和能依,为班禅额尔德尼建造了庄严殊胜的宫殿颇章等,也为有缘者建造高大的合金金刚手坛城佛像(ཕྱག་རྡོར་འཁོར་ཆེན།)的工程立项,并举行隆重的开工仪式和赐予丰厚的礼物。这时烈性传染病蔓延至大部分地区,而班禅额尔德尼突然决定启动金刚手(ཕྱག་ན་རྡོ་རྗེ།)坛城佛像的工程,根除了烈性传染病传播,便众生对班禅额尔德尼的信仰有加。清宣宗道光大皇帝

---

① 《胜乐释续》,恰那多吉著。又,为因陀罗薄帝所著。

② 梅康萨,地名。在西藏自治区昂仁县东部。

皇恩浩荡，赐予管家顿珠培吉（དོན་གྲུབ་འཕེལ་རྒྱས）和德琼巴尼玛顿珠（སྡེ་ཆུང་པ་ཉི་མ་དོན་གྲུབ）四品官①顶戴，赐予代本顿珠次仁（ཏ་དཔོན་དོན་གྲུབ་ཚེ་རིང）五品顶戴，并认可世袭为官。

四月份，为达赖喇嘛首次朝拜大昭寺、小昭寺，敬献了丰盛的供品和祈祷文。五月份七世班禅额尔德尼返回扎什伦布寺继续举行为期3天的祈愿法会。摄政诺门汗得到一份达赖喇嘛恐遇厄（སྐྱོན་གེགས）的预言信，派特使罗桑尼玛携信函礼品等前来朝见班禅额尔德尼，求他为达赖喇嘛诵经祈寿。这一年班禅额尔德尼在长寿苑（འཚེ་མེད་སྐྱིད་ཚལ）为众僧赐予《长寿灌顶》和金刚尊胜佛母灌顶（རྣམ་རྒྱལ་མའི་དབང）。

八月末，班禅额尔德尼移驾维雨散次（འོད་ཡུག་ཟམ་ཚོར）神泉时，像往常一样在行程中和神泉边举行了仪式。十月八日移驾札曲。十三日为制作持金刚坛城像背面高1尺1肘1扎（མདོམ་གང་ཁྲུ་གང་མཐོ་གང）的莲座，耗铜372驮（ཁལ），镏金用的黄金313钱（གསེར་ཞོ），购置镶嵌天冠②（ཐོད་རྒྱུ）等的珠宝花费了21块金砖和许多美元（ཨ་སྒོར）为主，绿松（གཡུ）、珍珠（མུ་ཏིག）、珊瑚（བྱུར་རུ）、蓝宝石、玉石类等镶嵌珠宝。由此，规模宏大、宝相庄严的金刚手大势至坛城按班禅额尔德尼意愿建成，并供奉在大经堂的圣缘佛像间。班禅额尔德尼和仪式僧人、护法殿的僧人对金刚手大势至坛城进行了盛大的开光典礼，对佛像予以高规格制作费用，对运送建材的驮队等给予厚重馈赠。班禅额尔德尼亲自主持，依次对孜雪大殿的三所依佛、供品进行了开光，并对德央殿律部（འདུལ་བ་སྡེ་སྣོད）法座背后墙壁上的宗喀巴三师徒像、西面墙壁上的切扎巴喇像、东面墙壁上的姊妹护法神像等进行了开光。按惯例每月初八在护法殿举行尊胜佛母仪

① 四品官，旧时官吏级别名。

② 天冠，佛像首饰。

轨,这一天班禅额尔德尼亲自主持仪式,敬献了丰盛的供品。班禅额尔德尼先后召见贝喇嘛罗桑丹却等来办安多赛朵活佛圆寂后事的工作人员,这些来自康区和蒙古地区的众多工作人员对班禅额尔德尼献上了厚礼,按照客人的要求做了法事。此年为了举办密宗学院二十九日驱魔送祟的食子法会,班禅额尔德尼赐予制作羌姆法衣用的布料,即分别为:黄色嵌有金色花朵的绫缎;青黄红绿色的彩缎;阿喜哈达 5 双;绣有树叶形的紫黄色哈达 4 双;悬垂哈达两条;带里子的硬领汉服 20 件;带里子的零落垫肩 1 双;红黄色双层披肩两双;红色披肩 1 双等。

代朵法王(དེལ་རྡོར་ཆོས་རྗེ།)梅侃堪布罗桑坚赞派管家诺永前来祝寿,给大经堂、密法殿、格桑佛殿等供奉了 6300 两银子,班禅额尔德尼回赐礼物,并赠予法旨、唐徐帽(ཐང་ཞྭ།)、半月形丝绸披风、马旗、博恰(སྤོབ་ཆགས།)、门幡(སྒོ་པན།)、刻有上师护法形象的圆形章子等。冲布巴噶钦(ཁྲོན་སྒྲུག་པ་དཀའ་ཆེན།)、南杰坚赞应试《般若》八阶段,丹曲班觉之灵童班丹慈成应试了《十摄类》;撒朵旦巴格勒热杰(ས་རྡོ་གདན་པ།)就应试《摄类学》全部内容;完成考试后,班禅按原规赐予厚礼。

藏历火阳狗年(1826 年),新年的食子仪式、大祈愿法会等照常进行。年前,宋八窝(译音)等两位驻藏大臣就新建札曲寺的诸所依佛像及僧团的事上报大清皇上,皇上为了表达大怙主持金刚[①]对佛法,尤其对格鲁派的继承发扬无比尊崇,赐予札曲寺满文、蒙文、汉文和藏文四种文字合璧的“尽习法苑”(意译)四字匾额。清宣宗道光皇帝还赐予亲笔书写的题字,其意翻成藏文为“法施照耀”,稍加润色的话就是“佛法世界　光芒照耀”,以表吉祥祝愿。

① 对班禅额尔德尼的尊称。

四月初三驻藏大臣派千总庞康(སང་ཁང་།)为特使把上述匾额及题字送至德阳(བདེ་ཡངས།),途径白朗时受到仲寨米久切囊(དྲུང་གྲུས་མི་འགྱུར་ཆེད་གནང་།)的特别迎接,在拉阿夏萨将金字和匾额放在轿子中西行,大干事、大管家、驮队、达翁等迎送。来到桑夏(ཟམ་ཤར།)时设灶接引,受到四角(索西,ཟུར་བཞི།)、寺院代理人、诸米村(མི་ཚན།)的迎接;诸宫殿挥旗吹螺,僧人仪仗队、俗人歌舞队举行了载歌载舞的欢迎仪式。班禅额尔德尼移足德央第二阶梯处将金字匾额跪迎至大经堂,然后面东行九叩礼,并为众人回赐油炸面点和一些礼物。

七日赴扎什伦布寺对珍宝画像进行了膜拜和供奉。正如在《分辨法》(ལུང་རྣམ་འབྱེད།)所言:“佛龛和佛殿,一张床铺的生活。”一般而言,为僧众建一座贡萨寺,是物质转化成福德七基础中最为殊胜的,此一愿望已经得以圆足。从特殊的方面讲,《尊者罗桑益西之密传》载有某月二十日,班禅额尔德尼欣赏东山月亮升起的情景:“班禅额尔德尼掬饮年楚河(ཉང་ཆུ།)河水祈祷,随从问为何?他说,我是按照法主祈愿长寿的意愿进行祈祷,预言已然实现。护国天王犹如大山般稳固,山神桑卡巴居住地的下方流淌着从乃金岗桑神山(གནོད་སྦྱིན་གང་བ་བཟང་པོ།)发源的河流边,新建了恰似仙境迁往人间的花园宫殿,宫殿周围坐落着美丽的僧舍。文殊菩萨化生的大梵天满清皇帝对此产生无与伦比的崇敬之心,为了让普天下明白这个心愿,清宣宗道光皇帝送达了‘吉祥皆护院’(བཀྲ་ཤིས་ཀུན་སྐྱོབ་གླིང་།)的匾额和无上嘉奖。此名绝非随意起的名字,尊者度母对仲顿巴杰瓦君乃(འབྲོམ་སྟོན་རྒྱལ་བའི་འབྱུང་གནས།)言道‘你的追随者弟子可由我来培养。’且新旧噶当派(བཀའ་གདམས་གསར་རྙིང་།)后辈弟子皆由尊者度母培养的说法是一样的。基于短期和长远的目的考虑,班禅额尔德尼通过合金铸造五位殊胜本尊中的密集金刚像,驱除了三威猛的军队,加持了一般和殊胜的金刚太阳普照莲苑之上,化纷争时的恶相忿怒罗刹女为喜相忿怒罗刹女，这是为佛法和众生所做的无上功德。”

九日，专门上书清宣宗道光皇帝，祈望大清皇帝为了佛法和众生，尤其为了保护和发扬光大黄教（格鲁派）施以浩荡皇恩，用皇恩广护小僧我和我的寺院、属民、以及众信徒为主的一切众生。通过驻藏大臣向清宣宗道光皇帝随书呈进响铜佛像及珊瑚串珠。至尊达赖喇嘛派接待处的礼宾僧仓巴（མགྲོན་གཉེར་ཚངས་པ།）对拉萨的部分藏、汉高官，高僧贵族等赐予礼物、圣旨、圣物等。

五月二日为吉祥日，班禅额尔德尼准备把清宣宗道光皇帝赐予的匾额安放于门顶。大理事、四索西、格贵、诸米村等各类服务人员各敬自己的礼品，所有寺院、所属寺庙和所辖百姓为庆贺吉祥好兆头准备举行盛大庆典，呈进了曼陀罗三所依、圣物等丰厚的礼物。尊者多吉帕姆活佛（སྐུ་ཞབས་རྡོ་རྗེ་ཕག་མོ།）、扎雅班智达（བྲག་གཡབ་པཎྜི་ཏ།）、侄女吞巴夫人（སྐུ་ཚ་མོ་ཐོན་པའི་ལྷ་ལྕམ།）、嘉央喇嘛（འཇམ་དབྱངས་བླ་མ།）、锡金国王（འབྲས་རྒྱལ།）、日喀则粮宫（མདའ་ཕོགས།）、达日（མདར་ཟུ།）、日喀则宗官（གཞིས་རྫོང་།）等大部分藏、汉达官贵人呈进丰厚的礼物，班禅额尔德尼为他们摸顶赐福，赐予他们身份地位相符的礼物。当天敕令属民立幡吹号，载歌载舞举行盛大的欢庆，为所有神山抛撒禄马、煨桑祈福。附近百姓呈进优美的歌舞、嘛呢哇瓦诵唱六字真言，班禅额尔德尼给他们赠送了令他们满意的礼品。达赖喇嘛所派卓尼为首的前藏活佛、僧俗贵族等呈进的丰厚礼物，班禅额尔德尼一一接受。

班禅额尔德尼托前来为哲布尊丹巴十三周岁诵经祝寿的翻译家贡却坚参（དཀོན་མཆོག་རྒྱལ་མཚན།）带去给哲尊丹巴、拔希梅尔堪曲杰（པཀྴི་མེར་མཁན་ཆོས་རྗེ།）和四部落（རྒྱལ་ཁག་བཞི།）之僧俗信徒赐予的法旨和圣物的同时，特别为哲尊丹巴赐予祝寿礼物和礼单等。达赖喇嘛移驾前往帕邦喀（ཕ་བོང་ཁ།）[1]时，班禅额尔德尼派卓尼曲多给达赖喇嘛呈进信函礼品。

五月举行了为期3天的祈愿法会。七月份为吉那（སྐྱིད་ན།）僧众赐予《长寿灌顶》；应大掌堂师萨隆巴（ས་ལུང་པ།）的祈求，为众僧赐予时轮俱生（དུས་འཁོར་ལྷན་སྐྱེས།）、金刚力（རྡོ་རྗེ་ཤུགས།）、红色阎罗王（གཤིན་རྗེ་གཤེད་དམར།）[2]、光明佛母（འོད་ཟེར་ཅན་མ།）、尊胜佛母（རྣམ་རྒྱལ་མ།）等的随许。恭敬的接受了清宣宗道光皇帝赐予的诏书和礼品。

扎雅班智达迎请者哲尊丹巴的近侍（ཞབས་གྲས་གཟིམ་འགག）、诺门汗、大王（ཧྭ་ཡང་།）、江军王（ཅང་ཇུན་ཡང་།）、散诺云（སན་ནོ་ཡོན།）等僧俗前来呈进了丰厚的礼物，班禅额尔德尼给他们赐予了佛法礼品和实物礼品。扎雅班智达活佛圆满完成闻思次第学业，临近返回格杰林（དགེ་རྒྱལ་གླིང་།）时，把班禅额尔德尼迎请到众僧之前，敬献了5000两银子，也回赠了礼物。功德林活佛敬献祝寿寝宫及1500两银子，班禅额尔德尼回赠礼品，并进行了令人满意的褒奖。启程时还嘱托要努力研习闻思次第，侍奉佛法，赐予了敦厚的教诲和礼物。托喀尔喀礼宾给哲布尊丹巴、曲杰梅尔坎堪布噶究罗桑西绕（བཀའ་བཅུ་བློ་བཟང་མཁན་པོ།）等赐予圣物等礼品的同时，还赐予活佛登上格吉林法台时的丰厚礼物。另外一一满足了祈求冬夏闭关修行、授出家近圆比丘戒、灌顶赐福等僧俗信徒的意愿。伦布孜巴次成丹增（ལྷུན་པོ་རྩེ་པ་ཚུལ་ཁྲིམས་བསྟན་འཛིན།）、协巴阿旺云丹（ངག་དབང་ཡོན་ཏན།）、咒师白土巴（དཔེ་ཐུབ་པའི་སྐུ་སྐྱེ།）的转世灵童、旦切巴觉（དམ་ཆོས་དཔལ་འབྱོར།）的转世灵童应试全部《摄类学》；夏鲁巴罗桑班丹（ཞ་ལུ་པ་བློ་བཟང་དཔལ་ལྡན།）应试全部《时轮仪轨》；达巴杰仲诺布坚赞（མདར་པ་རྗེ་དྲུང་ནོར་བུ་རྒྱལ་

① 帕邦卡宫，拉萨色拉寺西山腰间一古庙名。

② 红色阎摩修法，系密乘修法之一。

མཚན།)应试《发愿大疏》[①]之四个章节；萨隆巴杰仲罗桑次成（ས་ལུང་པ་རྗེ་དྲུང་བློ་བཟང་ཚུལ་ཁྲིམས།）应试《释量论》四个章节；温寺扎巴塔意（དབེན་དགོན་པ་གྲགས་པ་མཐའ་ཡས།）应试《菩提道次第》直接传授胜乐生起次第[②]；班丹曲培（དཔལ་ལྡན་ཆོས་འཕེལ།）和群培顿珠（ཆོས་འཕེལ་དོན་གྲུབ།）应试《胜乐本虚》等，考试结束后，班禅对其予以嘉奖。

藏历火猪年（1827 年）一月十五日，七世班禅额尔德尼参加了晚茶和发愿茶会，为侍寝官索本索康（གཟིམ་དཔོན་ཟུར་ཁང་།）、施主、礼宾曲泽[③]等人口诵回向[④]、赐福摸顶。二月，协噶的众僧在小寝宫敬献祈寿，班禅额尔德尼对众僧进行了摸顶祈福，施以回赠[⑤]。此年，班禅额尔德尼向各札仓僧团布施了 3 担谷物。五月，一如往常举办了 3 天祈愿法会；七月，班禅额尔德尼在长寿苑（འཆི་མེད་སྐྱིད་ཚལ།）为僧众举办了《长寿灌顶》法会；在掌堂师[⑥]萨埵丹巴（ས་རྫེ་གདན་པ།）的请求下，为与会者传授了红尊阎罗[⑦]、白色胜乐[⑧]、刺绣式绿度母、迦湿弥罗式白度母[⑨]、昼喜夜怒度母等的随许[⑩]；传授了尊者根顿珠（དགེ་འདུན་གྲུབ།）撰写的《度母七支》[⑪]《顶礼二十一度母》的经文传承，并给每个札仓赐予一驮谷物。是年，班禅额尔德尼移驾维雨散次（འོད་ཡུག་ཟམ་ཚོ།）洋谿（གཡང་གཞིས།）庄园，一连两天接见信众，并像

---

① 大疏，广注。详细解释正文的注疏。

② 为求净治四生习气，解脱凡庸见、闻、觉知之缚，现见本尊、真言、智慧本性而修习之瑜伽。

③ 僧人在寺庙中通过捐献财物而获得上层地位。

④ 上师亲口所诵发愿回向之文。转变、增长，是回向义。转变轮回因力之诸善根成为大菩提因，增长有尽之诸善根成为无尽。亦即欲求转变、增长自他三世所积一切有漏无漏福泽皆为无上菩提之因，名为回向。

⑤ 礼物不肯全收，留下的退还部分。

⑥ 负责维持僧团清规戒律的寺庙执事。

⑦ 无上密乘一本尊名。

⑧ 胜乐指出现大乐智道果次第之无上母续及其本尊名。

⑨ 古代盛行于克什米尔地方的小乘佛教的一派系。

⑩ 三种说教之一，开许说教，准许说教，随许说教。

⑪ 七支。修学佛法时加行七法。

往常一样回赠了礼品。德热和噶切僧团各自祈祷奉供，七世班禅额尔德尼给他们一一回赠礼品、月法。扎格尔（བྲག་དཀར།）和然顶（རམ་ལྡིངས།）僧团为班禅额尔德尼举办祈寿法事，并奉上礼物，回赐赠品、月法、每位僧人一称藏银。官办联络人员之祈请，班禅额尔德尼为广大僧众进行了《长寿灌顶》，并为所有乞丐布施 4 次哈达；为辖下赏赐了成组的礼品及 50 两银子。返程时在托加庄园（ཐོབ་བཞིས།）连续接见三天信众，并赐予丰厚的回赠。班禅额尔德尼在宫殿中设丰盛的宴席，在噶热喇嘛佛堂（དགའ་རབ་བླ་མ་ལྷ་ཁང་།）里举行了盛大的讲经；这一天由管家主持法事活动，班禅额尔德尼赐予的回赠特别丰厚。班禅额尔德尼移驾功德林，米纳堪布带来了清宣宗道光皇帝的诏书和礼物，欣然接受。另外班禅额尔德尼一如往常地主持了冬夏的闭关修行、僧人出家、授近圆比丘戒、灌顶传承①、给予加持②、接受朝拜等佛事活动。

七世班禅额尔德尼主持下，仲孜确德寺的益西丹达（འབྲོང་རྩེ་ཆོས་སྡེ་ཡེ་ཤེས་བསྟན་དར།）和罗桑丹达二人应试所有《时轮③仪轨》；定结（གཏིང་སྐྱེས།）活佛罗桑丹巴坚赞（བློ་བཟང་བསྟན་པ་རྒྱལ་མཚན།）应试所有《摄类学》；温寺班丹金巴（དཔལ་ལྡན་སྦྱིན་པ།）和宗哲扎西（བརྩོན་འགྲུས་བཀྲ་ཤིས།）二人应试《胜乐本续》；萨埵丹巴格勒饶吉（ས་རྫོར་གདན་པ་དགེ་ལེགས་རབ་རྒྱས།）、贝托巴罗桑群培（དཔེ་ཐུབ་པ་བློ་བཟང་ཆོས་འཕེལ།）、敖宗巴罗桑桑旦（ཨོ་རྫོང་པ་བློ་བཟང་བསམ་གཏན།）三人应试《毗奈耶分品疏》续四章；哲蚌巴罗桑坚赞（འབྲས་སྤུངས་པ་བློ་བཟང་རྒྱལ་མཚན།）应试全部《摄类学》；仲孜确地寺的金巴次成（འབྲོང་རྩེ་ཆོས་སྡེ་པ་སྦྱིན་པ་ཚུལ་ཁྲིམས།）和夏鲁巴仁青确列（ཞ་ལུ་པ་རིན་ཆེན་ཆོས་ལེགས།）二人应试《时轮摄略经》，班禅对应试者分别赐予了

① 密乘的灌顶及其仪轨等传承。

② 允许有修、诵、授、受某一本尊仪轨之权。

③ 时轮金刚。系无上密乘。基道果位一切建立，均与内、外、别三种时会密切联系，故名时轮。

丰厚的赏赐。是年,对三所依①进行供施②,对僧人发放布施,对穷人进行布施等力度都很大。

藏历土鼠年(戊子年,1828 年),新年初始元旦食子③的喜宴上,班禅一如往常一般念诵了神变④祈愿的回向等。三月五日,清宣宗道光皇帝通过驻藏大臣送来附函礼物及谕书抄本等。军机(ཆན་ཅི།)大臣复函内容:“道光八年诏示,是年一月,长龄将军呈书,收到去年十二月二十六日参赞大臣带兵出征喀什噶尔城(ཀ་ཤི་ཏར་ཁ།)外围之格尔德盖山(གར་སྡེ་དགའི་རི།),生擒外敌首领张格尔(སྐྱང་སྐེར།)之捷报和红色得胜旗。从今往后边疆可永保安定,边疆盗贼盛行地之民族皆获安定,此乃佛祖菩提心本性是也。”十世达赖喇嘛与班禅额尔德尼二人听到此种功勋皆大欢喜,此次,给每一位活佛赐予黄色哈达及赏品,海监(ཧའི་ཅན།)收到上述红色得胜旗和捷报后,即刻呈交达赖喇嘛和班禅额尔德尼。要求达赖喇嘛和班禅额尔德尼二人对上述红色得胜旗和捷报进行研讨庆贺,为晓谕藏地之呼图克图们,特寄哈达及文书⑤宣讲。为方便旅途,特由驻藏大臣们把清宣宗道光皇帝的附函礼物及谕书抄本转呈给达赖喇嘛和班禅额尔德尼。班禅额尔德尼喜接圣谕、礼品、哈达,并请住藏大臣向清宣宗道光皇帝转呈自己的信函礼物,又把此事布告于街市。

七世班禅额尔德尼坐夏时,应掌堂师贾康巴(རྒྱ་ཁམས་པ།)之祈请,为僧众传授了大成就者尼贝传承(ཉི་སྦས་ལུགས།)的⑥二十一度

① 佛像为身所依,佛经为语所依,佛塔为意所依。

② 布施僧众,礼佛供神。

③ 原西藏地方政府和各寺庙于每年正月初一日清晨奉献给吉祥天母的食子。

④ 佛书所说身心经过修炼后引生的一种神妙莫测的变化能力。

⑤ 特指清代西藏地方政府对驻藏大臣呈递的公文。

⑥ 大圣,得道者,证果者。修学佛道证得殊胜成就的人。

母①中七个度母之随许法。之后，班禅额尔德尼移驾谢香波（བཞུད་ཤང་སྲུག）②神泉水沐浴时，河水大涨，只好派大管家前去查看拉加（ལྷ་རྒྱལ）狭谷的路途。大管家回来后说："大道已被大水淹没，十分危险，应该绕行前往神泉。"但班禅额尔德尼认为即刻从大路中央骑行而过则会很安全，大管家和堪布聂多等人在向班禅额尔德尼说这样前行会非常凶险，但他认为不会有危险，并言道："峡谷尽头之湖中有上身冒出湖面的姊妹护法神，水漫大路该是他们所为。"尊者其实是在谦虚地只说了如此之话，班禅额尔德尼早就知晓大护法神早就准备帮助尊者度过险关。当天下午，香波札簪巴（ཤང་སྲུག་བྲག་བཙན་པ།）附在人体上说"为了佛法和众生大业，无量光佛将要移驾此地，我要为其尽心尽力。请在座的众位洒扫神泉，千万不可怠慢！"由是，班禅额尔德尼移足泉水边，专门派益西才旦（ཡེ་ཤེས་ཚེ་བརྟན།）把红白敬神哈达及银制神像护心镜敬献给寺内护法神。按班禅额尔德尼敕令，积福者与修行者③奉旨为姊妹护法神诵经礼赞。十九日，班禅额尔德尼面朝寺庙，对香波札簪巴礼供了黄金。当日下午，一位名叫多吉（རྡོ་རྗེ།）的比丘去护法神殿时，在香波札簪巴神像前的供品中见到了黄金，其他沙弥比丘等人也证实了这一奇异之事。闻知此事后，班禅额尔德尼即刻为香波札簪巴护法神颂诗一首：

威德凶猛健勇者，
战神之王香波巴，

---

① 1. 奋迅度母；2. 威猛度母；3. 金颜度母；4. 顶髻尊胜度母；5. 哄音叱度母；6. 胜三界度母；7. 破敌度母；8. 破魔军度母；9. 供奉三宝度母；10. 伏魔度母；11. 解厄度母；12. 吉祥度母；13. 烈焰度母；14. 颦眉度母；15. 大寂静度母；16. 明心哄音度母；17. 胜三界度母；18. 消毒度母；19. 消苦度母；20. 消疫度母；21. 赐成就度母。

② 一护法神。

③ 山人，隐居山中小寺修行的僧徒。

您乃众人敬仰者，
心怀喜悦来礼赞，
物供心供颇丰盛，
二供充满天地间，
酬谢先前之侍奉，
寄赞祈祷做献礼，
直至获得菩提心，
与您瞬间不分离，
请您一定要助我，
成就各种善与慈。

此诗经确吉祈请而作。当时，班禅额尔德尼开玩笑说确吉的拇指上有一个痦子。对确吉进行了四天的诵经礼赞。翌日，集体负责礼赞法事，并呈上了丰厚的供品，对护法神进行了两天的礼赞和嘱托明确的职守后，班禅额尔德尼对僧俗敬献的礼物赐予丰厚的回赠。扎什伦布寺众僧举行了祈寿法会，给班禅额尔德尼敬奉了丰盛的供养，班禅额尔德尼对其他札仓和众僧俗口授《甘丹百佛诵的随许》并《甘珠尔》月诵经做了回赠；为来自拉达克的噶伦协扎瓦（བཀའ་བློན་བཤད་སྒྲ་བ།）授予百次《长寿灌顶》。为聂曲修行者（དངུལ་ཆུ་རི་ཁྲོད་པ།）摸顶时，对其中的歉然喇嘛（འཚམས་ར་བླ་མ།）说："你受近圆戒[①]较早，其实到了一定的年龄受近圆戒较佳。"此话一出，举座哗然。不久，该喇嘛还俗，大家这才知道班禅额尔德尼早已知道该喇嘛的结局了。

十日，七世班禅额尔德尼从神泉（ཆབ་ཁ།）移驾，北寺院（དགོན་བྱང་པ།）为其表演了自创的传统跳神表演，班禅额尔德尼给予了赏赐，

① 近圆比丘戒。

并应允配置一定的器物。在私有庄园驻锡地,对所有敬献礼物者赐予丰厚的回赠。之后,班禅额尔德尼移驾自己的故乡鲁定(ལ་གཞིས་ལྷུ་སྡིངས།),对色拉哲蚌等地的20人授了近圆比丘戒。二十三日午时,班禅额尔德尼移驾功德林,不但为僧众赐予法会食物,还给每人赐予银质经轮一个。彼时,喀尔喀哲布尊丹巴(ཁལ་ཁ་རྗེ་བཙུན་དམ་པ།)专门派索本①格桑顿珠(གསོལ་དཔོན་སྐལ་བཟང་དོན་གྲུབ།)等僧俗前来为达赖喇嘛年忌②祈福镶灾,班禅给他们赐予了丰盛的佛法和物质礼物。特别是喀尔喀哲布尊丹巴专门派来的使者祈请班禅额尔德尼来到僧众法会上,敬献了1100余两祈寿礼银,为堪布诺门汗③(མཁན་པོ་ནོ་མིན་ཧན།)举办圆寂周年祭的办事人员也给班禅额尔德尼进献了同样多的银两,赐予回赠的同时口诵了发愿回向文。噶厦(གཞུང་ས་རྩེ།)的部分喇嘛和官员,以及萨迦赤钦(ས་སྐྱ་ཁྲི་ཆེན།)等也给班禅额尔德尼敬献了礼品信函;热河总理堪布(ཞེ་ཧོར་ཚོང་ལི་མཁན་པོ།)给班禅额尔德尼敬献了1000余两白银;另外大多数寺院也给班禅敬献了祈寿礼物。班禅额尔德尼一一回赠和月诵经文。班禅额尔德尼专门派罗桑热旦(བློ་བཟང་རབ་བརྟན།)管家给十世达赖喇嘛敬献了祈寿信函和丰盛的礼物。班禅额尔德尼对前来拜谒的察雅活佛(ཟག་གཡབ་ཆེ་ཚང།)赐予了相应的嘉奖,口授了祈愿随许。察雅活佛把班禅额尔德尼迎请至僧众之首,给僧众进行布施后,给班禅额尔德尼敬献了800两银子的祈寿礼,赐予回赠。另外,班禅额尔德尼向之前所建大金刚手大势至④(ཕྱག་རྡོར་མཐོར་ཆེན།)菩萨点燃酥油灯时,发现有地陷殿塌之险,班禅额尔德尼批准了改土建为石建的工程。为了

---

① 索本,膳食堪布,司膳。掌管贵族喇嘛饮食的人。

② 占卜术中所说依自己生年属相推算可能遇到的灾祸。

③ 法王。蒙语为诺们汗。古代蒙古族官职名。

④ 金刚手大势至,总集一切佛意,大势为性,手持金刚杵,随侍如来的八大菩萨之一。

利乐佛教和众生，按班禅额尔德尼的愿望圆满建成了寺庙，虽然身染疾恙，但他主持护法神殿的多罗巴等人举行了盛大的开光仪式，并给他们赐予了高规格的尊崇和丰厚的酬谢。隆重的开光仪式上，班禅额尔德尼从库中取出丰厚的财物用度。索西（ཟུར་བཞི།）、大格贵（དགེ་སྐོས་ཆེན་མོ།）、舅父饶丹顿珠嘉措（སྐུ་ཞང་རྗེ་དྲུང་རབ་བརྟན་དོན་གྲུབ་རྒྱ་མཚོ།）等大、小官员从宗豀①乃多（སྙེ་སྡོད།）等处给班禅额尔德尼敬献了相应的财物，班禅额尔德尼为汉、藏僧众摸顶赐福，进行了赏赐。特别赐予土木工程负责人堪布聂多和工匠众头目（འགོ་མངས།），以及他们的助手满意的报酬。这一年，班禅额尔德尼满足了冬夏闭关者，给事业有成者赐予佛戒和加持，以及摸顶赐福等。班禅额尔德尼主持下，白土巴罗桑顿珠（དཔེ་ཐུབ་པ་བློ་བཟང་དོན་གྲུབ།）和达摩瓦罗桑坚赞（སྟག་མོ་བ་བློ་བཟང་རྒྱལ་མཚན།）、班旦桑布（དཔལ་ལྡན་བཟང་པོ།）、阿旺克尊（ངག་དབང་མཁས་བཙུན།）、哈尔东巴罗桑顿珠（ཧར་གདོང་པ་བློ་བཟང་དོན་གྲུབ།）等人应试全部《摄类学》；仲孜切德瓦金巴群培（འབྲོང་རྩེ་ཆོས་རྗེ་བ་བྱམས་པ་ཆོས་འཕེལ།）等人应试全部《时轮仪轨》；曲阔伦布瓦丹巴次成（ཆོས་འཁོར་ལྷུན་པོ་བ་བསྟན་པ་ཚུལ་ཁྲིམས།）和群觉扎西（ཆོས་འབྱོར་བཀྲ་ཤིས།）二人应试《慈氏五论》②；温寺僧人班丹（དབེན་དགོན་པ་དཔལ་ལྡན།）和罗桑群培二人应试《胜乐本续》（བདེ་མཆོག་རྩ་རྒྱུད།）；格桑赤列（བསྐལ་བཟང་འཕྲིན་ལས།）应试《亲传密要》；德阳巴益西顿珠（བདེ་ཡངས་པ་ཡེ་ཤེས་དོན་གྲུབ།）应试《释量论》（རྣམ་འགྲེལ།）连续四章，应试后班禅为他们赐福摸顶，并赐予了相应的嘉奖。

藏历土阴牛年（己丑年，1829 年）新年伊始，班禅额尔德尼在元旦食子神变法会上一如往常的念诵了祈愿回向文。二月，喀尔

① 旧时的县和庄园。

② 亦称《弥勒五论》。印度大乘佛教瑜伽行派根本论著。藏汉两系佛教所指的五论不同，藏传佛教的五论为：《现观庄严论》《大乘庄严经论》《宝性论》《辩法法性论》《辩中边论》。汉传佛教则指《瑜伽师地论》《分别瑜伽论》《大乘庄严经论》《中边分别论》和《金刚般若波罗蜜经论》。

喀索本格桑顿珠和侍从堪布班丹次成（དཔལ་ལྡན་ཚུལ་ཁྲིམས）等把班禅额尔德尼迎请到僧众法会上，向班禅额尔德尼祈寿祷告的同时，敬献白银1200两，赐予诵经回向和厚礼的回赠。四月，达赖喇嘛（十世）移驾哲蚌寺，第一次参加性相[①]立宗，班禅额尔德尼不仅派管家为达赖喇嘛献上哈达、曼札[②]、三所依等礼物和呈文，还为哲蚌寺大经院发放了布施。五月，班禅额尔德尼和近侍仆从寒暄时问及年长僧人："假如大水淹了贡觉林应该怎么办？"在座的谁也回答不出来。这时多吉帕姆活佛前来谒见班禅额尔德尼，赐予了嘉奖。一日，班禅额尔德尼游园散心时，手指恰藏池宫殿通往年楚河[③]的石阶问多吉帕姆："水是否会涨到这儿？"答："救世主啊，在下认为水会涨到这儿。"说着指了一下略微高一点的石阶。之后，二位贤者聊了很多，众仆从只当是闲聊，谁也没有想到这是对最高水位的认定。不久，年楚河河水大涨，一下就涨到班禅额尔德尼所指的石阶，有时泛浪会泛到多吉帕姆所指的石阶。之后，年楚河不断上涨，快要冲走成年僧人时，仆人们惊呼"大救世主早就预言了此事，只是我们不清楚而已，现在宫殿有可能会被河水淹没，只有把班禅额尔德尼迎请至大寺院方能解此大厄。"大寝宫官、索西（一种官职，译者注）、大掌堂师、侍从、当地代本[④]等虔诚祈请班禅额尔德尼，班禅临行时言道："水漫宫殿虽不可等闲视之，但大殿绝无水患之忧，可把物品储藏在大殿之中。"为了防止夏季决堤，班禅额尔德尼敕令夏主噶钦拉加（དཀར་ཆེན་ལྷ་རྒྱལ）驻足此处，率众僧加持了夏

① 性相，实有三法全具备者，为诸法性相。如能托屋梁时柱之性相。

② 佛教所用供品之一。

③ 源出喜马拉雅山北麓，流经西藏自治区的康马、江孜、白朗、日喀则四县而流入雅鲁藏布江。

④ 代本，原西藏地方政府藏军军职。清乾隆末年，始确定每一代本辖兵500名，后来渐有扩充。

天。班禅额尔德尼赐予多吉帕姆临别礼物。班禅额尔德尼移驾长寿苑时，刚到大坝下，“僧侣坝”方向决堤，大堤至桑卡山（ཟངས་མཁར་རི།）的低洼处形成了一大片湖泊沼泽。第一天，大部分僧人前往寺院和僧舍拾取各自的物品时，班禅额尔德尼安排了什长①，将什长登记造册，要求他们临危时保人不保物品，物品可以被水冲走，人一定要平安回来；要求什长各负其责，人不能有半点闪失，再三强调了人身安全。搬运僧从山下鲁定巴（ཀླུ་སྡིངས་པ།）乘皮筏子搬运物品前往寺院，在大殿第二个石阶乘皮筏子返回。按照班禅额尔德尼“拾掇好十胜大殿的圣物，并抛撒一些财物”的法旨。德噶藏（སྡེ་སྐལ་བཟང་།）等人拾掇完毕，抛撒食子的时候，发现十胜大殿建筑群等被水灾毁坏得十分严重，交通只能依靠皮筏子。之后，洪水下泄，又如从前一般。寺院和恰藏池塘（ཆབ་རྫིང་།）、寝宫贡嘎林（ཀུན་དགའ་གླིང་།）、胜伏宫殿（ཟིལ་གནོན་ཕོ་བྲང་།）、东寝宫（གཟིམ་ཆུང་ཤར།）、吾雅（དབུ་གཡབ།）、嘎寝宫（གཟིམ་ཆུང་འགག）等建筑群围墙略有破损外，一切完好无损，三所依及法器、供品②、仆人、骡马等均无损失，一切皆如班禅额尔德尼旨令完成。人们对他越发产生了佛陀般的敬仰之情，盛赞不已。

七月，七世班禅额尔德尼对僧众赐予《长寿灌顶》，特别是从这一年开始，僧俗中凡年纪达到 70 岁者，班禅额尔德尼为他们详授 70 岁《长寿灌顶》，让他们和自己一起饮茶吃饭，送返时各赐中等哈达一条、银质经轮一个。应掌堂师拉康巴的祈请，班禅额尔德尼来到僧众之首，为众僧赐予了上一年未曾赐完的度母随许及 8 个度母的随许。八月七日，班禅额尔德尼移驾香波巴神泉水沐浴，董悉庄园提供了一天的食宿，并敬献了礼品，班禅额尔德尼赐予了回

① 什长，什夫长。十名列兵的领导者。

② 陈列在护法神殿中作为祭品的野兽躯壳和武器等物。

赠。十四日,班禅额尔德尼移驾恰卡,受扎什伦布寺众僧之请,传授了金刚橛祈祷礼赞等传承。是年,嘉奖了香波巴神,班禅额尔德尼给香波巴神献酒献颂:

啊嗬战神之主香波巴,
请饮甘露海样的酒浆,
庇佑修习瑜伽之我等,
完成护法保民功无量。

九月一日,七世班禅额尔德尼离开恰卡,四日中午班禅额尔德尼移驾庄园。庄园负责迎请班禅额尔德尼,敬奉了很多礼品,予以厚礼回赠。班禅额尔德尼行营驻锡艾玛岗(ཨེ་མ་སྒང་།),为众僧俗摸完顶,就按照扎西康萨巴(བཀྲ་ཤིས་ཁང་གསར་པ།)的祈请,返回寝宫为战神(དགྲ་ལྷ།)诵经,并给扎西康主仆们摸顶赐福。班禅额尔德尼在托豁护法殿(ཐོབ་གཞིས་རྒྱལ་ཁང་།)为众护法神献供酒。班禅额尔德尼给鞡卡在三天中敬奉丰盛招待和不俗的礼物赐予了丰厚的回赠。班禅额尔德尼被迎请至噶热寺,在喇嘛拉康(བླ་མ་ལྷ་ཁང་།)神殿为利新哈拉①(ལི་བྱིན་ཧ་ར།)念诵祈祷经。班禅额尔德尼移驾法会,收到了很多僧众敬献的礼物,为满足众僧的祈请,班禅额尔德尼为众僧赐予朱杰所传的《长寿灌顶》。噶热管家在负责接待班禅额尔德尼的同时敬献了很多礼品,班禅额尔德尼为众僧施舍了食物,赐予他丰厚的回赠;班禅额尔德尼为30名受近圆比丘戒僧人赐予了礼物。二十一日,班禅额尔德尼移驾贡觉林,这时正值贡觉林大宫殿的修复工作圆满完成,良辰吉日之时,迎请大救世主班禅额尔德尼登上僧众中央的宝座,次觉林(ཚེ་མཆོག་གླིང་།)札仓之经师(又是仪轨师)仁布切

① 一位护法神。

和贡觉林的规范师噶钦格勒坚赞(དཀའ་ཆེན་དགེ་ལེགས་རྒྱལ་མཚན།)、护法神殿香灯师等上师举行开光仪式,班禅额尔德尼给他们赐予了应有的尊崇和厚礼。在这个盛宴上,拉章给班禅额尔德尼敬献了丰厚的礼物,宴会后为汉藏信众赐予赏赐,特别给修缮宫殿的工头德噶藏及大、小工程的工匠们赐予满意的报酬。纽曲阔林寺院的众位活佛,香甘丹曲阔林寺院的僧众在小寝宫给班禅额尔德尼敬献了长寿,班禅额尔德尼为他们摸顶赐福,赐予丰厚的回赠。

十一月四日,大侍寝官拉卡瓦旦增扎西(ཁ་བ་བསྟན་འཛིན་བཀྲ་ཤིས།)被清宣宗道光皇帝封为札萨克喇嘛[①]授库管官衔,大侍寝官拉卡瓦旦增扎西通过众驻藏大臣呈上叩谢皇恩信函。十一日堪布米纳堪布、坚隆巴(གཅེན་ལུང་པ།)在僧侍众前向班禅额尔德尼献呈清宣宗道光皇帝圣旨和丰厚礼物,班禅喜恩接受。此时正值班禅额尔德尼四十九岁之年忌(本命年)[②]两年,哲布尊丹巴(ཁལ་ཁ་རྗེ་བཙུན་དམ་པ།)专门派贤昆玉[③]埃尔克诺约(སྐུ་མཆེད་ཨེར་ཁེ་ནོ་ཡིན།)和索本(膳食官)、四部落代表、侍寝官[④]等前来为班禅额尔德尼祈寿驱灾;另一团使者前来为拔贺喜[⑤]法王(པཀྴི་ཆོས་རྗེའི་དགེ་སློབ་པ།)举办亡灵超度仪式,班禅额尔德尼赏赐了蒙古宾客。蒙古宾客在藏期间,班禅额尔德尼在摸顶赐福的同时,用纯蒙语和他们进行交流,使他们非常高兴。克热使者(ཁྲུ་རལ་མི་སྣ།)祈请班禅额尔德尼来到僧俗云集的法会上,敬献了曼扎[⑥]三所依、佛衣用具等,还供奉了2175两银子,班禅额尔德尼回赐厚礼并念诵了令他们满意的回向文。班禅额尔德尼为64名

---

① 札萨克,清代官名,为总管。有备兵札萨克和旗札萨克,外有喇嘛为札萨克者管辖僧众。此官在原西藏地方政府为正三品。

② 年忌。占卜术中所说依自己生年属相推算可能遇到的灾祸。

③ 贤昆玉,昆玉。包括父族母族的兄弟姐妹。

④ 一种官职名。

⑤ 把式。西藏喇嘛到内地传教后所得名号,为老师、师傅、教师、长者。

⑥ 佛教所用供品之一。

授予近圆比丘戒，为喀尔喀索本（膳食官）赐予百余种《长寿灌顶》。是年，班禅额尔德尼对冬夏闭关者和侍奉佛法者授予沙弥戒、近圆比丘戒；传授随许灌顶，摸顶赐福等。班禅主持下，仲孜巴噶钦罗桑班觉（འབྲོང་རྩེ་པ་དཀའ་ཆེན་བློ་བཟང་དཔལ་འབྱོར།）和诺布甘丹巴噶钦罗桑晋扎（ནོར་བུ་དགའ་ལྡན་པ་དཀའ་ཆེན་བློ་བཟང་ཆོས་གྲགས།）应试《太阳律经》；曲隆强孜罗桑阿旺（ཆོས་ལུང་བྱང་རྩེ་བློ་བཟང་དག་དབང་།）应试《菩提道次第广论》（བྱང་ཆུབ་ལམ་རིམ་ཆེན་མོ།）；达巴罗桑坚赞（མདར་པ་བློ་བཟང་རྒྱལ་མཚན།）、达纳金巴坚赞（རྟ་ནག་བྱམས་པ་སྦྱིན་པ།）、拉卡巴南杰索瓦（ལ་ཁ་བ་རྣམ་རྒྱལ་བཟོད་པ།）等人应试全部《摄类学》；温寺罗桑切觉（བློ་བཟང་ཆོས་འབྱོར།）、益西班觉、罗桑群培、格勒群培（དགེ་ལེགས་ཆོས་འཕེལ།）、班丹群培（དཔལ་ལྡན་ཆོས་འཕེལ།）等人应试《胜乐本续》；擦绒（ཚ་རོང་།）的两位青年应试《医学四续》；曲阔伦布瓦丹巴亚培（ཆོས་འཁོར་ལྷུན་པོ་བ་བསྟན་པ་ཡར་འཕེལ།）和索朗丹达（བསོད་ནམས་བསྟན་དར།）二人应试《慈氏五论》，列谢林巴噶钦次仁顿珠（ལེགས་བཤད་གླིང་པ་དཀའ་ཆེན་ཚེ་རིང་དོན་གྲུབ།）和拉卡瓦罗桑西饶（ལ་ཁ་བ་བློ་བཟང་ཤེས་རབ།）应试《现观庄严论》之八个章节；罗桑西饶（བློ་བཟང་ཤེས་རབ།）应试《中观》正文；谢巴阿旺云丹应试《释量论》四个章节；扭曲阔林巴加央索朗（ཀུན་ཆོས་འཁོར་གླིང་པ་འཇམ་དབྱངས་བསོད་ནམས།）应试《五部经函》正文；绛白仓觉（འཇམ་དཔལ་མཚན་བརྗོད།）、绛央桑旦（འཇམ་དབྱངས་བསམ་གཏན།）应试《律经极本律》正文①和《现观庄严论》②；德阳巴益西顿珠和萨隆巴杰仲罗桑次成应试《释量论》四个章节；罗巴罗桑班丹次成（སྟོ་པ་བློ་བཟང་དཔལ་ལྡན་ཚུལ་ཁྲིམས།）和定结活佛丹巴坚赞（གཏིང་སྐྱེས་སྐུ་སྐྱེ་བློ་བཟང་བསྟན་པ་རྒྱལ་མཚན།）、伦布孜巴次成丹巴（ལྷུན་པོ་རྩེ་པ་ཚུལ་ཁྲིམས་བསྟན་པ།）、嘉荣扎班丹巴群培（རྒྱ་རོང་གྲགས་པ་བསྟན་པ་ཆོན་འཕེལ།）等人应试《释量论》四个章节；德阳巴益西顿珠（བདེ་ཡངས་པ་ཡེ་ཤེས་དོན་གྲུབ།）应试《因

---

① 注释四部律典总义的一部著作。

② 弥勒所著五论之一。

明学》;夏鲁巴仁青格勒(ཞ་ལུ་པ་རིན་ཆེན་དགེ་ལེགས།)应试全部《时轮仪轨》;仁青群培应试《摄类学》仪轨;拉钦仁青罗萨米庞(ལྷ་ཆེན་རིན་ཆེན་བློ་གསལ་མི་ཕམ།)应试《时轮简续》等,赐予他们常规及额外的奖赏,并给予交谈的殊荣。

藏历铁阳虎年(1830 年),照常举行元旦食子和新年喜宴。这一年是七世班禅额尔德尼 49 岁的年忌,为了给班禅额尔德尼消灾祈福,安度年忌,宫殿上下以及全部寺庙都挂了防雨幔帘,大殿和一些宫殿换了新的坐垫,大殿中的珊瑚琥珀展品异常华美,尤其寝宫的天窗檐①上新换了四块红绸缎幔帘,拉章(ལྷ་བྲང་།)为众僧奉上了可口的茶饭。膳后,班禅额尔德尼移足大殿,属民、寺庙部众及大中小仆人向班禅额尔德尼敬献了丰盛的礼物。班禅额尔德尼给每一位僧人布施了一条哈达和二两三钱银子;给俗官赐予了礼物。大咒师②和罗桑旦增班觉(བློ་བཟང་བསྟན་འཛིན་དཔལ་འབྱོར།)为班禅额尔德尼庄严隆重的念诵了长寿祈祷经,班禅欣然接受,并念诵了发愿回向。

舅父杰仲热旦顿珠嘉措(སྐུ་ཞང་རྗེ་དྲུང་རབ་བརྟན་དོན་གྲུབ་རྒྱ་མཚོ།)给法会提供了四次斋僧茶③和斋饭等,并给每位僧人发放了 3 两一钱口粮款;把班禅额尔德尼迎请到僧众中央,做了认真的祈祷,呈献了曼札三所依、佛衣用品、非常丰富的物供外,还敬献了 100 根 8 两赤金金条、100 个 50 两藏银银锢、1000 匹紫黄色绸缎、一匹鞴有金鞍的黄骠马、一匹鞴有金鞍的青鬃马等。敬献 3 钱银子的信众虽然未曾奢望回赠,但班禅给他们赐予了护身结念诵了回向文。嘉钦则巴仲智益西南杰(རྒྱལ་ཆེན་རྩེ་པ་དྲུང་གྲུབ་ཡེ་ཤེས་རྣམ་རྒྱལ།)在僧众前承诺了丰

① 屋顶天窗上遮雨的部分。

② 以念诵咒语为人禳灾祈福的宗教职业者。

③ 布施给僧众之茶。

盛的斋僧布施；准章切次仁热旦（མགྲོན་གྲངས་ཆེ་ཚེ་རིང་རབ་བརྟན།）在僧众前承诺了为班禅额尔德尼敬献祈寿礼物、为僧众呈献丰盛的布施、为寺院置办 80 个铜壶。杰尊玛（རྗེ་བཙུན་མ།）近侍和德噶藏、司库南杰（ཕྱག་མཛོད་རྣམ་རྒྱལ།）等给班禅额尔德尼呈献了礼物，给僧众进行了布施；司膳准仲然巴索朗旺布（མགྲོན་དྲུང་རམ་པ་བསོད་ནམས་དབང་པོ།）、彭康（ཕུན་ཁང་།）等人给班禅额尔德尼呈献了祈福求寿的礼物，班禅给他们赐予摸顶祈福、口诵回向仪轨。另外，温寺、彭林（ཕུན་གླིང་།）、德热、香多山格培（ཤངས་མདོ་རི་བོ་དགེ་འཕེལ）、康朗活佛（ཁམས་གླིང་སྤྲུལ་སྐུ།）、仲日吾当庆（འབྲུམ་རི་བོ་མདངས་ཆེན།）、纳塘、拉孜曲德寺（ལྷ་རྩེ་ཆོས་སྡེ།）、绒强钦（རོང་བྱམས་ཆེན།）、参卓（མཚན་སྒྲོག）、列谢曲林（ལེགས་བཤད་ཆོས་གླིང་།）、堆林（ཐོས་གླིང་།）、桑顶、萨迦、惹当巴、亚德索龚、曲阔卫当、嘎惹、瑟吉等寺院的活佛先后派人给班禅额尔德尼呈献了祈寿礼物，班禅额尔德尼给他们赐予了摸顶祈福，礼品回赠，使他们欣喜不已。是年，为了迎请十世达赖喇嘛移足传召大法会，班禅额尔德尼给达赖喇嘛呈送了礼物及书函。班禅额尔德尼敕旨，堪布会议厅和噶厦地方政府要按先例通过众驻藏大臣给清宣宗道光大皇帝呈献谢恩哈达和佛像等。为了佛法永固，为了众生幸福，为了忌年驱灾，班禅额尔德尼敕令境内之宗及豀卡等马上制作石刻佛像和石刻玛尼，并在登记造册的大小柳园中供放石刻佛像和石刻玛尼。

彭林寺（ཕུན་གླིང་གཙུག་ལག་ཁང་）年久失修，七世班禅额尔德尼专派工头达多（དཔོ་མཛད་ཟླ་རྡོར།）、助手、仆人等前往修复，赐予达多开工、施工，以及竣工的喜宴费用，一个月的工钱包括把 60 人雇用 5 天的工钱外，常设 15 人的茶饭之资等，满足了施工人员的后顾之忧。地方政府专派舅父堪布罗桑德巴（སྐུ་ཞང་མཁན་པོ་བློ་བཟང་བདེ་བ།）为班禅额尔德尼祈寿求福，堪布罗桑德巴给大经堂僧众进行了布施；给密宗院施舍了斋僧茶和常设神馐资助，置办了厨房用具等。堪布罗桑德巴把班禅额尔德尼迎请到众僧之首,敬献了曼札三所依、僧衣用品、书函外,还敬呈白银1420两。摄政等也给班禅额尔德尼呈上书函礼品等,班禅额尔德尼回复了呈文,赐予了回赠。以舅父堪布为主的宇妥活佛(གཡུ་ཐོག་སྤྲུལ་ངོ།)等给班禅额尔德尼敬献了丰盛的礼物,班禅额尔德尼给他们赐予了丰厚的回赠。在僧众法会上,班禅额尔德尼除了传授了尼贝所传的二十一度母的所有随许及随许疏解外,还给他们传授了众多修习法中的石座佛、青衣大势至菩萨等的随许,并把石座佛、青衣大势至菩萨的陀罗尼咒①置于大经堂诵经仪轨之中。不久一种非常可怕的瘟疫传遍大部分地区,但该寺除了极个别僧人外其他僧人均未传染此疫。班禅额尔德尼言道:“我是为了所有和个别地区的特殊需要传授了青衣大势至菩萨的随许,并把青衣大势至菩萨的陀罗尼咒置于大经堂的诵经仪轨中。”

七月八日,达赖喇嘛(十世)移驾色拉大乘寺时,班禅额尔德尼派人问候,并为达赖喇嘛举办初习性相(མཚན་ཉིད།)立誓仪式赠送了象征性的礼物。正式献礼时,班禅额尔德尼派卓尼敬献了许多斋僧的布施和礼品。

九月二日,部分辖地民众向班禅额尔德尼询问在马场何处修建修习僧宅;巴囊介台(པ་སྣམ་སྐྱིད་ཐར་རྒྱག་འདེན།)请求班禅额尔德尼豁免这一年上交食品的责任,并为他们一一赐予敕令。班禅额尔德尼对修复所有转经路之石刻玛尼、为佛面涂金的工匠们给予了令他们满意的酬金。八月初,在僧众法会上班禅额尔德尼按例进行总的《长寿灌顶》和具体七十《长寿灌顶》时,甘丹赤钦②永增班智达阿旺群培(དགའ་ལྡན་ཁྲི་ཆེན་ཡོངས་འཛིན་པཎྜི་ཏ་ངག་དབང་ཆོས་འཕེལ།)专派司膳索本

① 陀罗尼咒,总持咒。以证得本尊身语功德为主、显现空乐为文字的咒言。

② 继承甘丹寺中宗喀巴法坐者。

敬献祈寿礼物，班禅额尔德尼认为祈寿礼物于八日给众僧授予七十《长寿灌顶》时敬献较好。噶钦格勒坚赞按照班禅额尔德尼之言，首先敬献了加行祈福礼品。八月八日，班禅额尔德尼收受了各地善男信女敬献给大经院的布施，为他们摸顶赐福的同时，为赤仁布切之司膳索本等40人授予了近圆比丘戒。班禅额尔德尼还给司膳索本赐予见面礼，通过司膳索本给赤仁布切赐予回函及圣物礼品。二十八日，班禅额尔德尼移驾香波巴神泉水沐浴，在董鞥卡（གདོང་གཞིས།）庄园驻锡三天期间，德格杰（བདེ་དགོས་སྐྱེས།）完成了接待、奉献礼物、对内布施等虔诚礼仪，班禅额尔德尼给他赐予厚礼。期间，班禅额尔德尼给嘉荣的两位公子等人授予了近圆比丘戒，参加了多次在神泉边举行的战神（ཚལ་ཁ་དགྲ་ལྷ།）祷告。扎什伦布寺僧众给班禅额尔德尼虔诚敬献礼物，恳请普降法雨，班禅额尔德尼给他们授予了降魔金刚手和狮面佛母的修炼开许、《甘珠尔》月供开许；给西摩札仓和当噶巴（སྙིང་དགའ་པ།）僧众口传了《甘丹百佛颂》[①]的开许，并赐予每个札仓一个月供。班禅额尔德尼给仲普巴（འབྲོང་ཕུ་པ།）恩授了《菩提忏悔经》和《般若波罗蜜多心经》的开许，给龚波寺众僧恩授了《多玛祭祀》等的开许。班禅额尔德尼从神泉返程途中移驾至托鞥卡（ཐོབ་གཞིས།）庄园，一切一如从前。十月四日，班禅额尔德尼为数不多的几个人授予近圆比丘戒，并举办了尊胜佛母的仪轨。噶热寺虔诚恭迎班禅额尔德尼，并赠送许多礼物；班禅额尔德尼亲赴噶热僧会，给众僧授予了降魔金刚手和利新哈拉（ལི་བྱིན་ཧ་ར།）的随许；班禅额尔德尼前往喇嘛拉康神殿，对护法神进行了拜谒、祈祷、祭酒的仪式，噶热管家亲自侍奉班禅额尔德尼，并敬献礼物，为亲随发放了布施。噶热寺也给班禅额尔德尼随从发放了布施，

① 依宗喀巴为主尊的上师瑜伽。

赐予了丰盛的回赠。十三日移驾功德林处,在堪布会议厅收到清宣宗道光皇帝诏书及精美礼物,班禅额尔德尼欣然礼受。这时,班禅额尔德尼派司宾卓尼曼日巴罗桑南杰(མགྲོན་གཉེར་སྨན་རི་པ་བློ་བཟང་རྣམ་རྒྱལ)前往西藏地方政府请假的同时,给经师赤仁布切阿旺群培带去敕文并专派侍者麦日巴罗桑南杰。十二月五日,赤仁布切前来向班禅额尔德尼报道致敬,班禅额尔德尼言道:"我已给你们一行人安排了适当的住所,我有一些事情需要向您请教,您等宽心住下,月初可授愿学的经文。"赤仁布切毕恭毕敬的遵命谢恩。从这一天起,赤仁布切驻足此地,每日摸顶结束,茶余饭后便按计划与班禅额尔德尼讨论各地佛教讲修兴盛之情况,或者谈论达赖喇嘛的功德等。班禅额尔德尼特别尊崇赤仁布切,给赤仁布切一行赐予了与其身份相匹配的礼物。

扎雅班智达罗桑久美南杰(བྲག་ཡབ་པཎྜི་ཏ་བློ་བཟང་འཇིགས་མེད་རྣམ་རྒྱལ)专门派司宾卓达里(མགྲོན་དྷ་ལས།)和司库管家德玛其给僧众进行了敬僧布施;把班禅额尔德尼迎请至众僧之首,敬呈了1250两银子等祈寿礼物;卓达里和艾克达里(ཨེ་ཁེ་དྷ་ལས།)给班禅额尔德尼敬呈了1550两银子等祈寿礼物,班禅额尔德尼给他们口诵回向、赐予了回赠,还先后用佛法和实物满足了他们的需求。彼时,图库女王(ཐོར་ཁོད་དཔོན་མོ།)和衮恰活佛(བླ་མ་ཀུན་ཁྱབ།)、乃显译师(ནེ་ཤན་ལོ་ཙཱ་བ།)等前来叩拜班禅额尔德尼,班禅先后赐与他们结缘①、摸顶,按身份地位赐予了礼物。特别是扎西贝王妃(བཙུན་མོ་བཀྲ་ཤིས་དཔལ།)把班禅额尔德尼迎请到众僧之首,敬呈了1700两银子,班禅额尔德尼口诵回向,赐予回赠。是年,班禅额尔德尼不仅偕同赤仁布切移足密宗院亲赴法会,观看二十九日之朵玛②、跳神法会,在旧宫寝宫发愿礼供外,

① 授受佛法的师徒关系。

② 藏历十二月二十九日或除夕前一日抛送的驱魔送祟的食子。

还协同赤仁布切前往噶当宫殿（བཀའ་གདམས་ཕོ་བྲང་།）的豪华寝宫（豪华寝宫虽多，可班禅额尔德尼只使用其中的两处寝宫，其他寝宫绝对不对外开放），并敕令侍从可随时谒见赤仁布切。班禅额尔德尼不仅给赤仁布切特别介绍了寝宫里的各种举世罕见的佛门圣物，还让赤仁布切详细拜谒了寝宫深处的能言护法神毗沙门天王。圣人间相互如此尊敬，如此心仪，足令世人合掌敬仰。

二十九日朵玛节时，赤仁布切向班禅额尔德尼说："跳神领舞者年事已达68岁，可身体仍然矫健无比。"七世班禅额尔德尼答道："我看70岁时他仍然会是跳神领舞者。现在七十岁时身体仍然健硕的人很多，堪布会议厅的米那堪布罗桑坚赞（མི་སྣ་མཁན་པོ་བློ་བཟང་རྒྱལ་མཚན།）虽然七十有余，前往汉地毫无困难。您派您的司膳索本来结法缘时，法会上的130位70岁老人如今都还健在。"赤仁布切问："我们前藏的色拉、哲蚌、甘丹三大寺的僧人加起来也只有10多位70岁老僧，可这儿70岁以上的老僧为何这么多？"班禅额尔德尼答道："前藏达到40岁即被称为老翁，而后藏①到了60岁也不会被称为老翁，这可能是称呼在作祟。"后经查证，上述跳神领舞者名叫噶钦罗桑（དཀའ་ཆེན་བློ་བཟང་།），到了70岁仍然担任着跳神领舞者的角色，大家认为这是班禅额尔德尼预知通慧之故。这一年，班禅额尔德尼主持了冬夏闭关仪式，为佛门弟子授予近圆比丘戒、灌顶传承，为众僧俗摸顶赐福、医治病人等，充分满足了众多信众的愿望。班禅额尔德尼主持下格鲁派比丘协日宝折增巴格隆益西旺杰（བཞད་རི་བོ་གྲུ་འཛིན་པ་དགེ་སློང་ཡེ་ཤེས་དབང་རྒྱལ།）应试《菩提道次第》（《ལམ་རིམ་བདེ་ལམ།》）、《文殊菩萨言教》《律经教言》《菩提教言》《密乘教言》15页、《殊胜和普通的生起次第②成就宝库》《圆满次第四瑜伽》；德热

① 西藏分为前藏后藏两部，年楚河流域江孜以上地区为后藏。

② 为求净治四生习气，解脱凡庸见、闻、觉知之缚，现见本尊、真言、智慧本性而修习之瑜伽。

巴益西旦增(བདེ་རབ་པ་ཡེ་ཤེས་བསྟན་འཛིན།)应试《法事明鉴》;吉聂志切宗巴罗桑顿珠(ལྷག་དངོས་གྲུབ་ཆོས་རྫོང་པ་བློ་བཟང་དོན་གྲུབ།)应试《广略文殊》《嘎日嘎》(《ཀྰ་རི་ཀཱ》)五十章;温寺罗桑班觉(དབེན་དགོན་པ་བློ་བཟང་དཔལ་འབྱོར།)应试《胜乐本续》等,班禅额尔德尼给他们赐予了令人高兴的礼物。

谓之"毛驴"即藏历铁阴兔年(辛卯年,1831)年初,举办的元旦食子、祈祷、喜宴、朝拜等仪式一如往常般丰盛。这时,赤仁布切谨遵班禅额尔德尼法旨,传授了《兜率百佛赞》《百遍〈长寿灌顶〉》《忿怒明王之加持》等,班禅额尔德尼赐予他丰厚的礼物外,还为他赐予《长寿灌顶》《时轮随许》等。赤仁布切给班禅额尔德尼敬献了祈寿寝宫,举行了盛大的曼札祈福,并向班禅额尔德尼进献了很多供品。班禅额尔德尼言道:"我会活到84岁。今年,先生为我进行的祈寿缘起非常顺利,要做长寿仪轨需要放生众多生灵,请先生测测您的梦!需要放生什么生灵?明日请告诉我。"赤仁布切谢恩,并表示牢记法旨。赤仁布切当着班禅额尔德尼的面,令具备福德的侍从措索巴益西次旦(ཚོགས་གསོག་པ་ཡེ་ཤེས་ཚེ་བརྟན།)要代表他本人每年为班禅额尔德尼的身体健康祈福禳灾(之后,措索巴每年年初从不间断地礼供杰尊罗桑曲吉坚赞(རྗེ་བཙུན་བློ་བཟང་ཆོས་ཀྱི་རྒྱལ་མཚན།)之画像进行祈祷。)。第二天相聚时,赤仁布切对班禅额尔德尼说:"昨夜我梦见一口额间有白点,尾尖纯白色的猪与一只面部白色,羊角白色的绵羊。"如梦所示,大家准备这些法事所需。第二天顺利准备好了梦境中的预示的猪羊。赤仁布切和班禅额尔德尼相互高兴地说道:"这正合梦境中的预示。"仆人们听后都觉甚为奇异。之后放生了100头猪,85只羊。班禅额尔德尼对赤仁布切说:"这100头猪用于给我做祈寿,这85只绵羊用于给您做祈寿,还有15只羊需要您在拉萨置办购买。"另外班禅额尔德尼对赤仁布切赐予了无上的尊崇，赤仁布切也对班禅额尔德尼表示出无与伦比的尊敬，正如圣者所推崇的友谊那样。四日，班禅额尔德尼给赤仁布切一尊佛像及噶当经函等礼物，并做了亲切愉快的谈话，令有缘者感到十分羡慕。五日，在赤仁布切返程之际，班禅额尔德尼给赤仁布切赐予三所依等丰厚礼物，并给赤仁布切管家赏赐了令人满意的礼品，尤其在建寺修庙、制作佛像方面，班禅额尔德尼嘱托他一定要尽力遵循上师（赤仁布切）的意愿。十二日，大召饮茶发愿仪式上，班禅额尔德尼对施主德琼巴杰仲（ཞེ་ཆུང་པ་རྗེ་དྲུང་།）和帕仲管家（ཕག་གྲོང་གཉེར་པ།）赐福摸顶，口诵回向。三月，班禅额尔德尼给宗輤各地装养地宝瓶的同时，给宗輤各地赐予龙王像500张、大旗30面、向宗輤八方发送圣人佛像护身符500个，并给彭林寺施与月诵《甘珠尔》僧人僧茶僧粥等。班禅额尔德尼应托克管家（ཐོར་ཁུད།）的祈请给托克管家赐予了几种佛门随许；给大擦撒麻都拔克西诺门汗活佛（ཏ་ཚགས་ས་མ་ཏི་པཀྴི་ནོ་མིན་ཧན།）和札萨克二人授予近圆比丘戒。大擦撒麻都拔克西诺门汗活佛给班禅额尔德尼敬赠祈寿寝宫的同时，呈进了1100两银子，班禅额尔德尼赐予他丰厚的回赠外，还赐予大擦撒麻都拔克西诺门汗活佛《九尊无量寿佛大灌顶》《长寿灌顶》、几种随许、香巴拉祷词等经文传承，并给其他人赐予了物质礼物。班马康活佛（པདྨ་ཁང་།）与玛尼活佛（མ་ཎི་སྤྲུལ་སྐུ།）等给班禅额尔德尼呈献了很多实物礼品，班禅额尔德尼给他们一一赐予回赠，传授了他们欲求的佛法。为了利乐佛法和众生，班禅额尔德尼在帕珠桑宗寺（ཕད་སྤྲུག་བསམ་རྫོང་དགོན།）举行喇嘛供奉、三敬事、狮面母、尊者礼供、长寿甘露源、以及与其相关的长寿陀罗尼经、三期地①、《兜率百佛赞》以及相关的《所缘度母悲心经》经文、护法神礼赞等仪轨，最后还进行

① 天的异名，天界众生，只有生、住、灭三期或了知过去、现在、未来三时，故名。

了发愿回向祝福。从这时起,规定每年都要举行这个法会和礼供神馐。班禅额尔德尼敕令:“供品所需的材料,敬神哈达,每日供奉3次斋僧茶等资费由管家负责支付,后藏给彭林宗(ཕུན་གླིང་རྫོང་། 今平措林乡)提供110担19升上等粮食。出家者等也不能仅仅为了得到衣食进行糊弄施主,一定要用纯粹的佛教精神严守戒律修习三学[①]、讲闻三藏[②]经、修习圆满次第和生起次第瑜伽,尤其要实践完整的三事仪轨,事奉珍贵的第二法王教派。为了坚持有益于眼前的思想责任,班禅额尔德尼要求记下每年的开支单,这可以验证是否严守戒律之风,并下法旨要长期保存开支单。

六月九日,七世班禅额尔德尼为一些僧人和外出管家等45人授予近圆比丘戒。七月,大皇帝50岁生辰,班禅额尔德尼给大皇帝呈上礼品、祈寿书函、哈达及佛像。班禅额尔德尼莅临奇长寿苑,为众僧赐予《长寿灌顶》;给众僧传授了《修习海洋》(《སྒྲུབ་ཐབས་རྒྱ་མཚོ།》)中修习文殊的《红黄经轮》《五部文殊》《密集[③]五部金刚》、来自大日如来幻网的五部文殊、三体为一的威猛金刚手等的随许外,还赐授了降魔咒之开许。八月,班禅额尔德尼先后为65人授予近圆比丘戒,并赐予礼物。生有侄女的嫂夫人祈请班禅额尔德尼,班禅额尔德尼为她授予《百部〈长寿灌顶〉》。二十九日,班禅额尔德尼移驾谢香波巴神泉水沐浴,班禅额尔德尼一行人马在董鞅庄园休息了三天,三天中收到了很多礼物,回赠也颇丰。班禅额尔德尼拜谒拉木女神,并为拉木女神歌颂礼赞。班禅额尔德尼为两个蒙古族人传授了《香巴拉祈愿》之开许。七日,班禅额尔德尼

① 戒学、定学、慧学。

② 一切佛语,依所诠释之义理分为三学,依能诠释之文字分为三藏,谓经藏、律藏和论藏三者。十二分教一切文义,色法乃至遍智之间一切所知,总集于三者之中,故名为藏。

③ 汇集密乘道果全部秘密要义之法,亦为佛教无上密乘一本尊名。

移驾神泉,举行了礼赞香波巴神灵等利益佛法和众生的仪轨。扎西格(བཀྲིས་དགེ)和当噶(སྙིང་དཀའ)所有僧人给班禅额尔德尼呈进礼物,祈请班禅额尔德尼传授礼供上师无间空乐的开许,班禅额尔德尼应允并传授了众僧祈求的开许。是年,班禅额尔德尼对修缮公布寺大经堂等建筑物的施主赐予答谢摸顶。十月一日,班禅额尔德尼移驾托豁庄园(ཐོབ་གཞིས),对护法神王进行祭祀礼赞。四日,班禅额尔德尼为数人授近圆比丘戒。五日,班禅额尔德尼受噶热迎请,在管家的陪伴下祭赞了护法神王。班禅额尔德尼莅临僧众之首,为众僧授予《白色胜乐金刚随许》,收到了丰盛的礼物。在托豁庄园的三天内,班禅额尔德尼一如从前赏赐了侍奉者。在罗刹女大若卡(སྲིན་མོ་ཇ་རོ་ཁ),受到僧俗祈请,班禅额尔德尼传授了旭日随许,以及与旭日随许相关的《长寿灌顶》。八日,班禅额尔德尼给许多人授予了近圆比丘戒。十四日,班禅额尔德尼移驾贡觉林宫殿。这一日,米那堪布带来了清宣宗道光皇帝诏书及丰厚的皇家礼品,班禅额尔德尼欣然接受。皇太子①呈来亲笔书信述及与佛法相关的诸多事宜,并献上一条长哈达和一条可以系在身上的袋子。班禅额尔德尼甚为高兴地接受了信函和礼物。为了迎接喀尔喀右翼的札萨克王②部的诺门汗③呼图克图④罗桑隆仁旦白坚赞(བློ་བཟང་ལུང་རིགས་བསྟན་པའི་རྒྱལ་མཚན)入寺闻习佛法,特请班禅额尔德尼到众僧之首,并给班禅额尔德尼敬献了1500两银子,班禅额尔德尼给他们摸顶赐福、口诵回向、赐予回赠。年底,班禅额尔德尼先后为木里喇嘛(མི་ལི་བླ་མ)等320位出家人授予近圆比丘戒,并赏给礼品。

① 旧时,西藏对最大贵族儿子的敬称。

② 清代官名,意为总管。

③ 法王。蒙语为诺门汗,古代蒙古族官职名。

④ 圣者,蒙语。清代中央政府授予藏族和蒙古族地区佛教大活佛的封号。

班禅额尔德尼为木里喇嘛、次觉林永增仁布切（ཚེ་མཆོག་གླིང་ཡོངས་འཛིན་རིན་པོ་ཆེ）、桑洛诺门汗（བསམ་བློ་ནོ་མིན་ཧན）等授予他们祈望的《长寿灌顶》等秘诀。此外，在冬夏闭关不间断的前提下，班禅额尔德尼还给该授戒的人依次授予了沙弥戒、近圆比丘戒、随许、开许，以及摸顶赐福，满足了信众愿望。班禅额尔德尼主持下，东噶帕日巴之子旦增雅培（བསྟན་འཛིན་ཡར་འཕེལ）应试医书《三续》；罗博巴罗桑阿旺（བློ་སྦྱོང་པ་བློ་བཟང་ངག་དབང་།）、罗桑顿珠、协巴群培（བཤད་པ་ཆོས་འཕེལ།）应试《摄类学》；香巴桑智甘丹巴先巴尊智（ཤང་པ་བསམ་གྲུབ་དགའ་ལྡན་པ་བྱམས་པ་བརྩོན་འགྲུས།）、萨隆巴罗桑格勒（ས་ལུང་པ་བློ་བཟང་དགེ་ལེགས།）、达茂巴阿旺克尊（སྟག་མོ་བ་ངག་དབང་མཁས་བཙུན།）、定结巴尼玛群培（གཏིང་སྐྱེས་པ་ཉི་མ་ཆོས་འཕེལ།）等人应试《释量论》四个章节；温寺罗桑尼玛、益西金巴（ཡེ་ཤེས་བྱམས་པ།）、益西群培（ཡེ་ཤེས་ཆོས་འཕེལ།）等人应试《胜乐本续》，并给他们赐予了礼物。

今年（1831年）新年为佛前贡品、僧众的供养、贫困人口的布施合计付出银量2050两，对此撰写赞文如下：

“怙主净饭王子与眷属，
无限庄严具足显神通，
孤自徒步行至玛冈哈，
如同来到施主善女处，，
宗氏①善巧百叶法莲上，
有请怙主班禅额尔德尼如日照，
万丈光芒无余耀雪域，
众生怙主如日升东山，
王中之王佛祖释迦尊，

① 宗氏，指宗喀巴大师。

善行具足时敌大势众，
深渊善巧全心专注为，
雪域众生怙主献誉住，
野蛮人等不时侵犯扰。
如意圣洲良辰王宫中，
幸会遍知绛白嘉措后，
意中烦事无余得清净，
法轮胜妙图案自然显，
犹如如意树枝善妙手，
无数众生顶上触摸后，
无上菩提善根植心中，
吐蕃王权增彩更灿烂，
人天神鬼黑暗笼罩时，
威猛阳光照耀遍辉煌，
无上上师实显与面前，
师徒三尊犹如雪山王，
源远流长依源甘露江，
汇流围绕圣地桑耶寺，
妙音响彻十方大世界，
三宝威力灿烂更辉煌，
修持密法众僧海会地，
勇士勇母持法护法等，
普贤海供如云精心献。
有人试探大师坐骑说，
此地无有马儿敢鸣跃，
唯有班禅宝马谁能敌，

众人不由既惊又起信。
慈悲尊主弥勒之化身，
为其顶礼双手合十敬，
计算官员盘算未穷尽
罗桑强巴计谋不周全，
为此受到大师之训诫。
法物有关护持众生洲，
百花茂盛争奇斗艳中，
蜜蜂不断吟唱为妙音，
妙龄孔雀舞姿显优美，
布谷鸟之美喉如妙铃，
迦陵频迦[①]频频献歌喉。
犹如高处坠落珍珠串，
潺潺溪水欢笑奔现前，
低处好像绿色宝石滩，
宛如五色鹦鹉舒展翅，
形色各异鲜花铺满地。
猛象奔来山动地摇憾，
善奔良马如风驰电掣，
猛兽牛羊悠闲于山野，
金刚尾兽尚于野观望，
奇禽异兽漫山遍野显。
根深叶茂肥沃良药洲，
佛殿三宝栩栩甚庄严，

① 迦陵频迦，为南印度一种声音非常美妙奇特的鸟，常形容人的美妙歌喉。

佛法妙音奏响之金蜂，
蜂拥聚集勤将二资集，
轮涅丰富海汇聚一地，
此方天封圣王降宝座，
如是圣神吉祥全护洲，
又如圣神美誉敬赞叹，
佛殿敬供三宝善僧城，
吉祥圆满圣地全护洲，
如是美誉赞者超神界，
闻者神具八耳嫌未足，
妙妙别无匹敌神胜音，
华华波涛迎天之神湖，
威威贵地姊妹护法故，
恭恭敬敬伺服安乐行。
北山红岩洞主①之密令，
山水湿地环境均不离，
四相法业如海层层浪，
与时无间如法俱奉行，
山鹝护法坐冰享供养，
金供奉于大寺里殿中，
实降至此比丘金刚众，
山寺行善居士俱恭敬，
伟大二资无始熟习故，
三乘之内善士无余之，

① 红岩洞主，指西藏的紫玛护法神。

意及未来缘生无余一，
如是观显法眼无边俱。
水漫大地无边来去无踪依皮船[①]，
震耳欲聋波涛莫非木浆搅水故，
忽有不绝怨声有人则不为其然，
有人惊恐心慌意乱求主保佑之，
求救无上怙主请降法力之救绳。
藏汉蒙族人之享用物，
刹那如幻聚集之财物，
聚此僧众如意尽享用，
无上上师阿旺群培尊，
法成百遍长寿等灌顶，
痛苦哀嚎者及腹肿众，
亦于临死得救法业兴。”

以上且为居间赋闲放松之诗句。

藏历水龙年(1832年)新年共同庆贺期间，七世班禅额尔德尼为僧众授予长寿佛灌顶，十一日祈愿大法会期间施主吉康昂等前来顶礼膜拜、度亡、加持、回向、祈请善缘的信众挤满中心大殿。二月，班禅额尔德尼在次觉林(ཚེ་མཆོག་གླིང་།)为经师仁布切和代本江建[②](མདའ་དཔོན་ལྕང་ཅན།)为首的信众授予《百遍长寿佛灌顶》。为所有新僧授予居士、沙弥戒，又为拉木曲吉仁布切(ལ་མོ་ཆོས་རྗེ།)和一位蒙古人授予长寿佛灌顶。新年期间共给哲博活佛(རྗེ་པོ་སྤྲུལ་སྐུ།)、沃色活佛(འོད་ཟེར་སྤྲུལ་སྐུ།)、桑洛诺门汗(བསམ་བློ་ནོ་མིན་ཧན།)等共341人讲授了

① 皮船，即皮筏子。
② 代本江建，原西藏地方政府藏军军职。

脱戒，并授予近圆比丘戒，为其打开了善趣解脱成佛之门。时值麦甘堪布罗桑坚赞（མེར་གན་མཁན་པོ་བློ་བཟང་རྒྱལ་མཚན།）受封时向清宣宗道光皇帝呈文请安，并贡献祝寿礼物。当堪布带着皇帝手谕和赐物返回时班禅额尔德尼对此表示由衷感谢。对清宣宗道光皇帝一度关照文殊化身宗喀巴尊者之格鲁派法脉相承深表感恩，同时期望清宣宗道光皇帝将为众生一如既往，不分公私，慈悲为怀，教诲引导。为此，献上哈达、目帝佛塔（སྤྲི་ཏིའི་ཐུག་ཚོ།）带佛龛、响铜神像二尊、上乘佛香以及为佛母承诺的贡品等。为加赛活佛（རྒྱལ་སྲས་སྤྲུལ་སྐུ།）和桑罗诺门汗等授予长寿佛灌顶，按温寺僧众祈请的意愿为其授予大威德金刚之大灌顶。次日为僧众和阿青夏阿（སྔགས་ཆེན་ཞལ་སྔ།）罗桑旦增班觉（བློ་བཟང་བསྟན་འཛིན་དཔལ་འབྱོར།）、昂迦色活佛（འོན་རྒྱལ་སྲས་སྤྲུལ་སྐུ།）、桑罗诺门汗等授予正行及密集、胜乐、大威德之传承，为仲益西贝丹（མགྲོན་ཡེ་ཤེས་དཔལ་ལྡན།）授予长寿佛灌顶。七月份，为噶伦大臣学院的学员和长寿林园（འཆི་མེད་སྐྱིད་ཚལ།）之僧众授予长寿佛灌顶。七月初十的长寿佛灌顶如期举行，早晨在首座僧众中教授了绛白杰布热巴（འཇམ་དཔལ་རྒྱལ་པོ་རོལ་པ།）及持明部三藏二文殊的传承。

是年，七世班禅额尔德尼路经噶桑江热迥（སྐལ་བཟང་ཤུང་ར་སྟོངས།）时，在殊胜的想法与特别的需求下指示要在此地建造新的宫殿。九月份班禅额尔德尼为达赖喇嘛奉献大般若听闻做准备，十三日收到巴叶布米堪布（སྤ་ཡེར་འབུལ་མི་མཁན་པོ།）从内地返回时带来清宣宗道光皇帝的金文手谕、丰盛的礼品而感到特别欢喜。另外，班禅一如既往地进行着常规的赐法受戒、灌顶讲授、摸顶赐福活动；叶巴贡确南加（བཤད་པ་དཀོན་མཆོག་རྣམ་རྒྱལ།）、章目奇巴夏仲罗桑群培（གྲངས་མོ་ཆེ་བ་ཞབས་དྲུང་བློ་བཟང་ཆོས་འཕེལ།）等应试全部《摄类学》和纳塘班丹曲（སྣར་ཐང་པ་དམ་ཆོས།）应试了《大威德金刚观修法》《上师供修法》；温寺僧人罗桑丹曲（དབེན་དགོན་པ་བློ་བཟང་དམ་མཆོས།）及罗桑强巴应试《胜乐要义》，并象往常一样赐于奖赏。

藏历水蛇年(癸巳年,1833年),神变祈愿大法会上绒然巴(རོང་རམ་པ།)向参加法会的僧众进献了丰厚的物资和供银对甲本(བརྒྱ་དཔོན།)们赐予了厚礼,并授予灌顶、发愿、回向。为前来聚集饮茶的第群巴尼顿(ཉེ་ཚུང་པ་ཉི་དོན།)、马官顿群(རྟ་དཔོན་དོན་ཆེན།)等赐予了物资和回向等。

二月十五日,为察雅活佛授予近圆比丘戒,同时为其他人授予大威德八起尸法的灌顶、那措佛母(སྣ་ཚོགས་ཡུམ།)、六臂玛哈嘎拉、内外密阎罗王之修法讲授和香巴拉大发愿的讲授等。班禅额尔德尼如法圆满了活佛、大经师及众僧和官民的求法意愿,扎亚活佛也为班禅额尔德尼举行了常驻于世的仪式,并献上了贵重供品,还为如海云集的僧众赐予了白银2750两和回向等。

岗巴地区色多寺(གམ་ཞུལ་གསེར་ཏོག་དགོན།)的母寺尤其供塔等现已处于破旧不堪的状况,为其修缮和支持佛法兴旺,班禅额尔德尼给予了人力物力的巨大支持,包括对有纪念意义的古树和古寺原貌的恢复修缮和为圆满佛陀三转法轮内容及佛法永驻于世而安排每日一次的斋僧茶(མང་ཇ།),而且安排岗巴宗(གམ་རྫོང་།)负责给付僧众每年一次的供养物资,即30驮青稞、柴火等,其余必需物品由各兄弟寺院承担,并为此赐予盖有班禅额尔德尼文印的手谕。

为罗庆加确贝桑(ལོ་ཆེན་སྐྱབས་མཆོག་དཔལ་བཟང་།)和仲敦森格坚赞(འབྲོམ་སྟོན་སེང་གེ་རྒྱལ་མཚན།)等的古刹,第二佛陀夏期住过和许多大德曾加持过的灵地,现已破败不堪的法轮岗寺(ཆོས་འཁོར་སྒང་།)遗址,由施主比丘阿旺年扎承诺出资修建大殿和僧舍。祈请班禅为修复该寺对三摩地供献食子①,对施主做了众多福寿法事,仍显凶相、施主比

① 食子,藏语称多码,指法事仪轨中使用的一种供被供者护法或鬼神食用的供品。

丘得重病不起。同时传谣言说复建设寺对佛教非常不利。大部分人也跟着信以为真。不论公私建筑,也不论修的多么坚固都经不住非人的野蛮破坏,不但日夜无间地降石雨(རྡོ་ཆར།),而且对坚持施工者进行打击,鬼神还用石头把一位负责领头的施工者头部打伤,此人因失血过多而面临死亡,这些不利因素导致几乎停止修建的地步。因依祜主班禅额尔德尼的法力而避免了过路蛮兵的苦扰,牦牛牲畜任意放牧也从未征收税款,寺院用的烧柴在管家的精心操办下能够如需供给,堪布等人返回时前来拜见班禅额尔德尼,恭听其教导后甚感喜悦。

十二月内皇后航海合(ཧང་ཧེ་ཧུ།)谢世,吊念期间办理超度法事的驻藏大臣两名、亚酷奇(སྒྲུར་ཁོ་ཆེ།)两名、龙刺(ཞིན་ཚུལ།)两名、古加卡(སྐུ་བཅར་ཁྲ།)、森强民久卡(སྤྱིན་ཆེན་མིན་གྱི་ཁྲ།)、外蒙古高级法官(ཕྱིའི་སོག་པོའི་ཁྲིམས་ཀྱིའི་དཔོན་པོ།)等特使持清宣宗道光皇帝钦赐谕旨和物资等前来拜见班禅额尔德尼,要求班禅额尔德尼帮助超度皇后,班禅额尔德尼接了赐文和物资后向钦差表示感谢,并发了吊唁信,对钦差进行了慰问和款待。为去世的皇后举行超度法事的僧众赐赏银1000两,库藏上等哈达100条,小哈达1000条,茶100包;辖内所属各寺赐银1000两,库藏小哈达1000条,茶200包等;分别供有三宝贝灵骨塔的佛堂供了两次千灯并献上了库藏绸缎和上等哈达各一条;供给集会众僧斋僧茶22次和赐银每个僧人4钱白银,前来大厅(ཚོམས་ཆེན།)集会为印刷密集金刚(གསང་འདུས།)法本的各僧众进行了回向,给每位僧人赐银4钱和库藏小哈达一条;为所属寺院僧众赏银无数,并进行了书面慰问。其外,对冬夏闭关修行、灌顶、听法和前来顶礼膜拜、求加持的病人,赐予了大量的衣食、医药和加持。

七世班禅额尔德尼在下塌地俱喜洲(ཀུན་དགའ་གླིང་།)膳间向活佛益西次丹(ཡེ་ཤེས་ཚེ་བརྟན།)垂问了护法殿管家贡布巴罗桑曲培的病情。

仲朗杰索巴（དྲུང་རྣམ་རྒྱལ་བཟོད་པ།）和百图巴罗桑塔克（དཔེ་ཐུབ་པ་བློ་བཟང་ཐབས་མཁས།）向班禅应试完整《摄类学》，列谢林巴罗桑丹增（ལེགས་བཤད་གླིང་པ་བློ་བཟང་བསྟན་འཛིན།）应试《释论》四大章节，萨隆巴罗桑曲扎（ས་ལུང་པ་བློ་བཟང་ཆོས་གྲགས།）应试《释论要义》（ཊཱིཀ་ཆུང་།）四大章和温寺僧人罗桑顿珠（དབེན་དགོན་པ་བློ་བཟང་དོན་གྲུབ།）应试《胜乐金刚本续》，班禅向他们赐予了丰厚的礼物。

谓之“致胜”（རྒྱལ་བ།）即藏历木阳马年（甲午年，1834 年），班禅额尔德尼对新建寺院的僧众授予了居士、比丘、沙弥戒。为了给达赖喇嘛举行比丘授戒仪式，二月二十二日向罗布林卡出发，三月初五到达罗布林卡格桑颇章（ནོར་གླིང་སྐལ་བཟང་ཕོ་བྲང་།）。吉日初八，在布达拉宫无上王达赖喇嘛师徒金面欢喜相逢，相互热情问候，在达赖喇嘛寝宫举行热烈欢迎的八供盛会，其它宴会同往日一样举行。初九日，为达赖喇嘛举行洗礼仪轨，并呈予无上赞叹献词。而后在罗布林卡按照下密院的请求为广大信众授予长寿佛灌顶，又按上密院的请求传授《甘丹百佛诵》。同时为遂邦龙活佛（སྦང་ལུང་སྤྲུལ་སྐུ།）之愿为其讲授了往生《香巴拉净土行愿品》。十七日，前往布达拉宫与达赖喇嘛喜逢金颜，万分欢喜的气氛中进行了会谈。翌日，为达赖喇嘛授予了综合佛母及马头明王之灌顶；次日，在为达赖喇嘛授予长寿佛灌顶后前往罗布林卡。之后，应圆米茹巴（མི་རུ་པ།）、色拉寺密宗札仓（སེ་ར་སྔགས་པ་གྲྭ་ཚང་།）及贡萨僧团、代本更甘丹增（མདའ་དཔོན་ཀུན་དགའ་བསྟན་འཛིན།）等的请求传播长寿佛灌顶。二十三日，为普觉罗桑强巴（ཕུར་ལྕོགས་བློ་བཟང་བྱམས་པ།）的转世灵童依次授予居士戒、剃度、沙弥戒的同时师徒均法喜圆满并赐予物品。色、哲、甘三大寺及三大寺的藏巴康村（གཙང་པ་ཁམས་ཚན།）为达赖喇嘛献近圆比丘戒律而吟诵《吉祥三净土》（དཔལ་ལྡན་ས་གསུམ་མ།）、《三敬事》（སྐུ་རིམ་རྣམ་གསུམ།）、《旭日初升》（ཉི་གཞོན་འཆར་ཀ་མ།）关联的长寿佛心咒、《狮面佛母禳解法》(སེང་གདོང་མའི་བཟློག་སྒྱུར།)。为使达赖喇嘛授戒顺利,班禅额尔德尼还为各康村赐予僧斋茶7次、银制经轮一个;吟诵《甘珠尔》和《丹珠尔》的其他寺院赐予丰富的财物。此后,班禅额尔德尼两次驾临拉萨经廓顶(དཀྱིལ་འཁོར་སྟེངས།)供圆满千灯;在小昭寺供圆满千灯、拜佛、献五彩绸缎及清净发愿;为色、哲、甘三大寺赐斋僧茶7次,每位僧人5钱银子;其他寺院受到班禅额尔德尼的无上赞颂并赐奉银无数。

班禅按照二位文字翻译文员和全体丹林 (བསྟན་གླིང་།)僧众、歌舞人员(གཞུང་གར་བ།)等的请求进行了为时3天的长寿佛灌顶。为达赖喇嘛授予了大威德独雄勇士(འཇིགས་བྱེད་དཔའ་གཅིག)大灌顶的同时为南杰札仓(རྣམ་རྒྱལ་གྲྭ་ཚང་།)全体僧众讲授了《香巴拉行愿品》(ཤམྦྷ་ལའི་སྨོན་ཚིག)。

氐宿月(ས་ག་ཟླ་བ།)初一,为来自哲蚌寺大法会和各方朝拜者,赐予摸顶、提供了饮食,并给予了慈悲的垂询和款待。还特地按法会管理人员(ཞབས་འབྲིང་ཚོགས་གསོག་པ།)益西次丹(ཡེ་ཤེས་ཚེ་བརྟན།)和部分哲蚌大格西(འབྲས་སྤུངས་དགེ་བཤེས་ཆེན་པོ།)的请求,就《大般若》(ཕར་ཕྱིན།)进行了充满法喜的探讨和问答。为此,班禅额尔德尼给法会管理人员赐予上乘哈达,给众格西赐予上等哈达(ཨ་ཤེ།)表示慰问;为色拉寺及其僧众向班禅额尔德尼敬献礼物者予以摸顶,并赐予饮食进行款待。按请求为部分大格西就《大般若》进行了充满法喜的探讨和问答。为法会管理人员赐予上乘哈达和金刚杵、铃,给众格西赐予哈达阿喜和护身结表示慰问;为甘丹寺及其僧众向班禅额尔德尼敬献礼物者予以了摸顶,并赐予饮食进行款待;为在班禅额尔德尼及众僧前起身进行辩论的众格西赐予护身结和上等哈达,此善缘以示善时欢庆之百门依次敞开。

七日上午,七世班禅额尔德尼前往布达拉宫顶,师徒喜逢金颜而喜悦庆贺。而后，师徒莅临大昭寺，遍知达赖喇嘛在祜主释迦牟尼佛前，以班禅额尔德尼为堪布、达赖喇嘛之堪布（མཁན་པོ།）隆多永丹之摄政桑德巴悉为业师（ལུང་རྟོགས་ཡོན་ཏན་གྱི་མངའ་བདག་སྲིད་སྐྱོང་སམ་ཏི་པཀྵི་ལས་སློབ།）、已卸任的甘丹寺法台香秋曲培仁布切为密师（དགའ་ལྡན་ཁྲི་ཟུར་རིན་པོ་ཆེ་ཆོས་འཕེལ་གྱི་གསང་སྟོན།）、卸任经师阿旺曲培为知时者（ཁྲི་ཟུར་ཡོངས་འཛིན་ངག་དབང་ཆོས་འཕེལ་གྱི་དུས་གོ་བ།）、大法台降巴次成（ཁྲི་ཆེན་འཇམ་དཔལ་ཚུལ་ཁྲིམས།）为传钵者（ལྷུང་བཟེད་འགྲིམ་པ་པོ།）的众俱德菩萨见证下为无上王罗桑降贝丹增次成嘉措贝桑布（རྒྱལ་བའི་དབང་པོ་རྗེ་བཙུན་བློ་བཟང་འཇམ་དཔལ་བསྟན་འཛིན་ཚུལ་ཁྲིམས་རྒྱ་མཚོ་དཔལ་བཟང་པོ།）授予别解脱戒为首要奉行戒律的圆满清净之近圆比丘戒，为众有情圆满筑就了无与伦比的资粮福田。

为此，达赖喇嘛为班禅额尔德尼敬献珍贵礼物表示谢意，摄政仁布切（རྒྱལ་ཚབ་རིན་པོ་ཆེ།）也敬献了丰厚礼物。随之师徒相伴观赏风景，又（或随后）莅临小寝宫进行庆贺。之后，为达赖喇嘛师徒召开了盛大隆重的庆祝大法会，会上摄政仁布切敬献了以尊胜佛母法门为引导的祈愿达赖喇嘛于世永驻的曼札①（མཎྜལ།），并敬献了丰富的财物。八日，依胜利幢高扬之善时大法会上为达赖喇嘛敬献了以尊胜佛母仪轨为引导盛大隆重的祈请曼札，庆祝法会场面无比喜悦热闹，与会祝贺供奉的物资格外丰富多彩，所属地区朝拜者陆续前来敬献供品。九日，向清宣宗道光皇帝呈文汇报了为达赖喇嘛顺利圆满完成近圆比丘戒受戒一事，并表示感恩；班禅额尔德尼还为上密院讲授了《香巴拉祈愿经》传承。十一日，摄政大诺门汗在庆祝盛会上为达赖喇嘛师徒敬献了曼扎及祈请赞词，并供奉了非常珍贵而丰厚的礼物。另外各级噶伦②（བཀའ་བློན།）、僧团组织、社

① 曼札，佛教所用的供品之一。

② 噶伦，西藏地方政府大要官员。

会团体、以及后藏众多地方纷纷前来进贡献礼，此间还为财务官授予了长寿佛灌顶。十四日，前往大昭寺、坛城顶、小昭寺共供奉5种千供；供奉了吉祥天母护法，发了详尽无量大愿，还为摄政仁布切（རྒྱལ་ཚབ་རིན་པོ་ཆེ།）和色拉寺全体僧侣授予了长寿佛灌顶；为哲蚌寺着布康村巴杰宁（ཧྲི་བོ་ཁམས་ཚན་པ་རྗེ་ཉིད།）的众弟子授予了长寿佛灌顶。十九日，莅临布达拉顶喜逢无上王金颜，双方无限欣喜。庆祝会上为地方政府孜雪[①]各赐予了大量财物。为前来朝拜敬献礼物者如卓待康萨巴（སྒྲོ་བདེ་ཁང་གསར་པ།）、索康巴[②]总管（བཟོ་ཁང་པ་སྤྱི།）、色拉吾格札仓（སེ་ར་དབུ་སྨེར་གྲྭ་ཚང་།）总管等授予了长寿佛灌顶。此外还为各方云集的信徒和拉萨本地的信众不厌其烦地一一摸顶和广结善缘。

二十二日，从拉萨起驾，于五月四日缓缓到达了日喀则拉章，被僧俗信众迎请至大经堂众僧之首的宝座上，祈请为众僧授予白胜乐金刚之灌顶。十三日，下塌于贡觉林（俱护洲，ཀུན་སྐྱབ་གླིང་།）寝宫。七月，在长寿林（འཆི་མེད་སྐྱིད་ཚལ།）法会上授予信众长寿佛灌顶，并授予《修法海会》（སྒྲུབ་ཐབས་རྒྱ་མཚོ།）之语自在王橙黄文殊（འཇམ་དཔལ་ངག་གི་རྒྱལ་པོ་དམར་སེར།）、加白杰布热巴（འཇམ་དཔལ་རྒྱལ་པོ་རོལ་པ།）、《持明三藏》（རིག་པ་འཛིན་པའི་སྡེ་སྣོད།）之秋法界自在文殊（འཇམ་དབྱངས་ཆོས་དབྱིངས་གསུང་གི་དབང་ཕྱུག）、红色阎罗王（གཤིན་རྗེ་གཤེད་དམར།）、六面阎罗王（གཤིན་རྗེ་གདོང་དྲུག）之灌顶；第五部专著中的《依上师》（བཟུང་བླ་མ།）及大威德（འཇིགས་བྱེད།）、《三姊妹无别法》（གཅམ་སྲིང་གསུམ་དབྱེར་མེད།）之《上师瑜伽法》（བླ་མའི་རྣལ་འབྱོར།）之灌顶。清宣宗道光皇帝充分赞誉班禅额尔德尼为达赖喇嘛授受近圆比丘戒及如法传承甚深妙法之法喜妙事，并给师徒二人赐予金文诏书与厚礼。特派使臣益西班丹（ཡེ་ཤེས་དཔལ་ལྡན།）为普觉活佛（ཕུར་ལྕོག་སྤྲུལ་སྐུ།）入色拉寺而赐予礼物及诏书。

---

① 孜雪，原西藏地方政府时代指达赖喇嘛和摄政。

② 索康，旧时，支应地方政府差徭的缝纫工人的行会。

闰九月十日,班禅额尔德尼莅临香波神泉(ཤང་སྦུག་ཉ་ཚལ།)。二日,在董溪庄园(གདོང་གཞིས།)为格鲁派38位僧众按请求授予了近圆比丘戒,并赐予每人香茶两包、酥油及炒面38驮等。出行途中驾临董溪庄园,董溪庄园总管为班禅额尔德尼敬献了大量供品,并给随从人员供奉了丰富的财物;返回时驾临帕溪庄园(私有庄园,པ་གཞིས།),其大总管为班禅额尔德尼敬献了丰厚的礼物,并给随从人员供奉了财物,班禅额尔德尼也回赠了许多礼物。十一日,班禅额尔德尼在贡觉林宫下塌,给内部官员及执事赐予了金玉般珍贵的教诲,大家更是欣喜接受。有次,班禅额尔德尼途径水龙滩(ཆུ་འབྲུག་སྤོངས།)时产生一奇特美妙的构想,隧下令开始在此宝地建造起了新的犹如王宫般富丽堂皇,供奉着诸佛与佛祖经典之无限庄严美妙的佛殿,为宫殿取名为德庆格桑颇章(བདེ་ཆེན་སྐལ་བཟང་ཕོ་བྲང་།)。美妙利益佛殿(ངོ་མཚར་ཕན་བདེ་ལྷ་ཁང་།)中与人同高镶有奇珍异宝纯金塑造的般若佛母(ཡུམ་ཆེན་མོ།)为主的十六罗汉(འཕགས་པའི་གནས་བརྟན་བཅུ་དྲུག)璀璨耀眼地簇拥着佛祖释迦牟尼,还有一肘高的罗汉达玛达(དྷརྨ་ཏཱ།)、四大天王、金信周(ཏ་ཞང་སྦྱིན་སྡུག)等。殿内藏有用金黄锦缎包裹并带有镀金夹板完整精致的佛祖经典《甘珠尔》及《丹珠尔》,带堂皇浮签(གདོང་དར།)及束带点缀,供奉在法座俱喜经栏(ཀུན་དགའ་ར་བ།)里,再加上在精致美妙的供器和珍贵清净的供品前面显得无比尊贵庄严。班禅额尔德尼和森钦罗桑丹增班觉(སེང་ཆེན་བློ་བཟང་བསྟན་འཛིན་དཔལ་འབྱོར།)、喇嘛噶钦格列坚赞(བླ་མ་བཀའ་ཆེན་དགེ་ལེགས་རྒྱལ་མཚན།)等为主的中心护法殿全体僧众一起举行了三藏宝典精髓开光仪式法会,被奉供品丰富珍贵,吉祥瑞兆频频显现,无数信众见状为之喝彩随喜,加倍笃信佛法珍贵。十二月八日,隆重的盛大开光典礼上,随着佛法事业的开展,敬献供奉物资的场面特别壮观。森钦罗桑丹增班觉(སེང་ཆེན་བློ་བཟང་བསྟན་འཛིན་དཔལ་འབྱོར།)和罗桑丹增班觉奉献庄严的曼扎仪轨。随之索西和侍从们也敬献了供品，接着僧俗信众不分公私贵贱踊跃敬献了供物。为此，班禅额尔德尼给予了摸顶和灌顶。二十二日，举行了为护法殿（མགོན་ཁང་།）聚众供食子仪轨，密法殿（སྔགས་ཁང་།）举行聚众诵经仪式。最后，享用吉祥现愿之晚斋。二十九日，以二十九食子之日（དགུ་གཏོར།）的跳神法乐声中结束了神秘而神圣的法会。

贡觉林的法事起居一如既往地进行着。列谢林巴罗桑丹增（ལེགས་བཤད་གླིང་པ་བློ་བཟང་བསྟན་འཛིན།）应试杰格顿珠（རྗེ་དགེ་འདུན་གྲུབ།）的著作《庄严释量论》（ཚད་མ་རིགས་རྒྱན།）；罗布巴罗桑阿旺（སློ་སྦུག་པ་བློ་བཟང་ངག་དབང་།）和罗桑顿珠（བློ་བཟང་དོན་གྲུབ།）二位各自应试《释量论》（རྣམ་འགྲེལ་གྱི་ཐལ་འཕྲེང་།）四个章节，班禅向他们赐予了丰富的礼物。是年，为了风调雨顺，万业兴旺，民众安乐，救苦济贫，并精心地供养三宝，开支库银 14750 两。

谓之“醉酒”（སྨྱོས་བྱེད།）即藏历木阴羊年（乙未年，1835 年）神变节，七世班禅额尔德尼莅临祈愿大法会为施主曼日巴（སྨན་རི་པ།）、膳食管员给予了摸顶、回向及禳解等；为新入寺的学员授予了沙弥戒。二月间，后藏两地出现传染病，为降服病魔而多次吟诵《甘珠尔》及《护法酬补仪轨》。在丹霞朵扎西桑丹林寺（འདམ་བྱ་རྡོལ་བཀྲ་ཤིས་བསམ་གཏན་གླིང་།）于翼宿月（དབོ་ཟླ། 藏历二月）十三日、牛宿月（གྲོ་བཞིན་ཟླ། 藏历七月）初五、娄宿月（ཐ་སྐར། 藏历八月）初四等大型佛教节日，以及每逢以上节日之当月举行满月法事，如日供 5 次斋僧茶，吟诵上师供养法及《大白伞回遮》（གདུགས་དཀར་ཟློག་པ།）、《心经回遮》（ཤེར་སྙིང་ཟློག་པ།）等。为期 4 个月时间内保持每日 5 次斋僧茶加诵《七支皈依诵》（སྐྱབས་སེམས་ཡན་ལག་བདུན་པ།）为加行的长寿甘露河（ཚེ་སྒྲུབ་འཆི་མེད་བདུད་རྩིའི་ཆུ་རྒྱུན།）及相关长寿佛心经（ཚེ་གཟུངས།）。夏令安居一月半内，斋僧茶如前，吟诵三项敬事。是年起直至佛法驻世间，斋僧茶的供养时间以历算为准。班禅一方的一切日常所需物资统一经过库管（ཕྱག་མཛོད།）处领取，所有喇嘛及札仓（གྲྭ་ཚང་།）要合理利用善缘物资，遵照达赖喇嘛教导和行文，严格遵守规章制度，不得奢侈浪费，佛事活动及已经明确的仪轨程序必须进一步完善和发展，并贯穿于广大信众的日常生活当中，班禅的以上指示作为行文盖章执行。当钦堪布（མཁན་པོ་མདངས་ཆེན།）及一行车马人员东行路过果洛地区时遭遇劫匪，清宣宗道光皇帝担忧达赖喇嘛及班禅额尔德尼为此非常操劳而专门做了指示。为此，班禅向清宣宗道光皇帝呈文表示谢恩。

四月二十六日，阿嘉呼图克图（ཨ་ཀྱ་ཧུ་ཐོག་ཐུ།）①等64人授予具足近圆比丘戒，呼图克图敬献曼札谢恩班禅额尔德尼，班禅为其未来事宜做了极大的关怀。为次林经师（ཚེ་གླིང་ཡོངས་འཛིན།）仁布切赐予《百遍长寿佛灌顶》，次林经师又为了向班禅额尔德尼表示感恩，特为班禅授予《长寿佛》及《马头明王》（ཚེ་རྟ་ཟུང་འབྲེལ།）的殊胜灌顶。班禅额尔德尼驾临并主持德庆格桑颇章的夏令安居预备仪式，并安居夏令；驾临杰康札仓②（དཀྱིལ་ཁང་གྲྭ་ཚང་།）接受素供，及其它丰厚的贡品；驾临护法殿同密法僧众（སྔགས་གྲྭ།）一起吟诵《供补仪轨》，并为众僧按每年惯例赐予了丰足的银两。向集会者和锡金王（འབྲས་ལྗོངས་རྒྱལ་པོ།）授予了长寿佛百遍灌顶；为夏令安居者授予无分支文殊菩萨（ཡན་ལག་མེད་པའི་རྗེ་བཙུན་འཇམ་དབྱངས།）、语自在文殊（འཇམ་དབྱངས་གསུང་གི་དབང་ཕྱུག）、真实名录之文殊（མཚན་བརྗོད་ནས་གསུང་པའི་འཇམ་དབྱངས།）、六面阎罗王（གཤིན་རྗེ་གདོང་དྲུག）、水牛坐骑黑阎罗王（གཤིན་རྗེ་ནག་པོ་མ་ཧེ་ལ་ཆིབས་པ།）、三面六臂白阎罗（གཤིན་རྗེ་གཤེད་དཀར་པོ་ཞལ་གསུམ་ཕྱག་དྲུག）、独尊白文殊（འཇམ་དཔའ་

① 此处指的四世阿嘉呼图克图，阿嘉是青海省塔尔寺最大的活佛系统，其活佛为塔尔寺主，清代驻京呼图克图之一。

② 札仓，专指僧院。同一寺庙中依成立时期地域和学行内容划分的僧团。

བོ་གཅིག་པ།）等的灌顶，宗喀巴尊者专著第 5 本后面的依止尊者本人的上师瑜伽方便善窍双运之灌顶。

九月三日，如期驾临香波神泉沐浴，期间为众母有情得到解脱，对所供三宝从一般乃至特殊善巧地膜拜、供养、迎神安驻、诵词赞叹、行愿回向等。班禅额尔德尼按照纳塘及岗坚总管（གངས་ཅན་འདུས་སྡེ།）的请求驾临法会授予《兜率百佛赞》之传承灌顶。八日，接见了前来上部仁青顶（སྟོད་ཁུལ་རིན་ཆེན་སྡིངས།）秋访和朝拜的萨迦达钦贡噶仁钦尊者（ས་སྐྱ་བདག་ཆེན་ཀུན་དགའ་རིན་ཆེན་མཆོག）和杰尊姆仲（རྗེ་བཙུན་མོ་དྲུང་།）等。同时，为前来朝拜的僧俗信众进行了摸顶、垂询、款待等。十分欢喜地接受了杰尊姆仲个人敬献的礼物，并同其长时间地详细谈论了有关善法修行的问题。为东曾仁布切等赐予了厚重的回礼，特地为杰尊姆仲回赐殊礼。此时又再三赞叹了杰尊姆仲，杰尊姆仲拿出一条特长的上面绘有花果树木的哈达敬献给班禅额尔德尼，班禅额尔德尼与杰尊姆仲的高深论词令在场随从都深感不解，班禅额尔德尼从神泉返回时，杰尊姆仲心情极为舒畅，并为众弘扬佛法。

十日，驾临西皈依地（སྐྱབས་ཀྱི་ས།）时有人称，河域法王（ཆུ་རྒྱུད་རྒྱལ་པོ།）驾到，班禅参拜时说："江王（རྒྱང་རྒྱལ་པོ།）和法王本质上是一样的。"此时，孜恰尼玛顿珠（རྩེ་ཕྱག་ཉི་མ་དོན་གྲུབ།）向护方神江王祈示萨迦杰尊姆仲时运的神谕时，神谕显示"大凶"。于是，班禅额尔德尼在江王神像前进行了长寿佛灌顶仪式。历时三日，班禅额尔德尼肩负重任履行善缘佛事，为广大信众赐福摸顶，纳供回赐；在顶楼佛堂中对享誉甚广的充坚（ཁྲོམ་རྒྱན།）空行母给予特别的瞻仰，并敬献了五彩绸缎等供品，在十分欣喜的氛围中进行了顶礼膜拜和清净祈愿；尤其，对曲杰（法王，ཆོས་རྒྱལ།）的面具也予以叩首恭敬，祈发宏愿后获得了不可思议的善缘感受。

此外，班禅额尔德尼驾临卓浦寺（འབྲོ་ཕུ་དགོན།）和觉囊寺（ཇོ་ནང་།），朝拜并供养了千灯等甚广供品，在一一膜拜三所依的同时还敬献了五色绸缎、发愿祈告、迎神安驻等仪式。并且，为了利益如母有情众生而供养和嘱托了护法神，给僧团赐予丰厚银两。

十五日驾临神泉。回宫途中受到了当悉庄园和父邸庄园（私有庄园）的热情款待并敬献了许多供品，班禅额尔德尼也回赠了诸多礼物，并按扎寺众僧总管（བཀྲིས་དགེ་འདུས་སྤྱི།）的请求授予了《兜率百佛赞》之传承。十四日，班禅额尔德尼驾临贡觉林宫。二十五日，佐格喇嘛诺诺（མཛོ་གེ་བླ་མ་ནོ་ནོ།）为班禅额尔德尼敬献了足莲永驻的丰富供养，班禅为其赐予摸顶祈愿。

年内圆满完成了无数佛事善缘，为469位僧侣授予近圆比丘戒。噶钦白列（དཀའ་ཆེན་དཔལ་ལེགས།）和协噶曲德寺总管（ཤེལ་ཆོས་འདུས་སྤྱི།）在小寝宫为班禅额尔德尼举行了祈福禳灾的法事。此外，为察雅时轮经师（ཛ་ཡའི་དུས་འཁོར་སློབ་དཔོན།）、仁卓活佛（རིག་གྲོལ་སྤྲུལ་སྐུ།）逝世祭奠人、蔡丹札萨克（ཚ་འདམ་ཛ་སག）、扎郭管家（བྲག་མགོ་ཕྱག་མཛོད།）、察雅管家（ཛ་ཡའི་ཕྱག་མཛོད།）、图库王次仁旺加（ཐོར་ཁོད་རྒྱལ་པོ་ཚེ་རིང་དབང་རྒྱལ།）、玛扎悉白（མ་བཀྲ་ཤིས་དཔལ།）、郭芒呼图克图之转世灵童（སྒོ་མང་ཧུ་ཐོག་ཐུའི་སྐྱེ་སྲིད།）等众多僧俗信徒授予长寿佛灌顶，摸顶加持，并以各种方言垂询，给予详尽慈祥的教导。应图库王次仁旺加为首的团体的迎请，亲临法会传法， 接受供银1700余两，并予相应回赠。

嘉巴罗桑顿珠（ལྕགས་པ་བློ་བཟང་དོན་འགྲུབ།）向班禅额尔德尼应试《因明学》，杨巴噶钦罗桑达杰（གཡང་པ་དཀའ་ཆེན་བློ་བཟང་དར་རྒྱས།）应试《大手印释》（ཕྱག་ཆེན་ཙ་འགྲེལ།）、《大手印直接传授速成》（ཕྱག་ཆེན་དམར་ཁྲིད་དམར་ལམ།）、《修心七支论心髓》（བློ་སྦྱོང་དོན་བདུན་མའི་སྙིང་པོ།）；达布格西（དགས་པོ་དགེ་བཤེས།）应试《道次第偈》（ལམ་རིམ་ཚིགས་བཅད་མ།）《文殊真实名录》（འཇམ་དཔལ་མཚན་བརྗོད།）《大威德金刚次第与大圆满和灌顶法》（འཇིགས་

བྱེད་ཀྱི་བསྐྱེད་རྫོགས་དང་དབང་བསྐུར་ཚུལ།)《戒律劝解》(སྡོམ་གསུམ་བསླབ་བྱ།)《香巴拉行愿品释》(ཤམྦྷ་ལའི་སྨོན་ལམ་གྱི་འགྲེལ་བ།)；夏扎活佛(ཞྭ་བྲལ་སྤྲུལ་སྐུ།)和德然益西次成(བདེ་རབ་ཡེ་ཤེས་ཚུལ་ཁྲིམས།)二位应试《道次第广论》(ལམ་རིམ་ཆེན་མོ།)；定结活佛罗桑丹巴坚赞(གཏིང་སྐྱེས་སྤྲུལ་སྐུ་བློ་བཟང་བསྟན་པ་རྒྱལ་མཚན།)应试《中观分类解脱道广解》(རྣམ་བཤད་ཐར་ལམ་གསལ་བཤད།)；章木其瓦杰仲南杰索巴(གྲངས་མོ་ཆེ་བ་རྗེ་དྲུང་རྣམ་རྒྱལ་བཟོད་པ།)、仲则巴曲则罗桑永宁(འབྲོང་རྩེ་པ་ཆོས་མཛོད་བློ་བཟང་དབྱིག་གཉེན།)、巴西巴南加协饶(པ་ཤི་པ་རྣམ་རྒྱལ་ཤེས་རབ།)等报考了《释量论四章》；温寺僧人班丹金巴(དབེན་དགོན་པ་དཔལ་ལྡན་སྦྱིན་པ།)及罗桑顿丹(བློ་བཟང་དོན་ལྡན།)、班丹尼玛(དཔལ་ལྡན་ཉི་མ།)分别应试《密续胜乐金刚》(བདེ་མཆོག་ཙ་རྒྱུད།)；夏乐巴活佛罗桑协饶(ཞ་ལུ་པ་སྤྲུལ་སྐྱེས་བློ་བཟང་ཤེས་རབ།)应试《时轮金刚仪轨海会》(དུས་འཁོར་གྱི་ཆོ་ག་ཡོངས་རྫོགས།)。为此，班禅给予了高度评价与充分认可，同时，进行了摸顶赐福等常规礼仪。

谓之“美猴”(གདོང་ངན།)即藏历火猴年(丙申年，1836 年)一月初九日，班禅额尔德尼为噶钦巴拉授予长寿佛灌顶。扭曲阔林总管(ཉུག་ཆོས་འཁོར་གླིང་འདུས་སྤྱི།)为七世班禅额尔德尼举行了祈福禳灾仪式，班禅额尔德尼为其给予了赐福摸顶、回赠礼品等。同时，按常规为新入寺者授予了沙弥戒并给予了垂询关怀与教导。二月初十日，图库王后(ཐོར་ཁོད་བཙུན་མོ།)为班禅额尔德尼诵经祈福并敬奉供养。而后，班禅额尔德尼应图库王后的请求授予了尊胜佛母灌顶。十三日，哲尊圣人和众弟子在阳光普照小寝宫(གཟིམ་ཆུང་ཉི་འོད་ཆེན་མོར།)团聚饮茶。在用膳间班禅额尔德尼以各地方言向众弟子关怀垂询。此间，哲尊圣人向班禅额尔德尼敬献了大量的供品。这时，经师诺门汗(ཡོངས་འཛིན་ནོ་མིན་ཧན།)和伯父堪布(ཁུ་བོ་མཁན་པོ།)、觉拉诺永(ཇོ་ལགས་ནོ་ཡོན།)、三位司膳官(གསོལ་དཔོན་གསུམ།)、库管诺永(ཕྱག་མཛོད་ནོ་ཡོན།)、郡王(ཇུན་ཝང་།)、迈堪王(མེར་ཁན་ཝང་།)、大贝司(ཏཱ་པའི་སེ།)、公文殊

（གུང་འཇམ་དཔལ།）等向班禅额尔德尼敬献了珍贵的供品。随后，班禅额尔德尼在小寝宫用膳休息。从此班禅额尔德尼每天给众贤达人士讲授详尽而切实可行的政教指示，而弟子的敬心和班禅额尔德尼的慈爱是无与伦比的。

七世班禅额尔德尼按照图库王后的请求授予长寿佛灌顶。是年达赖喇嘛的贵体欠佳，故为其举行了足莲永驻仪式，供奉了丰富的礼物，并吩咐各地朗杰札仓（རྣམ་རྒྱལ་གྲྭ་ཚང་།）要吟诵为期一个月的《大白伞》（གདུགས་དཀར།）和《心经》（ཤེར་སྙིང་།）的回遮（ཟློག་པ།），而且，累计祈福诵经次数，并对此支出了酬金。自是年起为佛法驻世在曲夏觉杰林寺（ཆུ་ཤར་འཇོར་རྒྱས་གླིང་།）坚持每日供斋僧茶两次，并为保证此举赐盖印手谕。给哲尊圣人师徒举行了盛大庆典。

三月八日，班禅额尔德尼作为堪布，经师诺门汗罗桑江永作为业师，噶钦格莱坚参活佛作为密师，以及告知时等如数俱德高僧之前为罗桑次成晋美旦白坚赞巴松布授予近圆比丘戒，而且赐予了全套僧具。随后，哲布尊丹巴为班禅额尔德尼敬献了丰厚的供养，班禅为僧众赐予银两和每人一个转经轮；为哲布尊丹巴尊者（རྗེ་བཙུན་དམ་པ།）供养了曼扎、三所依和丰富的供养物资。

翌日，七世班禅额尔德尼授予大威德金刚十三神之加行灌顶，第三日，为僧俗信众授予正行灌顶。十二日，将大怙主父子请至阳光普照小寝宫，为他们举行了《尊胜佛母诵》为加行的足莲永驻仪式，并敬献了丰富珍贵的供养物资。此后，按照哲布尊丹巴尊者的请求，为其授予了长寿九佛及释迦牟尼佛三重三昧耶之大灌顶，时轮金刚、二十一度母、胜乐金刚传承等各类窍诀灌顶，并应请为其赐予大怙主内外法衣套装等日用品，班禅额尔德尼和哲布尊丹巴师徒二人一起参观驻锡地寺院，互相敬献五彩哈达，并祈祷长寿。在德央拉章为班禅额尔德尼举行了足莲永驻仪式，并供养了圣物等。哲布尊丹巴尊者连续五次为班禅额尔德尼举行了祈福禳解仪式,为此敬献白银 25850 两。班禅额尔德尼回赐相应礼物,还为僧俗及所有大小人物授予了慈悲的教育。此外,哲布尊丹巴尊者还主持了《尊神佛母诵》仪轨。

五日,法会结束,但师徒二人相互难舍,故延时至九日。此间互闻许多修行窍诀。大怙主对政教两方面作出了大量深入的教诲。双方为了对方足莲永驻而相互祈福发愿。哲布尊丹巴尊者也为怙主足莲永驻而发宏愿,并祈愿能够永世追随其后。

九日,商议了哲布尊丹巴尊者返程事宜,相互留恋而难以抉择之时,恰逢孜雪前来安排作收尾工作,为哲布尊丹巴尊者敬献夏帽时,秘密神谕显兆,显示分别因缘。最后,师徒挥泪言别。但向哲布尊丹巴尊者询问了此别之后恐怕此世难以相逢,现在至尊者往生净土前的一切事宜做了详尽安排。经过详细询问,尊者示意将于铁牛年转生藏地。此事会向皇帝禀告,但回藏路上有无阻碍未做询问,我也忘记明示而错过了良缘。那时,每日众人敬献供养的情景是多么的不可思议,而且,相互交流了珍贵的修行秘诀,师徒各方感到非常圆满。吉祥地预示着不久的将来,哲布尊丹巴尊者将再次转世并来到大怙主的足下。这些举措为师徒两人之传记无疑增添了珍贵而不可多得的篇章。

托西和嘎热两地进行了供奉诞生当地神仪式,两地管家承担三日期间所有支出和布施,为此班禅额尔德尼赐回礼。在嘎热众僧请求下,班禅额尔德尼举行马头明王密修灌顶仪式,并对众僧敬献了回礼,给僧人给予了供养,另外还赐予了月供、一对钹(སྦུག་འཆལ)祭器等。三十日,班禅额尔德尼移驾自己的庄园地鲁定(ཀླུ་སྡིངས),参卓(札仓)的众僧给班禅额尔德尼敬献了礼物,班禅只接受了三所依和熏香,不仅把其他的礼物回赠给了众僧,还给众僧赐予了月供。班禅额尔德尼对自己的诞生地之神进行了盛大的礼供,礼宾卓尼益西贝丹(མགྲོན་གཉེར་ཡེ་ཤེས་དཔལ་ལྡན།)祈请供养一天,获得了班禅额尔德尼的恩准并赐予丰厚的回赠。五月三日,班禅额尔德尼驻锡更朗。六月,班禅额尔德尼给热聂活佛(ར་ཉག་སྤྲུལ་སྐུ།)赐予《长寿灌顶》。七月,大师给礼宾卓尼益西班旦赐予《长寿灌顶》和《长寿闪念灌顶》(ཚེ་དབང་འཆར་ཅན།);给拉孜、昂仁、平措林三地(拉、昂、平,ལྷ་ངམ་ཕུན་གསུམ།)的各大神殿礼供了 3 个千供、礼敬了 20 条上等哈达,从此形成了赐予长寿闪念灌顶的惯例。没过多久班禅额尔德尼驾往香波神泉沐浴。九月二十七日,班禅额尔德尼驻锡香波神泉。三十日,应格日苟嘉(སེ་ཊ་གུ་རྒྱལ།)的祈请班禅额尔德尼给格日苟嘉赐予了《长寿灌顶》。班禅额尔德尼从神泉起驾到《甘珠尔》佛殿时,给图旦央金寺喇嘛旦培(ཐུབ་བསྟན་ཡངས་ཅན་གྱི་བླ་མ་བསྟན་འཕེལ།)赐予百遍《长寿灌顶》,给与了无以伦比的奖赏。班禅额尔德尼经常通过驿站给这位喇嘛恩赐一些诗歌散文等圣迹,有一阵子,班禅额尔德尼对该喇嘛写了:“大师的骑象观音斯日扎桑(སི་རི་བྷ་སོཾ།)还未到达此地前,会来一头新大象,而这头大象是红色象鼻天的化身,这头大象到来的同时,还会来一个为象鼻天圣像开光的人”的赞美信,班禅额尔德尼感到十分欣喜,并派专人把该预言信供在内宫寝宫中。该喇嘛在神泉拜谒班禅额尔德尼时讲:“我苦修至今的本尊,今天方有机会拜谒。”班禅额尔德尼虽然年事已高,但他依然莅临多列,给该喇嘛摸顶赐福,进行了亲切交谈。此后该喇嘛患病期间,班禅额尔德尼派专使将亲笔信送去:“您是无数劫数前,慈佛喜金刚诸神,抚育出的殊胜徒,奇妙化身令人敬。”“但愿佛法能永存。”等数首四言诗,以及无量寿佛像赐予该喇嘛。专使返回时,该喇嘛不曾提及给自己祈寿之事,只说:“班禅额尔德尼的祈寿词中有可寿八十岁之意,我外加五岁,祈愿您能活八十五岁,我已经把自己的祈愿和圣物结合在一起。”以及附有数首四言诗外，还把班禅额尔德尼送去的无量寿佛像返赠给班禅。该喇嘛还说：“我是班禅额尔德尼的弟子，以前我在雪山修行时，有一次梦见过手持锡杖和斋钵，头戴熊皮眼帘的比丘口诵‘哎哇’[①]（ཨེ་མ་ཧོ།）诗词，这一次班禅额尔德尼又口诵‘哎哇’诗词，实在是原词原味，毫无疑问，梦境中的比丘就是您。”这位喇嘛给班禅额尔德尼呈献有许多从雪山上拾到的天竺尸陀林的自然石头，班禅额尔德尼一一珍藏在他的寝宫圣物柜中。班禅额尔德尼知道这位喇嘛将不久于人世，就把信札礼物和如来舍利等赐予该喇嘛，这位喇嘛欣喜地接受了礼物和佛舍利，口诵：“真实之骨我所有。”当即给世人展示了圆寂之相。后来在班禅额尔德尼的幻觉中喇嘛前来会晤过数次，这可是一些令人惊奇的传记。

七世班禅额尔德尼从神泉返程时，在董溪和普溪（གདོང་གཞིས་དང་ཕག་གཞིས།）两个庄园各住了3天。期间，班禅额尔德尼以丰厚的回赠答谢他们虔诚供养。二十八日，班禅额尔德尼移驾更朗。冬季闭关结束后，班禅额尔德尼讲：“我梦见拉萨的天阴沉沉的，这是什么预兆呢？”畜力差役尼顿（ཁལ་རྒྱག་ཉི་དོན།）答道：“只有恩师您能明了，我等愚钝，怎敢信口雌黄！”“感到高兴吗？”“到底为了什么？”班禅额尔德尼简单的回答道：“我没必要知道的那么详细。”这年年初，次林经师（ཚེ་གླིང་ཡོངས་འཛིན།）来信述及达赖喇嘛贵体欠安。之前也有过达赖喇嘛贵体欠佳的来信，但班禅额尔德尼没太在意，这次听到达赖喇嘛贵体欠安的消息后，班禅额尔德尼感到特别心烦意乱。虽然没有接到详细的来函，可班禅额尔德尼常常在不经意间发出“啊卡卡”（意为：可惜了）的叹气声。有一天，班禅额尔德尼问身

① 哎哇—诗首的感叹词，相当于汉语的“啊”。

边的人:“昨夜我梦见一大一小的两只老虎,大老虎毛色漂亮,不怒而威;小老虎表情悲伤,前爪蜷缩,你们认为这是什么征兆?”驮畜管家等人说:“只有班禅额尔德尼方能悟出其中缘由,我等愚钝。”班禅额尔德尼也未曾诠释梦中预示。此后,地方政府派人前来卜卦问吉凶,进行祷告时班禅的心情非常不好。后来,次林经师多次来信讲:“达赖喇嘛只是贵体恢复的不太好,并不存在病情加重的危险。”但班禅额尔德尼仍然高兴不起来,时常独自哀伤。这时堪布罗桑班旦去世,班禅额尔德尼接受了清宣宗道光皇帝的赏赐。是年,班禅额尔德尼先后给856人授近圆比丘戒,并赐予他们比丘用具。班禅额尔德尼像往常一样举行剃度、授戒、灌顶、随许、传法、摸顶,以及冬夏闭关等法事活动。另外,除给疾病患者赐予加持佛像、给予药物治疗外,还给乞讨者赐予了丰厚的衣食。

谓之“持金”(གསེར་འཛིན།)即藏历火鸡年(丁酉年,1837年),七世班禅额尔德尼参加神变祈祷法会时,给施主马官顿次(རྟ་དཔོན་དོན་ཚེ།)和鲁奔噶杰(གླུ་དཔོན་དགའ་རྗེ།)等人赐予摸顶赐福、口诵回向、助顺等。班禅额尔德尼在斋僧盛宴上为每位僧人赐予银质法轮一个、章朵(藏银)(ཏམ་སྲང་།)15两。四月,班禅额尔德尼驾临托豁庄园(ཐོབ་གཞིས།)拜视山羊王(护法神),给山羊王举行了盛大祭祀。期间,托豁庄园不仅侍奉了班禅额尔德尼一行3天,还敬奉了许多礼物,班禅也赐予了丰厚的回赠。班禅额尔德尼在噶热寺给新近制作的鎏金法幢举办了麦粥庆宴;班禅额尔德尼给护法神进行盛大的祭祀时,噶杰寺鲁奔侍奉了3天,敬献了礼物和布施,班禅赐予他丰厚的回赠;班禅额尔德尼应众僧的请求,给他们赐予了《长寿灌顶》。参卓寺(མཚན་སྒྲོག་སྡེ་ས།)迎请班禅至众僧之首座,按僧众的祈请给众僧赐予《香巴拉祈愿经》之开许;该寺侍奉班禅额尔德尼一行人两天,并对随从进行了布施,班禅额尔德尼不仅给寺院赐以回赠，并给每位僧人赐予一个藏币（ཏམ།）。二十九日，班禅额尔德尼移足更朗。彼时，摄政诺门汗担任噶旦法王（རྒྱལ་ཚབ་ནོ་མིན་ཧན་དགའ་ལྡན་ཁྲི་འདོན།），从这年开始，班禅额尔德尼每年给传召礼佛部门敬献 75 秤银子成为定制，还专派第琼巴益西朗杰（སྡེ་ཆུང་པ་ཡེ་ཤེས་རྣམ་རྒྱལ།）前往献礼，不仅在大法会上给格鲁派众僧布施斋僧茶两次，还给每位僧人布施银质法轮一个。应拉俄管家（ལྷ་ང་གཉེར་པ།）的请求，班禅额尔德尼给拉俄管家赐予了《长寿灌顶》。班禅额尔德尼为参加七月法会的僧俗信众赐予《长寿灌顶》。班禅额尔德尼移足坐夏法会，讲授第八函典籍中的《菩提道次精髓》的开许。班禅额尔德尼对森钦侍从（སེང་ཆེན་ཞལ་ནས།）赐予《长寿灌顶》；对拉章和遍见佛寝宫赐予供养、祈福、礼赞；给众供养天女敬献冠带、以求事事圆满。这些是在班禅额尔德尼移驾圣地（扎什伦布寺）时所做的计划。班禅额尔德尼对司膳官贝丹喜饶（གསོལ་དཔོན་དཔལ་ལྡན་ཤེས་རབ།）说：“特别是供养天女对我特别有恩，年轻时到供养天女殿，经过长廊下楼梯时，不幸从长梯上掉落下来，多亏供养天女护佑，使我安然无恙。”班禅额尔德尼专派司宾仓巴（མགྲོན་གཉེར་ཚངས་པ།）参加达赖喇嘛长驻祈祷法会。这个月为了休闲散心，班禅额尔德尼准备前往神泉沐浴时对噶热巴（དགའ་རབ་པ།）的客人说：“这次需要全套完整的法衣；给书法家顿珠培杰（ཡིག་པ་དོན་གྲུབ་འཕེལ་རྒྱས།）带来一个得胜鼓（རྒྱལ་རྔ།）。”初四，班禅额尔德尼移足东噶噶旦法苑（སྟོན་འཁོར་རགས་བརྟས་ཕྱུག་གཞུང་རི་ཁྲོད་དགའ་ལྡན་ཆོས་གླིང་།），拜谒多杰羌经师的灵塔，班禅额尔德尼在灵塔前敬献了盛大的 5 种供品，有优质丝缎制成的幡、银质曼札、插入灯芯并浇满酥油的银灯，这些都是班禅额尔德尼亲自敬献的供品。班禅额尔德尼还主持了喜迎沐浴等祭祀仪轨，他赤脚磕长头数次，并敬献上乘五彩冠带，进行了虔诚而又长时间的祈祷。班禅在凯日（མཁའ་རུའི།）驻锡地接到次林（ཚེ་གླིང་།）经师来信说：“达赖喇嘛的身体有所好转”的可靠消息,可班禅额尔德尼的心情依然很沉重。

十一日,七世班禅额尔德尼到神泉礼赞拉木护法神,向拉木护法神祈祷并敬献供品,同时给扎什伦布寺众僧传授了佛法随许。九月初一,班禅额尔德尼住锡浪玛神泉(ཞིང་མ་ཆབ་ཁ),第二天班禅额尔德尼对侍从说:“昨晚我梦见自己手捧一盏很亮的酥油灯,不料一阵疾风熄灭了这盏灯,这不是个好征兆。”一些近侍很想问一下这预示着什么,但班禅额尔德尼没有任何明示。此后,班禅额尔德尼每天心怀疑虑地问侍从:“有没有人来?”但大家谁也不敢问及缘由。八日,西藏地方政府派人给班禅通报了十世达赖喇嘛圆寂的情况,并敬献了祈求灵童从速转生的供品,班禅额尔德尼听后无比痛苦。从此班禅额尔德尼开始进行每天早晚的仪供和虔心祈祷,在三大殿等无量宫般的寺院中敬献盛大的5种供品;密宗殿中举办密集金刚和胜乐金刚的仪轨;敕令寺院和部分辖地张贴灵童从速转生祷文;马上派管家慰问摄政,并要求办好达赖喇嘛去世和灵童从速转生的佛事活动。班禅额尔德尼在敕令中说:“先前我说我梦到拉萨的天空阴沉沉,指的就是这个噩耗;我梦见了两只老虎,大老虎是我,小老虎是经师仁布切,小老虎团爪说明经师仁布切完成了所有的事业。”班禅额尔德尼立即派司宾噶热巴前往拉萨时说:“请按我的要求穿戴好全套法衣,去拉萨无需看黄道吉日,告诉经师仁布切,现在不要沉湎于烦恼之中!”。班禅额尔德尼对领诵师顿珠培杰(དབུ་མཛད་དོན་གྲུབ་དཔལ་རྒྱས)说:“请把我先前要求准备的得胜鼓拿来,一般来说,起床、就寝、拜谒、迎送时需要吹响海螺和唢呐,歌舞伴奏需要鼓乐,现在佛主(指达赖喇嘛)示寂,为此要敲响得胜鼓。”这就是班禅额尔德尼示现未卜先知的事情,尤其是先前梦见酥油灯被风吹熄与达赖喇嘛示寂在同一时间。回想起这件事情,近侍们尤其崇信班禅额尔德尼是先知先觉。这种令人起敬的地方很多，举例来说，先前森钦罗桑旦增班觉的母亲卓拉的上师卧病在床时，通过堪布恩多祈问班禅额尔德尼："该如何进行法事？"班禅额尔德尼说："要多多念诵《普贤行愿品》。"堪布问道："人还未死，治病仪轨中怎能念诵《普贤行愿品》？"班禅额尔德尼言道："这次念诵《普贤行愿品》即可。"堪布返回府邸时，卓拉的上师已经圆寂，只好又一次拜见班禅额尔德尼："祈问死者如何步入善趣？"班禅额尔德尼答道："按以前所说，念诵《普贤行愿品》。"前来受近圆比丘戒的一个人牙痛难当，第二天就要受近圆比丘戒，所以不敢说出牙痛的事情，只好忍痛祈祷班禅入睡，第二天牙痛即止。班禅额尔德尼给这位患者摸顶时问道："昨夜的牙痛病好了吗？"患者意犹未尽的说："经过我向班禅虔诚祈祷，我的牙痛病已经痊愈。"有一位叫卡宁布（ཁ་སྙིང་པོ།）的译师，他在寝宫中时常想念自己的父母兄妹，已经陷入到极度痛苦中时，侍卫罗布前来请他前往班禅额尔德尼处，他马上赶到班禅前，听班禅说："不要胡思乱想"时，他对班禅感到由衷的敬佩。班禅额尔德尼诠释的司宾唐白瓦吾巴（མགྲོན་གཉེར་ཐང་སྟེ་བ་ཕུག་པ།）和司宾嘉巴（མགྲོན་གཉེར་ལྷགས་པ།）的前世今生，以及鲁奔龙夏格松（ཀླུ་དཔོན་ལུང་ཤར་དགེ་སོང་།）的前世今生都特别准，像这种不可思议的事情有无数，无法一一描述。

八日，班禅额尔德尼移驾董、普①（གདོང་ཕུག）二庄园，跟以前一样在每个庄园住锡了 3 日。十七日移足更朗。此时，为了举办达赖喇嘛的超荐佛事活动，班禅额尔德尼派内寝侍卫荣巴夏仲（རོང་པ་ཞབས་དྲུང་།）送去丰厚供品的同时，给摄政带去圣物及祷文；给大、小昭寺的两尊释迦牟尼佛、给甘丹肉身金塔（དགའ་ལྡན་གསེར་གདུང་རིན་པོ་ཆེ།）、格勒庄严肉身金塔（གསེར་གདུང་དགེ་ལེགས་གཟི་འབར།）、洛伽夏热（观音

① 董、普是指，董庄园和普庄园。即董普二庄园。

菩萨)(ས་ཀ་ཤྲཱ་ར།)等圣物圣塔前点燃 17 次百供灯;给色拉寺、哲蚌寺、甘丹寺、南杰札仓、策墨林寺各赐斋僧茶 4 次,并给每位僧人赐予了一个银质法轮;给功德林、丹杰林、上下密寺、次觉林、普觉寺等寺院各赐 4 次斋茶,给每位僧人布施了 4 个藏银。十九日,班禅额尔德尼给地方政府超荐人员孜仲格桑仓央(རྩེ་མགྲོན་སྐལ་བཟང་ཚངས་དབྱངས།)赐予厚礼,给众僧赐予斋僧茶,给三所依等圣物进行供祀的同时,批复来往书函。班禅额尔德尼敕令后藏辖区的每个佛堂点燃 5 次百灯供、各大佛殿点燃千灯供。班禅额尔德尼亲自前来超度达赖喇嘛,为了超荐达赖喇嘛的佛事圆满结束、为了早日找寻到达赖喇嘛的真身灵童,班禅额尔德尼举办了盛大的祈愿法会,他在密宗殿中连续举行 5 天法会,在各佛殿进行了盛大供养。西藏地方政府派主持祈祷超度的卓尼益西格桑(མགྲོན་གཉེར་ཡེ་ཤེས་སྐལ་བཟང་།)给法会进行布施,给众僧施以斋僧茶,举行各种法事活动,班禅额尔德尼给卓尼益西格桑赐予了各种敕令。制作金质灵塔时,班禅额尔德尼特派次仁热旦(ཚེ་རིང་རབ་བརྟན།)携去不计其数的金银财宝,金质灵塔完工后,举行了盛大的竣工庆典。班禅额尔德尼还向灵塔敬献了盛大的供品,灵塔竣工后,班禅额尔德尼举办了盛大的开光庆典。夏孜桑旦寺(ཤར་རྩེ་བསམ་གཏན་གླིང་།)迎请班禅额尔德尼,师徒礼节一切照旧。这一年班禅额尔德尼给 381 位出家者授与近圆比丘戒;另外,与众人结法缘、摸顶赐福、给病人赐药、举办净荐仪轨,为佛法和众生尽心尽责。班禅还主持了大密惠土巴活佛对《律部吉祥》的应试;温寺僧人顿珠曲培(དབེན་དགོན་དོན་གྲུབ་ཆོས་འཕེལ།)应试《胜乐本续》,并对考试者像往常一样赐予了丰厚的赏赐。

谓之"下垂"(རྣམ་འགྱུར།)即藏历土狗年(戊戌年, 1838 年)新年伊始,班禅额尔德尼按照寂天活佛和内寝侍卫的请求赐予他们《长寿灌顶》。十一日,班禅额尔德尼移足传召茶宴,对施主第琼巴罗桑占堆（ཉི་ཚང་པ་བློ་བཟང་དགྲ་འདུལ།）和施主益西朗杰（ཡེ་ཤེས་རྣམ་རྒྱལ།）等赐予摸顶赐福、口诵回向、赐予禅益等。卸任大咒师森钦罗桑旦增班觉（སྔགས་ཆེན་ཟུར་བཞུགས་པ་སེང་ཆེན་བློ་བཟང་བསྟན་འཛིན་དཔལ་འབྱོར།）为班禅祈寿，奉上了厚礼，班禅欣然受礼，并赐以佛门秘法，给次林经师仁布切（ཚེ་གླིང་ཡོངས་འཛིན་རིན་པོ་ཆེ།）举行了盛大的《长寿灌顶》。次林经师仁布切把班禅额尔德尼迎请至梯散罗布林寺，王公贵族对班禅额尔德尼依旧尊崇无比。此前然当巴具有税收规定，期间僧寺破败，是年起，班禅额尔德尼规定四个札仓全年念诵《善金刚礼赞》（རྡོར་ལེགས་པའི་བསྐང་འཕྲིན།），然当巴每年给四个札仓提供145驮粮食，这些粮食每年从托豁庄园领取，并开具收条。三月一日，班禅额尔德尼移足托豁庄园和噶热庄园（ཐོབ་གཞིས་དགའ་གཞིས།），他像往常一样礼供了当地的土地神。四月六日，班禅额尔德尼莅临贡觉林寺，给次朗经师仁布切赐予白胜乐金刚的随许；给丹杰林（བསྟན་རྒྱས་གླིང་།）的活佛赐予近圆比丘戒和《白胜乐金刚》《时轮金刚》的随许，并赐予《长寿灌顶》《兜率上师瑜伽开许》等许多佛法秘诀，还褒奖有贡献者。班禅额尔德尼在法会上为众僧赐予了《长寿灌顶》和《十一面观音灌顶》，及其他预备仪轨等。

彼时，多吉帕姆活佛前来拜见班禅额尔德尼，班禅欣喜地赐予多吉帕姆活佛无上礼品和《长寿灌顶》。听到清宣宗道光大皇帝颁发新的金册诏书后，班禅额尔德尼马上呈进了谢恩书函。班禅额尔德尼给众僧赐以斋僧茶的同时，给每位僧人赐予银质法轮3个；给所有寺院赐予许多布施。九月四日，班禅额尔德尼为了沐浴神泉水，移驾夏香波神泉，途径白伦修行圣地（དཔལ་ལྡན་རི་ཁྲོད།）时，举行了与往年般的盛大礼供等。十一日，班禅额尔德尼莅临香波宫殿；十二日在寺内举行了盛宴，宴后班禅额尔德尼移足神泉，为神泉边的善男信女赐授他们要求的佛法。在犹如大象般的东山上新建了香波巴行宫（བྱང་སྤྱུག་པའི་བཞུགས་ཁང་།），10 位护法殿香灯师在行宫前举行了礼赞战神仪轨。返驾时董普二庄园的两位管家像以前一样为班禅额尔德尼各供养了 3 天；班禅额尔德尼给果洛的官员进行了《长寿灌顶》。十日，班禅额尔德尼移驾贡觉林。彼时，为了参加十世达赖喇嘛七七超荐法会，为了顺利度过哲布尊丹巴二十五岁本命年而来祈寿的人中有其叔父曲杰堪布（ཁུ་བོ་ཆོས་རྗེ་མཁན་པོ།）、四侍卫（གཟིམ་འགག་པ།）、四部落人员（རྒྱལ་ཁག་བཞིའི་མི་སྣ།）、代吉堪钦诺门汗的苏本（膳食官）（སྡེབས་འབྱར་མཁན་ཆེན་ནོ་མིན་ཧན་གྱི་གསོལ་དཔོན།）、散诺员的使者（སན་ནོ་ཡོན་གྱི་མི་སྣ།）、散落巴诺门汗接侍人（བསམ་གློ་ནོ་མིན་ཧན་གྱི་ཞབས་བསུ་བ།）等一大批蒙古宾客（སོག་འགྲུལ་མགྲོན་ཆེ།），班禅额尔德尼用每个客人的语言向他们进行了问候，并愉快地赐予了广结佛缘、赐福摸顶等仪轨。哲布尊丹巴的使者除带来了书函和礼物外，还给法会带来了布施，给班禅额尔德尼带来了祈寿寝宫及丰厚礼物，班禅给他们赐予了丰厚的回赠。班禅额尔德尼给哲布尊丹巴赐予加持圣物，该使者谦和地表达了谢意。驻藏大臣散诺员（ཨམ་བན་སན་ནོ་ཡོན།）、公西亲王次仁多杰（ཀོང་ཧྲོས་ཆིང་ཝང་ཚེ་རིང་རྡོ་རྗེ།）等派专人送来供养物品，班禅额尔德尼把他们请到法会上清点供养物，总计有白银 220 两，并一一赐予回赠，并口诵回向。

这时清宣宗道光大皇帝为弘扬黄教（格鲁派）佛法，尤其给七世班禅额尔德尼赐予了无与伦比的金册诏书。为迎接并保管金册诏书，班禅额尔德尼专门派大管家从拉萨把金册诏书迎请至德庆宫。十一月十四日是土星会毕宿的大吉日，班禅额尔德尼准备把金册诏书迎请到圣地（扎什伦布寺），上下宫殿、各大寺院换上了新的窗帘，僧俗人众举旗歌舞、打扫路面、铺石绘黄，拉章的僧俗亲自前往喀外喀（ཁ་བལ་ཁག）迎接金册诏书，僧众仪仗、俗众歌舞，好不热闹。（清宣宗道光大皇帝）为扎什伦布寺及属寺的僧俗大众永远幸福平安，用 235 两 6 钱黄金打造了 13 页金片，金片上刻有用满、蒙、汉、藏文书写的殊胜颂词。当金册及礼盒等迎请到大宫殿贡觉林经堂前时，班禅额尔德尼亲自下楼迎接，把金册诏书迎请到日光寝宫，工作人员依次用满、汉、藏语大声朗读金册诏书，然后给金册诏书裹上上乘黄色哈达供在金案上，班禅额尔德尼按例行九叩礼。班禅移足宝座后，给拉萨来的钦差代表（ཐལ་དུ་སྦྱར་ཆེ་ལས་ཚབ་ཆེན་གཞན།）、两位法官（ཁྲིམས་དཔོན་གཉིས།）、六大商埠官员（ཚོ་སྤྱི་ཁ་དྲུག）、联络员孜本彭康（ཉེ་ཤན་བཀའ་ཚབ་རྩིས་དཔོན་ཕུན་ཁང་།）等人赐予摸顶、茶宴及问候。班禅额尔德尼移足律藏殿的宝座，举办盛大庆宴，噶钦格勒坚赞上师隆重而又全面地口诵祈祷，管家献上了丰盛的礼物。班禅额尔德尼给钦差（ཆེན་ཁྲལ།）等汉官、曲杰堪布（ཆོས་རྗེ་མཁན་པོ།）等喀尔喀人（ཁལ་ཁའི་མི་སྣ།）、西藏地方政府派来献礼的却本罗桑喜饶（ཆོས་དཔོན་བློ་བཟང་ཤེས་རབ།）、代表个人的索本（司膳）格桑（སྐུ་སྒེར་གསོལ་དཔོན་སྐལ་བཟང་།）、孜本彭康（བཀའ་ཚབ་རྩིས་དཔོན་ཕུན་ཁང་།）等汉、藏官员赐予了丰盛的庆典礼物。班禅额尔德尼上奏并敬献礼品感谢清宣宗道光大皇帝的恩典；给两位住藏大臣呈进了情况说明；给大司事罗桑热旦（གསོལ་ཆེ་བློ་བཟང་རབ་བརྟན།）赐予了扎萨喇嘛的名号升任管家之位；给清宣宗道光大皇帝呈上了哈达及佛像。十五日，西藏地方政府为僧众进行布施，举办了盛大宴会，宴会上司供堪布敬献了祈祷曼扎等丰厚礼品。班禅额尔德尼欣喜地接受了萨迦法王、摄政、甘丹大法座、大经师、四大寺活佛、楚布、热振、普觉等活佛和广大僧俗官员、寺庙等派人前来祝贺并敬献礼物。十六日，苏西（索西）、米村、随员、所属寺院、领地等出资举行了盛大宴会，更朗仁布切（ཀུན་གླིང་སློབ་དཔོན་རིན་པོ་ཆེ།）进行了祈祷并敬献了丰厚的礼品。

另外，僧俗公私两方面敬献的礼物甚多，金印附函礼物（指清廷礼物）虽然来迟，但马上进行了迎接，派僧众仪仗迎请至德庆善缘殿的大厅里,欣喜而又恭敬的接受了礼物,举行了盛大的供奉和庆祝宴会,班禅额尔德尼给参加庆典的客人赐予丰厚的礼物,给迎接金印附函礼物的人赐予满意的酬谢。班禅额尔德尼专派卓尼次仁热旦给西藏地方政府献礼的同时,又派堪布哲蚌巴(འབྲས་སྤུངས་པ།)携带附函礼品前往汉地感谢清宣宗道光皇帝的恩典。是年,达杰布热瓦(དར་རྒྱས་སྤྲག་ར་བ།)、绒强钦寺(རོང་བྱམས་ཆེན་པ།)、丹杰林寺(བསྟན་རྒྱས་གླིང་སྤྲུལ་སྐུ།)等的活佛给班禅额尔德尼敬奉寝宫祈福。随着时间的推移,班禅额尔德尼从不间断仪轨功课,先后给581人授于近圆比丘戒,并给他们指明了善趣和解脱之路。班禅主持了温寺僧人索南旺秋(དབེན་དགོན་པ་བསོད་ནམས་དབང་ཕྱུག)和益西克珠(ཡེ་ཤེས་མཁས་གྲུབ།)两人对《胜乐金刚本续》的应试;曲阔伦布瓦曲扎西(ཆོས་འཁོར་ལྷུན་པོ་བ་ཆོས་བཀྲ་ཤིས)和欧珠杨培(དངོས་གྲུབ་ཡར་འཕེལ།)、金巴坚赞(སྦྱིན་པ་རྒྱལ་མཚན།)三人对《慈氏五论》的应试,并给每人赐予非常丰厚的礼品。

谓之"引导者"(སྦྱོར་བྱེད།)即藏历土猪年(己亥年,1839年)元月初二,七世班禅额尔德尼欣然接受了堪布罗桑坚赞(མཁན་པོ་བློ་བཟང་རྒྱལ་མཚན།)使者从清宣宗道光大皇帝处带来的圣旨和礼物。十三日,散罗诺门汗(བསམ་བློ་ནོ་མིན་ཧན།)把班禅额尔德尼迎请至僧众首座,进行祈福禳灾并敬献了丰盛的礼品,班禅额尔德尼给他赐予回赠、口诵回向、给与助顺。是年,额尔德尼迈肯堪布噶究①罗桑南杰(ཨེར་ཏེ་ནི་མེར་ཁན་མཁན་པོ་དཀའ་བཅུ་བློ་བཟང་རྣམ་རྒྱལ།)向班禅额尔德尼上疏,为哲布尊丹巴举行二十五岁忌年祈寿法会,班禅额尔德尼专派孜仲罗桑贡确(རྩེ་དྲུང་བློ་བཟང་དཀོན་མཆོག)给哲布尊丹巴带去法旨和丰盛礼物的同时,给部分蒙古僧俗官员活佛赐予法旨和礼物。堪布会议厅(གཞུང་མཁན།)收到清宣宗道光皇帝的圣旨和礼物,班禅额尔德尼欣喜而又

① 噶究:后藏扎什伦布寺中对格鲁派必修的五论本注粗通的格西。

恭敬地接受了圣旨和礼品。在贡萨桑丹大乘林（དགོན་གསར་བསམ་གཏན་ཐེག་ཆེན་གླིང་།）原有沙弥和比丘的基础上，喀尔喀拔克西法王罗桑贡确（ཁལ་ཁ་པ་གྲི་ཆོས་རྗེ་བློ་བཟང་དཀོན་མཆོག）为三位比丘建薪酬制，敬献了3秤（རྒྱ་རྡོ་གསུམ།）银子，尊者益西念扎（གནས་བརྟན་བླ་མ་ཡེ་ཤེས་སྙན་གྲགས།）给了一匹汉地马，给班禅额尔德尼赐予一匹汉地马。喀尔喀哲布尊丹巴专派索本（膳食官）贝觉、内寝侍卫给班禅额尔德尼面呈函件，附致礼品，并为祈寿奉上1900两银子，班禅额尔德尼赐以回赠。索本等也敬献礼物，班禅额尔德尼用礼物和佛法赐予了奖励。哲布尊丹巴的呈文中讲："学生我命中注定只有二十五岁的寿命，死后我的身体葬在银塔中，还是施舍给狗和猛禽好呢？"班禅额尔德尼回复说："现时您需要的是健康长寿。"圣者师徒间的这些对话凡人无法理解。

七月，七世班禅额尔德尼在吉纳举行福寿灌顶，以及加行观世音狮子吼大灌顶等。九月，班禅额尔德尼移驾谢地朗玛泉水沐浴。在夏朗，班禅额尔德尼给僧俗信众赐予丰盛的佛法和财物等。返回途中，班禅额尔德尼在董、普两个庄园各驻锡3天，接受了他们的侍奉，赐予同往常一样的回赠。十月初七，班禅额尔德尼移驾贡觉林，应一些果洛地方官员的请求，赐予他们《长寿灌顶》；班禅额尔德尼又应智拉活佛、哲布大管家、佐格喇嘛、窦朗活佛等的祈求，给他们赐予《长寿灌顶》，给智拉活佛授以《香巴拉祈愿经》之开许。班禅额尔德尼给汉地五台山的僧人赐以见面礼，用汉语表示慰问，并赐予礼物。这一年，班禅额尔德尼前后给222人授以近圆比丘戒。另外，给冬夏闭关修行者和开光众僧各赐一个银质法轮。班禅额尔德尼主持了温萨寺班旦曲培、格桑次成、嘉木样班旦等对胜乐金刚根本续的考试，并给他们每人赐予了礼品。

谓之"具备"（ཀུན་ལྡན།）即藏历铁鼠年（庚子年，1840年）正月初十,班禅移驾大祈愿茶会,给施主尊者多吉帕姆活佛(སྦྱིན་བདག་རྡོ་རྗེ་བཀག་མོ།)、孜恰尼顿(རྗེ་ཕྲུག་ཉི་དོན།)等人赐予回赠、回向、益助等。二月,班禅额尔德尼给额曲木钦活佛(ཨུ་ཆུ་མུ་ཆེན་སྤྲུལ་སྐུ།)、大管家、林仓商务官(གླིང་ཚོང་དཔོན།)等赐予《长寿灌顶》。月末,班禅额尔德尼移驾朗玛温泉沐浴。三月末班禅额尔德尼移驾贡觉林宫。四月初八,给马厩工和所有乞丐每人布施了一斗糌粑,并为策林经师仁布切和玉树长官(ཡུ་ཤུར་དཔོན།)赐予《长寿灌顶》。班禅额尔德尼给这位官员赏赐了礼物,并赐予"为前往内地的所有僧俗信徒予以赞助,方可增加无限的福田。请官员时刻铭记,如若广造抢劫等恶业则不利于今生来世,您要用实际行动保护行旅安全"的教导。此后,该官员牢记班禅额尔德尼的教诲,对行旅不再厌烦敷衍,尤其为了保护拉章堪布等的安全,不仅努力剿灭匪患,还为他人捎话带信,帮助迎送行旅等,可以说按照班禅额尔德尼的旨意,打好了福田的根基。

二十七日,七世班禅额尔德尼驾临托杰庄园(后藏南木林县属一地名),先后给噶、托两地庄园的杰波护法神敬献哈达、供酒、金粉、供品(སྤྱན་གཟིགས།)、礼赞神灵等,还赐予每月礼赞祈祷的所需物品。两个庄园的两位管家先后各侍奉班禅额尔德尼3天的同时,给班禅额尔德尼敬献了礼物,给众僧施舍了斋饭,赐予丰厚的回赠。班禅额尔德尼为噶热僧众赐授了他们希望学到的佛法。返程时班禅额尔德尼驻足藏樟木神殿(གཙང་འགྲམ་ལྷ་ཁང་།),给神殿敬献了哈达及供品等。四月二十九日,班禅额尔德尼驾临德钦格桑颇章,与萨迦法王拜谒交谈。七月,班禅额尔德尼为众僧俗赐予《长寿灌顶》,为众僧赐予第五卷佛经中关于大部分次第的开许。应沃隆长官(འོ་ལུང་དཔོན།)和噶伦色康(བཀའ་བློན་ཟུར་ཁང་།)的请求班禅额尔德尼给他们赐予《长寿灌顶》。八月,班禅额尔德尼移驾谢地朗玛温泉沐浴，沿途经过纳塘（སྣར་ཐང་།）、岗坚（གངས་ཅན།）时，给各处敬献供品、施舍斋茶、制定月诵礼赞等，然后到达谢朗泉边，班禅额尔德尼敕令护法神殿的香灯师举办息灭护摩供①（ཞི་བ་གསུམ་གྱི་སྦྱིན་སྲེག），让图丹央坚巴印制 1000 尊擦擦像（ཚ་ཚ།）。班禅额尔德尼为后藏八寺进行镇寺驱魔仪轨的同时，为噶热等其他寺院赐予月供法会。班禅额尔德尼一行人齐聚寺院内殿，通过敬献哈达、金粉、供品、礼冠（ཅོད་པན།）、礼赞等嘱托护法神，圆满完成了札格巴（བཀྲས་དགེ་བ།）等管家的意愿。返程时，班禅额尔德尼在董、普两个庄园接受了为期 3 天的丰盛的供养礼物、礼赞物品后，赐予丰厚的回赠。班禅额尔德尼为达热觉佛（ཟླ་རི་ཇོ་བོ།）敬献了百盏灯供，为噶擦（དགའ་ཚལ།）赐予月供僧茶（མང་སྙོལ།）。十月初二，班禅额尔德尼驾临贡觉林。班禅主持了厦巴罗桑益宁（བཞད་པ་བློ་བཟང་དབྱིག་གཉེན།）对《释量论》辩部之四个章节的应试；帕索瓦曲培坚赞（པ་སོ་བ་ཆོས་འཕེལ་རྒྱལ་མཚན།）对所有《摄类学》的应试；夏洛巴拉钦伦珠曲旦（ཞ་ལུ་པ་བློ་བཟང་ལྷུན་གྲུབ་ཆོས་ལྡན།）对《布顿佛教史》（བུ་སྟོན་ཆོས་འབྱུང་།）的应试；曲科林波瓦阿旺曲培（ཆོས་འཁོར་ལྷུན་པོ་བ་ངག་དབང་ཆོས་འཕེལ།）对《慈氏五论》（བྱམས་ཆོས་སྡེ་ལྔ།）的应试；温寺僧人贝丹坚赞（དབེན་དགོན་པ་དཔལ་ལྡན་རྒྱལ་མཚན།）、罗桑嘉措（བློ་བཟང་རྒྱ་མཚོ།）、阿旺坚白（ངག་དབང་འཇམ་དཔལ།）等对《胜乐根本续》的应试，并赐予他们满意的礼物。

另外，七世班禅额尔德尼为亡灵进行了超度；前后为 619 名出家人赐予近圆比丘戒。为了祈寿，班禅额尔德尼安排举行了念诵《甘珠尔》经文、给护法神进行礼赞、为三所依并赐予比丘所需的物品供奉礼物，举办三事奉、供奉四蔓札、为众僧布施斋茶等花费了 1980 两银子。另外，哲布尊丹巴当着使者益旦加之面呈进诗歌和

① 息灭护摩，一种祈祷寿命财物无障无碍的宗教活动。

贡品。呈进祈寿礼物之日，两名工作人员下身着充金丝绸（གོས་རྒྱ་ཧད།）和锦缎（ཀྱིན་ཁབ།）制成的贴身内裙，上身穿王子装（རྒྱ་ལུ་ཆས།）头戴缠头面具前来呈进许多圣物，圣物中还有一套完整的蒙古服，班禅额尔德尼欣然接受了呈物并赐予教诲（后来班禅额尔德尼将那件蒙古服赠予哲布尊丹巴的转世灵童）。后来在哲宗丹巴的转世灵童还未到达西藏时，就将未来扑朔迷离之事绘于唐卡之上，随从人员将其赠予达赖喇嘛。其寓意为达赖喇嘛是香巴拉王（རིགས་ལྡན་རྒྱལ་པོ།），画中有简略的空行、香巴拉、极乐世界的佛土庄严、上一世哲布尊丹巴在班禅额尔德尼门下聆听授灌随许时眼前显现的勇士空行和空行母、哲布尊丹巴自己圆寂时的情形、王公属民三时侍奉的情景；班禅额尔德尼将自己视若掌上明珠般的栽培，而他自己也虔诚地侍奉上师的情形，真像阿第峡尊者和仲顿巴师徒（ཇོ་འབྲོམ་ཡབ་སྲས།）之传记，实属奇异！

七世班禅额尔德尼对第二佛陀宗喀巴大师之教派视若珍宝，对佛法的闻思修、讲辩著，继承、发扬、广大方面成就斐然。彼时，班禅额尔德尼圣洁的观行从来未受到个人得失的污点，班禅额尔德尼心怀爱别人胜过爱自己的菩提心，集学者善于讲辩著，尊者善于三律仪，善良者善于运用平常智慧和特殊智慧驾驭广义或狭义空性慈悲精髓的特点，用讲修金轮征服整个佛教世界，以一名佛法转轮王姿态让全世界罩在格鲁派的白伞之下。现今各地独尊格鲁派之现象皆为班禅额尔德尼之恩德，作为后继者们永远难以报答他对我们的恩情。诸事虽为业力所致，但班禅额尔德尼广建和礼敬身言意佛像、佛经及佛塔（སྐུ་གསུང་ཐུགས་རྟེན）；毫无偏见的尊崇各僧团；温和、慈祥地对待所属臣民和所有工作人员等，对政教制度来说，班禅额尔德尼犹如一枚如意珍宝或一棵如意宝树，满足了所有众生的愿望。

诗曰：

“有益佛法众生的思想，
所行不离佛法和众生，
您是众生顶礼一佛陀，
双足早日移往金刚座。
身着律藏诸经的法衣，
金刚乘的顶珠特庄严，
如若高举显密宝幢伞，
唯有大师胆略能担当。
众位罗汉围绕释迦牟尼出行时，
犹如繁星簇拥月亮升向夜空中，
您是大日如来前后随从在围绕，
犹如十万太阳光芒直照天神界。
救主您之遍知坛城里，
闪烁白四羯磨仪轨光，
光照圣者观音的心湖，
绽开断七律部的莲花。
阿旺罗桑扎巴众中尊，
执掌政教全局真文殊，
佛门顶珠次成坚赞者，
登上三界法王的宝座，
法王门生心比大海广，
犹如宝珠深奥不可测，
慈善天空布满慈悲云，
急于降下善说甘露雨。

犹如涂抹鲜血般的彭郎瑜伽母，
形体美丽容光焕发嘴唇如珊瑚，
启齿回眸眼观口述无数的功德，
以前犹如面见祖母那样曾絮叨。
圣者自持万丈妙光芒，
神圣尊者发出新月光，
为使北方睡莲早盛开，
尊者面前诚受佛门戒。
紧跟前辈研习佛法时，
在您犹如银镜的面庞，
深蓝眼中生成的眼泪，
犹如珍珠串串撒落地。
名叫赛如巴萨的大象，
他所显现大红欢喜天①，
吉祥欢喜金刚瑜伽尊，
正如图登央金所预言，
观音大象降临人间后，
神龙君臣僧俗眷属等，
有寂美满幸福如磁石，
可见铁粉自然被吸走，
外人看来难解的佛法，
均在现实梦境中阐释，
贵贱众生病死诸变化，
犹看掌心一样特清楚，

① 欢喜天，象鼻天，梵文译作那钵底。佛教一护法神名。

尤其卓尼加唐[1]的故事。
一成天神一成猫头鹰，
生生世世犹如布星罗，
如观明镜梵音作预言。
心烦意乱坠入深渊时，
欲界统帅吉祥佛母尊，
就会抱在怀中施救护，
佛与上师[2]救护难描述[3]，
佛的慈悲聚于观世音，
末时紫红袈裟披在身，
阿旺罗桑绛白的智慧，
格鲁顶饰楚臣嘉措尊，
名号庄严随好似太阳，
已经落到法空西山后，
闲言恶语之风乍刮起，
虽无干柴吹旺心头火。
虽然护佑世界的怙主，
暂时前往极乐佛净土，
不久转世克主江措身，
慧眼时刻注视世间事，
善业功德犹如云朵花，
使您欣喜心海起波浪，
感恩之心犹如海潮涌，

① 卓尼与加唐，古时西藏二人物，传说，后来一个成佛，一个生为猫头鹰。
② 喇嘛，这里特指为上师。
③ 无妙言，再美妙的语言也无法表达。

赞美之声传遍了四方。
您是天下释教怙主尊，
执掌天下四海的天子，
给您赐予金印和金册，
犹如胜幢顶饰特尊崇。
如同万国君主之宫殿，
稳坐皇位上的大皇帝，
把您尊为头上的顶饰，
狂妄之徒哪能不称臣。
深深显宗经藏如大洋，
妙妙秘诀相传成善言，
次次妙音不绝传于耳，
茫茫人海皆为您信众。
您为前业所定有缘者，
指出善趣以及各正道，
引领众生走上贤劫路，
谁人不敬具德的上师。
您是福德光辉世界眼，
无论何时三身幻化相，
格西就是施善的导师，
赞美荣获智慧怙主您。
深谙佛法堪称奇，
智者知悉甚妙法，
甚妙佛法智者知，
如是佛法甚奥妙。
佛法无穷的光芒

催开格鲁教妙莲，
花蕊蜂蜜赐蜜蜂，
顶礼佛法的太阳。”

谓之“无边诸佛共相怙主班禅额尔德尼一切知尊者罗桑班丹旦白尼玛确列朗杰（རབ་འབྱམས་རྒྱལ་བའི་སྤྱི་གཟུགས་སྐྱབས་མགོན་པཎ་ཆེན་ཐམས་ཅད་མཁྱེན་པ་རྗེ་བཙུན་དཔལ་ལྡན་བསྟན་པའི་ཉི་མ་ཕྱོགས་ལས་རྣམ་རྒྱལ་དཔལ་བཟང་པོ།）吉祥贤身语意之传记世间庄严”中的班禅额尔德尼四十一岁至五十九岁间为佛法和众生所做的善事”。此乃为第七章。

第三节　行年六十岁至七十一岁之间弘法功德

谓之“跳跃”即藏历铁牛年（辛丑年，1841 年）新年之时，七世班禅额尔德尼很高兴地对侍寝官达吉（དར་རྒྱས།）进行了《长寿灌顶》。日喀则雪巴（ཞོལ་པ།　住在扎什伦布寺下面的居民）等人的求情礼物如风雨般送来，七世班禅额尔德尼接受了彼等之情。此日之后，天气变得非常好，一切高低贵贱之人对七世班禅额尔德尼的敬信如夏天的河水般高涨。喀尔喀哲布尊丹巴等数百人前来拜见，七世班禅额尔德尼为他们传授了《香巴拉祈愿经》。在贡觉林，新修建了安置 70 万长寿三尊①佛像的楼房，诸佛像以及其上面的能仁佛子和所有的十万佛像以及许多贵重的圣物等，由白伦喇嘛噶钦（དཔལ་ལྡན་བླ་མ་དཀའ་ཆེན།）为祈请彼等于此善住并开光。十五日，七世班禅额尔德尼还亲自抛洒开光的花朵，并对喇嘛噶钦格勒坚赞（བླ་མ་དཀའ་ལེགས་རྒྱལ་མཚན།）能随时随地非常尊崇，赐予无上的增上缘。此位喇嘛是具有学证二者的士夫，据说他来到此地的时候，他

① 即无量寿、白度母和尊胜佛母。

使岗波大怙主（ཀན་པོ་སྐྱབས་དགོན་ཆེན་པོ།）的灾难得以止息。另外尚有人说他在暂时清净界睡眠的之后，做感恩净荐仪轨需要之祈祷。如到达证悟之顶，即不需要作净荐仪轨。据说菩提佛之有圆满之门，因此下令拿取，但是因大慈悲心不安乐之理故未做，此乃达年钦波（བདག་ཉིད་ཆེན་པོ།）师徒之神奇业绩。

三月中，因清宣宗道光皇帝之大皇后逝世，未派遣钦差前往，下旨驻藏大臣负责向班禅额尔德尼、达赖喇嘛的代表、甘丹室利（དགའ་ལྡན་ཁྲི།）三人以及第巴格西（ཏི་པ་གྲྭ།）赐予的赏品财物和向各寺院赐予的钱茶等分发事务，遵照旨意，驻藏大臣宗世罕（ཙུང་ཧི་ཏད།）前往后细心接待，诸事办完以后，向清宣宗道光大皇帝递交的呈文、伤逝唁文等。在皇太后去世后，对扎什伦布寺和所属各寺院共同及分别进行赏赐。此外，唁文中详细记录了扎什伦布寺为逝者举办法事花费等。为此四月份，米那堪布列林巴罗桑次成（མི་སྣ་མཁན་པོ་ལེགས་གླིང་པ་བློ་བཟང་ཚུལ་ཁྲིམས།）为特派专使面呈临别礼物。堪布辞行离别时说："您与哲布尊丹巴马上会相见，在他面前也有一位好汉，先生您也是一名好汉，故此特别地需要嘱咐，堪布和哲布尊丹巴师徒若两三天前后而未能相见，将会导致缘起的重大错误，故而变为佛教众生之违缘。"

二月，十世达赖喇嘛的转世灵童①认定和剃度等事务特请求七世班禅额尔德尼动身前往拉萨，前来迎请者堪布嘉央丹巴（མཁན་པོ་འཇམ་དབྱངས་བསྟན་པ།）面述向大皇帝禀报及返回的使者，摄政的情况。

---

① 即藏传佛教格鲁派（黄教）领袖十一世达赖喇嘛凯珠嘉措（1838－1855）。西康打箭炉（四川康定）人。自十世达赖喇嘛圆寂后，在西康地方共找到了四个"灵童"。清道光二十一年（1841），经"金瓶掣签"，被认定为十一世达赖喇嘛，由班禅额尔德尼七世落发更衣，取法名为阿旺噶桑旦白卓麦凯珠嘉措，简称凯珠嘉措。道光二十二年（公元1842年），举行十一世达赖喇嘛凯珠嘉措的坐床典礼。对此，道光皇帝十分重视，于公元1841年两次降旨布置有关事项。二十六年（1846年）受沙弥戒。咸丰五年（1855年），咸丰皇帝命十一世达赖喇嘛于当年正月亲政；不满一年，18岁的十一世达赖喇嘛突然于当年十二月十五日在布达拉宫暴亡。

特别是每位候选人(ཆུང་སྲིད།)[1]之住处一定要遵守乃琼寺(གནས་ཆུང་།)护法神之预言。大护法也如大怙主的誓愿意趣前来,大怙主的卦象如以前下达的指示一样,五月初吉祥之日,动身前往桑阿卡(གསང་སྔགས་མཁར།),表示感谢。此事涉及佛教众生利益,吾也不得不按照皇帝的圣旨去执行。同时,这件重要的公众大事自始至终没有出现任何障碍之相。吾欣喜接受前往并要求属下们积极筹谋,准备前行。五月三日,七世班禅额尔德尼从扎什伦布寺出发。五月十二日,来到罗布林卡驻锡于格桑颇章宫。五月二十一日在德庆桑阿卡(བདེ་ཆེན་གསང་སྔགས་མཁར།),在所有汉、藏官员的见证下,迎请四位转世灵童候选人(ཆུང་སྲིད།),请四位灵童辨认前世达赖喇嘛的本尊佛像和佛塔等圣物。二十四日,在摆放前世达赖喇嘛画像的小寝宫里,举行了饮两次茶那么长时间的禅修仪轨。此后,在所有汉、藏官员之面前,由海驻藏大臣(ཧད་ཨམ་བན།)将签放置在金瓶中,孟驻藏大臣(མུང་ཨམ་བན།)将签掣出,确定噶达次旺顿珠(འགར་ཐར་ཚེ་དབང་དོན་གྲུབ།)四岁的儿子朗迥多吉(རྣམ་འཇོམས་རྡོ་རྗེ།)为十世达赖喇嘛的转世灵童。由于以大怙主为首的人共同依止达喇嘛的授记和一切僧俗众人的信仰,清宣宗道光大皇帝也甚为高兴。六月一日,前来拜见七世班禅额尔德尼的僧俗众人比以前有所增加,故安排在贡塘(གུང་ཐང་།)拜见。乘适时降下甘露之际,所有高低贵贱之人全部聚集起来请求大怙主(即七世班禅额尔德尼)按照清宣宗道光大皇帝的圣旨,对放入金瓶中的四位达赖喇嘛的转世候选灵童的签进行查验。是时,(七世班禅额尔德尼对驻藏大臣)言道:"即如您遵旨选中的噶达人之子为转世灵童一样,故磕头膜拜吧。"此后,当七世班禅额尔德尼就座后,十世达赖喇嘛的转世灵童立即前来磕

① 意为小的转世灵童

头敬礼,并敬献庆祝喜宴。此后,为十世达赖喇嘛的转世灵童剃度,取名为“阿旺格桑旦白卓美凯珠嘉措(ངག་དབང་སྐལ་བཟང་བསྟན་པའི་སྒྲོན་མེ་མཁས་གྲུབ་རྒྱ་མཚོ།),敬献有丰厚的礼品。西藏地方政府敬献有诸多酬金。(七世班禅额尔德尼与十一世达赖喇嘛)师徒一起于寝宫中就有关这方面的情况通过驻藏大臣向清宣宗道光大皇帝做了禀报。在外寝宫,摆置了油炸面点,并向十一世达赖喇嘛的手中献上了3个曼陀罗,同时(七世班禅额尔德尼对十一世达赖喇嘛)说道:“要护持并发展佛教以及文殊怙主法王宗喀巴大师的教法,十世达赖喇嘛的传记,需要由尔来撰写!”等给予高度的赞扬期许。此外,向师徒二人反复敬献喜宴及礼物,大部分喇嘛、僧官、各僧团和西藏地方政府的俗官等也敬献哈达等物。

三日,甘丹寺的僧众与僧团列队前往下马台欢迎,此后到大佛殿磕头朝拜。七世班禅额尔德尼就坐于宝座上,为僧众传授了《兜率百尊佛之传承的教言》等,吉索(སྤྱི་སོ།)[①]等公私人员也献上丰厚的礼物。瞻仰了壮观的五种千供[②]之后,向色东仁布切(གསེར་གདུང་རིན་པོ་ཆེ།)敬献有八尺长的五色上乘[③]哈达、系着五色彩绸的银制曼陀罗;以及向所有神殿敬献的大量的哈达,使佛教众生生起利乐的心愿得到实现。在法会中,除布施7次斋僧茶外,还向每一位僧人布施一个银元。将七世班禅额尔德尼先后迎请到吉索、夏孜札仓、强孜札仓等各自的大殿,敬献油炸面点和礼物。七世班禅额尔德尼先后向请求回赐者、参加法会的每位经辩者赐予了吉祥结。七日,七世班禅额尔德尼抵达拉木菩提神殿(ལ་མོ་བྱང་ཆུབ་ལྷ་ཁག),亲自到达大护法像前祈请保佑,并敬献诸多与求神和酬补仪轨相关的供品。

---

① 即公家,公上。专指旧时总管寺庙公共财物收支的机构。

② 花、香、灯、水、食各满千数的贡品。

③ 即西藏地方政府所属的库房。

应邀请者的意愿七世班禅额尔德尼到达各个刺柏树间和皇后园中，传授有《朝日初升之经文》，向梵天论师像敬献有红色的阿喜哈达[①]等各种供品以及珊瑚珠串等。其次，尚为法会做了布施以及供奉等。十三日，住锡于罗布林卡宫殿，为察雅罗布坚赞（བྲག་གཡབ་ནོར་བུ་རྒྱལ་མཚན།）等许多人做了《长寿灌顶》。十九日，在哲蚌寺的僧众总管的请求下，众多迎请者前来迎接，大殿中摆放有精美的油炸糕点。此后，在佛殿中祈祷如同喜庆圆满的白海螺一般，举行《长寿灌顶》和接受朝拜。因为受到（哲蚌寺）的阿巴（སྔགས་པ།）、果芒（སྒོ་མང་།）、德央（བདེ་ཡངས།）、洛色林（བློ་གསལ་གླིང་།）等各个札仓的迎请，故前往授予《大威德祈愿经》《兜率百佛赞》和《香巴拉祈愿经》等。七世班禅额尔德尼朝拜了诸尊佛像，并进行盛大的供奉仪式；为法会布施了7次僧茶以及为每一位僧人布施一个银元。此后，住锡于罗布林卡宫殿。

二十四日，动身前往色拉寺，在佛殿中应僧众的请求，为所有的僧人摸顶以及进行了《长寿灌顶》。应色拉寺的麦（སེ་ར་སྨད།）、切（སེ་ར་བྱེས།）、阿巴（སྔགས་པ།）等各札仓的迎请，先后传授了《兜率百佛赞》《菩提道灯论》《功德因缘而生》《香巴拉祈愿经》等。七世班禅额尔德尼仔细朝拜了圣迹后，供奉了丰盛的供品，尚为法会布施了7次僧茶以及为每一位僧人布施一个银元。此后，住锡于罗布林卡宫殿。

二十七日，七世班禅额尔德尼按照功德林的活佛祈请，传授了《香巴拉祈愿经》，并为康萨奔（ཁང་གསར་དཔོན།）之小儿子剃度授沙弥

---

① 藏文音译，一种作见面礼品的长条丝织物或麻织物。哈达分有特等上乘哈达、头等阿喜哈达、二等索喜哈达、三等索达哈达。上乘哈达一般都较长，较宽，质地优良，并织有暗花或吉祥词语的文字，最长有3米余；阿喜哈达较上乘哈达略短窄，长两米余，质地也略显松散；索喜哈达要比阿喜哈达质量差；索达哈达多用麻为原料织成，看上去类似加了增白剂的纱布，约1米长。四种哈达两端均有穗头。

戒,还为所有的官员和侍从赐予《长寿灌顶》。三十日,按照总的指令,所有的侍从聚集在一起为释迦双尊[1]佛敬献有千供,尚为诸无量神殿敬献有会供。七世班禅额尔德尼为大昭寺和布达拉宫二地的主尊佛敬献了供品,使二资粮吉祥圆满,并按照十一世达赖喇嘛祈请赐予了与《法相赞》有关的经忏著作。六日,七世班禅额尔德尼前往拉萨大、小昭寺瞻仰了释迦双尊佛像献无量供云,并向释迦牟尼佛像敬献有上乘五彩哈达、羊脂项珠、祖衣、披单、大银坛城等礼品,还供奉与洗礼有关的佛且祈愿获得切实的效果,为其他佛像敬献有许多哈达,皆大欢喜。同时也为吉祥天母敬献与酬补仪轨有关的哈达、业珠、圣物等。七世班禅额尔德尼为木如寺[2]法会传授了《度母经》《三时经》;为普觉学院传授了《上师瑜伽经函》等。先后为哲蚌寺朱倭康村(ཇོ་བོ་ཁམས་ཚན།)的僧人、色拉寺的哈尔东康村(ཧར་གདོང་ཁམས་ཚན།)的僧人、色拉寺的密宗札仓的僧人、上密宗院的僧人、喜德瓦(བཞི་སྡེ་བ།)、达本贡甘丹增(མདའ་དཔོན་ཀུན་དགའ་བསྟན་འཛིན།)等赐予《长寿灌顶》,并传授了《应供喇嘛空乐无别经》《香巴拉祈愿经》《修念金刚心经》《忏悔经》等。

十四日,七世班禅额尔德尼前往日嘉(རི་བརྒྱ།),为十一世达赖喇嘛进行洗礼[3];为西藏地方政府和拉章(གཞུང་བླ།)列仓巴(ལས་ཚན་པ།)以上的官员赐予《长寿灌顶》,酬金丰厚;并为大法会传授了《香巴拉祈愿经》等经典传承。八月中的七天里为贡萨寺(དགོན་གསར།)新建大的池塘。此后,动身前往乃琼扎央林(གནས་ཆུང་གྲྭ་དབྱངས་གླིང་།)向护法神像祈祷保佑后又进行了朝拜,并敬献了哈达和圣物等。九日,正值清宣宗道光皇帝之生日,哲蚌寺和色拉寺的120位僧人聚

① 指拉萨大昭寺和小昭寺的八岁和十二岁释迦牟尼佛的等身像。

② 相传为赤松德赞时期所建,位于拉萨大昭寺之东,后为下密院所在地。

③ 为人除去晦气和污秽的一种仪轨。

集在藏巴康村（གཙང་པ་ཁམས་ཚན།）整天念经祈愿，七世班禅额尔德尼晌午抵达法会，供养酬金丰厚，并为拉萨龙王潭的诸位官员、宇妥（གཡུ་ཐོག）、哲蚌寺的藏巴康村、果芒康村（སྒོ་མང་ཁམས་ཚན།）的每人赐予《长寿灌顶》，还为色拉寺的切巴札仓（བྱེས་པ་གྲྭ་ཚང་།）的全体僧人传授了《尊胜佛母长咒》《度母经》；在次觉林拉章（ཚེ་མཆོག་གླིང་བླ་བྲང་།）为大经师的生日赐予了《祈愿佛经》。为了迎接清宣宗道光大皇帝的圣旨和赏赐礼物，七世班禅额尔德尼于二十二日在日嘉两位驻藏大臣呈送，师徒欢聚一堂畅所欲言，十分喜悦。二十八日，在日嘉七世班禅额尔德尼为十一世达赖喇嘛和摄政传授了"愤怒财神之洗礼""白文殊菩萨之加持""兜率百佛"等佛教仪轨，并进行了亲密交谈。此后，还为色拉寺密宗札仓的僧人以及摄政仁布切等人赐予了《长寿灌顶》，同时为汉地经销纸的商人传授了《香巴拉祈愿经》。其次，还应以高级僧官等为主的无数僧俗信教群众之请求，进行了布施、加持等，满足了大家的愿望。尤其是为三所依等敬献了供云，为僧众进行了大量的布施。对所有人说的话是即使小喇嘛难以教育亦得培育好。

九月六日，七世班禅额尔德尼动身前往后藏。十一日晌午于桑定寺进行款待，并为新建的菩提佛塔进行开光、朝拜以及敬献有关的供云，多吉帕姆活佛为七世班禅额尔德尼敬献了丰盛的点心和财物，七世班禅额尔德尼也回赐了丰厚的礼物。十五日，从桑定寺动身依次前行，至二十八日得到了贡觉林寺（གདན་ས་ཀུན་གླིང་།）的款待，为宗利活佛罗桑贝丹楚臣旦增（རྫོང་ལིའི་སྤྲུལ་སྐུ་བློ་བཟང་དཔལ་ལྡན་ཚུལ་ཁྲིམས་བསྟན་འཛིན།）和乃宁寺佛殿香灯师朗杰阳培（གནས་རྙིང་མཆོད་ཁང་གི་རྣམ་རྒྱལ་ཡར་འཕེལ།）二人传授了《广中略摄类学》；为帕索瓦夏仲洛桑晋巴（པ་སོ་བ་ཞབས་དྲུང་བློ་བཟང་སྦྱིན་པ།）《开启识解脱道之门》考试，班禅额尔德尼做了加持、布施和教诲等，使众人皆大欢喜。其次还在此年中，不仅为清朝皇帝父子之卜卦以及众生之得到利乐之法，命令恰佐尼玛顿珠（ཕྱག་མཛོད་ཉི་མ་དོན་གྲུབ།）为总负责雕塑“无量寿佛像”，工厂设在帐篷中，开工之日天象极为祥和。而且在此年的夏天出现了第一次雷声等许多吉祥之兆。工厂里有雕塑佛像的原料有红铜164克[①]7藏两，外涂有33包黄金，用珠宝镶嵌的座椅高度有30多尺，“无量寿佛像”高度有一尺多，石板调伏洞之右侧有金刚手佛和大护法，左侧有吉祥天母，其他还有435尊持寿法王像，中间是七世班禅额尔德尼之法座，柱子后有四大天王的塑佛等，建有极为庄严美丽的无量佛殿。七世班禅额尔德尼、多吉帕姆活佛、喇嘛噶钦格勒坚赞（བླ་མ་དཀའ་ཆེན་དགེ་ལེགས་རྒྱལ་མཚན།）等3人在中间的护法神殿全体僧人中进行开光仪式，并做加行、正行、结行之加持，使佛殿光彩生辉。其次，七世班禅额尔德尼为普通的僧人传授了完整的沙弥戒律以及与“加持灌顶传承”有关的佛法，并向三所依敬献了供品，向僧众发放了布施，共计3750两银子，使众生获得不可估量之业绩。

谓之“致善”（དགེ་བྱེད།）即藏历水虎年（壬寅年，1842年），此年七世班禅额尔德尼满61岁。清朝大皇帝心中甚为喜悦，让章嘉呼图克图为七世班禅额尔德尼下达了圣旨且赐予无可估量的财物，章嘉呼图克图亲自颁发清朝大皇帝之圣旨。此年不仅七世班禅额尔德尼满61岁，而且扎什伦布寺多年来一直法行功德甚高、格鲁派的佛法宏传、僧俗群众长期得到护持，故大家皆大欢喜。因七世班禅额尔德尼年满六十一岁，清朝大皇帝赐予其之增寿礼物有：佛像连同箱子一套、皇帝亲笔书写的“虎”（ཏ）字一幅、“舞”（ཕ）字一幅以及如意一个、白玉质念珠一串、一个银质坛城、一个银质宝瓶、4套装饰华丽的服装、两匹黄色缎子、两匹黄白色绸布、两匹金丝绸

① 藏族的重量单位，一克等于7市斤。

缎、两匹金丝花边绸缎、两匹芫花金丝绸缎、两匹红黄色绸缎等礼品与（圣旨）一同请章嘉呼图克图转送于七世班禅额尔德尼。圣旨曰："直至如今，班禅额尔德尼贵体健康，勤奋修行，弘扬格鲁派的教法，使吾之社稷兴旺、众生幸福，其行为可嘉可赞，故特颁发此旨。"皇帝颁赐的礼物依次通过章嘉呼图克图转交给怙主七世班禅额尔德尼之手，故七世班禅额尔德尼于修行期间向大皇帝行九叩之礼。此后，于七世班禅额尔德尼坐于法座之时，章嘉呼图克图前来朝拜并敬献见面之哈达，七世班禅额尔德尼依次进行了问候、交谈，并设盛大喜宴进行招待。

此后，在（章嘉呼图克图）未返回汉地之前，七世班禅额尔德尼轻松欢乐地与其进行了多次有关政教方面叙谈，并十分尊崇。章嘉呼图克图也十分尊敬地向七世班禅额尔德尼请教。在动身离开扎什伦布寺之时，七世班禅额尔德尼请（章嘉呼图克图）乘坐自己的轿子，但章嘉活佛站在轿子一旁侍候班禅额尔德尼，给予班禅额尔德尼最高的礼遇，并对其十分尊崇。（章嘉呼图克图）瞻仰了各个佛殿之寝宫，并对每尊佛像进行了祈愿。由于此时进行时轮修供，故对每尊坛城和佛像进行了祈愿，并敬献了哈达。（章嘉呼图克图）言道："近期由于班禅额尔德尼使我得到了大的善缘，故我又承诺祈求保佑永远不与北方的香巴拉分离。"此后，迎请七世班禅额尔德尼至僧众集会中，章嘉呼图克图为七世班禅额尔德尼之卜卦敬献了礼物。七世班禅额尔德尼也布施了大规模的斋茶、加持以及念诵了回向经。长期驻守于日喀则的大粮台长官前来朝拜之时，七世班禅额尔德尼言道："除一二位信奉者外，其他人不需要磕头。"最近大老爷（ཏ་ལོ་ཡེ）也在宴会上不磕头，章嘉呼图克图看到后十分生气地大声用汉语当面呵斥，大老爷马上改正，并十分虔诚地进行礼拜。对于这种情况，章嘉呼图克图请求说"我虽是当今大皇帝之国师,也须要向具有无上恩德的怙主您行三叩头之礼。像此等小小官员都要向我叩头,而不向怙主您行礼,是根本不懂规矩之行为,近期必须严令禁止。”此后,章嘉呼图克图十分尊敬地向七世班禅额尔德尼敬献了无价之时轮等无比奇特之礼物,七世班禅额尔德尼也十分高兴地回赐了丰盛的礼品。

其次,七世班禅额尔德尼还赐予主仆愿望得到之佛法,使大家心满意足,皆大欢喜。之前,清朝大皇帝颁发圣旨之时,七世班禅额尔德尼为感谢皇恩,也敬献佛像和圣物等。此后,感谢皇恩之礼物由章嘉呼图克图呈送,特派拉萨布达拉宫的恰佐尼玛顿珠(ཆེ་མཛོད་ཉི་མ་དོན་གྲུབ།)前往交给章嘉呼图克图,而后由章嘉呼图克图将信函和礼品敬献于清朝大皇帝。清朝大皇帝在就任钦差们面前赐予了圣旨及礼物十匹绸缎、5 条大哈达、10 条小哈达等。八月中,驻藏大臣前来后藏巡边,将此圣旨及礼物交于七世班禅额尔德尼,皆大欢喜。此外,清朝大皇帝尚赐予“关于为众生事业做出贡献”之诏书以及“宣化巡疆”(ཕྱིན་ཧྭ་སོགས་ཅང།)之牌匾,为感谢皇恩,每个人皆回敬有哈达和佛像等礼物。迎请七世班禅额尔德尼到帕索米村之主仆少数人的法会中,敬献有格言之供云后,又献上油炸面点等。此后,应大经师的请求,七世班禅额尔德尼为法会传授了《兜率百佛之广引》;为大王和佛母传授了酬补、请托等宗教仪轨。此后,跟德格桑(སྡེ་སྐལ་བཟང།)在寝宫共进膳食,之后巴叶堪布(སྤར་ཡེར་མཁན་པོ།)于众仆面前敬献了诏书等礼物,并按照传统惯例尚敬献有无数之礼品,甚为喜悦。此后,应哈尔东米村之迎请,得到了盛情地款待,七世班禅额尔德尼满足了每个人的愿望。此时,森钦罗桑旦增班觉贝桑布(སེང་ཆེན་བློ་བཟང་བསྟན་འཛིན་དཔལ་འབྱོར་དཔལ་བཟང་པོ།)因身体患病,故前来彭措康萨(ཕུན་ཚོགས་ཁང་གསར།)医治,当拜见七世班禅额尔德尼之后,马上心情愉悦,(病也痊愈)。此后,详细赐予其“共与不共之经论”，也接受仆人们的朝拜，同时也高兴地赐予“需要促进、奋发”的教言，这是他人很难获得关照。除了此无上之增上缘外，尚赐予无量的“一切时与相”，此当然是殊胜的心传弟子之一。

此后，其言道：“逝世后做净荐仪轨时，还要为随从们塑一像，留有念想。”请求塑一尊银的弥勒像，七世班禅额尔德尼马上答应。也向一些仆人交代道：“向森钦罗桑旦增班觉贝桑布赐予三套美丽的法衣，我马上会见他。”于是，在益噶颇章（ཡིད་དགའ་ཕོ་བྲང་།）寝宫的阳面，用法衣做成像鸟翼一样，说：“飞向东南方吧！”从殊胜佛中只能互相现前的行境，超越我们每个人的思维和言语境。此年的藏历廿九朵玛时，七世班禅额尔德尼向密宗院敬献由当今的绸缎做成的五套咒师衣服、21 颗宝石和 30 条背上飘带；向大佛殿的天花檐献上红绿色的霍尔彩绸做成的窗帘、门窗的防雨帘、薄绢的蛇索 8 对、鼓钹 4 对等。此年由于是受灾之年，七世班禅额尔德尼被迎请到会众中，赐予许多祈请者如意之意愿，并授予沙弥戒和比丘戒，还为祈请增修一类的人们赐予超越思维和宣说之境界。七世班禅额尔德尼赐予许多的灌顶传承、口诀、随许导引，每一天都引导无数的化机进入解脱和遍知一切之道，此业如同恒河之水长流不息。

谓之“装饰”（མཛེས་བྱེད།）即藏历水兔年（癸卯年，1843 年）二月初，七世班禅额尔德尼前往谢通门①沐浴时，绒措瓦（རོང་མཚོ་བ།）和谢卡部落（བཞད་ཁ་རུ་བ།）等地的庄稼被冰雹摧坏而没有任何收成，如此大约持续了七年之久。阿巴恰噶瓦（སྔགས་པ་ཆ་དཀར་བ།）向班禅额尔德尼询问道：“请问今后此地不再出现此种情况有何好的方法？您能

① 藏文音译。本意为“见后满意”或“一见则喜”，地名。汉文也有胁营、下唐门、雪通门之异写。该县地处西藏中南部、日喀则地区北部，雅鲁藏布江北岸，北与尼玛县、申扎县，南与拉孜县、萨迦县，东与南木林、日喀则市，西与昂仁县比邻。

有保护的措施就更好了。”此外，班禅额尔德尼从这一年起分别当面命令日喀则的天母和土地神。由于密咒师没有能力答应，因此从班禅额尔德尼下达命令之后，在这两个地方别说冰雹，连雷声都十分小，此雷声连人心都不会被骚扰，因为众人虔诚的信奉，请求向七世班禅额尔德尼敬献礼物。在卫藏各个地方如此事例数不胜数，还有向各地一些本尊和护法神敬献护身结、上等哈达；遇到危险时，抛洒青稞等，此时人人都不会失言，降下冰雹的天灾人祸再也没有发生过。一些人请求皈依七世班禅额尔德尼，包括获得教言和未获得教言之人，一半以上的人得到保佑。七世班禅额尔德尼也曾教诲道：“我未有保佑降下冰雹的地区，但各地的护法神们就要降临并承许和立誓（不会降下冰雹）。”当前往沐浴时出现此征兆，驻锡于西荣玛（ཤིག་རྫང་མ།）地方，对大部分同去沐浴者说：“此地的土地神们对我发怒，从沟头沟尾任何地方，许多手中拿着哈达和矛的白衣者依次出现，布满境域。随即土地神投掷朵玛，彼等即会依次消失。”说话结束的时候，西荣玛地方的人们说：“祈请今后每年庄稼还没有收获的时候，保护我们免受冰雹之灾，感恩！”七世班禅额尔德尼微笑允诺说：“哦，此地虽然会有先兆，但是现在会有好的预兆。”七世班禅额尔德尼反复说着，亲自前来立誓，并完成了所有事业。

在帕仲藓卡（ཕག་གྲོང་གཞིས་ཀ）与喀尔喀大喇嘛在寝宫进行私人会晤，（喀尔喀大喇嘛）请求七世班禅额尔德尼保佑哲布尊丹巴的转世灵童用金瓶掣签来找到，并问：“哲布尊丹巴的前辈们为何元寿未尽？”班禅额尔德尼告知需要卜卦后方可知晓。住夏时，班禅额尔德尼向会众赐予《长寿灌顶》，并传授了从经教传承的前言到密集的《根义成就库藏之钥》等。与护法神殿守护者们一起为大释迦牟尼佛举行隆重的供奉和酬补等仪轨。萨迦达钦

（ས་སྐྱ་བདག་ཆེན།）来到拉萨的时候，一同前来拜见七世班禅额尔德尼，非常喜悦，并进行了问候。东吉仁布切（གདུང་རྒྱུད་རིན་པོ་ཆེ།）说：在下经常患有风疾，无论哪位医生医治都无济于事。从去年怙主您赐予了药到现在病患完全消除了，像现在如此健康的身体归功于您的恩德，还要祈请您赏赐这样的药物。”此后，七世班禅额尔德尼又赐予他三包药品。萨迦杰尊玛（ས་སྐྱ་རྗེ་བཙུན་མ།）修完佛事之后，在寝宫的茶座上，七世班禅额尔德尼向她赐予秘密的教言和修习每月一次的佛事所用的钱财章朵（ཏམ་རྫོ།），赐予近侍们盛大地赏赐酬劳以及护身结。喇嘛噶钦擦卓（བླ་མ་དཀའ་ཆེན་ཚོགས་འགྲོ།）前来朝拜的时候，七世班禅额尔德尼问道：“行路平安，上师主仆没有经受苦难吧？”喇嘛噶钦擦卓拉回答说：“托怙主您的威力已经消除了苦难，而且强盗官泽巴强洛（ཇག་དཔོན་རྩེ་པའི་ཚ་ལོ།）曾经也请求我等摸顶。“我以您的名义劝诫多帮助来回旅行者，现在将来更不要伤害所有旅行者，让他们一路平安顺畅。这也是大怙主您的恩德”。七世班禅额尔德尼为喀尔喀四部的王公以及扎萨达喇嘛等大约两百位蒙古人进行了摸顶和问候。关于彼等之住处，贡觉林也为他们安置了蒙古包等，盛情款待。两次在寝宫私人会面上，很好地允诺了哲布尊丹巴的转世灵童用金瓶掣签认定和在香巴拉救护众生之请求。正如向护法秭妹的酬补、请托那样，很好地念诵了佛经。七世班禅额尔德尼还为四部落的全部师徒赐予丰盛的酬金。此后，七世班禅额尔德尼在为 200 余名蒙古人摸顶时，满足了他们每个人的愿望，并赐予他们日常念诵的所有佛经。七世班禅额尔德尼用蒙语对大家语说：“请你们记住此教诲，一切困难都会很好解决。”使他们得到了坚定的信念。七世班禅额尔德尼在赛诺云贡觉界（སན་ནོ་ཡོན་དཀོན་མཆོག་སྐྱབས།）之寺院新建有与色拉至尊者（སེ་ར་རྗེ་བཙུན་པ།）有关的文献之教法学院之际，从藏历虎年的冬季法会开始，七世班禅额尔德尼开始新著 101 个僧人收集的《文殊谢巴文集》，现在扎什伦布，设立“因明注疏学院”的时机还未到，等时机成熟时，嘉钦则巴喇嘛（རྒྱལ་ཆེན་རྩེ་པ་བླ་མ།）发展五大噶钦（དཀའ་ཆེན།）①，请卜卦看自己是否具有业缘。班禅额尔德尼对其言道：“如果于此地由本人设立的话，时机已经成熟。”并进行了良好的祝福。其次，四部落的人以私人的名义拜见了班禅额尔德尼，依次再三请求赐予“香巴拉之加持”。班禅额尔德尼慨然允诺。此后，十来个蒙古人身患重病，班禅额尔德尼给五个即将死亡的人赐予药物和衣食等一切所需的东西，他们全都从病中解脱，每个人都身心健康、高兴地返回家乡。班禅额尔德尼赏赐土谢公（ཐུ་ཤེལ་གུང་།）主仆等 500 余名蒙古人以及噶钦擦卓（དཀའ་ཆེན་ཚོགས་འགྲོ།）、荣巴活佛（རོང་པ་སྤྲུལ་སྐུ།）师徒等《长寿灌顶》《所缘度母悲心经》（དམིགས་བརྩེ་མ།）和《香巴拉祈愿经》等经文的传承。荣巴活佛将七世班禅额尔德尼迎请到会众之首，敬献有用百两黄金制成的净土大海之庄严以及五色绸缎做成的经幡等大量礼物，并再三祈福班禅额尔德尼长寿。班禅额尔德尼愉快地向其及所有的会众赐予了教诲以及《香巴拉祈愿经》等经文的传承。其次，喀尔喀四部将班禅额尔德尼迎请到会众之首，敬献礼品，并祈请佛法，七世班禅额尔德尼全部予以答应。班禅额尔德尼顺带向罗桑布吉拉木（བློ་བཟང་སྤྲུག་གི་ལྷ་མོ།）赐予善说佛经以及庄重之酬补和请托之宗教仪轨。在空余时间，班禅额尔德尼进行了秭妹护法、大法主、五身孜玛布（སྐུ་ལྔའི་ཙིའུ་དམར་པོ།）等的酬补和战神礼赞等仪轨，利益佛法和众生之事，护持一切弱小和离散者。

噶钦擦卓拉也将七世班禅额尔德尼迎请到会众之首座，敬献

① 后藏扎什伦布寺中精通格鲁派必修的五部佛典，经过辩论考试的格西。

礼物并祈请佛法，班禅额尔德尼回赐大量物品并进行祈祷。十二月，向大殿铁棒喇嘛、咒师、新参加法会者和18个吉久瓦（སྐྱི་སྐྱར་བ།）赐予教诲，这是每年的惯例。班禅额尔德尼向四部落的每个人和上师分别赐予了丰厚的告别礼品。荣巴活佛在念经时，于尊胜佛母寝宫为班禅额尔德尼敬献有曼陀罗、三所依等丰厚的礼物。为此，班禅赐予他们护持等祈祷，两次佛事的回赐也非常隆重。温寺巴金巴曲培（དབེན་དགོན་པ་སྦྱིན་པ་ཆོས་འཕེལ།）应试《胜乐根本续之传承》，班禅按照往昔的惯例赏赐礼品。六个蒙古人请求加持三皈依的比丘戒，班禅额尔德尼在所有仪轨上没有任何障碍地用蒙古语交谈并赏赐之，使大家皆愉悦满意。噶钦擦卓拉隆重地敬献在寝宫做佛事的礼物，请求祈祷，班禅愉悦地赐予之。两次佛事的回赐也非常隆重。班禅额尔德尼向康巴扎（ཁམས་པ་གྲྭ།）的部分头人和官员赐予《长寿灌顶》。新年献礼者在西藏地方政府内寝侍卫前，祈请七世班禅额尔德尼卜卦年成好坏、并祈愿十一世达赖喇嘛长寿，敬献有上乘哈达以及金铜制成的无量寿佛像；摄政诺门汗敬献有信函、玉制的盖碗、茶碗等礼品；两位驻藏大臣敬献有表示问候的哈达。复次，无数居士、沙弥和殊胜比丘等请求者川流不断，班禅允诺为彼等灌顶、传承佛法。班禅额尔德尼尚赐予弱小、患病者衣食和医药等，常勤劳于弘扬佛和解救众生之事。

谓之“愤怒”（ཁྲོ་མོ།）即藏历木龙年（甲辰年，1844年）新年之时，为了金瓶掣签选出哲布尊丹巴的转世灵童，按照大皇帝的旨命，七世班禅额尔德尼动身前往拉萨。四日，孜雪的联络员到达。这时，因为身体之孽障使疾病越来越重，故举行具有实效的盛大佛事活动，病情逐渐减轻。十四日，班禅额尔德尼向3000余名僧俗人士赐予摸顶，向新出家的18人授予沙弥戒。十七日凌晨寅时从这里动身，二月三日到达罗布林卡。九日驾临布达拉宫并举行金瓶掣签,师徒相见团聚一堂,互相弯腰行礼。十一世达赖喇嘛虽然年幼,但是知道师徒辈分,请求行礼,并祈请七世班禅额尔德尼先行入座,给予了极大的拥戴和崇敬。在大皇帝的唐卡画像前,师徒二人和驻藏大臣一起举行金瓶掣签仪式。在寝宫中,师徒二人一起说了许多互相愉悦的话。十一世达赖喇嘛言道:“请您在拉萨舒服地驻锡吧!请经常不断地往来于此地。”同时十一世达赖喇嘛庄重地请求七世班禅额尔德尼举行《长寿灌顶》和洗礼,正如所允诺的那样,班禅额尔德尼不断地前来,为其赐予《长寿灌顶》和洗礼。

从到达罗布林卡之后一直到十八日,每天都会面三、四次之多,每一次都是没有间断地为3000－4000名僧俗众人赐予摸顶和希求的佛法。七世班禅额尔德尼为十一世达赖喇嘛的父母二人等大约500名僧俗赐予《长寿灌顶》和《香巴拉祈愿经》等经文传承;为十一世达赖喇嘛传授“绰瓦美仔”(ཁྲོ་བོ་མེ་བརྩེགས།)洗礼之仪轨和殊胜礼赞的经文传承,当甘丹赤钦仁布切(དགའ་ལྡན་ཁྲི་ཆེན་རིན་པོ་ཆེ།)以及寺庙执事和主要的活佛们朝拜的时候,七世班禅额尔德尼说:“策默林的谷擦(སྐུ་ཚབ།)和强巴(བྱམས་པ།)二位转世活佛如果立下誓言的话,将会很好。”当得到命令后彼等二人马上立有供赞和誓言,大家感到非常高兴。此后,七世班禅额尔德尼赐予强巴仁布切上乘哈达,向谷擦活佛赐予大哈达,又赐予二人护身结等礼物。其次,七世班禅额尔德尼又向十一世达赖喇嘛赐予洗礼仪轨和《皈依经文》之传承。止贡唐巴(འབྲི་གུང་ཐང་པ།)的转世活佛向七世班禅额尔德尼请求《绿度母修法仪轨经文》之传承,班禅向大约100余位祈请者传授了经文。

三月一日,七世班禅额尔德尼为十一世达赖喇嘛身前的所有侍从赐予《长寿灌顶》,十一世达赖喇嘛等人向七世班禅额尔德尼敬献丰厚的礼品,七世班禅额尔德尼也向十一世达赖喇嘛奉献了一尊“无量寿佛像”，并进行了长寿的祈祷。十一世达赖喇嘛表示感谢，向七世班禅额尔德尼敬献了哈达，并请求道：“请多来布达拉宫。”七世班禅额尔德尼回答道：“不仅会多次前来相见，还会马上为十一世达赖喇嘛传授百遍《长寿灌顶》。”师徒二人接二连三地互相问候并进行了愉快的谈话。七世班禅额尔德尼被邀请到贡萨寺，抵达之后即向至尊之母赐予百遍《长寿灌顶》。应十一世达赖喇嘛的邀请，十三日前往布达拉宫，师徒二人会面。往年已经修复好坛城之顶，因此十四日西藏地方政府将七世班禅额尔德尼迎请到南杰札仓（རྣམ་རྒྱལ་གྲྭ་ཚང་།），与该札仓的 80 名僧人以及此札仓的 20 位护法神殿的僧人等共计 100 位善于诵经者组成的会众中，七世班禅额尔德尼开始作“吉祥大怖畏金刚法”，而后进行了圆满的开光仪式，并奉献丰盛的功德。其次，向上下所有的人进行了摸顶并赐予了哈达等。在开光仪式上，七世班禅额尔德尼用眼看的方式和身体的姿态，能显现出一种特殊之迹像，但班禅额尔德尼一直隐瞒，未做解释。此前每天的天气都很差，一到午时天气阴沉，太阳被笼罩，飓风极大，持续刮来。而这一天天空晴朗，彩云善布，连一点微风都没有，征兆极好，所有人都认为见法出现了。摄政诺门汗也在吉祥的征兆中高兴地献上呈请。第二天，敬献千供等礼物并朝拜了圣物，同时向主尊佛敬献五色的哈达，向释迦牟尼佛敬献五色丝带系着的银质曼陀罗以及丰盛的供品，向其他佛像也敬献了哈达等，并进行了庄重地祈祷，使佛法兴盛、众生喜乐等。

九日，七世班禅额尔德尼向十一世达赖喇嘛赐予了百遍《长寿灌顶》以及无量寿佛的加持像和上乘哈达等，并献上问候：“今天是我的生日，在这个好日子，能够敬献《长寿灌顶》是好的缘起，因此您要长久住世。”十一世达赖喇嘛也非常欢喜和谦恭，并献上丰盛的供品。七世班禅额尔德尼向南杰札仓的 1200 名僧人传授了“加行之佛经”以及《长寿灌顶》,并为强巴仁布切罗桑丹巴坚赞(བྱམས་པ་རིན་པོ་ཆེ་བློ་བཟང་བསྟན་པའི་རྒྱལ་མཚན།)和大仲译苏巴乃萨巴(དྲུང་ཡིག་ཆེན་མོ་ཟུར་པ་གནས་གསར་པ།)等三位修行者授予具足比丘戒。哈尔钦(ཧར་ཆེན།)前来告别,七世班禅额尔德尼虔诚地向哈尔钦和强巴仁布切、功德林活佛、洛森巴仁布切(ལོ་སེམས་དཔའ་རིན་པོ་ཆེ།)等僧俗共约800人授予“十一面大悲观世音菩萨之与清净实修”相关的加行灌顶,向摄政活佛赐予百遍《长寿灌顶》,向南杰札仓的所有僧人赐予“时轮会供曼陀罗”的同时也传授了《祈愿经》等传承。四月三日上午的早会还未结束,师徒二人即金颜相聚于布达拉宫,七世班禅额尔德尼为桑珠颇章的台吉(བསམ་གྲུབ་ཕོ་བྲང་གི་ཐའི་ཇི།)和甘丹赤钦仁布切等600多位僧俗众人赐予《长寿灌顶》。七日,七世班禅额尔德尼动身前往拉萨护持,向释迦牟尼佛像敬献有五千供等,并如之前一样敬献了曼陀罗,向5尊自然形成的佛像以及宗喀巴大师像敬献了五彩绸缎和上乘哈达,尚为其他的人们讲授了格鲁派的佛法,并祈请饶益众生。十日,七世班禅额尔德尼向十一世达赖喇嘛传授百遍《长寿灌顶》,晚茶未结束时,师徒二人又金颜相聚。七世班禅额尔德尼向噶伦协扎巴(བཀའ་བློན་བཤད་སྒྲ་པ།)主仆等僧俗约200人赐予《长寿灌顶》。按照尊姆蔡巴(བཙུན་མོ་ཚལ་པ།)等所祈请的那样,为她赐予了“拉木之牛头地方神”加持之教诲,并进行了实修。十二日,在梅朵吉采(མེ་ཏོག་སྐྱིད་ཚལ།)园与新任驻藏大臣中堂会见的时候,起初依靠佛像的威严和天神的问候护持等,随即使(新任驻藏大臣中堂)不由自主地生起崇敬之信力。驻藏大臣言道:“十一世达赖喇嘛年幼,依靠托付的人除了班禅额尔德尼您之外别无他人,因此无论当前还是以后,都要好好的教诲与护持。”班禅额尔德尼回答道:“尽管我没有那样大的功德,但我会尽我所能帮助你。”

十六日,师徒二人金颜相聚,此后接着前去朝拜怙主第八世达赖喇嘛·绛白嘉措的灵塔，并对怙主之脚印磕了许多长头，同时敬献有一尊用33两黄金制成、周围用珊瑚雕饰、美丽庄严的曼陀罗。在次觉林（ཚེ་མཆོག་གླིང་།）的私人会见仪式上，七世班禅额尔德尼祈请次觉林经师的转世灵通早日找到，同时按照所请求的那样赐予卜卦。七世班禅额尔德尼向拉章的管家和家仆等约300人传授了《度母》《妙绘女》和《六字真言》等经典传承。七世班禅额尔德尼会见中堂大人之时，赐予了诸多礼物。十三日，在为十一世达赖喇嘛传授“绰瓦美仔”洗礼之仪轨时，十一世达赖喇嘛呈请道：“平日反复念诵的长寿三尊陀罗尼经，如何念诵才能收到最好的效果。”七世班禅额尔德尼回答道：“上午念诵《兜率百佛赞》以及相关的《所缘度母悲心经》的话，乃大妙吉也。现在由于十一世达赖喇嘛年幼，如果讲授长段的经文，将导致身体劳累，每天只修习一座间即可。尤其是乃琼护法与众不同，每天晚上需要供养食子（གཏོར་མ།），一天不供则法力消失，确实需要供那样的食子。”二十七日，师徒二人相聚一堂，七世班禅额尔德尼接受敬献馈赆（临别礼物）包括三所依曼陀罗、马蹄汉银锭，6包上等砖茶。此外其余物品都没有接受。说：“地方政府也有很多开销需要支付”。十一世达赖喇嘛再一次派遣基巧堪布（སྐྱིད་ཁྱབ་མཁན་པོ།）前来为七世班禅额尔德尼敬献礼物。（基巧堪布）做完庄重的报告之后，敬献礼物。此后，师徒二人彼此相互敬献了礼物等，并通过交换哈达，祈祷莲足常固。此时，每天赐予一场包含5次的摸顶，而且全部完成感到疲劳的时候，为请求赠礼的贵族们赐以茶座，引起身体不适。因此按照请求，中堂大人的会见推迟了几天。后来（中堂大人）专门前来拜访和问候：“贵体如何？我那时的身体也不太好，要感谢七世班禅额尔德尼此时赐予的药物。”

五月四日，七世班禅额尔德尼动身返回后藏，班禅额尔德尼在桑顶新塑造了二人高的莲花生大师像以及高如楼房的尊胜佛塔，并进行朝拜和庄重祈祷。在此居住5天，期间对新旧圣物都进行了瞻仰。尊者多吉帕姆活佛每天都对班禅额尔德尼及其随从进行盛大的供养，对于从赶骡者到私仆等一切人也赐予非常丰富的礼品。天落甘霖，该地的所有百姓生起虔诚的敬信之心。在绛钦（བྱམས་ཆེན།）驻锡的时候，该地雨水稀有，七世班禅额尔德尼身前的人们请求降雨，于是那天晚上雨水自降。特别是驻锡伦热（ལྷུན་རབ།）之时，一到那里就下起了大雨，人们尽情地享受下雨的吉祥幸福时光。在伦热居住的七天时间里，恰佐南杰曲培（ཕྱག་མཛོད་རྣམ་རྒྱལ་ཆོས་འཕེལ།）对师徒们殷勤侍奉，献礼丰厚，敬献的衣服与身体相一致。七世班禅额尔德尼驾临噶拉（དགའ་རབ།），就在护法神殿做佛事，供献丰富的神饮。驻锡两天期间，龙本（ཀླུ་དཔོན།）进行盛情款待。七世班禅额尔德尼为所有的会众赐予《无垢智悲》经文之传承。在托谿（ཐོབ་གཞིས།）驻锡的两天时间中，向利新哈拉（ལི་ཤིན་ཏ་ར།）进行了盛大的酬补、请托之宗教仪轨。二十八日，前往扎什伦布寺登上金刚宝座。

热振赤钦（ར་སྒྲེང་ཁྲི་ཆེན།）敬献了丰厚的礼品，赤钦非常认真地祈请七世班禅额尔德尼进行供奉“尊胜佛母”的佛事活动，班禅额尔德尼非常高兴地允诺，班禅为两次大法会的会众，赐予从剩余的经文到《密集文殊金刚的灌顶》之传承。中堂大人专门派遣翻译前来告知：“按照大皇帝的圣旨，请快速前往拉萨。”七世班禅额尔德尼对联络人粮台长官白伦（སྣེ་ཤན་ཐོགས་དཔོན་དཔལ་ལྷུན།）等人赐予了丰盛的赏赐。二十九日，七世班禅额尔德尼动身启程，在江孜（译者注：县名，藏语译音，意为胜利顶峰或法王府顶，位于西藏自治区南部，日喀则地区东部。北接日喀则市、仁布县，东邻浪卡子县，南连康马县，西与白朗县接壤。相传500多年前，当地首领曲杰绕登滚桑巴在山上建一名为“杰卡尔孜”的宫殿，经长期演变为“江孜”。五世达赖喇嘛建立甘丹颇章地方政权后设宗，清嘉庆二十四年（1819年）时，宗本为五品官员担任，为西藏10个主要宗之一，隶属前藏噶厦地方政府管辖。1959年7月31日，江孜县成立，划归江孜专区行政公署管辖。1964 年 5 月，江孜、日喀则两专区合并为日喀则专区，江孜县隶属日喀则地区至今，县府驻江孜。文物古迹有江孜城中央的宗山抗英炮台，保存了 1904 年藏族人民与英入侵者浴血奋战的遗址。有建于 14 世纪 70 年代的白居寺，寺内有罗汉、壁画、佛像、唐卡画，堪称西藏艺术珍品。在白居寺的右侧有著名的十万佛塔，塔高 9 层，高达 30 多米，77 间佛殿内藏有佛像 10 万尊之多。）身体稍有不适，按照身前的人们的请求，卧床七日，身体略有好转，因此大家非常高兴。此时联络人粮台长官白伦感受到现在的大怙主相好的清净时轮，缘分极善，心情变得安宁。多吉帕姆活佛献上一碗牛奶，七世班禅额尔德尼饮完后从头顶听到微声，一切厉鬼和病魔全部驱除。中堂大人也驾临丹帕林卡（དན་འབག་སྒིང་ཁ།），二人相聚甚久后，七世班禅额尔德尼来到罗布林卡格桑颇章，此时因策默林诺门汗摄政期间，扎萨克等人办事不力，受到大皇帝的问责，摄政依照大皇帝的旨意，将印章交给七世班禅额尔德尼。中堂大人将诸位噶伦、基巧堪布（སྤྱི་ཁྱབ་མཁན་པོ།）、大仲译（དྲུང་ཡིག་ཆེན་མོ།）等官员集中起来，在安排未来计划的基础上，对诸位官员进行了发展规划的指示。复次，《天神松赞干布的传记》授记的那样，七世班禅额尔德尼从八月六日起负责理政。十日，在布达拉宫大殿念修与清朝大皇帝的生日相一致的佛事，在 300 名僧侣的法会上，赐予每人一个章朵（ཊམ་རྡོ།）和一条哈达的酬金。十二日，师徒二人在布达拉宫会面。七世班禅额尔德尼言道："弱小者我之教证功德非常低下，年老体弱，政教二者的管理甚为困难，但不敢违抗大皇帝之命令，因此在数月要勤勉地工作后及时返回后藏。关于事物等方面的事情，按照大皇帝的旨意去办，并保佑我心想事成等呈清和礼品敬献后，"像师徒二人一起用膳和喝晚茶。

十六日，七世班禅额尔德尼赐予十一世达赖喇嘛传授"绰瓦美仔"洗礼之仪轨，然后前往罗布林卡。总的来说，这年七世班禅额尔德尼先后向热振活佛和强巴仁布切罗桑丹巴坚赞强巴贝（བྱམས་པ་

རིན་པོ་ཆེ་བློ་བཟང་བསྟན་པ་རྒྱལ་མཚན་བྱམས་པའི་དཔལ།）等 893 位具足比丘赐予物品，仿佛打开了善趣和解脱精舍之门。西藏地方政府各机构如之前一样呈报了计划，七世班禅额尔德尼要赐予批复以及签署了护照和文件等，加盖印玺之时，也标记有一个誓言之符号。

二十四日，师徒二人于布达拉宫会面，七世班禅额尔德尼赐予十一世达赖喇嘛一些稀有的后藏特产和《白胜乐之随许》等，十一世达赖喇嘛也敬献有大量的酬金和礼物，请班禅额尔德尼笑纳。在此居住期间，七世班禅额尔德尼也向十一世达赖喇嘛传授“绰瓦美仔”洗礼之仪轨。此后，七世班禅额尔德尼动身前往堆龙（སྟོད་ལུང།）洗温泉。此后不久，于十二日返回罗布林卡。冬季七世班禅额尔德尼以丹杰林寺的经院为驻锡之地，二十三日动身前往该地。次日前往布达拉宫，师徒二人会面，此后前往丹吉林经院。班禅额尔德尼向果洛本桑珠（མགོ་ལོག་དཔོན་བསམ་གྲུབ།）及其 600 僧俗众人赐予了《长寿灌顶》。

十一月二日，土托尔扈特王（ཐོར་ཧོད་རྒྱལ་པོ།）和后妃等向七世班禅额尔德尼敬献大量的金银等物品，并请求朝拜。七世班禅额尔德尼为彼等赐予茶座和问候，彼等并向摄政之缘敬献有曼陀罗三所依、5 两金子和马蹄汉银锭。所有礼品清点后交与恰佐（ཕྱག་མཛོད།），七世班禅额尔德尼任摄政期间的全部收入由卓尼罗桑次成（མགྲོན་གཉེར་བློ་བཟང་ཚུལ་ཁྲིམས།）不间断地登记造册，就是一条哈达也会登记在册。果洛本次旦（མགོ་ལོག་དཔོན་ཚེ་བརྟན།）前来朝拜，七世班禅额尔德尼赐予他及 300 余人《长寿灌顶》。此后，七世班禅额尔德尼为托尔扈特王和王妃等赐予茶座及问候，又为王和后妃等赐予百遍《长寿灌顶》，尚为约 40 名仆人赐予一遍《长寿灌顶》。君王也祈请经忏，同时也进行了祈愿。七世班禅额尔德尼赐予《罗桑佛子祈请》和《香巴拉祈愿经》之传承。托尔扈特王和王妃等生起皈依之心，七世班禅额尔德尼赐予《礼赞经》。托尔扈特王一行又敬献了大量礼物，并祈请经忏，七世班禅额尔德尼皆予以答应。普觉(ཕུར་ལྕོག)活佛获得名号，七世班禅额尔德尼考试近侍贝旦献上嘉礼，当普觉活佛来到至尊七世班禅额尔德尼身前拜见时，赐予茶座并为获得名号大加赞赏，非常吉祥，嘱咐还需要授予“拉然巴”等称号，并赐予了许多佛教秘密的口诀。

此时，按照大皇帝的圣旨，查封了策默林(ཚེ་སྨོན་གླིང་)的上下二院。二十九日，色拉寺麦札仓(སྨད་གྲྭ་ཚང་)的僧众向噶伦抗议。诺门汗也抓捕了色拉寺的僧人，采取了极其严厉的措施。十二月一日上午，中堂大人专门前来拜访，十分生气地说道：“皇帝的属民不遵守皇帝的圣旨，像如此主观行事的话，与佛法和王法二者不相符合，我将调动诸天兵(即清朝的大军)摧毁色拉麦札仓。班禅额尔德尼需要收受驻藏大臣之印章。”七世班禅额尔德尼心里无法忍受，马上召集基巧堪布等诸重要官员以及甘丹寺、色拉寺、哲蚌寺等三大寺的负责人等，并对彼等言道：“利用最佳的办法，不可使天兵进藏，要认真服从中堂大人庄重的指令。才能使时局得到安宁，此乃为我之唯一的办法。”此后，七世班禅额尔德尼向康索(ཁམས་སོག)等地的100余人赐予《香巴拉祈愿经》之传承。此外，向各处聚集的人们传授以沙弥和比丘戒律以及灌顶加持、随许、《长寿灌顶》和朝拜等宗教仪式，特别是向十一世达赖喇嘛传授许多“次第口诀法”。为了众生的利益，依次还向一些寺院布施供养，像此类事情是说不完的。

谓之“多宝”(སྣ་ཚོགས་དབྱིག)即藏历木阴蛇年(乙巳年，1845年)的元月一日，噶伦等西藏地方政府的贵族和热振活佛等部分活佛、托尔扈特王等蒙古族以及自己所属的官员等300多名僧俗众人，连同主仆共计大约500人在佛寺大殿举行盛大的集会，完全是按照自己的教规进行的。此前的二十九日在布达拉宫师徒二人共同用餐，一起观看“廿九朵玛”的法舞。元月一日凌晨，师徒二人一起抛洒“元旦食子”。上午就坐接受朝拜等仪式。二日举行盛大的宴会。三日的早上，在寝宫的吉祥天姆像前举行盛大的祭奠，并进行了庄重的酬补仪轨。此后按照例规，清朝大皇帝、师徒二人、甘丹颇章以及佛教管理总部等所管辖的五品以上的官员皆要聚集在一起，参加茶宴和膳食等盛大的聚会。托尔扈特王（ཐོར་ཧོད་རྒྱལ་པོ།）向七世班禅额尔德尼敬献有大批礼物；七世班禅额尔德尼如往年一样传授了以“尊胜佛母”为依托的经忏活动，并赐予良好的承诺。十日，七世班禅额尔德尼来到大祈愿法会上，举行礼佛和饶益众生等活动。普布觉活佛许下“拉然巴”的誓言时，七世班禅额尔德尼从围廊的天花檐处进行了长久的观看和思考。十五日，七世班禅额尔德尼在讲法院的法座上向僧众（འདུས་ཚོགས་རིན་པོ་ཆེ།）传授了《菩提道次第》的念诵经文和回向文等。此后，七世班禅额尔德尼前往朝佛，在吉祥天女佛像前举行会供以及切实有效的酬补仪轨。班禅还向300余名的僧俗众人赐予《香巴拉祈愿经》之传承。

二十日，七世班禅额尔德尼敬献有曼陀罗，此后坐在法座上修习了《如意佛母》《消除路途之障碍》等教法。在两次饮茶期间，依次对从斋戒师徒到波字赞①定例等僧人赏赐有被视为对总管们功劳的赏赐品——长衣和皮袍等礼物。二十三日，七世班禅额尔德尼再次前往朝佛，如前一样举行“吉祥天母”之盛大供奉。二十七日，七世班禅额尔德尼驻锡罗布林卡，主持修缮怙主绛贝嘉措（སྐྱབས་མགོན་འཇམ་དཔལ་རྒྱ་མཚོ།）中心佛殿、如意乐园和水池顶檐之壁画等，并十分高兴地言道：“修缮我根本上师的寝宫，缘分极善。”功德

① 一种诗歌体例，长短不定，每句均以波字收尾的赞歌。

林的大经师前来接受摸顶，七世班禅额尔德尼为其赐予茶和米饭并进行问候，商议如何教导十一世达赖喇嘛等有关问题。七世班禅额尔德尼为5个男女信徒剃度出家并取法名。喀尔喀的司膳及侍卫前来敬献有大量的礼物并行见面之礼，七世班禅额尔德尼赐予茶座及问候，并为其向拉木地方神牛头附身祈愿，尚为其向拉木护法神卜卦求神且托管之。

六日，十一世达赖喇嘛专门派遣总管堪布前来迎请，七世班禅额尔德尼应邀前往布达拉宫，师徒二人会面时，敬献佛衣及佛身赞。十一世达赖喇嘛请求传授有关“洗礼”“禳解诅咒”及“一勇识大威德的大灌顶”等仪轨，七世班禅额尔德尼按照其祈请，马上进行一整天的如愿传授。按照惯例在怙主绛贝嘉措的金塔前敬献千供，师徒二人一起长时间交谈并用膳食等。应止贡唐巴（འབྲི་གུང་ཐང་པ།）活佛之请求，七世班禅额尔德尼为100余名僧俗群众授予“绿度母之加持”。辞别之时，人们请求世世代代传承不绝的保佑。七世班禅额尔德尼赐予怙主罗桑班丹益西（སྐྱབས་དགོན་བློ་བཟང་དཔལ་ལྡན་ཡེ་ཤེས།）年轻时经常戴的长缨僧帽、持寿佛母以及加持之佛结。托尔扈特王如前一样敬献有大量礼品等，并传授了以“尊胜佛母”为依托的经忏活动。托尔扈特王祈请道：“佛母因身疾，死生如何，别无皈依处，故请慈悲为怀。”七世班禅额尔德尼允诺了其祈请保佑之请求。七世班禅额尔德尼还向王公贵族等每个人都赐予摸顶及金刚结。七世班禅额尔德尼向以托尔扈特人为主的60余名僧俗人员传授了《香巴拉祈愿经》之传承。

二十八日，诸位噶伦、总管堪布、四位大仲译参加会供等宗教活动，对许多祈请者进行了种种答复。特别是有关十一世达赖喇嘛父亲的庄园方面的问题，噶伦们在做汇报时说：“其父之庄园面积太大，过分无度，如若十一世达赖喇嘛出现心灰意冷之情况，则不太好。因此,我们一定要向中堂大人禀报。”此后,师徒二人共同给两位知事僧下达命令,要求务必严加整顿此会供。此后,师徒二人多次共同用餐。七世班禅额尔德尼向包括两位托尔扈特领诵师在内的约 80 名僧俗人员传授了《所缘度母悲心经》《摩尼白度母的陀罗尼咒》及《香巴拉祈愿经》等经籍。

三月一日,中堂大人前往后藏日喀则等地巡视,前来拜见七世班禅额尔德尼,相聚时间非常短暂。在修缮哲蚌寺措钦大殿的会议上,七世班禅额尔德尼奉献有 50 两银子,3 袋茶叶(每袋 6 包)、3 包酥油以及大缎子等物。还向十一世达赖喇嘛传授有关“依大威德之洗礼”“禳解诅咒”及“一勇识大威德之加持”等仪轨。十一世达赖喇嘛也敬献有曼陀罗三所依、50 两白银和绸缎以及金丝针织缎的佛像,并言道:“请常受用吧,多谢了!”

十五日,拉木大护法亲自前来迎请,在隆重的祭神法会上,七世班禅额尔德尼为众生传法和求神。以前中堂大人前来巡视时,关照百姓的生活,无人能比。对于马驮和乌拉[①]所需之类还会支付报酬。一般要求快速前行,不能超过 21 天,为了让有困难的轿夫等很好地抬轿,还要赏赐彼等马蹄银锭等,并赏赐一般的仆人一章朵的藏币。因此,七世班禅额尔德尼要向中堂大人献上一条表达谢意的哈达,向翻译阿迦(སྤུང་སི་ཨ་སྐྱ)回复赐予接见、摸顶和金刚结;向廓须巴刘秀(ཁོ་ཤོད་པའི་ལིའུ་ཤོག)等 10 人赐予《香巴拉祈愿经》之传承。二十九日,功德林的阿駿黎大经师等举行“大禳解”之宗教活动,此时其身体稍微出现昏沉之状况,七世班禅额尔德尼马上请色

① 藏语音译,又译“乌拉差役”,意为负担。“乌拉”源出于突厥语,亦见于蒙古语、满语。指差户用人力或畜力为地方政府支应的一种劳役,主要是指长短途运输。县境以外的运输差役叫长差,县境以内的运输差役叫短差,如催粮、催差、送信等。还有一种不定期、不定地方的差役,叫班期差,随叫随到,如汤役、打役、支人差等,主要为过往的地方政府官兵烧汤、背水、喂马。以上几种乌拉差役一般是无偿的。

拉寺、哲蚌寺和上下密院等举行了许多经忏佛事活动，故使其身体逐渐好转。霍尔康萨（ཧོར་ཁང་གསར།）夫人等以私人名义前来拜见，七世班禅额尔德尼赐予他们茶座、问候和金刚结。尚为托尔扈特王公以及主仆们赏赐辞别礼物，并允诺保佑他们旅途平安等；同时还为拉木法王的侄子等二位信徒授予沙弥戒。

六日，十一世达赖喇嘛请求外出，七世班禅额尔德尼进行了盛大的宴会招待。九日，至尊妈妈（རྗེ་བཙུན་མ་མ།）将彼等迎请至贡萨（དགོན་གསར།），七世班禅额尔德尼向在整个日追（山间静修寺，རི་ཁྲོད།）法会念诵有“与供奉相关的空行依止”佛经。七世班禅额尔德尼于罗布林卡（ནོར་བུ་གླིང་ཁ།）为宇妥（གཡུ་ཐོག）官员和随从以及僧俗 200 多人授予《长寿灌顶》。二十四日，中堂大人前往拜见了七世班禅额尔德尼，并向其宣读了清宣宗道光皇帝的谕旨：“班禅额尔德尼不仅勤于后藏的事业，且长期驻守于拉萨。如此则会使后藏的僧俗众人百感不悦，现今要将摄政之印移交给热振阿其图诺门汗（ར་སྒྲེང་ཨ་ཆི་ཐུ་ནོ་མིན་ཧན།），应返回后藏。”二十六日，七世班禅额尔德尼师徒等人于布达拉宫将“摄政之印”移交给热振阿其图诺门汗。七世班禅额尔德尼在任职摄政期间，按照传统惯例办事，未出现丝毫差错，一如既往地朝拜恩德无比的怙主八世达赖喇嘛·绛白嘉措灵塔。十一世达赖喇嘛向七世班禅额尔德尼敬献哈达等礼品，七世班禅额尔德尼在未动身前往后藏之前，对十一世达赖喇嘛再三叮嘱道：“要供奉噶塔（འགར་ཐར།）地方神，对班禅额尔德尼的经文传承要继续勤奋修习，要协助新堪布迭部①活佛。”不仅对十一世达赖喇嘛进行了谆谆教诲，而且亦为 20 余位活佛传授了经文。十三日，七世班禅额尔德尼动身前往后藏之时，照旧为寺院参加集会的僧人进

① 地方名，位于甘肃省甘南藏族自治州南部，东邻舟曲，北靠卓尼，东北与岷县、宕昌接壤，西南分别同四川若尔盖、南坪县毗邻。

行了《长寿灌顶》,并传授了剩余的经文《金刚经中的四十五佛赞颂》,并授予胜乐六转轮和白护法神之加持,尚为札萨活佛授予百遍《长寿灌顶》。热振诺门汗为前来做经忏佛事和敬献礼品的卓尼(མགྲོན་གཉེར།)进行茶宴招待,卓尼主张此经忏佛事要在十一世达赖喇嘛寝宫进行,故请求指示。十六日,按照(十一世达赖喇嘛)的指示,此日一定要赠送大量礼品,并告知热振诺门汗,为卓尼及其仆从赠送了丰盛的礼品。十九日,七世班禅额尔德尼为大噶伦协札(བཀའི་བློན་ཆེན་བཞད་སྒྲ།)及其仆从进行了《长寿灌顶》,其来去之时,七世班禅额尔德尼皆赐予了茶宴和大量礼物。二十二日,杰仲贝丹西饶敬献有《诗歌集》以及坛城三所依,回赐的礼品有哈达、上衣和各种披单等。由于珞沃杰摩(གློ་བོ་རྒྱལ་མོ།)长久未有前来拜见,故特派遣边境小王前往迎接。二十五日,对少数前来拜见者赐予大量物品,也对私人拜见者赐予丰盛的礼品。以前,因七世班禅额尔德尼贵体略有不适,故不断增派了许多侍从。此时也未痊愈,因此于法会中增加布施10次僧茶等经忏佛事活动,并赐予了许多所需物资。

九月七日,七世班禅额尔德尼动身前往天鹅湖进行神水沐浴,扎什伦布寺僧人们整日念诵《金刚三昧耶经》,内管家为七世班禅额尔德尼及徒众设的盛宴。法王噶玛巴[①]前来拜见,七世班禅额尔德尼及徒众对他的到来予以盛情的款待。此日,因前来朝拜七世班禅额尔德尼的僧俗群众极多,故下达了“明天只短暂接受朝拜”的命令。二十一日凌晨,向红孜护法神称颂时,不仅迎请七世班禅

① 此位噶玛巴是十四世噶玛巴德丘多吉(1797-1868)。其出生于康区之赛摩岗地方,父亲名为贡布拉达尔,母亲名为索南拉木。出生不久之后,由司徒活佛白玛尼切正式认定了德丘多吉为第十四世噶玛巴,并且授予其沙弥戒。公元1842年,清朝道光皇帝遣使臣携诏书、礼品前往楚布寺,敕封德丘多吉为:“统驭诸方佛业之文殊大皇帝敕如来大宝法王西天自在佛吉祥噶玛巴十四世妙乘金刚”。

额尔德尼参加法会，而且于其寝宫中设茶宴进行盛情款待，协聂巴旺堆（བཞད་གཉེར་པ་དབང་འདུས།）整日进行了热情地侍奉。东噶庄园（གདོང་དཀར་གཞིས་ཀ）对七世班禅额尔德尼进行了3天的盛情款待，应三界佛母（སྲིད་གསུམ་བདག་མོ།）念经酬补之请，七世班禅额尔德尼及僧众很好地念诵了佛经，并接受了颇多酬金。帕充庄园（ཕག་གྲོང་གཞིས་ཀ）也对七世班禅额尔德尼进行了3天的盛情款待，请求七世班禅额尔德尼进行战神之供奉，并为七世班禅额尔德尼及其所有人敬献了丰盛的酬金。十一月十六日，七世班禅额尔德尼于寺院中进行经忏佛事活动，也为法王噶玛巴及其随从进行了灌顶。十八日，法王噶玛巴为供奉尊胜佛母的宗教活动捐献了大量财物，并为念诵佛经的每位僧人发放一章喀藏银，并为身前的僧人发放了布施。此后，七世班禅额尔德尼为法王噶玛巴及其随从进行了《长寿灌顶》以及胜乐白护法之随许。法王噶玛巴离开时，七世班禅额尔德尼赐予了护身结、灵物、哈达、金铜合金佛像、坎肩、氆氇等大量礼品。七世班禅额尔德尼为3位青海人及其200名僧俗群众授予《长寿灌顶》以及《转趋英勇入阵》之经忏仪轨，并为哲蚌寺哈尔东康村（འབྲས་སྤུངས་ཧར་གདོང་ཁམས་ཚན།）之喇嘛索南坚赞传授了《兜率百佛赞》和《香巴拉祈愿经》之加持等。十九日，七世班禅额尔德尼于屯林（ཐོས་གླིང་།）前面为坚龙巴噶钦益西扎西（གཅེན་ལུང་པ་དཀའ་ཆེན་ཡེ་ཤེས་བཀྲ་ཤིས།）进行灌顶，并要求能够默记经文的僧人有所发展并进入讲经学院。二十五日，七世班禅额尔德尼抵达聚会的部众中，授予“吉祥长净”①之仪轨。七世班禅额尔德尼于此年中先后总计为510名僧人授予近圆比丘戒，也为许多人授予居士戒、中间出家戒以及沙弥戒等，开启了善趣和解脱之道。

①　在家徒众受行斋戒，住净戒中，长善净恶的一种宗教仪轨。

谓之“制服”（ཟིལ་གནོན།）即藏历火阳马年（丙午年，1846 年）的正月二日，汉地法官以私人名义前来拜见，并请求七世班禅额尔德尼赐予吉缘、安乐转趋以及法名，七世班禅额尔德尼为其命名为“罗桑群培”（བློ་བཟང་ཆོས་འཕེལ།）。清朝皇帝以前赐予七世班禅额尔德尼金册的藏文译本由孜雪（རྩེ་ཤོད།）、丹杰林（བསྟན་རྒྱས་གླིང་།）、功德林（ཀུན་བདེ་གླིང་།）以及噶伦敬献，堪布降央丹巴（མཁན་པོ་འཇམ་དབྱངས་བསྟན་པ།）收讫。五日，在盛大的宴会后，拉章（བླ་བྲང་།）[①]和勒参巴（ལས་ཚན་པ།）以上的官员[②]向七世班禅额尔德尼敬献了礼物。七日，德琼巴益西那杰（སྡེ་ཆུང་པ་ཡེ་ཤེས་རྣམ་རྒྱལ།）迎请七世班禅额尔德尼到法会之首，向七世班禅额尔德尼祈请，并敬献有大量礼品以及发放两次布施品和一个法轮。十一世达赖喇嘛向七世班禅额尔德尼献有礼品，并在盛大的宴会上向七世班禅额尔德尼祈请。七世班禅额尔德尼如同以前惯例，派遣堪布携带回信前往。哲布尊丹巴为了防止天花病，请求七世班禅额尔德尼至列谢曲林。此外，请求七世班禅额尔德尼前去为十一世达赖喇嘛授沙弥戒，七世班禅额尔德尼于二月十九日动身前往拉萨。三月十一日，师徒二人于布达拉宫相聚良久。七世班禅额尔德尼为十一世达赖喇嘛进行了各种佛母之加持，同时也为噶伦谢查瓦旺秋杰波（བཀའ་བློན་བཤད་སྒྲ་བ་དབང་ཕྱུག་རྒྱལ་པོ།）授予《长寿灌顶》以及为盖仓喇嘛那追（སྐྱིད་ཚང་བླ་མ་རྣམ་གྲོལ།）之转世活佛授予沙弥律仪；乃琼护法向七世班禅额尔德尼敬献一些密集经典；七世班禅额尔德尼为赤钦阿热德瓦（ཁྲི་ཆེན་ཨ་ཏྲ་དེ་ཝ།）之转世活佛、贡萨孜喇嘛（དགོན་གསར་རྩེའི་བླ་མ།）之转世活佛授予皈依、居士、沙弥等戒律。热振诺门汗与七世班禅额尔德尼进行了亲密而无拘束地长久交谈。此后，七世班禅额尔德尼为赤钦降秋群培（ཁྲི་ཆེན་བྱང་ཆུབ་ཆོས་

① 此处指的是扎什伦布寺的拉章。

② 原西藏地方政府的五品僧俗官职名。

འཕེལ།)、阿热德瓦(ཨ་རྡོ་དེ་ཝ།)、降贝楚臣(འཇམ་དཔལ་ཚུལ་ཁྲིམས།)3位活佛之转世以及噶伦谢查瓦、孜本贝伦(རྩེ་དཔོན་དཔལ་ལྷུན།)等人授予《长寿灌顶》。四日，七世班禅额尔德尼为强秋群培(བྱང་ཆུབ་ཆོས་འཕེལ།)和降贝楚臣二位活佛之转世授予沙弥戒后，于拉萨安排师徒一同前往大厅参加盛宴，也共同饮用晚茶。次日，师徒一同来到坛城殿的南杰札仓的僧众中，为会轮开光后，师徒二人拜见圣物，七世班禅额尔德尼为释迦牟尼佛敬献50两白银的曼荼罗等礼物，进行虔诚祈愿。师徒二人拜见圣物后，回到小寝宫时，七世班禅额尔德尼高兴地说道："今天天气非常好啊！"十一世达赖喇嘛也对七世班禅额尔德尼表示衷心的谢意。七日吉祥之日，在释迦牟尼佛像前由七世班禅额尔德尼任堪布、甘丹赤巴任规范师、永增仁布切功德林巴(ཡོངས་འཛིན་རིན་པོ་ཆེ་ཀུན་བདེ་གླིང་པ།)任告明知时①师、普觉强巴仁布切(ཕུར་ལྕོག་བྱམས་པ་རིན་པོ་ཆེ།)任增补师等具备圆满、优厚的条件下，为十一世达赖喇嘛授沙弥戒，同时传授了《能仁之赞加持近入经》，并授予"所有天人之引领者"之名号。此后，十一世达赖喇嘛向七世班禅额尔德尼敬献用上等珠宝制成的大曼荼罗等大批礼物，七世班禅额尔德尼也回赠有闪闪发光的佛祖塑像和银曼荼罗等大量礼品。第二天，十一世达赖喇嘛来到七世班禅额尔德尼身前，还有热振诺门汗、十一世达赖喇嘛之父、四位噶伦、基巧堪布(སྤྱི་ཁྱབ་མཁན་པོ།)②等人，七世班禅额尔德尼为他们讲授了一法座间的《三十四本生传》。

十日，师徒二人等受到西藏地方政府的宴请；十一日，师徒二

---

① 负责告知时间的上师。

② 原西藏地方政府中的高级僧职，为达赖喇嘛的近侍，三品僧官。此官职创设于八世达赖喇嘛·绛白嘉措时期，其主要职责是统管达赖喇嘛全体侍从人员，为达赖喇嘛的日常生活服务，接转僧俗民众给达赖喇嘛的禀报文件。在日常政务中，与噶厦地位相等，遇重大问题与噶伦共同商议。基巧堪布还参加孜译仓的工作，管理宗教事务，监督寺庙戒规，任免寺院执事人员，任免僧官，升降僧官品级。还与孜译仓共同管理历代贵重服饰物品，供迎送达赖喇嘛和新年仪式时使用。

人参加了拉章所属僧俗众人的盛宴;十二日,大摄政为师徒二人摆设了盛大的油炸面点,并敬献有大量的礼物。十四日,七世班禅额尔德尼为了酬谢乃琼护法近期为受戒法会所做的事宜以及将来尚需勤奋做事,故赐予珊瑚念珠等礼物,乃琼护法也敬献了一些经典。十五日,西藏地方政府的司膳部门为七世班禅额尔德尼设盛宴进行款待。十六日,所有噶伦共同设宴宴请七世班禅额尔德尼,噶伦贡谢查瓦旺秋杰波特向七世班禅额尔德尼进行了祈请。当十一世达赖喇嘛祈请之时,七世班禅额尔德尼讲述了"善知识之情形",尤其是讲述了"本人如何获得格西的经过以及尚需如此努力"等。七世班禅额尔德尼还完成授予十一世达赖喇嘛的姐姐为沙弥尼仪轨。此后,中堂大人前来拜见七世班禅额尔德尼,并答应其"在未回后藏之前多次会见"之请求。二十三日,七世班禅额尔德尼为大诺门汗之母进行了百次灌顶,为达苏次旦(མདའ་ཟུར་ཚེ་བརྟན།)进行了30次灌顶。二十六日,师徒二人于布达拉宫共进午餐,当用晚茶之时,十一世达赖喇嘛向七世班禅额尔德尼敬献有上乘五种颜色的哈达,并请求道:"我于此为祈愿班禅额尔德尼长寿,故愿前往(甘丹寺)向甘丹金塔和七世班禅额尔德尼献上礼物,"亦献有告助礼品①。甘丹寺的马队及其侍从迅速至此,迎接师徒二人前往,师徒二人高兴地进行了交谈。五月一日,七世班禅额尔德尼抵达拉木菩提阁向大梵天祈祷,当盛宴招待时,亦敬献有一些密集经典。在上密院僧人的请求下,七世班禅额尔德尼传授了《兜率百佛赞》和《所缘度母悲心经》等。七世班禅额尔德尼于此驻锡了整整两日,受到周到的侍奉。七世班禅额尔德尼为所有活佛及侍从赐茶及赠送了诸多礼物,尚为所有僧人进行了大规模的布施。拉木菩提阁前的

---

① 即向人有所请托时致送的财物。

石板中间长有一棵柏树,七世班禅额尔德尼突然发现后惊奇地言道:“啊呀!此乃我释迦牟尼的一修行圣地。”此后到土猴年(1848年),由于此棵柏树干枯,故图达却本域杰(ཐུགས་བརྟག་མཆོད་དཔོན་གཡུལ་རྒྱལ།)问道:“(此棵干枯柏树)好像是过于干了,如若这样如何回避?”七世班禅额尔德尼回答道:“如若干枯,就让它自己干枯吧。”又问道:“没有任何办法吗?”七世班禅额尔德尼回答道:“现在可以去问此人吧!”图达却本域杰前去询问,安多地方的一位喇嘛告诉说,于此处已经将(干枯柏树)烧掉了。图达却本域杰问:“其他未有任何情况吗?”七世班禅额尔德尼回答道:“要么我去做,现在法主需要许多忏悔,故不需要有任何疑虑。”

三日,七世班禅额尔德尼抵达甘丹寺那巴杰瓦林(དགའ་ལྡན་རྣམ་པར་རྒྱལ་བའི་གླིང་།)时,于朝拜台接受了众人的礼拜后,七世班禅额尔德尼向宗喀巴的金塔敬献有上乘的五色哈达,并虔诚地祈祷,还向宗喀巴大师的塑像敬献了哈达以及虔诚地朝拜和诵经祈愿,并仔细观瞻了其他圣迹。四日上午,七世班禅额尔德尼为噶伦谢查瓦的祈请以及身前的3位僧人进行了《三昧耶法王经》之加持,为藏巴康村(གཙང་པ་ཁམས་ཚན།)的僧人讲授了《兜率百佛赞》和《所缘度母悲心经》随许,为聚集在法会的所有活佛授予了《长寿灌顶》。七世班禅额尔德尼从《菩提道次第广论》之开头讲授了一泆座间,起坐对辩的二位格西关于《格言供云戏论》进行了辩论,七世班禅额尔德尼为二位格西赐予了哈达,并对公私僧俗众人赐予了丰盛的礼物以及幡等礼品;还为彼等传授了《香巴拉祈愿经》和《朝日初升之经文》。于此地驻锡的3天时间中,受到了热情地款待,故七世班禅额尔德尼为大噶伦赐予了用珊瑚和翎眼装饰的顶冠以及全套服饰,为所有官员和侍从赐予了合意的礼物。

此前担心主仆客人们饮用水不够用,但班禅额尔德尼莅临那天起如愿所获。六日,七世班禅额尔德尼为德钦寺(བདེ་ཆེན་ཆོས་བདེ།)①的僧人传授了《三时佛母经》。次日,于罗布林卡中为侍从活佛授予沙弥戒。十一日,师徒二人在布达拉宫一起用膳后,如同以前一样朝拜了八世达赖喇嘛·绛白嘉措的灵塔。十二日,抵达贡萨(དགོན་གསར།)寺接见了日措巴②,并对彼等发放了布施;还为达巴(དཀ་པ།)活佛授予沙弥戒,同时传授了《兜率百佛赞》和《所缘度母悲心经》等。十一世达赖喇嘛之父坠马后上身疼痛难忍,请求七世班禅额尔德尼给予救治,进行治疗后,马上得以痊愈,故向七世班禅额尔德尼敬献了礼物。二十日,师徒二人长久相聚于布达拉宫,谈论了一整天,七世班禅额尔德尼为十一世达赖喇嘛授予《寿施如意轮之加持》。米利(མི་ལི།)活佛于德塘美喀(བདེ་ཐང་མེད་ཁ།)坠马,生命垂危,七世班禅额尔德尼赐予药物并对其进行医治,后立即痊愈。米利活佛向七世班禅额尔德尼敬献55两黄金以及大量礼物,还对七世班禅额尔德尼虔诚敬信且承诺其所属部众全部皈依;(米利活佛)之随从每人也向七世班禅额尔德尼敬献有2－3两黄金,并根据各自的愿望进行了祈请。此后,七世班禅额尔德尼为米利活佛赐予百遍《长寿灌顶》,还为孜本贝伦(རྩིས་དཔོན་དཔལ་ལྡན།)和上师的侍从们赐予一遍《长寿灌顶》。二十二日,中堂大人迎请七世班禅额尔德尼,二人进行了长久地交谈,并向七世班禅额尔德尼汇报了诸多事宜,尤其请卜算有关外国人接管拉达克(ལ་དྭགས།)事件会出现什么样的结果。七世班禅额尔德尼言道:“吾不敢说有先知,但根据向三宝祈祷的结果预示,三年内不会出现任何问题。”此位中堂大人之前设兵布阵,不管对方强弱,炎热和焦虑使其受到极大的打击,且日夜不得安稳,从七世班禅额尔德尼卜算之日,中堂

---

① 藏语名称意为“德钦弥勒洲”或“吉祥法洲”。

② 隐居在山中静修小寺中修行的僧人。

大人得以安身，汉藏官员才无有困苦得到安乐，大家一致称赞“是七世班禅额尔德尼的功德”！

由于至尊玛玛（ཇེ་བཙུན་མ་མ།）贵体日渐衰弱，故七世班禅额尔德尼每日前去问候，并送去舍利进行祈祷，也祈请所有算命师加持不得分离。六月十日下午，（至尊）贵体无法医治，七世班禅额尔德尼立即敬献有大批物资，对侍从们嘱咐道：“玛玛由于是本人的堪布护法大持金刚（མཁན་པོ་སྐྱབས་མགོན་རྡོ་རྗེ་འཆང་།）之前世，故于玛玛逝世之圣地即佛殿西面敬奉有五千供，不仅要请30位咒师念诵《大威德自入经》，而且要派遣孜恰[1]南杰群培（རྩེ་ཕྱག་རྣམ་རྒྱལ་ཆོས་འཕེལ།）乘骑前往报告，十一世达赖喇嘛按照惯例敬献有大量回向礼物，大司膳官也献有礼品。”七世班禅额尔德尼是一位遍善修行的上师，无任何权力和地位，故没有搞大的排场和声势。七世班禅额尔德尼赞颂道：“此位至尊玛玛是我的大恩人，故要大加尊崇和赞颂。在我年幼时，至尊玛玛经常念诵《密集根本续经》，因此我也跟随玛玛念诵，学习知识和修行时皆一直记忆犹新并时刻激励着我，故恩德无比。”有诗曰“一首诗歌略加闻，所有上师未执持，狗之生命有百次，转为种姓卑贱者。”七世班禅额尔德尼引经据典且利用了善知识之情感写出这样一首诗，此乃为圣者之奇有事迹。

按照惯例，十一世达赖喇嘛受沙弥戒后立即禀报了清宣宗道光大皇帝。大皇帝回复的圣旨曰：“班禅额尔德尼今后要好好地教育达赖喇嘛修法以及守持佛教的戒律。”因此，七世班禅额尔德尼允许并对使者赐予上乘黄色哈达礼品等。十八日，师徒二人相聚于布达拉宫，按照之前十一世达赖喇嘛祈请，七世班禅额尔德尼赐予了四次“吉祥大威德金刚一勇士”之灌顶。七世班禅额尔德尼传

---

① 原西藏地方政府二大管理机构拉恰和孜恰中的孜恰，此机构设置于布达拉宫中，专管发放贷款和为达赖喇嘛及时收支财物等事务。

授如下:复于浊世,佛法修行受到各种魔障之干扰极为厌恶,如不受"五大殊胜佛法"本尊大威德金刚之近住戒仪轨,于佛道上行走极为困难,故依止此本尊,需要彻底修证。对此第一步一定要灌顶,若不灌顶即使修了近住戒,不仅得不到正果,而且于今后要被送到金刚地狱中长久经受非常痛苦的生活。于续部[①]非一次即可要持续不断,为此要像无上瑜伽部的所有活佛一样于浊世之短暂的一生中引导进入三身之佛位。此乃为最佳方法,故在诸劫中也难于听到名字,这在佛教教诫中也是少有的教诫,续部和大成就者中的典籍中大加赞颂。尤其此"吉祥大威德金刚续"是神力之大牌位,实质是父续[②]也是母续[③]之关键,所有皆圆满具备。大威德与文殊合修瑜伽,若祈请大威德金刚的话,立即进入文殊菩萨(ཇོ་བཙུན་

---

① 音译"怛特罗部"。专门解释密教时轮金刚乘法和灌顶、道次建立、修法和法术的经典。主要经典有《圣秘密藏真实性决定续经》,由印度无垢友论师和藏族译师涅·杂纳玛拉、玛·仁青乔合译,成为宁玛派修习的主要密典。续部有七续部、六续部和四续部之分。七续部,指阿底峡所说的事部、行部、思维部、两俱部、瑜伽部、大瑜伽部、无上瑜伽部;六续部,指事部、行部、瑜伽部、父续、母续、无二瑜;四续部是于六续部前三部增加无上瑜伽部,通常称事部和行部为"下部密乘",称"瑜伽部"和"无上瑜伽部"为"上部密乘"。

② "方便续""空行父续""瑜伽续",时轮金刚乘密法。以《集密根本续》为主要经典,《黑红阎摩德迦经》《毗卢遮那幻网经》《金刚心庄严经》等为父续类之摄续。主要阐述幻身和现分生起次第,分为贪种续、嗔种续和痴种续3种。贪种续包括《集密支》《大威德黑敌》《六面天》《红大威德》《大日如来幻网经》等。《集密》又分根本续、后续、注释续,经典有《金刚曼》《四本尊母请问经》等。根据各大论师的解释,在印度集密有24家。藏传佛教认为有龙树、佛智、恒德巴、金刚笑、班玛瓦札、遍喜藏等6家,代表各家学派的主要经典,分别由仁钦桑波、年译师达玛札、涅译师、桂译师、恰译师、纳措译师、热译师、香译师等人翻译。嗔种续,以《文殊幻网经》为代表,传到西藏的有时轮班智达绛边扎巴、绛边协涅、噶巴多杰等传承。从生起次第说,如果曼荼罗凡五如来现天子相,或以天子为正尊,或眷属多数为天子者,是父续。从圆满次第说,凡是正说曼荼罗圆满次第的经是父续;凡是正确宣说蕴界处清净的经典属于父续。

③ "瑜伽母续""空行母续""般若续"。时轮金刚乘密法,以《胜乐金刚根本续》为主要经典,另有《胜乐观喜金刚》《时轮根本续》《幻顶座》《大印明点》《佛平等加行》等,论述智慧空分、咒、仪轨等,分金刚菩萨部、胜乐金刚部、常部、金刚日部、莲花舞自在部和马头明王部,着重讲方便慈悲、智慧空性、方便行、智慧见、方便幻身、智慧光明、方便生起次第、智慧圆满次第、方便四有、智慧四净等。金刚菩萨部经典为《时轮根本续》和《佛平等加行》;胜乐金刚部有《胜乐观喜金刚》《大印明点》等经,有勒耶瓦、金刚铃和纳波觉巴三种传承。勒耶瓦著《胜乐密修法》;金刚铃著《胜乐身曼荼罗密修法》和《灌顶仪轨圆满五次第》;纳波觉巴著《胜乐修法灌顶》《胜乐修法仪轨》《胜乐修法护摩》等三部。生起次第法论著以《种子》《四次第论》《秘密真实性》等三部圆满次第法论著。若从生圆二次第分析,倘若曼荼罗凡五如来现天女相,或以天女为其正尊,或眷属中天女敷众者,即是母续,凡是正说空点、细微瑜伽圆满次第的经和正说咏清净的经皆属于母续。

འཇམ་དཔལ་དབྱངས།)之神力。浊世之时，防止魔障损害之殊胜咒语，若祈请本尊的话，理解佛经注疏之意马上使思路广深，尤其是能够证悟佛法之深奥之空性立即使智慧倍增。因此本尊与七世班禅额尔德尼心续相一致，故若向本尊祈请就会变为向七世班禅额尔德尼祈请。七世班禅额尔德尼马上紧随(本尊)之后，上师与本尊之神力即无任何区别，进入心续后迅速就能够欢喜佛之路，获得无量之利益。此本尊之不共之关键——究竟文殊菩萨于宗喀巴大师面前传授语诀，宗喀巴大师除了记录下来，还出现了生起次第和圆满次第之心续，消除了违碍迅速修成殊胜顺缘和共同之正果，故需要修习"本尊大威德金刚"。于此与其他不同的是有五种特殊之关键：一关键是从现在的浊世至最浊世之时众生中的极为懒惰者、智慧低下者、不遵守誓言者、未受戒律者、执邪见者、难于理解佛经的愚昧者、不尊重上师和朋友者、无有慈悲心的小人、不知羞耻者、抛弃佛法的傲慢者、主见傲慢以及出坏主意者、妙欲疯狂者、短命者、不具备福德者、动物、背尸体者、阎罗王、女鬼、魔障、导邪之障碍极大之时与本尊不相符且未至究竟道者，彼等若具有"吉祥大威德金刚"①之傲慢且修四座瑜伽②的话，即会远离此等孽障，立即获得金刚持果位③，诸如记载于《文殊根本续》《密集总续》和《威猛金刚手

① 四大菩萨之一的文殊菩萨的化身。据说，文殊菩萨为镇伏阎王而变成此身，佛教经典称，大威德金刚本尊"有伏恶之势，谓之大威；有护善之功，谓之大德"。它是藏传佛教格鲁派所修本尊之一，并视为该教派主要护法神之一。时轮学院极奉此神。常见的大威德金刚像有单身和双身两种。其单身像为三面、六足、六臂，乘一头大白牛，双身像为九首，正面作牛头，头各三眼，三十四臂，各持金刚杵、剑棒等法器，十六足，裸体，拥抱明妃罗浪杂瓦，身色蓝或黄，头上有炽烈火焰，头顶无量寿佛，手持噶巴拉，足踏卧鹿或牛，牛下卧一男人体。据说，造像的各部位都有一定的象征意义。三十四臂代表菩萨成佛三十四路；右十七手各屈拇、中、无名三指，伸食指与小指，掌子，意为向天王、药叉等挑战；掌心向上，手印同右的左十七手，则意为给诸佛、菩萨等献饮食供养；十六条腿象征十六空；裸体表示已离尘垢界。

② 修观行的佛教徒于黎明、上午、中午、及旁晚四段时间中对生起次第和圆满次第进行相应的修习。

③ 修习密宗本尊色身生起次第之瑜伽行。

大势至之小续》等诸多经典。

复次,如同于大海中获取宝贝之时,依靠航船才能够抵达,掌舵者具有高超的技能和智慧,方能够向获取宝贝之地前行,需要依止具有福德的大部队。坐在船中行走之时,像在水中行走、像转圈、像有颜色、像距离远近、像抵达早晚、像山和峡谷,如此说的话,此等与所念诵的语诀相同,舵手具有福德之力就会马上获取宝贝,消除贫困,实现自己的所有愿望。修习《本尊大威德金刚之瑜伽》之后,即可在平坦的道路上生有生起次第和圆满次第之心续,马上实现果位金刚持。上述即以此例解说最关键之所在。如果能从《胜乐密集经》《大轮经》《时轮经》《喜金刚经》等每部密宗续中讲出一个特点,薄伽梵大威德金刚是从《父续》和《母续》中所讲,《母续》亦从《三摩地》所讲。故此《父续》和《母续》二部经之究竟根本,朝拜和讲授此二部经时,一关键是肠子与火炉即如《大乘积聚经》所说的因体与光明一样;一关键是天杖[①]开示闪烁着安乐之光,单独朝拜《父续》天杖即不会闪光,故用天杖开示从《上乐轮》至《佛说乐空》;一关键是大威德金刚自有的特点,其他是无有的即不同的火炉期克印(指手印)系明眼人之三种罪过,此亦显示了火炉之智慧是其他无法比拟的。因佛有教诲:"期克印对世间和出世间之佛有烦恼。"因此,七世班禅额尔德尼言道:"其他密续中未有《父续》和《母续》关键之道,唯独我有究竟。"若佛有教诲"出世间之佛也有罪孽,赐予吾之修行者正果",那么世间上下等十方之魔鬼定会被降伏。明眼人之罪孽是做有十不善(译者注:为佛教最基本的否定性道德规范。其意是相对于"十善业道"而言。①杀生之罪能使有罪者堕入地狱、畜生、饿鬼之道中,由其转世者短命而多病;②偷盗罪能使罪生堕入地狱,转生后贫穷而财缺;③邪淫罪使罪生堕入地狱,来世其妻不贞良,不得随意眷属;④妄语罪使罪生堕入地狱,转

① 佛教密宗本尊手中所持的杖,上端有三颗骷髅,上有三个铁尖的一种标帜。

生后受人诽谤和讥笑；⑤两舌罪使罪生堕入地狱，转生后眷属离去，亲族弊恶；⑥恶口罪使罪生堕入地狱，转生后常闻恶声，言多诤生；⑦绮语罪使罪生堕入地狱，转生后无人听其言，语不明了；⑧贪欲罪使罪生堕入地狱，来世心不知足，多欲而无厌；⑨嗔恚罪能使罪生堕入地狱，来生常受他人指责和陷害；⑩邪见罪使罪生堕入地狱、畜生、饿鬼道，转生后邪视他人，其心谄曲。）、抛弃佛法、无间等重罪，使尽了所有粗暴强制之方法。其次，关于“尸陀林”一词的清楚解释，尸林是死体，此乃为众生之（死体）。总的说来，至尊文殊菩萨是诸佛之父，证觉之时，需要依止至尊文殊菩萨方能成佛。如今要以至尊文殊菩萨为本尊佛修行祈祷极为重要，尤其是至尊文殊菩萨依次种下红、黑、怖畏三愤怒大威德金刚之因时并结下智慧勇识之果时，不仅于至尊（指七世班禅额尔德尼）面前，而且至尊（指七世班禅额尔德尼）紧随其后且智慧更加超群。于密续中如何用此二犄角寻找到地方二谛[①]之二种方法，此修行之果获得二身是其他未有的。因此，居心正直地具备区分善恶之智慧，正欲进入佛法之乐道，如此知悉秘密之关键，坚定信仰之意念，勤奋修行此本尊之瑜伽。于此开始不得不获得此（大威德金刚）灌顶，意中思念进入于师徒二人之心，此日要准备，第二天入于坛城，融入后依次要进行四次灌顶，尽最大力量向前世上师虔诚礼拜，那么必定会在十一世达赖喇嘛的心中种下四身之聪慧种子。

在祈请会上，十一世达赖喇嘛亲自关照七世班禅额尔德尼并敬献礼物，七世班禅额尔德尼也向其回敬了礼品。此后将十一世达赖喇嘛送至日光殿的路口，十一世达赖喇嘛又马上返回来进行祈请，七世班禅额尔德尼也根据所祈请的内容做了答复，后十一世达赖喇嘛双手合十等敬信地分手，七世班禅额尔德尼也双手合十并目送（十一世达赖喇嘛）离开。此后，七世班禅额尔德尼为大诺

① 即世俗谛和胜义谛。

门汗进行了百次《长寿灌顶》。三十日，七世班禅额尔德尼准备动身返归后藏，于罗布林卡驻锡时经师洛罗桑丹坚群培贡康巴（ཏྲེ་བློ་བཟང་བསྟན་རྒྱན་ཆོས་འཕེལ་མགོན་ཁང་པ།）等人请求七世班禅额尔德尼前往恰村（འཇང་ཚོན།）泉水沐浴并祈祷降雨。当七世班禅额尔德尼抵达恰村泉水时，经师洛罗桑丹坚群培贡康巴问道："能够喜降雨水吗？"七世班禅额尔德尼回答道："会降雨的，之前就已经积聚足够的雨水，此后会好好地降一场大雨的。"此言一出使信众更加敬信。从泉水上返回时，七世班禅额尔德尼向经师洛罗桑丹坚群培贡康巴问道："于泉水边，看见鱼髻了吗？"回答说："我未看见。"是时马上返回后，七世班禅额尔德尼言道："那么现在请您看吧！"遂抛洒了一些食物，稍等片刻，一条大鱼显现，鱼头比人头还要大，彼等非常恐惧不敢观看，眨眼功夫大鱼就不见了。其他皆按照七世班禅额尔德尼所言去办，经师洛罗桑丹坚群培贡康巴以后言道："若看见（大鱼）的话即有大的危险也应该看！"又在一个时期，七世班禅额尔德尼向经师洛罗桑丹坚群培贡康巴问道："愿意拜见八世达赖喇嘛·绛白嘉措吗？"经师洛罗桑丹坚群培贡康巴回答道："愿意，谢谢！"七世班禅额尔德尼言道："那么，请来吧！"此后，将经师洛罗桑丹坚群培贡康巴引到罗林的寝宫中，用手指着座椅说道："（座椅）上面就坐着八世达赖喇嘛·绛白嘉措，先要磕长头，此后就可以请求灌顶"。经师洛罗桑丹坚群培贡康巴按照所言去做，像头顶触碰了手撑感觉。此后，七世班禅额尔德尼对三所依做了介绍，并赐教道："尤其是八世达赖喇嘛·绛白嘉措驻锡于此，我在此大悲护持，喜结良缘。"对此经师洛罗桑丹坚群培贡康巴曰：当时我虽未谒见八世达赖喇嘛强白嘉措，但观看当时情景班禅额尔德尼定会晤八世达赖喇嘛强白嘉措。其次，经师自己以前在闭关期间曾秘密派遣一名信使潜入密室中，先后赐予其大量奖赏。在堆龙秋米岗

(སྡོང་ཡུང་ཆུ་མིག་སྒང་།)噶伦赤巴等人前来问候,为他们赐茶交谈。此时无法给中堂大人前去找到任何理由,经班禅说服,为他祈请加持后半天就下命令把部队遣返。有人禀告说仅此一项恩惠无量,班禅答曰如此甚好。此后,绒降钦堆吉(རོང་བྱམས་ཆེན་འདུས་སྡེ།)前来迎请,七世班禅额尔德尼只答应一天的时间。七世班禅额尔德尼为弥勒佛(བྱམས་ཆེན།)供奉了五彩绸缎并进行了开光、祈愿等宗教活动,彼等众人虔诚地敬献有丰盛的礼物,七世班禅额尔德尼也回赐有诸多礼品和圣物。此后,在庄园驻锡的8天时间里,僧俗群众向七世班禅额尔德尼侍奉、献礼及布施等诸多活动;班禅额尔德尼对强佐(ཕྱག་མཛོད།)等人赐予像全身华丽衣服一般的佛法;对随从们也赐予了衣服等丰盛的礼物。在寺院期间,七世班禅额尔德尼向大铁棒喇嘛[①]问道:“僧人们能够表里如一地遵守佛教净法吗?其次教诲僧人们要勤奋修行,尽一切办法使僧人们表里如一地遵守佛教净法。”(1846年),第四世章嘉呼图克图圆寂后,日喀则的粮台长官[②]支取了1000两白银发放至整个法会,使加行室内确实起到应有的效应;七世班禅额尔德尼亦虔诚祈祷(第四世章嘉呼图克图)早日转世,并通过驻藏大臣敬献礼物。日喀则(གཞིས་རྩེ།)从七月开始病情加重,如若在五天之路途中发生大的变化的话,在寺院好好地照顾下,其去世的危险性越来越小。七世班禅额尔德尼每天也为其摸顶,许多僧人念诵经咒,于寝宫的过道放有实现任何愿望之符,一些人又赐予药物,如此,不仅使其不会逝世且定能令其痊愈。此时,侍从尼玛群培(ཉི་མ་ཆོས་འཕེལ།)由于被病魔所困扰,七世班禅额尔德尼告诉他说:“你若能回忆起以前在须弥山之情况,并加以朝拜

① 寺院僧职的名称。主要负责掌管全寺僧众名册、戒律和处理僧人中的纠纷等,权力较大,尤其是哲蚌寺的“铁棒喇嘛”权力更大。

② 旧时,日喀则地方管理军粮的官员。

(即可痊愈)。"此后,其于驻地左思右想也回忆不起来,其身边的所有人也毫无办法的时候,七世班禅额尔德尼派遣一名骑士送来一个用绳索捆绑的包裹,然后置于其头顶后,其立即回忆起来,此后又赐予了药物,其病情慢慢得到了好转,七世班禅额尔德尼用先知之神力将其从死亡线上拯救出来。十一月一日,七世班禅额尔德尼为噶伦谢扎巴授予百次《长寿灌顶》以及为其侍从授予一次《长寿灌顶》,噶伦谢扎巴由于永远对七世班禅额尔德尼虔诚敬信,先后敬献有大量财物。十一月四日,七世班禅额尔德尼动身前往温泉珍摄身体之前,为扎什伦布寺的全体僧人赐予各种佛母之加持。为德勒林(བདེ་ལེགས་གླིང་།)寺的强琮巴(བྱང་ཚོང་པ།)的逝世做了回向仪轨,并言道:"要虔诚祈赐保佑其从恶趣中解脱出来,一旦到达恶趣界,现在不仅要于其上身穿一白色氆氇衣服,而且使其显得非常彪悍,如此才能够得到很好的超度。"死者家人们得到安宁,故对七世班禅额尔德尼倍加敬信。又有一次,坛城殿的规范师贡察瓦(དགོན་ཁང་བ།)的灵魂被恶鬼带走,因此问道:"此类难事如何办为好?"七世班禅额尔德尼回答道:"念诵千万遍雅玛热扎(ཡ་མ་ར་ཛ།),此类难事就不会出现了。"像上述此类的实例太多了,难以讲完。

十九日,七世班禅额尔德尼动身前往河边沐浴,路途所做的事情如同以前一样。二十五日,七世班禅额尔德尼受到寺院的供奉。十一月中,七世班禅额尔德尼为拉布巴商官多杰(ལབ་པ་ཚོང་དཔོན་རྡོ་རྗེ།)一起来的康地巳和蒙古信众等200多人赐予《长寿灌顶》;为苏尼雍如达旺(གཡོན་རུ་དྲ་ཡང་།)之部落长官洛桑晋巴(བློ་བཟང་སྦྱིན་པ།)一起来的僧俗40多人传授了《上师供奉经》和《兜率百佛赞》等佛经。此月里,七世班禅额尔德尼为四批赎命增寿者进行了多次忏经增寿的宗教活动。擦达木扎萨(ཚ་འདམ་ཛ་སག)之支系的人连二十岁也活不到,故以前就请七世班禅额尔德尼卜卦并按照其旨意去做,如今扎萨已经年满二十八岁尚平安健康，此乃为七世班禅额尔德尼之恩惠，并又祈请问：“今后如何做才能使寿命继续延长？”七世班禅额尔德尼回答道：“如今此地所有的小寺庙里全部是穿着僧衣的俗人，为了此地人们今后幸福长寿，要修行《三事仪轨》[①]，并在后藏新建一座与此相关的寺院。”又问道：“是否要受教？”七世班禅额尔德尼回答道：“要认真、勤奋地修习《善逝法王之酬补仪轨》，并在后藏新建一座寺院即会有上佳之法会。”那年牦牛的歪嘴病兴盛蔓延，公众请求将此牲畜瘟疫迅速除灭。七世班禅额尔德尼言道：“此年若使此瘟疫不会再蔓延，大家在法会中要多多念诵我写的此偈颂，即会出现好的情况，此后马上用上师本尊三宝及大悲之神力能够迅速除灭灾害和瘟疫等。达阿雅塔（ཏདྱཐཱ།）、护日玛塔贝却（ཧུ་རི་མ་ཐཱ་བད་ཆོད།）、统波恰木萨哈（ཐུན་རྦྱཿསྭཱཧཱ།）、贝玛哈央吉护瓦萨帕萨玛雅（པདྨ་ཧ་ཡང་གྲི་ཝ་སཔ་ས་མ་ཡཱ།）、擦擦（ཙཱ་ཙ།）、茹鲁惹（རུ་ལུ་རེ།）、玛蒂（མ་ཏི།）、喀木哈擦擦呗呗（ཀྵུ་ཙ་ཙ་བད་བད།）、柰萨哈（ནན་སྭཱཧཱ།）等一切魔障和邪行全部灭除。”七世班禅额尔德尼之著作的记录者是杰仲贝丹西饶，他将此著作交给法会念诵，使此瘟疫逐渐得到了灭除，七世班禅额尔德尼之法力得到众人之称赞。七世班禅额尔德尼为强佐（ཕྱག་མཛོད།）等人传授了佛法并进行了百次《长寿灌顶》，并通过西藏地方政府的侍寝官向达赖喇嘛敬献有呈文、砖茶以及三个法王圆轮六奇等礼物，达赖喇嘛高兴地接纳。此年七世班禅额尔德尼先后为433人授予沙弥戒和近圆比丘戒并赐予礼物，使善趣和解脱之道如太阳一般光明灿烂。此外，尚赐予居士戒、近士男、沙弥律仪、灌顶与佛经之加持、《长寿灌顶》、讲经以及向三依止献供、供养僧侣部众、向贫穷者发放布施、向患者及体弱者赐予药品及信物等，大加

① 即长净、安居、解制为三事。每月十五日和三十日各奉行一次长净仪式，每年夏令六月十六日起至七月二十九日为安居仪式，七月三十日为解制仪式。

利益佛法和众生,使所有一切事业如同夏天之雨露以及上玄之月亮顺利吉祥、蒸蒸日上。

谓之"猴子"(སྤྲེའུ།)即藏历火阴羊年(丁未年,1847 年)新年庆典之时,按照惯例为吉祥天母奉献食子以及进行喜宴。神变大祈愿法会的第一天,七世班禅额尔德尼亲临大祈愿法会之茶会,很好地讲授了《发愿回向文之详略本》《大乐祈愿》《与佛法燃烧相同译经》等具有高深教理的经典,先后为数百座新建的佛学院的人们剃度、命名、授居士戒、近士男、沙弥律仪等。正月二十三日,具有布达拉宫爵位官员之子贝玛多杰(པདྨ་རྡོ་རྗེ།)前来献茶问候,七世班禅额尔德尼迎接其至寝宫,为早逝的妻子祈福敬献丰厚礼品,七世班禅额尔德尼祈福转生为人,并念诵了《善趣佛法之经》。次日,在其随从们的祈请下,为彼等进行了"朱杰法系"(གྲུབ་རྒྱལ།)之《长寿灌顶》,同时奉献酬金七块汉式马蹄银,并为集会的僧众发放布施代金九块汉式马蹄银,那时七世班禅额尔德尼马上派卓尼到集会大殿为僧众发放切实有益的布施。全体信众敬信大增,七世班禅额尔德尼还为随从们发放了二次衣服,进行了无限的关爱和奖赏。此外,七世班禅额尔德尼为救治零星病患者,特将释迦牟尼的画像赐予彼等,并赐予所有随从丰厚的告别礼品,告诉彼等说:"现在马上出发的话最佳"! 彼等祈请道:"世代皆不愿分离、追随之后,祈赐保佑!"七世班禅额尔德尼庄重地念诵了《金刚经》。二月二日,七世班禅额尔德尼迎请到僧众首座,从上午十点开始传授了佛经,并事先进行了"发心供奉",且对近期前来为人病和牲畜病求卦的人们言道:"若需要进行'牲畜咒语'等诸多经忏①仪式,要向三宝供奉丰厚的财物以及念诵百遍《净治孽障经》等,尤其是若要虔诚

① 即念经拜忏以消灾祈福。

修习《药师佛之经典和仪轨》的话，对浊世非常有利。相反，各种有罪行者不仅不会如此去做，而且饮酒、抽烟、胡言乱语等，抛弃僧侣之行为，无力挽救之罪过。”因此彼等接受此教训感到欢喜，许多年轻人将弓箭和鼻烟上交给上师，眼识①之境转变为供碗和供灯等佛之资具。

（二月）八日，七世班禅额尔德尼为色拉寺、哲蚌寺以及各大寺院圆满修行佛法后并为前来请求受戒的90余人授近圆比丘戒。七世班禅额尔德尼高兴地言道：“从这些（授近圆比丘戒）的人中，我也得到了善缘。”达本扎西统巴（མདའ་དཔོན་བཀྲས་མཐོང་པ།）出发前来迎请七世班禅额尔德尼至定日②驻锡，施主一直将此事放在心中，故亲自到班禅额尔德尼的寝宫献茶、问候。七世班禅额尔德尼言道：“由于达本扎西统巴要我马上前去，故将以前经常讲授的有关总述和分述的佛经赐予他吧。”七世班禅额尔德尼为寻找江隆班智达（ལྕང་ལུང་པཎྜི་ཏ།）活佛转世灵童的人员及其侍从赐茶、问候及授传授灌顶，分别时还赐予转世灵童衣服等物。此后，为从各地汇集到此地的80余名信徒授予沙弥律仪。三月一日，动身前往温泉进行沐浴，于温泉附近为扎西格瓦（བཀྲས་དགེ་བ།）等诸多修佛者传授了许多《佛经之次第》。四月一日动身返归，依次受到噶热（དགའ་རབ།）和托谿二地的接待，按照惯例对此二地的土地神进行了盛大的祈祷，尤其于噶热地方为上密院等36位僧侣授予近圆比丘戒以及传授有

① 依自不共增上缘眼识而生、自力能了别自境色处体性之识。如见白色之眼识。

② 县名，藏文语译音，意为“定声小山”。地处西藏自治区南部、喜马拉雅山中段北麓、日喀则地区南部。北连昂仁县，西接聂拉木县，东与拉孜、萨迦、定结三县相连，南与尼泊尔接壤，是西藏自治区边境县之一。总面积14049平方公里，辖1镇20乡182个村民委员会，总人口约4.2万。定日一名，传说印度一位喇嘛掷石落在该地一小山上，发出“定”的一声响而得名。定日为通往尼泊尔的交通要道，也是尼泊尔商人从兰巴山口通过绒辖与藏民进行交易的国际市场。清时设定日汛，并派驻兵丁500防守，由定日代本管辖。1960年6月，定日县人民政府成立，县府驻地设在协格尔。同年8月县驻地迁至岗嘎村。1968年7月又迁回协格尔村。之后协格尔建镇，隶属日喀则地区管辖至今。

《香巴拉祈愿经》,尚为二位修佛者授予断除十应断支①的沙弥律仪。在托谿地方祈祷土地神时,尚为斯摩达若卡(སྲིན་མོ་ཏ་རེ་ཁ།)等地诸多僧俗人士赐予了《长寿灌顶》。十一日,于寺院的金刚座上讲经说法。十五日,前往僧众集汇的早茶会中,带领僧众虔诚地进行了上弦月十五布萨②的宗教活动。此后,对拉木大护法的亲临进行盛大款待之时,大护法向七世班禅额尔德尼敬献了一些密宗经典;还为十一世达赖喇嘛的侍寝官热杰(གཟིམ་དཔོན་རབ་རྒྱས།)等 27 名信徒授予近圆比丘戒并赐予比丘之物品。五月三日,七世班禅额尔德尼为拉木大护法等部分人士赐予了百遍《长寿灌顶》。屠户牧驴者从今以后放弃屠宰业,全家向七世班禅额尔德尼敬献了大批财物,并祈请道:"用何事情代替屠宰羊,才能够走上解脱之道?"七世班禅额尔德尼亲自为每个人赐予护身结以及正确的修行方法,大家皆大欢喜。此时,七世班禅额尔德尼为十八位授予比丘律仪。此月里,由于雨水甚少,日喀则的人们一致向七世班禅额尔德尼请求于二十九日降雨,七世班禅额尔德尼答应了人们的请求。二十九日这天将吉祥大威德金刚塑像迎请至类乌玛(སློའུ་མ།)密宗辩经场,七世班禅额尔德尼虔诚地进行了祈祷并敬献了上乘哈达,故于此日晚上不断地降下雨水,众人更加对七世班禅额尔德尼崇敬,整个日喀则充满欢乐和吉祥。七世班禅额尔德尼为大家办理且圆满实现的事情甚多,大家皆已经亲自目睹。

七月中,七世班禅额尔德尼在长寿林(འཆི་མེད་སྐྱིད་ཚལ།)的两天里为集会的僧众传授了《十万佛经》的第五函,其余僧人的《长寿灌顶》于第二天进行,70 名僧人的《长寿灌顶》于第一天和第三天进

① 沙弥应当戒除的十种重罪:四根本罪、饮酒、观听歌舞、涂饰香、坐高广大床、非时食和贪心收受金银。

② 顺法布萨的定时布萨之一。值十二序月之上弦月及宿月、搽月、角宿、心宿月、牛宿、娄宿等六个月份下弦之十八日所作布萨。

行。此月里为17名僧人授予沙弥律仪。二十一日，为迎送廓尔喀王敬献礼品的人员，七世班禅额尔德尼赐茶、问候，按照惯例回赐了礼物。次日，噶吉江瓦（ཀ་ཅི་རྒྱང་པ།）独自前来拜见，七世班禅额尔德尼保佑其寿魔不得入侵并赐予丰厚的卜卦随函礼物，又告知其卜卦的内容。为感谢七世班禅额尔德尼之卜卦，其捐赠了为念诵佛经的僧侣布施二此斋茶的资金，并将（资具）立即分公。此后，七世班禅额尔德尼给僧侣下达了“要进行切实有益的诵经修行”之命令。前往萨噶阿哈（ས་ཀཱ་ཧར།）的下坡路途中自然界的天气非常不舒适，七世班禅额尔德尼赐予持咒唾液和药物后，故在日喀则居住期间感到十分舒适。七世班禅额尔德尼向拉萨方向出发之前，其心情格外喜悦，故前来拜见并祈请保佑，同时喀巴（ཁ་པ།）也正患有胃病，七世班禅额尔德尼为其赐予药物后，马上得到痊愈，大家更加敬信七世班禅额尔德尼。此后，又为僧俗群众赐予护身结、持咒唾液、药物等，并加持寿命之供施，像上述七世班禅额尔德尼所做之事例无计其数；像诸如各种祈请连续不断，众人所见变为弘扬佛法之行。又于二天的时间里为前藏的37名僧侣授予近圆比丘戒并赐予比丘之物品。八月三日，除了修复拉萨罗布林卡的宫殿以及新建围墙，因十一世达赖喇嘛初次骑马，特派遣却本①以及参战将士前去护卫，并为呗喀德穷巴（དཔལ་ཁ་སྡེ་ཆུང་པ།）尼玛顿珠（ཉི་མ་དོན་གྲུབ།）之孙授予前期沙弥律仪。二十一日，动身前往温泉沐浴，到达温泉附近时为札仓的其摩瓦（ཕྱི་མོ་བ།）、扎西格培瓦（བཀྲ་ཤིས་དགེ་འཕེལ་བ།）、丁噶瓦（སྡིང་དཀའ་བ།）等人传授了彼等愿意闻悉的几部经典，同时也为执事们赐予护身金刚结。达那图丹那杰（རྟ་ནག་ཐུབ་བསྟན་རྣམ་རྒྱལ།）寺的老堪布前来朝拜，七世班禅额尔德尼以大欢喜赐予其教诲，使其心

① 主管陈设坛场和祭品的僧官。

生愉悦。九月四日,北方的内管家前来为七世班禅额尔德尼敬献有丰盛的礼品,七世班禅额尔德尼叮嘱道:“所做的事情不要过时”,后于温泉进行了很好地服侍。协管家(བཞད་གཉེར་པ།)供奉之日,接见了所有祈请者并进行回赐。当从温泉动身返回时,于敦溪庄园(གདོང་གཞིས།)驻锡了 3 天,同时在帕溪庄园(ཕག་གཞིས།)驻锡了 3 天,各自皆按照传统惯例对七世班禅额尔德尼进行了侍奉,七世班禅额尔德尼对每人赐予了丰厚的礼物。二十七日,扎什伦布寺院按照传统惯例为七世班禅额尔德尼举办了盛大的欢迎宴会。此后,香德钦热杰(ཤངས་བདེ་ཆེན་རབ་རྒྱས།)寺的跳神指挥罗桑索巴(བློ་བཟང་བཟོད་པ།)请求道:“请七世班禅额尔德尼对新制作的面具进行加持,并于班禅额尔德尼寝宫存放三天。”七世班禅额尔德尼答应了其所有的愿望。

十月六日,七世班禅额尔德尼为西藏地方政府的大卓尼洛桑晋巴授予近圆比丘戒之日,同时也为其他 19 位僧人授予近圆比丘戒并赐予比丘之物品,又对大近侍洛桑晋巴吩咐道:“要好好侍奉十一世达赖喇嘛”,同时下达命令:“对十一世达赖喇嘛要不断敬奉、虔诚皈依。”新任噶伦从上部西藏返归时,于寝宫与七世班禅额尔德尼共进茶宴。当新任噶伦和随从离开时,七世班禅额尔德尼叮嘱回去后请问候和保佑十一世达赖喇嘛,大卓尼皆做了承诺并执行照办。此时,由于锡金和不丹二国发生了内部纠纷,需要在法会念修二千万遍《狮面母禳解法》。故对大领经师说道:“近期念修一直未中断,定会得到切实效益,属无力长期念修的无过失行为。”因此,不仅下达了在所有护法神殿和密宗殿要认真依次念修《圆满护法之酬补》,七世班禅额尔德尼自己也专心念诵《本尊护法之近修》。二十九日,专门为举办近圆法事,为 45 位僧侣授予近圆比丘戒并赐予比丘之物品。十一月三日,炉霍(བྲག་མགོ།)(译者注:地名,在今四川省甘孜藏族自治州北部、雅砻江支流鲜水河流域。藏语称“霍尔章谷”，简称章谷，相传当地土司为蒙古族后代，官寨设在一岩山头上，故藏语称“霍尔章谷”。炉霍一名有两种说法，一说治所因系炉水和霍水（指达曲与尼柯河）汇流之处而来；一说因其地为打箭炉至霍尔部及西藏必经要道而取名。此地历为章谷土司管辖，清光绪二十二年，章谷土司绝嗣，清政府置章谷委员管理。光绪三十（1904年）设炉霍屯，隶属打箭炉厅。1914年以清章谷委员辖地改设炉霍县。现为甘孜藏族自治州辖县。）的强佐、岗仔（གམ་རྩེ།）的强佐二人将各自寺院的上师写的念经祝寿著作敬献给七世班禅额尔德尼，七世班禅额尔德尼皆按照佛经做了惠赐。

此时，畜疫又开始蔓延，当此瘟疫蔓延极严重之时，七世班禅额尔德尼下达指令，让众僧尽可能地多念诵经典（以除灭瘟疫），各寺院所需资具皆予以支付，还为布达拉宫的强佐朗杰群培（ཇེ་དྲུག་མཛོད་རྣམ་རྒྱལ་ཚོས་འཕེལ།）赐予百遍《长寿灌顶》，使其心生喜悦。十四日，乌秋穆旗之王（ཨུ་ཆུ་མུ་ཕྱིན།）的强佐对达赖喇嘛的崇敬已久，故到达卫藏等地，拜见师徒二人时祈请道：“请卜卦有无佛缘？”七世班禅额尔德尼回答道：“要外出的话，明年可以前来，路途无有任何危险。”其遵照此于路途十分平安地抵达，并拜见了七世班禅额尔德尼之光辉容貌，为感谢恩德，敬献有珍宝和绸缎等大批礼品。扎雅班智达（ཛ་ཡ་པཎྜི་ཏ།）的人员、其他还有喀尔喀（ཁལ་ཁ།）各部落之王、蒙古各寺院的上师等人依次前来拜见，七世班禅额尔德尼趁赐茶及问候之机言道：“无论早晚到达此地，皆无任何过错，都可以得到如愿之教诲。”此后，对所有人进行赏赐，并对前来祈请卜卦的人们，先后皆给予满意的答复。扎雅班智达的人员向七世班禅额尔德尼敬献了特殊的帐幕和蒙古帐篷等礼物，并请求七世班禅额尔德尼为扎雅班智达长寿之方法以及治疗象皮病的药物和方法等进行卜卦，七世班禅额尔德尼一一做了答复，还为扎雅班智达的部分随从为主的90位僧人授予近圆比丘戒，并赐予比丘之物品。喀尔喀森诺云（ཁལ་ཁ་སན་ནོ་ཡོན།）之随从阿日色康（ཨ་ག་གསེར་ཁང་།）上师的一位弟子在敬献哈达时“当危险临近我的上师身上时，为了救度将其从死亡线上拉了回来。”七世班禅额尔德尼称赞道：“此绝非平凡庸俗之行，而是经常持有清净律仪之行，非常稀奇。昨天下午打开汉地的一个酒桶，没有任何掺杂，用自己的碗喝了十一碗之多，竟毫无醉意，对此，班禅额尔德尼赞颂不绝。”对此之前七世班禅额尔德尼授予近圆比丘戒律仪之时，同时也在哲蚌寺出现了一种授予持金刚佛之印象，大家十分惊奇议论纷纷。七世班禅额尔德尼为阿热索南多杰（ཨ་རིག་བསོད་ནམས་སྟོབས་རྒྱལ།）等僧俗300余人传授了《英勇往生夺舍法》和《香巴拉祈愿经》；为康索（ཁམས་སོག）[①]地方的800余人进行了摸顶和加持；为120名僧人传授了正规的比丘律仪。扎西彭德林（བཀྲ་ཤིས་ཕན་བདེ་གླིང་།）之上师的转世活佛阿旺图登尼玛（ངག་དབང་ཐུབ་བསྟན་ཉི་མ།）敬献有500两白银等大量物品，七世班禅额尔德尼修建北方香巴拉勇武轮王像时，周围的群众祈请随从其修行佛法，皆予以答应。为嘉康则（རྒྱལ་ཁང་རྩེ།）的上师呼图克图办理丧事的人们敬献了17块汉银等大量礼品，七世班禅额尔德尼祝佛法长世永存、法轮常转不息，祈愿呼图克图灵童早日转世，并虔诚地传授了《金刚经》。在喀尔喀部落的三位贵族人士的请求下，七世班禅额尔德尼为700多位僧俗人士授予“珠杰系”的《长寿灌顶》，还为蒙古部落的120人授予“别解脱戒”，并赐予比丘之物品和资具。

十二月二日的半上午，为祭奠第四世章嘉呼图克图圆寂，午茶法会的嘉钦则巴擦达木上师（ཚ་འདམ་བླ་མ།）、主持3天近午法会的吞上师（ཐོན་བླ་མ།）、午茶法会的谢巴上师（བཤད་པ་བླ་མ།）等迎请七世班禅额尔德尼至僧人聚集的法会中，每人还敬献了丰盛的礼物，祈愿七世班禅额尔德尼长命百岁，并祈请了各自的愿望，七世班禅额尔德

① 意为康区和蒙古地区。

尼虔诚地为彼等传授了《金刚经》。却藏呼图克图(ཆུ་བཟང་ཧུ་ཐོག་ཐུ།)也敬献共计1950两白银等财物,并祈请忏经。同时泰吉、热振诺门汗、谢巴上师等人于寝宫祈请忏经,七世班禅额尔德尼为每人赐予良好的祝愿。二十一日,萨洛诺门汗(བསམ་བློ་ནོ་མིན་ཧན།)与七世班禅额尔德尼在大王府中用完午茶后,迎请七世班禅额尔德尼至僧人聚集的法会之首,敬献有丰盛的礼物,并祈请忏经,七世班禅额尔德尼如同以前一样赐予了良好的祝愿。司膳官由于按照十一世达赖喇嘛的指令经常不断地修行"夜叉孜乌玛布续"并得到切实有益的效果,同时也使所管辖的全部庄园未有丝毫牛瘟疫的危害。因此,大家请求七世班禅额尔德尼进行有关对"夜叉孜乌玛布"的酬补仪轨,七世班禅额尔德尼对僧众下达了虔诚念诵佛经并进行切实有益的酬补仪轨活动,故对以七世班禅额尔德尼为首的全部僧侣敬献了丰盛的供养和酬金。二十五日,为康索等地的120人授予"别解脱戒",并赐予比丘之物品和资具。却藏呼图克图的随从前来祈请,七世班禅额尔德尼亲自赐予《时轮》和《胜乐时轮》二部经典之加持,每位弟子也得到了丰厚的酬金。为了弘扬第四世章嘉呼图克图的善业,却藏呼图克图单独向寺院公有基金捐献汉式马蹄银600两,七世班禅额尔德尼回赐了礼品并对所有官员和侍从进行了奖赏。彼等返回时,七世班禅额尔德尼又赐予了分别礼物。车臣王(ཚེ་ཚེན་རྒྱལ་པོ།)以私人的名义前来拜见,向七世班禅额尔德尼敬献有红白珊瑚之念珠以及大皇帝亲自赐予的荷包等许多殊胜物品,当祈请保佑时,七世班禅额尔德尼十分高兴地为其摸顶并进行了诸多教诲。七世班禅额尔德尼在观看二十九驱鬼之神舞时,先后有车臣王和钦差驻藏大臣一起相聚,七世班禅额尔德尼传授了诸多"世间和睦之教谕"。此年中,七世班禅额尔德尼唯有想着众生的利益,对供养不分教派的寺院、供奉三宝、向贫穷的人们发放布施、对患者及体弱多病赐予药物以及救治频于死亡的动物等，共计花费超过 2000 多两的白银，利益众生之事业如同夏天之河水迅猛发展。

对此有诗曰：

“极为美丽的三十三颗牙，
佛与仙女中间的帝释天，
天界之无数生灵之中间，
战胜各方的救星护法主。
无边宝石之前产于何处？
世间护法幻化拨开日出，
照射于雪域东山之顶端，
利益众生之百花即盛开。
讲解修习显密佛法根源，
集聚前藏各个寺院僧众，
与无云天空众星来比赛，
此等皆用法宝持加供奉。
王子管家之悲心地方无净浊世之众生，
利益众生之蜂蜜产地具善佛法莲花苑，
喜笑智者自在太阳处于前藏长寿之道，
讲辩著之光辉使高中低所有人皆欢喜。
如意自在王之重大事，
埋藏宝贝对谁也无利，
显示此幢之顶并供奉，
如愿成就如同降大雨。
自在护法持有智慧宝，

放任无拘懒汉不可入，
智慧尊者业绩于前藏，
如同佛法日光照大地。
智者事业如百花开放，
尊者之蜂蜜营养众人，
大学者之宽广之园林，
遍传吉祥事业之香味。
整个雪域之著名后藏，
后入智者们闻悉佛法，
身上汗毛竖起也放光，
眼泪如同大海海水流。
所谓开启新年自在门，
老寿星执持白色光辉，
众生依止药物之供施，
前世法王祖先之三代。
如同比赛的金色僧帽，
照亮众人前世之征途，
好似无比的日月坛城，
光辉灿烂入金刚亲友。
部分智悲力量已圆满，
论月乃为章嘉大活佛，
人王为具生喜悦白光，
吉祥积尘威严之高山。
无量光具善之大护法，
具有三种喜乐持金刚，
标准坛城观赏之蜜蜂，

马上出现于美丽家园。
诤时转动牢固之法轮，
天授神佛适时即到达，
执政乃为无价之宝贝，
向下达教旨的您敬礼。
如意之前大乐之法性，
善缘宫中之吉祥福德，
修行福田具有胜乐缘，
护法幻化无量寿护法。
寻找各种宝贝之因业，
依止智慧大象即可寻，
无量宫建于无量海边，
依止您与无量寿护法。
珍宝饰及佛之衣物等，
有无天蓝发辫之分髻，
只有殊胜者有其他无，
八大论狮正在讲授经。
身穿黄丹僧衣展翅飞，
东南方之白牦牛山顶，
彼等前往吉祥岗讲经。
农民为种出好的庄稼，
尽除冰雹护卫各自田，
吩咐地方神与土地神，
农民之幸福如上弦月。
用各种物资办各种事，
各种田地收各种粮食，

各种传授不同的佛法，
各种愿望得各种成果。
中堂执行大皇帝之命，
赐予社稷兴盛之大印，
担负护持政教之要务。
您费心下达各项指令，
卓识远见受众人尊敬，
花纹宝瓶装满金花朵，
圆满成就系大法王您！
如同河流供奉永不断，
敬奉佛祖释迦牟尼佛，
无分别遍智大学者您，
授予殊胜沙弥之律仪。
赐予善法甘露之喜宴，
佛祖幻像赐予聚生财，
法主赐予诸吉祥佛法，
法主定将护卫诸佛法。
如此嘱托佛教之重任，
拉木菩提阁之大石板，
法主居住此柏树林中，
未来假货系众生火供，
缘业使枯柏树焕生机。
流传外国军队之蜚语，
中堂害怕逃往地洞时，
月亮三颛无暇勇敢者，
赐予所有生灵之平安。

不动金刚佛之所幻化，
于彩虹泉水中之龙王，
宝洲寝宫座椅持白莲，
显于怙主达赖喇嘛之尊前。
三藏之身力及三学美丽宝饰，
智慧与慈悲双运高大之雪山，
肩负利他重任行于胜乐大道，
向具有骄慢及制服尊者敬礼！”
此乃为中期安息之偈颂。

谓之“火焰”（འབར་བ།）即藏历土阳猴年（戊申年，1848 年），当七世班禅额尔德尼出现自性法身之时，按照惯例为吉祥欲界自在天母敬献了供品及喜宴等。于寝宫为喀尔喀哲布尊丹巴（ཁལ་ཁ་རྗེ་བཙུན་དམ་པ།）转世活佛赐茶宴，吩咐其要虔诚修行《金刚大威德佛法》，并为 120 名修学者赐予以《别解脱戒学处》为主的近圆比丘戒律。车臣王阿热塔斯达汗（ཚེ་ཆེན་རྒྱལ་པོ།）、大堪布诺门汗、喀尔喀等为七世班禅额尔德尼敬献大批礼品，班禅额尔德尼于寝宫念诵了《佛母赞》以及忏经活动。此后，彼等进行了祈请，班禅额尔德尼不仅为每个人谆谆教诲，而且还回赐了礼品以及临分别前让大家拜见诸多圣物。按照清朝大皇帝的指令，为给喀尔喀哲布尊丹巴转世活佛于大昭寺释迦牟尼佛像前授沙弥戒等，故七世班禅额尔德尼于一月十六日动身前往拉萨，依次前行抵达哲蚌寺设灶迎接之地，此后又抵达喀尔喀部落私人设灶迎接之地，当到达罗布林卡的格桑寝宫（སྐལ་བཟང་ཕོ་བྲང་གི་གཟིམས་ཆུང་།）之时，哲布尊丹巴转世活佛前来拜见，并共同进行茶宴等。二十八日，抵达拉萨驻锡于拉章。次日，于佛祖释迦牟尼佛像前以七世班禅额尔德尼任受戒堪布的无数僧侣中，哲布尊丹巴转世活佛写了《皈依书》,并依次授予五戒学处①之居士、三种更换②之近事男③、十舍堕之沙弥律仪,尚进行了谆谆教导。此后,进行了与供奉有关的对所有佛殿朝拜,还为哲布尊丹巴转世活佛赐予祝祷词。后于罗布林卡设宴款待七世班禅额尔德尼,七世班禅额尔德尼于罗布林卡为喀尔喀哲布尊丹巴的弟子诺门汗等200多蒙古族信徒赐予《长寿灌顶》以及传授了有关《六皈依》《玛尼经》《所缘度母悲心经》《香巴拉祈愿经》等经文传承。由于十一世达赖喇嘛天花病未有痊愈,七天内禁止接见朝拜的群众。三日,按照哲布尊丹巴转世活佛的请求,七世班禅额尔德尼前去拉木护法神像前为(十一世达赖喇嘛)祈祷并念诵《除障经》等以及进行了经忏活动。根据大堪布诺门汗的请求,七世班禅额尔德尼赐予了"前世诸位班禅额尔德尼的画像"之画法以及《出生值日神之供奉》等经文。四日,师徒二人前往布达拉宫共进膳食以及午茶,相聚甚久。康巴喇嘛益西绥巴(ཁམས་པ་བླ་མ་ཡེ་ཤེས་བཟོད་པ།)敬献有茶和膳食后,还供奉有七块汉式马蹄银,七世班禅额尔德尼根据其请求亲自传授了《玛尼经》和《香巴拉祈愿经》等经文传承。色康喇嘛(གསེར་ཁང་བླ་མ།)敬献有八块汉式马蹄银并请求前来拜见,七世班禅额尔德尼不仅赐茶、问候以及进行了详细的交谈予以极大地关怀外,而且在其前去查叶巴寺④之时患有重病,故不断赐予药物和护身符等,使其痊愈,其侍从们也更增加了对七世班禅额尔德尼的敬信。

---

① 谓居士所受持应断之四根本及戒酒,即不杀生、不偷盗、不邪淫、不妄语、不饮酒。

② 为令前行沙弥发心入道,使行意乐、服相、名字三种更换。

③ 受居士戒后尚未受沙弥戒之前,为速得沙弥禁戒,而受近事男戒者,须于殊胜境前启白并换三想。

④ 拉萨东北一山寺名,系松赞干布妃蒙萨赤姜下命修建。寺内有碑刻、大鮇等文物,均为唐代之文物。

九日，迎请七世班禅额尔德尼至擦绒林卡（ཚ་རོང་གླིང་ཁ།）的哲布尊丹巴之牦牛帐篷。十一、二两日共计向七世班禅额尔德尼敬献有汉银43块等大量礼品。在牦牛帐篷中传授了《尊胜佛母仪轨》，并为喀尔喀部落的78位修行者授予了圆满近圆比丘戒。七世班禅额尔德尼与哲布尊丹巴转世活佛共进膳食及茶宴后，为前来拜见的身前所有信徒赐予《长寿灌顶》以及传授了有关《六皈依》和《兜率百佛赞》等经文传承。七世班禅额尔德尼在牦牛帐篷和寝宫中皆对彼等进行了回赐，并将哲布尊丹巴活佛本人生前收藏的舍利等各种灵物以及用红条花布做成的佛祖释迦牟尼像的加持服装等均赐予了信徒。七世班禅额尔德尼亲自接见前来进行摸顶和拜见的许多信徒，并言道："让他们等待是毫无理由的，现在即进行吧！"不辞劳苦地为500余名僧人群众进行了摸顶和朝拜，使他们暂时得到喜悦、最终得到利乐之善业。此后，七世班禅额尔德尼驻锡于布达拉宫，故三天禁止朝拜。十六日，师徒二人进行了长久的相聚。哲蚌寺贝图康村（འབྲས་སྤུངས་དཔེ་ཐུབ་ཁམས་ཚན།）前来祈请，七世班禅额尔德尼传授了有关《兜率百佛赞》等经文传承。有关寻找第四世章嘉呼图克图转世灵童之卜卦，七世班禅额尔德尼回复道："浊世之众生野蛮，由于冤魂[①]幻化十分纷乱，虽然卜卦有很大的变化，具有极大的神秘性，但是按照达赖喇嘛之卜卦是非常好的，具有许多吉祥之兆。"对第四世章嘉呼图克图转世灵童前去问候及赐予粮食，并派遣嘉拉堪布（ལྕགས་ལ་མཁན་པོ།）前往赐茶及问候。二十日，为120名有缘弟子准备了有关比丘之物品，还传授了以《佛法基本律仪之教戒》为主的"殊胜别解脱戒——比丘之清净律仪"。二十一日，又为120名僧侣授近圆比丘戒；二十二日，又为110名僧侣授

① 捉弄人毁坏誓约的魔鬼。

近圆比丘戒；尤其是在二十二日为272名僧侣授近圆比丘戒；使上述所有的僧侣如愿以偿，不辞辛劳地为佛法和众生的利益努力工作，使所有众生知悉别解脱戒、菩萨戒和密乘戒。

如此不辞辛劳地为僧侣们授近圆比丘戒之原因，按照七世班禅额尔德尼所言："亦为比丘甚喜之经业，所谓'比丘'系修行佛法之幢，所谓'比丘'系修行金刚经之中流砥柱，所谓'比丘'系舍离诸多家业，所谓'比丘'系佛王之子，所谓'比丘'要断除诸愚昧，所谓'比丘'要行于解脱之道，所谓'比丘'系自己的本性即所戒恶作。"佛祖所赋予的典籍所在之地佛法也无边地存在着，可将人们自身无明的贪念等消除，犹如被佛子一样备受关怀，用别解脱戒之最比丘持戒来装扮自己，对所学十二要义自内心充满信念，神等各世界所尊崇的，持戒体得以圆满并成为罗汉的四个种类，对要义分类要义微等戒律进行大肆广播传颂。在日常生活中对各戒律进行事无巨细地实践，如若无明过大且被沾染时亦可被改邪归正，此番情景可比为别解脱之干事者达吐兰（ཧ་ཐུལ་ལམ）近侍在世且改变着这一切。如上所述，是如来佛发对一切有缘众生5500年的眷顾，对此，那些与佛法无缘驻足在南赡部洲之思达河（སྲོ་སི་ཏ）南边且用邪教破坏佛法时，北部持明之地香巴拉之王班禅额尔德尼至尊罗桑班丹旦白尼玛在父亲即手持金刚化身的塔也朗杰的家族中降世，并将对那些世间理论不明糊涂者化为乌有。当如来佛光再次普照世界时，将显教法轮普度众生，这种关联需此时进行是为宏观上的世界与佛法的关系。特别所授的比丘戒是因缘而定，对广大福众给予佛法的根基戒律——别解脱戒，还对广大信众给予沙弥修炼法，因而可将此情此景比作圣近侍、双神圣、阿难达在世。

因而，我们将世代尊崇哲尊上师且享有他的敦敦教诲。特别是对北部持明之地香巴拉之王上师进行礼赞，对香巴拉的情景在内心深处进行一遍又一遍的再现和向往,以便在此重生。那么,香巴拉的情形是怎样的呢?那儿住着的大威猛柔旦王(རིགས་ལྡན་རྒྱལ་པོ།)是怎样的呢?下面将略述一二:显集大王中云:"在外部每一片叶子都被白天的地方和小岛来装扮"。大成就者所处之地是椭圆形的,其外都被雪山环绕。西南方向和东边则有行路,雪山被葱郁的森林包围且分成三个较为均匀的椭圆地,中间之地亦被雪山和林木点缀环绕着,在一个像莲花花蕊一样的地方坐落着颇章尕拉巴(ཀ་ལ་པ།),从颇章到围绕的山脉有五百逾缮那之远。从边上的森林出发往上行走若干天便可抵达坐落在常年不化的雪峰上的颇章尕拉巴。贤法王格列贝桑布传颂坛城大释雪山,班禅额尔德尼·罗桑确吉坚赞在坛城释义中所述中心圆扩二要义应当知晓。大释义所述要义被认为普遍存在于雪山,净如意宝之要义则是雪山上的那点尘埃。上面所处颇章尕拉巴由各种无价的宝藏装饰而建,其散发的光芒足以使黑夜变成白天,即使再小的文字也变得清晰可读。此光耀照过月亮,因而罗桑曲吉坚赞在其所著《柔旦降贝扎巴论述》一文中道:不敌其耀当空月,故装云游静悄溜。

在此颇章中,柔旦王所居住的宫廷用琉璃宝、水晶、金刚钻石而建,其散发出的光耀使白天和黑夜没有了区别。其宝座用金而制,面部净如镜,足以将五十开外的水中生物照得仿佛近在迟迟。天窗上的曼镜可看见日月星辰的归宿,还有神仙、乐园、以及随处行走的行星,包括十二星宿等。宝座边缘上有檀香木做成的扶手,香气飘向四方,宝座上边还有序地叠落着上乘布绸、优质垫子及靠枕等。总之,其住处的价值与一个到处堆满金山的地方也难以进行比较,其他的更是望尘莫及。柔旦王相貌如下:头顶有着狮子鬃毛,戴着襄布河(འཛམ་བུ་ཆུ་བོ།)金子所制王冠,手环和脚环各镶嵌着用价值千万两黄金打造的宝贝。柔旦王身上散发着的光耀覆盖着周边,连大梵天都难以忍受其光芒。柔旦王的随从大臣、将军、妃子群、大象、飞象、战马、马车、斜等各类乘骑用品不胜枚举。还有那些宝藏、明咒以及成为臣仆的龙族、非神、精灵们所供奉的膳食和金缕玉衣等，是帝释天也无法企及的。柔旦王的颇章高十二逾缮那，其前南边有马腊亚(མ་ལ་ཡ།)乐园，中间坐落着法王达瓦桑布所建坛城。按照说法，此间还有历代柔旦王所建的坛城，此乐园东边有沐心湖，西边有白莲花湖，像期待初八的月亮一样的乐园和距湖差不多在颇章之北二十逾缮那之距的地方还有千万坐城市如女仆一般，后方有强巴佛等分别居于十座大山上。以此为中心，边界雪山之间也有五百逾缮那形成莲花瓣样式，各花瓣之间以水和雪山为界，每个花瓣上坐落着成千上万的城市，其每一千万人拥有一个国王，共计形成九千九百万个城市。那里的人们使用梵语交流，着白色绸缎，其中最不富裕者仍拥有百驮金子，他们多为八大咒师所属的咒师，还有很多得到般若经所述生定。温柔持法和管理，此间没有病痛和瘟疫，对成千上万的比丘和佛法进行无比的供养，几乎每个修法之人都因咒法而产生一个神或非神的祈祷或委托。此等乃是无量寿佛至尊罗桑班丹益西(རྗེ་བཙུན་བློ་བཟང་དཔལ་ལྡན་ཡེ་ཤེས།)曰：

“菩提时轮等法永坚固，
一切正法极盛之富地，
北方名叫嘎巴拉之城，
比那帝释天殿更豪华。
胜殿面积由旬十二而，
形状正方装饰数珍宝，
周边围绕九千万城镇。
园林比那上天更美丽，

原始佛之大小两坦诚，
一见能得修行之胜果，
无价之宝材料所构造；
其于左右幽美大湖里，
珍宝所满由旬十二而，
人们富裕求法度日地。”

就有这种意义的所在，之后在此地方依次出现了各个法王，据《时轮根本经之精华》记载曰：

“此续仙人类等与，明示成佛之道路，
达瓦（月亮）、拉旺（帝释天）与荣光，
月亮施与大自在，
众色者与帝释天，
妙吉祥称白莲等，
自古国王太阳光，
其为魔敌化身而，
大势力为达桑（佳善）尔，
地藏魔敌与阎罗，
清除一切盖章与，
财神、吭切（傲慢者）依次与，
虚空藏与妙吉祥，
世间怙主依次为，
阎魔敌等十愤怒，
在内其他菩萨为，
十三者是依次有，
日丹族里会出现。”

又曰：

“祥称乃是日丹族，
之后日旦白荷花，
桑波（佳善）乃为第三者，
如此第四尊胜也！
善友以及宝手与，
第七乃是遍入藏，
尼玛扎（日称）与新都桑（报善），
嘉措朗杰（海胜）与难胜，
日丹尼玛（太阳）第十二，
纳措苏（众色）与达沃尔（月光），
无边以及护国者，
拥祥、狮子、镇服者，
巨力者与不灭王，
人中狮子大自在，
日丹无边尊胜与，
日丹祥称再次有，
其子日丹大轮者，
勇武轮王将出世，
善说胜马等持（定）来，
消灭一切野蛮教。”

如此讲述，如来佛释迦王（དེ་བཞིན་གཤེགས་པ་ཤཱཀྱའི་རྒྱལ་པོ།）的血统众敬王（མང་པོས་བཀུར་བའི་རྒྱལ་པོ།）之无垢的释迦族出生有国王日光（རྒྱལ་པོ་ཉི་མའི་འོད།）及其子法王达瓦桑波（ཆོས་རྒྱལ་ཟླ་བ་བཟང་པོ།）。达瓦桑波在吉祥聚米（དཔལ་ལྡན་འབྲས་སྤུངས།）大佛塔前向佛请求密续，佛祖遂讲了有后续的十二千颂《根本续之精华》,《摄类续经》记载:“在吉祥聚米大佛塔前由十力(佛,སྟོབས་བཅུ་པ།)讲授有所有密续。”

佛祖讲授的全部密续被法王达瓦桑波收集,并于香巴拉撰写有《时轮十二千之注疏》。讲完《时轮根本摄续》①的第二年,创建坛城回到原来的报身之地。金刚手②的化身法王达瓦桑波、地藏菩萨化身国王拉旺(ས་སྙིང་སྤྲུལ་པ་རྒྱལ་པོ་ལྷ་དབང་།)、阎魔敌的化身国王赛吉坚(གཤིན་རྗེ་གཤེད་ཀྱི་སྤྲུལ་པ་རྒྱལ་པོ་གཟི་བརྗིད་ཅན།)、除盖章化身国王达瓦坚(སྒྲིབ་སེལ་སྤྲུལ་པ་རྒྱལ་པོ་ཟླ་བས་བྱིན།)、财神化身国王拉旺久(ཕྱུགས་བྱེད་སྤྲུལ་པ་རྒྱལ་པོ་ལྷའི་དབང་ཕྱུག)、傲慢化身国王纳措索(ཁེངས་བྱེད་སྤྲུལ་པ་རྒྱལ་པོ་སྣ་ཚོགས་གཟུགས།)、虚空藏菩萨化身拉旺丹(གནམ་སྙིང་སྤྲུལ་པ་རྒྱལ་པོ་ལྷའི་དབང་ལྡན།)等人依次传法,称为七圣贤法王。拉旺丹(ལྷའི་དབང་ལྡན།)与王妃那措永(སྣ་ཚོགས་ཡུམ།)之子法胤绛贝扎巴(རིགས་ལྡན་འཇམ་དཔལ་རྒྱལ་པོ།)出生 100 年后就坐于狮子座上传法,而且请尼玛辛达(ཉི་མའི་ཤིང་རྟ།)等 3500 多位仙人。(法胤绛贝扎巴)于 100 周年的二月十五曰:“我所言能得一切知之道,请您们听吧。”次年的十五日向此方人传授了《金刚乘》③,并说:

① 时轮金刚乘密法的根本经典。据传由月贤怙主所作。全书共分五章,其中的第一章 167 颂,主要叙述微尘堆积世界的形成、日月星辰的变化、昼夜更替以及佛教宇宙须弥山的结构形状,用佛家特有的宇宙生成论的观点详细阐述了人们赖以生存的世界。第二章共计 163 颂,从人体的生理形成、胚胎发育、病理病因以及医药医疗等方面作了阐述。这里把人体称为小宇宙,把外界称为大宇宙,运用有机结合的方法讨论两种宇宙的形成过程。第三章共计 202 颂,主要讲述密教所说的灌顶,认为灌顶是一种重要的仪式,传授灌顶者必须具备一定的佛学知识,了解世间的一切道理,谨慎行事,布施众人,以身语意三业护佑僧众。第四章共计 233 颂,着重介绍修行姿势、应修的几种金刚母、修行达到的目的和瑜伽师所修之事。第五章共 260 颂,主要叙述理论和实践的双修以及各种药方和所治疾病情况。这部经典最早由迦湿弥罗班智达索玛纳塔与藏族著名翻译家卓格隆喜饶札从梵文翻译成藏文。后来香顿多德巴和格隆茨程达尔根据法王八思巴的旨意据拉萨梵本重新校订,在萨迦寺刻印成册。据多罗那他和布敦大师说,《时轮根本摄续》有十几种译本。

② 金刚手之本性是总集一切佛意,大势为性,手持金刚杵,为随侍如来的八大菩萨之一。佛书认为,金刚手具有八殊胜:①巨轮权殊胜;②具青衣护法殊胜;②调服四大脐火殊胜;④摧毁金刚殊胜;⑤邬托亚猛咒殊胜;⑧具金翅鸟殊胜;⑦金刚手经规疗癞殊胜;⑧拔瓦玛秘诀殊胜。

③ 密乘之异名。遍舍一切大乘者,是般若六度;摄般若六度者,是方便与智慧;摄方便、智慧义者,是文殊菩萨,亦是金刚菩萨之定,这就是“金刚”。“乘”即负苛,此处金刚即是乘,乘即金刚,故名“金刚乘”。或者说,方便与智慧无别结合之金刚菩萨之瑜伽是金刚乘,其中有道果二位。《无垢光经》说:“金刚者,不消不断,此大乘即是金刚乘。”

“你们要认真讲授道德和教法。”尼玛辛达等领受了所有教法。并与许多不同教派的班智达们进行了辩论,使诸多仙人们昏倒在地。那时,米旺扎巴(མིའི་དབང་པོ་གྲགས་པ།)说:“你们是不同教法为何要进行辩论,次月十五我把败方的所有人士进行金刚教法之灌顶。如果你们想入此路,就坐于此地。如果不想入此路,就离开此地。如果不这样,到你的侄子之时,将会流行野蛮教法。”听到国王的命令之后,仙人们聚集在一方,互相进行了讨论,最后达成一致的意见,对尼玛辛达说:“吾等除了自己的教法外,不喜欢异教,并不敢违背国王您的命令,请允许舍弃这96个大地方,去雪域(ཁ་བ་ཅན།)之南、斯里兰卡(ལངྐའི་གླིང་།)之北的殊胜之地(འཕགས་པའི་ཡུལ།)吧。”礼拜后,向南行走了12天,居住在中部一地,其周边全是森林。

之后,国王扎巴(རྒྱལ་པོ་གྲགས་པ།)心里想,如果到达此殊胜之地,那么香巴拉等96大地方的人士们不懂金刚乘。仙人们虽是追求胜道者,但他们也不懂金刚乘。然而可能会产生“因国王扎巴的此命令,他们背井离乡,前往殊胜之地”的不正确想法。为了避免这些仙人们被迷惑,请求授予等持法。然而在此森林里居住的仙人已经被迷惑,有魔术的山居猎人身绑不同大鹏形状的怪物,并用一块大布做成飞行物从天路飞来,降到玛拉亚园林(མ་ལ་ཡའི་ཚལ།)中部的房子东门,当从昏迷中醒来时人们都十分惊奇,伦波嘉措洛智(བློན་པོ་རྒྱ་མཚོའི་བློ་གྲོས།)来问候,仙人们选派尼玛辛达为代言者,首先敬献有金的曼札进行祈祷。于二月十五之时,进行大坛城之灌顶,传授了从《时轮根本经广论》里摘录的《时轮根本经之精华》。仙人们也打坐进修,于次月十五日得到了正悟。之后,法胤白玛嘎波(རིགས་ལྡན་པདྨ་དཀར་པོ།)①撰写了《摄类续经污垢光大疏》,并传承佛法100年。位列二十五大

① 意思为白莲法王。

法胤之首的是文殊师利之化身法胤绛贝扎巴（རིགས་ལྡན་འཇམ་དཔལ་གྲགས་པ།），第二是观音菩萨之化身法胤白玛嘎波，第三是阎罗王之化身法胤桑波（རིགས་ལྡན་བཟང་པོ།），第四是地藏菩萨之化身法胤朗杰（རིགས་ལྡན་རྣམ་རྒྱལ།），第五是财神（རྒྱུགས་བྱེད།）之化身法胤谢聂桑波（རིགས་ལྡན་བཤེས་གཉེན་བཟང་པོ།）①，第六是除盖彰之化身法胤红手（རིགས་ལྡན་ཕྱག་དམར་པོ།），第七是傲慢（ཁེངས་བྱེད།）之化身法胤嘉举拜巴（རིགས་ལྡན་ཁྱབ་འཇུག་སྦས་པ།）②，第八是虚空藏之化身法胤尼玛扎巴（རིགས་ལྡན་ཉི་མ་གྲགས་པ།）③，第九是魔敌之化身法胤鑫度桑波（རིགས་ལྡན་ཤིན་ཏུ་བཟང་པོ།）④，第十是金刚手之化身法胤嘉措朗杰（རིགས་ལྡན་རྒྱ་མཚོ་རྣམ་རྒྱལ།）⑤，第十一是阎罗之化身法胤杰嘎（རིགས་ལྡན་རྒྱལ་དཀར།）⑥，第十二是地藏菩萨之化身法胤尼玛（རིགས་ལྡན་ཉི་མ།）⑦，第十三是财神之化身法胤纳措素（རིགས་ལྡན་སྣ་ཚོགས་གཟུགས།）⑧，第十四是除盖章之化身法胤月光（རིགས་ལྡན་ཟླ་བའི་འོད།），第十五是傲慢之化身法胤无边（མཐའ་ཡས།），第十六是虚空藏之化身法胤护国（རིགས་ལྡན་ཉི་མ་གྲགས་པ།），第十七是魔敌之化身法胤白炯（རིགས་ལྡན་དཔལ་སྐྱོང་།），第十八是金刚手之化身法胤狮子（རིགས་ལྡན་སེང་གེ），第十九是阎魔敌之化身法胤纳暖（རིགས་ལྡན་གནམ་གནོན།）⑨，当今在位者称为“尼玛”即是水羊年已满 57 周岁。第二十是财神之化身法胤无阻（རིགས་ལྡན་མ་འགག་པ།），第二十一是除盖章之化身法胤人中狮王（རིགས་ལྡན་མིའི་སེང་གེ），第二十二是虚空藏之化身法胤旺久钦

---

① 意思为良师益友。

② 意思为遍入藏。

③ 意思为日称。

④ 意思为极善。

⑤ 意思为胜海。

⑥ 意思为难胜。

⑦ 意思为太阳。

⑧ 意思为各种各样的身形。

⑨ 意思为制服众敌。

波（རིགས་ལྡན་དབང་ཕྱུག་ཆེན་པོ།）①，第二十三是金刚手之化身法胤塔业朗杰（རིགས་ལྡན་མཐའ་ཡས་རྣམ་རྒྱལ།），第二十四是文殊师利之化身法胤勇武轮（རིགས་ལྡན་དྲག་པོ་འཁོར་ལོ་ཅན།），其中除了法胤嘉措朗杰和法胤杰嘎两位之外，其余 23 个法胤每位就任 100 年的国王，尤其是法胤嘉措朗杰就任 182 年的国王，法胤杰嘎就任 221 年的国王。仙人们把这二位就任的年加起来，即称为"火空年"②。那么其余 23 个法胤每位就任 100 年有什么依据呢？据《时轮根本经之精华》记载："从此年至 600 年间在香巴拉出现了人主扎巴（མི་བདག་གྲགས་པ།）。"

此后，龙之百岁者授记"一定把野蛮教盛行于玛卡地区（མ་ཁའི་ཡུལ།）"。佛圆满觉悟过了一年的二月宣讲了《时轮根本经》，从此年起至 600 年中，在北方香巴拉有胤绛白扎巴（རིགས་ལྡན་འཇམ་དཔལ་གྲགས་པ།）任国王 100 年，此期间讲授了大部分的《时轮根本经》；在他的晚年，又讲授了《摄类续经》，如此计算就有 700 年了。所谓"鲁"③系第八位法胤，法胤绛白扎巴圆寂后过了八百年，与第九位法胤鑫度桑波（རིགས་ལྡན་ཤིན་ཏུ་བཟང་པོ།）圆寂的同年，此时玛卡地区（མ་ཁ།）盛兴野蛮教。实际上佛说《时轮根本经》至盛兴野蛮教期间过了 1500 年。但是佛说的《时轮根本经》（的地方）被法王达瓦桑波（ཆོས་རྒྱལ་ཟླ་བ་བཟང་པོ།）说成为香巴拉，而没有算上撰写《广释》与建"时轮坛城"的时间，大约有 3 年的时间。然而从第一位法胤绛贝扎巴到第儿位法胤鑫度桑波期间每位法胤有 100 年，方完成《摄类续经》的撰写任务。除此之外，《摄类续经》记载："变成三十二界座席之尾变为阿修罗敌人寿命百岁之手持轮"。据说所谓的"七大法王"和

---

① 意思为大自在。

② 火空年，即 403 年。时轮经中说香巴拉的海胜法王登位与伊斯兰教的创立同在公元 624 年。从此时起到难胜法王的最后一年—公元 1026 年止，中间经过 403 年，再下一年就是时轮经传到西藏，即第一个胜生年开始的公元 1027 年，因此藏历胜生纪年减 403 年即是伊斯兰教历纪元。

③ Klu 藏语意为"龙"。

“二十五大法胤”之结束共计 32 位查波持轮者（དྲག་པོ་འཁོར་ལོ་ཅན།）各在位 100 年。除了两位特殊的法胤之外其余都相同。因此，二十三位法胤每位传法了 100 年，尤其是法胤查波持轮者坐在狮子宝座上传法了一段时间。

此后，于斯达河（ཆུ་བོ་སཱི་ཏཱ།）以南方的殊胜地之分支玛卡一地至所有的地方盛兴野蛮教，变为黑暗残酷之地。据《摄类续经污垢光大疏》记载，变成像巍峨不动的山峰一样，如同数不胜数的骏马益于欢乐的禅定，有五颜六色的 900 万大军，有疯狂的 40 万头大象，尚有 6 队共计 21800 人的大军，有上百万辆金制马车。称为“石骏马者”现在被帕域（འཕགས་ཡུལ།）地方的人们叫作“德野果热”（རྗེར་ཡལ་སྐྱར།），骑着从海洋里如同电流一般快的骏马，还有数不胜数的赤脚陆军等大批军队抵到斯达河的南岸，于绒吉域（རུམ་གྱི་ཡུལ།）与野蛮人们展开了大战。法胤查波持轮者亲自征服了野蛮人的头人金白洛追（སྙན་པ་ཅིན་པའི་བློ་གྲོས།），大将军哈努（ཧ་ནུ།）征服了大臣月亮之子（བློན་པོ་ཟླ་བའི་བུ།），射手们征服了其余野蛮军队，王者征服王者，大象征服大象，马征服马，十二大梵天降服了黑暗方向的野蛮护法神。此后，断绝野蛮人的后裔，弘扬了佛法。这时候人的寿命能达百岁，荒野上不耕种也生青稞①，充满吉祥胜利的气氛。此时，法胤勇武轮王说：“是时听法者必定能修成时轮。”

对此等言道：

“至尊无上胜宝您，
骑着风力石骏马，

① 农作物之一种。藏语称“乃”，产于西藏、青海、四川、甘肃等藏族地区。属大麦类，分为白色和紫黑色两种。生长期约为 4 个月左右。因地区不同，气候各异，一般 3 – 5 月份播种，7 – 9 月份收割。其具有耐旱、耐寒、秆粗壮抗倒伏之优点，特别适合于寒冷、干燥、无霜期短的青藏高原地区种植，每年一季。用它可磨成糌粑，是藏族人民的主要食粮，亦可酿制青稞酒，纯香可口，是藏族人民最喜爱的饮品，每逢佳节，家家户户酿制。

手持短矛刺下士，
定会度化护吾也！
上万军队多种色，
醉狂大象四十万，
金车与陆军部队，
恐慌铁骑进中部，
各自刺死下士者，
大鼐月亮之儿子，
哈弩曼达持利器，
查波与十二大神，
彻底打败阿修罗，
大象杀死敌方象，
石马杀死敌方马，
金车粉碎敌方车，
头领杀死敌头子，
绝杀一切野蛮队，
原始佛等诸佛法，
发扬光大吾继承！”
此乃为真正之含义。

如此，法胤勇武轮王在香巴拉将佛法发扬光大，此时尊者龙树将已变为石头的身体也投入其中，在帕域为佛法与众生做利他之事。法王宗喀巴罗桑扎巴（ཆོས་ཀྱི་རྒྱལ་པོ་ཙོང་ཁ་པ་ཆེན་པོ་བློ་བཟང་གྲགས་པ།）也将自己以前之身体安放于甘丹寺之金塔里，被称为“阿杂热仁钦曲杰”（ཨ་ཙཱ་རིན་ཆེན་ཆོས་རྒྱལ།）迎请于此，以获得大成就者的姿态在藏地弘扬佛法、饶益众生。还在大地的十二部分已断绝了野蛮教,盛兴奇特的无量佛法,并出现了无数个获得修行正果的大成就者。

据《摄类续经污垢光大疏》载:这时候的人,“福于法、财、欲、解脱之财富。”法是大士者在一生能修殊胜之果。福财使没有穷困。三十二界诸神一样能享受欲望,不仅如此而且凡是出世者皆能解脱。出现了以菩提心来修性,以修习时轮金刚和喜金刚为主的“乐秘威”三金刚之二乘瑜伽把一生一身成佛的人很多。从而坐于极乐世界的菩提萨锤也祈祷生在赡部洲的原因在此。这样的话我们也此时成了查波持轮者的跟随者,修显宗来习性,从法王查波持轮者得到了时轮金刚身语意的一切灌顶,严格守护誓言和戒律,修习时轮金刚之成熟的生第和解脱的圆第六枝而为获得空色大手印之果,从现在起这些再三温故,打造印象乃是重中之重。之后法胤查波持轮者把斯达河的南北两地分别交给王子梵天和神王,自己回到圆满极乐世界。

上述内容大概是按照《香巴拉路引》①所写,还有见到克珠确吉杰布格列贝桑布(མཁས་གྲུབ་ཆོས་ཀྱི་རྒྱལ་པོ་དགེ་ལེགས་དཔལ་བཟང་པོ།)的著作和大持金刚班禅额尔德尼·罗桑确吉坚赞(རྡོ་རྗེ་འཆང་ཆེན་པོ་པཎ་ཆེན་བློ་བཟང་ཆོས་ཀྱི་རྒྱལ་མཚན།)的著作时,参考了许多详细的内容也有很多需要记载的功勋,但为避免字数多而未写全,确实可惜!如此讲一点插叙然后再回到主题,之后七世班禅额尔德尼为格培山居士(དགེ་འཕེལ་རི་ཁྲོད་པ།)们赐予了《甘丹百佛赞》和《所缘度母悲心经》(དམིགས་བརྩེ་མ།)、《香巴拉祈愿经》等。二十五日,七世班禅额尔德尼为吞巴(ཐོན་པ།)之女授《长寿灌顶》后,继续向300余名僧俗民众授予了“朱杰法

① 《香巴拉路引》,六世班禅额尔德尼罗桑班丹益西著。此书是一种介绍地理知识的书,它也是一种朝圣、旅行指南,内容与圣迹志(gnas - yig)大致相同。

系”之《长寿灌顶》，并在私人驻地为甘丹寺藏巴康村（གཙང་པ་ཁམས་ཚན།）①的僧人授了《长寿灌顶》。

在新装饰拉木（ལ་མོ།）寺的牦牛②头护法神之时，因没有面具，依宫中妇女们的请求，七世班禅额尔德尼亲自到此地下达了命令，承袭了传统的装饰，增强了人们的信心和信仰。二十八日，七世班禅额尔德尼动身前往布达拉宫，师徒（达赖喇嘛和班禅额尔德尼）相聚一天。翌日，观看了展佛和法会诵等仪式，随后师徒二人一起于寝宫用餐。三月七日，七世班禅额尔德尼为却藏呼图克图（ཆུ་བཟང་ཧུ་ཐོག）主仆等人授予了“怙主消灾避难”之教法传承，开启了噶东护法神（དགའ་བ་གདོང་གི་ཆོས་སྐྱོང་།）像之根本之门。九日，师徒二人相聚，一起喝茶，后为达赖喇嘛授予“绰瓦美仔”（ཁྲོ་བོ་མི་བརྩེགས།）洗礼之仪轨以及百遍“朱杰法系”（གྲུབ་རྒྱལ་ལུགས།）之《长寿灌顶》，使获得了丰盛的酬金。七世班禅额尔德尼为其亲戚吞巴妈妈授予百遍《长寿灌顶》，同时也为达苏次旦（མདའ་ཟུར་ཚེ་བརྟན།）等一些人也授予《长寿灌顶》。色拉寺之领经师和部分执事请求七世班禅额尔德尼书写“色康金刚持之活佛尽快转世的祈愿”，遂答应书写。七世班禅额尔德尼还为热振（译者注：热振寺位于西藏自治区拉萨市东北的林周县境内，是藏传佛教噶当派的第一座寺院。由阿底峡的弟子、噶当派创始人仲敦巴于北宋嘉祐元年（1056年）创建。15世纪中叶，宗喀巴创立格鲁派（黄教），噶当派与之合流，该寺改宗格鲁派并成为色拉寺属寺。该寺所处林深景幽，是佛教徒向往的修行圣地。寺内原有阿底峡大师的银铸灵塔，后被损毁，现只有10余间僧舍。该寺的第三、五两世堪布热振活佛

① 寺院札仓中以僧徒来源地划分而成的僧团单位，例如色拉寺协巴札仓共有哈尔东、三木洛、恰孔、哲窝、巴都、察瓦、洛巴、功德、拉卧、丹玛、阿里古格、阿里拜突、阿里桑尕、阿里达摩、藏巴、杰切、厄巴、聂巴达布、则塘和博窝等20个康村。康村僧职人员实行委员制，为首者为吉根，意为长老。其下有欧涅若干人管理康村财产及经济事务；拉冈一人，负责生活资料及接待宾客；卡太格根两人负责杂务，保管及照料经堂院落、僧舍、厨房等。都有一定任期，大的康村之下还分若干米村，类似僧人小组。

② 反刍家畜，亦有野生，主要分布在我国的青藏高原。藏语按牡牝分别称“雅”“执”。其体大，四肢粗壮，毛长，腹部毛长及地，尾毛下垂呈掸子状，颈短无垂皮，头宽大，牛角长，向外张开，全体呈黑色，耐高寒。牛尾是传统的出口产品，肉、皮、毛是藏族人民生活的必需品。它亦是高原地区的主要运输工具，因此有“高原之舟”的美称。

曾先后任西藏地方摄政。第五世堪布热振绛巴益西丹巴坚赞曾任十四世达赖喇嘛的经师,由于主张反帝爱国,逼迫于1941年引退,1947年遭西藏上层反动分子杀害。)诺门汗(ནོ་མིན་ཧན།)的妈妈与二位女儿授予百遍《长寿灌顶》。二十日,七世班禅额尔德尼抵达布达拉宫,师徒相聚了很长时间,依达仓寺领经师之请求,为40余名僧俗民众念诵了《香巴拉祈愿经》。此后的两天里,七世班禅额尔德尼为绕卡夏(ར་ཀ་ཤར།)的女儿授予了沙弥戒,并为哈尔钦王(ཧར་ཆེན་ཡང་།)喇嘛的转世活佛等三人授予了称为"戒除十恶"之沙弥戒。

二十九日,达赖喇嘛随从嘉拉堪布(ལྒགས་ལ་མཁན་པོ།)进行闭关修行,七世班禅额尔德尼为嘉拉堪布举行了茶会和慰问等。之后,七世班禅额尔德尼与噶伦谢查瓦相会,并为长寿噶伦等人授予"绰瓦美仔"洗礼之仪轨,使彼等得到成熟。四月四日,七世班禅额尔德尼抵达布达拉宫,师徒二人进行长久相聚,并为达赖喇嘛授予"绰瓦美仔"洗礼之仪轨。八日,为哈尔钦王之喇嘛、吞巴及其身前的僧人谢巴德格桑(བཤད་པ་དེ་སྐལ་བཟང་།)等6人授予近圆比丘戒,还为前三者每人送了一幅释迦牟尼画像,并将自己的本生祈愿之授记送给哈尔钦王之喇嘛。十二日,为噶伦谢查瓦传授了百遍《长寿灌顶》,还进行较长时间的相聚。之后,七世班禅额尔德尼抵达大昭寺,朝拜了上下楼的所有佛殿。十七日,七世班禅额尔德尼动身前往布达拉宫,为膳食、寝卧、敬供等方面的人士赐予了礼品和护身结。经师达擦仁波杰(ཡོངས་འཛིན་རྟ་ཚགས་རིན་པོ་ཆེ།)前来摸顶时,七世班禅额尔德尼与其进行了茶会和交谈。师徒于宴会和晚餐相见时,达赖喇嘛为坚塞(སྤྱན་བསལ།)[1]的行程赐予了服装等一大批礼品,并很认真地做祈祷。七世班禅额尔德尼也接受丰盛的礼品之后,传

---

① 藏语意为"眼前花"或"亮眼人儿"。旧时,西藏王公贵族特别宠信的官员或贴身近侍。

授“绰瓦美仔”洗礼之仪轨，并认真而严肃地传授百遍“朱杰法系”之《长寿灌顶》，同时传授了与《兜率百佛赞》（དགའ་ལྡན་ལྷ་བརྒྱ་མ།）相关的《所缘度母悲心经》之教法。继为大秘书乃莎瓦穆、噶伦谢查瓦等部分内勤人员传授了《香巴拉祈愿经》之教法以来，还为八世达赖喇嘛·绛白嘉措的灵塔敬献了白银20克。之后，晚餐相聚时，达赖喇嘛赠送了服装并祈祷，七世班禅额尔德尼也献给了哈达，进行祈祷皈依之后，达赖喇嘛拉着七世班禅额尔德尼的手依依不舍，直到太阳落山方告别。七世班禅额尔德尼返回时，也向达赖喇嘛合掌礼拜，时而做曼札（མཎྜལ།）之手势等，表示师徒之间有了深厚的感情依依不舍。

四月一日，功德林派大经师前来赠送礼物，班禅额尔德尼为大经师敬茶以及献上培养达赖喇嘛的酬金，还嘱咐对达赖喇嘛仁布切谨慎培养和认真负责之事宜，除了送行赠礼的上述人以外，其余的人无法计算。

二日，七世班禅额尔德尼与噶伦谢查瓦传授了百遍《长寿灌顶》，相继向252人授予了近圆比丘戒等。除此之外，又向九队暨每队700多人的僧俗群众传授了九遍《长寿灌顶》以及传授《香巴拉祈愿经》之教法，并为广大修习佛法之僧俗群众做了布施正法和财物等诸多善事。七世班禅额尔德尼向摄政热振大金刚持（སྲིད་སྐྱོང་རྭ་སྒྲེང་རྡོ་རྗེ་འཆང་ཆེན་པོ།）赠送了厚礼，摄政热振大金刚持也无限敬佩地多次相会、回赠礼物，并接受了政教合一相关的教诲。七世班禅额尔德尼在即将返回后藏之时说道：“以后很有缘分再次到达拉萨，现在要将罗布林卡各寝宫里所有自己的僧装以及各种饰品、马鞍以及不同样式的噶巴（ཀ་པ།）和喀巴（ཁ་པ།）蒙古包等诸多财物托付给热振大金刚持保管，不仅是考虑到以后的殊胜缘分，而且也充分体现了师徒思想一致的预兆。”

四日，七世班禅额尔德尼动身返回后藏，路途于桑定寺（བསམ་སྡིངས།）驻锡了5天，于绒降钦（རོང་བྱམས་ཆེན།）寺驻锡了一天，在伦饶寺（ལྷུན་རབ།）驻锡了7天，噶、陀（དགའ་ཐོབ།）二寺各驻锡了3天，期间为七世班禅额尔德尼进行了周到的侍奉以及敬献丰盛的礼品。七世班禅额尔德尼于伦饶寺，传授了“欲界佛母”之仪轨；于噶、陀两寺专门举办了“供养生佛”之法会，还向噶地大集会的僧俗群众传授了《长寿灌顶》和《香巴拉祈愿经》。此后，七世班禅额尔德尼前往其出生之庄园，为生佛斯杰玛（འཁྲུངས་ལྷ་སྲིད་རྒྱལ་མ།）进行了盛大的供养，两天期间庄园主对所有主仆进行了周到的侍奉以及敬献丰盛的礼品。

五月十八日，七世班禅额尔德尼抵达德钦宫就坐于金刚法座上。二十八日，于扎什伦布寺对所有新入弟子授予具足戒。七月五日和六日，按照传统惯例，为两个札仓的僧人授了《长寿灌顶》。七日午餐之后，七世班禅额尔德尼坐于僧众之首，亲自喜悦地为僧众传授了《白色文殊师利》《文殊师利祈愿》《文殊言之狮子》等仪轨。为了祭奠蒙古喇嘛金龙巴（གཅེན་ལུང་པ།）之圆寂，派艾木奇顿杰（ཨེམ་ཆི་དོན་རྒྱལ།）等人专门将七世班禅额尔德尼迎请到大经堂午茶僧众之首，敬献了汉式银币80块、藏银5块以及大量的丝绸和氆氇等，还向每位僧人敬献了银元7块。八日中午，七世班禅额尔德尼抵达法会，向僧众念诵了文集第五函（ཅ་）佛经前部分的内容。喀尔喀喇嘛噶钦罗桑朗杰（བཀའ་ཆེན་བློ་བཟང་རྣམ་རྒྱལ།）专门请仲让巴益希群培（དྲུང་རམས་པ་ཡེ་ཤེས་ཆོས་འཕེལ།）将七世班禅额尔德尼迎请至寝宫传授尊胜佛母（རྣམ་རྒྱལ་མ།）①之佛法，七世班禅额尔德尼高兴地答应了。

---

① 尊胜佛母是昆声遮那（大日如来）的化身，藏传佛教三长寿佛（无量寿、白度母、尊胜佛母）之一，三头六臂，头戴五佛顶宝冠，全跏趺坐莲花上，右上手执莲花，上有小佛像一尊，头上方为七世达赖喇嘛，下方为不动金刚与手持金刚。

之后，七世班禅额尔德尼为雪苏康（ཞོལ་ཟུར་ཁང་།）的女儿等4人授沙弥戒，并为日喀则的薪俸官普大老爷（ཕུ་ད་ལོ་ཡེ།）和管家以及3名随从传授了“朱杰法系”之《长寿灌顶》。

八月二日，为去年八月中锡金和不丹即将发生战争时，西藏噶厦地方政府虽然特派达本（མདའ་དཔོན།）①进行调解，但未果。今年随着气候变暖即将可能发动战争之危险，七世班禅额尔德尼曾于二月在拉萨驻锡期间，大诺门汗和噶伦们将此事向七世班禅额尔德尼和达赖喇嘛做了汇报，又向锡金与不丹双方进行调解，不但未有和解反而形势越来越严峻。此后，七世班禅额尔德尼返回扎什伦布寺后，立即向帕里②公商（ཕག་རི་གཞུང་ཚོང་།）的两位仲巴下达命令，向不丹的第悉赤巴（ཇེ་སྲིད་ཁྲི་པ།）和巴卓本洛斋波（པ་སྒྲོ་དཔོན་སློབ་བགྲེས་པོ།）以及锡金国王赠送佛像等厚礼，使彼此双方都能遵守班禅额尔德尼的命令，特别是巴卓本洛斋波对班禅额尔德尼极为尊敬地说：“如果不听所有教诲，使您心中不安的话，甚为不佳。”遂立即撤离了军队，双方皆送来了遵守命令的书函，并特派两人详细地汇报了情况，故七世班禅额尔德尼极为喜悦地对他们说：“近期我为佛法和政务所着想，你二人也为此做得很好。”故为每人赏赐了整套衣服和白银50两、砖茶6包。三日，七世班禅额尔德尼闭关修行“大威德怖畏金刚 ”之佛法。在修行的期间，如同平常一样为进行施烧仪轨、会轮、认真念诵佛经者们发放酬金。二十七日，新任噶伦③转

---

① 旧译戴琫。原西藏地方政府藏军军职。清乾隆末年，开始确定每一达本辖兵500名，后来渐有扩充。

② 镇（宗）名。藏文音译，由当地山形似猪形而得名。此镇海拔4200米，有“世界第一高城”之称。帕里在清朝时由噶厦地方政府设立宗制，在亚东设商埠、西藏地方政府设置“卓木基巧”（亚东总管）之前，亚东县为帕里宗管辖，宗本由噶厦地方政府委派两名五品俗官管理，之后逐为帕里税官管理，是当时西藏南部的贸易中心之一。1960年成立亚东县人民政府，废除原“宗”与“总管”制，帕里归入亚东县辖至今。

③ 原西藏地方政府最高行政官员。通常为4名，官阶为三品，即噶藏贡伦的简称。

交上部地方送来了私人信件,信中曰:“美达(མེ་ཏ།)与大中堂(ཀྲུང་ཐང་ཆེན་པོ།)对外国人有可能产生忧虑,增加汉式训练的新兵,故引起大的骚动,有所损害班禅承诺的三年期间不会发生战争的诺言。”(七世班禅额尔德尼将此信)已经转交给中堂并请求按照此执行,祈愿今后不会有战争、国泰民安。

九月三日之吉日良辰,按照七世班禅额尔德尼的意愿,清宣宗道光大皇帝也降旨派遣布达拉宫的管家朗杰群培(རྣམ་རྒྱལ་ཆོས་འཕེལ། ཕྱག་མཛོད་རྣམ་རྒྱལ་ཆོས་འཕེལ།)为扎萨克喇嘛(ཛ་སག་བླ་མ།)举行坐床,七世班禅额尔德尼于欢喜持法寝宫之宝座上进行了坐床仪式。按照惯例,扎萨克喇嘛向七世班禅额尔德尼敬献了坛城、佛像、佛经、佛塔、吉祥八宝[1]、七政宝[2]、法轮、法螺以及金银财宝等。供餐、饮茶时,亦向扎萨克喇嘛进行了问候。之后,于欢喜庆典期间,扎萨克喇嘛向七世班禅额尔德尼敬献了上乘哈达和金子,承诺其到达所属地方之后要按照七世班禅额尔德尼的主张进行皈依和弘扬佛法,七世班禅额尔德尼也进行了吩咐,并赐予上乘黄色哈达和亲手书写的“持寿书”,并为扎萨克喇嘛灌顶。九日的摸顶之时,为来自阿柔地方的300余人进行了摸顶以及传授了《香巴拉祈愿经》。

十一日,扎萨克喇嘛敬献了厚礼和进行了依照尊胜佛母仪轨有关的忏经法事,经师大活佛请求有关教理之祷祝,七世班禅额尔

① 冠冕、耳环、项链、手镯、足镯、腰带、项环和腋络。

② 此为转轮王执政之7种宝物,故又称之为轮王七宝。7宝为:金轮宝、神珠宝、玉女宝、主藏臣宝、白象宝、绀马宝和将军宝。金轮宝为黄金所造,具千辐,一日行上千由旬。由于其功德,轮王之座象等随从能行于33天以下天空,王能闻凡人所不能闻者,无敌于天上天下。此宝生于天空。神珠宝为帝释天所赠,大如巨人之大腿,为八角形,夜间发光,照耀方圆100由旬,暑日能生具八功德圣水。由于其功德,方圆百由旬无病灾,并能完成主人所想之事。玉女宝为大臣所赠,身有檀香味,口喷青莲香,由于触之不生烦恼,众人自然视之为母亲、姐妹,能消除本洲饥馑,与众生称心如意,多生贵子,不被五欲所迷惑。主藏臣宝,无烦恼,摒弃不善,诸学不教自通,诸事不命自办,于众生慈悲如亲生父母。白象宝,知理听命,日行赡部洲三周,王骑之能自行至王欲至处,能胜敌方。此宝为帝释所赠。绀马宝,毛色如孔雀颈部,功德同象宝,亦为帝释所赠。将军宝虽能消灭一切敌人但不伤害他人。有学者认为,四轮王中之金轮王由于不战而自胜于天下,无需作战,故无将军宝,而代之有管家宝,此宝对王俯首听命,能使金银满库。

德尼经师要求答应，与此同时司膳和司寝等内部官员、各个职能部门的官员、苏希（ཟུར་བཞི།）之规范师、掌堂师、所有仲科、大总管、各个米村（མི་ཚན།）也都敬献了财物以及进行了祝祷，祈愿的人也有许多。七世班禅额尔德尼为安多罗桑次成（ཨ་མདོ་བློ་བཟང་ཚུལ་ཁྲིམས།）一同来的300多僧俗群众传授了“四臂观音”之加持，施主及诸多人承诺了积累一亿个玛尼石[①]，敬献于七世班禅额尔德尼。十一月六日，翟卧康萨（ཏི་བོ་ཁང་གསར།）的女施主专门前来拜访，七世班禅额尔德尼为女施主赐予自己日常忏经即《所缘度母悲心经》《一百字》《度母》等佛经和经常佩戴的度母像和神物，还向康萨施主赐予了护身结等礼品。三个康巴仆人发誓要集累一亿个度母像，敬献于七世班禅额尔德尼。此时，班禅因血压高等原因脸色有所变化，遂进行了三部《甘珠尔》大藏经的盛大忏经法事，再加上命令布达拉宫的管家铸造三尊黄金长寿佛像，每尊佛像用黄金五十两，佛像法座皆用白银铸造。此外为健康长寿，还从经营牲畜处买了数百只羊放生。

上述未记载的还有，在六月份内七世班禅额尔德尼先后5次向99名受戒者授予了近圆比丘戒和传授了两篇《长寿灌顶》。大法王罗桑朗杰（རྒྱལ་ཆེན་རྗེ་བློ་བཟང་རྣམ་རྒྱལ།）考试四品《释量论》之责难辩经，七世班禅额尔德尼按照惯例赐予其应得的奖励。此年，贡林大寝宫日光殿（ཀུན་སྒྲིང་གཟིམ་ཆུང་ཉི་འོད་ཆེན་མོ།）的所有柱子前后各处粘补了桦木以及在凹凸不平处铺垫金纸并于裂缝等处涂上了绚丽的色彩，圆满完成了杰仁布切（རྗེ་རིན་པོ་ཆེ།）和杰绛贝嘉措（རྗེ་འཇམ་དཔལ་རྒྱ་མཚོ།）、金刚大威德（རྡོ་རྗེ་འཇིགས་བྱེད།）为主的全部本尊、佛、菩萨的塑像

① 藏族石刻艺人在石块或片石上雕刻“六字真言”，表示求福禳灾，或刻有佛、神像，或刻有虫、鱼、猫、蛙等动物形象，表示对此动物伤生的忏悔。由宗教信徒购置于路边、河滩、山坡顶。过路信众常在旁加几块石头或插上一支经幡。如此天长日久，嘛呢石成堆，亦称为“嘛呢堆”。

等，七世班禅额尔德尼为画匠们赐予了薪酬。此外，对（塑像）未入座的殿除了两根粗大的长柱子之外每根柱子两头皆钉上了钉子等，所有工程七世班禅额尔德尼亲自指挥进行竣工，还做了撒花等善住仪轨。七世班禅额尔德尼每天都要来日光殿转经多次，遂使柱子粘贴在内的所有物品自然成为缘份之福田。上述佛殿重新扩建时，大经堂南面重修了一扇新门，此时工匠等人还没有注意到西面的大佛已经移位。七世班禅额尔德尼听到此情况后，立即向画匠头领作了指示，对此画匠头领说："需要做仔细地观察，但除了将东面的班旦拉姆（吉祥天母）缩小之外，没有其它方法。"七世班禅额尔德尼说："将班旦拉姆缩小是根本不行的。"七世班禅额尔德尼亲自前来并亲手画了蓝图，不仅使班旦拉姆没有缩小，大佛也保持了原来的模样，并呈现了独特的艺术风格，所有画匠感到惊奇而大为敬信。此班丹拉姆除了上色之外，全是七世班禅额尔德尼亲手绘制，故传说他是一位有着德高望重的尊师。十二月二十八日，像往常一样于密宗室进行度母仪轨时，跳神领头人因脚足之病而突然摔倒，后将其送到住宅，新换的跳神领头人由阿嘎玛（ཨ་སྐྱ）来担任。

藏历十二月二十九朵马之日抛驱鬼食子时，法王的飘幡[①]突然断了，铁堡即将快要倒塌而需用木钉加固。于贡觉林做新年的朵玛时，七世班禅额尔德尼与往常一样进行视察，当从寝殿动身时立即产生了需要重做之事，发生了较多的噩兆，此乃是翌年七世班禅额尔德尼贵体要遭遇障碍的征兆。故于此年修建佛像、佛塔、恭敬三宝、布施、放生等诸多经忏、佛事活动，所花的钱财折合银子算共计 5640 余两。

谓之"平和"（ཞི་བ）即藏历土阴鸡年（己酉年，1849 年）的新年

① 藏历十二月二十九朵马之日，抛驱鬼食子时用作前导、上部为三角形的一种彩幡。

到来之时，二十九的“多玛”和喜宴等庆典虽然和以往一样，但在新年的清晨即将吹长角号时，一个长角号突然丢失，不知谁拿走再也无法找到。此外，在供奉元旦食子时，也出现罕见的暴风雪；新年初一太阳初升时太阳之半部被罗㬋遮盖（日食），据说此乃为极不吉祥之兆。藏历一月刚开始就持续出现有极坏的恶劣天气，而且有一个上午贡觉林与寺院（即扎什伦布寺）等地，人们于二十米多距离之间相互无法看见对方等，附近所有地方被类似浓雾的东西笼罩着，还于消失时像霜一样的东西将所有的山、水、树林笼罩着，出现了前所未有的噩兆。此外，还出现了十五月亮全食，月亮像被带到了西瞻部洲，总之出现了许多不祥征兆。为尽快平息不祥征兆七世班禅额尔德尼带头念诵了大藏经《甘珠尔》和《丹珠尔》等大量佛经，并嘱咐所有家居和外出者皆要大做祝寿法事；还为脱杰多囊（ཐོབ་རྒྱལ་རྫོ་ནང་།）地方的罗桑曲珍（བློ་བཟང་ཆོས་སྒྲོན།）等部分人授了沙弥戒，并对罗桑曲珍说：“你是我的亲戚，需要有一个不离身之物。”遂赐予其一个响铜佛像。这时候上下寺院等诸多寺里念诵数百遍大藏经《甘珠尔》佛经，所需的许多费用皆由（七世班禅额尔德尼支付），并为新入大寺的僧人授予沙弥戒。

直至二月一日，天象一直不佳，三日天象、星辰等极佳之时，赤列巴钦波（འཕྲིན་ལས་པ་ཆེན་པོ།）和仲科（དྲུང་འཁོར།）以上的官员、索西们、大总管、各个米村向七世班禅额尔德尼敬献了丰盛的礼物，并再三向至尊尊胜佛母（རྗེ་བཙུན་རྣམ་པར་རྒྱལ་མ།）祝寿祈愿，七世班禅额尔德尼欢喜地接受，从这天起，天气变的格外晴朗，民风甚好。密咒大师谢阿乃杰贝丹扎巴（སྔགས་ཆེན་ཞལ་སྔ་ནས་རྗེ་དཔལ་ལྡན་གྲགས་པ།）迎请七世班禅额尔德尼至法会之首座，敬献了丰盛的财物，并请求经忏、祈祷，七世班禅额尔德尼赐予《金刚经》等上佳佛经。之后，七世班禅额尔德尼将经函等以及所有仲札（དྲུང་གྲས།）以上官员所敬献的银钱布施给了僧众。

五月七日，七世班禅额尔德尼为密咒大师谢阿乃（སྔགས་ཆེན་ཞལ་སྔ་ནས།）授了百遍《长寿灌顶》。是日，喇嘛赤列巴钦波向七世班禅额尔德尼呈上降雨报恩之消息。七世班禅额尔德尼说："最迟到明后天会降雨"，果然及时下了雨。六月二日，以往在噶绕（དགའ་རབ།）未有喝茶之资金，然而从这年开始七世班禅额尔德尼下达指令赐给250两藏银作为喝茶、经忏之资金。

为贡觉林修建二十多万白护法神印刷像之新殿时，迎请了七世班禅额尔德尼、四位谢阿乃以及诵经嗓音好的僧人等以一大威德金刚的自首灌顶为先所依神殿和能依佛像等做了井井有条、有头有尾的开光仪式。溪雪（གཞིས་ཁོལ།）①首领向七世班禅额尔德尼祈请而得到允诺的那天晚上即下起了毛毛细雨。萨迦达钦（ས་སྐྱ་བདག་ཆེན།）②亲自前来拜见七世班禅额尔德尼，敬献有财物并请求经忏、祈愿，七世班禅额尔德尼允诺，同时也赐予了厚礼。七世班禅额尔德尼连续几天接见了寺院赤巴和朝拜者，并回送厚礼。其次，达钦仁布切（བདག་ཆེན་རིན་པོ་ཆེ།）敬献厚礼同时请求现在和以后也要得到七世班禅额尔德尼关照，七世班禅额尔德尼说："为实现所有的祈愿，

---

① 所属扎什伦布寺的庄园。

② 萨迦寺的官职名称。清代以来萨迦达钦在萨迦寺及其附近一直保留有一小片管辖区，拥有夏布吉定孜东、班典孜、宇坚、却嘎尔、定日帝东、布嘎尔等20多个鞢卡。管理这一辖区的政权机构以萨迦达钦为首领，分僧俗两个系统。宗教的系统称为"孜"，包括萨迦达钦的经师和孜强佐、司膳、司寝、司祭三大堪布及措卓（传达官）、医生、侍卫、轿官、马官等，负责萨迦达钦的学经、饮食起居及出行等。行政系统称为"雪"，由萨迦佐巴（僧俗官都可担任，萨迦人称之为夏白，与拉萨人对噶伦的称呼相同）一名主管，下设秘书长（仲译钦莫）工人、副秘书长3人、掌库房官两人、卓尼（知宾）4人、军事官一人、雪森噶一人、普通俗官10余人。分强佐列空、聂仓列空、译仓等机构，负责摊派差税、审理案件及任免官员、与地方政府联系等事务。萨迦政权在管辖的各鞢卡中派有鞢堆，管理各鞢卡的事务。除萨迦寺外，萨迦达钦在阿里，前、后藏、康区还管理一些萨迦派的寺院，如青海玉树的结古寺、囊谦、德格、桑耶寺所辖的饶迥札仓、江孜的江堆德瓦坚寺，都由萨迦派遣堪布或喇贵前去管理。其中俄尔寺的堪布由萨迦提名，经噶厦地方政府报请达赖喇嘛批准后，才能任命。各派出人员任期届满返回时，要向萨迦达钦和各列空上交规定数量的财物。派往不丹的喇贵则要向萨迦上交大米。另外在萨迦寺设堪钦工人总管寺务，堪钦之下设有吉索康，负责萨迦寺的财物收支，供应各种法会所需物品及管理信徒所奉献的布施等。

请坚持向三宝祈愿吧!”欢喜地允诺并赐予教诲。

七月,掌堂师按照惯例请求七世班禅额尔德尼为法会传授《长寿灌顶》,七世班禅额尔德尼皆予以答应,由于膝盖极为不便利,故分为两天进行灌顶[①]。之后,按照喇嘛赤列巴钦波请求,在法会两天内分别进行白文殊师利五神(འཇམ་དབྱངས་དཀར་པོ་ལྷ་ལྔ།)大灌顶之加行和正行,其修正等起[②]时言道:“噢啦,要按照至尊宗喀巴所言去修,仅有大乘法也不行的,人成为持大乘者是关键,要成为大乘者关键在于菩提心。如有一般的心获得大乘也是一般;如有合格标准的心方能得到真正的大乘,所以为此而努力。”闻思修三者不管进行哪一个,都要有无垢的菩提心所感染的善心以及修行到底的意志。相反,心若被追求今世的幸福名利所占领的话,那么其等起所做的事皆为罪恶,阿底峡尊者所言:“根为药,其枝和叶亦是药;根为毒,其枝和叶亦是毒。若有如此之根为贪嗔痴等起所做的事皆为罪恶也!” 如此,仲敦巴甲瓦迥乃(འབྲོམ་སྟོན་པ་རྒྱལ་བའི་འབྱུང་གནས།)向觉沃(阿底峡,ཇོ་བོ།)问道:“欲想在今世得到幸福安乐和利养恭敬[③],所做之业会有何果?”觉沃回答道:“此果唯尔有。”又问道:“那后世会有什么?”回答道:“有地域、有恶鬼、有畜生。”就像尊者所言,欲想在今世得到幸福安乐和利养恭敬所做的大部分业乃是恶趣之因,欲想在后世得到佛与人之吉祥幸福所做的大部分业仅是轮回之因,若仅为追求自己一个人安乐的人们最终要掉入恶趣之深沟。上述是七世班禅额尔德尼有关加行之演讲,并于两天之内完成了加行和正行修法部分。七世班禅额尔德尼又言道:“如此

① 梵译音作“阿毗讫加”。有驱散、注入之意。谓能驱散二障,洗净身心,于此净器注入智力。凭依真实仪轨,种植四身种子于蕴界处中,完全成熟身心相续之道。

② 即念头,欲此时某种行为的心思。

③ 即贡献财物和优礼伺候。

有成就之灌顶要从哪位大师身前获得呢？就是于修行坛城之神尊前所获得的。而不单单是于上师身前所获得的。上师就像是请求者之领头人，如此近圆戒也要在受过规范的僧众们身前获得，而不是近圆戒堪布一人，僧众们也不需挑出各个人的缺点和顾忌，忏悔者就要忏悔，守戒者就要守戒，加持者就要加持，为做一名清净无暇者修行吧！”并有理有据地详细传授。此时，有关别解脱戒也十分惊奇地执持，其主要原因是在藏历水鼠年中，前藏尊者的几个弟子在其他堪布那里一日修行受多个戒，如此不能一起受近圆戒而重新受戒之缘故，一切未来之事被无障智慧所断见，此事万一成为兔子惊忧之传说，必会出现许多不僧不俗人，为此等事情着想而提前传授必要之教法，仅仅这点的恩德也无法估量！

七世班禅额尔德尼为年满七十岁的所有人员像往常一样进行了《长寿灌顶》，喇嘛赤列巴钦波按自己所愿为七世班禅额尔德尼授了长寿与马头明王①合一的灌顶。此时，七世班禅额尔德尼略微出现了以前的病症，遂加大进行经忏等法事。十三日，赤列巴钦波、索西们、大总管、近侍、司膳司寝官等人长久以“尊胜佛母仪轨”来祈求尊者长寿，七世班禅额尔德尼也予以答应。七世班禅额尔德尼临近动身前往榭（བཤེད）地沐浴秋季温泉时，多吉帕姆活佛惯例来信函，其结尾处书写了“为了众生祝您长命百岁！”七世班禅额尔德尼再三对其说：“此为不好。”赤列巴钦波等说：“为了尊者长寿，故祈愿和发心要广大。”此时，七世班禅额尔德尼虽然没有疾

① 藏传佛教密宗有九尊马头明王，都是忿怒相，有两臂、六臂、八臂的，还有身后带翅膀的，身色都是佛经要求非黄非赤的棕红色，三只眼，鬃毛上竖，绿色马头。藏密认为马头明王是胎藏界（表大日如来的理性）观音院的本尊，是观音菩萨的忿怒相之一，是救度逻刹洲众生的本尊。而在格鲁派寺院里的马头明王大都不带翅膀。据说患病念经求他疗效更好，否则只有钱财败光才能病愈。带翅膀的马头明王有3个头，中间一头呈红色，左头呈白色，右头呈青灰色，三个马头向三个方向张口嘶鸣，喻为向三界挑战：主尊右手持金刚杵，左手托金刚铃，拥抱着淡红色的明妃，明妃名叫多罗。金刚6只手，各持骷髅碗、索子、蛇、骷髅杖等，不管是哪种马头明王，右边的第一只手大部分上扬，持一根骷髅杖。

病，但随从们没敢透露一点信息。在前往沐浴之时，不仅没有平常不同的喜悦，而且向近侍尼曲（ཉི་ཆོས།）等人再三地说："在我的梦兆中贡林（ཀུན་གླིང་།）和德钦颇章两显现的极为清晰，但更清晰而美好的是寺院中心的旧宫殿。"近侍尼曲等人问："这是为什么？"七世班禅额尔德尼回答道："怎么知道，我也从未去过。"七世班禅额尔德尼在温泉，虽有与往常不同的而心有不安的现象，但像平常一样接见了朝拜者。温泉房顶和附近不仅有许多乌鸦的叫声，而且在温泉石板地面的中心用土石修建的座席上竖有一桩小布幢被乌鸦拉倒在地时，七世班禅额尔德尼下令重新竖立，（随从者）马上将（小布幢）立起后并向七世班禅额尔德尼问道："面对这些各种各样的噩兆，怎样进行经忏法事？"（随从们）按照七世班禅额尔德尼之教导，于此地方的各寺院妥善完成了经忏法事，尤其俄曲日卓甘丹孜（དངུལ་ཆུ་རི་ཁྲོད་དགའ་ལྡན་རྩེ།）是至尊罗桑确吉坚赞（རྗེ་བཙུན་བློ་བཟང་ཆོས་ཀྱི་རྒྱལ་མཚན།）所建立，是为许多大德善士的特殊居住地而着想的，从此年开始到佛法在世永远即设立赐予（每位僧人）一年一包茶之基金以及 15 章喀[①]藏币，而且做了永久不可中断之承诺，尽力弘扬佛法之事。

七世班禅额尔德尼从温泉起驾返回寺院时，如往常一样赐予了礼物，并邀请杰波巴（བྱང་སྤུག་པ།），其对七世班禅额尔德尼说："之前托付您进行极善之酬谢，赐给哈达一条。"又说道："要做明年此时还要到此地之功业。虽有赐一个哈达的传统，但今年只给了酬谢哈达，以后再来的功业哈达尚有所准备。"但七世班禅额尔德尼说："不要了！"这明显是从此年就已决定不到此地了。

七世班禅额尔德尼从温泉起身，行程情况与往常相同。十月

① 藏语音译。西藏货币的一种计算单位。最早铸造的是银质章喀，每枚重 1 钱 5 分，定值一两，其后以红铜铸造。后来印造钱币时，有的用章喀为计算单位，也有的用两为计算单位。

一日，抵达贡觉林寺接受了朝拜，满足了所有僧俗群众的意愿。三日上午，七世班禅额尔德尼动身前往大象园，为饲养大象的人员和饲养马的人员进行了摸顶，然后说道："扎顿（བཀྲས་དོན།）戴上帽子，将大象食的草拿来。"并亲自将草喂给大象。此事结束后，七世班禅额尔德尼立刻至寝宫休息，再三地说道"今天群培（ཆོས་འཕེལ།）没得到摸顶，他很可怜。"此外没说任何话，就如同已经进入法界，决定不进任何饭食，像是进入修持证悟，不关心一切事情。身前的侍从们再三地祈求其用点膳食，但他根本不食，而且有时候作出呵斥之姿态，说道："现在的膳食没有任何作用了。"然而身前的侍从们没有一点办法，但是再三的请求下能够喝一口茶、吃一口饭。然而寺院年月之宴席和为乞丐施舍的吃穿等既隆重而丰盛，祝寿的类别亦比较多，众僧日夜不停地新画有三种长寿佛画像一亿多幅悬挂于寺院前面的房子里。索西喇嘛对此等进行了加行、正行、结行之开光仪轨，并赐予了丰厚的费用和酬金。

日喀则头人（གཞིས་རྩེ་ཚོ་སྤྱི།）以及诸多商人都进行了巨大供养，以此来祈求七世班禅额尔德尼常驻人间。班禅答允了此等人的请求，并对他们每个人进行摸顶和赐予护身结。对丹修行处（འདམ་རི་ཁྲོད།）恰垛（བྱ་དོལ།）之转世活佛依次授予居士、沙弥、比丘等戒律，之后对一具有殊胜加持力的佛陀塑像进行了圣住之散花并将其赠予该转世活佛。之后，聂巴（གཉེར་པ།）与囊索（ནང་གསོ།）共同敬献供养物资等，祈求班禅安乐地常驻于世间。于此期间，班禅额尔德尼的身体等并未出现疾病等现象，因此，他的衣食住行一如往日。但是，从这年年初开始，身体除了出现许多不吉祥的征兆外，还有其寝宫上方聚集有许多乌鸦，发出长时间刺耳的叫声，且在上空飞来飞去，显现诸多不吉祥之征兆。此外，空中的多朵彩云犹如悬挂的吉祥彩幔，当一眼看去时，这些云朵有的呈现海螺状、有的呈现瓶子状、有的呈现树木状；有的时候，多次呈现出白云犹如百布横挂空中等奇异的现象。十一日那天，七世班禅额尔德尼尊前的所有人一同恳求班禅吃些润喉之食物，班禅额尔德尼回答说：“我在之前所讲的古香多吉帕姆活佛信函不是好兆头的缘故也是如此，浪玛温泉（ནང་མ་ཚ་ཆུ།）地方出现有许多乌鸦发出不悦之叫声等不祥的征兆，但此地方并未出现任何灾难也令人非常高兴。”七世班禅额尔德尼尤其对于许多祈求常驻的人们，有的只是答允，除此之外的则不应允任何事情。班禅额尔德尼问道：“十五日是哪一天？”之后，又说：“是哪一天考试？”在此期间，人们再次请求班禅额尔德尼吃些食物并祈求常驻时，七世班禅额尔德尼只是说：“到了时间应像如意宝树一般。”等外，祈求一概未有应允。在近侍等人的再三请求下，七世班禅额尔德尼只喝了一两口茶，没有吃其它食物，侍从们也毫无办法。虽如此，但班禅额尔德尼的身体依旧不失其威严，显得十分健朗。此时，摄政诺门汗下令让卓康仁布切（སྒྲུབ་ཁང་སྤྲུལ་པའི་སྐུ།）带着许多丰盛的供养物资，祈求班禅务必在本月十五日之前要安驻人间。于是卓康仁布切连夜秘密出发，于十一日黄昏时刻到达（日喀则）。第二天，将卓康仁布切到达的消息告诉了班禅额尔德尼时，班禅说：“哎呀，这下不好，摄政多吉羌活佛（སྐུ་ཞབས་སྲིད་སྐྱོང་རྡོ་རྗེ་འཆང་།）定有不许之请。”故而班禅额尔德尼内心有点忐忑不安地说：“哎呀，这事现在该如何是好，不见卓康仁布切的话，他定能知晓。”于是七世班禅额尔德尼在寝宫接见了卓康仁布切，此时卓康仁布切按照摄政诺门汗的指令，祈求班禅额尔德尼遵循此前与摄政诺门汗在拉萨相见时答应其寿命要活到104岁的承诺，要一直安驻世间，不要有任何变数。班禅额尔德尼赐予其茶席，并进行了问候。第二天，卓康仁布切去谒见叩拜时，班禅对其回赠了礼品，并将亲笔题写在粉筒木简上的“佛胜利了”（ལྷ་རྒྱལ་ལོ།）等似乎答应其祈求的字样赠予卓康仁布切。从十六日开始班禅额尔德尼能稍进一些食物,在此之前除了喝一点茶水和少许的粥、汤外,十四天中没吃任何东西了,但是其身体依然保持着威风凛凛,此等之神通甚为不可思议,如此使(众生)更加生起无比敬仰之心。

十七日开始,七世班禅额尔德尼的饮食状况有所好转,所进食物慢慢变多了。哲蚌寺的戒律堪布(འདུལ་བ་མཁན་པོ།)和色拉寺切巴札仓堪布(བྱེས་པའི་གྲྭ་ཚང་།)携带卫区各大寺院札仓供养的物资来到班禅处,诚恳祈求班禅额尔德尼常驻人间。尊者赤列巴钦波和夏仲巴(ཞབས་འབྲིང་པ།)等住于功德林的所有人以金、银等物资进行巨大的供养,并祈求班禅常驻人间,班禅未应允。赤列巴钦波以个人力所能及的物资进行供养并再次诚恳祈求班禅额尔德尼能够安驻世间,对此班禅额尔德尼回答到:“我也是如此在做,但是这次因缘微弱。”如此便觉得事情不妙,于是在第二天通过驿站派出使者向怙主达赖喇嘛处以金银等物资进行供养,以求护佑并卜卦问吉凶。这个时期,供于祈求安驻的金、银等财物总计藏银1600两全部布施给僧众、寺院以及供养于佛法僧等三依,为班禅额尔德尼安驻人间做了善缘。内侍等人各自供养诸多财物,再一次,于寝宫身前的每位侍从皆向班禅额尔德尼祈求班禅安驻世间并敬献有礼物,但是班禅额尔德尼并没有答应什么。由于各方面的情况不是太好,因此尊者赤列巴钦波的主事人将用于各大寺庙念诵《甘珠尔》所需物资都一一供给。桑定寺的尊者多吉帕姆活佛供养了许多的物资来祈求班禅额尔德尼安驻世间,不仅如此,管家个人也以50两银子作为供养,祈求班禅额尔德尼安驻世间。同样的由本寺院的年长格西(译者注:全称为“格微西年”,最初为吐蕃王朝的僧职官员之名称,意为善知识。赞普赤德松赞所立噶迥寺碑中曰:“赞普子孙,自幼之年起,直至秉政作人主为止,从比丘中任命善知识充任教师,尽全力教其悉心修习佛法。”可见此职由出家僧人担任,职责是为未成年的王子教授佛法。后来此词缩称为格西,成为精通佛法的某些高僧的一种称号。格鲁派兴起后，在其学经考试制度中将格西规定为一种寺院的学位。）200余人供养了许多物资以祈求班禅额尔德尼为了佛法大业使身躯如金刚般永驻于世，如此诚恳祈求虽没有赐予摸顶，但在安利小寝宫得到盛情接待。又有尼泊尔商人30人携带诸多供养物资来到班禅额尔德尼处祈求安驻，虽未能摸顶，但给每位商人都赐予了护身结。

二十一日，在给山间修行者进行摸顶的同时，七世班禅额尔德尼说要给所有比丘尼进行摸顶，但由于班禅身体不是太好，所以近侍们诚恳地请求班禅额尔德尼赐予接见即可，班禅没有说什么话，依然给所有人进行了摸顶，对受摸顶的人赐予了无上的机缘。这天日喀则属宗（མངའ་རྫོང་།）四地供养了许多的物资并祈求班禅安驻，对此班禅在寝宫赐予他们护身结。二十六日，当大密咒师持金刚杰尊班丹扎巴（སྔགས་ཆེན་རྡོ་རྗེ་འཆང་རྗེ་བཙུན་དཔལ་ལྡན་གྲགས་པ།）与雍洛活佛罗桑丹坚曲培贝桑布（ཡོངས་རྫོགས་སྤྲུལ་པའི་སྐུ་བློ་བཟང་བསྟན་རྒྱན་ཆོས་འཕེལ་དཔལ་བཟང་པོ།）两人供奉用于做延寿法事的空行母迎遮仪轨所需物体时，班禅说道："此次能供给一座垫的话甚好。"于是雍洛持金刚罗桑丹坚曲培贝桑布便立即呈献了座垫，同时祈求班禅额尔德尼能够永驻于世间。对此班禅额尔德尼说到："我不安驻，能去哪里？"班禅额尔德尼回予如此吉祥之话语，故雍罗持金刚罗桑丹坚曲培贝桑布从寝宫外回到班禅尊前，并对班禅再三说道："上师给予的承诺，便是最大的恩惠。"于是班禅说："就如你所说吧！"故众随从大为放心了。不但如此，而且此前在空中显现的各种颜色的云朵也已消失了，天气异常的晴朗，众人无不欢喜至极。诸位驻藏大臣于二十二日派达苏才旦（མདའ་ཟུར་ཚེ་བརྟན།）前往七世班禅额尔德尼额尔德尼处进行慰问，并要求将班禅额尔德尼的身体状况及时禀告于驻藏大臣。达本于二十四日黄昏到达该处，第二天独自前往拜谒了班禅，并进行了亲切而细致的交谈，然后将此行的情况经珀本（ཚོགས་དཔོན།）500

里加急上报给驻藏大臣。二十七日吉祥日，班禅前往小寝宫彭措更赛（ཕུན་ཚོགས་ཀུན་གསལ།）驻锡，噶伦谢查瓦、达赖喇嘛之父亲以及嘉瓦噶玛巴（རྒྱལ་བ་ཀརྨ་པ།）等祈求护佑和呈献长寿祈祷的人依次到来，对此班禅额尔德尼一一给予以答复。怙主十一世达赖喇嘛派来呈献祈祷长寿的卓尼释迦（མགྲོན་གཉེར་ཤཱཀྱ།）到来时值月末，于是根据班禅的意愿在十一月一日那天进行拜谒和呈献。此时做了些卜卦而且也服了少许药汤。此前，赤列巴钦波请求怙主十一世达赖喇嘛卜卦问吉凶的回信及祈愿辞、供养物资等以及大摄政者的常驻祈愿辞等已送到班禅处，对此班禅一一做了回复。从初一开始，由布达拉宫的管家拨款的藏币40余块都发放布施于后藏地区的各教派寺院，此时也做了关于班禅额尔德尼常驻的许多事宜。

十一月一日，怙主十一世达赖喇嘛特意派遣卓尼（མགྲོན་གཉེར།）替自己向七世班禅额尔德尼供养物资和呈献祈祷辞，祈求班禅永驻世间，并说："我将不久就要迎请上师到前藏，希望能够得到上师的允许。"对此班禅回应说："就如十一世达赖喇嘛所求，为了使十一世达赖喇嘛能够长寿永驻，请将此度母塑像敬献于十一世达赖喇嘛。"七世班禅额尔德尼于是遂从小寝宫中摆放着的诸多供像中取出一尊具有无比加持力的度母塑像和哈达等一同交给了卓尼，将作为十一世达赖喇嘛的问候礼品。诸位噶伦和丹杰林（བསྟན་རྒྱས་གླིང་།）、功德林、萨迦法王等人向班禅供奉了祈求七世班禅额尔德尼长寿永驻等的祈愿辞，对此班禅一一给予了答复。甘丹寺与两札仓派遣夏孜[1]堪布向班禅额尔德尼呈献常驻祈愿辞等，对于堪布的到来班禅进行了赐茶和问候等热情款待。那时，孜管家赐予了用于布施斋僧茶百余次所需的物资。与此同时，绒强钦巴（རོང་བྱམས་

① 甘丹寺的札仓之一。

ཆེན་པ།)、彭措林巴(ཕུན་ཚོགས་གླིང་པ།)、拉孜奥门林巴(ལྷ་རྩེ་འོག་མིན་གླིང་པ།)等也派遣各自的管事者到班禅处祈祷常驻。孜恰尼东(རྩེ་ཕྱག་ཉི་དོན།)为使班禅额尔德尼长寿永驻给僧众进行了一整天的茶供和布施,并在神殿进行了千供,对三灵骨宝塔和语自生佛像等敬献了许多五彩上乘哈达等。赤列巴钦波也敬献了千供和上乘五彩哈达,并向护法神殿敬献了上乘哈达。普布觉活佛(ཕུར་བུ་ལྕོག)专门来到班禅座前,与班禅一同居住在小寝宫,绛巴仁布切(བྱམས་པ་རིན་པོ་ཆེ།)供奉了许多的财物并祈求班禅额尔德尼能够永驻于世间,班禅也对普觉活佛进行慰问等赐予如愿之物。对于普觉绛巴仁布切供奉的长寿佛像,班禅异常的欢喜,并说道:"如若再能进行为期十三日的白度母摄寿仪轨的话,将会非常好。"于是,根据班禅的意愿,进行了白度母摄寿仪轨。上下密宗学院诸祈祷人当中两位领诵师得到班禅的允许,靠近班禅身旁并诚恳地祈求班禅常驻和祈愿长寿,班禅应允了他们俩的请求,在回赐财物的基础上还赐予 20 两藏银,要求他们进行伏魔铁堡的"多玛"仪轨。十二月三日,绛巴仁布切前来呈送延寿丹丸,得到班禅的允许,绛巴仁布切独自前往小寝宫与班禅相见,班禅高兴的接纳了延寿丹丸,并为绛巴仁布切赐予了护身结。第二天,班禅额尔德尼为许多人回赐了诸多财物。绛巴仁布切祈求班禅额尔德尼能给予护佑和常驻世间,班禅回答到:"到初九为止,需做些祈祷!"初七日,班禅的身体有所好转,在参加经忏法会时,绛巴仁布切也被请至此。近侍们敬献了见面哈达和礼品,班禅对从远方赶来此处的朝圣者进行了摸顶。

此年年初,温寺(དབེན་དགོན།)众僧人为七世班禅额尔德尼进行了常驻祈祷。嘉钦则巴噶钦彭(རྒྱལ་ཆེན་རྩེ་པ་དཀའ་ཆེན་འཕེལ།)的后人南杰(རྣམ་རྒྱལ།)供奉了诸多财物,班禅为其进行了摸顶和回赐礼品。先后对 231 人授予佛法之根本、戒学之主旨、别解脱戒之最上的近圆比丘戒律等，将此等受戒者引入解脱之门。二十九朵玛日，班禅一如往日前往参加法会并观看了“羌姆”①。犹如前面所述的，班禅此前预言圆寂之日与今年的征兆极为吻合，但是由于信仰坚定者的诚恳祈祷并进行诸多无瑕常驻长寿等的加持力和作用下，班禅额尔德尼答应了再活几年的承诺。然而，从这年开始班禅逐步开始趋向于圆寂，而且有的时候还会说一些“我的事已办完”等的话语，七世班禅额尔德尼身前的侍从们祈求班禅能够永驻世间，对此班禅再三说道：“我现在已对佛法和众生做不了什么利益之事，活着只是对自己制造困难而已，不久将会轻松地转世于此地。”对于班禅的这番言论身前的侍从们惊恐不已，祈求班禅收回此话，不再说这种不吉利之语。对此班禅额尔德尼说：“我一直可以如此去做。”但七世班禅额尔德尼不再修行观音等法，之前有的大象、虎豹、汉藏坐骑、家犬等珍贵动物逐渐离去，班禅对此等只是一瞥，并不太在意。班禅对曾拜见和闻悉佛经、受过摸顶的所有人士进行摸顶等异常频繁。班禅这样做是为了政教事业昌盛，除了特殊的一些人外，班禅并不太在意，他日夜寂入禅定一言不发。此年，为了班禅长寿永驻，也为了佛法兴盛和众生利乐，于中殿之姊妹护法前供奉了一由70余两黄金铸成的钵碗和由纯银铸成的用于供献神饮的器具，并将630余只绵羊进行了放生；每一天给大殿布施僧茶百余次，给密宗殿布施僧茶500余次，给卫藏诸寺院布施僧茶，进行供养三宝，并为乞丐发放布施等，发放布施换算成银子总计10630余两。

---

① 藏语译音。原意为“舞”或“舞蹈”，现为寺庙古典舞的专用名词，即跳神舞。羌姆艺术的起源主要有两种观点：一、源于藏族原始的苯教，从苯教的仪轨傩舞发展而成；二、莲花生在桑耶寺奠基仪式中，为了驱魔镇邪，洁净寺庙基地，确保建寺顺利进行，表演了金刚羊羔舞。“羌姆”有戴面具的和不戴面具的，有僧人表演和俗人表演的，不论哪一种只限男性参加，只能在特定的时间和场合表演，舞蹈有独舞、双人舞、三人舞和集体舞。内容以降魔镇妖、避难解灾、弘扬佛法、普度众生、因果报应、生死轮回等佛教教义和佛经故事为主。伴奏乐器有鼓、钹、铙、嘉令、董、尚钦、等令、冈令等。

谓之“共同”(མཐུན་མོང་།)即藏历铁阳狗年(庚戌年,1850 年)一月初一的早上,给欲界之主吉祥天女进行供献朵玛,在德阳(བདེ་ཡངས།)对诸护法进行祭拜之后,宴席事宜逐渐进行。拉木大护法祈祷班禅额尔德尼常驻之后,根据其需众人进行祈祷的预言,尊者赤列巴钦波等供以众多财物,呈献至尊尊胜母所依之长寿祈愿辞,此时,拉木大护法也亲临此处,对祈求曼扎祈愿辞的大密师至尊丹扎巴的作为甚是赞扬。在这天拉木大护法所讲的首个预言为:

“噬!杰通瓦东丹父子前,
我以诚恳作叩拜,
请你暂住佛法众生顶,
浊世众生桀骜不驯,
言语繁多并未有益,
消除暂时身心障碍,
广中略之《甘珠尔》经,
应做如是恒念诵,
前依护法之朵马与回遮,
要勤施各地之神祈,
需煨桑善住献沐浴。
多念诵鲁朵和诅朵,
我等不渝三昧耶,
祈祷四业功德成。”

历时两天的时间,七世班禅额尔德尼给新入寺院的 108 人依次授予居士、比丘、沙弥等戒。第一天班禅接受了森钦活佛(སེང་ཆེན།)的丰富财物的供养,并赐予他一尊佛陀塑像,让其携不离身。二月初二日,班禅对 50 余名有志者授予具足近圆比丘戒,并与雍洛活佛进行了五千供以及对护法神殿献以一天的供养。雍洛持金刚罗桑丹坚曲培贝桑布依尊胜母祈祷班禅额尔德尼长寿,并以250两银子等财物作为供养。不仅如此,雍洛持金刚罗桑丹坚曲培贝桑布尚亲自以《空行母避违碍之偈颂》诚恳祈祷班禅延寿常驻,对此班禅给予金刚般的应允。雍洛持金刚罗桑丹坚曲培贝桑布向班禅额尔德尼供以座垫,向护法神殿敬献一银质法轮和哈达,也向诸随从赐予了一银质法轮和哈达。此时,尚对男女众人进行了剃度并赐予法名。由于文殊大皇帝的母后逝世,为此召集贡林之诸护法神殿的僧侣和密续札仓的密宗师100人进行一整天的大威德修习仪轨,班禅为彼等赐予诸多的财物。

乌秋木旗(ཨུ་ཆུ་མུ་ཅིན།)之上师莫兰(སྨོན་ལམ།)在哲蚌寺学习完毕将要回乡,临走时前来拜谒七世班禅额尔德尼并祈求赐予摸顶,班禅在小寝宫对其赐予茶席并进行了慰问,赐予其马旗和袜子等,授予其与前世活佛相同之封号。三十日,班禅派卓尼彭措(མགྲོན་གཉེར་ཕུན་ཚོགས།)向怙主十一世达赖喇嘛呈献为大皇帝之母后逝世而进行回向祈文及礼物。三月十一日,驻藏大臣阿奥(ངའོ་ཨམ་བན།)在西藏巡防时前往拜见班禅额尔德尼,并告知班禅道:“据拉萨的驻藏大臣传来的消息,清宣宗道光大皇帝于一月十四日已驾崩。”十三日,班禅与驻藏大臣一同在大日光寝宫用餐,二人进行了亲密的交谈,此后为驻藏大臣赐予了诸多礼品。驻藏大臣对班禅说道:“除了哈达和佛陀塑像之外,其余的不可接纳。为了佛法和众生事业,祈求上师能够益寿万年,永驻世间!”于是将其余财物回赠班禅。班禅额尔德尼按照清王朝的礼俗,教众人如何穿戴清朝官帽和安放翎羽等,并进行了演示。

罗布林卡之寝宫堪布去世后,请求七世班禅额尔德尼进行回向,班禅遂为其写了回向文,进行了回向仪轨,并为故人祈求回向之所供财物进行了回向祈祷,还向已故堪布之后人安慰说:“尔等切莫过分悲伤,我会做已故之人的伴侣的。”然后班禅严格按照密续部之仪轨进行了火葬仪式,堪布之后人向班禅敬献有丰盛的财物。索本和堪布为认定旺钦诺门汗(དབང་ཆེན་ནོ་མིན་ཧན།)之转世灵童前来班禅处进行占卜,班禅对彼等赐予茶席并进行了慰问。堪布和索本向班禅额尔德尼敬献金银和绸缎等诸多财物,并祈求班禅为准确无误的认定其转世能够给予明确的开示,向三宝发誓而进行占卜求得的结果和祈求得以护佑之请求,均得到班禅的答允并对堪布等人赐予丰盛的礼物。

四月二日,班禅额尔德尼在对下密院的几人口授《香巴拉祈愿经》的同时亦对其他的僧俗40余人也进行了同样的口授。当对下康地希活佛班禅赐予茶席和慰问之时,希活佛向班禅供献60头母犏牛,请求和祈祷当班禅转身为北之香巴拉勇武轮王时能够成为其徒弟和部众,对此请求,班禅给予他金刚般的答允并赐予了咒结。二十八日,十一世达赖喇嘛派遣宇妥堪布向七世班禅额尔德尼供献了清宣宗道光皇帝驾崩而进行祭祀的财物。班禅对宇妥堪布赐予了茶席并进行了慰问。宇妥堪布向班禅额尔德尼呈献了以十一世达赖喇嘛亲笔写就的呈文为主的信函和财物,同时也将摄政大诺门汗和噶厦等的信函一同呈上,班禅很高兴的接纳了信函和礼物,并且对堪布给予了特殊的财物和回答。定结扎西曲培上献诸多财物对于班禅身体的好转表以祝贺,班禅高兴的接纳了其供养并对定结扎西曲培进行摸顶和赐予护身结。十九日开始,班禅额尔德尼身体状况又一度恶化,对此,及时读诵至宝《甘珠尔》佛经达7日之久,放生了即将屠宰的5只绵羊,进行了息、增、怀之火供各一万次,同时也进行了白伞盖母禳解法护法之总供奉一万次等为祈祷班禅常驻而所做之许多事宜,均得到良好的效益。

六月初四日,赤列巴钦波以丰富的财物对贡林神殿之诸僧人进行了为期一天的供养,并通过尊胜母仪轨进行了五千供等法事,由大密师班丹扎巴担任祈祷者,祈求班禅额尔德尼常驻世间,对此班禅给予了金刚般良好的答允或承诺。经师和索西师傅们呈献巨大的物资进行供养,班禅对其进行了财物的回赠,要求他们进行一次祭坛。雍洛持金刚罗桑丹坚曲培贝桑布和吉萨钦布俩人也进行了与以上相同的供奉并祈祷班禅长寿。从初八开始,班禅额尔德尼对与会僧人进行了《长寿灌顶》,同时对年满七十岁的僧俗等人进行了七十《长寿灌顶》。由于班禅额尔德尼的身体状况恶化,因此本寺进行了为期 10 天的长寿祈愿法事,还对另外的 9 个寺院祈祷长寿之所需财物均有总管和布达拉宫管家进行了供给。索西师傅们又一次以 108 两银子作为供养,祈求班禅常驻世间,班禅答允了其请求。喀尔喀近侍华觉一行人前来谒见叩拜班禅,班禅对其赐予茶席并进行了亲切的慰问,近侍禀班禅道,关于哲布尊丹巴之转世事宜,我此前向怙主十一世达赖喇嘛祈求启示时,回答说:“我年纪还小,加上这年刚好是我的年忌,所以应向怙主班禅额尔德尼遍知者禀呈此事是最好的。”。八月二日,召近侍大喇嘛一人前往小寝宫甘丹林,告诉索本将卫囊地方的孩童认定为哲布尊丹巴之转世灵童的明示,参与代表等一如前俗。初三日对近侍达喇嘛和达本多吉主仆少数人进行了珠杰派之《长寿灌顶》,初六日对大皇帝父亲之母亲逝世而赐予的金字名牌和财物赏品等,以海螺等乐器和仪仗队进行迎接。班禅额尔德尼对奉旨前来呈送赏品的驻藏大臣进行了与以往相同的盛情款待。第二天,诸密师进行大威德自受灌顶法事时,班禅来到会场对驻藏大臣以传统素食进行盛情款待并赐予财物等,与此同时,对诸密师和贡林神殿之人等各给予银子二钱和蓝色哈达一条。初八日驻藏大臣特来拜谒班禅额尔德尼，为子孙后代的福祉向班禅祈求胜乐像和护身符，班禅根据其要求赐予胜乐像和护身符，另外还给了一加大的护身结。对驻藏大臣的轿夫等人赐予一马蹄银锭。根据贝图巴比丘罗藏扎西和罗巴商主诺布斯塔儿子的请求，给他们传授了怙主罗桑确吉坚赞（四世班禅额尔德尼）所著之《普瓦法略论》的传承。十九日锡金王对外国人卡脱额在本区居住事宜请求占卜，并希望各方面得到护佑，发来信函，班禅给予了答复。

七世班禅额尔德尼为哲蚌寺的藏巴堪布之转世活佛进行了剃度，取法名为“罗桑旦白坚赞”（བློ་བཟང་བསྟན་པའི་རྒྱལ་མཚན།）并依次授予其居士、比丘、沙弥等戒。二十三日对前来西藏举办清宣宗道光大皇帝逝世之法事的驻藏大臣和楞策等人班禅额尔德尼进行了接见。第二天中午时刻，驻藏大臣、吉克其、大喇嘛、扎萨克等人依次前来拜谒班禅。二十六日向班禅额尔德尼呈献皇帝的圣旨和赏赐品等，班禅喜悦的予以接纳。班禅额尔德尼对前来拜谒的诸人赐予茶、油炸面点等庆祝宴席并且回赠了见面礼物，二十七日诸索西们和密师等人举办法会时，班禅前来锡居会首，口诵胜乐自入灌顶法，对每人赠予与在会众人一同进行胜住散花过的塑像和一条哈达。二十八日起对依次前来尊前拜谒的诸多清朝官员予以茶宴，并与他们进行谈话等，使前来人员异常欢喜满足。二十九日拉萨怙主十一世达赖喇嘛和驻藏大臣等人，派遣达斯才丹、孜仲、大诺门汗之卓尼等人前来邀请班禅，由班禅对哲布尊丹巴呼图克图之转世进行金瓶掣签。于是达斯才丹等人来到尊前呈上信函，进献幔扎和身语意之所依并将要前往拉萨的请求禀呈班禅，班禅对其人等赐予茶席并进行了慰问之后说道：“我很想前往拉萨亲自去拜见怙主十一世达赖喇嘛大遍知者，但此次我年龄已高，两膝也不是很灵便，再加上整个身体年高衰弱，所以不能起行，还望尔等给予谅解。”没有答应他们的请求，其后，前来人员依次诚恳的祈求班禅，但也一样没有得到答允，于是他们言道：“我等皆由大怙主特派前来邀请班禅，如若无功而返，回去向汉藏官员禀报没能请到班禅定会怪罪于我们，所以还望班禅怜悯我等，答应我们的请求前往拉萨。”对此班禅额尔德尼说：“他们不会怪罪你们的，我会通过驿站向他们禀告情况，等他们回信时你们可以回去复命。”于是他们也很安心。十月初一日，像往常一样对大喇嘛进行了回赠，大喇嘛祈求班禅在其生命的每一阶段能够祈祷和给予慈悲摄受，班禅答允其请求。德珠堪布上师供奉不少告助礼品和信函，诚恳祈祷护佑等得到班禅的答允。对扎萨克喇嘛进行了回赠和赐予见面礼品，按其请求赐予了三个护生符，对扎萨克喇嘛祈赐护佑和摄受的请求均得到班禅的答允。班禅对尊者章嘉仁布切说道：“转世事宜如若此前所言的急于进行认定，定会遭遇厄难，但此事此前已向大摄政进行了禀报，在与摄政相见并呈献慰问礼品时，就与其进行详细商谈。”大喇嘛和扎萨克喇嘛对班禅无比的敬仰，班禅也对他们也给予无比的关怀和照应。当他们依次往返时，班禅赐予众多路途所需干粮等，并派格学赤列巴钦波直至桥东进行恭送。

初六日，七世班禅额尔德尼对前来邀请的达贡等人回赠礼品和给予答复，对其人等回去复命之事做了妥当的安排。初七日对前来祈求班禅占卜并撰写嘉郎班智达转世认定之本生祈愿文辞的人员进行了赐茶和慰问，初九回复了占卜结果，撰写了祈愿文辞，并给他们传授了班禅自撰祈愿文辞的传承。俄唐孜管家前来拜谒班禅时，班禅对其进行了问候并说道：“你此行要去迎接德格土司之兄弟喇嘛，此次你们一行将要朝拜卫藏各地，侍从们若能教导百姓安定，今后互相都有利”。十二月初八日班禅额尔德尼对罗巴商人和拥有 50 余僧人的名叫安多甘孜的寺院与僧俗 400 人等传授了《香巴拉祈愿经》的传承，此时罗巴商人供养了诸多财物，另外还传授了《兜率上师瑜伽经》之传承。甘丹寺僧人金巴向班禅额尔德尼供养诸多财物，根据其请求班禅给他传授了由甘丹夏孜堪布祈求摄受而进行撰写的祈愿文辞的传承。贡林护法神殿之僧人图次布娘巴罗桑曲培将上师十四世的传记与众多神像一同绘于贡林大殿的天窗檐上，并供养了祈求护佑的诸多财物，对此班禅额尔德尼异常欢喜，对他回赠了哈达和锦缎等的赏品。此时聚集了四面八方来的众多人员，虽然班禅的身体状况不是太好，但是他依然毫无疲倦地给众人赐予摸顶，不仅如此还给众多祈求者不顾个人身体疲倦如是传授了《嘛呢经》《布达拉宫赞》《兜率上师瑜伽经》《所缘度母悲心经》《二十一度母赞》《香巴拉祈愿经》等经文和赞词的传承，满足了众人的心愿。

二十九日，七世班禅额尔德尼没去观看羌姆，但在小寝宫陈设素食等进行了庆祝典礼。以上未所述及的还有，在这年里对前来拜谒的甘丹热吉瓦（དགའ་ལྡན་རབ་རྒྱས་པ།）、纳塘曲德巴（སྣར་ཐང་ཆོས་སྡེ་པ།）、绒强钦巴（རོང་བྱམས་ཆེན་པ།）、香多日沃格普瓦（ཤངས་མདོ་རི་བོ་དགེ་འཕེལ་བ།）、香甘丹曲克巴（ཤངས་དགའ་ལྡན་ཆོས་འཁོར་པ།）、章曲米村（གྲངས་ཆེ་མི་ཚན།）、纽曲阔林巴（ཉུག་ཆོས་འཁོར་གླིང་པ།）、协扎西格普巴（བཞད་བཀྲ་ཤིས་དགེ་འཕེལ་བ།）、温寺僧人（དབེན་དགོན་པ།）、香德钦热吉巴（ཤངས་བདེ་ཆེན་རབ་རྒྱས་པ།）、彭措林巴（ཕུན་ཚོགས་གླིང་པ།）、拉孜曲德巴（ལྷ་རྩེ་ཆོས་སྡེ་པ།）等德高望重的堪布赐予茶席并进行了问候，答允了他们每个人的请求并回赠了许多财物，并给他们布施一个月的生活物资。尤其是喀尔喀大喇嘛（ཧལ་ཧ་ཏཱ་བླ་མ།）、扎萨克喇嘛（ཛ་སག་བླ་མ།）、若尔盖喇嘛尼巴噶钦才丹聂巴（མཛོ་དགེ་བླ་མ་དཀའ་ཆེན་ཚེ་བརྟན་གཉེར་པ།）等人进行了 3 次诸多财物的供养并使七世班禅额尔德尼生生世世摄受他们的诚恳祈求，得到了七世班禅额尔德尼金刚般的答允。对德格桑（སྡེ་བསྐལ་བཟང་།）进行了一遍《长寿灌顶》,对其余诸人进行了三遍《长寿灌顶》,为死者进行了净荐仪轨,对普本金巴传授了应供上师法的传承。萨德金巴罗桑贡布在七世班禅额尔德尼跟前应试由印度班智达献度瓦所著之《中观应成辨析顲论》和《律海心要》两部论籍。由仲孜曲德瓦益西曲培应试时论之所有仪轨,对此七世班禅额尔德尼对献诵者两人给予了往常一样的赞赏品。先后总计对遍智和解脱之道刻苦精进的有缘人员143人授予了佛法之根本律学之主要解脱戒之最上乘的近圆比丘戒律,使稀有佛法犹如皓月般明亮。又对在这年将要屠宰的500只绵羊进行了放生,另外对三所依进行了供奉,对各个教派之僧众进行无分别的布施,对众多乞食者进行了财物的布施等将这些换算成银子估计达3525两白银。为金子铸成的装藏有珍珠、长寿瓶、银制宝座的宗喀巴灵塔新修建了珠宝镶嵌和高达五指的具有珍珠长寿瓶、银制宝座等为佛法和众生利益而大开供养和布施之门。

谓之"致违"(འགལ་བྱེད)即藏历铁阴猪年(辛亥年,1851年)新年之日,依照往常之良好习俗对吉祥欲界天母进行祭祀供养仪轨,对众护法神供献祭祀品等。一月初八日对僧俗700余人进行了摸顶。初九日古香赤列巴钦波以尊胜千供的途径向七世班禅额尔德尼供献诸多银子,由大密师至尊班丹扎巴担任陈诉者祈求班禅长寿永驻,对此七世班禅额尔德尼给予了很好的答允。十八日七世班禅额尔德尼对新入寺的80余人进行了剃度,并各自取了法名。二十五日,到西藏举办前世喀尔喀哲布尊丹巴活佛圆寂法事的蒙古四部人员一行到达那曲地区,对前来问候后进献礼品的斯根巴主仆等人赐予茶席并给予慰问,第二天对他们赐予了见面礼物。三月对于次布摄政的到来,七世班禅额尔德尼给予了无比的关怀和照应。二十六日诸位驻藏大臣特派达斯才丹为七世班禅额尔德尼年满 70 岁的寿辰而呈献了玉制物品和庆贺辞,同样大摄政诺门汗托人向班禅送来用于供养的诸多财物,七世班禅额尔德尼非常高兴的接纳了所供财物并对他们每一个人进行了回复。二十八日,对前来认定喀尔喀哲布尊丹巴之转世的大喇嘛和蒙古四部人员的到来进行了接见和摸顶。喀尔喀等人在进行七世班禅额尔德尼的大常驻祈愿和小寝宫的常驻祈愿时,两度供献了巨大的财物和礼品并祈求班禅常驻人间,七世班禅额尔德尼接纳了他们的供养和请求并对他们进行了财物的回赠。吉萨钦布向七世班禅额尔德尼供养诸多财物时对诺勇等人赐予了茶席和进行了问候,应前来祈求授予近圆戒的下密院三十余僧人们的请求,给他们传授了《香巴拉祈祷经》的传承。但因自身身体状况而未能授予近圆戒的则赐予摸顶、护身结和 6 块茶等的赏品。塔尔寺卸任堪布曲吉特派管家前来小寝宫向七世班禅额尔德尼呈献用于祈求长寿的财物,对此七世班禅额尔德尼进行了往常一样的回赠。四月二十三日到下月的三十日期间七世班禅额尔德尼因腿部发疾,所以没有接见前来拜谒的人。大陈巴以巨大财物进行供养并祈祷七世班禅额尔德尼长寿,另外还做了许多使班禅常驻等法事的效益下,七世班禅额尔德尼的腿部疾病逐渐好转,于二十二日在小寝宫番德林对大格斯贵协巴主仆等人进行了接见和摸顶。其后古香大密师阁下和古香雍洛持金刚罗桑丹坚曲培贝桑布两人各自向七世班禅额尔德尼呈献了祈祷长寿的财物。另外,七世班禅额尔德尼对德格土司公子和西雪诸商家等诸多敬信上进之人逐天给予接见和摸顶。除了给人摸顶和接见来客外几乎都居住在寝宫,有一次七世班禅额尔德尼说:"我现在已年老体衰不能对佛法和众生做有益的事情"等,言语间透露出即将离开人世的消息,由于此前班禅讲到贡林和德钦颇章已模糊不清,唯有旧颇章显得格外的清晰的话语,故觉得班禅有特殊的意思,因此当问班禅是否前往旧颇章锡驻一段时间时,班禅回答说:“都可以,没什么区别”。

另外,以各种原因祈求班禅额尔德尼长寿永驻等都没有得到班禅的答允,反而多次说到:“这次将无济于事”。又有一次说:“不能授具近圆戒与近圆比丘戒,对佛法大业不能做任何有益之事而活着也是不过如此矣!”对此再三诚恳祈求班禅发心长存、长寿永驻,班禅说:“发心是否可以返老还童乎?”班禅时而呵斥,时而不予回复等,不仅没有答应他们的祈求,而且面显怒相,对各种事情秘不言出。班禅在五六个月的时间内只吃些蔗糖,此后开始到圆寂为止,只吃些“阿里和拉达克一带的一种水晶糖”,不管如何祈求班禅用些别的食物,班禅只吃很少外几乎不吃别的东西,圆寂的前些日子里,七世班禅额尔德尼问道:“德仁布切是否还在世?”对此上呈到:“德仁布切尚在世”,但是此后不久,当向七世班禅额尔德尼上呈德仁布切突然离世的消息时,七世班禅额尔德尼说:“你们不是说他尚在世吗?”。当十一世达赖喇嘛一行前往曲克嘉的时候,嘉叶古香将信函和 50 两银子一并献上,说:“感谢上师起行曲克嘉,愿您心想事成,如愿以偿,当你从曲克嘉往返时希望能对您传授一些相关的法和灌顶等,”关于十一世达赖喇嘛返回时的情况,据七世班禅额尔德尼所记笔记的大概内容是“因这是我的良缘,故很想给十一世达赖喇嘛传授灌顶和佛法等,但此次我的这一心愿怕是难以了却,还望仁布切不要舍弃对我的关照和摄益”。七月三十日对朝拜和旅行善食像往常一样款待赐宴,对身后的大法主像呈献了上好的哈达和锦缎等以求功德。十五日委任吉仲班丹西绕为大索本时所上呈的物资中之见面哈达等献给了身后的大法主像前,八月初四日早上由森钦罗桑丹增班觉之转世活佛罗桑班丹曲培供献了曼扎和三所依以及诸多财物,祈祷班禅常驻,对此七世班禅额尔德尼非常高兴地予以接纳并对其进行了问候，尤其问道："老师对你是否仁慈？"其后七世班禅额尔德尼引用《释量论》第二品中"为除慈悲众生苦，实施各种方便法"的词句，对活佛罗桑华丹曲培的永增上师章麦切巴噶钦桑丹教诫道："通过各种有效的办法和途径认真地督促和服务活佛的闻思学习，不要过多用打骂等手段，那样会无济于事，所以你要运用仁慈等方便手段激励和督促活佛的学业。"九月初三日以经院掌堂师乐林噶钦觉丹为主的闻思学院的格西、智噶瓦和精进新秀诸多人等呈献曼扎和三所依，以及各自供奉诸多财物祈祷班禅长寿，七世班禅额尔德尼很高兴地接纳并答应了他们的请求，九月十六日诃钦（大密咒师）活佛罗桑班丹登增尼玛等人以诸多银子进行供养，七世班禅额尔德尼予以了接纳，尤其活佛用蒙语向七世班禅额尔德尼呈献长寿祈愿辞和祈求护佑，对此七世班禅额尔德尼也同样用蒙语进行了答复，另有来自蒙古的20余人也用蒙语向七世班禅额尔德尼呈上报告，对此七世班禅额尔德尼也用纯蒙语一一进行了答复，在夏噶对活佛进行设宴款待赐予诸多赏品，进行问候等使用蒙语进行交流。

二十六日应哲奥聂格本的请求对僧俗40余人传授了《香巴拉祈祷经》的传承。二十七日已故佛母的属众中一名叫罗桑班宗的老比丘尼因病痛缠身而前来祈求护佑和摸顶、接见，对此七世班禅额尔德尼非常友好的进行了问候，赐予茶和银子等赏品，对其一名女侍从嘱咐道："你要表里一致地进行帮助和照料。"这些体现了七世班禅额尔德尼对已故佛母的无比关怀和爱护。十九日，对拉达克罗夏巴尼玛曲培主仆前来拜谒赐予茶席并进行了问候，他们一行人当中有伊斯兰教父子3人，他们最初只敬礼不准备对七世班禅额尔德尼进行叩拜和祈求摸顶，当七世班禅额尔德尼说了几句帕斯（波斯）语时，他们父子三人顿时起信，于是便脱下帽子参与到叩拜和摸顶的人员行列中，炉霍管家贡却曲培特地派人员携带书信和供奉财物于九月初到达，对此，七世班禅额尔德尼于十月初赐予了据克珠琼布南觉的观点附以温萨耳传之诀窍，再加七世班禅额尔德尼历经 7 个夜晚和雍洛持金刚罗桑丹坚曲培贝桑布与八大密宗院等用 21 个夜晚进行修持的大白护法宝瓶一对和三个降服轮子，还赠予了进行过圣定仪轨的 12 幅唐卡、无量寿佛像一尊、护身结、供养原料几份、白盖伞之护身符等和铃印。十月十五日对哈钦活佛按惯例赠予辞行礼物及热译派之大威德擦擦和具有加持力的所依等。活佛是特地前来向七世班禅额尔德尼聆听佛法和教诲的，七世班禅额尔德尼用流利的蒙语对活佛给予了很多教诲，故活佛非常高兴。二十日，闻思学院噶钦岗西瓦由于年老而辞掉执事僧，由定结活佛罗桑丹巴坚措代替其接任该职务，定结活佛任职时向七世班禅额尔德尼呈献了觐见哈达，对此七世班禅额尔德尼进行了问候等，十月二十一日对贡萨活佛传授了七世班禅额尔德尼自撰的《上师瑜伽安乐地》一文的传承和对活佛的一个侄子进行了剃度并取了法名。

十一月一日，闻思学院噶钦岗西瓦尊者以引用经典依据诵说曼扎供养法为加行，供以金、银等诸多财物诚恳祈祷班禅额尔德尼长寿永驻，对此班禅给予了满意的答复并赐予食物、茶等，同时也对其进行了问候。二十八日，班禅额尔德尼向朱倭普琼本（ཇི་བོ་ཕུ་ཆུང་དཔོན།）等人讲授《香巴拉祈愿经》（ཤམ་པ་སྨོན་ལམ།），当月朱倭康萨本（ཇི་བོ་ཁང་གསར་དཔོན།）和热罗（ར་སོ།）活佛主仆等人在茶席间向班禅额尔德尼进行了问候，并对此 4 人赐予食物等，他们还拜访了达赖喇嘛和班禅额尔德尼师徒以及卫藏各大寺庙，尤其是虔信地拜见了班禅额尔德尼本人，并敬献供品。又朱倭康萨本私下拜见班禅额尔德尼，在喝茶时问候班禅额尔德尼，并向七世班禅额尔德尼问道:"我一心向佛,是在卫藏地区居住数年,期间不断朝拜转山为好,还是回到家乡在一静修处进行修习佛法为好?"七世班禅额尔德尼回答道:"在家乡受居士戒,遵守每天只食一斋的戒律就能修好"。又应本和活佛之请求,七世班禅额尔德尼为他们四人和许多僧俗传授了《兜率上师瑜伽》(དགའ་ལྡན་ལྷ་བརྒྱ་མ།)和《宗喀巴颂》等偈文颂辞。其后,有朵康麦秀(མདོ་ཁམས་སྨད་ཟུར།)喇嘛(前来拜见并)呈献了茶和食物等,七世班禅额尔德尼高兴地接纳并问候了(众人)。又应朱倭康萨本和活佛等人的请求,为主仆4人传授了《皈依菩提心》和《香巴拉祈愿经》,并进行"朱杰法系"(གྲུབ་རྒྱལ།)之《长寿灌顶》。七世班禅额尔德尼对他们主仆等人进行接见和摸顶,赐予茶和食物等特殊的关怀和照顾,尤其为朱倭康萨本和活佛俩人亲自赐予茶水并与他们进行了喜宴畅谈。使(他们心中)故充满了喜爱、恭敬、信赖,这都是前世造福的缘由。在给拉木尊者的回信中写道:"为仓巴本伦(ཚངས་པ་དཔོན།)勤做酬补、催劝等宗教仪轨。宗教吉日中在给神佛等进行祭祀的基础上,仓巴本伦可以按照自己的想法行事,但要立即呈献供品绸缎。"信使由于得了眼疾没能及时到达,因此七世班禅额尔德尼派人为他们一行人送去坐骑以表关怀。十一日,康扎噶寺(ཁམས་བྲ་དཀར་དགོན་)的僧人祈愿后,七世班禅额尔德尼撰写了《往生净土》和《香巴拉祈愿经》,并讲解了有关经文。这一年里七世班禅额尔德尼与往常一样为了不断增进善缘,对佛像、佛经、佛塔等三所依进行了供奉,不分教派和等级地向众僧人发放布施,对乞讨和贫困的人进行布施,为将要被夺取生命的牲畜进行放生等,(这些活动)所用财物换算成银子共计2950余两。

谓之"全面护持"(ཡོངས་འཛིན།)即藏历水阳鼠年(壬子年,1852年),向尊胜欲界自在母元旦食子这一天,供品和宴席按往常惯例准备。一月三日森钦活佛前来拜见，班禅额尔德尼进行了慰问并商酌，并且在这一天大多数聚集起来的祈愿者没能完成朝拜，我来到（班禅额尔德尼住息的）营地时，（班禅额尔德尼）赏赐了许多白晶供杯等物品。从这个时候到藏历水牛年（1853 年），因前来拜见的志者络绎不绝，有时（拜见）持续时间太长，班禅额尔德尼身体得不到休息但乐此不疲，有时会问“还有吗”这样的问题。孜恰罗桑朗杰（ཇེ་ཕྲུག་བློ་བཟང་རྣམ་རྒྱལ།）在大殿上敬献由宗喀巴大师为主的 87 幅画像进行吉祥开光，索西上师为全年的长寿敬献大祈寿仪轨后敬献长寿供品感到非常高兴。在大寺院（扎什伦布寺）新入寺的所有人都虔诚地发誓之后，各自都取了法名。这些人所受善义律和以前一样，是班禅额尔德尼主张实行的，大卓尼（མགྲོན་ཆེ།）也不断地祈请，因年事较高，尤其是有腿脚膝盖不方便的情况，所以尊者表示现在没有能够传戒，照（他）自己所愿请索西上师们受戒。二月里，为协本朗杰（ཞི་དཔོན་རྣམ་རྒྱལ།）进行《长寿灌顶》，为白木管家贝旦次成等人讲解《兜率白佛赞》经文以及《宗喀巴颂》。那个时候，（班禅额尔德尼）向大约 70 名下密院的格西讲解了《香巴拉祈愿经》。蒙古上师列谢林的噶钦格桑却朗（དཀའ་ཆེན་སྐལ་བཟང་ཕྱོགས་སྐྱོང་།）进行大佛事和寝宫佛事（གཟིམ་ཆུང་ཞབས་བརྟན།）等，礼品规格相当高，并且在大殿为期一天的布施上，祈愿并承诺向每个僧人布施价值二两的物品。罗桑顿珠（བློ་བཟང་དོན་གྲུབ།），图萨拉契衮布（ཐུ་ས་ལག་ཆེ་མགོན་པོ།），塔尔寺的次成聂札（ཚུལ་ཁྲིམས་སྙན་གྲགས།），罗桑达札（བློ་བཟང་ཟླ་གྲགས།）等无数高僧大德，拉达克逢年朝贡的尼玛群培（ཉི་མ་ཆོས་འཕེལ།）等请求班禅额尔德尼，给他们进行了“朱杰法系”的《长寿灌顶》，讲解《兜率百佛赞》《百字明》，法王罗桑确坚撰写的《大乘长净律仪传法》（ཐེག་ཆེན་གསོ་སྦྱོང་གི་སྡོམ་པ་འབོག་ཚུལ།）、《香巴拉祈愿》经以及《玛尼》（མ་ཎི།）经等。7 月中旬，七世班禅额尔德尼为廓尔喀送圣物的人噶季（ཀ་ཅི།）和萨达

(ས་དར།)等主仆进行了加持以及赐予护身结等礼品,同时还接受了各个地方官员所敬献的礼物,同时使用他们自己的语言进行嘱咐,增强了他们的敬爱。萨达从很早以前就如此信仰活佛,始终爱戴班禅额尔德尼,是一个一心向佛的人,因此得到了许多赏赐。

专程派遣曲吉法王向拉木大护法问卦,八月五日示现要求修行完整的空行母迎送敬祈仪轨。八日在日光殿寝宫依照对大怙主格桑嘉措(རྒྱལ་མཆོག་སྐལ་བཟང་རྒྱ་མཚོ།)敬献祈福禳灾之经忏顺序完美开展,为怙主(班禅)足莲永驻、功业圆满、郑重祈请并敬献吉祥颂辞。十三日,(班禅额尔德尼)向密院约20名僧人讲解《兜率百佛赞》和《宗喀巴颂》等教诫。他们会面的时候说,现在我身体不好,不能合上膝盖敬献,而寺庙中年长的咒师们身体也不好。另外,金刚持在鼓励修持的书信中提到了护身结,摸顶加持,赏赐品等。班禅额尔德尼向波札堪布(སྤོ་བྲག་མཁན་པོ།)和几个安多人讲解《香巴拉祈愿经》和(四世)班禅额尔德尼罗桑曲坚所著《流转引领英雄战争护具》(འཕོ་འཁྲིད་དཔའ་བོ་གཡུལ་འཇུག་གི་གོ་ཆ།)教诫。这一年,雄巴叶(གཞུང་སྤ་ཡིར།)堪布身前,清文宗咸丰(ཞན་ཧྥང་།)皇帝赏赐班禅额尔德尼许多物品,另外还有70岁寿辰的金制印信。说这一年班禅额尔德尼70岁,他在后藏多年,佛法精深,长期发展和弘扬格鲁派,其功绩不可磨灭。僧俗众生全都信仰和依怙他,成为了这方面值得赞颂的救助者。我也非常高兴。为他70岁寿辰,还有许多恩赐,包括一尊塑像,手书"增福""长寿"两种字体,一条白色哈达、白玉质地的如意、银制曼荼罗和茶壶、四套黄色服饰、两块碧玉、两块黄皮碧玉等物品。达赖喇嘛派遣的堪布强琼丹佩(བྱང་ཆུབ་བསྟན་འཕེལ།)敬献班禅额尔德尼,皇帝表示,七世班禅额尔德尼要保重身体,从今以后安康,(这样)才能将永久发展完善格鲁派的教法知识传播开来,并树立起佛教护持一切众生安乐的恩德。七世班禅额尔德尼做这样行为的心意又与众生（利益）相符，因此（咸丰皇帝）专门为此下达了这样的谕令。九月十五日，迎接七世班禅额尔德尼的僧众声势浩大，将七世班禅额尔德尼迎接到寝宫日光殿，（朝拜的人）都显得恭敬有加。献礼的人有内地官员、堪布江喇嘛（ཅང་བླ་མ།）、摄政、知宾等内外宾客。在中午接待宴席上进行了曼陀罗祈请，先是有功绩的人上前献礼，之后接着是索西、铁棒喇嘛以及大小近侍，许多来自汉藏两地及怀着崇敬爱戴之情的人上前献礼，献上向清文宗咸丰皇帝谢恩呈文。九月十七日，西藏地方政府代表呈上了丰盛的善食，孜雪[①]的礼物也被奉献上去。堪布江喇嘛请求赐受七世班禅额尔德尼"朱杰法系"的《长寿灌顶》。（九月）二十六日，之前道光皇帝、皇太后驾崩的追悼仪式以及新皇登基时前去呈献礼物的堪布圆寂，其替代者尼巴金颜相见，超规接待，大摆筵席。二十九日，森钦（སེང་ཆེན།）活佛罗桑白丹群培（བློ་བཟང་དཔལ་ལྡན་ཆོས་འཕེལ།）奉上茶食曼陀罗及身语意三宝和整匹绸缎等礼品，七世班禅额尔德尼非常高兴，为来访者进行商榷。七世班禅额尔德尼在讲解时说："就像我以前教诲经师噶钦桑旦群培一样，对活佛只能仁慈教育，不能经常打骂，总之对贤者圣人打骂属无间罪，必有恶果。"之后离开之时活佛叫到班禅额尔德尼身前接受摸顶祝福，他向七世班禅额尔德尼表示感谢。总之，活佛先后得到了班禅额尔德尼的无比慈爱。若尔盖的上师噶钦森（དཀའ་ཆེན་སེང་།）和另外两个已过世的若尔盖上师的代表各自祈愿足莲长驻，并向七世班禅额尔德尼献上礼物，班禅也喜兴接纳。

十一月七日，尼泊尔商人和工人约 40 人抵达，拜见七世班禅额尔德尼，班禅用阿拉伯语（ཨར་སྐད།）和尼泊尔语向他们教诲，他们

① 指达赖喇嘛和班禅额尔德尼。

内心非常敬仰。七世班禅额尔德尼向霍马苏(ཧོར་མར་ཟུར།)部落的江容多吉(ཅང་རུང་རྡོ་རྗེ།)等讲授了《香巴拉祈愿经》《兜率百佛赞》和《宗喀巴颂》经文以及玛尼(མ་ཎི།)经文等。这一年的十二月七世班禅额尔德尼被任命为总领事,问候了热追(རིགས་གྲོལ།)活佛的转世,七世班禅额尔德尼感到非常高兴。阿拉伯三名匪首代表众多盗匪发誓,今后不再盗窃和抢劫,七世班禅额尔德尼很高兴,赐予他们礼物和熏香服饰等物品。(七世班禅额尔德尼向)商人拔瓦却则(སྦ་བ་ཆོས་མཛད།)传授了《宗喀巴颂》,给4名下密院僧人传授了《香巴拉祈愿经》经文。(十二月)二十九日这一天,七世班禅额尔德尼虽未动身前往观看二十九日"跳神"舞,但善食等呈上寝宫,七世班禅额尔德尼为佛教众生安乐着想,多次询问跳神的"朵玛"棱噶和索孔方面的事宜。(十二月)三十日,七世班禅额尔德尼回寝宫的路上,按之前惯例安排喝晚茶。在陈列活佛的无比关照下,班禅额尔德尼对三尊缎制佛像的卷轴画幔、大殿以及秘咒堂等圣物佛殿等的新建、修复和扩建花费了大约5468两白银,班禅额尔德尼用金和银制作的药师佛善逝八如来护座,约有高16左右的宝贵装饰,七世班禅额尔德尼把这些都献给了三宝,并向许多不同派别的僧人团体布施以及向穷人布施,为将死的动物赎命,花费超过1000两白银,他就是这样来完成助益众生之宏愿。

七世班禅额尔德尼到了拉萨大昭寺之后,为与现世佛没有分别的释迦牟尼像前,为哲布尊丹巴授沙弥律仪戒后,封其为北方佛学大师。三大寺上、下密院中许多来自卫(དབུས།)一带的僧人和许多来自前藏的僧俗以及四面八方汇聚而来的僧人平民,在班禅额尔德尼的道场前,朝拜、听讲、摸顶、依次求得超脱法门。尤其是到了布达拉宫以后,北方雪山众生的怙主达赖喇嘛等一切众生妙法,如意所获从很久以前怙主观世音就仔细教诲要用这两种方法来守护北方雪域。班禅额尔德尼和达赖喇嘛师徒二人都对此非常重视,因此请求护持(众生),于是七世班禅额尔德尼前往后藏地区,受到各大寺院迎请,最终居住在日喀则。对来自各个地方的无数僧人赐予近圆等无限佛法。七世班禅额尔德尼收到各地信众敬献的物资,因此有无计其数的金银财宝和稀有珍宝。七世班禅额尔德尼为了任何时候都不浪费像这样的物资,为信众丰富物资具和佛法兴盛不衰而塑造佛像、整理佛经、修建佛塔,不分亲疏远近地向僧众和穷人进行布施,所有菩萨的功德都是由班禅额尔德尼自己承担。七世班禅额尔德尼以贤正善良,讲辩著作来助益佛法和众生,使佛教长盛不衰,尤其是为发扬宗喀巴大师佛法的传承兴旺和发展格鲁派,时时刻刻地努力着。

为此而言道:

“降央曲吉扎西贝丹巴,
为了北部[①]佛法而诞生,
顶礼膜拜一切智圣者,
拜此大师为师并受戒。
师门之下承诺不破戒,
摒弃三十六条之罪过,
不被罪过之污所玷污,
如此一来心中现想法。
果断勇敢受法之约束,
诸佛皆具妙观察之智,
无上教主之威力广大,
众威力皆具于您之身。

① 北部是指印度之北,即西藏。

神力震慑圣者哲布尊，
第二普陀[1]之空中神殿，
无上雪域尊者之心田，
传法犹如久旱之甘露。
佛法之种萌芽于雪域，
三宝所依众生具此地，
有形无形之供养佛祖，
无尚崇敬佛法与财物。
诸多愿望皆给予满足，
为了追求此生之名利，
摒弃教派偏见之思想，
三密不被罪恶所玷污。
珍惜传承格鲁派之法，
神灵上师面前承认之，
严守规矩遵守佛之律，
如此一来犹如海之水。
汇集三界之财于一身，
如此悟到因果之关系，
尊崇黑白因果之报应，
利于佛法众生之功绩。
对此乐于传达发扬之，
无量之佛祖与观世音，
两位身穿棕红袈裟者，
雪域圣地卫藏众生间。

① 在藏文经典中，第二普陀山（gru－vdzin－gnyis－pa）特指布达拉宫。

犹如众山之王须弥山，
又如天之日月共显现，
无限光芒照射人世间，
如此达赖喇嘛班禅额尔德尼现此地。
传法犹如黑暗之光明，
遍知班禅额尔德尼之慈悲之云，
众生求法之愿轰隆隆，
弘扬佛法犹如旱之露。
佛法灌溉众生之心田，
棕红之衣如花瓣摇摆，
解脱三戒①之人如莲花，
严守戒律者香气四溢。
时轮金刚讲修之源泉，
雪山围绕北方香巴拉，
噶巴拉之香巴拉神殿，
过去将来之众多法王。
首任法王名为降白扎，
此人集智慧名望于身，
弘扬佛法如太阳之光，
利汉蒙藏之无数众生。
法王兼具法施与财施，
野蛮人之军队如沙盘，
助法王驱除野蛮军队，
法王降白扎垂暮之年，

① 即密乘、菩萨乘、别解脱乘。

严格遵守戒律之行为，
势在准备驱除野蛮军，
帝释天面前众生论之。
未来之持轮法王将消灭野蛮军，
点燃佛法之灯呈现光明之道路，
过去将来之关系为断七及从属，
若能得到戒律之缘则心满意足。
如此皆被欲天王所知，
随即抛下手中之大地，
众多结缘善事之护法，
高举战胜魔王之法幢。
燃烧炽热地狱之火海，
亦可变为莲花之海洋，
洁白雪域圣地之怙主，
通晓方便佛法之功绩。
雅阿巴与珠噶迥巴，
全力以赴准备上战场，
神灵保佑击退敌方军，
重赋生命于将死之士。
您是众生灵长寿之神，
解除魔法黑暗之阴霾，
照射幸福莲花之盛开，
您为世间独特之怙主。
穿过深邃密宗之海洋，
鲁氏修行者慈悲之德，
道德声望如雷之轰轰，

声音响彻于山川之间。
日月星辰尽寿时刻前，
众生之怙主永恒存在，
敞开百扇缘起之金门，
有情利乐众生之福报。
摄政金刚师贝丹扎巴，
曲吉洛追施法并祈祷，
驱除破坏身语意之恶，
众生之佛祖圆寂之时。
想到此事便心生痛苦，
邦尼吉与优婆提舍佛，
随即圆寂于佛祖面前，
众多大菩提者亦如此。
狮子座下无上仁布切，
将来之罗桑贝丹群培，
即将为众佛法之教主，
将其视为眼珠之珍宝。
严格遵守三密之戒律，
名声散播于雪域之地，
佛法犹如雪山之至宝，
雪狮亦在脚下供奉您。
上师教诲犹如旱之露，
甘霖滋润下的你我他，
表面之下尊敬与叩拜，
实际则为欺骗与欺瞒。
狡猾之举如饮酒过多，

自以为是之言行举止，
百般算计压制于上师，
如我之人则罪孽深重。
您将传法之重任自扛，
行为犹如古代之圣贤，
众生求法之愿望强烈，
犹如沙漠中求生之欲。
大师之传法源源不断，
众生皆取其所需之法，
信徒之心如肥沃农田，
萌芽生长且佛法蔓延。”

前面所言即为，谓之无边诸佛共相怙主班禅额尔德尼一切知尊者罗桑班丹旦白尼玛确列朗杰（བློ་བཟང་དཔལ་ལྡན་བསྟན་པའི་ཉི་མ་ཕྱོགས་ལས་རྣམ་རྒྱལ）吉祥贤身语意之传记世间庄严记载的六十岁至七十一岁之间的为佛法众生所做业绩。

第五章　内容概要

第五章之内容概要，以上所介绍之内容无论详细与否，在此简要介绍其内容：天界之怙主即无量光佛之化身，谓之无边诸佛共相怙主班禅额尔德尼一切知尊者罗桑班丹旦白尼玛确列朗杰，其名望之威现于三界，他在无数个无数劫以前修持了菩提之心，从而到达了佛菩提之彼岸，随即在娑婆世界之中，为了弘扬佛祖释迦牟尼的显密教法，以不同的化身出现在印度东西部、克什米尔、尼泊尔等地，传承并弘扬佛法。又以不同的化身出现在雪域圣地（印度北部），在佛法未遍及之地大肆传扬佛法，点燃佛法之光；在佛法颓废之地重燃希望之光，宏扬佛法；在佛法盛极之地更加推崇佛法。此时，他为了弘扬第二佛祖宗喀巴大师之法（格鲁派教法）而诞生，此尊者之前生为班禅额尔德尼一切知尊者罗桑班丹益西贝桑布（བློ་བཟང་དཔལ་ལྡན་ཡེ་ཤེས་དཔལ་བཟང་པོ།），他从扎什伦布寺欲前往东部大清国之时，众僧向他祈祷，并言道早日平安归来，班禅额尔德尼再三说三年以后我将平安回归母寺。此时一位名为噶钦聪堆巴（བཀའ་ཆེན་ཚོང་འདུས་པ།）的老僧人对班禅额尔德尼说，望其早日平安归来，班禅额尔德尼对他说我所要说的就如刚才在众僧面前所说的那样，三年之后我将必会归来，对此不用过于担心。噶钦老僧人对班禅额尔德尼回答道谢，然后又问到："回归之时，从何处归来？"班禅额尔德尼冥思片刻，对此答道："从名为'娘'之方向而来，随后穿过'聪堆'之地而到此地。"正如班禅额尔德尼所言，班禅圆寂之后，并没有忘记当初对众生的承诺，尤其是对众僧和噶钦的承诺。猪年七月，前往东部大清国，三年之后的虎年四月，其转世者在巴囊吉雄之地诞生，其父名为班丹顿珠，其母名为其美吉姆，转世者诞生之后，尊者罗桑旦白旺秋绛白嘉措与清朝文殊皇帝商量之后将此转世者认定为七世班禅额尔德尼，并将其迎请到"甘丹列谢林"。

不久之后，穿过夏鲁聪堆之路，为了弘扬观世音之化身宗喀巴大师的佛法，特意以化身之身份出现的班禅额尔德尼一切知根敦珠巴贝桑布跟前。宗喀巴大师预言到，若在此地修建寺庙，将来因明学的发展无可限量，并且诸本尊和护法神也督促其在此地修建寺庙，寺院名为扎什伦布寺，同时诸空行母在空中用空形文字预言其寺院名也为扎什伦布寺。如上述所言一样，《圣记》中的记载也如此："福报之海从中诞生，威武扎什伦布寺，四大洲围绕须弥之山，威武扎什伦布寺。" 等语句来赞美扎什伦布寺之威武。扎什伦布寺是有情众生及其神灵之崇拜圣地、众多学识渊博的高僧大德之发源地、佛法传播之声犹如海螺传声四处遍及之地，这座寺庙之中继承佛法的高僧大德遍及世间各地，佛法之主一切知七世班禅额尔德尼被邀请至北部雪山之中浩瀚如海的扎什伦布寺，并登记在册，其法名为罗桑班丹旦白尼玛确列朗杰贝桑布。

七世班禅额尔德尼名如其人，其名望犹如旭日东升，照亮众生之希望，并且所有的善良之源乃叩拜尊敬的班禅，七世班禅额尔德尼虽为大活佛，但毫无傲慢之心，依旧对自己的上师毕恭毕敬，十分尊敬，并且用很多珍宝来供养他的上师，时刻谨遵上师之教诲。正因为如此，七世班禅额尔德尼以其上师大学者益西坚赞贝桑布、佛法之主一切智罗桑旦白旺秋绛白嘉措贝桑布（八世达赖喇嘛）和上师诺门罕罗桑旦增贝桑布三人为主，将与自己有佛法之缘的众多上师当成佛祖并十分恭敬。对此七世班禅额尔德尼说："由于自己身份特殊，偶尔需要展现威望，但除此之外，没有一丝一毫对自己的上师有不敬之意。"正如其所言，实际上七世班禅额尔德尼时时刻刻都从身语意三方面对自己的上师毕恭毕敬，永不动摇。向上师请教灌顶之法及口诀的时候，正如《佛本生故事》中所记载的一样：

"坐于低处之地毯，
心怀和蔼亲和意，
利乐欢喜观上师，
全神贯注敬上师，
心清如水无杂念，
正如患者听医者，
遵上师言守佛法。"

正如以上所言，传法的上师需要坐在高高的宝座上，七世班禅额尔德尼十分谦虚的坐在低处的地毯上，而且还用不同的贡品供养其上师，有时还将财物等物品做为供养。向上师大学者益西坚赞求学《菩提道次之法》《密集胜乐喜金刚之三部灌顶》《三士道之护法神随许之法》等温萨耳传[①]的大部分口诀。

再拜八世达赖喇嘛为师学习了《上下边解脱乘》《怖畏九首金刚灌顶四支》《十一面观世音灌顶之法》《尼萨大佛随许口传之法》等无数个灌顶加持之法。又在金刚上师诺门汗罗桑旦增贝桑布门下学习了《“睹史天众”之法》《文殊如意赞歌》《智慈无垢之法》，从此以后，七世班禅额尔德尼每天从早到晚背、讲、辩有关摄类学之文献，并且每日上、下午各两次与自己的经师一起辩论，如此便精通了摄类学之精髓，蛇年之春的首次法会便入寺进行系统的学习。

在与帮他学习辩论的老师们的帮助下，他以超人的智慧和有理有据的言论取得了胜利，如此便被广大学僧所崇敬，从此开始将深奥的佛法发扬光大，且逐渐以文殊之化身班禅额尔德尼贤德洛追坚赞的典籍为主学习佛法之正见，除此以外，还在向敦尊哲坚赞、达那根敦罗桑、更前列巴顿珠等人的著作中学习了中观四部，还学习了由宗喀巴大师的两位高徒所撰写的《释量论之注释》，尤其深度学习了降央莫兰巴沃所写的《莫注释》，七世班禅额尔德尼与自己的上师共同研读、比较、讨论以上所列的经典之内容，从而解开消除自己内心的无知、误知与疑惑。这种准确无误的分析方法与思路的产生，就犹如印度的法称大师重新诞生在雪域大地之上，让此地众多傲慢无知且狂妄自大的学者顿时哑口无言。

在精通《释量论》后，通过翻阅《现观庄严论明义释》等书后又

① 指从三世班禅额尔德尼温萨罗桑顿珠开始，用耳传的形式将菩提道等佛法代代相传。

学习《现观庄严论》,通过翻阅《根本中观颂般若》和《入中观论》等书掌握中观知识,通过翻阅《律经根本律》等书掌握了律经相关知识。通过翻阅《俱舍论》等书掌握了论藏之知识,并仔细阅读印度学者和师徒三尊①所著的相关释义书对以上知识烂熟于心。尽管已经熟练掌握了教证相关知识,依然反复翻阅相关图书,并告诫后来之徒众要成为如此贤哲之人。期间,学习《大威德金刚的集咒》和《马头明王密乘灌顶传承秘诀》,主要学习法相乘方面的著作,不光学习理论,并加以修行。在熟练掌握这些巨著内容后,在羊年三月一日这个星辰合顺的日子,开始了长达 25 天三域之灯《菩提道次第广论》之教理的学习,后来以愿菩提心仪轨之方式发菩提心。从此年四月一日起开始根据大规范师阿帕嘎热(སློབ་དཔོན་ཆེན་པོ་ཨབྷྱཱ་ཀ་ར།)的主张,聆听金刚灌顶之首 50 位上师授、善治徒弟仪式。四月二日进行准备(加行),三日开始(正行)进行 19 位密集文殊菩萨金刚的灌顶,逐次在 45 天内进行金刚坛城四十三和文殊两坛城等共聆听四十五坛城的灌顶。结束时根据传统还进行了完整的会供曼陀罗仪供等。后根据大修行者米札杂派(གྲུབ་ཆེན་མི་ཏྲ་ཛོ་གི།)的"米札"百次之灌顶,先准备(加行)事部的总坛城,第二天早上正式(正行)聆听妙音、下午聆听八大天众财神之灌顶,如此每天聆听两个完整的灌顶,到七月二十二日将金刚和米札的所有灌顶聆听完。此时,大规范师阿巴嘎热(འབྷྱ་ཀ་ར།)依据此获得殊胜成就的六大胜乐转轮、圣者米札之本尊之首观世音杰瓦嘉措(རྒྱལ་བ་རྒྱ་མཚོ།)之灌顶、金刚和米札灌顶之首金刚大师和主要学生进行详细灌顶的传统,在密集文殊菩萨金刚、妙音天女、观世音杰瓦嘉措之时佩以玻璃

① "师徒三尊"指印度僧人轨范师莲花生和亲教师静命以及吐蕃法王赤松德赞。他们 3 人对于佛教在西藏的传播和弘扬发挥了巨大作用,因而被后人敬称为"师君三尊"。此处的"师君三尊"是指宗喀巴大师、杰曹达玛仁钦、克珠格列贝桑。

饰、在六大胜乐转轮之时佩以骨饰等由太师金刚持和尊者两人进行,然后进行天众等前辈所要进行的一切仪式,然后依次是23天的圣道三要、次道之引导,一个月的次道之降白言教、15天的次道快路、密集、胜乐、大威德的生圆次第每讲10天,尤其是认真学习了由法王宗喀巴大师(རྗེ་ཙོང་ཁ་པ།)《密集根本续》《吉祥月之明灯》等4部解释中讲述的说法。当时,起初由金刚持上师敬献内外供品和宝曼扎等供品后进行师供祈祷。按照每座法进行金刚心修诵,向本尊坛城的天众、护方神、阎罗王等撒放敬献密乘僧侣的祈祷等都根据目录单中所要求完成后用来酬谢敬献于会供曼陀罗前的供品玲琅满目。最后太师金刚持将《续部明义》等书卷持于手中,对尊者为首的在场所有幸运的学生进行灌顶,精通一切后,为使宗喀巴大师的教言永盛,按照目录单所要求,毫无保留地会供金刚大师、聆听佛法,对格鲁派的发展做出了巨大的贡献。

同时,七世班禅额尔德尼在长达21天的时间内,反复阅读瑜伽部之主要内容即胜乐根本部,并结合宗喀巴大师所著的相关解释,对难点进行详细解释后,将内容烂熟于心。此时,金刚持上师又一次分先后两次敬献内外供品和宝曼扎等。完成后敬献不计其数的酬谢之会供曼陀罗和其他物品,然后隆重烟祭金刚乘中观见之究竟胜乐事部的好观点、班智达纳若达巴(པན་ཆེན་ནཱ་རོ་ཏ་པ།)的秘诀、法王宗喀巴大师根据怙主文殊菩萨(འཇམ་པའི་དབྱངས།)的秘诀进行分类,而这些已经处于名存实亡的境地,对其的复兴做出了不可磨灭的贡献。在上师师徒对佛教的兴盛所作出的贡献中,师徒授受《密集部明义》《胜乐部明义》是最为突出的贡献。得到所有藏族地区人们的感恩不是件容易的事情。因此,以这种方式感恩圣者,对圣者的无上功德进行赞颂,竭力客观公正地述写了圣者的传记。

此外,聆听了13天的格丹噶举仁布切(དགེ་ལྡན་བཀའ་བརྒྱུད་རིན་པོ་ཆེ)

讲授的大印法知识，能断派理论知识以及噶举仁布切的教言、红黑阎罗、黑行证果派之胜乐、忿怒金刚手大势至加持的耳传派、密集集咒加持、胜乐轮之集咒加持、三十四本生传之教言、密乘修习本尊的仪轨觉囊派、二十一度母（སྒྲོལ་མ་ཉེར་གཅིག）、瞻巴拉五神（ཛམྦྷ་ལ་ལྔ）[1]、赐予吉祥天母神、金刚怒像、十面观音、无量寿佛、金刚勇识佛母等的加持，又赐了十三大令护法和多闻子十五令之加持。聆听了十三尊威德金刚、遍知、九尊长寿佛、三重牟尼、五尊胜乐玲之外坛与身坛灌顶之法。尤其是在木鼠黑月十五日，佛在灵鹫山讲般若波罗蜜多时，在哲蚌寺的大塔处，师圆满释迦牟尼化身为转轮王，对不计其数的眷众圆满法王达瓦桑波（ཟླ་བ་བཟང་པོ།）等神和人化机，讲经说时轮根本续等所有续部之法圆满。身语意俱全的彩粉坛场，在五天多的时间内，受50多位上师的讲说、参加学生继承的仪式、接受金刚大师等贤者的灌顶，就如法王绛百扎巴（འཇམ་དཔལ་གྲགས་པ།）再次成为雪域藏人的怙主。为使读者能够详细了解，叙写了为时轮之主进行灌顶的情景。

太师金刚持讲授的显密知识之甘露灌溉了圣者的心田，就如为金刚上师打开了虚空仓库之门，向其敬献了无数稀有珍品。尊者按照圣者们所讲的秘诀之顺序勤勉钻研，且在研习时，将九行哲理秘诀每天念诵十三、四遍，达到了一种只要眼望着书便可以将其背得滚瓜烂熟。对所有理论以辩驳的形式断论时，对所有教理之创始人的理念辩驳也变得游刃有余。不仅如此，还身体力行，加以修持。孽障缠身的众人一看到部分身语，故对其崇敬之情油然而生。三律仪（སྡོམ་པ་གསུམ།）之如意宝充盈了心识之器皿，勤于取舍、严守戒律，对于显密之道位之觉悟明显增长，对化机将哪些经文如在

---

① 即绿财神、白财神、红财神、黄财神、黑财神。

这部上定钉子一样了如指掌。为佛教众生之事不辞辛苦,用三藏[①]四部的显密知识赐予徒众。对恢复并弘扬宗喀巴大师创立之佛法做出了很大的贡献。此举被文殊皇帝听到后赐予其上好的礼物敕书及金印等。尊者无上的功业遍及三域,成为后世徒众指明圣路的良师。在十方一切佛祖会供中会供一根上师的体毛或上师的面具等因福祉无上,因此想变得更好的人们不管拥坐多高的地位,都想敬崇为自己指明佛法道路的上师。便膜拜怙主绛贝嘉措的鞋,将太师金刚持的脚放在自己的头顶等方式来表达自己对指路良师的崇敬之情。两位上师向前为班禅亲自敬献供品,并赤脚向其磕头。之后,在寝宫内为二位恩重如山的上师铸造金银佛像等身语意供品供放,在佛像前供置的金银制成的珍贵供品不计其数。每天亲自供酥油灯等供品,绝不允许他人代劳。为了供施,对每天花费大额金钱毫不吝惜。不仅如此,一些动机不良的人们不管供奉多少稀世珍宝,就如猛兽面前的草或者野兽眼前的肉,对其置若罔闻。而对虔诚的贫困信徒敬献的酸奶等欢喜收纳。对有幸之人讲述自己地方的地理状况,用汉、蒙、尼泊尔等语言对话,不管重要与否,都会细心听讲。所有身语意的功业都是为了佛教的兴盛和一切众生的利益,因此享誉世界。学者、雕刻画画等工巧学等如果不能按照要求完成,不管其如何,没有任何意见便将其亲自完成,在

---

① 佛教典籍的总称,是根据能诠释划分的。“藏”音译为“毗支迦”,意译为“箧”或“大斗”,原为盛放东西的竹箧。另有“括摄”之意,即于所诠中摄集多义。三藏包括十二分教的一切文义、色法以及遍智之间的一切所知。①经藏,音译为“素怛缆藏”。于何处为何补特迦罗说,为契合处;叙说世俗谛与胜义谛的一切性相,为契合相;叙说蕴界生处等为契合法;叙说甚深意趣为契合义,此四合称为“经”。“经藏”主要阐述增上慧学,十二分教中的契经、应颂、讽颂、自说、授记、方广、希法都属于经藏之中,凡是经皆为佛说。②律藏,音译为“毗奈耶藏”。“毗奈耶”意为“灭”或“调伏”,是佛教为比丘、比丘尼制定的禁戒,以制伏诸恶。“律”主要阐述五堕罪、堕戒因、还净、离堕、依何制戒补特伽罗、所制学处本体、学处名目、抉择犯、诀择未犯等八事,以灭三业罪过。律藏主要宣说增上戒学。十二分教中的缘起、譬喻、本事、本生都属于律属。③论藏,音译为“阿毗达磨藏”或“阿毗昙藏”,意译为“对法藏”。“论”音译为“阿毗”,意为“对观”或“对证”,现证真实性。它有三层含义,第一“证”,即现证真实性;第二“再三”,即由蕴、界、处、假有、实有等再三宣说而显现;第三“威慑”,即制胜各种说法。论藏主要宣说增上慧,十二分教中的议论分属于论藏。

这种情况下，那些专家也会像小孩一样听命。残暴的非人也会奉命办事，在自满抢夺生命之时，只要尊者一句话，他们便会停止制造危害。如一叫丹巴的村庄遭受妖魔鬼怪的侵害时，尊者接见了一名长角的人后不断呻吟，便显现了阎罗王的生起次第永恒的标志。

前、后藏很多地方发生了冰雹灾害，使庄稼颗粒无收，人们在请求护佑时，以各自的护法神为依据进行取舍，尊者承认，只要一心一意，就不会出现灾害。尤其是殊胜大威德金刚、静猛梵天、具智眼者也愿为奴役听命办事，残忍不已的虎豹见了尊者也会变得温顺许多，狗、鹿、岩羊等在一起时，狗也不会产生伤害其之心，鹿也不再变得那么恐惧，尊者具有如此之魄力。有些供品只要以牲畜的形象出现，便会变得有灵异。总之，为了他人之事鞠躬尽瘁，每天要接受成千上万之人的膜拜也不嫌累。尤其是当面授近圆比丘戒等，认为是自己的事情，所以按时为所有请求者授予。为报答佛祖，竭力为佛教兴盛作贡献，为有幸得到戒律之甘露，严守近圆比丘戒。尽管不是全部都清楚，但是实际上从第十三个饶迥的火虎年授第一个近圆，一直到第十四个饶迥的铁猪年，多的时候每年上千，少的时候也超过500。这些善趣以丝绸等作为供品，对其授予正确的戒律。三界无与伦比，密宗之札仓在冬至时机念诵相关的经文，其主要弟子有卡瓦如巴的三世怙主、北方的哲布尊丹巴、章嘉活佛、雪域政教领袖热振摄政等不计其数，色拉寺、哲蚌寺、甘丹寺、上下密院等的上师、良师等都是尊者的弟子。罗桑旦增班觉（བློ་བཟང་བསྟན་འཛིན་དཔལ་འབྱོར།）前后世、班丹扎巴（དཔལ་ལྡན་གྲགས་པ།）、罗桑旦杰群培（བློ་བཟང་བསྟན་རྒྱན་ཆོས་འཕེལ།）、二世罗桑班丹旦白坚赞（བློ་བཟང་བསྟན་པའི་རྒྱལ་མཚན།）、罗桑丹巴坚赞（བློ་བཟང་བསྟན་པ་རྒྱལ་མཚན།）、罗桑次成（བློ་བཟང་ཚུལ་ཁྲིམས།）等精通教理的许多善知识如夜空璀璨之星辰般繁多。他们在西藏、汉地以及蒙古地区为弘扬佛教做出了很大的贡献。能够沐浴在他们经文中的有幸僧侣们,一听到其讲经说法,崇敬之心油然而生,将尊者尊为自己的上师。不管拜见尊者、听取尊者的经文与否,皆能有幸地虔诚祈祷。

不信奉功业的那些没有多大福泽的人,当他们的身、口、意三门从事不正当之业,他们要么在缩短其生命要么其所作所为只能是不正当之业。每月和护法神殿的人一起不间断地进行天母、姊妹护法、大至尊、祖鄂麻博尔(ཙིའུ་དམར་པོ།)、战神等的酬补仪轨时当了领诵师,为诸护法进行酬补、请托等仪轨时需要使用不同的语调,无论要使用前藏语调还是后藏语调不仅能正确无误,还能悦耳端庄,举世无敌;除了上述仪轨之外,不进行任何念诵,嘴里不断地念着某位本尊的陀罗尼,但具体哪位本尊的陀罗尼让人捉摸不透。念朵玛时的供水杯,念自生时的手铃,晚上进行酬补仪轨时的念珠方式等悄悄地缓慢触摸,除此之外没有其他显眼之举动,因而大部分随从们也不知道。但有些有缘者受到了赐教,正如善神般宣扬,藏历十四饶迥水兔年之前班禅重诵“雅麻苒呃”(ཡ་མ་ནྟ་ཀོ།)七亿次,重诵的次序也是纯正的师尊门路;表明如是通晓声明论著,进行大灌顶需要念诵咒语时如是按照门路和声明论著;舞蹈、跳神、音乐、绘画等也不仅心领神会,还努力进行可靠的校正。随时随地做任何事情都只为有情众生着想,遇到利他之事没有任何高傲的架子或者感到劳累等态度衷心帮忙;身患大病将要会见死神的病人也给予细心把脉和尿象,病情症状一旦被听见便能把与之相应的医学四续中的原文背诵出来,并运用相应的医术把病人从死神手里解救出来。把所有至尊奉在自己的头顶之上,永远也不会因为拥有无价的宝库和无限的权力而蛮横粗鲁,而是持守纯净戒律发扬第二佛之无误教派。著作有把自然修法里所说的众神之修法汇集成两卷帙的义显自然(རིན་འབྱུང་དོན་གསལ།),雪域终生怙主手持莲花之至尊罗桑旦白旺降白嘉措长寿祈请等诸多活佛长寿和本生祈请;本生唐卡画法,速到祈请,护持贺词等诸多次第,信奉者们前后请求至尊本人的长寿祈请和相应的诸多次第的护持贺词,有关十三本生的喇嘛的观行深奥之诞生于香巴拉的贺词,依附无量光佛的喇嘛之观行,心怀极乐世界的布局而生于极乐世界的贺词等,依附观世音的喇嘛之观行如何修诵六字真言,依附至尊文殊菩萨的喇嘛之观行如何重诵等喇嘛之观行的诸多次第,多昌(རྡོ་འཕྲེང་།)和米札(མི་ཏྲ།)的灌顶传递等传承喇嘛之祈请类;齐全显密佛教之道的要点,并劝勉使人向佛和活佛护持之贺词祈请等修证歌类;《金刚大持至尊罗桑白丹益西尊荣的深奥广大之佛法的听课笔记琉璃念珠》《菩提忏罪的释义消除罪恶漆黑之光明》等诸多经和论的注释,诸寺院的规章告诫类;显密佛教之诸多难点的提问之回答类;诸多欲天之成就法的类;各个护法的诸多修法;《密集根义成就仓库之钥匙》等灌顶的诸多次第;《大威德金刚圆次四瑜伽之讲义三身行入珍宝洲的远洋船》等生圆次地之讲义类;《本尊喜金刚九神之如何进行修念的成就仓库》等修念书;《世尊吉祥时轮息灭护摩的规程挽曳成就珍宝之马车》等烧施类;《因明学道讲打开智慧百门之钥匙》《普觉罗桑贤巴传之开放佛教睡莲的月光》等活佛传记和传记祈请类;依附法王宝之如何敬献千供等供施类;新修所依的目录、背书、题词、贺词、祝告等诸类,《鬼神八部鲁(ཀླུ།)》等公文吩咐类;地方神供奉功业类等总共有九卷帙的著作,这些著作是没有花费太多时间而快速著成书的,虽然矫饰精通之人无论在书的词和义方面怎样挑剔也找不到错误之处,反而粉碎他们的傲慢之心,使让他们不虚假地产生普知之观念;亲眼见到了依怙尊降白嘉措和大威德金刚,虽然圆满二次第的瑜伽,但还是大力隐匿本领,只有个别心传弟子才见到其真正本领;顷刻也不动摇金刚喻定之本相,能够真实地知道别人的意愿之身语意的表态实际表露在许多有缘者跟前,不仅等持的顺便顷刻赐教,还是通过观看念珠的方式卜卦赐给任何明示都没有错误之时。三密之所有大、中、小的功业顷刻也没有成为随声附和和徇情,随时随地都是自由自在,无论去往别的净土还是继续留在这一净土都是自由的,比如虽然土鸡年已确定去往别的净土,但因徒众们十分敬信而齐心协力的祈请,答应继续坚定足莲,一直到藏历水牛年没有任何不坚定足莲之疑惑而在法界得到解脱。

总之,恩德无与伦比之大堪布,因事之需而指其大名,大恩人大堪布佛教教主难以叫起大名之根本上师至尊罗桑班丹旦白尼玛确列朗杰尊者,虽然是东方文殊菩萨威势之转轮大国王、大主人等世上一切大人物视为至高,但他没有任何骄傲与傲慢如奴仆恭敬自己的主人一般谦恭他人;虽然国王等大人物的财富带来了无可较量的福泽和兴盛,但把这些妙欲之富饶视为各种罪过之来源,经常处于四圣行;虽然成为诸多护法神向自己奴役的无上威德之自在,甚至有人对其生命造成危害,他也从不密咒或恶语伤害。反而是以大悲心把恩情当做伤害的回馈;虽然成为精通一切知识的贤者,但还是随时随地像常啼菩萨和佛子青年诺桑一般加倍努力学习深广之佛法;虽然获得了在讲述、辩论、写作等智者三事方面正是众中至尊的地位,但向徒众们传授深广善说时,没有任何的贬抑对方或者吹嘘自己的本领,或者吝惜秘诀;虽然自己成为三界之无上法王一般,但传授佛法之一颂的大善知识也十分恭敬;虽然唯有以纯洁的理论法则并以坚定的信念修持与大密咒金刚乘之百瓣相结合的佛法心要中观见的格鲁教派之莲花花园,但以无上的恩惠发扬光大所有教派的宗论师们各自的成规;虽然拥有以十分稳固的内神瑜伽催破所有凡人的执着的能力，但外在从来都不越出律经的一丁点制戒；虽然获得了甚深空乐无别的等持之至高地位，但还是专心努力进行磕头转圈巡礼并供养曼札等迷执之修证善行；虽然时刻与广大无边之四部相连的本尊天众在一起，但从来都不告诉他人自己心具通慧之事；虽然自己证得世上至高的大地位之自在，并获得了不可思议的教证知识之自在的贤者与成道者的崇高地位，这样的地位跟被称为大成道者的前人们也无可比拟，但为了佛法，从来都不做迷执此等行为，而是以十分洁纯的行为为佛法和一切众生事业的榜样，如同跟我主普雄夏师徒（ལྷ་གཅིག་ཕུལ་བྱུང་ཞབས་ཡབ་སྲས།）和文殊怙主第二佛宗喀巴大师的传记一般，以慈悲抚养所有僧俗百姓诸有情，还命令寺院里的执事人员们只能抚养僧俗百姓诸有情等，对所有政教事业以自主的方式把一切百姓如同慈祥的母亲抚养自己唯一的孩儿一般抚养，因此对雪域的一般与个别之所有众生给予无可比似的大恩，与昔日祖孙三法王的功勋相比也殊胜，这是所有用心正直者们有目共睹的。

对此如是说：

雪山环绕的广寒之地，
佛法之太阳普照此地，
神等众生利乐之本，
开放佛法莲花之良友。

极优太师的口之宝瓶，流出的善说之甘露水，使那位圣者雄狮之主，心之宝瓶装满了甘露。智悲之所有能力圆满，拉开业力与烦恼之云，进行伟大善业的光芒，阻断邪说鸱之飞行。驱散有寂与生死涅槃之黑暗，往有缘徒众们的心灵之田里，成熟增上生与决定胜之庄稼，唯有昼间自在太阳大教主您。显密佛教之博闻光芒，驱散取舍之昏昧无知，此生来生的吉祥之源，照亮了心喜佛之坦途。观待与作用法尔，证成等四种道理，昼夜为知识慎思，对所思生真信念；这种信念无沉掉，一心专注平等住，天然成就二利宝，显露如掌上之物。通晓所有知识之贤，无垢三种律仪之正，为佛法众生之善良，贤正善良实具于您。源自迦摩罗花之花蕊，给出甘甜口感的蜂蜜，和如冰片之讲辩著作，消灭傲慢者之烦恼闷热。戒除妄言与不成熟的，善说来帮助众生之心，和茶水酒水之贪欲等，洁纯的行为如同满月。如来经典注释等，不拘泥于字面上，而是全身心研究，弃生老病死之轮回。巴拉穆达（པ་ར་མི་ཏ།）之典籍与密咒，和彼岸的内外共通学问，把牛货洲与小洲的，引领众生通往解脱之路。大愿相同如一人，耐寒耐热努力修习本尊，邀请了称为"扎"的护法神，清楚明白地并如理办事业。众黄帽佛教人士之定饰您，不追求衣食之谋和热闹的，沸腾的嘈杂的空话和财物，以高尚行为发扬光大佛法。如牛马等愚痴的浊世之众生，迅速为不善的行为相竞争的，疼爱的暂时与永久的劝告语，三域众生之保佑者接受您教导。如哈利白旃檀的芳香，空性无生之甚深义等，对极愚痴的今之众生，如同甘露水一般授予。为众生获得遍智齐天，以洁纯事迹为新噶当，以真诚之心管理教派，怀念佛教徒众多的您。罗桑佛之主的宗教，无罗桑（第）二佛为谎言，实为罗桑法之太阳，为何降临罗桑之教。为佛之经和注释的，经义没有证成之力，拥有缭乱财富之人，再多也对佛法无用。深广善言之百光照耀者，仅一位虚空宝之善知识，普及佛法之四洲各地域，如同太阳顿时照亮大地。从万劫之时习惯于二资粮之火晶，罗桑班丹（བློ་བཟང་དཔལ་ལྡན།）七马驰骋于知识之天空，显密大佛旦白尼玛（བསྟན་པའི་ཉི་མ།）照亮了解脱之路，确列朗杰太阳为佛法莲花之良友。如此出色的所作所为，把法幢飘至三有之顶，为此善神善鲁有威望，同时摧毁了邪恶魔军。此乃为谓之无边诸佛共相怙主班禅额尔德尼一切知尊者罗桑班丹旦白尼玛确列朗杰吉祥贤身语意之传记世间庄严记载。

第六章　圆寂之功德

第六章圆寂之功德分为两个部分，即圆寂之情形和修建灵塔之事迹。

第一节　圆寂之情形

第一部分是尊者七世班禅额尔德尼已年满七十二岁即谓之“放荡”藏历水牛（癸丑年，1853 年）新年，当天除了没去参加新年食子①和供佛等活动以外，各种欢宴依旧顺利参加，且不仅因为风水较好等使大家得到心满意足，祥瑞气氛保持到宴会结束。七世班禅额尔德尼一回到贡赛寝宫（གཟིམ་ཆུང་ཀུན་གསལ།）就对赤列巴钦布（འཕྲིན་ལས་པ་ཆེན་པོ།）说：“今天准备的都很好，毋庸担心，现在让他们好好休息吧。”因为当时赤列巴钦布身体虚弱，于是对他进行祈祷保佑，赤列巴钦布也非常感激。后来想起晚年的一切活动都很顺利，这也可能是转世灵童早归的预兆。大引领者（第七世班禅额尔德尼）从藏历水牛年开始怀有去往极乐世界的意念，因此，在新年大喜宴上比丘阿旺年扎（དགེ་སློང་ངག་དབང་སྙན་གྲགས།）再三恳求觐见（第七世班禅额尔德尼）。遗憾的是如秋云消失般的速度消失，（比丘阿旺年扎）没能如愿以见，只能心灰意冷地回去。之前在甘丹热布杰寺（དགའ་ལྡན་རབ་རྒྱས།）进行圣王礼辛哈日（རྒྱལ་མཆོག་ལི་ཧྲིན་ཧ་ར།）常年神馐

---

① 原西藏地方政府和各寺庙于每年正月初一清晨奉献给吉祥天母的食子。

时,是如此寒冷的天气,但"多玛"上的白花①一丝不留地融化等的不好现象。因此卜卦问吉凶时,需要进行十万会供曼陀罗②。聂赛尔具乌神垒(ཉེ་སེར་རྫོང་ཚན་པའི་ལྷ་རྟེན།)的后山显现较多奇怪的白色彩虹,一些人看见部分白色彩虹连着贡觉林的殿顶,还有从拉萨方向传来的不吉之言等便是本尊(第七世班禅额尔德尼)圆寂的最后征兆。

初九日,甘丹颇章侍卫③(给班禅额尔德尼喇嘛)行告别礼时,(侍卫)报告了关于尊者达赖喇嘛的足疾病情况,说按护法神所示敬事④都已完成,但还是不见好转,因此让我(侍卫)向喇嘛仁布切七世班禅额尔德尼汇报并带回指示。(班禅额尔德尼喇嘛说):"达赖喇嘛赐予的《所缘度母悲心经》,嘱托(侍卫)于此处虔诚祈祷,也请为我祈赐保佑。"

初十那天,七世班禅额尔德尼身体略有不适,时而有咳嗽的情况发生,但是班禅额尔德尼喇嘛御医猜想是血压的浮动,因此上报说没什么大问题。当再三(向班禅额尔德尼喇嘛)问病情如何的时候,他有时一边祈祷一边说没什么大碍,一般不做任何回答,总是在念经和禅定(等持)⑤,在这样的环境中做内心的禅定(等持)。虽然是从土鸡年(ས་བྱ་ལོ།)开始的,但赤列巴钦波虔诚的祈祷和不断地进行经忏,最终十四日黎明时与示寂时光明法身化为一体的情况显现。以身体立直,两足跏趺,两手平放的景象一心入定。首次三空依次浸入之后一切皆空光明法身的真谛真实显现。

之前身体有些疲劳等情况,导致了神采稍退与皱纹增多,通过

---

① 是一种祭品,即"多玛"上所贴酥油花。

② 佛教修行僧人凭借观想神力、加持五欲及饮食品成为无漏智慧甘露以供师、佛三宝及自身蕴、处、支分三座坛场,积集胜殊资粮的仪轨。

③ 旧西藏地方政府时,达赖喇嘛、班禅额尔德尼等最高统治者的内寝侍从,通常选身躯高大者充当。甘丹颇章侍卫应当是达赖喇嘛的侍卫。

④ 引申其义为延僧诵经修法以事佛。

⑤ 梵音译作三摩地,略作三昧。于所观察事或于所缘,一心安驻稳定不移的心所有法。

鼻孔吸气却依然度月如日般的速度使全身化为神子般依然神采焕发，但头顶无升涨，身体未见瘦小和无有皱纹起伏之状况。之前显现的皱纹也被一扫而净，一切都无有的情况下全身发光使成为了无法对眼的光团。与此同时，大经堂白伞盖的标帜法器没有受到任何损伤，经堂顶上显现彩云供的各种奇特的形象，明亮的彩霞下不少寻思者看见的现象不一致，一些人说经堂顶上显示了蒙古包的形象，却另一些人说看见了极大的胜利幢形象等。然而午间过后头稍向下方，光彩稍退和头顶显凸。从鼻孔流出大量的赤白菩提，装有旧尸体的盒子里一刹间化为圆满受用身。端着无数供物地迎接圆寂于极乐世界之七世班禅额尔德尼。

随从人员都成为无首之群而极为痛苦，且不知如何继续自己的生活，但是一看见以身的神采等吉兆与标志，呼喊着如此稀有奇异的征兆让痛苦一并埋没。赤列巴钦波（འཕྲིན་ལས་པ་ཆེན་པོ།）认为应该努力地供奉和侍奉皈依处，一直被痛苦约束是最下策，因而参加了宫殿中预先安排的活动并献上垫子和坐蓐。穿戴法衣①、肩帔②、贴身下衣和冠冕等造为圆满报身的形象。此时，护乐轮至法脉轮使根与支等一切汇聚在一起，外层塔形较为凸起而坚固，就连手指尖也无法能持，长达六个月都是如此。不仅手足的关节没有僵缩的现象，而且比平时更柔软等精通生圆次第③的标志显现。圆寂之时昼夜不断地在贡觉林（ཀུན་མཆོག་གླིང་།）吹响号角、洞箫、唢呐和大鼓等，以为在经堂前吹响，便前去看时，又以为在经堂后吹响的景象，如此美妙的合奏无法判断从何处吹响。听说已圆寂的噩耗使本寺门下僧俗都浸入痛苦之中，一些人想跳河自尽，另一些人想用刀自

① 沙弥和比丘白天穿着的黄色上衣，由七片合成两条半，尺度同于重复衣，通称法衣。

② 披在神像肩上和背上的短衣。

③ 即生起次第和圆满次第之略。密乘中修习本尊三身为生起次第，修习风、脉为圆满次第。

杀等出现各种状况，不断放出悲心之哭声传遍四周。快到午间时为了感激修建报身塑像，由一位盛装的骑士通知四周，很多人看见其人但未能认出。北方的雪人（ཞོལ་མི།）（住在寺院下面的人）说刚向南走了，南方的人说刚向北去了，于是此言传遍了寺院周围，使藏、汉人民兴高采烈地跳起舞。从寺院两边的僧俗川流不息的向贡觉林晋谒，还有僧侣们需要专门盛装打扮前去贡觉林，信众都挤满了正门内外并一同呐喊愿善神得胜和叽叽唆唆①（ཀི་ཀི་སོ་སོ།）等表现各种喜悦心情。太阳将要落下了还不肯回家，只能由知宾曼日瓦（མགྲོན་གཉེར་སྨན་རི་བ།）令他们回家时，僧俗民众还听成现在时辰太晚而无法摸顶，明早会接着摸顶。仍无人愿意回家像蜜蜂依恋莲花一般守在此处，无可奈何的情况下由侍卫和敬茶者威胁驱赶。

当决定为七世班禅额尔德尼造报身后，大多数住在扎什伦布寺下面雪居民（ཞོལ་པ།）每夜饮酒歌唱的度过，僧俗大众表现出从狱出逃出般地高兴，如微风吹入心田般将所有的痛苦消失殆尽。部分人认为应是转世灵童早归的吉兆，此刻谁会想消苦胜乐的恩情。再发现时，听说此类谣言与喜讯一夜间被传到整个卫藏地区。通过如此神通地完成无数众生的事业，便是福分极薄者无法听闻也。立即从灵塔跟前原有（班禅额尔德尼属下的 4 个人）的 4 个人及雍洛活佛等密圆的41 位僧人开启了密集、胜乐、大威德三种坛城，尊者与坛城之主不分为二，而供奉内外密之空性。自入而领得四灌顶②等按显密两宗的圣贤口诀如实进行修习。赤列巴钦波派人使首先在拉萨向达赖喇嘛和摄政诺门汗急速地祈愿献礼，其次为了立即寻访真正的转世灵童而祈愿献礼，最后指令驻藏大臣们给清

---

① 藏语音译，苯教祭神时所发为神助威的一种高亢呼声，现已为一般宗教徒祷神时的通用语，其流传至今。

② 即宝瓶灌顶、秘密灌顶、智慧灌顶、句义灌顶或第四灌顶。

文宗咸丰皇帝敬报。每天在灵塔跟前进行清净而又隆重的供奉仪式，上述僧人们经过两周祈愿之后，给司膳和侍寝官等发放了报酬和赏赐品。进行祈愿期间，谒见灵塔者因无防而不仅仅是本寺的僧人，还包括乞丐等无数人。其余大老爷（ཏཱ་ལོ་ཡེ།）等诸多汉人官员及群众脱下帽子，献上悼念之礼品，悲伤哭泣，并磕头，十一世达赖喇嘛代表孜雪（རྩེ་ཤོད།）献的悼念、圆寂和灵塔的盛大供品为主。连乞丐也不留一针一线地将所有大小物资全部进行了供奉。数不胜数的信众们所供的绿松石、红珊瑚、珍珠、男女服饰和绸缎等乃无法估量其价值，还有无数的佛像、佛经、佛塔及金银珠宝。仅黄金就有543钱，白银有21786两，粮食约有13086藏斗[①]。管家为了追悼祭祀，不仅在本寺发放大量的布施，还对卫藏（དབུས་གཙང་།）、拉堆南北（ལ་སྟོད་ལྷོ་བྱང་།）和阿里（མངའ་རིས།）等地的主要寺院及三大寺（色拉寺、哲蚌寺及甘丹寺）各布施了6次斋僧茶[②]、为每位僧人发放一两纯银、剩下的大量物资全部捐献出去。为南杰札仓[③]的每位僧人发放一两纯银，还有给各教派的寺院布施的斋僧茶与上述相同，为每位僧人发放5钱藏银。对藏绒（གཙང་རོང་།）、帕里（ཕག་རི།）、锡金（འབྲས་ལྗོངས།）、阿里[④]、宗噶（རྫོང་དཀར།）及吉隆（སྐྱིད་གྲོང་།）的各教派的寺院布施了10次斋僧茶以及为每位僧人发放5钱藏银。对每位隐士[⑤]布施10次斋僧茶和一两藏银。在主尊佛面前供奉有百供[⑥]

① 西藏的容量和重量单位名。

② 布施给僧众之茶。

③ 布达拉宫所设的一个札仓，专门为达赖喇嘛诵经，札仓的僧人专门陪同达赖喇嘛出行，平时参与指导僧众诵经、跳神、绘制坛城等活动。

④ 古地名。藏语音译为阿里郭松，又译为领地三环、阿里三部。吐蕃王朝后代尼玛衮于10世纪出走阿里，在阿里分建了3个部，由3个儿子领属。长子贝吉德日巴衮领属芒隅（今西藏普兰县境内）湖泊环绕之地，次子扎西德衮领属达莫（今普兰县境内）雪山环绕之地，三子德祖衮领属古格（今扎达县境内）岩石环绕之地，三地合称为阿里三围。元时称为纳里速古鲁孙，明时称为俄力思，今统称为阿里或阿里地区。其地包括今噶尔、日土、扎达、普兰、革吉、改则、措勤等七县。

⑤ 隐居山中静修小寺修行的僧徒。

⑥ 在神像前罗列香、花、灯、水和神馐等五种供品各满100者，称为百供。

和千供。对本地的所有乞丐各布施了两次糌粑、茶及银两,还有新衣服等数不胜数。以上所布施的物资折合成藏银,大约是35515两藏银。在驻藏大臣报清文宗咸丰皇帝之后,四月一日收到清文宗咸丰皇帝谕旨,主要内容为:"班禅额尔德尼持兴黄教(格鲁派),为众生造福等,当闻悉如此噩耗使吾万分悲痛,故让朱驻藏大臣转送给扎萨克南杰群培的供品有5000银两、20匹龙纹锻、100匹供衣、20条大哈达及300条小哈达等。为表达宣宗道光皇帝悼念之意,将自己的品质极好的一串佛珠、一串红珊瑚佛珠和一卷经文等以及折子一并敬献给班禅额尔德尼。扎萨克南杰群培在扎什伦布寺的各项活动中皆要尽心,因此除了绸缎以外的所有供品由朱驻藏大臣在六月三日送达,并请(朱驻藏大臣)至灵塔前,驻藏大臣也要像藏族信众一样供施、磕头和祈祷等,甚为虔诚敬信。"

尤其,赤列巴钦波十分重视清文宗咸丰皇帝之圣旨,一切事务均遵旨意办理,丝毫不敢怠慢。四月十一日,清文宗咸丰皇帝对赤列巴钦波进行日后奖赏之圣旨已下达至驻藏大臣处。根据清文宗咸丰皇帝之旨意,七月十六日钦差加果齐安聪(སྒྲར་ཁོ་ཆི་ཛན་ཚུང།)和笔贴式楞策(སྦི་ཆའི་ཆེང་ཧྲིན་ཚུལ།)奉命携带敬献于班禅额尔德尼的绸缎等礼品到达扎什伦布寺。并授予赤列巴钦波"具圆满善慧诺门汗"之封号和金册,印章是根据其请求将通过驻藏大臣(ཨམ་བན།)日后授予的。班禅额尔德尼生前对赤列巴钦波给予无比关怀和栽培,赤列巴钦波也对班禅额尔德尼恭敬有加,进行"三欢喜仪式"之供养,并将世上一切所需之物,犹如河流注入大海般汇聚此处。(赤列巴钦波)对大怙主七世班禅额尔德尼生前和圆寂后所需的一切财物的支出,犹如使用地上沙尘一般无任何吝啬爱惜之心,且严格遵守并重视政教两方面的法律规定,办理大小事宜均细心谨慎,无任何错误偏差。对于大怙主七世班禅额尔德尼以及僧团无不恭敬有加，服务周到，从不懈怠。因此，深得寺院上下大小僧人的信任。此外，对于所属民众不加任何额外的赋税、徭役等，被成为众人广为赞颂的人物，此等赞誉是名符其实的，因此，清文宗咸丰大皇帝也对他授予封号并大加奖赏。这些也全部是由大怙主七世班禅额尔德尼之加持力而获得的，故大怙主七世班禅额尔德尼之功德也是言之不尽的。

在威仪殿（ཟིལ་གནོན་པོ་དྲང།）举行"一七超度"[①]的第二天，诵经和供养法事完成后，在吹唢呐和手持锦缎的僧人队伍的迎请下，将七世班禅额尔德尼之遗体迎入大厅的金座上。此间，众人于三个晚上对七世班禅额尔德尼之遗体进行了膜拜，由于每个膜拜的僧俗人士都十分虔诚地祈祷与悼念，所以此等功德也对每个人内心播撒了解脱与成佛之种子。此后，将七世班禅额尔德尼之遗体移至颇章之大日光寝宫（གཟིམ་ཆུང་ཉི་འོད་ཆེན་པོ།）中，以西藏地方政府为首的僧俗官员及其群众供养财物者络绎不绝。时而雍洛大持金刚（ཡོངས་སྔོ་རྡོ་རྗེ་འཆང་ཆེན་པོ།）对遗体进行沐浴净身。一天，一条彩虹从大日光寝宫的门外石阶上照射至彭措贡赛（ཕུན་ཚོགས་ཀུན་གཟིགས།）的小寝宫门上，好久才消失，在场的所有人争相观看，个个都十分惊奇。对七世班禅额尔德尼之遗体进行特殊处理的服侍者除赤列巴钦波与孜夏南杰（རྩེ་ཕྱག་རྣམ་རྒྱལ།）外，还有其主要的服侍者侍寝两人和近侍尼玛曲培（ཉི་མ་ཆོས་འཕེལ།）等 3 人。在赤列巴钦波的安排下，大侍寝官（གསོལ་དཔོན་ཆེན་མོ།）对遗体面部涂了金汁并成功地开了眼光。灵塔基本修建完成之后，僧俗众人历时 3 天的时间对遗体进行膜拜，并对每人赐予了具有殊胜加持的擦擦，以作为每人的供养物。

呜呼！赞颂诗曰：

---

① 藏族的一种祭祀方法。人死后，家庭要为死者举行超度，七日一次，共进行 7 次，亦称为"七七超度"。

“您用全部的精力，
将众生引入佛道，
还为明示生必死，
上师佛陀世间稀。
所化众生无有际，
故而化显圆寂相，
用己如意之法体，
和那至宝灵骨塔，
只为度化众生念。
理谛义上金刚身，
无变就连生死说，
也是不复存在的。
但为度化和引导，
心执常见的众生，
故而您显圆寂相。
水牛年之星宿月①，
当三黎明虎之时，
境处受三依次消，
化显空光法身体。
使那佛法莲花丛，
百叶绽放而散发，
殊胜功德万丈光，
吉祥佛法日光体，
突然消失虚空中，

① 指藏历十二月十六日至正月十五日，望在星宿，故名星宿月。

黑夜当即罩世间。
遍知佛子之躯体，
趋入理谛法身时，
佑行善事诸护法，
显现奇迹幻化相。
彩虹当空香味飘，
无敌胜利宝幢罩，
海螺唢呐妙音等，
无数供养如腾云，
如此在那神仙和，
仙女等的迎接中，
如要步入异刹土，
那么生前将众生，
我即亲自度化之，
发心誓言徒虚名。
示明人天解脱道，
慈悲柔光照四方，
怙主月儿步他界，
众生烦恼酷暑煎，
诸多苦楚谁人解。
普赐有寂利乐日，
突然遍入发性空，
世间一切僧俗众，
犹如丢失如意宝。
脱离怙主之悲痛，
内心大海沸腾水，

从那两双眼目间，
泪珠日夜流不止。
呜呼！哀哉！佛法日已落。
世间利乐莲叶收。
人神脱离怙主佑，
悲痛欲绝寒意深。
尤其膜拜法体者，
内心虽无薪火柴，
由于悲疼而燃烧。
双目空中虽无云，
泪水雨滴绵绵落。
由于众生非善行，
尤其雪域诸众生，
邪行罗睺罗瞬等，
您身太阳尽遮掩。
心目失明无主众，
犹如引路者将把，
旅人丢在沙漠中，
指明无误正道主，
如今把你已抛弃。
我等如今无奈何，
眼间泪水如雨滴，
口中祈祷如雷鸣，
心中悲痛如闪电，
如此我等苦众生，
您于忍心抛弃乎？

但是突然显一夸，
白骏身白衣服者，
感谢建塔如实说，
顿时僧俗欢喜乐，
化身即将降人间，
无有因缘法主作。
有情众生之福乐，
日日增进之怙主，
如意宝王功德流，
虽无断灭一时间，
融入无量光佛心。
此时将主双足宝，
顶为宝冠赤列巴钦波，
大开财源之广门，
举办圆寂之仪式。
智慧之云聚心空，
诸多供养之雨露，
降于三宝之福田。
与此诵经声隆隆，
还有那财物之雨，
溢满聚集人心海。
贫困可怜心田中，
欲求庄稼使成熟。
无上殊胜贤能之，
慈悲智慧您已具。
犹如佛法莲花丛，

使之绽放日怙主，
为了战胜二障①敌，
行持无量功德王，
恩惠无比大怙主，
您于幻化度众生。”

谓之无边诸佛共相怙主班禅额尔德尼一切知尊者罗桑班丹旦白尼玛确列朗杰吉祥贤身语意之传记世间庄严记载于此，其圆满度化众生，显示圆寂之相，赤列巴钦波如此进行七世班禅额尔德尼圆寂仪式。

第二节　修建灵塔

第二部分是修建灵塔之事迹，正如法王罗桑扎巴贝（ཆོས་ཀྱི་རྒྱལ་པོ་བློ་བཟང་གྲགས་པའི་དཔལ།）所言：“寺庙经堂修建所选地址是否符合土地神的意愿就要通过腹行②身上的纹路来进行占卜吧。”依此，七世班禅额尔德尼灵塔修建之地，也由显密两宗学院的十几个格西，对刹土、地方、土地诸神进行了供施等乞地次第，并根据大威德金刚密乘所指灌顶基地的仪轨进行了诵咒煨桑。另外也如宗喀巴所言：“为了使门徒旺盛，午后在火间炉口需进行祥和烧祭仪轨”，故而为防范和消除施主、工匠等进行布施和修建灵塔的障碍，使此方祥瑞，八大学院的僧众举行了息、增、怀三大火供仪式。与此同时四个学院的僧人聚集供养仪轨所需物体，通过甘丹供香（དགའ་ལྡན་ལྷ་བསང་།）使诸路护法神祈得以满足和欢喜。

如此，密宗院的 10 个格西依据宗喀巴大师在《密宗道次第》中

---

① 指烦恼障和所知障。

② 是指匍匐行走的如龙和蛇之类。

所说的腹行占卜法，班禅额尔德尼·罗桑确吉坚赞（པཎ་ཆེན་བློ་བཟང་ཆོས་ཀྱི་རྒྱལ་མཚན།）使之普行于密宗院的通过口传口，耳传耳的形式流传至今从未间断的传统腹行纹路占测法进行了乞地仪式。同时50多位格西念诵《般若经》《天地八相经》《吉祥积经》等诸佛经清净加持了该地。四个格西为使该地原驻地神、龙等生灵免于饥贫和灾难，进行了鲁朵（ཀླུ་གཏོར།）仪轨[①]并念诵了《黑、白、斑斓济龙经》[②]。全部僧人来到此地举行了消除灾害以及长净仪式，使此地得以吉祥和加持。然后着手在此地修建灵塔。一般法身塔的修建有四种类型，即普通人的塔、声闻塔、缘觉塔，圆满佛塔。体现一般人的教证智慧功德而修建的塔为普通人的塔。声闻、缘觉塔的建立也是如此。圆满佛塔从其形状上像是一倒扣的僧钵，据说阿底峡尊者当年带到西藏的放有喇嘛赛林巴（བླ་མ་གསེར་གླིང་པ།）遗体的灵塔，现在即称为“噶当塔”。还有多空累积式和宝幢模样的塔，总共有二种样式，后者又分八种，即第一种为佛陀当年在蓝毗尼园（ལུམྦིའི་ཚལ།）降生时所修建的聚莲塔，第二种是佛陀于摩偈陀王舍城（མ་ག་དྷ་རྡོ་རྗེ་གདན།）中证悟菩提正等觉时所修建的菩提塔，又称降魔塔。第三种是佛陀于鹿野苑（ཡུལ་ཝ་ར་ཎ་སི།）为五比丘转法轮时修建的法轮塔，又称吉祥多门塔。第四种是佛陀在舍卫国（མཉན་ཡོད།）广显神通幻化时所修建的具有四级塔身的神变塔。第五种是佛陀于三十三重天为其母亲讲法后降于人间时所修建的三个阶梯并列的天降塔。第六种是在王舍城提婆达多作祟分离僧团时佛陀使其归好如初时所建的和好塔。第七种是佛陀在毗耶离（ཡངས་པ་ཅན།）为使寿量延长而加持时修建的具有三级塔身的尊胜塔。第八种是佛陀示显圆寂时修建的塔身不分台阶层次，塔基上安置宝瓶等的涅槃

---

① 为龙供献食子的一种仪式。

② 苯教的末期窜易派，窜改佛教的《五部陀罗尼经》为苯教的黑、白、斑斓三部济龙经。

塔。此后，称这八种塔为如意行八宝塔。七世班禅额尔德尼的灵塔也是以这八塔作为其模版而修建的。这八塔当中的涅槃塔是当摩耶夫人转生三十三重天神界时，佛陀为度化自己的母亲，在三十三重天用三个夏天的时间为其母传法度脱。因世人非常想念佛，人们对佛之大弟子目犍连（མོའུ་འགལ།）说："神界人等有能力来到人间，但是我们普通人无法上升天界，所以恳请您去转达我等思念，迎接佛陀回到人间"，目犍连以大神通到了神界，请求佛陀回到人世间，佛答应了目犍连的请求，于是准备返回。此时，帝释天在空中打起了三个并列的天梯，佛陀从这一天梯回到了人间，在这时修建的宝塔叫做天降塔。依据从前很多大德圆寂后也修建天降塔的传统，再者为了使尊者的转世化身早降人间普度和利乐众生，也为纪念尊者的断证智慧功德。此次尊者灵塔的修建也应修建天降塔。塔之长净行为四级塔身，瓶基三层，布盖等依次与三念住①不混淆的四念住②，四正断③，四神足④，五根⑤，五力⑥，七菩提觉支⑦，八正道⑧，佛塔十三层宝盖，十力（译者注：十力为如

① 佛之大悲，摄化众生，常驻于三念。第一念，众生信佛，佛亦不生喜心，常驻于正念正智；第二念住，众生不信佛，佛亦不生忧恼，常安驻于正念正智；第三念住，同时，一部分信，一部分不信，佛知之亦不生喜心和忧戚，常安驻于正念正智。

② 四念住：身念住、受念住、心念住、法念住。身念住者，观身为不净。受念住者，观受为苦。心念住者，观心为无常。法念住者，观法为无我。此四念住以慧为体，慧之力，能使念住于所观之处，故名念住。

③ 律仪断，已生恶不善法令断；断断，未生恶不善法令不生；修断，未生善法令生；随护断，已生善念令增长。此为三十七道品中，次四念处所修之行品。

④ 欲神足、勤神足、心神足、观神足。四神足为四种禅定。足为所依之意，是禅定的比喻，如身依足而立。神者灵妙之德，此四定能生灵妙果德之所依，所以称之为足。欲神足者，欲于加行位起此定，依欲之力，故定引发而起。勤神足者，于加行位勤修此定，依勤之力，故定引发而起。心神足者，于加行位一心专注，依心之力，故定引发而起。观神足者，于加行位观察理，依观之力，故定引发而起。

⑤ 眼根、耳根、鼻根、舌根、身根。

⑥ 信、勤、念、定、慧五力。是三十七道品之一类。

⑦ 念觉支、择法觉支、精进觉支、喜觉支、轻安觉支、定觉支、舍觉支。简称七觉支。

⑧ 正见、正思维、正语、正业、正命、正精进、正念、正定。小乘主要以八正道客服困难。八正道者指此八法尽离邪非，故称正，能到涅槃，故谓之道。此八正道为圣者之道，故又称八圣道。

来十力，知处非处智力、知自业智力、知种种胜解智力、知种种界智力、知根胜劣智力、知遍趣行智力、知净虑解脱等持等至等智力、知宿命随念智力、知生死智力、知漏尽智力。)，日月智慧与方便，四大功德，顶无二相行。如此不仅具备了圆满佛的一切断证功德，还体现了肉身之所有功德，故修建意塔比修建身、语像更具有功德利益。在塔中要放置法身舍利，佛陀的肉身舍利，格沃舍利，很小的舍利等四种，因此，具有与大梵天（མེས་པོ་ཚངས་པ།）同等的智慧，拥有与多闻子（རྣམ་ཐོས།）一样的财宝，福资无比，发心纯净的央巴颖萨（ཡངས་པ་དབྱིངས་ས།）大法王心想对于尊者灵塔如意宝内需要放置的金银铜铁等许多宝物和内置四种舍利等在不劳民伤财的前提下收集于此，然后修建一个外观奇美，工艺精湛的能成为神人福田，并进行过常驻等仪轨的灵塔势必将成为利乐世间的宝物。于是他与其他的头人一起商议后，连同那些头人都贡献了许多如金、银、铜、铁、石料、木材等物质，他们并没有将这些看成一个负担，而看成自己的功德。他们消除懒惰、懈怠之心，尽各自最大的努力与智慧不久就修好了神人等所有世间所供养的灵塔的所有的部分。此时将无私奉献诸多金、银、铜、珊瑚、玛瑙等宝物的孜两管家封为主管人，寺院附近的普通僧俗民众也在修建灵塔的过程中衷心服务与出力等也是必然的。

在夜间，具备神通，护佑善缘的护法诸神通过附于人的身躯等的方式进行帮助和行施其功德，由此，在此年的十月初一将班禅额尔德尼遗体被迎入已修好的灵塔宝瓶之中时，索本用自己的右手将遗体迎入置于两个阶层之上的灵塔宝瓶中，没有遇到任何困难，将遗体成功迎入了灵塔之中。至此，一个无论从选材和外形结构上都超越于前人的，且使所有人为之赞不绝口的灵塔已全部竣工。大密咒师持金刚至尊贝丹扎巴与雍洛持金刚罗桑丹坚曲培（ཡོངས་རྫོ་རྡོ་རྗེ་འཆང་བློ་བཟང་བསྟན་རྒྱན་ཆོས་འཕེལ།）及法王谢阿乃（རྗེ་ཞལ་སྔ་ནས།）等三位尊者以及密宗院的所有僧人一致通过大持金刚至尊罗桑确吉贝桑布(རྡོ་རྗེ་འཆང་ཆེན་པོ་རྗེ་བཙུན་བློ་བཟང་ཆོས་ཀྱི་རྒྱལ་མཚན་དཔལ་བཟང་པོ།)依照大成就者、遍知者宗喀巴大师的观点撰写的《妙善大海降雨》进行了极为完整且具备诸多无量功德的长驻仪轨,使得此灵塔与世界永存,常驻于世。

如此,历时3天进行了盛大而庄严的开光等仪轨。后两天的早晨,空中阳光普照,中午时分空中显现出了伞盖、金鱼等吉祥八宝和如意宝树等许多供养品之云朵,对此人们异常惊奇欢喜,这些无不是将智慧融入三昧耶的瑞兆。将这些喜讯上报给清文宗咸丰大皇帝后,清文宗咸丰皇帝降旨,其主要内容曰:“今班禅额尔德尼的门徒将其灵塔已修建完毕,在水牛年(1853年)的十月初一把班禅额尔德尼遗体迎入了灵塔宝瓶中,一切积善事宜均呈吉兆。朕也为了表达自己的庆喜之情,现通过诸位驻藏大臣赐予一条洁白的哈达和一串颅骨念珠等,同时也请你们告之诸位班禅额尔德尼弟子,为了符合朕之意愿,请呼图克图喇嘛按照僧人们的规制,由您于木亭艾坚(མུ་ཐིང་དལ་ཅན།)安排弟子们将所有供品摆放在班禅额尔德尼灵塔前。”驻藏大臣们经过唐夏木(ཐང་ཤགས།)送来了文书①,并将哈达及颅骨念珠统一敬献于灵塔前。(驻藏大臣们)宣读文书后,将所有赏赐品敬献于灵塔前并表示沉痛祭奠,并祈祷七世班禅额尔德尼圆满转世,祝愿能及时无误地寻访殊胜化身(转世灵童)的工作如同无声无息的大海般广大与清净。

《和合密续》(ཁ་སྦྱོར་ཀྱི་རྒྱུད།)记载曰:“何为十方诸佛祖,菩提萨埵之善报,规范师汗毛孔胜,故规范师受敬仰,佛与菩萨皆相见。”即五浊增盛之时,为无缘相见佛陀的众生教导说,具有三恩的金刚上师胜于圆满的诸佛。而对我们来说,根本上师的厚恩重于十方诸

---

① 文书,特指清代西藏地方政府对驻藏大臣的公文。

佛。所以，敬仰根本上师的汗毛一孔所得福分远远大于敬仰十方诸菩萨，这是有理有据的。然而，五浊增时的所有众生及尤其发愿为雪域儿女的救星和护主，极乐世界的保佑者，具有三恩，持有金刚上师的灵塔如意宝乃是胜于十方诸佛的福田，而且叩拜敬仰有显密两种加持的法身舍利和佛，菩萨及印藏大修行者们的如芥子般的舍利、头发、法衣的毛舍利等四种舍利堆满的宝贵灵塔与藏有班禅额尔德尼的塑像的无量塔是极大的福分。其原因是如来佛有一颗清澈心而对藏有其塑像和舍利的宝塔做广大的礼供不说，甚至磕一次头，献一朵花，转一步都成为增上胜世和定胜的纯洁因。据《品》（ཚོམས།）记载曰："有何贤者发起无暇心，前往如来佛塔迈一步，瞻部河之黄金有度量，千百两黄金也比不上。"此外，《地藏十轮经》（ས་འི་སྙིང་པོ་འཁོར་ལོ་བཅུ་པའི་མདོ།）记载："世间所有平安幸福，皆有供奉三宝所得，欲得平安幸福之人，积极供奉稀有三宝。"如上述所言，供奉三宝功德都汇聚一体的根本上师与其灵塔是今世来世获得殊胜成果的无上之因，然而享受如此丰满的幸福之因乃是极大的福分。为了能洗清各自从无始轮回所聚的罪孽，能聚福德和智慧的资粮，向着雪域幸福的之根，殊胜无比的宝塔，尽自己财力勤奋供奉，做五体叩拜、向右转圈等善事。

上述所言即为：

所化雪域净土莲花池，
由其善业千光所抚养，
优胜十方无敌之太阳，
暂时卧于西山法界处。
智慧犹如宇宙创始祖①，

① 宇宙创始祖是大梵天的异名。

财富能比北方多闻子，
其由具备丰富福德资。
法界法王所有佛法之，
汇聚一切皈依所持者。
为了圆满尊者上师愿，
千目者[①]也大吃一惊的，
施舍百门一时就打开。
引领上师身塔如意宝，
坐于其中宝贵之灵塔，
能除世间苦之圣宫殿，
新建完工吉日光辉照。
尤其信徒化机福德之，
田上能有十方诸佛比，
根本上师汗毛之一孔，
胜之所言铭刻心灵处，
堆满黄金珍珠等珍宝，
相好辉煌宝箧为之主，
装满四种舍利无空隙，
创建世界之宝天降塔。
此时寺下僧俗蜜蜂群，
敬信愉快而来激情地，
而发出优美祈愿之声，
进行互争敬奉之灵塔。
不仅白日而且夜间时，

① 千目者是帝释的异名。

守护佛法诸神便到来，
化为僧俗两种形象把，
供奉敬仰灵塔如意宝。
三十七品菩提道之法，
十力无畏三个念住品，
其等佛具断证皆功德，
所表天降塔之无能比。
念其能消皆罪孽能取诸妙江，
双运如愿之王粗大器皿之塑像，
在何之有诸事如意珍宝之法身，
所依所能有寂宝塔恰似那须弥。
宝塔宫殿如期建成后，
虽已成为信众福德田，
但是乐于金刚乘之法，
坚信广大称赞之而有，
具德密集进修广通者，
持明咒者金刚上师以，
之主密宗院之皆学徒，
有序完成开光之仪式。
此刻自性法身宫殿里，
喇嘛本尊佛与菩萨及，
护法智慧之神迎请来，
各自融入各自之誓愿。
宛如开光仪式之五供，
上千万等供奉心化之，
数不胜数供品上供同，

为众也设心满意足宴。
虽然救世主至尊胜上师，
圆寂在于虚空法界处，
但其灵塔如意珍宝以，
做主祈赐如愿之成就。
无穷无尽加持光芒下，
即能盛开善业白莲花，
吉日辉煌昼间自在①被，
前世福德太阳引上路。
在其加持焕然光辉把，
照下广大无际宇宙时，
千光之主②极为惭愧地，
不知疲倦逃到西山处。
其为犹如一切美聚集，
如愿以偿犹如如意宝，
下其加持雨如白云团，
犹如信众迎到解脱城。
他心不由自主善招者，
神圣塔与庄严之宫殿，
为了能见长寿之主③也，
目瞪口呆犹如一块石。
经里所云如来宝塔主，
世间众生见之能愉快，

① 昼间自在，即太阳的异名。

② 千光之主，即为太阳的异名。

③ 长寿之主，即为神的异名。

宝塔其有多少之粒子，
获得同等其数之福德。
拱赞或者嘱他做礼赞，
暂时能得人神之享乐，
终究能于生死苦海里，
解脱且能获得佛之果。
因此听闻想见其能把，
亦能种下解脱之种子，
按法礼供叩拜之信众，
获得遍知果而无障碍。
既言能得如此之善果，
智者能把福德之胜田，
灵塔之前信敬热爱地，
怎能不做礼拜供奉事。

谓之无边诸佛共相怙主班禅额尔德尼一切知尊者罗桑班丹旦白尼玛确列朗杰吉祥贤身语意之传记世界庄严之圆寂之功德事迹。

关于七世班禅额尔德尼每日祈愿修习之过程

七世班禅额尔德尼每日祈愿修习的过程如下：黎明时起床，在寝宫的佛像前做三次礼拜并进行三次忆佛仪式，然后赞颂供奉咒语同时供净水，点酥油灯和藏香，随后念诵礼拜咒，叩无数次长头。此后，依次做《皈依发心》（སྐྱབས་འགྲོ་སེམས་བསྐྱེད།）和《迎请七支》（སྤྱན་འདྲེན་ཡན་ལག་བདུན་པ།）尤其要供奉丰盛，依次祈祷，并特此向佛祖释迦牟尼、宗喀巴大师、怙主绛白嘉措（སྐྱབས་མགོན་འཇམ་དཔལ་རྒྱ་མཚོ།）、经师诺门汗（ཡོངས་འཛིན་ནོ་མིན་ཧན།）敬献曼札，再三祈祷。之后，尽力反复念诵《供养上师无别乐空母》（བླ་མཆོད་བདེ་སྟོང་དབྱེར་མེད་མ།）和《金刚大威德自生》（རྡོ་རྗེ་འཇིགས་བྱེད་ཀྱི་བདག་བསྐྱེད།）等根本咒。在先发愿与《兜率百佛赞》（དཔལ་ལྡན་ལྷ་བརྒྱ་མ།）相关的《所缘度母悲心经》而忆念修行三士道次第。之后，修行六座上师瑜伽和敬供百余食子，然后做书写和接见信众等他人的事。用膳完后常常念诵《密集本续》（གསང་འདུས་རྩ་རྒྱུད།）、《文殊师利一百零八名梵赞》（འཇམ་དཔལ་མཚན་བརྗོད།）和《生圆次第之缘境》（བསྐྱེད་རྫོགས་ཀྱི་རིམ་པའི་སྤྱན་དམིགས།）。黄昏时，祈求所有护法神尤其是阎魔护法神，为佛母姊妹、大法主、生神等进行相关食子赞以求保佑。除了中夜入寝宫一段时间外，上下半夜只能以发心修习为主。

上述讲的是一切智者至尊（即七世班禅额尔德尼|）之身语意传记的沧海一粟，而完整的大智佛子也未能讲出，因此小智吾等岂能敢说。但是上述讲的是以司膳和侍寝官，知宾等记载的详略多

种记录和有关传记的所有记录由大司膳班丹喜绕（དཔལ་ལྡན་ཤེས་རབ།）尽责收集，进行修改校订后所成的《大记录》为本，书首礼赞和中间的颂（断句）结尾的敬词都是新编而成。虽然如此，但《大记录》里，本来因救世主一切智者为贤正善良出类拔萃，时时刻刻谦虚谨慎来行事，因此稀有体现上师的奇迹。许多有缘分的人所听闻的很多不可思议的事迹也虽然如实，但书写受到极大的限制，甚至谈论也常有被恩情大喜的形象，因此传记的记录有上半生每年一卷的十七种，下半生十余年仅存琐细而最详细的事情未能记载。虽然如此，但在赤列巴钦波的教导和大司膳的支持下尽心尽力搜集整理可信赖较高的一切文献和从仆从等老者口中所言的所有可信的话语做记录和校正，再有校勘者阿旺念扎喇嘛（བློ་མ་ངག་དབང་སྙན་གྲགས།）做了适度增减而成的此大记录，毫无夸张，如实所写。又凭“无法敢说此传记无所不包，十全十美，因此公正者再可以适度增加内容”之言，需要消除迷惑的向熟人做访问，除此之外，经师罗桑旦增（ཡོངས་འཛིན་བློ་བཟང་བསྟན་འཛིན།）传记里的记载和大法会上的前后谈话等内容做补充，不由自主地写了此传记。

结 语

有诗云：

“无边佛言正法所持之神奇智慧，
罔极昊天密布大悲心祥瑞彤云，
降下润泽正法有情之利禾春雨，
罗桑班丹旦白尼玛再次供顶礼。
妙善智慧天空具足如来十力故，
善照摧魔十方尊胜之法日，
常射有缘所化心莲智力一时间，
胜生百瓣竟开究竟受用双运蜜。
遍知一切知识道理罗桑钦孜贝，
一切佛难教化斗争之时皆众生，
恩惠之者旦白尼玛十方胜之主，
一切部主[1]金刚持来赐多加持力。
智悲双运之者罗桑无量光佛把，
按时发起真理心而正法甘露雨，
依照化机情况降而光荣有名者，
怙主旦白旺秋再次保佑众生也！
为了解脱污浊横流中的皆众生，
承起誓言大担犹如母亲对儿子，
将那慈悲双眼照看五浊之众生，

① 一切部主，即为金刚持的异名。

贤正善为利益佛教众生恩无比。

再有短短一生内之三身无量宫殿里，

欲走而之学习解脱之道有缘信徒前，

怙主至尊上师无碍获得解脱果之道，

清楚再现便是传记《世界之宝》也！

不退转信之炳我心尾毛拂尘之尖以，

深海拿取珍宝其能消除愚昧之炎热，

寒冷化暖之烈火贫穷化福之如意树，

骄傲者为金刚雷而此是益于皆人士。

然而教证之法以被财务变成贫穷也，

不能追随八法酒醉伪君子之行为而，

具有三恩至尊喇嘛身语意之传记为，

如意之宝项链而其戴到脖子之装饰。

引领一切佛之智慧与，

爱于遍空众生之慈悲，

消除内外魔杖之威德，

三者聚集便是上师也。

其为照明解脱道之月，

盛开佛法莲花之太阳，

消除烦恼炎热之云雨，

亦为一切如意之珍宝。

藏蒙汉等所有诸地方，

此主共许为诸佛本质，

此言遍传如此具神奇，

何有书写传记之必要。

但是今日众多人士被，

无明白翳障蔽智慧眼，
未闻圣人解脱传记而，
黄铜混金愚昧颇多也！
为了清洗邪见污染与，
显现有缘信仰之脸庞，
三密传记清澈甘泉水，
流于信赖创世之主地。
传授戒律与灌顶，
教理秘诀甘露把，
吾等心灵之器皿，
装满具有三厚恩。
三藏四续之佛法，
深深教导而三身，
之果浊世一生里，
赐给亦是金刚持。
教言甘露喜宴之，
享受有缘学徒以，
所有周围国家之，
一切地上都满天。
啊呼！语词图米之智慧，
内容上师功德无虚伪，
言简意赅易听之言谈，
便是世界之美胜装饰。
一切智者功德巍山之，
近似一粒文字所串起，
纯洁己身发光之金颤，

乃为幸运项链无其他；
但仅生得修习之果来，
担当国王一职便可笑；
曾若种下罪孽之臭闻，
允公正人士跟前忏悔；
努力得生寂之善法聚，
救世主哲尊旦白旺秋的；
早日见到无误灵童而，
祈愿盛增寿命之功德；
佛陀教法总与特别是，
第二佛陀罗桑扎巴之；
纯洁教派在无时无地，
祈愿继而不断永不朽；
圣者于无论何时何地，
盛旺功业及长寿安乐；
集聚此处的四方僧人，
愿虔诚守戒讲修兴盛；
世界之苦乃疾病战争，
解除众生的互争衰败；
时刻法财安乐的生活，
愿终生得大圆满菩提；
己所如此大小侍奉也，
勤奋皆乃为继承怙主；
贤者所做为六道众生，
愿能生生世世兴盛也；
纯净无暇空性以来力量热光猛燃起，

消除憎恨法与持法人士魔群之黑暗，
十法行[1]之百瓣茂盛同时实践皆法事，
愿众护法与秦噶瓦放出功德之光辉。”

谓之“无边诸佛共相怙主班禅额尔德尼一切知尊者罗桑班丹旦白尼玛确列朗杰吉祥贤身语意之传记世间庄严”系强佐扎萨喇嘛曼日瓦罗桑顿珠（ཐུག་མཛོད་ཛ་སག་བླ་མ་སྨན་རི་བ་བློ་བཟང་དོན་གྲུབ།）与前藏的僧俗仆从共同敬献有上乘哈达、三所依、50两银、绸缎、油炸糕点等，并念经祈愿。顶礼至尊喇嘛堪钦一切智钦波（རྗེ་བླ་མ་མཁན་ཆེན་ཐམས་ཅད་མཁྱེན་གཟིགས་ཆེན་པོ།，即七世班禅额尔德尼通达一切智）之脚尘即受命之庶民微末弟子吉苏洛桑晋巴（དཀྱིལ་ཟུར་དགེ་སློང་བློ་བཟང་སྦྱིན་པ།）以虔诚崇敬之心如同日常向班禅额尔德尼祈请一般于第十五饶迥谓之“太阳”即藏历水阴羊年的五月十五日开始撰写一直至此年的娄宿月即佛降临之节日的二十二日之吉祥圆满的日子中在静修地甘丹却林（དབེན་གནས་དགའ་ལྡན་ཆོས་གླིང་།）写完。

善哉善哉！
利乐源地系佛法聚会之园，
广大众生获得殊胜解脱果，
佛行源于圆满扎什伦布寺，
不断加持使佛法长盛不衰！
吉祥如意！

---

① 十法行：即佛经缮写、供养、施赠、听闻、受持、披读、开演、讽诵、思维和修习。

七世班禅额尔德尼·罗桑班丹旦白尼玛年谱

第13饶迥水虎年(1782年,乾隆47年)1岁

4月8日出生在后藏所属白朗吉雄庄园(今白朗县境内)的地方一个贵族家庭,父名班丹敦珠,母名其美杰姆。与八世达赖喇嘛强白嘉措出身于同一个家族,即“明王世家”。据记载:“此婴儿其肤色白润,形体优美而动人。”

11月8日,八世达赖喇嘛强白嘉措根据扎什伦布寺的报告和拉穆护法降神的结果,经过占卜、打卦、确认了六世班禅额尔德尼的转世,遂向乾隆皇帝上奏请求批准。

12月20日,乾隆皇帝降旨:“前理藩院奏寻得班禅额尔德尼呼必尔罕一折,内称虎年四月初八日在后藏所属白朗吉雄地方有一孩童出世,父名班丹敦珠,母名齐美甲姆。朕览表至此,暗忖此必呼必尔罕也。俟览表毕,方知另有三名人选。索本堪布曾分别让他们辨认前世班禅额尔德尼之念珠,唯有四月初八日出生者善于识别。达赖喇嘛与拉穆吹仲亦断定他为班禅额尔德尼之真正呼必尔罕,深惬朕怀,不胜欣慰。前世班禅额尔德尼不远千里,笃诚来朝,广敷黄教,不幸溘逝,此后两年间,朕常思该当转生,朝斯夕斯!今仰朕祈盼之妙善功德,班禅额尔德尼之呼必尔罕寻即出世,此实属吉祥盛世。由此观之,班禅额尔德尼前生确已证得崇高果位,本性如来去一致。朕将此奏章及仲巴呼图克图与索本堪布之信函阅毕,向章嘉呼图克图及北京各大寺院之喇嘛公布,皆言达赖喇嘛、拉穆吹仲之举措英明,莫不欢欣鼓舞。

水兔年(1783年,乾隆48年)两岁

8月5日,扎什伦布寺僧俗官员数百人前来朗宗的吉雄鞥卡,将灵童迎至扎什伦布寺以南的甘丹列谢曲林寺居住。

8日,七世班禅额尔德尼登上金刚宝座,汉、藏头面人物前来祝贺。乾隆皇帝降旨并赏赐玉如意、景泰蓝瓷器、荷包等礼品。驻藏大臣、达赖喇嘛送来大批礼物。摄政诺门汗阿齐图堪钦、全体噶伦、拉鲁噶察、噶伦噶希巴等人也敬献了金银、缎子等大量礼品。扎什伦布寺派往北京向乾隆皇帝请安祝寿的堪布觉尔顿带回了皇帝所赐的金字诏书及礼品。接受皇帝所赐敕书、库缎等物后,为驻藏大臣、噶伦噶希巴、堪布及其随从等30余人摸顶赐福。拉章为此举行宴会,并敬献了大量礼品,给驻藏大臣、噶伦和灵童的父母赠送了礼物。经师杰协敖宁班智达达尔汗罗桑群培献浴礼,并传授了朱杰派的《长寿灌顶》法。

29日,鄂尔多斯将军康罕贝子扎西达杰派人前来祝寿、献礼,复信回礼。英国派驻印度的总督哈斯汀士特派使官忒涅及随员十余人前来晋谒,并呈献了贵重礼品。设宴款待,忒涅告别时回赠了丰厚的礼品。

11月22日,为经师杰协敖宁逝世而回向法事。

12月30日,达赖喇嘛侍从沃觉前来拜年,为他们摸顶,设宴款待。

木龙年(1784年,乾隆49年)3岁

1月1日,在甘丹列谢曲林寺坐床,达赖喇嘛特遣侍卫呈送贺信和丰厚礼品。赤钦诺门汗、阿齐图堪布、全体噶伦、济咙古且,拉鲁等前藏的贵族、官员也都致贺、献礼。先是驻藏大臣尚书博清额、公庆麟奏:"班禅额尔德尼之呼毕勒罕于六月初四日请入扎什伦布庙内坐床,上命乾清门侍卫伊鲁额图及郭莽呼图克图等恭赍

礼物前往后藏颁赏。”不久，博清额等复奏坐床日期，改为八月十三日。旨谕：“班禅额尔德尼拟改为八月十三日入寺，适逢朕万寿诞辰，甚为吉祥。朕欣悦晓谕达赖喇嘛、忠巴（即仲巴）呼图克图等三样字旨，博清额等接到，令达赖喇嘛阅看，即将彼处大喇嘛部院章京各派一员，捧旨往扎什伦布晓示忠巴呼图克图等。再请乾清门侍卫伊鲁勒图、郭莽呼图克图，亦改为三月自京起程之处，一并寄与博清额等知之。”

2月29日，钦差大臣送来有关迎请入寺的圣旨。欣悦接旨，并为赍赐赏物的钦差姜科齐等30余人摸顶，达赖喇嘛之兄阿齐图堪钦丹巴杰尊前来晋谒。

3月，圣谕：“朕以本年八月十三日仲巴呼图克图等迎请班禅额尔德尼之呼毕勒罕入扎什伦布寺，因赏呼毕勒罕法衣、铃、杵、如意、数珠、缎匹、玻璃瓷器等物，派出乾清门侍卫伊鲁额图同郭莽呼图克图赴藏赍送。并赏达赖喇嘛如意、数珠、缎匹、玻璃瓷器等物，赐以册宝，俱著伊鲁额图等赍往，各宣谕赏给。仍谕绥绷（索本）堪布等，前世之班禅额尔德尼感曼殊师利大皇帝天恩转世甚速，大皇帝甚为喜悦。今以呼毕勒罕入寺，待命往贺，尚其感戴皇恩益加谨恪。入寺以后，著博清额等将呼毕勒罕性情、举止情形详查密奏。”

7月5日，将人们所献的一切财物全部捐献给甘丹列谢曲林寺。喀尔喀哲布尊丹巴派人前来祝贺、献礼。

19日，甘丹列谢曲林寺各佛殿顶上遍置法幢，擂鼓奏乐，为转世灵童穿着僧装而举行庆祝活动，人们纷纷前来献礼。

8月8日，额德木图诺门汗、噶厦地方政府的噶伦和驻藏大臣等来到甘丹列谢曲林寺，迎请前往扎什伦布寺坐床。为甘丹列谢曲林寺僧众各赐一条哈达和一两章喀藏币作为辞别礼物。

11日，在额德木图诺门汗陪同下乘黄轿从甘丹列谢曲林寺启程,途中受到夏鲁寺僧众和四大协敖乃的热烈迎接。

12日,途经夏鲁寺,僧众列队欢迎,扎什伦布寺的重要僧官、各地行政官员、各大寺院的喇嘛、地方豪绅等数千人身着盛装骑马迎接。下榻沙玛德勒噶察庄园。

13日,七世班禅额尔德尼到达扎什伦布寺,在日光殿举行坐床大典,由驻藏大臣博清额主持。先是登上扎什伦布寺的坚参团布益格曲增寝宫的无畏狮子宝座,举行盛大庆祝宴会,阿庆协敖乃、称列巴钦布等人呈献了八吉祥徽等供品。尔后,又坐在时甘丹颇章宫的金刚宝座上。最后又请到日光殿的不动金刚宝座上。乾隆皇帝从北京派来札萨克喇嘛郭莽呼图克图、伊鲁勒图二位钦差大臣,看视坐床,并颁赐大量礼物。随后,皇六子、章嘉活佛、赞布诺门汗、拉科呼图克图等也派人前来奉献了大量礼物。达赖喇嘛派来的噶伦札萨克团色喜旺堆和昂仁堪布扎西嘉措也敬献了哈达、曼札、佛像等。接着举行盛大宴会,以示庆祝。

15日上午,大梵天、拉穆护法、各经院的拉吉、扎什伦布寺属下的僧俗部众献礼,拉鲁、霍尔康、温杰色活佛等人也敬献了礼品。在噶厦地方政府举行的盛大宴会上,噶伦团夏仲敬祝长寿。随后,噶伦团夏仲、古加参尼喇嘛、囊佐帕木拉丁巴以及扎什伦布寺的大拉章、各经院、朗巴色林寺、甘丹饶吉寺、甘丹曲科林寺等寺院敬献礼物。

18日,称列巴诺门汗辞行,将七世班禅额尔德尼护送至乃萨加康。

21日,八世达赖喇嘛前来扎什伦布寺,以称列巴钦布为首的数千骑行前往沙玛尔地方设灶远迎。达赖喇嘛到达扎什伦布寺后,首先来到日光殿,相互交换哈达,互赠厚礼。赤钦额尔德尼诺门汗奉献了曼札、经像塔和不少物品。随后在该寺大拉章举行盛大宴会。

22 日，七世班禅额尔德尼与八世达赖喇嘛会谈，赠送佛像、库缎等礼物。

24 日，七世班禅额尔德尼与达赖喇嘛在格桑佛殿会晤畅谈。扎什伦布寺僧人献礼、祝寿。全体噶伦敬献了大批礼品。扎什伦布寺僧众和全体噶伦也向达赖喇嘛献礼祝寿，同时给乾隆皇帝回信并贡献方物。

30 日，噶希公班达及其子噶台吉、红帽活佛等先后前来献礼。

9 月 3 日，为扎什伦布寺的经像塔举行为期 3 天的安神仪轨，由达赖喇嘛主持。参加仪规活动的有赤钦额尔德尼诺门汗、普布觉活佛、四大协敖乃和色拉、哲蚌、甘丹三大寺的喇嘛等数十人。

7 日，在扎什伦布寺的益格曲增宫内，举行了由八世达赖喇嘛剃发并取法名的典礼，取法名为“至尊罗桑班丹旦白尼玛确列朗杰贝桑布”，简称旦白尼玛。然后，以达赖喇嘛为轨范师，经师班智达钦布益希坚赞为报时师，授予近事戒。此后，与达赖喇嘛在格桑佛殿中会谈。在大拉章举行的盛大宴会上，向达赖喇嘛献了厚礼。

12 日，在甘丹颇章宫，达赖喇嘛讲授了各种教法。应驻藏大臣博清等的请求，高兴地会见了他们。

25 日，在扎什伦布寺的大院里，与达赖喇嘛再次会晤，举行盛大宴会欢庆。

10 月 1 日，达赖喇嘛辞行，手牵达赖喇嘛衣襟依依不舍地送别。扎什伦布寺僧众在日喀则郊外设灶送行。

14 日，七世班禅额尔德尼开始跟随经师班智达钦布学习各种经文。尊敬经师，勤奋好学。推桑林寺协敖乃、多康霍扎等地的首领、拉官朱古、塔尔寺等派人送来礼品。

木蛇年(1785 年,乾隆 50 年)4 岁

1 月 3 日,英国驻印度总督哈斯汀士派阿札热苏尔更地前来献礼,祝贺坐床。

14 日,拜阿钦协敖乃云丹坚赞为经师,学习《菩提道次第广论》《事师五十颂》等经文传承。由索本墨日根堪布迎请到诺布章康殿,盛宴款待。喀尔喀蒙古的代表和许多人前来献礼致敬。驻藏大臣前来呈献乾隆皇帝所赐金字敕书和哈达等物。令密院僧众至森乃夏地方设灶迎接。驻藏大臣一到,站立在红色地毯上,向驻藏大臣献了内库长哈达,并向皇帝清安谢恩。驻藏大臣转交乾隆皇帝所赐内库哈达。圣旨由布恰其塔罗益翻译成藏文宣读。噶伦噶希瓦前来拜见。向驻藏大臣等人馈赠了许多礼品,并向乾隆皇帝上表谢恩。喀尔喀蒙古右翼札萨克图汗的上师曲杰罗桑南杰敬献了大批礼物。给曲杰授予封诰,封文上题写"吉祥如意"四字。嘉木样协巴活佛官却晋美旺布前来会见,敬献了无数礼品。

9 月 3 日,七世班禅额尔德尼派往北京向乾隆皇帝请安谢恩的代表堪布日喀瓦带回谕旨和赏赐。旨谕:"前辈班禅额尔德尼来京陛见,饶益教法众生,不幸溘逝,令朕不胜哀悼。今已转生,驻藏大臣业将班禅额尔德尼之呼毕勒罕性情举止情形详察具奏明,朕不胜嘉悦。朕统御天下,抚育众生。呼毕勒罕尚在幼冲,未到学习知识之时,及至稍长,务必勤奋学习,一如前辈。仲巴呼图克图、绥绷(索本)墨日根堪布二人要精心照料灵童成长。"上年,为庆贺坐床,乾隆皇帝特意赏赐内库哈达、金佛像、宝石念珠等物。并降谕旨:"朕闻班禅额尔德尼转世甚速,其呼毕勒罕性情举止与前辈无异,朕甚为嘉悦。今呼毕勒罕尚幼,宜远恶近善,及至习经,应效仿前辈班禅额尔德尼,修习显密,广敷佛教,成为黄帽教之宝饰,则朕离兴之至。将此旨传谕仲巴呼图克图、绥绷堪布知之。"上表谢恩。

12 月 29 日，在夏先佛殿观看“格朵钦毛”跳神节目，古尼钦毛敬献曼札、三所依、熏香等礼物。

火马年(1786 年，乾隆 51 年)5 岁

1 月，七世班禅额尔德尼在大祈愿法会上，为僧众发放布施，为僧众摸顶加持。

5 月，章嘉若必多吉在北京逝世的噩耗传来，七世班禅额尔德尼十分悲痛。乾隆皇帝给后藏拨库银 500 两作为举行超荐法事的费用，不分教派在各寺院熬茶布施。拉科呼图克图来到扎什伦布寺发放布施，广做荐亡法事。

7 月 12 日，派往前藏为达赖喇嘛亲政献礼的仲尼波拉瓦丹巴桑布带回乾隆皇帝所赐缎制四臂观音像、锦缎僧服、玻璃用品等物。

11 月 29 日，七世班禅额尔德尼移居托布叶。从东噶至托布叶，沿途受到鞥卡东珠觉杰的招待。达赖喇嘛派额木齐曲送来金银、绸缎等大批礼品。额木齐曲则返回时，给达赖喇嘛捎去许多礼品和回信。

12 月 29 日，达赖喇嘛派人送来函件、佛舍利、哈达、供品等物。回信、献礼。

火羊年(1787 年，乾隆 52 年)6 岁

1 月，乾隆皇帝赐给佛父班丹敦珠以公爵称号，并给予许多赏品。赏赐哈达、珠宝等物，令驻藏大臣前往后藏颁给。

3 月 14 日，乾隆皇帝令驻藏大臣雅满泰前往后藏，再赐班丹敦珠顶戴和两条上好哈达。圣谕：“据留保住奏：‘伊至后藏，将赏给班禅额尔德尼呼毕勒罕之父班丹敦珠克公爵谕旨宣示，并照准仲巴呼图克图代巴尔丹敦珠克所请，给予顶戴。回任之后方知错误，移咨撤回所给顶戴，自行请罪’等语。留保住既知未经奏闻遽与之非，惟当奏请认罪而已，何必撤回，甚属错误。著严行申饬外，仍交部严加议处。雅满泰此时如已到藏，即将留保住错误之处转行晓示仲巴呼图克图等，仍照所请，给予顶戴。雅满泰若尚未到，留保住接奉此旨，即将伊业经错误已蒙申饬仍行议处之处晓示。所给顶戴，仍令照前戴用。”

8月12日，七世班禅额尔德尼启程返回扎什伦布寺，途中在噶热拉章寺停留4天。

9月4日，七世班禅额尔德尼登上扎什伦布寺的黄金宝座，接受达赖喇嘛派人送来的信件和许多祝寿礼物。还接受了阿齐图堪布、经师、济咙活佛兄弟、噶伦等所献的礼品。贝图曲杰喇嘛噶钦罗桑敦悦敬献了曼札、佛经、佛像、佛塔、白银等。还接受了青海贝勒罗卜藏策丹、赤加那巴的代理人阿库、拉科呼图克图等人所献礼品，并为他们摩顶、赏赐礼品。

土猴年(1788，乾隆53年)7岁

1月15日，在格贵钦毛噶钦罗桑扎西的请求下，给僧众摸顶5天。喀尔喀哲布尊丹巴活佛的代表前来献礼、祝寿。驻藏大臣和噶伦桑珠颇章瓦前来谒见、献礼。并回赠厚礼。

4月4日，密宗学院的僧众在车臣康萨殿举行祈寿法事，呈献祝寿礼品。为他们摸顶赐福。

15日，七世班禅额尔德尼在扎什伦布寺各佛殿供献供品，为护法神敬献祈愿哈达。德格噶托活佛前来晋谒、献礼。达赖喇嘛派额木齐达林堪布前来慰问。

6月，西藏与廓尔喀之间发生严重的边境纠纷。廓尔喀派兵2000余人侵入后藏，攻占了济咙、聂拉木、宗喀三个宗，并威胁噶尔宗。八世达赖喇嘛和驻藏大臣庆麟向乾隆皇帝上奏告急，并征调四川兵马粮饷。皇帝派理藩院侍郎巴忠"驰驿赴藏查办"。又派四川总督成德、成都将军鄂辉等人,率满汉官军3000人入藏支援。

7月,七世班禅额尔德尼会见前后藏的一些代本并为他们摸顶加持。

14日,七世班禅额尔德尼赏赐驻藏大臣派来担负保护任务的数百名官兵。乾隆皇帝敕谕驻藏大臣:"巴勒布地方距后藏甚近,今苏尔巴尔达布等跳梁起衅,若向聂拉木、济咙、宗喀等处滋扰,此系卫藏所属地方,理应派兵堵御。班禅额尔德尼年齿尚幼,而仲巴呼图克图亦系出家之人,难免震惊。著雅满泰即酌带绿旗兵暨达木额鲁特兵前往扎什伦布寺,将班禅额尔德尼加意抚慰。……若聂拉木、济咙、宗喀一有挫失,即先将班禅额尔德尼迁移前藏,方为妥协。"驻藏大臣庆麟带领随行官员奉旨前来扎什伦布迎请。与其随从认为明年才能去拉萨从达赖喇嘛受沙弥戒,暂不前往。当宗喀等地失守的消息传来,驻藏大臣再次恳请离开扎什伦布寺。

28日,由庆麟照料,从扎什伦布寺北山羊八井一路前往前藏。途中受到各地方首领、各大寺院活佛以及僧俗群众的热烈迎送。驻藏大臣、阿齐图诺门汗、济咙活佛、拉鲁公热丹南杰、噶伦札萨克喇嘛等人骑马前来迎接。

8月11日,七世班禅额尔德尼到达哲蚌寺。哲蚌寺吉索率领众僧在参尼林卡设灶迎接。济咙活佛罗桑格敦扎巴、拉鲁公、噶伦噶希巴、噶伦札萨克喇嘛、热振诺门汗等骑马前来迎接,送到八世达赖喇嘛居住的夏宫,噶厦地方政府举行隆重的接风喜宴。派索本札萨克墨日根堪布前往布达拉宫向达赖喇嘛献礼请安。

13日乾隆皇帝诞辰,噶厦地方政府在布达拉宫的大经堂举行祝寿法事,七世班禅额尔德尼与达赖喇嘛接受献礼。

9月3日,上午,在阿齐图堪布、驻藏大臣庆麟、噶伦等汉藏官员的陪同下前往布达拉宫，七世班禅额尔德尼在日光殿与达赖喇嘛会面。向达赖喇嘛赠送了哈达、松赞干布铜像。达赖喇嘛回赠了内库哈达、文殊菩萨像等礼物。又向达赖喇嘛敬献了银质曼札、佛像、拂经、佛塔等物，作为见面之礼，尔后，前往大昭寺进香，下榻昂悉颇章宫内。

5日，七世班禅额尔德尼返回布达拉宫，与达赖喇嘛在一起修习佛法。

是月，乾隆皇帝敕谕："现在达赖喇嘛不免遇事焦劳，而班禅额尔德尼尤属年幼，已特派侍郎巴忠、札萨克喇嘛格勒克纳穆喀前往慰视。巴忠至彼，想剿贼已完竣，著仍派庆麟护送班禅额尔德尼回至扎什伦布寺，以安居止。"

10月12日，赠送达赖喇嘛银质镀金曼札、佛经、佛像、佛塔等，作为请教法行经文传承的酬谢礼物。并向达赖喇嘛的经师请教《菩提道炬论》经文传承。

闰10月15日，由于廓尔喀侵犯藏境告急，乾隆皇帝派侍郎巴忠、札萨克喇嘛格勒克纳穆喀来藏。噶厦地方政府派员迎接，班禅额尔德尼也派索本札萨克喇嘛等人前去迎接。侍郎巴忠和驻藏大臣转交皇帝所赐内库哈达、珍贵的宝石念珠等赏物。设宴招待朝廷官员并赠送了佛像等礼品。

12月29日，与达赖喇嘛在温噶热萨宫内一同观看跳神节目。向达赖喇嘛呈献银质曼札等许多贺年礼品。

是月，乾隆皇帝敕谕："班禅额尔德尼请愿暂驻前藏，传习经典，可即照所请，俟明年六月内再送回扎什伦布寺"。

是年，清军齐集拉萨，廓尔喀遣沙玛尔巴求和。侍郎巴忠敷衍了事，遣总兵官穆克登阿、张芝元带领噶伦丹津班珠尔等，前往边境议和，秘密答应每年由西藏方面赔偿廓尔喀元宝300锭（合银

9600两),并给一张字据。“廓尔喀始退换所占地界,并遣头人等赴京进纳表贡”。而巴忠向乾隆皇帝谎报:“已将聂拉木、宗喀、济咙等地方次第收复。”

土鸡年(1789年,乾隆54年)8岁

1月1日,七世班禅额尔德尼与达赖喇嘛互赠新年礼物。

2日,新年庆宴结束后,七世班禅额尔德尼向达赖喇嘛请教佛法。

3日,经师班智达钦布举行洗礼,赠给银质曼札等,以示酬谢。

11日,七世班禅额尔德尼与达赖喇嘛前往大昭寺,达赖喇嘛为其传授《毗奈耶经》。

15日为参加集会的僧众发放斋僧茶。七世班禅额尔德尼给达赖喇嘛呈献了祝寿礼品。尔后,陪同达赖喇嘛朝礼大昭寺的释迦牟尼佛像。

17日,将达赖喇嘛请到昂悉颇章宫中,呈献丰厚礼品。在康松宫内接受了拉萨总管、喀什米尔人、尼泊尔人的献礼。此后,应达达赖喇嘛之请,七世班禅额尔德尼前往到甘丹央孜宫,听其讲经。供布达拉宫展览的缎制大佛像制作完成后,与达赖喇嘛为佛像开光。

是月,巴忠抵藏后接替雅满泰为驻藏办事大臣。上奏:“遵旨致扎什伦布寺,将三处第巴逐加研讯,惟聂木拉第巴桑干私增税科,致酿事端。照唐古忒例,应斩之犯,深透刺字,发往烟瘴桑盖囚种地方。其济咙、宗喀第巴,贼至不能堵御,拟解至前藏枷号一个月,满日后,再发往唐古忒近边地方。”

二月,巴忠奏:“鄂辉、成德等已将宗喀、聂拉木、济咙等地方次第收复,巴勒布头目带领属下人等迎接,拟如有所禀报。谕令巴忠晓谕之。”

4月15日，七世班禅额尔德尼为感谢乾隆皇帝赏赐给付清顶戴以及敕书、内库哈达、数珠等，委托巴忠上表谢恩。

5月1日上午，达赖喇嘛来到大昭寺会晤，噶厦地方政府为他们举行隆重的宴会。下午，七世班禅额尔德尼应邀前往达赖喇嘛的寝宫参加宴会。

6月4日，为大昭寺的释迦牟尼像供献五色内库哈达、金丝缎袒衣、银曼札、宝石念珠等。向堪布嘉布旺布赠送礼物。由达赖喇嘛担任亲教师，经师班智达钦布担任规范师，甘丹赤巴罗桑曼兰木担任报时师，在普布觉活佛、阿齐图堪布、济咙罗桑多杰等20名三学具备的僧伽中间，接受了沙弥戒。堪钦嘉布旺布呈献哈达、银质佛像。尔后，陪同达赖喇嘛巡礼大昭寺的十一面观音像，并献供品。

11日，为庆贺受沙弥戒，噶厦地方政府为七世班禅额尔德尼与达赖喇嘛敬献了许多礼品。

13日，七世班禅额尔德尼与达赖喇嘛接受僧俗大众献礼后，同往罗布林卡沐浴。

8月，乾隆皇帝为祝贺受沙弥戒特派大臣前来颁赐敕书、礼物。七世班禅额尔德尼派遣堪布罗桑班珠尔赴京谢恩，向驻藏大臣赠送了礼品。因巴勒布事竣，与达赖喇嘛特遣堪布等进京谢恩。巴勒布派遣大头人巴拉叭都尔喀哇斯、哈哩萨野二名并小头人散番23名恭赍表贡，于七月十五日已抵达扎什伦布寺，陪同藏使进京。

11月27日，七世班禅额尔德尼前往布达拉宫。达赖喇嘛讲授经文传承。主持扎什伦布寺务的仲巴呼图克图派推桑林寺仲钦前来劝请返回后藏。

12月11日，七世班禅额尔德尼获悉父亲病危，大做祈寿法事。

12 日，父亲病故。不胜悲恸，请求达赖喇嘛为其父做回向法事。祖父阿齐图来到拉萨，陪伴数日，进行抚慰，渐渐消除了悲哀。阿齐图代其主持治丧事务，在前后藏各大寺院发放布施，向大喇嘛、头人等送回向礼物。

铁狗年(1790 年，乾隆 55 年)9 岁

1 月 1 日，依照惯例，七世班禅额尔德尼向达赖喇嘛呈献新年礼品，并相互赠送哈达，设宴款待。

8 日，七世班禅额尔德尼的母亲在堪钦和达赖喇嘛面前削发受沙弥戒，呈献哈达等礼品。

12 日，七世班禅额尔德尼和达赖喇嘛一同参加大祈愿法会，噶厦地方政府敬献许多祈寿礼品。

13 日，七世班禅额尔德尼请来赞布诺门汗、祖父、母亲等人，馈赠了丰厚的礼物。

15 日，七世班禅额尔德尼与达赖喇嘛参加僧众集会，噶厦地方政府给达赖喇嘛呈献了许多祈寿礼品。

是月，七世班禅额尔德尼依经师班智达钦布学习各种法行经文传承、随许法、供神祭祀方法等。馈赠经师曼札、金银、绸缎等酬礼。

2 月 3 日，七世班禅额尔德尼为达赖喇嘛随侍人员传授了《长寿五尊灌顶法》《千手千眼观世音随许法》等教法，向达赖喇嘛敬献了丰厚的酬礼。

5 日，因驻藏大臣巴忠等贿和廓尔喀，战事暂息，决定返回扎什伦布寺。噶厦地方政府举行盛大宴会，赠送大批礼品。七世班禅额尔德尼与达赖喇嘛话别，互赠哈达。

11 日，七世班禅额尔德尼由拉萨启程，达赖喇嘛的两个兄弟、二位驻藏大臣、拉鲁公、达察济咙活佛、四大噶伦等噶厦地方政府的大小官员、三大寺的大喇嘛、丹吉林活佛、普布觉活佛、拉萨地方的贵族等前来送行。设宴答谢,并给驻藏大臣等赠送了礼品,为前来送行的各大寺院的法台、喇嘛等人摸顶、赠礼。途中受到各大寺院和地方僧俗人等的热烈迎送。达赖喇嘛特派仲尼格桑次称前来送行。

23 日,七世班禅额尔德尼回到扎什伦布寺,受到僧众的热烈迎接。

24 日,扎什伦布寺举行隆重的欢庆宴会,七世班禅额尔德尼为扎什伦布寺的每个僧人发银一两,并为后藏各寺院僧众发放斋僧茶。

30 日,祖父阿齐图堪布去世。不胜悲恸,广做回向法事。派人给达赖喇嘛送去回向礼物,向拉萨的两尊释迦牟尼像和各寺院佛殿供献千种供品。委派称列巴钦布负责到前后藏各寺院发放斋僧茶。

3 月,乾隆皇帝获悉佛父病故,敕谕:"舒濂等奏称,'班禅额尔德尼呼毕勒罕之父公班丹敦珠克溘逝'等语。朕心甚为悯恻。著遣普福致祭外,仍著拨赏该处库银500 两,以襄善事。"此后驻藏大臣普福奉旨前来扎什伦布寺,向佛父灵堂敬献哈达和礼物。

5 月 4 日,七世班禅额尔德尼登上扎什伦布寺大经堂的黄金宝座讲经说法。达赖喇嘛派索本德珠堪布罗桑格敦扎巴送来大批礼品。噶厦地方政府的四大噶伦、孜仲吉及前后藏的地方首领等也送来大批礼物。

7 日,应达赖喇嘛的兄弟芒拉堪布罗桑多杰和索本德珠堪布的邀请,出席僧众集会。罗桑多杰等呈献礼物,并为僧众发放布施。

15 日,七世班禅额尔德尼登上格桑欠拉佛殿的无畏狮子宝座,讲演佛法，并为僧众摸顶祝福。

20 日，七世班禅额尔德尼为索本德珠堪布等设宴饯行，并向达赖喇嘛回赠大量祝寿礼品。

7 月 13 日，乾隆皇帝八旬大寿。七世班禅额尔德尼向僧众发放布施，并与僧众一起广做回向法事，祈祝乾隆皇帝万寿无疆。从此日起，每天依止经师听受一段《宗喀巴小传》。

8 月，乾隆皇帝敕谕："本年系朕八旬大庆，达赖喇嘛、班禅额尔德尼俱遣使来递'丹舒克'（又作'丹书克'，为达赖喇嘛、班禅额尔德尼等进献给皇帝的表贡），朕心甚为欣悦。"

是年，索本札萨克墨尔根等人在僧众集会上敬献祈寿礼物。派人送来礼物的还有：夏鲁巴、冈坚都吉、鄂尔多斯博多贝勒、嘉绒王、不丹王、哲孟雄王、呼和浩特锡热图呼图克图、青海王索诺木道尔吉等。

铁猪年（1791 年，乾隆 56 年）10 岁

1 月 8 日，德穷瓦罗桑坚赞在僧众集会上献礼祝寿。此时，扎什伦布寺周围流行天花，扎什伦布寺僧人奉达赖喇嘛之命疏散到其它附属寺庙。七世班禅额尔德尼随经师闭门攻读《宗喀巴全集》等经文传承。

5 月，七世班禅额尔德尼派往北京向乾隆皇帝祝寿的堪布罗桑班珠尔带回乾隆皇帝谕旨及所赐赏物。旨谕曰："朕扶御天下，惟期寰宇众生安居乐业。尔前世体朕尊崇正教普育群众至意，维持法门，广布经典，甚属妥协。今尔特遣来使堪布罗布藏班珠尔来请朕安，贡献方物，呈进'丹书克'，具见悃忱，朕躬荷休祥，尔亦自当协吉。惟尔幼稚，须知勉绍前因。仲巴呼图克图、绥绷堪布皆系朕素识之人，恩待优渥。朕今闻尔性资颖慧，勤习经典，仲巴呼图克图等待奉呼毕勒罕自宜尽心善导,俾得专习经传,阐兴黄教。达赖喇嘛弟兄蒙蔽达赖喇嘛舞弊,朕皆持平办理。仲巴呼图克图虽断不至如是妄为,徜呼毕勒罕长成,左右一有类此之人,必当照办。仲巴呼图克图其善为护持呼毕勒罕,务以近正人远小人为要。钦哉毋忽!兹尔来使回藏,赐而敕谕,并赐银茶筒1、壶1、盏1、各色大缎20匹、大小哈达各10条,交来使堪布罗布藏班珠尔赍回,以示恩眷。特谕。"

7月,廓尔喀渝盟,复侵济咙、聂拉木诸地,诱执噶伦丹津班珠尔以归。乾隆皇帝派福康安率师讨伐。廓尔喀再行侵扰,系前年驻藏大臣巴忠专擅藏务,授意噶伦丹津班珠尔与廓尔喀定以岁给元宝300锭,令退还侵占之聂拉木、济咙、宗喀等地。嗣后因丹津班珠尔未照前议给银,以致廓尔喀复行侵扰。巴忠闻知事发,畏罪自尽。

8月,廓尔喀人占据聂拉木、济咙等地后,直扑扎什伦布寺,驻藏大臣保泰劝请七世班禅额尔德尼移驻前藏。

16日,七世班禅额尔德尼在保泰保护下,由羊八井北路前往拉萨,仲巴呼图克图并未随行,留都司徐南鹏率兵120余名,守护扎什伦布寺。

19日,廓尔喀人逼近扎什伦布寺,仲巴呼图克图闻讯携带贵重财物弃寺潜逃。"有供奉额沁腾格里佛之济仲喇嘛,与扎桑堪布喇嘛等祷验龙单,言不可与贼拒战,是以人心涣歉,僧俗纷纷逃避。"只有徐南鹏坚守日喀则营寨。

20日,廓尔喀人侵占扎什伦布寺,大肆抢掠,继而进攻日喀则宗堡垒。

25日,七世班禅额尔德尼抵达拉萨,下榻布达拉宫,晋见达赖喇嘛。是时,驻藏大臣保泰和雅满泰见廓尔喀人大举侵藏,惊慌失措。一面向皇帝奏称:“廓尔喀贼匪至后藏入扎什伦布庙中肆行掳掠,将塔上镶嵌绿松石、珊瑚等摘去,即皆遁回。”“唐古忒等闻廓尔喀来侵声息,前藏人众尽皆惊扰,妄行逃避,号称尊奉达赖喇嘛,而实无爱护之心。达赖喇嘛、班禅额尔德尼,不可在藏居住,请移于泰宁或西宁居住。”一面劝请两位大师移居泰宁。保泰和雅满泰的这一举措不但遭到乾隆皇帝的痛斥,也遭到两位大师和拉萨三大寺僧众的坚决反对。三大寺僧众决心凭借布达拉天险誓死捍卫两位大师,并将此情上奏皇帝。乾隆皇帝敕谕军机大臣:“保泰、雅满泰二人不料其丧心病狂一至于此!竟是无用之物,瞀乱已甚。幸而达赖喇嘛坚意不从,倘误听保泰等之言,竟弃布达拉而去,尚复成何事体?朕深喜达赖喇嘛如此通晓事理,而所属堪布及各大喇嘛亦共知大义,坚心保守,其僧俗人等不致惊散,朕心稍为宽慰,实堪嘉奖,今特发大哈达一方,正珠记念一串,交成德等给与达赖喇嘛,示朕奖悦之意。至保泰、雅满泰二人,遇廓尔喀滋扰之事即心慌胆落,懦怯已极,殊属负恩。目下正当有事之时,暂将保泰、雅满泰革职,留彼效力赎罪。”“从前贼匪侵犯时,保泰亲往后藏,果能督率堵截,无难痛歼贼众,亦何至扎什伦布寺等处为其蹂躏?无如保泰一味畏葸,甫闻贼至信息,即带同班禅额尔德尼退至前藏,以致扎什伦布喇嘛等无所倚仗,各思奔避,而孜仲、堪布等复于吉祥天母像前占卜,妄托神言惑众,人心涣散,使贼匪乘虚占据,肆行抢掠。…且保泰既将后藏失去,避至前藏时,又欲将达赖喇嘛、班禅额尔德尼移住泰宁,犹幸达赖喇嘛及各寺堪布大喇嘛等深知大义,坚词以拒,未经内徙。及贼匪逃窜后,保泰仍欲仗官军之威,劫达赖喇嘛、班禅额尔德尼移至泰宁或西宁等处,竟弃藏地与贼,真成笑话,不意悖谬至此?试思卫藏为崇奉黄教之地,各蒙古、番众素所皈依。今一旦达赖喇嘛、班禅额尔德尼额德尼移至泰宁、西宁地方，不特众蒙古、番众无从瞻仰，即该处僧俗人等亦皆为贼所掳。贼匪原因后藏空虚，始行占据，设前藏亦无人守御，贼匪亦必乘虚而人。保泰如此恇怯昏愦，惟思率先退避以全其身，……种种贻误，其罪甚大。”

9月22日，七世班禅额尔德尼与达赖喇嘛会见驻藏大臣成德时，接受了乾隆皇帝所赐内库哈达、宝石念珠、荷包等物。与达赖喇嘛通过驻藏大臣贡献哈达、佛像等。

25日，七世班禅额尔德尼应钦差大臣之请，与达赖喇嘛在僧众集会为乾隆皇帝诵经祈寿。钦差大臣转交皇帝赐给达赖喇嘛的内库哈达、银两等。向乾隆帝呈献哈达、印度铜佛像、薰香等贡品。

10月，乾隆皇帝以入藏官军行动迟缓，革去四川总督鄂辉等人之职。派福康安为大将军、海兰察为参赞大臣，带领巴图鲁侍卫章京100人，索伦、达呼尔兵1000名，由西宁经青海草原赴藏。同时命令四川总督孙士毅调派征兵，筹运粮饷。

12月初，福康安率兵从西宁出发，直趋西藏。

水鼠年(1792年，乾隆57年)11岁

1月1日，七世班禅额尔德尼与达赖喇嘛参加僧众聚会，噶厦地方政府设宴招待。

2月25日，福康安与海兰察抵达拉萨后，前来拜会七世班禅额尔德尼，赠送了银座度母佛像。海兰察赠送了一峰骆驼和一头驴。回赠一尊小金佛像，并为其摸顶加持。

4月19日，新任驻藏大臣和琳抵藏。晋见时，转交乾隆皇帝所赐内库哈达、荷包等物。和琳来藏赴任时，皇帝谕示：“和琳平素尊佛，此次到藏，见达赖喇嘛、班禅额尔德尼，自必照常瞻礼，其办事原与达赖喇嘛、班禅额尔德尼平等，应加意整饬，力矫从前积习。”

“著鄂辉、和琳接奉此旨，亲到布达拉，传集达赖喇嘛、班禅额尔德尼及前后藏众呼图克图喇嘛人等，告以大兵进剿廓尔喀贼匪特为护卫黄教起见，并将仲巴、孜仲分别治罪，亦欲使众喇嘛通知大义尊持黄教之故，明白晓谕，俾伊等咸知朕意。”

是月，福康安自定日进兵，径趋宗喀。驻藏大臣和琳等督催粮运乌拉，卓有成效。

5 月，八世达赖喇嘛传授《千手千眼观音灌顶法》，七世班禅额尔德尼向达赖喇嘛敬献了曼札、佛经，以示酬谢。

福康安与海兰察亲率大军前进，先后收复了聂拉木、济咙、宗喀等地，人侵后藏的廓尔喀人全部被驱逐出境。

29 日，驻藏大臣和琳上奏：“班禅额尔德尼移驻前藏已经十月之久，其扎什伦布庙宇，去岁虽经贼匪滋扰，经福康安查明，并未过于残毁，均已修理完整，附近番民，亦皆复业等情，奏蒙圣鉴在案。臣抵藏后，福康安曾与臣札商，现在后藏运送军粮军火等项，岁本(索本)堪布一人，未能统摄番众，似应将班禅额尔德尼驻锡，俾得董率办理。臣因彼时前后藏地方尚患痘症传染，是以未即奏请。今月余以来，查看气候较正，且福康安收复济咙后，卫藏僧俗人心牢固，靡不鼓舞欢忻。班禅额尔德尼年纪虽幼，素为后藏番民悦服，今正当大军深入，应付乌拉，督军粮饷军火万紧之时，如班禅额尔德尼回至扎什伦布寺，自比岁本堪布呼应较灵，实属两有裨益。……今臣奏请将班禅额尔德尼送回后藏，如蒙俞允之时，适值鄂辉回藏，则臣可以顺便带领同往，设鄂辉尚不能遽回，自应派委妥员护送。”

6 月，福康安率大军进人廓尔喀境内。廓尔喀酋长拉特纳巴都尔放回以前掳去的噶伦丹津班珠尔和汉被俘官兵，并送信给福康安，认罪乞和，要求停止进兵。福康安回信拒绝。

7月，清军深入廓尔喀境700余里，攻克廓尔喀人顽固拒守的噶勒拉堆补木，夺桥渡河，直捣廓尔喀都城布。廓酋拉特纳巴都尔又派大头目来到福康安军前请求投降，缴出从前所立“赌和”的合约，退还掠去的扎什伦布寺的财务（内有乾隆皇帝册封六世班禅额尔德尼的金册一份），交出沙玛尔巴的尸骨及其妻子儿女和仆人等。

8月，廓尔喀酋长派遣大头目噶箕第乌达特塔巴等人为使，前往北京进贡请罪。同时，廓酋拉特纳巴都尔禀恳大将军福康安代奏乞降，并派头目到福康安军营送来牛羊猪、米酒果犒赏兵丁。福康安具奏廓尔喀屡恳投诚，根据乾隆在“大雪封山”以前撤出军队的指示，接受了廓酋的投降。

9月，清军全部从廓尔喀境内撤出，退回济咙。旨谕：“金册为赏给前辈班禅额尔德尼之物，为贼所抢，著福康安等查明，如贼酋缴出之金册，尚属齐全，即照旧在扎什伦布安奉。再金册系前辈班禅额尔德尼进京时，经朕特行赏给，其徒众人等，自应奉为世宝，谨守勿失，譬如内外大小官员等，各有印信，若致遗失，即应重辟。等布上之，至于王爵，即用金印，若印信遗失，不特不能承袭爵职，并当从重治罪。此项金册，该喇嘛等不能协力防护，为贼抢去，致烦天兵远涉，代为剿捕。贼匪因震慑军威，知金册为天朝所赐，是以不敢销毁，否则所抢银两，已为铸钱之用，何以独于金册敬收贮，未经私毁，于此可见贼匪尚知畏惧天威。兹据检出，送缴福康安等，宜面向达赖喇嘛、班禅额尔德尼及岁本堪布等详细谕知以尔等不能保守金册，本有应得重罪。今思班禅额尔德尼年幼，仲巴又已解京治罪，是以大皇帝加恩免其究治，仍将贼匪缴出金册，赏给班禅额尔德尼，俾在扎什伦布安奉。嗣后尔等务宜加意保护，以冀永承恩宠，勿得再有疏虞，致干谴责。钦此！”

是月，根据福康安奏请，乾隆皇帝敕谕，将廓尔喀进贡的5只驯象，“赏给达赖喇嘛、班禅额尔德尼各1只，其余3只缓程送京，俾前后藏僧俗番众，常睹边方贡物，以著声威。旨谕恢复廓酋拉特纳巴都尔及巴都尔萨野王公封号，并赐敕谕、念珠、荷包等。福康安、孙士毅、和琳、惠龄等拟订藏内善后章程条款，分镇抚、营制、番目、贸易、钱法、租税、差徭等门。

10月9日，驻藏大臣和琳奏请批准班禅额尔德尼返回扎什伦布寺。向达赖喇嘛和驻藏大臣和琳辞别，自拉萨布达拉宫启程。

13日，七世班禅额尔德尼途经桑纳地方，为乾隆皇帝寿诞举行献礼、祝寿活动，并接受了达赖喇嘛的慰问礼品。

21日 七世班禅额尔德尼顺利返回扎什伦布寺，受到僧众的热烈欢迎。

24日，海兰察自前线返回，七世班禅额尔德尼派人到日喀则郊外设灶迎接。在日光殿单独会见，设宴慰劳。海兰察呈献了内库哈达、马蹄银4锭等礼品。回赠哈达、佛像、薰香等。听说福康安将途经扎什伦布寺，于是派襄佐札萨克喇嘛前往彭林远迎。七世班禅额尔德尼尚为福康安摆设果品接风，并赠送了佛像、薰香、毛毯等礼物。福康安在扎什伦布寺停留7日。辞行时，送至萨玛尔地方，设宴饯行，并赠佛像、哈达等。福康安回赠送如意、哈达、锦囊等物。此后，福康安返回拉萨。达赖喇嘛在离拉萨十余里的地方，远道欢迎。

是月，巴耶堪布自后藏启程进京上表贡献佛龛等物。七世班禅额尔德尼为巴耶堪布摸顶赐福。乾隆因谕：“朕闻班禅额尔德尼年虽幼小，人竟聪慧，胜于达赖喇嘛，自由前辈班禅额尔德尼实非常人，故其慧性不泯。兹观其于福康安经过后藏时，跪请朕安，呈递佛像、哈达，并以此次派兵进讨，全为振兴黄教起见，专差喇嘛赴京恭进表贡谢恩,情词极为恳挚。”

是月,福康安与和琳等奏:“为遵旨设立金奔巴瓶,拈定呼毕勒罕,以兴黄教事。查达赖喇嘛、班禅额尔德尼为黄教之宗,自宗喀巴流传至今。凡达赖喇嘛、班禅额尔德尼圆寂后,不迷本性,俱有呼毕勒罕出世,以衍其教。向系令吹忠等作法降神,秉公指认,是以化身示现,僧俗人等悉皆信以为真。历辈以来,仰蒙天朝卫法兴教,恩礼优隆。各蒙古部落以及大小番族,俱凭吹忠作法指定,诚心敬奉,远近皈依。是达赖喇嘛、班禅额尔德尼转世之后,其实在根基,向来远近番民数万众,总以吹忠作法降神为敬信,竟有牢不可破之势。然行之既久,其中妄指之弊,定所不免。即如藏内各呼图克图内,仲巴为前辈班禅额尔德尼之兄,哲布尊丹巴呼图克图为达赖喇嘛之侄,而丹津班珠尔之子即系三巴呼图克图之呼毕勒罕,族属姻娅,递相传袭,诚如圣谕,竟与世职无异。各呼毕勒罕即出于一家亲族,不能使人无疑。恐将来达赖喇嘛、班禅额尔德尼之呼毕勒罕,若亦指认未真,于事殊有关系。仰蒙圣主振兴黄教,颁金奔巴瓶一件,令将吹忠四人所指之呼毕勒罕姓名及出生年月日,各写一签,贮于瓶内,对众拈定,实足以防弊窦而惬众心。奉到节次谕旨,仰见我皇上厘定正教,抚驭外番,于因势利导之中,寓循名责实之意,臣等实深敬佩,并敬向达赖喇嘛、班禅额尔德尼、济咙呼图克图大喇嘛及吹忠等宣示圣谕,无不感激悦服。

12月,福康安等具奏:“御前侍卫惠伦、乾清门侍卫阿尔塔锡等恭赍金奔巴瓶来藏,于11月20日敬谨赍到。臣等率同官员官兵及济咙呼图克图率领各寺呼图克图大喇嘛及噶伦以下番目,远出抵迎。达赖喇嘛感谢圣恩,先期下山,在大昭寺等候,派喇嘛等各执香花幡幢导引,臣等与惠伦等恭送金奔巴瓶于向来讽诵伊罗尔经之大昭佛楼上宗喀巴前,敬谨供奉。达赖喇嘛率领僧众梵呗齐宣,极为诚肃。”“金瓶掣签”制度由此产生。

水牛年(1793 年,乾隆 58 年)12 岁

1 月,七世班禅额尔德尼与福康安、孙士毅、和琳等会同达赖喇嘛,研究制订《藏内善后章程二十九条》,奏请乾隆皇帝批准施行。

2 月 4 日,七世班禅额尔德尼接受乾隆赏赐的驯象一只,并上表谢恩。

5 月,驻藏大臣和琳来到扎什伦布寺宣示旨谕:“达赖喇嘛、班禅额尔德尼系宗喀巴大弟子,世为黄教宗主,众蒙古、番民素来争相崇奉。近年因指认呼毕勒罕之古尔登巴等法术无灵,不能降神,且徇情妄指,或出自族属姻娅,或出自蒙古汗王公等家,竟与蒙古王公、八旗世职官袭替相似。论以佛法,必无此理。甚且至噶布伦丹津班珠尔之子,亦出有呼毕勒罕,以致众心不服。沙玛尔巴遂乘机起意,谋占班禅额尔德尼遗产,唆使廓尔喀抢掠扎什伦布寺,远烦大兵声罪致讨。朕护卫黄教,欲整饬流弊,因制金奔巴瓶,派员赍往,设于前藏大昭,仍从其俗,俟将来藏内或出达赖喇嘛、班禅额尔德尼及大呼图克图等呼毕勒罕时,将报出幼孩内择选数名,将其出生年月日、名姓,各写一签,入于瓶内,交达赖喇嘛念经,会同驻藏大臣,在众前签掣,以昭公当。又,众蒙古地方旧有各旗部落供奉之呼图克图甚多,此内大小不等,如概令赴藏,交达赖喇嘛会同驻藏大臣掣签,不免烦扰,且路途遥远。轸念众蒙古力量维难,因于京城雍和宫内亦设一金奔巴瓶,如蒙古地方出呼毕勒罕,即报明理藩院,将年月、名姓缮写签上,入于瓶内,交掌印札萨克、达赖喇嘛、呼图克图等在佛前念经,并交理蕃院堂官公同掣签。其从前王公子弟内私自作为呼毕勒罕之陋习永行停止。……著将此旨发交驻藏大臣,传知达赖喇嘛、班禅额尔德尼,并通行晓谕各处蒙古、番

众等,咸使闻知,共喻朕意。”赠送驻藏大臣和琳内库哈达等。

6月,经师益希坚赞病故,七世班禅额尔德尼致祭哀悼。

是月,赴京向乾隆皇帝进贡请安的巴耶堪布返回,按例带回赏赐礼品。

10月15日,在格桑拉康佛殿主持开光仪轨,并参加密院僧众的集会。

17日,日喀则宗本等人前来谒见七世班禅额尔德尼并献礼。

12月5日,称列巴钦布等僧官献礼、祝寿。在蒙古族香客艾力齐等人的恳求之下,为他们传授《长寿灌顶》法。称列巴、艾力齐等人敬献曼札、金银、缎匹等大量酬礼。派仲尼罗桑热旦赴前藏向达赖喇嘛献礼、祝寿。

22日,噶厦地方政府派拉鲁森本前来扎什伦布寺发放布施,为之摩顶祝福。

木虎年 (1794年,乾隆59年)13岁

1月9日,布隆喇嘛前来谒见,并传授朱杰派的《长寿灌顶》法。赠送曼札、金银、缎匹等许多礼品。

3月4日,达赖喇嘛得知开始学习因明经典,扎什伦布寺业已修缮竣工,特派达察诺门汗送来礼品、贺信。

11日,应嘉雍古夏之请,前往其驻锡地吉吉那噶留住7天。嘉雍古夏呈献许多祝寿礼品。

30日,驻藏大臣和琳视察后藏时,赠送内库哈达、马蹄银等礼物。尔后,在日光殿举行会晤。驻藏大臣赠送了哈达、佛像等贶礼。

5月,供神变大法会展览的缎制无量光大佛像在鲁顶娘巴寺(ཀླུ་སྡིང་སྙིང་པ།)做成后,迎至扎什伦布寺大经堂展出。主持开光仪式。

7月15日,拉孜甘丹沃门林寺僧众代表前来祝寿、献礼。纳塘寺拉吉、协噶尔宗本等亦来献礼。为他们传授灌顶法。

是月,水鼠年廓尔喀头目进京向乾隆皇帝投诚进贡时,也特派堪布随往,此时带回敕书及哈达。

木兔年(1795年,乾隆60年)14岁

1月3日,参加僧众集会。喀尔喀哲布尊丹巴活佛派人来扎什伦布寺发放布施。

14日前来扎什伦布寺为昌都帕巴拉活佛治丧的更托活佛在僧众集会上发放布施,并将七世班禅额尔德尼请去,呈献许多礼品。为帕巴拉活佛诵经超度,并祈愿其转世早日出现。

是日,驻藏大臣松筠来到后藏扎什伦布寺,转交大批皇帝赏赐物件。依照松筠传示的旨谕,将所赐库银10000余两用于抚恤百姓、救济贫弱,发展生产。对此,乾隆皇帝谕示:"达赖喇嘛、班禅额尔德尼等一闻朕降旨蠲免天下钱粮,伊等亦请将唐古忒等抚恤办理,实属善举,朕深为嘉悦。达赖喇嘛、班禅额尔德尼著各赏给哈达一个、紫金俐玛无量寿佛各一尊、碧玉手串各一挂、大荷包各一对、小荷包各三对。松筠等接奉时即转为赏给。但前藏地广,所交之项较多,达赖喇嘛既请宽免一年,即著照所请办理。后藏地狭,所交之项较少,恐不足班禅额尔德尼一年之用,即著免其一半。但赈济贫人、修理倒坏房屋等项,由达赖喇嘛之商中拨银3万两,由班禅额尔德尼之商中拨银1万两之处并未声明。达赖喇嘛等仰体朕意,既将唐古忒等抚恤办理,自不必拨用达赖喇嘛的银两。著即动用该处正项,赏给前藏银3万两、后藏银1万两。松筠等务须悉心办理,毋致一人遗漏,以副朕一体轸恤番心之意。"驻藏大臣松筠酌定抚恤章程十条,用藏汉文刊刻印行。圣谕:"关于前藏所属东南北各种抚恤事宜,由和宁督率办理。其前藏至后藏,定日、西南大路一带,应行抚恤处所,由松筠查阅营伍之便,携带银两……分途散给。”

18日,在集会上,七世班禅额尔德尼为乾隆皇帝诵经祝寿。松筠在扎什伦布寺发放布施。松筠辞行时,在日光殿设宴饯行。

8月12日,七世班禅额尔德尼拜阿钦协敖乃罗桑次成为经师,开始学习《量释论》。

9月1日,去年按例赴京上表献贡的人员返回,带来皇帝赐给的一颗金印及其它赏物。

10月15日,扎什伦布寺各佛殿均已维修完毕,七世班禅额尔德尼主持开光典礼。鄂尔多斯将军派木让官却前来扎什伦布寺发放布施,并呈献了许多礼品。

火龙年(1796年,嘉庆元年)15岁

1月,乾隆皇帝退位,皇十五子即位,改元嘉庆。七世班禅额尔德尼率诸僧官在嘉庆皇帝画像前呈献供品,祈愿政教昌盛。

9日,尼仓钦毛勒巴东珠前来扎什伦布寺发放布施,为七世班禅额尔德尼敬献礼品。

是月,七世班禅额尔德尼与八世达赖喇嘛特遣巴耶堪布前往北京祝贺乾隆皇帝在位60年大庆和嘉庆皇帝继位。太上皇为此传谕:“朕抚临寰宇,惟期率土群生共享升平,宏敷教化。尔呼毕勒罕前世班禅额尔德尼能体朕护持黄教、惠爱遐方至意,皈心佛殿,阐扬经谛,深可嘉尚。今尔呼毕勒罕特遣巴耶堪布罗布藏扎什前来,贺朕在位60年大庆,呈递‘丹书克’,览奏欣悦。朕仰蒙上天福佑,身甚康强,尔呼毕勒罕体候想亦佳善也。前因藏内事务噶布伦等措置乖方,致廓尔喀跳梁滋衅,朕特命大将军福康安率师平定,廓尔喀等倾心向化。复命尚书和琳革除积习,酌定章程,一切井然有绪。又命松筠等驻彼,循守成规,办理诸事务期利济众生,俾藏地永臻宁谧。尔呼毕勒罕年龄加长,正当肄业经典之时,尚不必索心公务,其恪遵朕旨,潜心佛法,追踪前世班禅额尔德尼,以冀长承慧业。本年朕传位嗣皇帝改元嘉庆元年,然犹训政维勤,孜孜不倦。尔其仰体朕与嗣皇帝抚安全藏,爱育群生至意,用期永受恩施,钦哉勿替。今以尔使回藏特赐敕存问,并优加锡赉,交巴雅尔堪布罗布藏扎什赍还。特谕。"后又敕谕:"据松筠奏:达赖喇嘛、班禅额尔德尼、济咙呼图克图等因朕传位嗣皇帝,请嗣后加倍呈递'丹书克',并佛像等语,具见伊等诚悃,朕嘉悦览之。但卫藏距京遥远,伊等如年班遣堪布喇嘛等加倍呈递'丹书克',不无靡费。且朕与嗣皇帝本无区别,照进一分,亦尽足以抒其庆赞之诚。著松筠传谕达赖喇嘛、班禅额尔德尼等,遵照向例仍进一分,毋庸加倍,示朕体恤至意。"

9月,七世班禅额尔德尼在日光殿接受僧伽和僧尼的祝寿,并给全体僧众摩顶祝福。遣往北京呈递表贡的巴耶堪布带回太上皇和嘉庆皇帝的谕旨和赏赐。

13日,七世班禅额尔德尼与驻藏大臣松筠在日光殿内座谈。鄂尔多斯达勒贝子喇嘛的管家罗桑格勒、札雅活佛罗桑丹增嘉措、喀尔喀右翼的札萨克图汗的上师当钦巴等前来扎什伦布寺发放布施,在僧众大会上呈献了许多礼品。为他们讲经说法。

火蛇年(1797年,嘉庆2年)16岁

1月8日,七世班禅额尔德尼在扎什伦布寺主持大祈愿法会,为众施主摩顶祝福。

3月3日,经师在刚坚曲培林寺举行诵经祝寿法事。七世班禅额尔德尼出席僧众集会,并向无量寿佛像呈献哈达,给僧众发放斋僧茶,并摩顶加持。七世班禅额尔德尼派仲科尔前往昌都,为帕巴拉活佛坐床赠礼致贺,并为昌都寺僧众发放布施。

7月13日,七世班禅额尔德尼派往北京呈献表贡的堪布叶巴罗桑班珠尔回到扎什伦布寺,转交嘉庆皇帝赏赐的物品。

土马年(1798年,嘉庆3年)17岁

1月9日,嘉庆皇帝赐给经师罗桑丹津"诺门汗"名号及敕书等。设宴款待钦差,馈赠礼品。同时也向经师馈赠许多礼品。

15日,七世班禅额尔德尼在大经堂的佛像前接见了上万僧众,并为他们摩顶加持。

2月26日,七世班禅额尔德尼在学者众多的集会上登台说法。白利玛伽什喇嘛前来献礼、祝寿。

5月14日,七世班禅额尔德尼与四大近侍及上百僧人在嘉庆皇帝画像前念诵长寿经,祈祝嘉庆皇帝万寿无疆。

6月6日,驻藏大臣松筠巡视后藏时来到扎什伦布寺,七世班禅额尔德尼在日光殿会见了驻藏大臣松筠。

10日,七世班禅额尔德尼率数百喇嘛在嘉庆皇帝画像前诵经祝寿。前往松筠下榻的地方看望松筠。松筠辞别时,设宴饯行,并厚赠礼品。

26日,廓尔喀王派人送来驯象,扎什伦布寺僧人拈香献供,欢欣庆贺。

土羊年(1799年,嘉庆4年)18岁

1月,举行大祈愿法会时,七世班禅额尔德尼接受了各大喇嘛和施主们的献礼。此后利用20余天时间,依止经师罗桑丹津修习《菩提道次第广论》。

2月23日，获悉乾隆皇帝逝世，立即召集数百喇嘛在其画像前诵经悼念，并请驻藏大臣上表致哀，安慰嘉庆皇帝。

4月1日，七世班禅额尔德尼请求经师诺门汗罗桑丹津传授《金刚鬘灌顶法》，赠给供器、缎匹等物。

5月6日，喀尔喀哲布尊丹巴活佛派人前来献礼，七世班禅额尔德尼设宴款待，并厚与馈赠

是月，嘉庆皇帝令驻藏大臣前往后藏，转交敕书及赏品。谕旨中曰："高宗纯皇帝驾崩，班禅额尔德尼深切悼念，广做荐亡法事，朕甚嘉悦。朕将效法先帝，维护黄教。"

8月，在日光殿会见了拉穆法王，达赖喇嘛送来曼札、银两等礼物。嘉庆皇帝特派札萨克喇嘛南喀格勒前来扎什伦布寺，转交敕谕、大量赏品等。厚赠钦差喇嘛及其随员，上表谢恩。同时，接见了达察诺门汗等僧俗上层人物。去年赴京向嘉庆皇帝呈献表贡的巴耶堪布带回谕旨、赏赐物品等。

铁猴年(1800年，嘉庆5年)19岁

1月20日，七世班禅额尔德尼应推桑诺布林寺协敖乃罗桑班珠尔等之请前往该寺讲经。七世班禅额尔德尼派往北京向乾隆皇帝致祭和为嘉庆皇帝进贡的巴耶堪布死在途中，嘉庆皇帝仍按例派员赍送来谕旨和赏品。

2月8日，前往吉吉那喀地方看望母亲，并给她传授了《长寿灌顶》法。

27日，母亲病故。达赖喇嘛令前后藏各教派的大寺院和大喇嘛为佛母诵经悼念。扎什伦布寺向各寺院僧众发放布施、为佛母诵经悼念。

铁鸡年(1801 年,嘉庆 6 年)20 岁

3 月 15 日,七世班禅额尔德尼从扎什伦布寺启程,前往拉萨。扎什伦布寺僧众举行隆重的送行仪式。

17 日,七世班禅额尔德尼行至温萨寺,向僧众发放布施,也接受了该寺僧人呈献的礼品。

21 日,八世达赖喇嘛和驻藏大臣派拉鲁公等人携轿及许多礼品前来堆隆岗迎接,派仲尼萨库巴前往布达拉宫献礼、致谢。

28 日,七世班禅额尔德尼抵达拉萨并赴布达拉宫。以索本济咙格勒坚赞为首的众侍从呈献哈达。七世班禅额尔德尼在日光殿会见达赖喇嘛。下榻布达拉宫。

4 月 1 日,驻藏大臣和宁奉旨返京,七世班禅额尔德尼赠送哈达、梵铜佛像二尊,并委托和宁向嘉庆皇帝献礼、请安。

7 日,七世班禅额尔德尼在大经堂向达赖喇嘛呈献曼札、佛经、佛像、佛塔、法轮等,达赖喇嘛回赠厚礼。还向驻藏大臣、四大噶伦等人赠送了礼物。

8 日,七世班禅额尔德尼与达赖喇嘛在“迪丹齐巴”殿内举行十住仪轨,并向达赖喇嘛呈献厚礼,达赖喇嘛回赠礼物。是日,驻藏大臣传旨:朕闻班禅额尔德尼之母不幸溘逝,不胜悲恸。即从前藏库项内拨银 500 两,作为治丧费用。馈赠驻藏大臣。

15 日,七世班禅额尔德尼与达赖喇嘛前往大昭寺,在释迦牟尼佛像前,由达赖喇嘛担任亲教师、经师罗桑丹津担任羯磨师、甘丹寺绛则曲杰土登嘉措担任屏教师、阿旺扎西担任报时师、南杰札仓洛本噶桑团柱担任传钵师,在 20 名比丘中接受了比丘戒。受戒仪式后,七世班禅额尔德尼与达赖喇嘛相互敬献礼物。达察活佛等前后藏的各大喇嘛和僧俗官员呈献许多礼品。七世班禅额尔德尼在释迦牟尼佛像前供献哈达、银曼札、宝石念珠、金钵等珍贵供品。

17 日,七世班禅额尔德尼与达赖喇嘛在布达拉宫为汉藏僧俗人等摸顶祝福。

18 日,噶厦地方政府为七世班禅额尔德尼举行隆重的庆祝宴会,并敬献贺礼。

28 日,七世班禅额尔德尼与达赖喇嘛同返布达拉宫,途中巡礼小昭寺,为该寺献了许多供品。七世班禅额尔德尼在布达拉宫住锡期间,闻听达赖喇嘛讲授《菩提道次第广论》。

5 月,七世班禅额尔德尼先后多次与达赖喇嘛会谈,请教佛法。

17 日,七世班禅额尔德尼辞别达赖喇嘛,由布达拉宫启程返回后藏,拉萨的汉藏僧俗官员前来送行,沿途各寺院僧众夹道迎送。

6 月 1 日,七世班禅额尔德尼平安抵达扎什伦布寺。

6 日,七世班禅额尔德尼在扎什伦布寺僧众大会上发放布施,并祈祷达赖喇嘛长寿。

是月,扎什伦布寺数百僧人在大经堂为佛母举行追悼法事,驻藏大臣前来转交皇帝的赏赐物品,并委托驻藏大臣敬献哈达、佛像和嘉奖,七世班禅额尔德尼感谢嘉庆皇帝赐给敕书及银两为母亲治丧。

8 月 13 日,经师诺门汗开始讲授《大藏经·甘珠尔》,巴耶堪布转交谕旨及赏物。协贺尔班智达札萨克堪布的代表巴夏尔杰仲在扎什伦布寺发放布施。在僧众集会上敬献了许多礼品。萨迦达钦来到扎什伦布寺,敬献了许多祝寿礼品。七世班禅额尔德尼设宴答谢,回赠厚礼。

11 月,驻藏大臣英善因四川省应拨前后藏饷银未到,向两位大师等借银支发。嘉庆皇帝传谕所办殊不成事,饷银到后如数清还。

水狗年(1802年,嘉庆7年)21岁

1月7日,七世班禅额尔德尼在大祈愿法会上为众施主摸顶传法。

26日,仲尼阿旺曲达敬献了大批礼品,七世班禅额尔德尼在僧众大法会上发放布施。

4月3日,经师罗桑丹津开始为七世班禅额尔德尼讲授《密集根本续》等密法。

水猪年(1803年,嘉庆8年)22岁

1月18日,七世班禅额尔德尼在扎什伦布寺主持大祈愿法会。

2月,嘉庆皇帝赐给管家济仲罗桑达杰"达尔汗"称号,七世班禅额尔德尼上表谢恩。

4月12日,为悼念班禅额尔德尼母亲,其舅制作了20尊鎏金度母铜像,七世班禅额尔德尼为铜像做开光仪轨。

6月,驻藏大臣英善等奏:班禅额尔德尼差人报称,上年十二月内,达木先降及甲里两处地方有"夹坝"(强盗)70余名,抢去牛厂百姓牛、马等物甚多。现在查明为首"夹坝"姓名及开明失单,恳祈查办。"嘉庆皇帝谕令西宁办事大臣会同四川总督迅即查明拿获,照律严办示儆。

9月,巴耶堪布转交谕旨及赏品,上表谢恩。

木鼠年(1804年,嘉庆9年)23岁

1月19日,七世班禅额尔德尼前往香(即今南木林县的一个地名)地方巡视,各地僧俗众人热烈迎送、献礼。七世班禅额尔德尼为各寺院发放布施。

4月14日,七世班禅额尔德尼回到扎什伦布寺。

是月,喀尔喀哲布尊丹巴活佛来到后藏,呈献了11500两白银,七世班禅额尔德尼厚与回赠。噶钦喇嘛诺木齐额尔德尼墨日根堪布、公贝子图萨拉克齐等人前来献礼致敬。

8月,获悉八世达赖喇嘛身患沉病,七世班禅额尔德尼到各寺院经堂献供,命扎什伦布寺全体喇嘛诵经祈祷,祝愿达赖喇嘛早日康复,并派一位僧人携礼品前往拉萨慰问。

18日,达赖喇嘛病情恶化,于布达拉宫圆寂,终年47岁。摄政大拭呼图克图即派专人来扎什伦布寺报告,并请求七世班禅额尔德尼写一祈祷文告,祈祷达赖喇嘛早日转世。七世班禅额尔德尼闻讯后极其悲恸,立即写了祈愿文,派人送往拉萨,并在三大寺熬茶、发放布施,由三大寺全体僧众念经,祈愿达赖喇嘛的转世早日降临。

25日,七世班禅额尔德尼在扎什伦布寺熬茶布施,并派人前往前后藏的各大寺院发放布施。

木牛年(1805年,嘉庆10年)24岁

是年春天,七世班禅额尔德尼为修造八世达赖喇嘛金质灵塔而捐献黄金360两以及珠宝等物,大拭呼图克图担任摄政,特派仲尼萨奎巴前去献礼祝贺。

9月,四世章嘉呼图克图前来扎什伦布寺,七世班禅额尔德尼设宴款待。章嘉活佛呈献了曼札、佛经、佛像、佛塔、白银等,其父岱青台吉都噶尔加布等僧俗香客也敬献了许多礼品,七世班禅额尔德尼厚与回赠。巴耶堪布转交谕旨以及赏品。青海亲王索诺木道尔吉等蒙古王公带领大批香客来到后藏,在僧众集会上呈献白银4265两。

火虎年(1806年,嘉庆11年)25岁

1月7日,七世班禅额尔德尼被僧俗人等迎请到僧众集会上接受献礼、祝寿。是月七世班禅额尔德尼前往沃玉萨才巡礼。

2月17日,七世班禅额尔德尼回到扎什伦布寺,罗钦活佛、索本罗桑坚赞、孜尼罗桑班珠、噶厦地方政府、哈尔东木参、康尼丹津贵杰、经师诺门汗、土尔扈特王、伊利地方的四支代表、岱青王、喀尔喀赛音诺颜的代表夏仲罗卜藏丹津以及前后藏的大部分寺院、白朗玉拉瓦、协巴乃乌桑巴等地方贵族和土司敬献大量藏币,七世班禅额尔德尼为他们讲经说法。

4月15日,七世班禅额尔德尼为森钦活佛罗桑丹津等人传授比丘戒。巴耶堪布敬献御赐之物。

火兔年(1807年,嘉庆12年)26岁

3月22日,阿如霍尔钦活佛罗桑年扎嘉措在僧众集会上,为七世班禅额尔德尼呈献了许多礼品。

是月,嘉庆皇帝赏给管家赤列曲丕"札萨克喇嘛"称号,转请驻藏大臣上表谢恩。巴耶堪布自京返藏,转呈敕书与赏赐之物。由噶厦地方政府和三大寺派出寻访八世达赖喇嘛转世灵童的僧俗官员,在西康邓柯地方找到一个灵童,系当地春科土司的儿子,生于木牛年(1805年)12月1日。为了确认八世达赖喇嘛转世灵童,摄政济咙呼图克图等致函,请求七世班禅额尔德尼与经师前往拉萨。

11月10日,在汉藏僧俗官员的迎请之下,七世班禅额尔德尼从扎什伦布寺启程,前往拉萨。

大拭呼图克图、驻藏大臣玉宁、文弼、四大噶伦等在聂塘地方设灶郊迎。

29日,七世班禅额尔德尼抵达拉萨,下榻大昭寺。

12月26日,七世班禅额尔德尼与摄政济咙呼图克图、三大寺代表、四大噶伦等拜谒乾隆皇帝画像后,一致恳请驻藏大臣玉宁写一道奏折，呈请嘉庆皇帝免予“金瓶掣签”，驻藏大臣玉宁遂向嘉庆皇帝上奏，认为经过种种征验，春科土司之子“实系第五辈达赖喇嘛复出无疑”，所以请求“俯允所请，免其入瓶掣定”。得到嘉庆皇帝批准：“特清额奏途次接奉谕旨驰赴西藏颁赐达赖喇嘛等赏物，并遵旨明白宣示一折，所论俱是。此次呼毕勒罕出世，诸多征验，实为吉事有祥，殊堪嘉慰。特清额驰抵西藏后，当晓谕班禅额尔德尼、济咙呼图克图等以以前指称呼毕勒罕出世，率多牵合附会，或仅小著灵验，不足凭信。仰蒙高宗纯皇帝特赏金奔巴瓶，饬令书名封贮，诵经签掣，以防弊混。今达赖喇嘛甫逾二岁，异常聪慧，早悟前身。似此信而有征，洵为从来所未有。设当纯皇帝时，亦必立沛恩施，无须复令贮瓶签掣。但此系仅见之事，且征验确凿，毫无疑义，嗣后自应仍照旧章，不得援以为例。傥因稍有端倪即附会妄指，一经查明，必当治以虚捏之罪。并著驻藏大臣等将此旨敬谨存记，一体钦遵办理。仍著特清额于颁赏达赖喇嘛呼毕勒罕时，令通事问试验如何灵敏出众之处，将实在情形详细复奏。”

土龙年(1808年，嘉庆13年)27岁

1月1日，七世班禅额尔德尼宴请摄政济咙呼图克图、噶伦、大小活佛等，欢庆新年，噶厦地方政府亦举行盛宴。

8日，七世班禅额尔德尼主持拉萨大祈愿法会，宣讲佛法。

15日，七世班禅额尔德尼在讲经院宣讲《三十四本生传》，为喀尔喀三诺颜等400余人传授《长寿灌顶》法。

2月14日，七世班禅额尔德尼前往八世达赖喇嘛转世灵童临时居住的蔡贡塘寺，在该寺的萨苏切麦丹登齐瓦佛殿，与八世达赖喇嘛转世灵童见面并为之剪发，取法名为“罗桑旦白觉乃阿旺隆朵嘉措”，简称隆朵嘉措。尔后，向转世灵童赠送曼札等礼品。

3月25日,七世班禅额尔德尼前往热振寺讲经。

29日,七世班禅额尔德尼由热振寺前往甘丹寺朝拜宗喀巴灵塔。

4月6日,七世班禅额尔德尼抵达甘丹寺,受到僧人的热烈欢迎。瞻仰了宗喀巴大师灵塔,并供献哈达等供品。

10日,七世班禅额尔德尼回到大昭寺。

14日,七世班禅额尔德尼在哲蚌寺讲经说法。

20日,七世班禅额尔德尼与达赖喇嘛转世灵童相会于蔡贡塘寺,成都将军特清额向八世达赖喇嘛转世灵童和班禅额尔德尼转交嘉庆皇帝所赐的敕书及赏物等。

28日,七世班禅额尔德尼返回扎什伦布寺。

5月7日,嘉庆皇帝敕谕:"班禅额尔德尼之侄恭阿那木扎勒,勤谨侍奉班禅额尔德尼多年,著加恩赏给恭阿那木扎勒四品顶戴。

9月,九世达赖喇嘛隆朵嘉措在布达拉宫举行坐床典礼。七世班禅额尔德尼派哥哥才旺和仲尼热布登前往拉萨参加坐床典礼,并向达赖喇嘛赠送礼品,表示祝贺。嘉庆皇帝派遣都楞郡王、噶勒丹锡毕图呼图克图、侍郎庆惠、乾清门侍卫隆福等人前来拉萨,"看视坐床",赏白银10000两,并批准九世达赖喇嘛可乘坐前世达赖喇嘛的黄轿,启用前世达赖喇嘛使用的金印。

土蛇年(1809年,嘉庆14年)28岁

1月10日,噶厦地方政府特派阿旺敦珠来到后藏,在僧众集会上向七世班禅额尔德尼敬献曼札、佛经、佛像、佛塔、衣物及白银1150两,作为庆祝九世达赖喇嘛圆满坐床的礼物,七世班禅额尔德尼回赠厚礼。赞普诺门汗和旺钦诺门汗前来向七世班禅额尔德尼献礼求法。

4月11日，哲布尊丹巴派遣索苏噶尔玛布哩克图前来向七世班禅额尔德尼敬献白银1100两，七世班禅额尔德尼回赠厚礼。

15日，向七世班禅额尔德尼派遣巴耶堪布噶钦活佛罗桑班珠尔赴京上表祝贺嘉庆皇帝五十大寿。

11月，巴耶堪布回到扎什伦布寺，带回皇帝赐予七世班禅额尔德尼的敕书及大批赏物。

铁马年(1810年，嘉庆15年)29岁

2月4日，七世班禅额尔德尼应川浦巴罗桑云丹的邀请，前往夏孜三丹林寺接受献礼。

5月5日，索本堪布在德康萨殿，向七世班禅额尔德尼呈献许多礼品。

6月，赤钦诺门汗活佛在僧众集会上向七世班禅额尔德尼献礼、祝寿。

8月15日，巴耶堪布噶钦罗桑班珠尔向七世班禅额尔德尼转交谕旨及多种精美赏物。

12月，向七世班禅额尔德尼派遣的使者堪布敦蕴曲木丕尔于西苑门外朝觐嘉庆皇帝。

铁羊年(1811年，嘉庆16年)30岁

2月，夏苏协敖乃罗桑云丹向七世班禅额尔德尼献礼、祝寿，七世班禅额尔德尼应邀前往推桑勒谢诺布林寺讲经说法。

是年，巴耶堪布敦蕴曲木丕尔返回扎什伦布寺，带回皇帝赏赐七世班禅额尔德尼的许多赏物。

水猴年(1812年，嘉庆17年)31岁

2月，向七世班禅额尔德尼前往扎桑山庙修法。

此年夏天七世班禅额尔德尼随从经师、策旺热丹、曲科伦布瓦丹巴坚赞、温关巴益西班珠尔、拉穆杰仲罗桑坚赞学习经文。

水鸡年(1813年,嘉庆18年)32岁

1月20日,哲布尊丹巴的管家达尔汗诺颜、仲尼索诺木布里克图前来扎什伦布寺,向七世班禅额尔德尼呈献曼札、佛经、佛像、佛塔及白银1000两。

9月初,巴耶堪布向七世班禅额尔德尼转呈敕书与赏物。九世达赖喇嘛年届9岁,已到受沙弥戒年龄。因此,噶厦地方政府特派卓尼仲夏吉和噶仲噶雪巴二人前来扎什伦布寺,邀请七世班禅额尔德尼前往拉萨。正值经师病重,七世班禅额尔德尼为经师广做祈寿法事。告诉卓尼等,待法事结束即可动身前往。

3日,七世班禅额尔德尼自扎什伦布寺启程,前往拉萨。

17日,七世班禅额尔德尼抵达大昭寺,在甘丹佛殿中与九世达赖喇嘛会晤,噶厦地方政府在大昭寺院内举行隆重的喜宴欢迎。

22日,达赖喇嘛从布达拉宫来到大昭寺。七世班禅额尔德尼担任亲教师,甘丹赤巴阿旺年扎担任规范师,夏尔巴曲杰绛曲却培担任报时师,在释迦牟尼佛像前为达赖喇嘛传授沙弥戒。达赖喇嘛向七世班禅额尔德尼敬献了内库哈达、金曼札、银轮、白螺等物,七世班禅额尔德尼回赠礼品。

23日,噶厦地方政府为庆祝九世达赖喇嘛受戒圆满而举行盛大宴会,七世班禅额尔德尼敬献了内库哈达、曼札、袈裟、银质八吉祥徽、银质法轮等,并向嘉庆皇帝上奏报告为九世达赖喇嘛传授沙弥戒的详细情况。

25日,七世班禅额尔德尼向九世达赖喇嘛赠送内库哈达、曼札、袈裟、银质法轮等物,并向驻藏大臣瑚图礼、摄政第穆呼图克图、达赖喇嘛的经师阿旺年扎赠送厚礼。此后,七世班禅额尔德尼与达赖喇嘛先后接受丹吉林、噶伦、桑珠颇章、三大寺吉索等的宴请和呈献的礼品以及拉孜曲德巴、察罕诺门汗活佛等献礼、祝寿。七世班禅额尔德尼应九世达赖喇嘛的请求,为噶厦地方政府的僧俗官员们传授了《长寿灌顶》法,为帕巴拉活佛等人传授比丘戒。

10月11日,噶厦地方政府向七世班禅额尔德尼献礼、祈寿,七世班禅额尔德尼为色麦活佛(སེར་སྨད།)等传授近圆戒。

12日,七世班禅额尔德尼在色拉寺为上下密院的僧人摸顶赐福。

14日,七世班禅额尔德尼前往哲蚌寺讲经说法。

15日,七世班禅额尔德尼派人去向九世达赖喇嘛献礼、祈寿。尔后,与九世达赖喇嘛一同前往吉科顶寺,为释迦牟尼佛像献供礼赞。

17日,噶厦地方政府为七世班禅额尔德尼设宴饯行,呈献了许多赆仪。

11月12日,七世班禅额尔德尼由拉萨启程。临行前,与九世达赖喇嘛在甘丹央孜殿辞别。

13日,七世班禅额尔德尼在绛麦留宿,为前来送行的驻藏大臣瑚图礼、丹吉林札萨克、噶伦索尔康等人摩顶。

12月8日,七世班禅额尔德尼回到扎什伦布寺。是年,塔尔寺卸任堪布额尔德尼墨日根呼图克图前来献礼、祈寿,献白银1120两;青海札萨克果勒齐岱青之子旺钦敦珠布等献礼、祝寿。

木狗年(1814年,嘉庆19年)33岁

2月24日,七世班禅额尔德尼启程前往沃卡温泉沐浴。在特曲林寺,羊尼巴等人宴请并献礼。

3月18日,七世班禅额尔德尼在托叶地方,哥哥才旺拉和噶热尼巴宴请、献礼。

29日,七世班禅额尔德尼回到扎什伦布寺。

30日,在日光殿举行的盛大宴会上,阿钦协敖乃罗桑丹津班珠尔敬献礼品,七世班禅额尔德尼为其经师、旺钦诺门汗等多人摸顶祝福。

4月,协噶尔曲德巴前来为七世班禅额尔德尼献礼、祈寿。

木猪年(1815年,嘉庆20年)34岁

1月15日,经师诺门汗为七世班禅额尔德尼敬献了经、像、塔、金、银、缎等礼物。上表进贡哈达、铜佛像等。

2月16日,九世达赖喇嘛隆朵嘉措在布达拉宫圆寂,享年只有11岁。噶厦地方政府派遣专使前来扎什伦布寺报告,请求七世班禅额尔德尼撰写一篇祈愿文,祈祷达赖喇嘛转灵灵童早日转世。七世班禅额尔德尼当即写了一篇祈祷文告,让报丧专使带回。晚上,七世班禅额尔德尼命扎什伦布寺全体僧众为九世达赖喇嘛逝世诵经。

25日,七世班禅额尔德尼特派卓尼罗桑热丹前往拉萨,向九世达赖喇嘛致祭,并向拉萨三大寺熬茶、发放布施,为九世达赖喇嘛念经。

30日,噶厦地方政府派孜仲格桑称列前来扎什伦布寺熬茶诵经,向七世班禅额尔德尼厚与馈赠。

3月,九世达赖喇嘛圆寂后,嘉庆皇帝赏银5000两。令"第穆呼图克图领办达赖喇嘛事务"。

6月4日,因第穆呼图克图掌办西藏政教事务,七世班禅额尔德尼致函祝贺,并赠送了礼品。

11日，摄政第穆呼图克图派森本堪布格隆扎西前来为七世班禅额尔德尼敬献曼札、袈裟、金、银、茶等礼品祝寿，并为僧众发放布施。

13日，七世班禅额尔德尼派德穷巴前往拉萨，送去金银珠宝等大批物品，用以建造九世达赖喇嘛灵塔。

是月，巴耶堪布从北京回到扎什伦布寺，向七世班禅额尔德尼转交敕书及大批赏物。

11月，九世达赖喇嘛金塔造成。七世班禅额尔德尼特派喇嘛前去参加开光仪轨。察罕诺门汗活佛前来扎什伦布寺熬茶发放布施，并向七世班禅额尔德尼献礼、祈寿。

火鼠年(1816年，嘉庆21年)35岁

1月，噶厦地方政府派人来扎什伦布寺，向七世班禅额尔德尼咨询有关寻访九世达赖喇嘛转世灵童之事。七世班禅额尔德尼指示说仍需诵经祈祷。

14日，前来为喀尔喀哲布尊丹巴活佛治丧和寻访其转世灵童的蒙古官员为七世班禅额尔德尼呈献白银1300两。七世班禅额尔德尼为之诵经说法，回赠礼品。曲杰喇嘛索诺木策零、大喇嘛罗布藏丹津、巴格始曲杰堪布、札萨克岱青珲台吉等人敬献厚礼。

4月，七世班禅额尔德尼派遣巴耶堪布达莫瓦噶钦罗桑索巴赴京上表请安、献贡。

7月20日，钦差大臣成都将军赛冲阿、驻藏大臣喜明报告廓尔喀与英国人已经议和的情况，七世班禅额尔德尼听后非常高兴，上表谢恩。

9月，嘉庆皇帝赐给七世班禅额尔德尼谕旨及赏品。

11月8日，七世班禅额尔德尼接受嘉庆皇帝赏赐的敕书及大哈达一条、念珠、白羊脂玉印、云纹玉器、大小荷包各一对,上表谢恩。

15日,哲布尊丹巴的转世灵童经过金瓶掣签认定,七世班禅额尔德尼派大喇嘛罗卜藏丹津和达勒公前来禀报并献银1080两。

是月,摄政第穆呼图克图函请预示达赖喇嘛转世灵童的降生处。七世班禅额尔德尼回信吩咐,仍要继续诵经祈祷,秘密寻访为妥。

火牛年(1817年,嘉庆22年)36岁

2月23日,七世班禅额尔德尼前往萨才拉恰巡礼,不久返回扎什伦布寺。

4月,白朗章麦切寺和拉孜甘丹沃门林寺的僧众向七世班禅额尔德尼献礼、祈寿。七世班禅额尔德尼发放布施,捐赠财物。

9月,第穆呼图克图来信,请求七世班禅额尔德尼写一篇祈祷文,祈祷早日认定达赖喇嘛的转世灵童。七世班禅额尔德尼当即写成,派人送去。巴耶堪布从北京返回,向七世班禅额尔德尼转交敕书及赏物。

10月,第穆呼图克图来信称,理塘地方一幼童有灵异之迹,但也不乏可疑之处,目前正与驻藏大臣商榷考察。请求七世班禅额尔德尼予以指示。七世班禅额尔德尼回信说,应该根据护法神的预示,与驻藏大臣详细研究为宜。

土虎年(1818年,嘉庆23年)37岁

1月3日,班察瓦献银祝寿。此后,每天前来向七世班禅额尔德尼献礼祝寿的人络绎不绝,有前后藏各大寺院的喇嘛、地方头人以及噶厦地方政府的官员等。

是年,巴耶堪布向七世班禅额尔德尼转交敕书及大批赏物。

巴耶堪布赴京进贡时,例外多带物品多包。嘉庆皇帝特谕:"长龄等奏后藏堪布多带包物一折。本年后藏班禅额尔德尼遣使进贡,例外多带物件100余包,本应照例扣留。该堪布吁请自雇脚力,随后行走,不敢烦劳驿站。念其远来朝贡,姑如所请,赏给路票,令其由内地行走,以免盘诘。至该堪布例外多带包物由藏启行时,该驻藏大臣不先行查禁,听其违例多带,著查明交部议处。嗣后西藏堪布进贡来京,务令遵照定例,除正贡包物外,如有例外多带货物,听其自备夫马,所过驿站概不准应付,以肃邮传。"嘉庆皇帝赏给管家罗桑热丹"札萨克喇嘛"的称号,七世班禅额尔德尼上表谢恩。

土兔年(1819年,嘉庆24年)38岁

1月19日,七世班禅额尔德尼遣堪布德珠尔巴噶钦罗桑格勒赴京呈进表贡,嘉庆皇帝甚为嘉许。

3月,噶厦地方政府和三大寺僧众通过驻藏大臣玉麟奏请对九世达赖喇嘛转世灵童免于掣签。嘉庆皇帝敕谕军机大臣等:"玉麟等奏藏中僧俗人等求定达赖喇嘛呼毕勒罕一折。甚属非是。从前各处呈报呼毕勒罕出世,每多附会,争端渐起,弊窦丛生。皇考高宗纯皇帝洞烛其情,设金奔巴瓶缄名掣定之制,睿谟深远,自当万世遵行。今里塘所报幼孩,其所述灵异何足征信?若遽听其言,与以从前指定一人者何异?玉麟等不严行驳饬,实为错误,著传旨申饬。此次里塘幼孩,即作为入瓶签掣之一。俟续有报者,再得其二,方可将三人之名一同缄封入瓶,照定制对众讽经,掣签。著将此旨明白传谕第穆呼图克图,毋许再渎。若来京求请,即查拿治罪。将此传谕知之。"

5月,七世班禅额尔德尼参加为期3天的祈愿法会,并讲经说法。

9月,巴耶堪布回到扎什伦布寺,向七世班禅额尔德尼转交皇帝敕书赏物。

10月,管家样萨活佛去世,嘉庆皇帝赏森本格勒坚赞“札萨克喇嘛”名号,七世班禅额尔德尼上表谢恩。

12月4日,七世班禅额尔德尼遵照嘉庆皇帝旨谕,前往甘丹列谢曲林寺,为哲布尊丹巴活佛传授居士戒。

9日,第五世哲布尊丹巴罗桑次成晋美旦白坚赞贝桑布在布达拉宫随七世班禅额尔德尼受戒出家,喀尔喀人敬献了许多礼品。

11日,七世班禅额尔德尼为哲布尊丹巴传授“大威德灌顶法”,并请驻藏大臣向皇帝报告给哲布尊丹巴授戒传法的详细情况。

12日,札萨克亲王玛尼巴扎向七世班禅额尔德尼敬献银两,喀尔喀部落也敬献银两。

铁龙年(1820年,嘉唳25年)39岁

1月2日,前来迎接哲布尊丹巴活佛的喀尔喀蒙古人敬献白银。哲布尊丹巴启程后,七世班禅额尔德尼派近侍班丹次成和卓尼夏仲前去送行,并派格桑敦珠将哲布尊丹巴护送到库伦,同时给额尔德尼襄佐、四大部落、办事大臣、诺门汗和大喇嘛等带去书信与礼品。

4月,巴耶堪布罗桑格勒回到扎什伦布寺,向七世班禅额尔德尼呈献敕书及赏品。

9月,获悉嘉庆皇帝驾崩,七世班禅额尔德尼召集各寺庙喇嘛诵经悼念,广做法事,并在各寺庙熬茶发放布施,供献供品。

25日,七世班禅额尔德尼请驻藏大臣玉麟向嘉庆皇帝致祭,向道光皇帝请安致贺。道光皇帝赐谕旨及赏品,上表谢恩。道光皇帝旨谕:"玉麟等奏班禅额尔德尼闻皇考仁宗睿皇帝大故,恭请朕安,呈进佛哈达并齐集各庙喇嘛至诚念经一折。班禅额尔德尼仰蒙皇考之恩,今闻升遐,即发至诚,齐集众喇嘛念经,仍欲孀堪布恭请朕安,甚属可嘉。赍赏班禅额尔德尼珊瑚小朝珠一盘、椰子念珠一盘、大荷包一对、小荷包四个。济咙呼图克图之呼毕勒罕催生石小朝珠一盘、大荷包一对、小荷包四个。达赖喇嘛之师荣增班第达之呼毕勒罕金珀小朝珠一盘、大荷包一对、小荷包四个。朕仰蒙皇考付托重恩,人安天下,必以国事为要,节哀养身,喇嘛等毋庸挂念。著玉麟等转行晓谕班禅额尔德尼等祗领赏项。"

10 月,经师诺门汗罗桑丹津病故,七世班禅额尔德尼下令造塔厚葬,并派人前往拉萨三大寺等各大寺院熬茶发放布施、诵经。

11 月 25 日,经师诺门汗罗桑丹津的灵塔造成,七世班禅额尔德尼献供哈达、鲜花等。在堪钦诺门汗罗桑次旺加曲等人的劝请下,撰写了经师的传记。

12 月 22 日,驻藏大臣玉麟向七世班禅额尔德尼转交谕旨及宝石念珠等赏物。

铁蛇年(1821 年,道光元年)40 岁

1 月,土尔扈特王、准噶尔、伊利等地的僧俗官员前来扎什伦布寺,向七世班禅额尔德尼敬献了数以万计的银两。

2 月,七世班禅额尔德尼遣使呈献贡物,道光皇帝赐敕褒奖,赏赉如例。

4 月初,七世班禅额尔德尼遣堪布赴京向道光帝请安,并报告为已故仁宗皇帝诵经超荐的情形,并往热河须弥福寿寺等寺院熬茶献供。钦差大臣返京时,向道光皇帝呈献表贡。

5 月,驻藏大臣文干上奏:班禅额尔德尼等呈请进献贡物。道光皇帝旨谕:"前后藏年班堪布进京呈递'丹书克',乾隆年间曾有恭进皇太后贡物。此次尊上恭慈皇太后徽号,颁布恩诏到藏,班禅额尔德尼等援照前例咨请代奏。著准其恭备贡物,交年班堪布一并带京恭进。一切均照乾隆年间成例办理可也。将此谕令知之"。

7月,驻藏大臣文干上奏:班禅额尔德尼闻理藩院行调堪布,请于扎什伦布寺挑选二三名送京当差。道光皇帝谕示:"此次理藩院咨调堪布喇嘛等,系专交前藏拣派。现已派定,随年班堪布赴京。今班禅额尔德尼既自愿拣选喇嘛送京当差,著文干等行知,俟下届调取堪布时,准其选派一二名来京可也,将此谕令知之"

8月,巴耶堪布返回扎什伦布寺,向七世班禅额尔德尼转交敕书及大批赏物。

9月,噶厦地方政府和三大寺派出的代表在西康地方先后找到了九世达赖喇嘛的三个转世灵童。道光皇帝敕谕:"达赖喇嘛掌管西方黄教,其呼毕勒罕出世自必有灵异可征。前据玉麟等奏理塘幼孩有灵异之迹。今察木多所属复出有幼孩二人,均有吉祥佳兆。前后共得三人,已符入瓶签掣之例。但系备该处具报之词,或恐言过其实。著照文干等所奏,将幼孩三名,令其亲丁师傅等携至前藏,文干等会同噶勒丹锡埒图萨玛第巴克什等确加试验。如均有灵异之性,即照例写签入瓶,对众讽经掣定,核实奏闻。若试验未确,仍令另行访查,俟灵异幼孩数足三人再行照例办理可也。将此谕令知之。"道光皇帝敕谕主持九世达赖喇嘛转世灵童的"金瓶掣签"仪式。

12月,理藩院奏称:班禅额尔德尼等所遣巴耶堪布业已到京,将去恭谒昌陵。皇帝谕令:"班禅额尔德尼等因仁宗睿皇帝大故既特遣使来献贡物,著即派尚书穆竞登布、侍郎博启图、敏珠尔呼图克图等,俟噶勒丹埒图萨玛第巴克什所遣之使堪布等到京时,照料一同遣往恭谒昌陵。来使等所赍供物,届期仍交原来照料之候补知府忠禄等妥为照料送往。所带恭请朕安进献之贡,俟来使等由陵寝回时,再著呈递。”

水马年(1822 年道光 2 年)41 岁

1 月 2 日,七世班禅额尔德尼从扎什伦布寺启程前往拉萨主持九世达赖喇嘛转世灵童的“金瓶掣签”仪式。摄政噶勒丹锡埒图呼图克图、噶伦、札萨克喇嘛等僧俗官员远道来迎,七世班禅额尔德尼在行宫中与前来迎接的驻藏大臣讨论了有关认定灵童的事宜。

12 日,七世班禅额尔德尼在拉多都康(ར་སྟོད་འདུ་ཁང་)寺与驻藏大臣文干、帮办大臣保昌会谈。

13 日,七世班禅额尔德尼下榻达赖喇嘛夏宫罗布林卡。以摄政噶勒丹锡图呼图克图为首的各大喇嘛活佛、各大堪布和三大寺的喇嘛已做好了“金瓶掣签”的准备工作。

15 日,七世班禅额尔德尼与摄政、驻藏大臣等人亲赴聂塘寺,将三个候选“灵童”接到布达拉宫,在皇帝牌位前主持“金瓶掣签”仪式。驻藏大臣文干和帮办大臣保昌亲自执行。结果抽出理塘出生的幼童为九世达赖喇嘛转世的灵童。噶厦地方政府举行盛大宴会,并敬献礼品。此后,七世班禅额尔德尼返回罗布林卡。

18 日,七世班禅额尔德尼与噶伦等一同来到拉多寺,在森穷拉章殿中与驻藏大臣会谈,一同上奏九世达赖喇嘛转世灵童金瓶掣签的详细情况。为转世灵童剃度授戒,取法名为“阿旺罗桑丹增楚臣嘉措”,简称楚臣嘉措,并且赠送了内库哈达、佛像、法衣、鞋帽等;噶厦地方政府、噶伦、三大寺喇嘛堪布等敬献了厚礼。

21 日,七世班禅额尔德尼主持经会,宣讲《三十四本生传》。七世班禅额尔德尼请驻藏大臣奏明认定达赖喇嘛转世灵童、剃度授戒的情况，并敬献佛像、念珠等。

2月8日，普布觉寺、策墨林寺等寺院僧众向七世班禅额尔德尼敬献礼物。

13日，七世班禅额尔德尼来到聂塘寺，给九世达赖喇嘛转世灵童传授沙弥戒。噶厦地方政府、摄政锡埒图呼图克图、四大噶伦等向七世班禅额尔德尼敬献礼品。

24日，达赖喇嘛转世灵童派堪布罗桑松巴前来向七世班禅额尔德尼问候。驻藏大臣上奏给九世达赖喇嘛的转灵童传授沙弥戒的情况，奏请于八月初八日，九世达赖喇嘛灵童在布达拉宫坐床。

3月3日，七世班禅额尔德尼辞别达赖喇嘛，抱病启程，前往山南桑耶寺朝佛。

8日，七世班禅额尔德尼抵达桑耶寺，向护法神献供托事。

10日，七世班禅额尔德尼为嘉色活佛传授沙弥戒，为39名僧人传授近圆戒。

15日，七世班禅额尔德尼前往海波日（ཧད་པོ་རི།）山和达珍林（ཧ་མགྲིན་གླིང་།）寺朝圣。

16日，七世班禅额尔德尼由桑耶寺前往桑阿喀寺（གསང་སྔགས་མཁར།）巡礼。

18日，七世班禅额尔德尼回到拉萨罗布林卡。

22日，七世班禅额尔德尼在哲蚌寺接受僧众献礼、祝寿。

28日，七世班禅额尔德尼在色拉寺接受僧众献礼、祈寿。

是月，七世班禅额尔德尼前次赴京呈献表贡的堪布带回道光皇帝的敕书和赏物。欣然领受，并请驻藏大臣具表谢恩，进献佛像等物。

闰3月，圣谕："前因达赖喇嘛未出呼毕勒罕，降旨命尔加意访寻。兹据驻藏大臣等奏班禅额尔德尼访得察木多等处幼孩三人。此内理塘之七岁幼孩名噶勒桑坚参者，容貌端重，举止大方，能识前代达赖喇嘛供用佛尊什物,尔甚尊服,诚心念经祷祝,会同驻藏大臣,在布达拉庙内供奉高宗纯皇帝圣容加行礼毕,由金奔巴瓶内将伊名掣出等语。此事甚属吉祥,朕深欣悦。降旨将噶勒桑作为达赖喇嘛之呼毕勒罕。今尔奏请于八月初八日令噶勒桑坚参在布达拉庙内坐床,所办甚是。特派驻藏大臣文干、成都副都统苏冲阿、章嘉呼图克图等颁给达赖喇嘛之呼毕勒罕诏书及赏赐物件外,尔能仰体朕意,将呼毕勒罕寻得,可嘉之至。今特问尔好,颁给诏书,并赐蟒缎二端、闪缎一端、片金缎一端、八丝缎六端、大哈达五方、小哈达十方,到时妡领。特谕。

5 月 2 日,七世班禅额尔德尼给九世达赖喇嘛喇转世灵童传授《白胜乐随许法》后,由前藏返回后藏。

15 日,七世班禅额尔德尼回到扎什伦布寺。

8 月 8 日,十世达赖喇嘛在布达拉宫举行坐床典礼。七世班禅额尔德尼派侍从刚坚堪布和卓尼却多尔为代表,前往出席,献礼祝贺,并迎请章嘉呼图克图来扎什伦布寺。庆宴上,刚坚和却多尔向十世达赖喇嘛和奉旨前来看视坐床的苏冲阿、章嘉呼图克图、驻藏大臣等呈献礼品。道光皇帝敕谕:“前世达赖喇嘛俱经赏用黄轿、黄缰、黄鞍坐,著加恩现在达赖喇嘛之呼毕勒罕仍准赏用。”又谕:“赏给前世达赖喇嘛之金印,该呼毕勒罕坐床时现经捧用,坐床后著加恩于谢恩折内仍前钤用。”坐床典礼结束后,驻藏大臣巡视后藏时,向七世班禅额尔德尼转呈敕书及礼品。上表谢恩。

是月,巴耶堪布、年班堪布先后返回,为七世班禅额尔德尼带来敕书及赏赐物件。

9 月,驻藏大臣文干等奏称:班禅额尔德尼吁恳赏给达赖喇嘛正师傅名号敕印。圣谕:“兹据班禅额尔德尼称,‘此项印信系将来应人商上办事交代之件,非阿旺楚勒提穆所得萨玛第巴克什名号印信可比。现在阿旺扎木巴勒粗勒齐木办事公正,为西方僧俗所推重,兹又兼充达赖喇嘛正师傅,吁恳将萨玛第巴克什旧号作为本身名号,并将前此所缴名号旧印仍行赏还,颁给敕书,于达赖喇嘛授经又办理商上事宜倍加勤奋’等语。经文干等查明与衙门册档记载相符。加恩著照所请,将噶勒丹锡图萨玛第巴克什作为阿旺扎木巴勒粗勒齐木本身之号。其从前所缴萨玛第巴克什名号旧印仍行赏给,并颁发敕书,以示鼓励。”

10月,十世达赖喇嘛为庆祝坐床,特派近侍罗桑松巴前来扎什伦布寺向七世班禅额尔德尼赠送礼品,并向僧众发放布施。

水羊年(1823年,道光3年)42岁

1月8日,七世班禅额尔德尼出席僧众集会,接受信徒们的祈寿、献礼。

是月,巴耶堪布返回扎什伦布寺,向七世班禅额尔德尼转交敕书及赏物。普布觉活佛去世,七世班禅额尔德尼派堪布赠礼致祭,并为之立传。

2月,七世班禅额尔德尼遣使供献贡物。

是年,七世班禅额尔德尼依止建龙巴班丹曲培、喇嘛格隆罗桑顿珠、罗桑桑达等高僧学习《释量论》《时轮仪轨》《般若波罗蜜多》《现观庄严论》《噶当书》等显密经论。

木猴年(1824年,光4年)43岁

5月,七世班禅额尔德尼主持在扎什伦布寺举行的祈愿法会,为僧众讲授《尊胜佛母大灌顶法》

是月,年班堪布为七世班禅额尔德尼带回皇帝的敕书及许多赏物。

9月,七世班禅额尔德尼前往沃卡温泉沐浴。沿途僧俗人等迎送并献礼。

10 月 11 日,七世班禅额尔德尼返回扎什伦布寺。

木鸡年(1825 年,道光 5 年)44 岁

2 月,七世班禅额尔德尼遣使供献贡物。驻藏大臣松廷等奏:“西藏扎什伦布寺内办事人等向来并未设有业尔仓巴等缺名目。现在班禅额尔德尼咨请赏给该业尔仓巴敦珠批结与小商卓特巴尼邓二名四品顶戴,管马达捧敦珠策忍五品顶带执照各一张。查明该处寺院僧众事务颇繁,仅止该商卓特巴一名管理恐有不周。自系实在情形,著加恩准其将业尔仓巴敦珠批结等分别给与顶戴,发给执照。”皇帝敕谕:“即饬令班禅额尔德尼嗣后即照此次所请作为定额,不得再有增添。该番目等出缺时,仍照前订章程拣选候放,不准私行挑补,以杜弊端。”

5 月,摄政锡锊呼图诺门汗来信预言十世达赖喇嘛将遇违碍,七世班禅额尔德尼特派近侍罗桑尼玛携带书信前去献礼、祈寿。

8 月末,七世班禅额尔德尼前往沃卡温泉沐浴。

10 月 8 日,七世班禅额尔德尼返回扎什伦布寺。

13 日,七世班禅额尔德尼在扎喜曲达地方兴建寺院并铸造一尊重 372 藏斤的铜质金刚手佛像,镀金 313 两,饰有各种珍宝,供于大经堂中。

是月,前来为色多堪布治丧的许多蒙古人向七世班禅额尔德尼敬献礼品。德多尔曲杰墨尔根堪布罗桑坚赞派尼尔巴诺颜前来祈寿、献礼,为修复各佛殿捐资白银 6300 余两,七世班禅额尔德尼厚与馈赠。

火狗年(1826 年,道光 6 年)45 岁

1 月,七世班禅额尔德尼在扎喜曲达地方修庙铸佛。竣工后,请求皇帝赏给寺名、匾额。驻藏大臣松廷和保昌将此请求上奏。

圣谕:"雍正、乾隆年间,扎什伦布及拉尔塘等处寺宇节经恩赏寺名、匾额。兹班禅额尔德尼在扎喜曲达地方新建寺院、铸造佛像工竣,著照所请,颁赐寺名并御书匾额,以迓吉祥。"赐给寺名"广佑寺",御书愿额:"法界庄严"。

4月3日,驻藏大臣派人将敕书、寺匾送到扎什伦布寺。派仲哲木居前往白朗地方迎接。扎什伦布寺的僧官们将敕书和匾额置于黄轿之中,迎请到札喜曲达寺,受到该寺僧众的热烈迎接。七世班禅额尔德尼跪在地上接受了敕书和匾额,并设宴招待送匾官员。这座寺庙藏名称为"贡觉林",后来成为历代班禅额尔德尼的夏宫。

7日,七世班禅额尔德尼返回扎什伦布寺。

9日,七世班禅额尔德尼派卓尼仓巴前往拉萨,转请驻藏大臣上表谢恩,并供献铜佛像、珊瑚念珠等贡品。还向前藏的汉藏僧俗官员敬送礼品。

5月2日,七世班禅额尔德尼在贡觉林寺举行挂匾仪式。当地的各大喇嘛、活佛、僧俗群众及日喀则宗的汉藏僧俗官员等敬献贺礼。均予回赠。达赖喇嘛派卓尼代表前藏的喇嘛、活佛和僧俗官员前来献礼;哲布尊丹巴活佛派译师官却坚赞前来祈寿、献礼。

7月,年班堪布向七世班禅额尔德尼转交敕书及赏品。哲布尊丹巴的侍从森木格克、彻辰汗、诺门汗、大王、将军公、赛音诺颜等前来扎什伦布寺献礼、求法。札雅班智达活佛在僧众集会上献银5000两,喀尔喀的卓尼辞别时,向哲布尊丹巴活佛、曲杰墨日根堪布等赠送了礼物。

火猪年(1827年,道光7年)46岁

2月,七世班禅额尔德尼遣使进京供献贡物。

7月，七世班禅额尔德尼驻锡贡觉林寺，巴耶堪布向七世班禅额尔德尼转交敕书及赏赐物品。

是年，七世班禅额尔德尼集中精力潜心研习佛法。

土鼠年(1828年，道光8年)47岁

1月，道光皇帝谕令驻藏大臣惠显向七世班禅额尔德尼转赏黄哈达，并宣示旨谕。

3月5日，驻藏大臣惠显向七世班禅额尔德尼颁给旨谕及赏赐物品。

夏季，七世班禅额尔德尼前往协绛布地方沐浴，沿途为徒众讲经说法，发放布施。喀尔喀哲布尊丹巴派人前来祝寿，敬献白银。热河总理堪布献银两。七世班禅额尔德尼派卓尼罗桑热丹前往拉萨，向达赖喇嘛献礼、祈寿。

土牛年(1829年，道光9年)48岁

2月，七世班禅额尔德尼遣使进京为皇帝请安，供献贡物。喀尔喀哲布尊丹巴的索本噶布藏敦珠布、侍从堪布巴勒丹粗车木在僧众集会上，为七世班禅额尔德尼敬献白银1200两。

4月，十世达赖喇嘛首次在哲蚌寺立宗辩论显教经论。特遣卓尼为七世班禅额尔德尼送去哈达、佛像、佛经、佛塔、贺信等，并在哲蚌寺大经堂发放斋僧茶等布施物品。

8月7日，七世班禅额尔德尼启程前往降布地方沐浴。

14日，七世班禅额尔德尼到达目的地，应扎什伦布寺僧众的请求，宣讲教法。

9月1日，七世班禅额尔德尼启程返回。

21日，七世班禅额尔德尼回到夏宫贡觉林寺。时值贡觉林寺维修竣工，七世班禅额尔德尼主持了开光仪式。堪布噶钦格勒坚赞等敬献了厚礼。

11 月 4 日,道光皇帝赏给索本拉喀瓦丹增扎西“札萨克喇嘛”名号,七世班禅额尔德尼转请驻藏大臣惠显上表谢恩。

11 日,前往北京进献贡品的坚龙巴堪布返回扎什伦布寺,向七世班禅额尔德尼转交敕书及赏赐物品。

年底,哲布尊丹巴派额尔克诺颜等人前来扎什伦布寺向七世班禅额尔德尼献礼、祈寿,其中献有白银 2175 两。

铁虎年(1830 年,道光 10 年)49 岁

1 月,后藏各寺院的面貌焕然一新。扎什伦布寺僧众敬献祝寿礼品。七世班禅额尔德尼向僧众发放布施,宣讲佛法。后藏各寺院喇嘛、活佛先后前来献礼、祝寿。七世班禅额尔德尼为祝贺十世达赖喇嘛主持拉萨大祈愿法会派人送去礼品及贺信,请驻藏大臣向道光皇帝转呈表章、哈达、佛像等。

7 月 8 日,十世达赖喇嘛前往色拉寺,立宗答辩显教经论。七世班禅额尔德尼特派卓尼送去礼品及慰问信,并向色拉寺发放布施。

8 月 8 日,甘丹寺赤巴阿旺曲培派索本前来献礼、祈寿,七世班禅额尔德尼为索本等 40 多位僧人传授近圆戒。

9 月,七世班禅额尔德尼与达赖喇嘛、噶勒丹锡埒图萨玛第巴克什等请驻藏大臣惠显转奏,于明年派遣巴耶堪布呈递“丹书克”,为道光帝五旬寿庆祝贺。

10 月 13 日,七世班禅额尔德尼驻锡贡觉林寺,年班堪布转交敕书及赏赐物品。

12 月,札雅班智达罗桑晋美南杰派仲达礼前来扎什伦布寺发放布施,献银 1250 两,仲达礼个人献银 1550 两,七世班禅额尔德尼回赠了礼品。

铁兔年(1831 年,道光 11 年)50 岁

2 月 4 日,七世班禅额尔德尼向甘丹赤巴赠送佛像及《甘丹书》等经典。

是月,七世班禅额尔德尼遣使进京进贡方物。

3 月,大拭玛德巴固始诺门汗活佛献银 1100 余两,七世班禅额尔德尼为其传授比丘戒。

是月,驻藏大臣惠显等奏:达赖喇嘛、班禅额尔德尼等遣巴耶堪布进佛,恭祝万寿,业经由藏起程。旨谕:"达赖喇嘛、班禅额尔德尼、噶勒丹锡埒图禅师等因朕五旬万寿庆辰遣巴耶堪布进佛,系出伊等诚悃,朕深嘉悦。惟由藏至京程路途遥远,未免劳费。……现在巴耶堪布(即巴耶堪布)业经由藏起程,著即妥为照料来京。俟届朕六旬万寿之年,达赖喇嘛等若仍如此恳请,该大臣等务于年前具奏请旨。"

7 月,七世班禅额尔德尼派巴耶堪布赴京,供献贺表、哈达、佛像等,为道光皇帝祝寿。

9 月 7 日,七世班禅额尔德尼抵达绛布,为僧众宣讲《事师乐空无别法》。

是月,七世班禅额尔德尼与达赖喇嘛、噶勒丹锡锷呼图萨玛第巴克什阿旺嘉木巴勒粗勒齐木、察木多帕克巴拉呼图克图遣使进京为皇帝祝寿。

10 月 1 日,七世班禅额尔德尼前往托布叶,为当地首领厚与馈赠,为一些僧人传授比丘戒。

14 日,七世班禅额尔德尼回到夏宫贡觉林寺,巴耶堪布带回道光皇帝的敕书及赏品,同时还带回皇太子的亲笔信、所赠哈达等。

喀尔喀左翼札萨克图汗的代表诺门汗呼图克图罗桑隆日旦白坚赞前来请教佛法，为七世班禅额尔德尼敬献白银1500两。

水龙年(1832年，道光12年)51岁

3月，七世班禅额尔德尼先后给策曲林荣增活佛、哲布活佛、沃色活佛等300多人传授沙弥戒和比丘戒。

是月，七世班禅额尔德尼派墨日根堪布罗桑坚赞赴京，向道光皇帝献贡、请安、谢恩，并对皇太子惠赐手书表示感谢，附寄哈达、佛龛、铜佛像、香束等礼品。

7月13日，巴耶堪布回到扎什伦布寺，向七世班禅额尔德尼转交敕书及赏品。

9月，年班堪布来到扎什伦布寺，向七世班禅额尔德尼呈献旨谕及赏赐物品。

水蛇年(1833年，光13年)52岁

1月，七世班禅额尔德尼主持大祈愿法会，为前来熬茶、发放布施的汉藏僧俗官员赠送礼品，宣讲教法。

2月15日，七世班禅额尔德尼为札雅活佛传授比丘戒，札雅活佛献银2750两。

5月，道光皇帝敕谕内阁："理藩院奏大清皇后大事，照例请旨派员颁给达赖喇嘛、班禅额尔德尼诏书，令其讽经一折。著照上届办理。即派道庆、倭什讷前往。其司员两名、领催两名著理藩院出派，喇嘛等著毋庸派往。所有颁给达赖喇嘛、班禅额尔德尼诏书及所赏物件，著名该处办理。所赏银两，准其在于藏库动支。"

巴耶堪布回到扎什伦布寺，向七世班禅额尔德尼转交敕书及优厚的赏赐物品。

12月，驻藏大臣隆文、帮办大臣徐锟与钦差大臣道庆、倭什讷及理藩院所派官员等前来扎什伦布寺，请七世班禅额尔德尼为大清皇后举办追荐超度法事。钦差大臣向七世班禅额尔德尼颁赐敕书及优厚的赏品，作为在扎什伦布寺及所属各寺院做超度法事的布施和费用。七世班禅额尔德尼在各佛殿供献供品，向僧众发放布施，集合喇嘛诵经，为皇后祈祷。超度法事结束后，具表上奏报告法事活动的详细情况。

木马年(1834年，道光14年)53岁

1月，噶厦地方政府派人迎请七世班禅额尔德尼前往拉萨，为十世达赖喇嘛楚臣嘉措传授比丘戒。

2月22日，七世班禅额尔德尼从扎什伦布寺启程前往拉萨。

3月5日，七世班禅额尔德尼抵达拉萨，下榻罗布林卡的格桑颇章宫。

8日，七世班禅额尔德尼前往布达拉宫，在日光殿上与十世达赖喇嘛见面，互赠哈达、问好。与驻藏大臣、摄政等人会晤，决定于4月7日为十世达赖喇嘛传授比丘戒，摄政等举行盛大宴会招待七世班禅额尔德尼。

9日，七世班禅额尔德尼应达赖喇嘛的请求，为其浴身。七世班禅额尔德尼返回罗布林卡后，为上下密院的僧众传授《长寿灌顶》等多种教法。

18日，七世班禅额尔德尼为十世达赖喇嘛传授《马头明王随许法》等多种教法。

23日，七世班禅额尔德尼为普布觉活佛罗桑先巴传授近事戒和沙弥戒，向各寺院发放布施，请僧众为达赖喇嘛受比丘戒而诵经祈祷。此后，七世班禅额尔德尼前往大昭寺、小昭寺及三大寺巡礼、献供、讲经，三大寺僧众敬献礼品。

4月7日上午,七世班禅额尔德尼前往布达拉宫,与达赖喇嘛会谈。尔后,与达赖喇嘛同赴大昭寺,在释迦牟尼佛像前举行了传授比丘戒的仪式。担任亲教师,摄政锡锊图萨玛第巴克什担任规范师,甘丹赤苏降曲群培担任屏教师,甘丹赤苏阿旺曲培担任报时师,甘丹赤巴绛贝次成担任传钵师,庄严而圆满地为达赖喇嘛传授比丘戒。达赖喇嘛和摄政向七世班禅额尔德尼献礼。

8日,七世班禅额尔德尼委派扎什伦布寺堪布噶钦格勒坚赞为代表,向达赖喇嘛呈献祝贺礼品。

9日,七世班禅额尔德尼向道光皇帝上表谢恩,奏报十世达赖喇嘛顺利受戒的详细情况。

11日,在布达拉宫举行的庆祝宴会上,十世达赖喇嘛、摄政、噶伦和前后藏的僧俗首脑向七世班禅额尔德尼敬献礼品。

14日,七世班禅额尔德尼前往大昭寺和小昭寺献供还愿,并为摄政和色拉寺、哲蚌寺的僧众传授《长寿灌顶》。

19日,七世班禅额尔德尼前往布达拉宫,与达赖喇嘛会晤,噶厦地方政府敬献礼品。

22日,七世班禅额尔德尼从拉萨大昭寺起程前往后藏。

5月13日,七世班禅额尔德尼回到夏宫贡觉林寺。

7月,七世班禅额尔德尼与达赖喇嘛派人向皇帝供献佛像、哈达等。

8月,道光皇帝为嘉奖给十世达赖喇嘛授戒传法,特为七世班禅额尔德尼赐敕书及优厚的赏品,噶厦地方政府派卓尼益西班丹前来颁发。

10月11日,年班堪布前来贡觉林寺,向七世班禅额尔德尼转交敕书和多种赏赐。

木羊年(1835年,道光15年)54岁

2月,皇帝敕谕内阁:“上年后藏班禅额尔德尼遣使堪布噶沁罗桑班第彦来京呈递贡物。该堪布途遇果洛克生番被劫受伤。现于本月初五日到京,腿疾尚未痊愈。著俟其医治痊愈后再行示期令其呈递‘丹书克’,其贡物即以现有物件呈递,毋庸另行备办。至应给例折等赏,仍照向例赏给。”又谕军机大臣等:“寄驻藏办事大臣文尉,上年班禅额尔德尼等呈进‘丹书克’,遣使堪布经过穆鲁乌苏等处,被果洛番子劫夺受伤。……兹该来使堪布于本年二月初五日业经到京,其伤痕尚不甚重,现在赶紧医治,俟平复呈进‘丹书克’,后再行照例孀回。惟该来使等回藏日期较迟,达赖喇嘛、班禅额尔德尼等不无悬念,文尉等接奉此旨,即晓谕达赖喇嘛、班禅额尔德尼等知之。将此询令知之。”驻藏大臣接到此旨后,立即前来扎什伦布寺宣示。上表谢恩。

4月26日,七世班禅额尔德尼为阿嘉呼图克图等64名僧人传授比丘戒。阿嘉呼图克图献礼、祈寿。

闰6月,驻藏大臣文尉等奏达赖喇嘛、班禅额尔德尼请换金册。敕谕:“前因理藩院修办喇嘛事例奏请饬查呼图克图印信册敕事宜,兹据该大臣等奏称,达喇嘛现已及岁,受戒坐床,与早经受戒坐床之班禅额尔德尼均只有金印,未经赏给金册。达赖喇嘛、班禅额尔德尼俱著赏给金册,该衙门照例颁给。”

9月3日,七世班禅额尔德尼前往绛布,经过纳塘寺时,为僧众讲经说法。

8日,七世班禅额尔德尼行至多库仁钦丁,萨迦达钦贡噶仁钦却等前来拜谒,献礼传法。

12日至15日,七世班禅额尔德尼途经拉孜寺、彭措林寺时,均巡礼献供。

10月6日，七世班禅额尔德尼抵达绛布，为前来献礼的僧众讲经说法。

11月14日，七世班禅额尔德尼回到夏宫贡觉林寺。

25日，若尔盖喇嘛诺诺前来为七世班禅额尔德尼献礼、祈寿。

火猴年(1836年，道光16年)55岁

2月10日，土尔扈特王妃前来扎什伦布寺为七世班禅额尔德尼献礼、祈寿。

13日，哲布尊丹巴活佛前来拜谒，七世班禅额尔德尼在日光殿会见时，哲布尊丹巴及其随行蒙古喇嘛、王公等敬献了很多礼品。设宴招待。

是月，获悉十世达赖喇嘛患病，七世班禅额尔德尼派人前去探望，赠送礼品，并令后藏各寺院喇嘛为十世达赖喇嘛念经祈寿。此后，七世班禅额尔德尼与达赖喇嘛、帕克巴拉呼图克图遣使进供贡物。

3月8日，七世班禅额尔德尼担任亲教师，诺门汗罗桑绛央担任轨范师，喇嘛噶钦格勒坚赞担任屏教师，为哲布尊丹巴罗桑次成晋美旦白坚赞贝桑布传授比丘戒。哲布尊丹巴呈献丰厚的谢礼。在扎什伦布寺为庆祝哲布尊丹巴受戒的宴会上，哲布尊丹巴为七世班禅额尔德尼献银25850两，回赠厚礼并陪同哲布尊丹巴巡礼各寺院佛殿。

4月9日，哲布尊丹巴辞别七世班禅额尔德尼，返回喀尔喀。

7月，七世班禅额尔德尼前往绛布地方沐浴。

9月27日，七世班禅额尔德尼抵达绛布，为卓格如古杰等人传授《长寿灌顶》。

30日，七世班禅额尔德尼启程返回扎什伦布寺。

火鸡年(1837年,道光17岁)56岁

2月,七世班禅额尔德尼向皇帝敬献“丹书克”。

3月,皇帝敕谕内阁:“前因班禅额尔德尼来使堪布罗布桑嘉勒赞在朕前呈递控词,当交军机大臣会同理藩院审办。兹据讯明该使因在托逊诺尔地方被番贼抢劫,既经理藩院行知各该处严行查拿。该使并不听候办理,辄以贼赃未获,令人代写呈词于请安时呈递,实属胆大糊涂。请照冲突仪仗妄行奏诉例发近边充军,本属罪所应得。惟念前后藏分年纳贡,呈进‘丹书克’,悃款笃诚,朕心甚为喜悦。此次呈递控词之堪布罗布桑嘉勒灿系属无知,念其为班禅额尔德尼来使,加恩著免其按律惩处,即交班禅额尔德尼严加管束,以示朕恩施格外之至意。”

4月,七世班禅额尔德尼前往托布叶巡礼,当地头人呈献礼品。

5月29日,七世班禅额尔德尼前往夏宫贡觉林寺会见摄政诺门汗兼任甘丹寺赤巴,同时派德穷巴益西南杰前往拉萨献礼祝贺,并在甘丹寺熬茶发放布施。

7月,七世班禅额尔德尼特派卓尼仓巴前往拉萨,向十世达赖喇嘛献礼、祈寿。

8月4日,七世班禅额尔德尼前往甘丹曲林山庙,在经师灵塔前献供、磕头。

9月8日,噶厦地方政府派人前来扎什伦布寺报告,十世达赖喇嘛于九月一日在布达拉宫圆寂,享年22岁。噶厦地方政府请求七世班禅额尔德尼撰写一篇祈愿文,祈祷达赖喇嘛早日转世。七世班禅额尔德尼当即撰写了祈愿文,而且在扎什伦布寺各佛堂陈设供品,令全体僧众念经祈祷,给全寺僧众熬茶、发放布施。

10月17日,七世班禅额尔德尼派绒巴夏仲前往拉萨,向十世达赖喇嘛遗体致祭,向摄政呈送祈愿文,向三大寺等各大寺院熬

茶、发放布施、诵经祈祷。

19日,噶厦地方政府又派孜仲格桑仓央前来扎什伦布寺请七世班禅额尔德尼举行超度法事,并向七世班禅额尔德尼敬献礼品。噶厦地方政府还派来卓尼益西噶桑献礼,向僧众发放布施,向各佛殿供献供品。七世班禅额尔德尼派卓尼才让热丹前往拉萨,为制造十世达赖喇嘛灵塔送去大批物品。

11月,驻藏大臣关圣保祭奠十世达赖喇嘛。关于十世达赖喇嘛死因,《清实录》中有这样的记载:“至达赖喇嘛颈上受伤,流血不止,该诺门汗知而不办,其中情节尤属可疑。仍著该大臣会同班禅额尔德尼等提集全案人证逐一严讯,取具确切供词。”又“其达赖喇嘛圆寂缘由,既无罅漏可寻,著即无庸再行根究。”

土狗年(1838年,道光18年)57岁

1月11日,七世班禅额尔德尼主持大祈愿法会,为施主德穷巴罗桑扎都等人摸顶、传法。

3月6日,七世班禅额尔德尼前往贡觉林寺,为策墨林经师传授《白胜乐随许法》,给丹吉林活佛传授比丘戒,给多吉帕姆活佛传授《长寿灌顶》。道光皇帝为七世班禅额尔德尼颁赏金册。七世班禅额尔德尼上表谢恩。

9月11日,七世班禅额尔德尼前往绛布寺,为僧众传授佛法。

10月10日,七世班禅额尔德尼回到夏宫贡觉林寺,前来为十世达赖喇嘛超度和为哲布尊丹巴祈寿的大批蒙古僧俗人等献礼求法,向僧众发放布施。

是月,道光皇帝派人送来金册,金册用满、蒙、汉、藏四种文字写成,共13页,净重235两6钱。金册内容是:所有扎什伦布寺所属的宗、庄园、百姓,永归班禅额尔德尼管辖,任何人不得攘夺、侵占。七世班禅额尔德尼派大业尔仓前往德庆地方迎接金册。

11月14日,扎什伦布寺举行隆重的欢迎仪式,钦差大臣高声宣读圣旨,七世班禅额尔德尼接受金册后,依例向东方叩头谢恩。并向道光皇帝写了奏折,委托驻藏大臣转呈。此后在宴会上,七世班禅额尔德尼向钦差大臣、喀尔喀的代表、噶厦地方政府派来的汉藏官员等赠送了礼物。赤列巴钦布拉喀瓦去世后,皇帝赏赐苏切罗桑热丹"札萨克喇嘛"名号,继任管家。七世班禅额尔德尼上表谢恩,并供献哈达、佛像等。

15日,噶厦地方政府向僧众发放布施,却本堪布向七世班禅额尔德尼赠送礼品。萨迦达钦、摄政等各大喇嘛派人前来向七世班禅额尔德尼呈献庆贺礼品。

16日,七世班禅额尔德尼派卓尼才让热丹前往拉萨,向噶厦地方政府呈献礼品,并派巴耶堪布哲蚌巴赴京谢恩。

土猪年(1839年,道光19年)58岁

1月2日,巴耶堪布罗桑坚赞向七世班禅额尔德尼转交敕书及赏品。

13日,萨木罗诺门汗在僧众集会上,呈献了许多祈寿礼品。七世班禅额尔德尼派孜仲罗桑官却前往库伦为喀尔喀哲布尊丹巴活佛25岁诞辰献礼祝寿。年班堪布向七世班禅额尔德尼转交敕书和赏品。哲布尊丹巴派人为七世班禅额尔德尼献银1900多两,七世班禅额尔德尼回赠厚礼。

10月7日,七世班禅额尔德尼前往夏宫贡觉林寺居住,五台山喇嘛前来拜谒,厚与馈赠。

铁鼠年(1840年,道光20年)59岁

1月10日,七世班禅额尔德尼在大祈愿法会上,为众施主传授佛法。

是月,皇帝敕谕:"理藩院奏大清皇后事宜请照例派员颁给班禅额尔德尼、代理达赖喇嘛事务之噶勒丹锡埒图萨玛第巴克什恩诏,俾在各庙布施讽经等因请旨一折。此次大清皇后事宜应行颁给班禅额尔德尼、代理达赖喇嘛事务之噶勒丹锡埒图萨玛第巴克什恩诏及颁赏物件之侍卫、部院章京、喇嘛等,均著毋庸派往,即交回藏之来使堪布等赍往。其布达拉等四大庙及在各庙布施讽经等事,著交驻藏大臣等办理。所有一切应用银两、茶叶,著四川总督照例拨给。"

闰4月29日,七世班禅额尔德尼前往德庆格桑颇章寺,萨迦达钦前来拜见。

铁牛年(1841年,道光21年)60岁

1月,道光皇帝旨谕,达赖喇嘛的转世灵童仍以"金瓶掣签"决定。"谕军机大臣等:据孟保等奏查验呼毕勒罕出世幼子四名均有灵异情形一折。达赖喇嘛之呼毕勒罕出世,即据咨称查验幼子四名均有灵异切结。著孟保等即译咨噶勒丹锡埒图萨玛第巴克什,并咨行四川总督,饬将各该处幼子令该亲丁师傅携至前藏,由该大臣等照例会同班禅额尔德尼及噶勒丹锡埒图萨玛第巴克什等面加试验,并令识认从前达赖喇嘛所用什物后,缮签入瓶,对众签掣。俟掣定何人,再行奏明办理。将此谕令知之。"

2月,驻藏大臣孟保和噶厦地方政府根据道光皇帝的旨意,特派堪布嘉样丹巴前来扎什伦布寺,邀请七世班禅额尔德尼前往拉萨,主持掣签、剪发、取法名等仪式。

是月,驻藏大臣孟保等奏:"班禅额尔德尼等呈进贡物,可否交年班堪布带京。"敕令:"此次班禅额尔德尼及代办达赖喇嘛事务之噶勒丹锡埒图萨玛第巴克什呈进贡物,著即交二十二年后藏年班堪布带京呈进。”

3 月,驻藏帮办大臣海朴奉旨前来扎什伦布寺,颁给所赐赏品,为大清皇后病故广做超度法事。

4 月,超度大清皇后的经忏法事结束后,七世班禅额尔德尼特派堪布列林巴罗桑次成赴京上表贡谢恩,奏报在扎什伦布寺及其所属各寺院举行超度法事的具体情况。

5 月 3 日,七世班禅额尔德尼奉旨从扎什伦布寺启程,前往拉萨主持“金瓶掣签”仪式。

12 日,七世班禅额尔德尼抵达拉萨,下榻罗布林卡的格桑颇章。

21 日,七世班禅额尔德尼会同摄政、驻藏大臣等将四个幼童带到德庆桑阿喀佛殿,让他们辨认前世达赖喇嘛用过的物品。

24 日,七世班禅额尔德尼参加在布达拉宫皇帝牌位前举行“金瓶掣签”仪式,由驻藏大臣孟保和帮办大臣执行。掣定西康噶达(泰宁)地方策旺端珠之子南觉多杰为十世达赖喇嘛的转世灵童。

6 月 1 日,七世班禅额尔德尼与摄政、驻藏大臣、全体噶伦、三大寺代表前往蔡贡塘寺,向众人宣布了“金瓶掣签”的结果。然后,为达赖喇嘛转世灵童剃发,换了僧衣,并取法名为“阿旺噶桑旦白卓美克珠嘉措”,简称克珠嘉措。敬赠厚礼,噶厦地方政府代表、达赖喇嘛转世灵童呈献优厚的酬礼。将认定十世达赖喇嘛转世灵童的经过写成奏折,请驻藏大臣转呈道光皇帝。

3 日,七世班禅额尔德尼迎请达赖喇嘛转世灵童从蔡贡塘寺前往布达拉宫。选择吉日举行坐床典礼。

13 日,七世班禅额尔德尼回到罗布林卡。

19 日，七世班禅额尔德尼应邀前往哲蚌寺讲经说法。

24 日，七世班禅额尔德尼前往色拉寺讲经说法。

7 月 14 日，七世班禅额尔德尼为达赖喇嘛转世灵童和其他大活佛传授佛法。

是月，道光皇帝敕谕："孟保等奏，掣定达赖喇嘛之呼毕勒罕及拟定坐床吉期，并请令班禅额尔德尼即回后藏各一折。达赖喇嘛呼毕勒罕出世，现经孟保等将呈报幼子四人，对众签掣，已将泰宁等番民策旺登柱之子那木觉木多尔济掣出，灵敏异常，克符众望，实是达赖喇嘛真正呼毕勒罕出世，黄教得有主持，众心悦服，吉事有祥，览奏实为欣悦。兹特颁赏该呼毕勒罕哈达一个、无量寿佛一尊、铃杵一分、珊瑚念珠一串，并颁赏班禅额尔德尼及噶勒丹锡碍图萨玛第巴克什哈达各一个、无量寿佛各一尊，一同发交颁给。至班禅额尔德尼为该呼毕勒罕披剃受戒，距达赖喇嘛坐床之期尚远，自应令其先回后藏，著即转饬遵行。将此谕令知之"。又谕内阁："达赖喇嘛呼毕勒罕于明年四月十六日坐床，所有颁给敕书、赏赉等件，著理藩院拣派司员二人驰驿赍往。……并著宝兴于司库提银 10000 两，俟该司员到省时交给带往，一并赏给达赖喇嘛。"

8 月 22 日，驻藏大臣孟保和帮办大臣海朴向七世班禅额尔德尼转献敕书及赏赉物品。

28 日，七世班禅额尔德尼向达赖喇嘛转世灵童和摄政传授了多种教法。

是月，旨谕："本年班禅额尔德尼年已六旬。伊在后藏多年，经典深通，振兴黄教，且僧人等赖其保护多年，朕深嘉悦。今已六旬生辰，著加恩赏赐佛一龛、御笔福字一张、寿字一张、如意一柄、白玉念珠一串、银曼札一件、银瓶一件、黄蟒缎两匹、黄大卷八丝缎两匹、黄妆缎两匹、黄大卷五丝缎两匹、黄绉紬两匹，交付章嘉呼图克图赍往。班禅额尔德尼从此尤必身体康健,勤习经典,振兴黄教,以副朕保持释教,稀恤众生之至意。”

9 月 6 日,七世班禅额尔德尼辞别十世达赖喇嘛转世灵童、摄政和驻藏大臣等人,启程返回后藏。

28 日,七世班禅额尔德尼回到夏宫贡觉林寺。

水虎年(1842 年,道光 22 年)61 岁

1 月,七世班禅额尔德尼遣使呈进贡物。是月“攻克几汤寨子,收复达坝噶尔等四处营寨地方,歼毙森巴大头目倭色尔及拉达克大小贼目 40 余名,贼匪 200 余名,余贼纷纷溃散,逃往贼寨。拉达克头人及八底部落部长等呈献军器,情愿投降者 830 余名,收复夷占达坝噶尔等处营寨地方 1700 余里,现在边境肃清,孟保、海朴督办军务调度有方,蒇功迅速,均著交部从优议叙。”在这次战争中,七世班禅额尔德尼及时动员扎什伦布寺所属百姓运送军火、粮草,为“迅速蒇事”著有勋绩。

4 月 16 日,在布达拉宫举行了十一世达赖喇嘛坐床典礼,道光皇帝特派成都副都统什蒙额和章嘉呼图克图前来拉萨“看视坐床”,给达赖喇嘛赏白银 10000 两,颁给金册。七世班禅额尔德尼派代表前去往拉萨参加坐床典礼,给十一世达赖喇嘛赠送哈达和礼品,表示祝贺。

是月,道光皇帝敕谕:“前据孟保等奏:班禅额尔德尼等因西藏准噶尔本地方森巴番夷、拉达克等部落不靖,捐资助赏接济番兵番民银两稞石,当交理藩院拟加封号。兹据开单呈览,班禅额尔德尼著赏加‘宣化绥疆’四字封号,萨玛第巴克什著赏加‘懋功’二字封号,以示嘉奖。

5 月,十一世达赖喇嘛坐床典礼结束后,章嘉呼图克图前来后藏扎什伦布寺,向七世班禅额尔德尼转交道光皇帝为他六十寿辰所赠御书福寿字并珍玩、文绮等物。七世班禅额尔德尼呈献哈达、佛像,上表谢恩,请章嘉呼图克图转奏。

8月,驻藏大臣孟保巡阅后藏时,来到扎什伦布寺,向七世班禅额尔德尼转交赏赐的敕书、丝缎10匹等及"宣化绥疆"四字封号。七世班禅额尔德尼上表谢恩。

12月,皇帝敕谕:"朕因班禅额尔德尼六旬生辰,上年章嘉呼图克图赴藏,特命赍赏什物。今章嘉呼图克图旋回,班禅额尔德尼感戴朕恩,又备进吉祥'丹书克'等物,具见诚悃,洵属可嘉。其所进之'丹书克'等物,著派章嘉呼图克图以庆贺元旦礼于正月初二日代为恭递。并著驻藏大臣传谕班禅额尔德尼,惟愿嗣后班禅额尔德尼寿算僧增,永承朕恩。"

水兔年(1843年,道光23年)62岁

喀尔喀四部的王公、札萨克大喇嘛等数百蒙古人来到扎什伦布寺,献礼求法,七世班禅额尔德尼就哲布尊丹巴转世灵童的寻访及金瓶掣签等问题作了指示。

11月,道光皇帝敕谕:"孟保等奏西藏所属地方访获哲布尊丹巴之呼毕勒罕聪慧幼孩,请旨入于金奔巴瓶内签掣一折。哲布尊丹巴呼图克图涅槃已逾二载,兹据孟保等奏,访获聪慧异常之幼孩三名,实属祥瑞,朕心喜悦。著照所请,班禅额尔德尼著赴前藏,会同驻藏大臣、达赖喇嘛及伊徒在喇嘛罗布桑楚勒特木等,将此幼孩三名入于金奔巴瓶内,讽经敬谨签掣,拟定呼毕勒罕名号。"

12月,喀尔喀四大部落的代表、绒巴活佛及噶厦地方政府派人前来向七世班禅额尔德尼献礼祈寿,达赖喇嘛、摄政诺门汗派人送来祈寿信函、无量寿鎏金铜佛,驻藏大臣也派人送来哈达致敬。

木龙年(1844年,道光24年)63岁

1月4日,七世班禅额尔德尼奉旨前往拉萨主持哲布尊丹巴呼图克图转世灵童的"金瓶掣签"仪式。

2月3日,七世班禅额尔德尼抵达拉萨,下榻罗布林卡。

9日,七世班禅额尔德尼前往布达拉宫,会见十一世达赖喇嘛及驻藏大臣孟保、摄政等。在皇帝的牌位前举行金瓶掣签仪式,掣出哲布尊丹巴呼图克图的呼毕勒罕,为其起名为"罗布桑巴勒殿丹拜佳木赞",皇帝为此赐给黄哈达一方,大缎4匹。

18日,七世班禅额尔德尼为十一世达赖喇嘛和策墨林呼图克图的侄子、贤巴活佛等人分别传授佛法。

3月1日,十一世达赖喇嘛向七世班禅额尔德尼呈献厚礼,感谢为他传授《长寿灌顶》。七世班禅额尔德尼回赠无量寿佛像等礼品。

9日,七世班禅额尔德尼向十一世达赖喇嘛传授108种《长寿灌顶》,并赠无量寿佛等。达赖喇嘛敬献酬礼。此后,七世班禅额尔德尼为贤巴活佛罗桑旦白坚赞、仲译苏尔巴乃萨巴等人传授了比丘戒。

4月3日,七世班禅额尔德尼在布达拉宫与十一世达赖喇嘛会晤。

7日,七世班禅额尔德尼前往大昭寺,在释迦牟尼佛像前供献曼札等供品。

10日,七世班禅额尔德尼为十一世达赖喇嘛、噶伦夏扎瓦等人传授108种《长寿灌顶》。

11日,七世班禅额尔德尼会见新任驻藏帮办大臣钟方。

16日,七世班禅额尔德尼与十一世达赖喇嘛、驻藏大臣钟方会谈。

27日，七世班禅额尔德尼辞别十一世达赖喇嘛，达赖喇嘛赠送曼札、佛像、佛经、佛塔等，噶厦地方政府献礼。

5月4日，七世班禅额尔德尼由拉萨启程返回后藏。

28日，七世班禅额尔德尼回到扎什伦布寺，热振堪钦前来敬献礼品。是日，接到驻藏大臣派通事送来的急信，声称道光皇帝有旨，请他速赴拉萨议事。噶厦地方政府也同时派来颇本巴龙，负责沿途照应事宜。

6月29日，七世班禅额尔德尼由扎什伦布寺启程前往拉萨。途经江孜寺时，身患微疾，休养七天后，继续赶赴拉萨。驻藏大臣前来罗布林卡迎接，并进行长时间叙谈。到达罗布林卡的格桑颇章宫后，驻藏大臣琦善传达了道光皇帝的旨谕："接据班禅额尔德尼等控诉诺门汗贪黩营私各情一折，并将所递各呈分缮呈览'。该诺门汗噶勒丹锡埒图萨玛第巴克什现在掌办商上事务，如果实有狂妄贪奸各情，于黄教大有关系。著琦善会同班禅额尔德尼，并率同第穆、济咙呼图克图、热振诺门汗等，逐款确查，据实参办。其商上事务著照议准令班禅额尔德尼暂行兼管，第穆、济咙、热振3人并令随同学习，俟一二年后，由该大臣会同班禅额尔德尼酌保一人掌办商上事务，将此谕令知之。"驻藏大臣琦善恳请代理摄政，掌办商上事务。以年迈体衰为由推辞。经琦善再三劝请，更因圣旨难违，遂勉强接受了摄政之印。驻藏大臣向噶伦等大小僧俗官员宣布了这项任命。

7月，道光皇帝旨令会同驻藏大臣琦善秉公查办诺门汗锡埒图所办违例各款，七世班禅额尔德尼据实具奏。

8月6日，七世班禅额尔德尼正式就任摄政，掌办商上事务。

10日，七世班禅额尔德尼前往布达拉宫，带领300多僧人为道光皇帝寿辰诵经祝寿。12日，七世班禅额尔德尼前往布达拉宫，会见十一世达赖喇嘛。向达赖喇嘛表示因年老体弱，难以胜任摄政之职。有关商上事务，请多加关心，以不负大皇帝的期望。

16日，七世班禅额尔德尼为达赖喇嘛沐浴、传法后，返回罗布林卡。

24日，七世班禅额尔德尼赴布达拉宫，为十一世达赖喇嘛传授《白胜乐随许法》等密法。

是月，道光皇帝谕示："哲布尊丹巴呼图克图之呼毕勒罕本年年甫二岁，西藏距库伦路途甚远，该徒众一切难以照顾，未迎至喀尔喀地方以前，与伊父母均责成班禅额尔德尼看顾。俟呼毕勒罕年至五岁时，照旧由班禅额尔德尼授戒。"

10月，七世班禅额尔德尼与驻藏大臣琦善督率第穆、济咙等呼图克图及噶伦等先后查明噶勒丹锡呼图萨玛第巴克什被控各款，讯取确供，拟议奏闻。道光皇帝敕谕："理藩院奏遵议诺门汗被控各款，请饬讯取确供定罪一折。此案噶勒丹锡呼图萨玛第巴克什被控需索财物，侵占田庐，私拆房间，擅用轿伞，强据商产，隐匿逃人，贪奸狂妄各款，均经驻藏大臣会同班禅额尔德尼等按款查明，自无枉纵。惟该诺门汗勒取财物盈千累万，改桑拉木结以寻常喇嘛何能出如许巨赀图升札萨克？并自供曾受罗布桑曲批等财物，即难保非伊二人表里为奸，并恐所索赃款不止此数。至达赖喇嘛颈上受伤，流血不止，该诺门汗知而不办，其中情节尤属可疑。仍著该大臣会同班禅额尔德尼等提集全案人证逐一严讯，取具确切供词。一经审实，即将该诺门汗历得职衔、名号全行褫革，仍追敕剥黄。名下徒众全行撤出，庙内资财先行查封。至达赖喇嘛受伤情由，并著提同随侍之森讽及服侍之堪布等细心研鞫，务得实情具奏。其商上事务印信，即著该大臣会同班禅额尔德尼于呼图克图诺门汗内选择一人管理。"又谕："前据琦善等奏班禅额尔德尼等呈控前藏噶勒丹锡坍图萨玛第巴克什额尔德蒙诺门汗阿旺扎木巴勒楚勒齐木种种欺压达赖喇嘛、残害全藏生灵等情一折。当交琦善会同班禅额尔德尼明白查办。兹据琦善、班禅额尔德尼等逐款确切查明,该诺门汗原系微贱喇嘛,因其熟习经咒,是以屡施深恩。乃该喇嘛不知感恩图报,胆敢心存傲慢,藐视达赖喇嘛,动辄贪婪,扰害藏内人民。且达赖喇嘛乃宗喀巴之徒,总领天下黄教,岂可为凶残所陵?该喇嘛如此胆大,可恶已极!兹据琦善会同班禅额尔德尼查出该喇嘛实迹,已有旨著琦善、班禅额尔德尼严审取供,照例定拟。因思黄教清高,岂容稍存残恶之渐,著理藩院将该喇嘛劣迹转行晓谕各呼图克图喇嘛等,务令恪守黄教之清规,诚遵宗喀巴之正教,咸以该喇嘛为戒,俾各知之。”会同驻藏大臣琦善弹劾查办摄政噶勒丹锡坍图诺门汗,共没收白银14.4万两,大米278石,麦、豆、青稞共6946石。抄没的白银、粮食拨给前后藏各寺庙及番官兵丁,将摄政加以拘禁。

11月2日,土尔扈特王及其母亲前来拜谒,并呈献了许多礼品。七世班禅额尔德尼将这些物品交给布达拉宫的大管家,充作公物。

29日,色拉寺麦札仓僧人将被拘禁的前摄政诺门汗劫往色拉寺。

12月1日,驻藏大臣琦善通报前摄政被劫事件,认为这是造反,决定进兵色拉寺,被七世班禅额尔德尼劝止。七世班禅额尔德尼召集基巧堪布和三大寺喇嘛首脑,经过谈判,拘捕了主要当事者,和平解决了事端。

木蛇年(1845年,道光25年)64岁

1月1日,七世班禅额尔德尼在丹吉林大厅设宴款待众噶伦等噶厦地方政府官员、热振活佛等各大喇嘛、土尔扈特王等蒙古香客。

3日,七世班禅额尔德尼在布达拉宫与十一世达赖喇嘛欢庆新年,土尔扈特王呈献了许多祈寿礼品。

27日,七世班禅额尔德尼回到罗布林卡。

2月6日,十一世达赖喇嘛派基巧堪布前来迎请。七世班禅额尔德尼前往布达拉宫,为达赖喇嘛传授多种教法。

28日,众噶伦、基巧堪布和四大仲译等请求拨给十一世达赖喇嘛父亲庄园、百姓,七世班禅额尔德尼答应一定向驻藏大臣琦善反映。

是月,理藩院奏请赏换班禅额尔德尼金册。敕谕:"所有班禅额尔德尼应换金册,著各该衙门于本年三月内赶办完竣,即交该堪布等敬谨赍回,由驻藏大臣转交祗领。至应换金印,著琦善等传知班禅额尔德尼,于下届后藏年班堪布进京时,将现用金印交该堪布赍京,以便照式铸造,仍发给该堪布等领回转给开用。"

3月1日,驻藏帮办大臣瑞元辞别,前往"后藏三汛,校阅营伍,访询各处边界"。途经扎什伦布寺时,该寺的僧俗代表向驻藏帮办大臣瑞元递了公禀,要求班禅额尔德尼仍回扎什伦布寺主持教务。驻藏大臣返回拉萨后,即向皇帝上奏,内称班禅额尔德尼久住拉萨,使后藏僧俗人等心境不安,可否即准其仍回扎什伦布寺,摄政一职拟由热振阿齐图诺门汗接替。

15日,在后藏一带巡边的驻藏帮办大臣派通事阿嘉前来向七世班禅额尔德尼献礼,并感谢为他巡边供应驮马及乌拉等。

4月24日,驻藏大臣前来会见七世班禅额尔德尼,传达道光皇帝的旨谕:久居前藏,不理后藏事务,使后藏僧俗人等失其所望。晓谕摄政印交付热振阿齐图诺门汗后,即可返回后藏。

26日,七世班禅额尔德尼在布达拉宫会见十一世达赖喇嘛。将摄政大印当着达赖喇嘛交给了热振阿齐图诺门汗,辞去摄政职务。向八世达赖喇嘛灵塔叩头后,并向十一世达赖喇嘛辞行。

5月3日,七世班禅额尔德尼返回扎什伦布寺。

6月16日,摄政热振诺门汗派卓尼前来为七世班禅额尔德尼祝寿,呈献许多礼品。

19日,噶伦协珠前来献礼,七世班禅额尔德尼为其传授《长寿灌顶》。

闰11月8日,噶玛巴活佛献礼、祈寿,并给扎什伦布寺僧众发放布施。噶玛巴活佛辞别时,七世班禅额尔德尼回赠哈达、鎏金铜佛、袈裟等礼品。

火马年(1846年,道光26年)65岁

1月2日,堪布嘉样丹巴前来谒见,宣读道光皇帝恩准更赏金册的旨令,并向七世班禅额尔德尼转交达赖喇嘛、摄政、丹吉林、功德林、噶伦等所献礼品。

7日,七世班禅额尔德尼让堪布嘉样丹巴返回前藏时,给十一世达赖喇嘛捎去礼品和回信。

2月19日,应摄政和噶厦地方政府之请,七世班禅额尔德尼前往拉萨为十一世达赖喇嘛传授沙弥戒。

3月11日,七世班禅额尔德尼抵达布达拉宫,会见达赖喇嘛并为其传法。

4月4日,七世班禅额尔德尼为甘丹赤巴绛曲却培等人传授沙弥戒以后,与十一世达赖喇嘛同赴大昭寺。

5日,七世班禅额尔德尼与十一世达赖喇嘛参加了南杰札仓举行的集会活动。在巡礼佛殿时,在释迦牟尼佛像前供献了银曼扎。

7日,十一世达赖喇嘛受沙弥戒的吉日。七世班禅额尔德尼担任亲教师,甘丹赤巴担任轨范师,经师功德林活佛担任报时师,在释迦牟尼佛像前给十一世达赖喇嘛传授沙弥戒,达赖喇嘛赠送金曼札等许多礼品。七世班禅额尔德尼回赠佛像、银曼札等礼物。

8日,七世班禅额尔德尼为十一世达赖喇嘛、摄政热振诺门汗、四大噶伦、基巧堪布等人讲授《佛本生传》。

10日,七世班禅额尔德尼前往布达拉宫参加噶厦地方政府举行的庆祝宴会。

13日,七世班禅额尔德尼与达赖喇嘛出席摄政举办的宴会,并接受呈献的礼品。

16日,驻藏大臣琦善前来与七世班禅额尔德尼会晤。

29日,七世班禅额尔德尼在布达拉宫与达赖喇嘛会谈。

5月1日,七世班禅额尔德尼前往甘丹寺朝拜宗喀巴灵塔,向僧众发放布施,并讲经说法。

20日,七世班禅额尔德尼返回拉萨,在布达拉宫与达赖喇嘛叙谈,驻藏大臣琦善也前来布达拉宫讨论藏内形势。

6月10日　七世班禅额尔德尼为十一世达赖喇嘛传授沙弥戒后,按例具表上奏。是日,接到道光皇帝的敕谕及所赐内库黄缎等赏品。

18日,七世班禅额尔德尼在布达拉宫为达赖喇嘛传授了大威德金刚灌顶法。

29日,七世班禅额尔德尼与十一世达赖喇嘛、摄政、驻藏大臣辞别,达赖喇嘛在布达拉宫日光殿设宴饯行,并希望不久即可见面。

30日,七世班禅额尔德尼启程返回扎什伦布寺,噶伦和甘丹赤巴等代表达赖喇嘛和摄政送至堆隆岗地方。

是月,七世班禅额尔德尼派日喀则粮台官携带白银1000两前往拉萨,为已故章嘉呼图克图诵经超度。此后,接到道光皇帝颁赐的金册、金印及很多礼品。金册内容为:“奉天承运皇帝诏曰:朕抚临华夏,亿兆登春,敷宏化于寰中,广善缘于方外,其有阐明黄教,矢励清修者,胜果即彰,新纶宜沛,惟尔妙宣会觉,慧本前生,谭奥义于名经,衍灵机于内典。溯自化身示现,迄今净业坚持,用示懋嘉,特颁册命,仍封尔为宣化绥疆班禅额尔德尼,主持扎什伦布一带寺宇,尔其督率部众,秉仍传宗严戒律于兑方,普沾利济,辑休祥于震旦,共乐皈依。”并赏赐“哈达一、鹅黄辫绿松石一、豆花大荷包二、小荷包二、玉罐一、牙丝宫扇一、银胎珐琅碗二、银胎珐琅五寸碟二、铜胎珐琅烟壶一、鹅黄蟒缎一、鹅黄绒缎一、花锦二、红璋绒二,尚其祗领,无懈恭勤。钦此!”

10月1日,七世班禅额尔德尼为噶伦夏珠瓦传授《长寿灌顶》。

火羊年(1847年,道光27年)66岁

1月,七世班禅额尔德尼主持大祈愿法会,讲经说法,先后为数百人传授了近事戒、沙弥戒等。

是月,七世班禅额尔德尼与驻藏大臣、达赖喇嘛拟定赴京办买哈达、缎匹等物的人马骑驮数目。道光皇帝敕谕:“照该大臣原拟办理,惟所带人马骑驮既经酌定数目以后,应令永远遵守,不得漫无限制。”

5月3日,七世班禅额尔德尼为达赖喇嘛的森巴等人传授比丘戒。

7月21日,廓尔喀王遣使赴京纳贡,途经扎什伦布寺时前来拜谒,献礼求法。七世班禅额尔德尼令扎什伦布寺僧众举行经忏法

事,并按例回赠礼品。

8月3日,七世班禅额尔德尼特派却本巴玉嘉等人前往拉萨,为罗布林卡的佛殿维修竣工献贺礼。

10月6日,七世班禅额尔德尼为噶厦地方政府的大卓尼罗桑克巴等人传授比丘戒。派罗桑金巴前往拉萨,给十一世达赖喇嘛送去信件和礼品,信中希望达赖喇嘛努力学经,饶益众生。

11月14日,乌珠穆沁王的管家前来拜谒七世班禅额尔德尼,敬献了珠宝、缎匹等很多礼品。扎雅班智达的代表、喀尔喀蒙古四部的各大蒙古喇嘛等很多人前来拜见,并敬献了蒙古包等大批礼品。前来扎什伦布寺为江康孜呼图克图做经忏法事的代表敬献了大量礼物,请求祈祷该呼图克图早日转世。

12月2日,前来为章嘉呼图克图做超荐法事的人员向七世班禅额尔德尼献礼、祝寿。却藏呼图克图、摄政热振诺门汗、车臣王等前来向七世班禅额尔德尼敬献礼品。

29日,七世班禅额尔德尼与驻藏帮办大臣穆腾额、车臣王等相会叙谈。

土猴年(1848年,道光28年)67岁

1月1日,七世班禅额尔德尼在寝宫会见喀尔喀哲布尊丹巴活佛,车臣王、堪布诺门汗等呈献大量礼品。七世班禅额尔德尼向他们分别回赠了礼品。

16日,奉道光皇帝旨谕七世班禅额尔德尼启程前往拉萨。

29日,七世班禅额尔德尼担任亲教师,在大昭寺的释迦牟尼佛像前为哲布尊丹巴活佛传授沙弥戒。然后与其巡礼大昭寺的各佛堂。

2月4日,七世班禅额尔德尼前往布达拉宫,会见达赖喇嘛。

9日,在察绒林卡,哲布尊丹巴向七世班禅额尔德尼敬献很多银两,并邀请去库伦传法。七世班禅额尔德尼回赠佛像等礼品。

16日,七世班禅额尔德尼在布达拉宫与达赖喇嘛会谈。

28日,七世班禅额尔德尼赴布达拉宫与达赖喇嘛晤谈。

是月,七世班禅额尔德尼与达赖喇嘛共同遣使进贡方物。

3月7日,七世班禅额尔德尼为却藏呼图克图等传授多种随许法。

9日,七世班禅额尔德尼为达赖喇嘛和热振诺门汗的母亲传授《长寿灌顶》。

20日,七世班禅额尔德尼在布达拉宫与达赖喇嘛谈话,此后为科尔沁王的喇嘛等人传授沙弥戒。

4月8日,七世班禅额尔德尼为科尔沁王的喇嘛等6人传授比丘戒。

17日,七世班禅额尔德尼前往布达拉宫,与达赖喇嘛、大拭呼图克图等讨论佛法。

闰4月4日,七世班禅额尔德尼辞别达赖喇嘛、摄政热振诺门汗、驻藏大臣等人,启程返回后藏。

5月28日,七世班禅额尔德尼回到扎什伦布寺。

7月8日,库伦的喇嘛噶钦罗桑南杰等人前来向七世班禅额尔德尼献礼、祝寿。

8月2日,上年8月哲孟雄部长与布鲁克巴部长在西藏所属地方刀兵相见,是年2月在拉萨时曾与达赖喇嘛、摄政和驻藏大臣派人携带公文书信前往调解,平息了争端。此时双方派员前来献礼,七世班禅额尔德尼非常高兴,分别赐给衣物、银两、茶叶等。

27日,噶伦萨钧瓦前来扎什伦布寺,向七世班禅额尔德尼汇报巡视边境的情况。

9月3日，根据班禅额尔德尼的奏请，道光皇帝赏给布达拉宫的管家南杰曲培“札萨克喇嘛”的名号。该札萨克喇嘛前来扎什伦布寺，向七世班禅额尔德尼呈献曼札、佛经、佛像、佛塔等，并祝健康长寿。

11日，札萨克喇嘛又敬献了许多礼品，七世班禅额尔德尼为其传授多种教法。

土鸡年(1849年，光29年)68岁

2月3日，阿钦协敖班丹扎巴在僧众集会上，向七世班禅额尔德尼呈献许多金银礼品，祝寿致敬。

5月7日，七世班禅额尔德尼为阿钦协敖传授《长寿灌顶》。

6月2日，萨迦达钦前来拜见七世班禅额尔德尼并献礼、祈寿。

7月，七世班禅额尔德尼在僧众大会上宣讲《白文殊五尊大灌顶法》。

13日，七世班禅额尔德尼患腿疾，身体衰弱，扎什伦布寺僧众举行祈福禳灾的仪轨，诵经祈祷。

10月17日，哲蚌寺戒律经院和色拉寺杰巴经院的堪布前来扎什伦布寺，代表两寺僧众向七世班禅额尔德尼献礼、祈寿。

21日，日喀则所属四个宗的官员闻知七世班禅额尔德尼病重，前来献礼、祈寿。

22日，驻藏大臣派达苏才旦前来探望七世班禅额尔德尼。

24日，七世班禅额尔德尼派颇本前往拉萨报告病情。

27日，噶伦夏珠巴、达赖喇嘛的父亲、噶玛巴活佛等派人前来看望七世班禅额尔德尼。

11月11日，十一世达赖喇嘛特派卓尼释迦觉巴、摄政热振诺门汗派官员前来看望七世班禅额尔德尼，并献礼、祝寿。

12月,道光皇帝敕谕:“此次大清皇太后升遐事宜,颁给达赖喇嘛、班禅额尔德尼诏书以及赏赐物件,著兵部由驿递交四川总督转赍至藏。其布达拉宫四大庙及各庙摆忏讽经事宜,著驻藏大臣办理。应用银、茶等项,著四川总督照例拨给。”

铁狗年(1850年,道光30年)69岁

2月,七世班禅额尔德尼组织扎什伦布寺僧众为大清皇太后诵经超度。给僧众发放了丰厚的布施。

30日,七世班禅额尔德尼派卓尼彭措给达赖喇嘛送去为大清皇太后做回向法事的礼品。

3月11日,驻藏大臣穆腾额巡视后藏,来到扎什伦布寺谒见七世班禅额尔德尼,报告道光皇帝已于1月4日驾崩,新皇帝清文宗已经登基,改元咸丰。

13日,七世班禅额尔德尼与驻藏大臣穆腾额在日光殿会晤,驻藏大臣献哈达、佛像等礼品。

4月28日,十一世达赖喇嘛派玉托堪布前来扎什伦布寺熬茶发放布施,为道光皇帝做超度法事。玉托堪布转交达赖喇嘛、摄政的书信和礼品。七世班禅额尔德尼回赠礼物。

7月,喀尔喀哲布尊丹巴的索本班珠尔前来拜谒七世班禅额尔德尼,请示有关认定哲布尊丹巴活佛转世灵童的事宜。

8月2日,七世班禅额尔德尼在甘丹林寝殿单独会见索本大喇嘛时,指示:哲布尊丹巴的转世灵童只能在前藏地方寻访。

6日,驻藏大臣穆腾额奉旨前来扎什伦布寺,向七世班禅额尔德尼转交为皇太后逝世而赐的诏书以及赏赐物件。

7日,七世班禅额尔德尼与驻藏大臣一同参加扎什伦布寺僧众举行的经会。

8日，驻藏大臣前来拜会，献胜乐金刚佛像等。七世班禅额尔德尼回赠佛像。

23日，七世班禅额尔德尼单独会见前来为道光皇帝举办超度法事的钦差大臣。

24日，驻藏帮办大臣鄂顺安、大喇嘛、札萨克等先后前来拜会七世班禅额尔德尼。

26日，驻藏帮办大臣向七世班禅额尔德尼转交皇帝的敕书和赏赐物品。

29日，十一世达赖喇嘛和驻藏大臣穆腾额派达苏才旦和孜仲前来迎请，赴拉萨主持哲布尊丹巴转世灵童的金瓶掣签仪式，达苏才旦等人转交达赖喇嘛、摄政等人的信件和礼品。七世班禅额尔德尼因病没有成行。

10月，咸丰皇帝敕谕："哲布尊丹巴呼图克图涅槃已及二载，兹据穆腾额等奏称，访得聪慧异常英灵夙著幼童二名，实属祥瑞之事，览奏实深欣慰。著班禅额尔德尼来藏会同驻藏办事大臣、达赖喇嘛及伊弟子达喇嘛罗布桑巴勒卓尔等，将此二童之名归入金瓶，敬谨讽经，以便定掣呼毕勒罕。"

12月，咸丰皇帝敕谕："穆腾额等折内所称班禅额尔德尼患腿疾，举动艰难，朕心殊属惦念。班禅额尔德尼年老，且患腿疾，必须安心调理。著穆腾额等传谕班禅额尔德尼知之，以副朕期念之意。"

铁猪年(1851年，咸丰元年)70岁

1月9日，赤列巴钦布向七世班禅额尔德尼敬献很多礼品，祈愿健康长寿。

25日，为前世哲布尊丹巴圆寂前来后藏熬茶的喀尔喀蒙古四部的代表抵达那曲，派森格巴先来向七世班禅额尔德尼问候。

26日，七世班禅额尔德尼接见喀尔喀四部的代表。

3月26日，驻藏大臣穆腾额特派达苏才旦前来为七世班禅额尔德尼七旬寿辰敬献玉器等礼品与贺信，摄政热振诺门汗也派人送来祝寿礼品。

28日，寻访哲布尊丹巴转世灵童的大喇嘛和喀尔喀四部汗王的代表前来向七世班禅额尔德尼呈献七旬寿礼，塔尔寺堪布也派人送来礼品。

6月，七世班禅额尔德尼接见德格土司之子等众多的僧俗人员。

是月，圣谕："据理藩院奏：达赖喇嘛遣巴耶堪布到京，可否令修班禅额尔德尼差来之巴耶堪布同谒慕陵，并谒昌陵行礼之处请旨一折。达赖喇嘛等因孝和睿皇后、宣宗成皇帝大事，遣使呈献供品，著准其等候班禅额尔德尼差来之堪布会同恭谒昌陵、慕陵行礼。该来使等赍来供品，届期仍著原护送来京之同知全祐等妥为护送。"

7月15日，七世班禅额尔德尼委任济仲班丹希饶为索本。

8月，咸丰皇帝为七十寿辰赏御书福寿字并珍玩、文绮等，并谕："本年班禅额尔德尼七十岁，伊在后藏多年，深通经典，振兴黄教，且保护众喇嘛俗人等多年，此乃嘉事，朕甚为喜悦。今伊七十生辰，著加恩赏给佛一尊、御笔福字一张、御笔寿字一张、大白哈达一方、如意一柄、白玉念珠一盘、银曼札一副、银瓶一件、黄蟒缎两匹、黄大八丝缎两匹、黄大卷五丝缎两匹、黄绉绸两匹、黄绫两匹、黄裹羯两匹，交达喇嘛差来之堪布降曲丹皮回程之便，带赴西藏转交，务使班禅额尔德尼之体益加康健，永久穷究经典而振兴黄教，以副朕扶祐佛教轸念众生之至意。"

9月16日,科尔沁活佛罗桑班丹旦增尼玛等人向七世班禅额尔德尼敬献许多祝寿礼品。

10月15日,七世班禅额尔德尼与科尔沁活佛辞别,为其传授教法并赠送礼品。

11月1日,推桑林寺协敖乃噶钦冈希瓦等人向七世班禅额尔德尼敬献金银财宝等祝寿礼物。

水鼠年(1852年,咸丰2年)71岁

1月3日,七世班禅额尔德尼接见赛钦活佛等献礼、祈寿的僧俗人员,蒙古喇嘛列谢林巴噶钦格桑雪朗巴先后两次敬献了很多祝寿礼品,并向僧众发放布施。

7月,廓尔喀遣使献礼。七世班禅额尔德尼回赠念珠等礼物。

9月15日,扎什伦布寺僧众隆重欢迎年班堪布从京师归来。在日光殿上,七世班禅额尔德尼高兴地接受了咸丰皇帝为他七旬寿辰赏赐的敕书、御笔福寿字以及珍玩、文绮等。七世班禅额尔德尼设宴招待满汉官员、堪布姜喇嘛、噶厦地方政府官员等。

17日,噶厦地方政府官员为七世班禅额尔德尼举行盛宴,并呈献达赖喇嘛和摄政的祝寿礼品。

26日,上年派往北京向道光皇帝致祭、向咸丰皇帝祝贺的巴耶堪布回到扎什伦布寺,向七世班禅额尔德尼转交敕书及赏赐物件。

29日,赛钦活佛罗桑班丹曲培向七世班禅额尔德尼敬献曼札、佛经、佛像、佛塔、缎匹等礼物。

11月,咸丰皇帝敕谕:"穆腾额奏,班禅额尔德尼七旬生辰接受赏物,呈请谢恩并呈进吉祥'丹书克',乞为转奏一折。班禅额尔德尼历居后藏有年,深通经术,推演黄教,且其照顾喇嘛、黑头百姓为年更久,兹又请进'丹书克',其诚悫之忱,朕心尤为欢悦。著照所

请,准其交明年年班进京之堪布代为呈进。"

是月,七世班禅额尔德尼接见40多名尼泊尔商人,并为他们传授佛法。

12月,以阿里克强盗头目为首的一批人前来拜见七世班禅额尔德尼,发誓今后决不杀人越货,得到班禅额尔德尼的赞许。

水牛年(1853年,咸丰3年)72岁

1月14日,七世班禅额尔德尼因久病不愈,于拂晓在扎什伦布寺圆寂,享年72岁。扎什伦布寺全体僧众念经祈祷早日转世。同时派人前往拉萨向十一世达赖喇嘛、摄政、驻藏大臣报告,并请转奏咸丰皇帝,要求十一世达赖喇嘛写一文告,通知全藏僧俗人民。在三大寺熬茶发放布施,诵经祈祷。

4月,咸丰皇帝接到七世班禅额尔德尼额尔德尼圆寂的奏折后,"命驻藏帮办大臣谆龄往奠故后藏班禅额尔德尼茶酒,赏银5000两治丧。"并谕:"穆腾额奏班禅额尔德尼于正月初九日圆寂一折。查班禅额尔德尼系后藏呼图克图僧众之总师父喇嘛,且深通经典,振兴黄教,保护众生多年。前年七十生辰,朕特赏赐佛尊等件,方期伊身体倍加康健,永究经典,开导黄教,保护佛法。今忽闻圆寂,朕心深为悯恻,著加恩即派驻藏帮办大臣谆龄前往奠醊。其布施等项共折银五千两,著再赏给小团龙妆缎大缎20匹、贡缎100匹、大哈达20方、小哈达300方,除将所赏银五千两即由藏库动支,饬交札萨克喇嘛朗结曲丕在班禅额尔德尼之灵前先作好事外,其缎匹哈达等项,著交该部仿照从前派委司员送赴西藏。再将朕亲手所带珠子一串、珊瑚珠子一串、又经一部,先由报匣内送交穆腾额等,俟抵藏时,即于班禅额尔德尼之灵前悬挂,以示朕轸念之至意。谆龄祭奠事毕,即传谕该札萨克喇嘛郎结曲丕,现在班禅额尔德尼既已圆寂，尔札萨克喇嘛务须感戴大皇帝恩典，仍仿照从前班禅额尔德尼之呼毕勒罕未出世以前，将藏中一切事务，加意谨慎代办。”

此后，七世班禅额尔德尼的遗体在扎什伦布寺经防腐处理后，陈放了一个时期。十一世达赖喇嘛、摄政、全体噶伦、三大寺等均派代表前来致祭。同时让前后藏僧俗人等进行悼念，并奉献金银，以供建造灵塔之用。十月初一（清实录记载为十一月二十五日），将七世班禅额尔德尼遗体迎入了灵塔宝瓶中，一切积善事宜均呈吉兆，与历世班禅额尔德尼的灵塔一同供养在大经堂内。咸丰皇帝闻奏后降旨：“班禅额尔德尼系后藏呼图克图喇嘛之总师长喇嘛，深通经艺，兴扬黄教，今伊徒众将金塔寺修理妥协，于十一月二十五日将舍利奉入金塔，实为吉祥之事，朕心实为快悦。著赏给白哈达一条、念珠一串，以副朕怀想有功之至意。”

七世班禅额尔德尼·旦白尼玛佛学知识渊博，著作丰富，有关显密佛经、仪轨、传记、信札、修法、时轮、喜金刚等方面的著作130多种，其中《本生传记》（自传）《马鸣论师传略及三十四本生故事释义》《密集根义悉地·宝库之钥》《度母一百零八相释论》《各寺庙寺规戒言》等较为著名。

人名、地名、专有名汉藏词汇对照

（一）人名汉藏对照

A

阿巴恰噶巴	སྔགས་པ་ཚ་དཀར་པ།
阿底峡尊者和仲顿巴师徒	ཇོ་འབྲོམ་ཡབ་སྲས།
阿嘎玛	ཨ་ཀ་མ།
阿迦觉瓦	ཨ་སྐྱ་འགྱུར་བ།
阿嘉呼图克图	ཨ་སྐྱ་ཧུ་ཐོག་ཐུ།
阿拉夏久美奥赛	ཨ་ལ་ཤ་འཇིགས་མེད་འོད་ཟེར།
阿拉夏吞	ཨ་ལ་ཤ་ཐོན།
阿李	ཨ་ལི།
阿日索南多吉	ཨ་རིག་བསོད་ནམས་སྟོབས་རྒྱལ།
阿帕嘎热	ཨ་ཕ་ཀ་ར།
阿齐图堪布	ཨ་ཆི་ཐུ་མཁན་པོ།
阿其图	ཨ་ཆི་ཐུ།
阿其图堪钦	ཨ་ཆི་ཐུ་མཁན་ཆེན།
阿其图罗桑平措	ཨ་ཆི་ཐུ་བློ་བཟང་ཕུན་ཚོགས།
阿钦	སྔགས་ཆེན།
阿青夏阿	སྔགས་ཆེན་ཞལ་སྔ།
阿亚德瓦	ཨཏུ་དེ་ཤ།
阿日活佛	ཨ་རིས་སྤྲུལ་སྐུ།
阿日色康	ཨ་རི་གསེར་ཁང་།
阿如胡钦活佛罗桑念扎嘉措	ཨ་རུ་ཧོར་ཆེན་སྤྲུལ་སྐུ་བློ་བཟང་སྙན་གྲགས་རྒྱ་མཚོ།
阿拉伯语	ཨར་སྐད།

阿旺顿珠	ངག་དབང་དོན་གྲུབ།
阿旺格桑旦白卓米凯珠嘉措	ངག་ དབང་ བསྐལ་ བཟང་ བསྟན་ པའི་ སྒྲོན་ མེ་ མཁས་གྲུབ་རྒྱ་མཚོ།
阿旺江贝	ངག་དབང་འཇམ་དཔལ།
阿旺克尊	ངག་དབང་མཁས་བཙུན།
阿旺罗桑江(绛)白丹增崔成嘉措	ངག་དབང་བློ་བཟང་འཇམ་དཔལ་བསྟན་འཛིན་ཚུལ་ཁྲིམས་རྒྱ་མཚོ།
阿旺念扎喇嘛	བླ་མ་ངག་དབང་སྙན་གྲགས།
阿旺强巴	ངག་དབང་བྱམས་པ།
阿旺仁青	ངག་དབང་རིན་ཆེན།
阿旺图登尼玛	ངག་དབང་ཐུབ་བསྟན་ཉི་མ།
阿杂热仁青曲杰	ཨ་ཙ་ཪྻ་རིན་ཆེན་ཆོས་འཕེལ།
阿旺云丹	ངག་དབང་ཡོན་ཏན།
埃尔克诺约	ཨེར་ཁེ་ནོ་ཡོན།
艾克达勒	ཨེ་ཁེ་ཏའ་ལས།
昂迦色	འོན་རྒྱལ་སྲས།
阿旺念扎	ངག་དབང་སྙན་གྲགས།
阿旺群培	ངག་དབང་ཆོས་འཕེལ།
敖宗巴罗桑桑旦	ཨོ་རྫོང་པ་བློ་བཟང་བསམ་གཏན།
傲慢	ཀེང་ས་བྱེད།
奥朵贝勒	ཨོ་ཏོག་པའི་ལེ།

B

巴岱	དཔལ་དེ།
班丹崔成	དཔལ་ལྡན་ཚུལ་ཁྲིམས།

班丹锦巴	དཔལ་ལྡན་སྦྱིན་པ།
班丹尼玛	དཔལ་ལྡན་ཉི་མ།
班丹群培	དཔལ་ལྡན་ཆོས་འཕེལ།
班丹喜绕	དཔལ་ལྡན་ཤེས་རབ།
巴拉穆达	པ་ར་མི་ཏ།
巴囊介台	པ་སྣམ་སྐྱེ་ཐར་རྒྱག་འདྲི།
巴塘德庆康萨	འབའ་ཐང་བདེ་ཆེན་ཁང་གསར།
巴谢瓦南加西绕	བ་ཤེ་བ་རྣམ་རྒྱལ་ཤེས་རབ།
巴谢巴尼玛坚赞	བ་ཤེ་བ་ཉི་མ་རྒྱལ་མཚན།
巴叶布目堪布	སྤྲ་ཡེར་འབུལ་མི་མཁན་པོ།
巴卓本洛斋波	པ་སྒྲོ་དཔོན་སློབ་བགྲེས་པོ།
巴曹慈诚坚赞	པ་ཚབ་ཚུལ་ཁྲིམས་རྒྱལ་མཚན།
拔喜法王	པག་ཤི་ཆོས་རྗེ་དགེ་སྒྲུབ་པ།
拔瓦却则	སྤྲ་བ་ཆོས་མཛད།
拔喜梅尔堪曲杰	པག་ཤི་མེར་མཁན་ཆོས་རྗེ།
白布	པལ་བུ།
白次巴	པད་ཚལ་པ།
班丹崔成	དཔལ་ལྡན་ཚུལ་ཁྲིམས།
班丹顿珠	དཔལ་ལྡན་དོན་གྲུབ།
白炯	དཔལ་སྐྱོངས།
白伦喇嘛噶钦拉	དཔལ་ལྡུན་བླ་མ་དཀའ་ཆེན་ལགས།
白玛嘎波	པདྨ་དཀར་པོ།
白绕更波	དཔལ་རབ་ཀྱི་ཀན་པོ།
白特巴	དཔེ་ཐུབ།
白特巴罗桑群培	དཔེ་ཐུབ་པ་བློ་བཟང་ཆོས་འཕེལ།
白特巴罗桑坚赞	དཔེ་ཐུབ་པ་བློ་བཟང་རྒྱལ་མཚན།

白特巴罗桑扎西	དཔེ་ཐུབ་པ་བློ་བཟང་བཀྲ་ཤིས།
白特巴罗桑顿珠	དཔེ་ཐུབ་པ་བློ་བཟང་དོན་གྲུབ།
白文殊	འཇམ་དབྱངས་དཀར་པོ།
白文殊师利五神	འཇམ་དབྱངས་དཀར་པོ་ལྷ་ལྔ།
百特巴罗桑喜饶	དཔེ་ཐུབ་པ་བློ་བཟང་ཤེས་རབ།
白特巴罗桑塔克	དཔེ་ཐུབ་པ་བློ་བཟང་ཐབས་མཁས།
班禅根敦珠	པཎ་ཆེན་དགེ་འདུན་གྲུབ།
班禅额尔德尼·罗桑确吉坚赞	པཎ་ཆེན་བློ་བཟང་ཆོས་ཀྱི་རྒྱལ་མཚན།
班禅桑波扎西	པཎ་ཆེན་བཟང་པོ་བཀྲ་ཤིས།
班钦索扎	པཎ་ཆེན་བསོད་གྲགས།
班丹坚赞	དཔལ་ལྡན་རྒྱལ་མཚན།
班丹拉姆护法神(即吉祥天母)	དཔལ་ལྡན་འདོད་ཁམས་དབང་མོ།
班丹喜饶	དཔལ་ལྡན་ཤེས་རབ།
班丹扎巴	དཔལ་ལྡན་གྲགས་པ།
班钦纳若达巴	པཎ་ཆེན་ན་རོ་ཏ་པ།
帮龙活佛	སྤང་ལུང་སྤྲུལ་སྐུ།
巴卧	དཔའ་བོ།
北山红岩洞主	བྱང་ཕུག་བྲག་བཙན་དམར་པོ།
班丹达瓦	དཔལ་ལྡན་ཟླ་བ།
班丹坚赞	དཔལ་ལྡན་རྒྱལ་མཚན།
班丹索巴	དཔལ་ལྡན་བཟོད་པ།
班丹益西	དཔལ་ལྡན་ཡེ་ཤེས།
班丹云旦	དཔལ་ལྡན་ཡོན་ཏན།
班丹	དཔལ་ལྡན།
班丹群培	དཔལ་ལྡན་ཆོས་འཕེལ།
班丹藏布	དཔལ་ལྡན་བཟང་པོ།

贝勒玛噶释利喇嘛	པའི་ལི་མ་ག་ཁྲིའི་བླ་མ།
白玛多杰	དཔལ་མ་རྡོ་རྗེ།
白玛哈央吉护瓦	པདྨ་ཧ་ཡང་གི་ཧུ་ཝ།
本·索南贝桑	དཔོན་བསོད་ནམས་དཔལ་བཟང་།
比隆	འབི་ལུང་།
比丘阿旺念扎	དགེ་སློང་ངག་དབང་སྙན་གྲགས།
笔贴式大老爷	སྤྲི་ཚལ་ཆེ་ཏྭ་ལོ་ཡེ།
笔贴式椤策	སྤྲི་ཚའི་ཆེང་ཧྲིན་ཚུལ།
白特巴噶钦罗桑丹增	དཔེ་ཐུབ་པ་དཀའ་ཆེན་བློ་བཟང་བསྟན་འཛིན།
拨惹萨赫	ཧྲ་ར་ས་ཧེབ།
拨瓦拨扎	ཧྲ་ཨ་ཧྲ་ཏྲ།
拨希法王	པཎྜི་ཆོས་རྗེ།
拨希曲杰堪布	པཎྜི་ཆོས་རྗེ་མཁན་པོ།
波尔多	སྤོར་ཏོག
波雪巴	སྤོ་ཤོད་པ།
波札堪布	སྤོ་བྲག་མཁན་པོ།
博清额	ཧྲོ་ཨ་ལི།

C

擦擦	ཚ་ཚ།
擦达木喇嘛	ཚ་འདམ་བླ་མ།
擦达木扎(札)萨	ཚ་འདམ་ཛ་སག
擦达木扎萨甘丹旦迥喇嘛	ཚ་འདམ་ཛ་སག་དགའ་ལྡན་བསྟན་སྐྱོང་གི་བླ་མ།
擦康诺门汗	ཚ་ཁང་ནོ་མིན་ཧན།
嚓康诺门汗	ཚ་ཁང་ནོ་མིན་ཧན།

才旦多杰	ཚེ་བརྟན་རྡོ་རྗེ།
才旦杰	ཚེ་བརྟན་སྐྱབས།
次林	ཚེ་གླིང་།
次林经师	ཚེ་གླིང་ཡོངས་འཛིན།
次觉林	ཚེ་མཆོག་གླིང་།
次觉林永增仁布切	ཚེ་མཆོག་གླིང་ཡོངས་འཛིན་རིན་པོ་ཆེ།
次旺	ཚེ་དབང་།
次旺热旦	ཚེ་དབང་རབ་བརྟན།
财神	ཕྱུགས་བྱེད།
蔡巴夫人	བཙུན་མོ་ཚལ་པ།
参卓巴罗桑仁青	མཚན་སྒྲོག་པ་བློ་བཟང་རིན་ཆེན།
仓巴	ཚངས་པ།
仓巴本伦	ཚང་པ་དཔོན་སློན།
参卓巴格隆益西根敦	མཚན་སྒྲོག་པ་དགེ་སློང་ཡེ་ཤེས་དགེ་འདུན།
参卓总管	མཚན་སྒྲོག་འདུས་སྤྱི།
蔡霞格西	མཚན་ཞབས་དགེ་བཤེས།
查波持轮者	དྲག་པོ་འཁོར་ལོ་ཅན།
察雅管家	ཛ་ཡ་ཕྱག་མཛོད།
察雅活佛罗桑丹增嘉措	བྲག་གཡབ་སྤྲུལ་སྐུ་བློ་བཟང་བསྟན་འཛིན་རྒྱ་མཚོ།
察雅罗布坚赞	བྲག་གཡབ་ནོར་བུ་རྒྱལ་མཚན།
察雅时轮经师	ཛ་ཡའི་དུས་འཁོར་སློབ་དཔོན།
昌都帕巴拉	ཆབ་མདོ་འཕགས་པ་ལྷ།
昌摩切瓦塔杰旺波	གྲངས་མོ་ཆེ་བ་དར་རྒྱས་དབང་པོ།
昌摩切瓦噶钦塔杰	གྲངས་མོ་ཆེ་བ་དཀའ་ཆེན་དར་རྒྱས།
昌摩切瓦南加顿珠	གྲངས་མོ་ཆེ་བ་རྣམ་རྒྱལ་དོན་གྲུབ།
冲卡布巴格勒洛追	ཁྲོན་ཕྲུག་པ་དགེ་ལེགས་བློ་གྲོས།

彻德管家凯巧	འཕྲུལ་བདེ་ཕྱག་མཛོད་མཁས་མཆོག།
赤列巴钦布(波)	འཕྲིན་ལས་པ་ཆེན་པོ།
琛列顿珠	འཕྲིན་ལས་པ་དོན་གྲུབ།
陈那	ཕྱོགས་གླང་།
持金刚罗桑丹增贝桑布	རྡོ་རྗེ་འཆང་བློ་བཟང་བསྟན་འཛིན་དཔལ་བཟང་པོ།
持律尊者堪布罗桑班丹	མཁན་ཆེན་བསྟན་པའི་མངའ་བདག་རྗེ་བཙུན་བློ་བཟང་དཔལ་ལྡན།
赤加纳巴	ཁྲི་རྒྱ་ནག་པ།
赤列群培	འཕྲིན་ལས་ཆོས་འཕེལ།
赤钦阿亚德瓦	ཁྲི་ཆེན་ཨཏྲ་དེ་ཝ།
赤钦强秋群培	ཁྲི་ཆེན་བྱང་ཆུབ་ཆོས་འཕེལ།
赤钦诺门汗	ཁྲི་ཆེན་ནོ་མིན་ཧན།
赤仁布切阿旺群培	ཡོངས་འཛིན་ཁྲི་རིན་པོ་ཆེ་ངག་དབང་ཆོས་འཕེལ།
冲卡布巴根敦雅培	ཁྲོན་སྦྲུག་པ་དགེ་འདུན་ཡར་འཕེལ།
充坚(空行母)	ཁྲོམ་རྒྱན།
充拉	འཁྲུངས་ལྷ།
冲卡布巴噶钦	ཁྲོན་སྦྲུག་པ་དཀའ་ཆེན།
除盖障菩萨	སྒྲིབ་སེལ།
崔成聂札	ཚུལ་ཁྲིམས་སྙན་གྲགས།
冲卡布巴活佛根敦扎巴	ཁྲོན་སྦྲུག་སྐུ་སྐྱེ་དགེ་འདུན་གྲགས་པ།
冲卡布巴格勒坚赞	ཁྲོན་ཁ་སྦྲུག་པ་དགེ་ལེགས་རྒྱལ་མཚན།
冲卡布巴南加赞	ཁྲོན་སྦྲུག་པ་རྣམ་རྒྱལ་མཚན།
冲卡布巴尼玛崔成	ཁྲོ་སྦྲུག་པ་ཉི་མ་ཚུལ་ཁྲིམས།
冲卡布巴噶钦格勒坚赞	ཁྲོན་སྦྲུག་པ་དཀའ་ཆེན་དགེ་ལེགས་རྒྱལ་མཚན།

冲卡布巴罗桑云丹	ཁྲོན་སྨུག་པ་བློ་བཟང་ཡོན་ཏན།
冲卡布巴尼玛坚赞	ཁྲོན་སྨུག་པ་ཉི་མ་རྒྱལ་མཚན།
次朗热旦	ཚེ་རིང་རབ་བརྟན།
次旺	ཚེ་དབང་།
措索巴	བླ་མ་ཚོགས་གསོག་པ།
措索巴益西次旦	ཚོགས་གསོག་པ་ཡེ་ཤེས་ཚེ་བརྟན།

D

达阿雅塔	ཏང་ཡ་ཐཱ།
达巴	དག་པ།
达尔巴	འདར་པ།
达巴济仲罗布坚赞	མདར་པ་རྗེ་དྲུང་ནོར་བུ་རྒྱལ་མཚན།
达巴罗桑坚赞	མདར་པ་བློ་བཟང་རྒྱལ་མཚན།
达本贡甘丹增	མདའ་དཔོན་ཀུན་དགའ་བསྟན་འཛིན།
达本热巴瓦	མདའ་དཔོན་རམ་པ་བ།
达本扎统巴	མདའ་དཔོན་བཀྲས་མཐོང་པ།
达波拉吉	དྭགས་པོ་ལྷ་རྗེ།
达擦活佛	ཏཱ་ཚགས་རིན་པོ་ཆེ།
达擦济咙呼图克图	ཏཱ་ཚགས་རྗེ་དྲུང་རིན་པོ་ཆེ།
达擦诺门汗(即济咙呼图克图)	ཏཱ་ཚགས་ནོ་མོ་ཧན།
达臣秋确那	ཟླ་ཕྲེང་ཁྲུ་མཆོག་ནགས།
达多	ཟླ་རྡོར།
达尔罕夏鲁堪素	དར་ཧན་ཞ་ལུ་མཁན་ཟུར།
达贡吉图	སྟ་གོན་གཅིག་ཐུ།
达吉拉次旺加查英杰	དར་རྒྱས་ལ་ཚེ་དབང་བརྒྱ་ཚར་དབྱིང་བཅད།

达(大)喇嘛罗桑丹增	ཏཱ་བླ་མ་བློ་བཟངབསྟན་འཛིན།
达赖喇嘛·罗桑旦白迥乃阿旺	རྗེ་བཙུན་བློ་བཟང་བསྟན་པའི་འབྱུང་གནས་
隆朵嘉措	ངག་དབང་ལུང་རྟོགས་རྒྱ་མཚོ།
达勒宫	རྫ་ལས་གུང་།
达摩瓦噶钦罗桑坚赞	སྟག་མོ་བ་དཀའ་ཆེན་བློ་བཟང་རྒྱལ་མཚན།
达摩瓦阿旺克尊	སྟག་མོ་བ་ངག་དབང་མཁས་བཙུན།
达摩瓦罗桑坚赞	སྟག་མོ་བ་བློ་བཟང་རྒྱལ་མཚན།
达摩瓦丹增南加	སྟག་མོ་བསྟན་འཛིན་རྣམ་རྒྱལ།
达摩瓦罗桑西饶	སྟག་མོ་བ་བློ་བཟང་ཤེས་རབ།
达摩瓦南加丹增	སྟག་མོ་བ་རྣམ་རྒྱལ་བསྟན་འཛིན།
达莫班萨儿	རྟ་མ་བད་ཟ་ར།
达摩瓦阿旺坚赞	སྟག་མོ་བ་ངག་དབང་རྒྱལ་མཚན།
达摩瓦噶钦罗桑索巴	སྟག་མོ་བ་དཀའ་ཆེན་བློ་བཟང་བཟོད་པ།
达摩瓦噶钦罗桑坚赞	སྟག་མོ་བ་དཀའ་ཆེན་བློ་བཟང་རྒྱལ་མཚན།
达摩瓦阿旺柯尊	སྟག་མོ་བ་ངག་དབང་མཁས་བཙུན།
达那巴噶钦顿悦群培	ཏ་ནག་པ་དཀའ་ཆེན་དོན་ཡོད་ཆོས་འཕེལ།
达那根敦罗桑	ཏ་ནག་པ་དགེ་འདུན་བློ་བཟང་།
达那巴	ཏ་ནག་པ།
达那巴济仲罗桑丹增	ཏ་ནག་པ་རྗེ་དྲུང་བློ་བཟང་བསྟན་འཛིན།
达那强巴锦巴	ཏ་ནག་བྱམས་པ་སྨིན་པ།
达年钦波	བདག་ཉིད་ཆེན་པོ།
达垉	རྫའ་ཕོགས།
达日觉沃	ཟླ་རི་རྫོ་བོ།
达茹	མདའ་ཟུ།
达儿巴仲然巴罗桑拓美	མདར་པ་དྲུང་རམ་པ་བློ་བཟང་ཐོགས་མེད།
达苏次旦	མདའ་ཟུར་ཚེ་བརྟན།

达瓦坚	ཟླ་བས་བྱིན།
达瓦曲扎	ཟླ་བ་ཆོས་གྲགས།
达瓦桑波	ཟླ་བ་བཟང་པོ།
达霞	ཏཱ་ཤཱ།
达擦撒麻都拔克西诺门汗活佛	ཏ་ཚགས་ས་མ་ཏི་པཎྜི་ནོ་མིན་ཧན།
大百岁	ཏའ་ཕྲི་སེ།
大臣月亮之子	བློན་པོ་ཟླ་བའི་བུ།
大持金刚班禅额尔德尼罗桑确吉坚赞	རྡོ་རྗེ་འཆང་ཆེན་པོ་པཎ་ཆེན་བློ་བཟང་ཆོས་ཀྱི་རྒྱལ་མཚན།
大持金刚至尊罗桑确吉贝桑布	རྡོ་རྗེ་འཆང་ཆེན་པོ་རྗེ་བཙུན་བློ་བཟང་ཆོས་ཀྱི་རྒྱལ་མཚན་དཔལ་བཟང་པོ།
大法轮喜绕坚赞	ཆོས་འཁོར་ལྷུན་པོ་བ་ཤེས་རབ་རྒྱལ་མཚན།
大法台江白崔成	ཁྲི་ཆེན་འཇམ་དཔལ་ཚུལ་ཁྲིམས།
大法王罗桑南加	རྒྱལ་ཆེན་རྗེ་བློ་བཟང་རྣམ་རྒྱལ།
大梵天	མེས་པོ་ཚངས་པ།
大噶伦夏札	བཀའི་བློན་ཆེན་བཤད་སྒྲ།
大红欢喜天	ག་ན་པ་ཏིའི།
大将军海公(即海兰察)	ཙང་ཇུན་ཧས་གུང་ཆེན་པོ།
大经师诺门汗	ཡོངས་འཛིན་ནོ་མིན་ཧན་ཆེན་པོ།
大堪布杰瓦旺波(即八世达赖喇嘛)	མཁན་ཆེན་རྒྱལ་བའི་དབང་པོ།
大经师仁布切功德林巴	ཡོངས་འཛིན་རིན་པོ་ཆེ་ཀུན་བདེ་གླིང་པ།
大堪布杰旺确(即八世达赖喇嘛)	མཁན་ཆེན་རྒྱལ་དབང་མཆོག
大堪布诺门汗	མཁན་ཆེན་ནོ་མིན་ཧན།
大清王	ཏཱ་ཆིང་ཝང་།
大力士	སྟོབས་པོ་ཆེ།

大密咒师持金刚吉尊班丹扎巴	སྔགས་ཆེན་རྡོ་རྗེ་འཆང་རྗེ་བཙུན་དཔལ་ལྡན་གྲགས་པ།
大清太吉	ཏཱ་ཆིང་ཐའི་ཇི།
大清王	ཏཱ་ཆིང་ཝང་།
大侍寝官济仲罗桑	གཟིམ་དཔོན་ཆེན་མོ་རྗེ་དྲུང་བློ་བཟང་།
大威德金刚	རྡོ་རྗེ་འཇིགས་བྱེད།
大修行者尼玛贝巴	གྲུབ་ཆེན་ཉི་མ་སྦས་པ།
大中堂	ཀྲུང་ཐང་ཆེན་པོ།
大仲译苏巴乃萨巴	དྲུང་ཡིག་ཆེན་མོ་ཟུར་པ་གནས་གསར་པ།
丁噶瓦	སྟེང་དཀའ་བ།
代本东群	ཏ་དཔོན་དོན་ཆེན།
代朵法王	རྫེལ་རྫོར་ཆོས་རྗེ་པ།
代吉堪钦诺门汗	སྡེབས་འབྱུར་མཁན་ཆེན་ནོ་མིན་ཧན།
代穹巴	ལྡེ་ཆུང་པ།
代穹巴尼顿	ལྡེ་ཆུང་པ་ཉི་དོན།
代惹巴次仁	བདེ་རབ་པ་ཚེ་རིང་།
代惹巴贡嘎	བདེ་རབ་པ་ཀུན་དགའ།
代惹巴罗桑丹巴	བདེ་རབ་པ་བློ་བཟང་བརྟན་པ།
代惹巴罗桑却觉	བདེ་རབ་པ་བློ་བཟང་ཆོས་འབྱོར།
丹巴曲达	བསྟན་པ་ཆོས་དར།
丹巴雅培	བསྟན་པ་ཡར་འཕེལ།
旦白尼玛	བསྟན་པའི་ཉི་མ།
旦白赛齐额尔德尼麦卡纳呼图克图	བསྟན་པའི་གསལ་བྱེད་ཨེར་ཏེ་ནི་མེར་ཁ་ན་ཧུ་ཐོག་ཐུ།
旦白准(卓)美喀尔喀哲布尊丹巴	བསྟན་པའི་སྒྲོན་མེ་ཁལ་ཁ་རྗེ་བཙུན་དམ་པ།

丹嘉雪巴藏格坚	འདམ་རྒྱ་ཤོག་པ་ཛོང་ཀི་ཙན།
丹林札萨	བསྟན་གླིང་ཛོ་སག
丹林札萨喇嘛	བསྟན་གླིང་ཛོ་སག་བླ་མ།
当确班觉	དམ་ཆོས་དཔལ་འབྱོར།
旦增亚培	བསྟན་འཛིན་ཡར་འཕེལ།
当噶巴	སྟེང་དགའ་བ།
定结巴尼玛群培	གཏིང་སྐྱེས་པ་ཉི་མ་ཆོས་འཕེལ།
定结活佛罗桑丹巴坚赞	གཏིང་སྐྱེས་སྐུ་སྐྱེ་བློ་བཟང་བསྟན་པ་རྒྱལ་མཚན།
堪布当钦	མཁན་པོ་མདངས་ཆེན།
定日瓦	དིང་རི་བ།
当钦巴	མདངས་ཆེན་པ།
当钦巴罗桑丹增	མདངས་ཆེན་པ་བློ་བཟང་བསྟན་འཛིན།
德格嘎托	སྡེ་དགེ་ཀ་ཐོག
德格杰	སྡེ་དགོས་སྐྱེས།
德格桑	སྡེ་བསྐལ་བཟང་།
德吉	བདེ་སྐྱིད།
德觉瓦	བདེ་འབྱོར་བ།
德勒	བདེ་ལེགས།
第穆活佛	དེ་མོ་སྤྲུལ་སྐུ།
德钦热杰	བདེ་ཆེན་རབ་རྒྱས།
德钦热杰巴	བདེ་ཆེན་རབ་རྒྱས་པ།
德穷巴曲仔	ལྡེ་ཆུང་པ་ཆོས་མཛད།
德穷巴尼本	ལྡེ་ཆུང་པ་ཉི་དཔོན།
德琼巴	ལྡེ་ཆུང་པ།
德琼巴罗桑坚赞	ལྡེ་ཆུང་པ་བློ་བཟང་རྒྱལ་མཚན།
德琼巴济仲	ལྡེ་ཆུང་པ་རྗེ་དྲུང་།

德琼巴尼玛顿珠	ལྡེ་ཆུང་པ་ཉི་མ་དོན་གྲུབ།
德琼巴益西南加	ལྡེ་ཆུང་པ་ཡེ་ཤེས་རྣམ་རྒྱལ།
德然巴旦巴顿珠	བདེ་རབ་པ་བསྟན་པ་དོན་གྲུབ།
德然巴益西次旺	བདེ་རབ་པ་ཡེ་ཤེས་ཚེ་དབང་།
德然益西崔成	བདེ་རབ་ཡེ་ཤེས་ཚུལ་ཁྲིམས།
德然巴丹巴嘉措	བདེ་རབ་པ་བསྟན་པ་རྒྱ་མཚོ།
德饶班丹增顿珠	བདེ་རབ་པ་བསྟན་འཛིན་དོན་གྲུབ།
德然巴罗桑崔成	བདེ་རབ་པ་བློ་བཟང་ཚུལ་ཁྲིམས།
德然巴益西旦增	བདེ་རབ་པ་ཡེ་ཤེས་བསྟན་འཛིན།
德央巴	བདེ་ཡངས་པ།
德央巴班丹增坚赞	བདེ་ཡངས་པ་བསྟན་འཛིན་རྒྱལ་མཚན།
德央巴益西顿珠	བདེ་ཡངས་པ་ཡེ་ཤེས་དོན་གྲུབ།
德央巴济仲班丹锦巴	བདེ་ཡངས་པ་རྗེ་དྲུང་དཔལ་ལྡན་སྦྱིན་པ།
德野果热	རྗེར་ཡལ་སྐོ་ར།
地藏菩萨	སའི་སྙིང་པོ།
第穆仁布切	དེ་མོ་རིན་པོ་ཆེ།
德琼巴罗桑占堆	ལྡེ་ཆུང་པ་བློ་བཟང་དགྲ་འདུལ།
第悉赤巴	སྡེ་སྲིད་ཁྲི་པ།
顿次	དོན་ཚེ།
东嘎帕日巴	གདོང་དཀར་ཕ་རི་བ།
东吉仁布切	གདུང་བརྒྱུད་རིན་པོ་ཆེ།
顿珠次仁	དོན་གྲུབ་ཚེ་རིང་།
顿珠培杰	དོན་གྲུབ་འཕེལ་རྒྱས།
顿珠群培	དོན་གྲུབ་ཆོས་འཕེལ།
独雄大威德金刚	འཇིགས་བྱེད་དཔའ་གཅིག
独尊白文殊	འཇམ་དཔལ་དཔའ་བོ་གཅིག་པ།

堆措仁布切	འདུས་ཚོགས་རིན་པོ་ཆེ།
顿珠坚赞	དོན་གྲུབ་རྒྱལ་མཚན།
顿珠觉杰	དོན་གྲུབ་འབྱོར་རྒྱས།
多昌	རྡོ་འཕྲེང་།
多吉	རྡོ་རྗེ།
多吉帕姆活佛	རྡོ་རྗེ་ཕག་མོ།
多闻子	རྣམ་ཐོས།

E

额丹木图诺莫康	ཨེར་ཏེམ་ཐུ་ནོ་མོ་ཁང་།
额尔德尼迈肯堪布噶久罗桑南加	ཨེར་ཏེ་ནི་མེར་ཁན་མཁན་པོ་དཀའ་བཅུ་བློ་བཟང་རྣམ་རྒྱལ།
额曲木琴活佛	ཨུ་ཆུ་མུ་ཆེན་སྤྲུལ་སྐུ།

F

法称	ཆོས་གྲགས།
法王丹巴赤列热杰	ཆོས་རྗེ་བསྟན་པ་འཕྲིན་ལས་རབ་རྒྱས།
法王罗桑赤列	རྗེ་བློ་བཟང་འཕྲིན་ལས།
法王罗桑扎巴贝	ཆོས་ཀྱི་རྒྱལ་པོ་བློ་བཟང་གྲགས་པའི་དཔལ།
法王宗喀巴罗桑扎巴	ཆོས་ཀྱི་རྒྱལ་པོ་ཙོང་ཁ་པ་ཆེན་པོ་བློ་བཟང་གྲགས་པ།
法主罗桑班丹益西	རྗེ་བློ་བཟང་དཔལ་ལྡན་ཡེ་ཤེས།
匪首泽巴强洛	ངག་དཔོན་རྩེ་པའི་ཆོ་ལོ།
梵天大神	ལྷ་ཆེན་ཚངས་པ།
佛母罗桑丹增曲宗	རྒྱལ་ཡུམ་བློ་བཟང་བསྟན་འཛིན་ཆོས་འཛོམ།

福氏中堂(即福康安)	ཧྭུ་སི་ཀྲུང་ཐང་།

G

噶钦强巴塔青	དཀའ་ཆེན་བྱམས་པ་མཐར་ཕྱིན།
噶钦格桑曲扎	དཀའ་ཆེན་སྐལ་བཟང་ཆོས་གྲགས།
噶钦格桑扎西	དཀའ་ཆེན་སྐལ་བཟང་བཀྲ་ཤིས།
嘎然巴旦增雅培	དགའ་རབ་པ་བསྟན་འཛིན་ཡར་འཕེལ།
嘎喜巴	དགའ་བཞི་པ།
嘎喜公班智达	དགའ་བཞི་གུང་པཎྜི་ཏ།
噶擦	དགའ་ཚལ།
格桑赤列	སྐལ་བཟང་འཕྲིན་ལས།
格桑顿珠	སྐལ་བཟང་དོན་གྲུབ།
噶达次旺顿珠	འགར་ཐར་ཚེ་དབང་དོན་གྲུབ།
噶吉江瓦	ཀ་ཅི་རྐྱང་བ།
噶究罗桑西绕	བཀའ་བཅུ་བློ་བཟང་ཤེས་རབ།
噶吉	ཀ་ཅི།
噶钦才丹聂巴	དཀའ་ཆེན་ཚེ་བརྟན་གཉེར་པ།
噶伦公夏扎瓦旺秋杰波	བཀའ་བློན་གུང་བཤད་སྒྲ་བ་དབང་ཕྱུག་རྒྱལ་པོ།
噶伦拉丁巴	བཀའ་བློན་ལྷ་སྡིངས་པ།
噶伦素康	བཀའ་བློན་ཟུར་ཁང་།
噶伦夏扎瓦	བཀའ་བློན་བཤད་སྒྲ་པ།
噶伦夏扎瓦旺秋杰波	བཀའ་བློན་བཤད་སྒྲ་བ་དབང་ཕྱུག་རྒྱལ་པོ།
噶玛夏	ཀརྨ་ཤར།
噶钦擦卓拉	དཀའ་ཆེན་ཚོགས་འགྲོ་ལགས།
噶钦从(聪)堆巴	དཀའ་ཆེན་ཚོང་འདུས་པ།

噶钦达瓦	དཀའ་ཆེན་ཟླ་བ།
噶钦根敦参勒	དཀའ་ཆེན་དགེ་འདུན་མཚན་ལེགས།
噶钦格勒坚赞	དཀའ་ཆེན་དགེ་ལེགས་རྒྱལ་མཚན།
噶钦格桑确朗	དཀའ་ཆེན་སྐལ་བཟང་ཕྱོགས་གླང་།
噶钦拉杰	དཀའ་ཆེན་ལྷ་རྒྱལ།
噶钦喇嘛诺玛其额尔德尼美尔汗	དཀའ་ཆེན་བླ་མ་ནོམ་ཆེ་ཨེར་ཏེ་ནི་མེར་ཁན།
噶钦罗桑赤列	དཀའ་ཆེན་བློ་བཟང་འཕྲིན་ལས།
噶钦罗桑次旦	དཀའ་ཆེན་བློ་བཟང་ཚེ་བརྟན།
噶钦罗桑塔杰	དཀའ་ཆེན་བློ་བཟང་དར་རྒྱས།
噶钦罗桑屯月	དཀའ་ཆེན་བློ་བཟང་དོན་ཡོད།
噶钦罗桑顿珠	དཀའ་ཆེན་བློ་བཟང་དོན་གྲུབ།
噶钦罗桑	དཀའ་ཆེན་བློ་བཟང་།
噶钦罗桑南加	དཀའ་ཆེན་བློ་བཟང་རྣམ་རྒྱལ།
噶钦平措	དཀའ་ཆེན་ཕུན་ཚོགས།
噶钦桑丹群培	དཀའ་ཆེན་བསམ་གཏན་ཆོས་འཕེལ།
噶钦森	དཀའ་ཆེན་སེང་།
噶钦白拉	དཀའ་ཆེན་དཔལ་ལེགས།
噶钦格勒坚赞	དཀའ་ཆེན་དགེ་ལེགས་རྒྱལ་མཚན།
噶然巴罗桑丹曲	དགའ་རབ་པ་བློ་བཟང་དམ་ཆོས།
噶然巴白玛	དགའ་རབ་པ་པདྨ།
噶热巴罗桑丹增	དགའ་རབ་བློ་བཟང་བསྟན་འཛིན།
噶热聂巴	དགའ་རབ་གཉེར་པ།
噶厦卓尼	བཀའ་མགྲོན།
噶仲噶喜	བཀའ་དྲུང་དགའ་བཞི།
噶钦罗桑班觉	དཀའ་ཆེན་བློ་བཟང་དཔལ་འབྱོར།
噶瓦东护法神	དགའ་བ་གདོང་གི་ཆོས་སྐྱོང་།

盖仓喇嘛南卓	སྐྱིད་ཚང་བླ་མ་རྣམ་གྲོལ་ལགས།
尕玛布勒特	སྐར་མ་སྤྲིག་ལི་ཁྲུ།
甘丹赤钦经师班智达阿旺群培	དགའ་ལྡན་ཁྲི་ཆེན་ཡོངས་འཛིན་པཎྜི་ཏ་ངག་དབང་ཆོས་འཕེལ།
甘丹拉杰	དགའ་ལྡན་རབ་རྒྱས།
甘丹列谢曲廓林	དགའ་ལྡན་ལེགས་བཤད་ཆོས་འཁོར་གླིང་།
甘丹巴强巴宗哲	དགའ་ལྡན་པ་བྱམས་པ་བརྩོན་འགྲུས།
甘丹赤钦额尔德尼诺门康	དགའ་ལྡན་ཁྲི་ཆེན་ཨེར་ཏེ་ནི་ནོ་མོན་ཀང་།
甘丹赤钦经师阿旺念扎	དགའ་ལྡན་ཁྲི་ཆེན་ཡོངས་འཛིན་ངག་དབང་སྙན་གྲགས།
甘丹赤钦仁布切	དགའ་ལྡན་ཁྲི་ཆེན་རིན་པོ་ཆེ།
甘丹拉桑	དགའ་ལྡན་ལྷ་བསངས།
甘丹热吉巴	དགའ་ལྡན་རབ་རྒྱས་པ།
甘丹室利	དགའ་ལྡན་ཤྲཱི།
岗坚堪布	གངས་ཅན་མཁན་པོ།
岗坚总管	གངས་ཅན་འདུས་སྤྱི།
岗坚群培	གངས་ཅན་ཆོས་འཕེལ།
岗钦噶钦罗桑崔成	གངས་ཆེན་དཀའ་ཆེན་བློ་བཟང་ཚུལ་ཁྲིམས།
甘丹噶举仁布切	དགེ་ལྡན་བཀའ་བརྒྱུད་རིན་པོ་ཆེ།
甘丹热杰噶钦罗桑群培	དགའ་ལྡན་རབ་རྒྱས་པ་དཀའ་ཆེན་བློ་བཟང་ཆོས་འཕེལ།
根敦塔杰	དགེ་འདུན་དར་རྒྱས།
根敦达瓦	དགེ་འདུན་ཟླ་བ།
根敦坚赞	དགེ་འདུན་རྒྱལ་མཚན།
格康	དགེ་ཁང་།
格桑	སྐལ་བཟང་།

格勒嘉措	དགེ་ལེགས་རྒྱ་མཚོ།
格勒坚赞	དགེ་ལེགས་རྒྱལ་མཚན།
格勒南加	དགེ་ལེགས་རྣམ་རྒྱལ།
格勒群培	དགེ་ལེགས་ཆོས་འཕེལ།
格隆罗桑顿珠	དགེ་སློང་བློ་བཟང་དོན་གྲུབ།
格培山居士	དགེ་འཕེལ་རི་ཁྲོད་པ།
格日荀嘉	སྒེ་ཙུ་གུ་རྒྱལ།
格桑崔成	སྐལ་བཟང་ཚུལ་ཁྲིམས།
格桑顿珠	སྐལ་བཟང་དོན་གྲུབ།
格桑顿珠达瓦杰	སྐལ་བཟང་དོན་གྲུབ་ཟླ་བ་རྒྱལ།
格桑嘉措	བསྐལ་བཟང་རྒྱ་མཚོ།
格桑群培	བསྐལ་བཟང་ཆོས་འཕེལ།
根敦扎巴	དགེ་འདུན་གྲགས་པ།
根敦珠	དགེ་འདུན་གྲུབ།
根敦珠巴（即一世达赖喇嘛）	དགེ་འདུན་གྲུབ་པ།
更波大怙主	སྒམ་པོ་སྐྱབས་མགོན་ཆེན་པོ།
贡甘丹增	ཀུན་དགའ་བསྟན་འཛིན།
更林大师傅	ཀུན་གླིང་སློབ་དཔོན་རིན་པོ་ཆེ།
公班智达	གུང་པཎྜི་ཏ།
贡确坚参	དཀོན་མཆོག་རྒྱལ་མཚན།
公托（活佛）	ཀུན་ཐོབ།
公西亲王次仁多杰	ཀོང་ཤོས་ཆེང་ཝང་ཚེ་རིང་རྡོ་རྗེ།
恭文殊	གུང་འཇམ་དཔལ།
贡贝色图萨拉克其	གུང་པའི་སེ་ཐུ་ས་ལག་ཆེ།
贡察瓦	དགོན་ཁྲ་བ།
贡嘎坚赞	ཀུན་དགའ་རྒྱལ་མཚན།

贡贡噶次仁	གུང་ཀུན་དགའ་ཚེ་རིང་།
贡确晋美旺波	དཀོན་མཆོག་འཇིགས་མེད་དབང་པོ།
贡确门朗	དཀོན་མཆོག་སྨོན་ལམ།
贡萨载喇嘛	དགོན་གསར་རྗེའི་བླ་མ།
古格瓦活佛罗桑次成坚赞	གུ་གེ་བ་སྐུ་སྐྱེ་བློ་བཟང་ཚུལ་ཁྲིམས་རྒྱལ་མཚན།
古格瓦罗桑扎西	གུ་གེ་བ་བློ་བཟང་བཀྲ་ཤིས།
古格侍读群则益西丹增	གུ་གེ་མཚན་ཞབས་པ་ཡེ་ཤེས་བསྟན་འཛིན།
古格经师仁布切	གུ་གེ་ཡོངས་འཛིན་རིན་པོ་ཆེ།
谷擦	སྐུ་ཚོ།
光辉明妃	འོད་ཟེར་ཅན་མ།
光明佛母	འོད་ཟེར་ཅན།
光爷	ཁོང་ཡེ།
轨范师世亲	སློབ་དཔོན་དབྱིག་གཉེན།
管家诺永	ཕྱག་མཛོད་ནོ་ཡོན།
管家达喇嘛	ཕྱག་མཛོད་ཌཱ་བླ་མ།
管家济仲罗桑塔杰	ཕྱག་མཛོད་རྗེ་དྲུང་བློ་བཟང་དར་རྒྱས།
管家强巴多丹	ཕྱག་མཛོད་བྱམས་པ་སྟོབས་ལྡན།
管家札萨喇嘛	ཕྱག་མཛོད་ཛ་སག
管家札萨喇嘛梅尔刊堪布	ཕྱག་མཛོད་ཛ་སག་མེར་ཁན་མཁན་པོ།
廓须巴刘秀	ཁོ་ཤོས་པའི་ལིའི་ཤོག
管家南加群培	ཕྱག་མཛོད་རྣམ་རྒྱལ་ཆོས་འཕེལ།
管家尼玛顿珠	ཕྱག་མཛོད་ཉི་མ་དོན་གྲུབ།
怙主佛王(八世达赖喇嘛)	སྐྱབས་མགོན་རྒྱལ་བའི་དབང་པོ།
怙主绛贝嘉措(即八世达赖喇嘛)	སྐྱབས་མགོན་འཇམ་དཔལ་རྒྱ་མཚོ།
桂译师枯巴拉则	འགོས་ལོ་ཙཱ་བ་ཁུག་པ་ལྷས་བཙས།

管家扎萨喇嘛曼日瓦罗桑顿珠	ཕྱག་མཛོད་ཛ་སག་བླ་མ་སྨན་རི་བ་བློ་བཟང་དོན་གྲུབ།
管家南杰	ཕྱག་མཛོད་རྣམ་རྒྱལ།
衮钦勒巴顿珠	ཀུན་མཁྱེན་ལེགས་པ་དོན་གྲུབ།
郭芒呼图克图之转世灵童	སྒོ་མང་ཧུ་ཐུའུ་སྐྱེ་སྲིད།
郭芒活佛南沃夏仲罗桑念扎	སྒོ་མང་སྤྲུལ་སྐུ་གནམ་སྟོན་ཞབས་དྲུང་བློ་བཟང་སྙན་གྲགས།
国王日光	རྒྱལ་པོ་ཉི་མའི་འོད།
果洛本次旦	མགོ་ལོག་དཔོན་ཚེ་བརྟན།
果洛本桑珠	མགོ་ལོག་དཔོན་བསམ་གྲུབ།

H

哈尔东巴罗桑顿珠	ཧར་གདོང་པ་བློ་བཟང་དོན་གྲུབ།
哈尔东巴	ཧར་གདོང་པ།
哈尔东巴济仲罗桑锦巴	རྗེ་དྲུང་བློ་བཟང་སྦྱིན་པ།
哈尔钦	ཧར་ཆེན།
哈尔钦王	ཧར་ཆེན་ཝང་།
哈尔钦诺云呼图克图	ཧར་ཆེན་ནོ་ཡོན་ཧུ་ཐོག་ཐུ།
哈努	ཧ་ནུ།
海公(即海兰察)	ཧས་གུང་།
海监	ཧའི་ཅན།
海驻藏大臣	ཧད་ཨམ་བན།
航海合	ཧང་ཧེ་ཧུ།
和大人(即和琳)	ཧོ་ཏ་ཞིན།
和钦差(即和琳)	ཧོ་ཨམ་བན།

红色阎罗王　　གཤིན་རྗེ་གཤེད་དམར།
红手　　ཕྱག་དམར་བ།
护日玛塔贝却　　ཧུ་རི་མ་ཐ་ཐད་ཚོད།
回民马老爷　　ཁ་ཆེ་ཟྭ་ལོ་ཡེ།
霍尔康萨　　ཧོར་ཁང་གསར།
霍尔炉霍土司　　ཧོར་བྲག་མགོ་དཔོན།
霍尔康　　ཧོར་ཁང་།

J

济仲　　རྗེ་དྲུང་།
嘉·欧珠曲宗巴罗桑顿珠　　ལྕགས་དངོས་གྲུབ་ཆོས་རྫོང་པ་བློ་བཟང་དོན་གྲུབ།
吉钦　　དཀྱིལ་ཆེན།
吉雄班丹顿珠　　སྐྱིད་གཤོངས་དཔལ་ལྡན་དོན་གྲུབ།
纪萨吞孟　　སྐྱི་ས་མཐུན་མོང་།
济仲饶丹顿珠嘉措　　རྗེ་དྲུང་རབ་བརྟན་དོན་གྲུབ་རྒྱ་མཚོ།
济仲罗桑多吉　　རྗེ་དྲུང་བློ་བཟང་རྡོ་རྗེ།
寂天　　ཞི་བ་ལྷ།
加果齐安仓　　བྱར་ཁོ་ཆེ་ཙན་ཚང་།
嘉钦则巴喇嘛　　རྒྱལ་ཆེན་རྩེ་པ་བླ་མ།
加赛活佛　　རྒྱལ་སྲས་སྤྲུལ་སྐུ།
加唐　　ལྕགས་ཐང་།
杰瓦噶玛巴　　རྒྱལ་བ་ཀརྨ་པ།
嘉巴罗桑顿珠　　ལྕགས་པ་བློ་བཟང་དོན་གྲུབ།
嘉措南加　　རྒྱ་མཚོ་རྣམ་རྒྱལ།
嘉措瓦　　རྒྱ་མཚོ་བ།

嘉班参觉	འཇམ་དཔལ་མཚན་བརྗོད།
嘉加巴罗桑贡确	ཇ་རྒྱབ་པ་བློ་བཟང་དཀོན་མཆོག
嘉举拜巴	ཁྱབ་འཇུག་སྨྲས་པ།
嘉康巴罗桑雅培	རྒྱ་ཁམས་པ་བློ་བཟང་ཡར་འཕེལ།
嘉拉堪布	ལྷུགས་ལ་མཁན་པོ།
嘉木样辛迪巴洛追坚赞	འཇམ་དབྱངས་ཤིནྟི་པ་བློ་གྲོས་རྒྱལ་མཚན།
嘉钦则巴持法罗桑尼玛	རྒྱལ་ཆེན་རྗེ་པ་ཆོས་མཛོད་བློ་བཟང་ཉི་མ།
嘉钦则巴噶钦培	རྒྱལ་ཆེན་རྗེ་པ་དཀའ་ཆེན་འཕེལ།
嘉钦则巴罗桑益喜	རྒྱལ་ཆེན་རྗེ་པ་བློ་བཟང་ཡེ་ཤེས།
嘉钦则巴噶钦益西坚赞	རྒྱལ་ཆེན་རྗེ་པ་དཀའ་ཆེན་ཡེ་ཤེས་རྒྱལ་མཚན།
嘉绒扎班丹巴群培	རྒྱ་རོང་གྲགས་པ་བསྟན་པ་ཆོས་འཕེལ།
嘉瓦噶玛巴	རྒྱལ་བ་ཀརྨ་པ།
嘉央喇嘛	འཇམས་དབྱངས་བླ་མ།
嘉央协巴	འཇམ་དབྱངས་བཞད་པ།
嘉央桑旦	འཇམ་དབྱངས་བསམ་གཏན།
甲子加本	རྒྱབ་རྫི་རྒྱ་དཔོན།
嘉康巴	རྒྱ་ཁམས་པ།
嘉康巴群则顿珠	རྒྱ་ཁམས་པ་ཆོས་མཛོད་དོན་གྲུབ།
嘉钦则巴仲智益西南杰	རྒྱལ་ཆེན་རྗེ་པ་དྲུང་གྲས་ཡེ་ཤེས་རྣམ་རྒྱལ།
坚龙巴崔成坚赞	གཅེན་ལུང་པ་ཚུལ་ཁྲིམས་རྒྱལ་མཚན།
坚龙巴噶钦次仁旺布	གཅེན་ལུང་པ་དཀའ་ཆེན་ཚེ་རིང་དབང་པོ།
坚龙巴噶钦益西扎西	གཅེན་ལུང་པ་དཀའ་ཆེན་ཡེ་ཤེས་བཀྲ་ཤིས།
坚龙巴罗桑塔杰	གཅེན་ལུང་པ་བློ་བཟང་དར་རྒྱས།
坚龙巴益西云登	གཅེན་ལུང་པ་ཡེ་ཤེས་ཡོན་ཏན།
坚龙巴云丹塔杰	གཅེན་ལུང་པ་ཡོན་ཏན་དར་རྒྱས།
坚龙巴班丹群培	གཅེན་ལུང་པ་དཔལ་ལྡན་ཆོས་འཕེལ།

坚龙巴罗桑尼玛	གཅེན་ལུང་པ་བློ་བཟང་ཉི་མ།
坚龙巴	གཅེན་ལུང་པ།
江金	ལྕང་ཅན།
江金公	ལྕང་ཅན་གུང་།
江热活佛	ལྕང་ར་སྤྲུལ་སྐུ།
江喇嘛	ལྕང་བླ་མ།
江隆班智达	ལྕང་ལུང་པཎྜི་ཏ།
江容多吉	ཅང་ལུང་རྡོ་རྗེ།
江王	རྒྱང་རྒྱལ་པོ།
绛贝扎	འཇམ་དཔལ་གྲགས།
绛贝崔成	འཇམ་དཔལ་ཚུལ་ཁྲིམས།
降郭济仲罗桑次仁	རྒྱང་སྒོ་རྗེ་དྲུང་བློ་བཟང་ཚེ་རིང་།
降钦(即绒降钦)	བྱམས་ཆེན།
降秋群培	བྱང་ཆུབ་ཆོས་འཕེལ།
绛央丹巴	འཇམ་དབྱངས་བསྟན་པ།
绛白嘉措	འཇམ་དཔལ་རྒྱ་མཚོ།
绛贝扎巴	འཇམ་དཔལ་གྲགས་པ།
绛央嘉措	འཇམ་དབྱངས་རྒྱ་མཚོ།
觉拉诺永	ཇོ་ལགས་ནོ་ཡོན།
觉沃	ཇོ་བོ།
觉沃纳噶瓦	ཇོ་བོ་ང་དཀར་བ།
觉沃钦布	ཇོ་བོ་ཆེན་པོ།
杰门朗跋瓦	རྗེ་སྨོན་ལམ་དཔའ་བ།
杰班丹扎巴	རྗེ་དཔལ་ལྡན་གྲགས་པ།
杰波巴	བྱང་སྤྲུག་པ།
杰曹巴	རྒྱལ་ཚབ་པ།

杰达尼钦波	རྗེ་བདག་ཉིད་ཆེན་པོ།
杰嘎	རྒྱལ་དཀའ།
杰根敦珠	རྗེ་དགེ་ཏུན་གྲུབ།
杰绛贝嘉措	རྗེ་འཇམ་དཔལ་རྒྱ་མཚོ།
杰卡西	རྒྱལ་ཁག་བཞི།
杰康巴罗桑丹增	རྒྱ་ཁམས་པ་བློ་བཟང་བསྟན་འཛིན།
嘉康则格桑琼培	རྒྱལ་ཁང་རྩེ་སྐལ་བཟང་ཆོས་འཕེལ།
杰喇嘛堪钦一切智（即七世班禅额尔德尼）	རྗེ་བླ་མ་མཁན་ཆེན་ཐམས་ཅད་མཁྱེན་གཟིགས་ཆེན་པོ།
嘉钦则巴噶钦索巴坚赞	རྒྱལ་ཆེན་རྩེ་པ་དཀའ་ཆེན་བཟོད་པ་རྒྱལ་མཚན།
嘉钦则巴罗桑丹增	རྒྱལ་ཆེན་རྩེ་པ་བློ་བཟང་བསྟན་འཛིན།
嘉钦则巴比丘托美坚赞	རྒྱལ་ཆེན་རྩེ་པ་དགེ་སློང་ཐོགས་མེད་རྒྱལ་མཚན།
嘉钦则巴仲然巴益喜扎西	རྒྱལ་ཆེན་རྩེ་པ་དྲུང་རམས་པ་ཡེ་ཤེས་བཀྲ་ཤིས།
嘉钦则巴噶钦格勒亚培	རྒྱལ་ཆེན་རྩེ་པ་དཀའ་ཆེན་དགེ་ལེགས་ཡར་འཕེལ།
嘉钦则巴罗桑列谢	རྒྱལ་ཆེན་རྩེ་པ་བློ་བཟང་ལེགས་བཤད།
嘉钦则巴	རྒྱལ་ཆེན་རྩེ་པ།
嘉钦则巴罗桑锦巴	རྒྱལ་ཆེན་རྩེ་པ་བློ་བཟང་སྦྱིན་པ།
杰却格桑嘉措	རྒྱལ་མཆོག་བསྐལ་བཟང་རྒྱ་མཚོ།
杰仁布切	རྗེ་རིན་པོ་ཆེ།
杰瓦嘉措	རྒྱལ་བ་རྒྱ་མཚོ།
杰旺确（即八世达赖喇嘛）	རྒྱལ་དབང་མཆོག
济仲班丹西饶	རྗེ་དྲུང་དཔལ་ལྡན་ཤེས་རབ།
济仲格勒坚赞	རྗེ་དྲུང་དགེ་ལེགས་རྒྱལ་མཚན།
济仲罗桑坚赞	རྗེ་དྲུང་བློ་བཟང་རྒྱལ་མཚན།
济仲热丹顿珠嘉措	རྗེ་དྲུང་རབ་བརྟན་དོན་གྲུབ་རྒྱ་མཚོ།
济仲先生	སྐུ་ཞང་རྗེ་དྲུང་།

济仲尊追群培　　འབྲས་སྤུངས་པ་རྗེ་དྲུང་བརྩོན་འགྲུས་ཆོས་འཕེལ།

杰尊罗桑曲杰坚赞　　རྗེ་བཙུན་བློ་བཟང་ཆོས་ཀྱི་རྒྱལ་མཚན།

杰尊玛　　རྗེ་བཙུན་མ།

杰尊姆　　རྗེ་བཙུན་སྨོ་དྲུང་།

结桑喇嘛　　ཛའི་སང་བླ་མ།

锦巴坚赞　　སྦྱིན་པ་རྒྱལ།

锦巴曲培　　སྦྱིན་པ་ཆོས་འཕེལ།

金刚大力士/金刚力　　རྗེ་ཤུགས།

金刚大威德　　རྡོ་རྗེ་འཇིགས་བྱེད།

金刚亥母　　རྡོ་རྗེ་ཕག་མོ།

金刚铃尊者　　རྡོ་རྗེ་དྲིལ་བུ་བ།

金刚手　　ཕྱག་ན་རྡོ་རྗེ།

锦巴次成　　སྦྱིན་པ་ཚུལ་ཁྲིམས།

晋美贝勒　　འཇིགས་མེད་པའི་ལོ།

晋王多杰坚赞　　ཇུན་ཝང་རྡོ་རྗེ་རྒྱལ་མཚན།

经师诺门汗　　ཡོངས་འཛིན་ནོ་མིན་ཧན།

晋王　　ཇུན་ཝང་།

晋王才旺杰上师　　ཇིན་ཝང་ཚེ་དབང་སྐྱབས་ཀྱི་བླ་མ།

晋王萨培多杰　　ཇུན་ཝང་བསམ་འཕེལ་རྡོ་རྗེ།

经师诺门汗钦波　　ཡོངས་འཛིན་ནོ་མིན་ཧན་ཆེན་པོ།

K

喀巴　　ཁ་པ།

喀才札萨图王　　མཁར་ཚན་ཛ་སག་ཐུ་རྒྱལ་པོ།

喀尔喀达喇嘛　　ཁལ་ཁ་དྷ་བླ་མ།

喀尔喀锦巴洛培	ཁལ་ཁ་སྦྱིན་པ་བློ་འཕེལ།
喀尔喀克然	ཁལ་ཁ་ཁྲུ་རལ།
喀尔喀罗桑群培	ཁལ་ཁ་བློ་བཟང་ཆོས་འཕེལ།
喀尔喀哲布尊丹巴	ཁལ་ཁ་རྗེ་བཙུན་དམ་པ།
喀钦夏仲之管家	མཁར་ཆེན་ཞབས་དྲུང་གི་མཛོད་པ།
喀尔喀	ཁལ་ཁ།
喀尔喀拔克西法王罗桑贡曲	ཁལ་ཁ་པཀྴི་ཆོས་རྗེ་བློ་བཟང་དཀོན་མཆོག
喀尔喀人	ཁལ་ཁའི་མི་སྣ།
喀尔喀色诺云	ཁལ་ཁ་སན་ནོ་ཡོན།
卡娘布	ཁྲ་སྙིང་པོ།
卡热扎统巴	ཁ་རག་བཀྲས་མཐོང་པ།
堪布护法大持金刚	མཁན་པོ་སྐྱབས་མགོན་རྡོ་རྗེ་འཆང་།
堪布嘉央丹巴顿摄政活佛	མཁན་པོ་འཇམ་དབྱངས་བསྟན་པ་གདོང་རྒྱལ་ཚབ་རིན་པོ་ཆེ།
堪钦诺门汗罗桑次旺杰布	མཁན་ཆེན་ནོ་མིན་ཧན་བློ་བཟང་ཚེ་རིང་སྐྱབས།
康巴喇嘛益西索巴	ཁམ་པ་བླ་མ་ཡེ་ཤེས་བཟོད་པ།
康林活佛	ཁམས་གླིང་སྤྲུལ་སྐུ།
康聂丹增桂结	ཁང་གཉེར་བསྟན་འཛིན་དགོས་སྐྱེས།
康聂丹增斯塔	ཁང་གཉེར་བསྟན་འཛིན་སྲི་ཐར།
康钦巴	ཁང་ཆེན་པ།
康钦济仲罗桑达结	ཁང་ཆེན་རྗེ་དྲུང་བློ་བཟང་དར་རྒྱས།
康萨本	ཁང་གསར་དཔོན།
克吾堪布	ཁུ་བོ་མཁན་པོ།
克珠曲吉杰布格列贝桑布	མཁས་གྲུབ་ཆོས་ཀྱི་རྒྱལ་པོ་དགེ་ལེགས་དཔལ་བཟང་།

克珠旦白尼玛确吉杰布格列贝	མཁས་གྲུབ་བསྟན་པའི་ཉི་མ་ཆོས་ཀྱི་རྒྱལ་པོ་དགེ་ལེགས་དཔལ་བཟང་པོ།
桑布	
空行罗桑热杰	མཁའ་སྤྱོད་དགེ་སློང་བློ་བཟང་རབ་རྒྱས།

L

拉布巴商官多杰慕喀	ལབ་པ་ཚོང་དཔོན་རྡོ་རྗེའི་སྨུར་ཁམ།
拉堆巴噶钦贡确坚赞	ལ་སྟོད་པ་དཀའ་ཆེན་དཀོན་མཆོག་རྒྱལ་མཚན།
拉衮活佛	ལྷ་མགོན་སྤྲུལ་སྐུ།
拉基勒参巴	བླ་སྤྱི་ལས་ཚན་པ།
拉喀瓦	ལ་ཁ་བ།
拉卡巴罗桑西热	ལ་ཁ་བ་བློ་བཟང་ཤེས་རབ།
拉卡巴南加索巴	ལ་ཁ་བ་རྣམ་རྒྱལ་བཟོད་པ།
拉卡瓦旦增扎西	ལ་ཁ་བ་བསྟན་འཛིན་བཀྲ་ཤིས།
拉康巴格龙绛央嘉措	ལྷ་ཁང་པ་དགེ་སློང་འཇམ་དབྱངས་རྒྱ་མཚོ།
拉林巴罗桑雅培	ལེགས་གླིང་པ་བློ་བཟང་ཡར་འཕེལ།
拉鲁	ལྷ་ཀླུ།
拉鲁嘎蔡	ལྷ་ཀླུ་དགའ་ཚལ།
拉鲁公	ལྷ་ཀླུའི་གུང་།
拉鲁公绕丹南加	ལྷ་ཀླུའི་གུང་རབ་བརྟན་རྣམ་རྒྱལ།
拉莫济仲罗桑坚赞	ལ་མོ་རྗེ་དྲུང་བློ་བཟང་རྒྱལ་མཚན།
拉木曲迥钦波	ལ་མོ་ཆོས་སྐྱོང་ཆེན་པོ།
拉木(大护法)	ལ་མོ།
拉木法王索南丹增旺堆	ལ་མོ་ཆོས་རྗེ་བསོད་ནམས་བསྟན་འཛིན་དབང་འདུས།
拉木济仲	ལ་མོ་རྗེ་དྲུང་།

拉木曲吉	ལ་མོ་ཆོས་རྗེ།
拉钦仁青洛萨米庞	བླ་ཆེན་རིན་ཆེན་བློ་གསལ་མི་ཕམ།
拉日群则	ལྷ་རི་ཆོས་མཛད།
拉唐贡	ལྷ་ཐང་གོང་།
拉旺	ལྷ་དབང་།
拉旺丹	ལྷའི་དབང་ལྡན།
拉旺久	ལྷའི་དབང་ཕྱུག
拉孜奥门林巴	ལྷ་རྩེ་འོག་མིན་གླིང་པ།
拉孜曲德巴	ལྷ་རྩེ་ཆོས་སྡེ་པ།
拉孜曲德巴益西旺曲	ལྷ་རྩེ་ཆོས་སྡེ་བ་ཡེ་ཤེས་དབང་ཕྱུག
朗钦巴	སྒང་ཆེན་པ།
罗桑伦珠曲旦	བློ་བཟང་ལྷུན་གྲུབ་ཆོས་ལྡན།
列谢曲林巴罗桑顿珠	ལེགས་བཤད་ཆོས་གླིང་པ་བློ་བཟང་དོན་གྲུབ།
列谢林巴罗桑丹增	ལེགས་བཤད་གླིང་པ་བློ་བཟང་བསྟན་འཛིན།
列林巴格桑曲林	ལེགས་གླིང་པ་སྐལ་བཟང་ཕྱོགས་གླིང་།
列林巴罗桑崔成	ལེགས་གླིང་པ་བློ་བཟང་ཚུལ་ཁྲིམས།
列谢林巴格桑乔朗	ལེགས་བཤད་གླིང་པ་སྐལ་བཟང་ཕྱོགས་སྒང་།
列谢林巴南加索巴	ལེགས་བཤད་གླིང་པ་རྣམ་རྒྱལ་བཟོད་པ།
勒珠巴	ལེགས་གྲུབ་པ།
伦波孜巴崔成丹巴	ལྷུན་པོ་རྩེ་པ་ཚུལ་ཁྲིམས་བསྟན་པ།
伦波孜巴崔成丹增	ལྷུན་པོ་རྩེ་པ་ཚུལ་ཁྲིམས་བསྟན་འཛིན།
伦波孜巴强巴	ལྷུན་པོ་རྩེ་པ་སྐལ་བཟང་བྱམས་པ།
伦布孜巴噶钦嘉木样尊追	ལྷུན་ པོ་ རྩེ་ པ་ དཀར་ ཆེན་ འཇམ་ དབྱངས་ བརྩོན་ འགྲུས།
伦珠丹达	ལྷུན་གྲུབ་བསྟན་དར།
伦珠尼玛	ལྷུན་གྲུབ་ཉི་མ།

伦珠群培	ལྷུན་གྲུབ་ཆོས་འཕེལ།
李当官	ཀླུ་སྡིངས་དཔོན་པོ།
理塘仲垛	ལི་ཐང་སྒྲོན་འདོགས།
莲花生	པདྨ་འབྱུང་གནས།
联络译师	སྐེ་ཤན་ལོ་ཙཱ་བ།
联络员孜本彭康	སྐེ་ཤན་བཀའ་རྩིས་དཔོན་ཕུན་ཁང་།
灵驻藏大臣(即驻藏帮办大臣灵海)	ལྷིན་ཨམ་བན།
六面阎罗王	གཤིན་རྗེ་གདོང་དྲུག
龙本	ཀླུ་དཔོན།
龙堆	ཀློང་རྡོལ།
伦珠罗布	ལྷུན་གྲུབ་ནོར་བུ།
龙族官噶杰	ཀླུ་དཔོན་དཀའ་རྗེ།
隆巴济仲罗桑崔成	ལུང་པ་རྗེ་དྲུང་བློ་བཟང་ཚུལ་ཁྲིམས།
隆多喇嘛阿旺罗桑	ཀློང་རྡོལ་བླ་མ་ངག་དབང་བློ་བཟང་།
隆多云丹	ལུང་རྟོགས་ཡོན་ཏན།
龙本隆谢格松	ཀླུ་དཔོན་ལུང་ཤར་དགེ་སྐྱོང་།
鲁东卸任管家	ལུག་གདོང་གཉེར་རྙིང་།
伦波嘉措洛追	བློན་པོ་རྒྱ་མཚོའི་བློ་གྲོས།
伦布孜巴班丹群培	ལྷུན་པོ་རྩེ་པ་དཔལ་ལྡན་ཆོས་འཕེལ།
伦布孜巴罗桑坚赞	ལྷུན་པོ་རྩེ་པ་བློ་བཟང་རྒྱལ་མཚན།
伦布孜巴南加锦巴	ལྷུན་པོ་རྩེ་པ་རྣམ་སྦྱིན་པ།
罗布巴罗桑阿旺	སློ་སྦྲུག་པ་བློ་བཟང་ངག་དབང་།
罗布巴罗桑尊追	སློ་སྦྲུག་པ་བློ་བཟང་བརྩོན་འགྲུས།
罗布巴罗桑阿旺	སློ་སྦྲུག་པ་བློ་བཟང་ངག་དབང་།
罗刹女大若卡	སྲིན་མོ་ཛ་རོ་ཁ།

罗钦	བློ་ཆེན།
罗桑班觉	བློ་བཟང་དཔལ་འབྱོར།
罗桑班丹旦白尼玛确列朗杰	བློ་བཟང་དཔལ་ལྡན་བསྟན་པའི་ཉི་མ་ཕྱོགས་ལས་རྣམ་རྒྱལ།
罗桑班丹益西贝桑布	བློ་བཟང་དཔལ་ལྡན་ཡེ་ཤེས་དཔལ་བཟང་པོ།
罗桑次丹	བློ་བཟང་ཚེ་བརྟན།
罗桑次仁	བློ་བཟང་ཚེ་རིང་།
罗桑崔成	བློ་བཟང་ཚུལ་ཁྲིམས།
罗桑塔杰	བློ་བཟང་དར་རྒྱས།
罗桑达瓦	བློ་བཟང་ཟླ་བ།
罗桑旦白坚赞	བློ་བཟང་བསྟན་པའི་རྒྱལ་མཚན།
罗桑丹坚群培	བློ་བཟང་བསྟན་རྒྱན་ཆོས་འཕེལ།
罗桑丹坚	བློ་བཟང་བསྟན་རྒྱན།
罗桑丹增	བློ་བཟང་བསྟན་འཛིན།
罗桑丹增贝桑布	བློ་བཟང་བསྟན་འཛིན་དཔལ་བཟང་པོ།
罗桑旦白迥乃阿旺隆朵嘉措	བློ་བཟང་བསྟན་པའི་འབྱུང་གནས་ངག་དབང་ལུང་རྟོགས་རྒྱ་མཚོ།
罗桑顿珠	བློ་བཟང་དོན་གྲུབ།
罗桑格勒	བློ་བཟང་དགེ་ལེགས།
罗桑格桑	བློ་བཟང་སྐལ་བཟང་།
罗桑坚赞	བློ་བཟང་རྒྱལ་མཚན།
罗桑锦巴	བློ་བཟང་སྨིན་པ།
罗桑锦巴慕	བློ་བཟང་སྨིན་པའི་མུར།
罗桑热杰	བློ་བཟང་རབ་རྒྱས།
罗桑南加	བློ་བཟང་རྣམ་རྒྱལ།
罗桑门朗	བློ་བཟང་སྨོན་ལམ།

罗桑曲增	བློ་བཟང་ཆོས་འཛིན།
罗桑确吉坚赞	བློ་བཟང་ཆོས་ཀྱི་རྒྱལ་མཚན།
罗桑确坚	བློ་བཟང་ཆོས་རྒྱན།
罗桑群培	བློ་བཟང་ཆོས་འཕེལ།
罗桑饶丹	བློ་བཟང་རབ་བརྟན།
罗桑饶杰	བློ་བཟང་རབ་རྒྱས།
罗桑桑珠	བློ་བཟང་བསམ་གྲུབ།
罗桑益西	བློ་བཟང་ཡེ་ཤེས།
罗桑扎西	བློ་བཟང་བཀྲ་ཤིས།
罗桑扎巴	བློ་བཟང་གྲགས་པ།
罗桑卓玛	བློ་བཟང་སྒྲོལ་མ།
罗桑索巴	བློ་བཟང་བཟོད་པ།
洛巴罗桑班丹崔成	ལྷོ་པ་བློ་བཟང་དཔལ་ལྡན་ཚུལ་ཁྲིམས།
洛巴活佛	ལྷོ་པའི་སྤྲུལ་སྐུ།
罗桑旦增班觉	བློ་བཟང་བསྟན་འཛིན་དཔལ་འབྱོར།
罗桑德巴	བློ་བཟང་བདེ་བ།
罗桑华丹	བློ་བཟང་དཔལ་ལྡན།
罗桑华觉	བློ་བཟང་དཔལ་འབྱོར།
罗桑坚赞	བློ་བཟང་རྒྱལ་མཚན།
罗桑切觉	བློ་བཟང་ཆོས་འབྱོར།
罗桑西饶	བློ་བཟང་ཤེས་རབ།
洛伽夏若（观音菩萨）	ལོ་ཀེ་ཤ་ར།
洛罗桑丹坚群培贡康巴	ལྷོ་བློ་བཟང་བསྟན་རྒྱན་ཆོས་འཕེལ་མགོན་ཁང་པ།
洛钦活佛	ལོ་ཆེན་སྤྲུལ་སྐུ།
洛青加确巴桑	ལོ་ཆེན་སྐྱབས་མཆོག་དཔལ་བཟང་།

罗桑班丹	བློ་བཟང་དཔལ་ལྡན།
罗桑班丹群培	བློ་བཟང་དཔལ་ལྡན་ཆོས་འཕེལ།
罗桑班丹旦白坚赞	བློ་བཟང་དཔལ་ལྡན་བསྟན་པའི་རྒྱལ་མཚན།
罗桑布吉拉姆	བློ་བཟང་སྦྱུག་གི་ལྷ་མོ།
罗桑次成	བློ་བཟང་ཚུལ་ཁྲིམས།
罗桑崔成晋美旦白坚赞	བློ་བཟང་ཚུལ་ཁྲིམས་འཇིགས་མེད་བསྟན་པའི་རྒྱལ་མཚན།
罗桑塔杰	བློ་བཟང་དར་རྒྱས།
罗桑达扎	བློ་བཟང་ཟླ་གྲགས།
罗桑丹巴坚赞	བློ་བཟང་བསྟན་པ་རྒྱལ་མཚན།
罗桑当确	བློ་བཟང་དམ་ཆོས།
罗桑丹增班觉	བློ་བཟང་བསྟན་འཛིན་དཔལ་འབྱོར།
罗桑丹增南加	བློ་བཟང་བསྟན་འཛིན་རྣམ་རྒྱལ།
罗桑丹达	བློ་བཟང་བསྟན་དར།
罗桑旦坚群培	བློ་བཟང་བསྟན་རྒྱན་ཆོས་འཕེལ།
罗桑旦增	བློ་བཟང་བསྟན་འཛིན།
罗桑旦增班觉	བློ་བཟང་བསྟན་འཛིན་དཔལ་འབྱོར།
罗桑顿丹	བློ་བཟང་དོན་ལྡན།
罗桑顿珠	བློ་བཟང་དོན་གྲུབ།
罗桑贡布	བློ་བཟང་མགོན་པོ།
罗桑嘉措	བློ་བཟང་རྒྱལ་མཚོ།
罗桑坚赞	བློ་བཟང་རྒྱལ་མཚན།
罗桑南赛	བློ་བཟང་རྣམ་སྲས།
罗桑尼玛	བློ་བཟང་ཉི་མ།
罗桑强巴	བློ་བཟང་བྱམས་པ།
罗桑强巴仁布切	བློ་བཟང་བྱམས་པ་རིན་པོ་ཆེ།

罗桑确吉坚赞	རྗེ་བཙུན་བློ་བཟང་ཆོས་ཀྱི་རྒྱལ་མཚན།
罗桑曲珍	བློ་བཟང་ཆོས་སྒྲོན།
罗桑群培坚赞	བློ་བཟང་ཆོས་འཕེལ་རྒྱལ་མཚན།
罗桑桑达	བློ་བཟང་གསང་བདག
罗桑索巴	བློ་བཟང་བཟོད་པ།
罗桑旺曲	བློ་བཟང་དབང་ཕྱུག
罗桑西热	བློ་བཟང་ཤེས་རབ།
罗桑云丹	བློ་བཟང་ཡོན་ཏན།
罗桑扎西	བློ་བཟང་བཀྲ་ཤིས།
洛森巴仁布切	ལོ་སེམས་དཔའ་རིན་པོ་ཆེ།
罗布巴罗桑阿旺	སློ་སྤྲུག་པ་བློ་བཟང་ངག་དབང་།
珞沃杰摩	གློ་བོ་རྒྱལ་མོ།

M

玛蒂	མ་ཏི།
玛尼活佛	མ་ཎི་སྤྲུལ་སྐུ།
玛扎西巴	མ་བཀྲ་ཤིས་དཔལ།
玛孜呼图克图罗桑图登旺曲	ཤྲེ་རྟུ་ཐོག་ཐུ་བློ་བཟང་ཐུབ་བསྟན་དབང་ཕྱུག
嘛呢思雅者	མ་ཎི་སུ་ཡ།
迈堪王	མེར་ཁན་ཝང་།
麦甘堪布罗桑坚赞	མེར་གན་མཁན་པོ་བློ་བཟང་རྒྱལ་མཚན།
麦康扎萨吉香吞西饶仁钦	མེན་ཀང་ཛ་སག་གི་ཤོག་ཐོན་ཤེས་རབ་རིན་ཆེན།
曼日瓦	སྨན་རི་བ།
曼殊师	མཉྫུ་ཤྲཱི
芒惹堪布	མང་ར་མཁན་པོ།

美达	མེ་ཏཱ།
美日巴	སྨེ་རུ་པ།
孟驻藏大臣	མུང་ཨམ་བན།
弥·艾木奇顿杰	དམིགས་ཨེམ་ཆེ་དོན་རྒྱལ།
弥那堪布列林巴	མི་སྣ་མཁན་པོ་ལེགས་གླིང་པ།
弥仁衮却	མི་རིང་དགོན་མཆོག
米村根波	མི་ཚན་ཀན་པོ།
米利	སྨེ་ལི།
米札	མི་ཏྲ།
米札杂派	མི་ཏྲ་ཛོ་ཀི།
密集绛贝多吉	གསང་འདུས་འཇམ་དཔལ་རྡོ་རྗེ།
密集金刚	གསང་འདུས།
莫兰	སྨོན་ལམ།
木里喇嘛	སྨི་ལི་བླ་མ།
目犍连	མོའུ་འགལ།

N

那措永	སྣ་ཚོགས་ཡུམ།
南加坚赞	རྣམ་རྒྱལ་རྒྱལ་མཚན།
南加	རྣམ་རྒྱལ།
南加群培	རྣམ་རྒྱལ་ཆོས་འཕེལ།
南加萨旦	རྣམ་རྒྱལ་བསམ་གཏན།
南加雅培	རྣམ་རྒྱལ་ཡར་འཕེལ།
南杰佐巴	རྣམ་རྒྱལ་བཟོད་པ།
南宗多吉	རྣམ་འཇོམས་རྡོ་རྗེ།

那朗多吉堆迥	སྣ་ནམ་རྡོ་རྗེ་བདུད་འཇོམས།
纳塘班丹确	སྣར་ཐང་པ་དམ་ཆོས།
纳措素	སྣ་ཚོགས་གཟུགས།
纳暖	རྣམ་གནོན།
纳塘曲德巴	སྣར་ཐང་ཆོས་སྡེ་པ།
乃莎瓦穆	གནས་གསར་བའི་སྨུར།
乃先达本帕拉	སྣེ་ཤན་མདའ་དཔོན་ཕ་ལྷ།
乃宁巴罗桑桑布	གནས་རྙིང་པ་བློ་བཟང་བཟང་པོ།
囊登	ནང་མདུན།
囊伦艾普拉旺多吉	ནང་བློན་ཨེ་ཕུ་ལྷ་དབང་རྡོ་རྗེ།
能仁达萨(即释迦牟尼)	ཐུབ་དབང་སྟ་ཟུར་མ།
尼东	ཉི་དོན།
尼玛	ཉི་མ།
尼玛顿珠	ཉི་མ་དོན་གྲུབ།
尼玛格列贝桑	ཉི་མ་དགེ་ལེགས་དཔལ་བཟང་།
尼玛群培	ཉི་མ་ཆོས་འཕེལ།
尼玛辛达	ཉི་མ་ཤིང་རྟ།
尼玛扎巴	ཉི་མ་གྲགས་པ།
尼赞代本穆佳	སྣེ་ཤན་མདའ་དཔོན་མི་རྒྱབ།
尼曲	ཉི་ཆོས།
纽曲阔林巴	ཉུག་ཆོས་འཁོར་གླིང་པ།
纽曲阔林巴甲央索朗	ཉུག་ཆོས་འཁོར་གླིང་པ་འཇམ་དབྱངས་བསོད་ནམས།
尼木杰协擦	སྙེ་མོ་རྒྱལ་བྱེད་ཚལ།
乃宁巴噶钦益西格勒	གནས་རྙིང་པ་དཀའ་ཆེན་ཡེ་ཤེས་དགེ་ལེགས།
乃宁巴先巴次成	གནས་རྙིང་པ་བྱམས་པ་ཚུལ་ཁྲིམས།

乃宁巴夏仲白丹次成	གནས་རྙིང་པ་ཞབས་དྲུང་དཔལ་ལྡན་ཚུལ་ཁྲིམས།
聂仓巴班丹扎西	གཉེར་ཚང་པ་དཔལ་ལྡན་བཀྲ་ཤིས།
聂仓巴扎西孜	གཉེར་ཚང་པ་བཀྲ་ཤིས་རྩེ།
聂仓钦波勒巴顿珠	གཉེར་ཚང་ཆེན་མོ་ལེགས་པ་དོན་གྲུབ།
聂多	དངོས་རྗོར།
聂色巴	ནེ་སེར་བ།
纽曲阔林总管	ཉུག་ཆོས་འཁོར་གླིང་འདུས་སྤྱི།
浓齐曲杰	ནོམ་ཆེ་ཆོས་རྗེ།
诺布嘎丹巴噶钦罗桑切扎	ནོར་བུ་དགའ་ལྡན་པ་དཀའ་ཆེན་བློ་བཟང་ཆོས་གྲགས།
诺布甘丹巴噶钦南杰宗智	ནོར་བུ་དགའ་ལྡན་པ་དཀའ་ཆེན་རྣམ་རྒྱལ་བརྩོན་འགྲུས།
诺布甘丹巴	ནོར་བུ་དགའ་ལྡན་པ།
诺门汗罗桑丹增贝桑布	ཡོངས་འཛིན་བློ་བཟང་བསྟན་འཛིན་དཔལ་བཟང་པོ།
诺门汗呼图克图	ནོ་མིན་ཧན་ཧུ་ཐོག་ཐུ།
诺门汗呼图克图罗桑隆仁旦白坚赞	ནོ་མིན་ཧན་ཧུ་ཐོག་ཐུ་བློ་བཟང་ལུང་རིགས་བསྟན་པའི་རྒྱལ་མཚན།
诺增噶蔡	ནོར་འཛིན་དགའ་ཚལ།
若尔盖喇嘛诺诺	མཛོད་དགེ་བླ་མ་ནོ་ནོ།
若尔盖	མཛོད་སྒེ།

O

欧珠雅培	དངོས་གྲུབ་ཡར་འཕེལ།

P

帕巴拉	འཕགས་པ་ལྷ།
帕索曲培坚参	བ་སོ་ཆོས་འཕེལ་རྒྱལ་མཚན།
帕仲管家	ཕག་གྲོང་གཉེར་བ།
彭措林巴	ཕུན་ཚོགས་གླིང་པ།
彭康	ཕུན་ཁང་།
平林巴更登南加	ཕུན་གླིང་པ་དགེ་འདུན་རྣམ་རྒྱལ།
菩提达瓦坚赞	བྱང་སེམས་ཟླ་བ་རྒྱལ་མཚན།
普觉活佛	ཕུར་བུ་ལྕོག
普大罗耶	ཕུ་ཏ་ལོ་ཡི།
普觉	ཕུར་ལྕོག
普觉活佛罗桑强巴仁布切	ཕུར་ལྕོག་བློ་བཟང་བྱམས་པ་རིན་པོ་ཆེ།
普觉降巴仁布切	ཕུར་ཅོག་རིན་པོ་ཆེ།
普觉罗桑强巴	ཕུར་ལྕོག་བློ་བཟང་བྱམས་པ
普照大光明之长寿千尊佛	ཀུན་གཟིགས་ཉི་འོད་ཆེན་མོ་ཚེ་ལྷ་སྟོང་སྐུ།

Q

强巴坚赞	བྱམས་པ་རྒྱལ་མཚན།
强巴罗桑索巴	བྱམས་པ་བློ་བཟང་བཟོད་པ།
强巴平措	བྱམས་པ་ཕུན་ཚོགས།
强巴仁布切	བྱམས་པ་རིན་པོ་ཆེ།
强秋群培	བྱང་ཆུབ་ཆོས་འཕེལ།
强巴桑珠	བྱང་པ་བསམ་གྲུབ།
强敦尊追坚赞	བྱང་སྟོན་བརྩོན་འགྲུས་རྒྱལ་མཚན།
其美杰姆	འཆི་མེད་རྒྱལ་མོ།

其摩瓦	ཁྲི་མོ་བ།
骑象观音斯日扎桑	སི་རི་ཛྲ་སམ།
洽克瓦	ཇ་ཁེ་བ།
恰布岗	ཁྲབ་ཀང་།
恰垛	ཁྲ་དོལ།
恰噶呼图克图罗桑旦白萨协	ཆ་དཀར་ཧུ་ཐོག་ཐུ་བློ་བཟང་བསྟན་པའི་གསལ་བྱེད།
恰扎活佛	ཁྲ་བྲལ་སྤྲུལ་སྐུ།
恰哈米纳	ཆ་ཧར་མི་སྣ།
歉然喇嘛	འཆམས་ར་བླ་མ།
强巴	བྱམས་པ།
强巴塔杰	བྱམས་པ་དར་རྒྱས
强巴多丹	བྱམས་པ་སྟོབས་ལྡན།
强巴多丹统蒙	བྱམས་པ་སྟོབས་ལྡན་ཐུན་མོང་།
强巴仁布切罗桑丹巴坚赞	བྱམས་པ་རིན་པོ་ཆེ་བློ་བཟང་བསྟན་པ་རྒྱལ་མཚན།
强巴桑珠甘丹巴先巴尊智	བྱང་པ་ བསམ་ གྲུབ་ དགའ་ ལྡན་ པ་ བྱམས་ པ་ བརྩོན་འགྲུས།
强巴仁布切罗桑丹巴坚赞强巴贝	བྱམས་ པ་ རིན་ པོ་ ཆེ་ བློ་ བཟང་ བསྟན་ པ་ རྒྱལ་ མཚན་བྱམས་པའི་དཔལ།
强琮巴	བྱང་ཚོང་པ།
强琼丹培孔估	བྱང་ཆུབ་བསྟན་འཕེལ་གོང་བསྐུར།
切巴札仓堪布	ཁྲེས་པའི་གྲྭ་ཚང་མཁན་པོ།
切多	ཆོས་རྫོར།
切觉扎西	ཆོས་འབྱོར་བཀྲ་ཤིས།
切隆强则罗桑阿旺	ཆོས་ལུང་བྱང་རྩེ་བློ་བཟང་ངག་དབང་།
车臣康萨	ཆེ་ཆེན་ཁང་གསར།

车臣王	ཆེ་ཆེན་རྒྱལ་པོ།
曲科伦布班丹巴崔成	ཆོས་འཁོར་ལྷུན་པོ་བ་བསྟན་པ་ཚུལ་ཁྲིམས།
曲科伦布班丹巴雅培	ཆོས་འཁོར་ལྷུན་པོ་བ་བསྟན་པ་ཡར་འཕེལ།
钦差大臣巴爷	ཨམ་པར་སྦ་ཡེར།
钦差庆官爷(即庆麟)	ཆིང་ཀོང་ཡེ།
亲王安国觉噶	ཆིང་ཝང་ཨན་ཀོ་ཛོར།
亲王次仁乌巴西准格尔驻藏大臣	ཆིང་ཝང་ཚེ་རིང་ཨོ་པ་ཤི་ཏྲུན་གར་ཨམ་བན།
亲王索南多杰	ཆིང་དབང་བསོད་ནམས་རྡོ་རྗེ།
琼布	ཁྲུང་པོ།
曲确喇嘛阿旺扎西	ཁྲུ་མཆོག་བླ་མ་ངག་དབང་བཀྲ་ཤིས།
曲桑呼图克图	ཆུ་བཟང་ཧུ་ཐོག་ཐུ།
曲培顿珠	ཆོས་འཕེལ་དོན་གྲུབ།
曲东	ཆོས་དོན།
曲坚赞	ཆོས་རྒྱལ་མཚན།
曲杰堪布	ཆོས་རྗེ་མཁན་པོ།
曲杰喇嘛索南次仁	ཆོས་རྗེ་བླ་མ་བསོད་ནམས་ཚེ་རིང་།
曲结王	ཆུ་རྒྱུད་རྒྱལ་པོ།
曲科林巴罗桑克曲	ཆོས་འཁོར་གླིང་པ་བློ་བཟང་མཁས་མཆོག
曲科林布瓦阿旺曲培	ཆོས་འཁོར་ལྷུན་པོ་བ་ངག་དབང་ཆོས་འཕེལ།
曲科林布瓦曲扎西	ཆོས་འཁོར་ལྷུན་པོ་བ་ཆོས་བཀྲ་ཤིས།
曲桑呼图克图	ཆུ་བཟང་ཧུ་ཐོག་ཐུ།
曲夏鲁札贝	ཆུ་ཤར་ལུག་ར་བ།
曲科伦布瓦桑杰雅培	ཆོས་འཁོར་ལྷུན་པོ་བ་སངས་རྒྱས་ཡར་འཕེལ།
曲科伦布瓦桑杰扎西	ཆོས་འཁོར་ལྷུན་པོ་བ་སངས་རྒྱས་བཀྲ་ཤིས།
曲科伦布瓦西饶坚赞	ཆོས་འཁོར་ལྷུན་པོ་བ་ཤེས་རབ་རྒྱལ་མཚན།

确杰罗桑南加	ཆོས་རྗེ་བློ་བཟང་རྣམ་རྒྱལ།
确扎西	ཆོས་བཀྲ་ཤིས།
曲科伦布瓦欧珠坚赞	ཆོས་འཁོར་ལྷུན་པོ་བ་དངོས་གྲུབ་རྒྱལ་མཚན།
曲科伦布瓦丹巴坚赞	ཆོས་འཁོར་ལྷུན་པོ་བ་བསྟན་པ་རྒྱལ་མཚན།
曲科伦布瓦曲丹增	ཆོས་འཁོར་ལྷུན་པོ་བ་ཆོས་བསྟན་འཛིན།
群培	ཆོས་འཕེལ།
群培坚赞	ཆོས་འཕེལ་རྒྱལ་མཚན།
确聰曲杰	ཕྱོགས་མཚུངས་ཆོས་རྒྱལ།
确列朗杰	ཕྱོགས་ལས་རྣམ་རྒྱལ།

R

然丁	རམ་སྡིངས།
热聂活佛	ར་ཉག་སྤྲུལ་སྐུ།
饶旦	རབ་བརྟན།
饶强巴江白	རབ་འབྱམས་པ་འཇམ་དཔལ།
绕卡夏	ར་ག་ཤར།
惹科呼图克图	རྭ་ཀོ་ཧུ་ཐོག་ཐུ།
热布拉色	རི་སྤྲུག་ལྷ་ཟུར།
热旦顿珠嘉措	ར་བརྟན་དོན་གྲུབ་རྒྱ་མཚོ།
热罗	རྭ་ལོ།
热聂活佛	ར་ཉག་སྤྲུལ་སྐུ།
热振阿其图诺门汗	རྭ་སྒྲེང་ཨ་ཆི་ཐུ་ནོ་མིན་ཧན།
热振赤钦	རྭ་སྒྲེང་ཁྲི་ཆེན།
热振诺门汗	རྭ་སྒྲེང་ནོ་མིན་ཧན།
热追	རིགས་གྲོལ།

人王扎巴	མིའི་དབང་པོ་གྲགས་པ།
人中狮王	མིའི་སེང་གེ
仁王格屯罗桑格勒丹增	རིན་ཕང་གི་ཐོན་བློ་བཟང་དགེ་ལེགས་བསྟན་འཛིན།
仁迥顿萨	རིན་འབྱུང་དོན་གསལ།
仁钦堪确	རིན་ཆེན་མཁས་མཆོག
仁钦伦珠	རིན་ཆེན་ལྷུན་གྲུབ།
仁钦格勒	རིན་ཆེན་དགེ་ལེགས།
仁钦迥乃	རིན་ཆེན་འབྱུང་གནས།
仁钦曲勒	རིན་ཆེན་ཆོས་ལེགས།
仁增旺姆	རིག་འཛིན་དབང་མོ།
仁卓活佛	རིག་གྲོལ་སྤྲུལ་སྐུ།
仁钦群培	རིན་ཆེན་ཆོས་འཕེལ།
日喀瓦	རི་མཁར་བ།
日喀瓦罗桑顿珠	རི་མཁར་བ་བློ་བཟང་དོན་གྲུབ།
日喀瓦噶钦罗桑顿珠	རི་མཁར་བ་དཀའ་ཆེན་བློ་བཟང་དོན་གྲུབ།
日喀瓦崔成坚赞	རི་མཁར་བ་ཚུལ་ཁྲིམས་རྒྱལ་མཚན།
甘丹巴	དགའ་ལྡན་པ།
荣巴噶钦罗桑坚赞	རོང་པ་དཀའ་ཆེན་བློ་བཟང་རྒྱལ་མཚན།
荣巴活佛	རོང་པ་སྤྲུལ་སྐུ།
荣巴夏仲	རོང་པ་ཞབས་དྲུང་།
荣然巴	རོང་རམ་པ།
绒巴罗桑德勒	རོང་པ་བློ་བཟང་བདེ་ལེགས།
绒措瓦噶钦益西格勒	རོང་མཚོ་བ་དཀའ་ཆེན་ཡེ་ཤེས་དགེ་ལེགས།
绒强钦总管	རོང་བྱམས་ཆེན་འདུས་སྤྱི།
绒强钦巴	རོང་བྱམས་ཆེན་པ།

如来佛释迦王　　དེ་བཞིན་གཤེགས་པ་ཤཱཀྱའི་རྒྱལ་པོ།

茹鲁惹　　རུ་ལུ་རེ།

热乎拉　　རུ་ཧུ་ལ།

S

撒朵旦巴格勒热杰　　ས་རྡོ་གདན་པ་དགེ་ལེགས་རབ་རྒྱས།

萨达　　ས་ཧར།

萨德钦巴罗桑崔成　　ས་བདེ་ཅན་པ་བློ་བཟང་ཚུལ་ཁྲིམས།

萨德钦巴益西扎巴　　ས་བདེ་ཅན་པ་ཡེ་ཤེས་གྲགས་པ།

萨埵丹巴罗桑班觉　　ས་རྡོར་གདན་པ་བློ་བཟང་དཔལ་འབྱོར།

萨朵旦巴　　ས་རྡོར་གདན་པ།

萨朵旦巴格勒饶吉　　ས་རྡོར་གདན་པ་དགེ་ལེགས་རབ་རྒྱས།

萨迦达勤更噶仁庆尊者　　ས་སྐྱ་བདག་ཆེན་ཀུན་དགའ་རིན་ཆེན་མཆོག

萨迦杰尊玛　　ས་སྐྱ་རྗེ་བཙུན་མ།

萨奎济仲　　ས་ཁྱུད་རྗེ་དྲུང་།

萨勒将军　　ཟལ་ཅང་ཇུན།

萨隆巴　　ས་ལུང་པ།

萨隆巴济仲罗桑崔成　　ས་ལུང་པ་རྗེ་དྲུང་བློ་བཟང་ཚུལ་ཁྲིམས།

萨隆巴罗桑格勒　　ས་ལུང་པ་བློ་བཟང་དགེ་ལེགས།

萨隆巴罗桑曲扎　　ས་ལུང་པ་བློ་བཟང་ཆོས་གྲགས།

萨洛诺门汗　　བསམ་བློ་ནོ་མིན་ཧན།

萨帕萨玛雅　　སཏྭ་ས་མ་ཡ།

赛吉坚　　གཟི་བརྗིད་ཅན།

赛杰巴　　སྲད་རྒྱུད་པ།

赛康巴济仲罗桑克珠　　སེར་ཁང་པ་རྗེ་དྲུང་བློ་བཟང་མཁས་གྲུབ།

赛林巴噶钦罗桑坚赞	གསེར་གླིང་པ་དཀའ་ཆེན་བློ་བཟང་རྒྱལ་མཚན།
赛林巴	གསེར་གླིང་པ།
赛诺布曲科林	སྲད་ནོར་བུ་ཆོས་འཁོར་གླིང་།
赛诺云贡却界	སན་ནོ་ཡོན་དཀོན་མཆོག་སྐྱབས།
赛如巴萨	སེ་རི་ཧྥ་ས།
三德巴西	སམ་ཏི་པ་གཤི།
三界佛母	སྲིད་གསུམ་བདག་མོ།
三面六臂白阎罗	གཤིན་རྗེ་གཤེད་དཀར་པོ་ཞལ་གསུམ་ཕྱག་དྲུག
散罗诺门汗	བསམ་བློ་ནོ་མིན་ཧན།
散诺员(云)	སན་ནོ་ཡོན།
桑布	བཟང་པོ།
桑顶活佛	བསམ་སྡིངས་སྤྲུལ་སྐུ།
桑杰南加	སངས་རྒྱས་རྣམ་རྒྱལ།
桑杰益西	སངས་རྒྱས་ཡེ་ཤེས།
桑洛米村	བསམ་བློ་མི་ཚན།
桑千峡	སེང་ཆེན་ཞབས།
森钦活佛罗桑丹增班觉	སེང་ཆེན་སྤྲུལ་པའི་སྐུ་བློ་བཟང་བསྟན་འཛིན་དཔལ་འབྱོར།
森钦侍从	སེང་ཆེན་ཞལ་སྦྱ།
罗桑桑丹	འབྲོང་རྩེ་བ་བློ་བཟང་བསམ་གཏན།
桑珠甘丹巴	བསམ་གྲུབ་དགའ་ལྡན་པ།
桑珠颇章台吉	བསམ་གྲུབ་ཕོ་བྲང་གི་ཐའི་ཇི།
色东仁布切	གསེར་གདུང་རིན་པོ་ཆེ།
色朵坚巴尊追坚赞	གསེར་མདོག་ཅན་པ་བརྩོན་འགྲུས་རྒྱལ་མཚན།
色康巴南加雅培	གསེར་ཁང་པ་རྣམ་རྒྱལ་ཡར་འཕེལ།
色康喇嘛	གསེར་ཁང་བླ་མ།

色拉麦活佛	སེ་ར་སྨད་སྤྲུལ་སྐུ།
色拉至尊者	སེ་ར་རྗེ་བཙུན་པ།
色扎西达尔杰	སེ་བཀྲ་ཤིས་དར་རྒྱས།
森巴活佛	སེམས་དཔའ་སྤྲུལ་སྐུ།
森钦活佛	སེང་ཆེན་སྤྲུལ་སྐུ།
摄政第穆诺门汗	སྲིད་སྐྱོང་དེ་མོ་ནོ་མིན་ཧན།
摄政诺门汗甘旦法王	རྒྱལ་ཚབ་ནོ་མིན་ཧན་དགའ་ལྡན་ཁྲི་འདོན།
摄政热振大金刚持	སྲིད་སྐྱོང་རྭ་སྒྲེང་རྡོ་རྗེ་འཆང་ཆེན་པོ།
摄政仁布切	རྒྱལ་ཚབ་རིན་པོ་ཆེ།
生佛斯杰玛	འཁྲུངས་ལྷ་སྲིད་རྒྱལ་མ།
圣王礼辛哈日	རྒྱལ་མཆོག་ལི་ཐྲིན་ཧ་རའི།
狮子	སེང་གེ
十力佛	སྟོབས་བཅུ་པ།
侍寝官堪布格隆扎西	གཟིམ་དཔོན་མཁན་པོ་དགེ་སློང་བཀྲ་ཤིས།
司膳罗桑坚赞	གསོལ་དཔོན་བློ་བཟང་རྒྱལ་མཚན།
侍寝官热杰	གཟིམ་དཔོན་རབ་རྒྱས།
水牛坐骑黑阎罗王	གཤིན་རྗེ་ནག་པོ་མ་ཧེ་ལ་ཆིབས་པ།
司大人	སུ་ཏཱ་རིན།
四臂观音	སྤྱན་རས་གཟིགས་ཕྱག་བཞི་པ།
松大臣(即松筠)	གསུང་ཏཱ་ཤིན།
松赞干布	སྲོང་བཙན་སྒམ་པོ།
苏尼雍如达旺	སུ་ཉིད་གཡོན་རུ་དྭ་ཞང་།
索西	ཟུར་བཞི།
司膳格桑顿珠	གསོལ་དཔོན་སྐལ་བཟང་དོན་གྲུབ།
索本贡觉	གསོལ་དཔོན་དཀོན་མཆོག
索本梅尔刊	གསོལ་དཔོན་མེར་ཁན།

索本梅尔刊堪布	གསོལ་དཔོན་ཛ་སག་མེར་ཁན་མཁན་པོ།
索苏阿曲图达汗堪布济仲罗桑	གསོལ་ཟུར་ཨ་ཆེ་ཐུ་དར་ཧན་མཁན་པོ་རྗེ་དྲུང་བློ་
坚赞	བཟང་རྒྱལ་མཚན།
索朗旦德	བསོད་ནམས་བསྟན་དར།
索南贝桑活佛	སྤྲུལ་སྐུ་བསོད་ནམས་དཔལ་བཟང་།
索南布勒特	བསོད་ནམས་སྤྲི་ལིག་ཐུ།
索南坚赞	བསོད་ནམས་རྒྱལ་མཚན།
索南旺曲	བསོད་ནམས་དབང་ཕྱུག

T

塔尔巴德	ཐར་པ་ཏ།
塔波格西	དྭགས་པོ་དགེ་བཤེས།
塔杰聂巴	དར་རྒྱས་གཉེར་པ།
塔杰曲培	དར་རྒྱས་ཆོས་འཕེལ།
塔协吉苏洛桑晋巴	ཐ་ཤལ་དཀྱིལ་ཟུར་དགེ་སློང་བློ་བཟང་སྦྱིན་པ།
塔业南加	མཐའ་ཡས་རྣམ་རྒྱལ།
台吉加布	ཐའི་ཇི་སྐྱབས།
唐白瓦欧巴	ཐང་སྤེ་བ་འུག་པ།
唐麦罗布旺堆	ཐང་སྨད་ཀྱི་ནོར་བུ་དབང་འདུས།
唐夏木	ཐང་ཤམ།
铁鬐马头明王	ཧ་མགྲིན་ལྕགས་རལ་ཅན།
吞巴罗桑丹达	ཐོན་པ་བློ་བཟང་བསྟན་དར།
吞·罗桑崔成	ཐོན་བློ་བཟང་ཚུལ་ཁྲིམས།
同司格桑	ཐུང་སི་སྐལ་བཟང་།
吞·图朵尼玛	ཐོན་མཐུ་སྟོབས་ཉི་མ།

头人金白洛追	སྟོན་པ་བྱིན་པའི་བློ་གྲོས།
图达却本域杰	ཐུགས་བརྟག་མཆོད་དཔོན་གཡུལ་རྒྱལ།
图旦央坚喇嘛旦培	ཐུབ་བསྟན་ཡངས་ཅན་གྱི་བླ་མ་བསྟན་འཕེལ།
图朵嘉措	མཐུ་སྟོབས་རྒྱ་མཚོ།
图库女王	ཐོར་ཁོད་དཔོན་མོ།
图阔王	ཐོར་ཁོད་རྒྱལ་པོ།
图萨拉契衮布	ཐུ་ས་ལག་ཆེ་མགོན་པོ།
图库尔扈特王	ཐོར་གོད་རྒྱལ་པོ།
土观呼图克图(即第四世土观呼图克图罗桑图登确吉坚赞)	ཐུའུ་བཀན་ཧུ་ཐོགས་ཐུ།
土谢公	ཐུ་ཤེལ་གུང་།
图库尔扈特准格尔伊里堪布	ཐོར་ཁོད་ཇུན་གར་ཡི་ལི་མཁན་པོ།
吐睿郡王塔来台青阿旺塔杰	ཐུ་རུའི་ཇུན་ཝང་ཐ་ལས་དའི་ཆིང་ངག་དབང་དར་རྒྱས།
推林基纠瓦	ཐོས་གླིང་སྤྱི་སྐྱུར་བ།
推林谢阿乃	ཐོས་གླིང་ཞལ་ངོ་ནས།
推林谢阿乃益西曲增	ཐོས་གླིང་ཞལ་ངོ་ནས་ཡེ་ཤེས་ཆོས་འཛིན།
吞·阿旺却强	ཐོན་ངག་དབང་ཆོས་མཆོག
吞巴	ཐོན་པ།
吞巴噶钦益西坚赞	ཐོན་པ་དཀའ་ཆེན་ཡེ་ཤེས་རྒྱལ་མཚན།
吞巴益西坚赞	ཐོན་པ་ཡེ་ཤེས་རྒྱལ་མཚན།
吞布夫人	ཐོན་པའི་ལྷ་ལྕམ།
吞公子	ཐོན་གྱི་སྲས།
吞上师	ཐོན་བླ་མ།
吞巴丹巴群培	ཐོན་པ་བསྟན་པ་ཆོས་འཕེལ།
吞·班觉	ཐོན་དཔལ་འབྱོར།

吞·罗桑丹达	ཐོན་བློ་བཟང་བསྟན་དར།

W

旺久钦波	དབང་ཕྱུག་ཆེན་པོ།
旺钦诺门汗	དབང་ཆེན་ནོ་མིན་ཧན།
旺青顿珠	དབང་ཆེན་དོན་གྲུབ།
旺秀群培	དབང་ཕྱུག་ཆོས་འཕེལ།
韦觉	འོད་འཇོ།
维隆长官	འོ་ལུང་དཔོན།
卫藏措钦,卫藏各大部族头人	དབུས་གཙང་ཚོ་ཆེན།
温驻藏(即温宗尧)	ཨུན་ཨམ་བན།
文殊	འཇམ་པའི་དབྱངས།
闻杰塞仁布切	འོན་རྒྱལ་སྲས་རིན་པོ་ཆེ།
闻宗巴噶钦罗桑格勒	འོན་རྫོང་པ་དཀའ་ཆེན་བློ་བཟང་དགེ་ལེགས།
沃色活佛	འོད་ཟེར་སྤྲུལ་སྐུ།
沃域热顶玛	འོད་ཡུག་རམ་སྡིང་མ།
乌尔都苏将军博达贝子	འོར་ཏུ་སུ་ཙང་ཛུན་ཛྙོ་ཏྲ་པའི་ཙེ།
乌尔都苏塔赖贝子	འོར་ཏུ་སུ་ཏྲ་ལས་པའི་ཙེ།
乌尔都苏俄香活佛	འོར་ཏུ་སུ་ཤིང་བླ་མ།
乌格	དབུ་སྐོར།
乌坚宗巴噶钦罗桑格桑	ཨུ་རྒྱན་རྫོང་པ་དཀའ་ཆེན་བློ་བཟང་སྐལ་བཟང་།
乌坚宗巴罗桑	ཨུ་རྒྱན་རྫོང་པ་བློ་བཟང་།
乌秋穆旗之王	ཨོ་ཆུ་སུ་ཕྱིན།
乌惹贡次旦顿珠香吞罗桑多杰	ཨོ་ར་ཀུང་ཚེ་བརྟན་དོན་གྲུབ་ཤོག་ཐོན་བློ་བཟང་རྡོ་རྗེ།

无比释迦王	མཉམ་མེད་ཤཱཀྱའི་རྒྱལ་པོ།
无边	མཐའ་ཡས།
无分支文殊菩萨	ཡན་ལག་མེད་པའི་རྗེ་བཙུན་འཇམ་དབྱངས།
无量光佛	འོད་དཔག་མེད།
无量寿命智慧佛	རྒྱལ་བ་ཚེ་ཡེ་ཤེས་དཔག་ཏུ་མེད་པ།
无上王罗桑江班丹增崔成江措巴桑布	རྒྱལ་བའི་དབང་པོ་རྗེ་བཙུན་བློ་བཟང་འཇམ་དཔལ་བསྟན་འཛིན་ཚུལ་ཁྲིམས་རྒྱ་མཚོ་དཔལ་བཟང་པོ།
无阻	འགག་པ།

X

西尼巴西绕旺青	གཞི་གནས་པ་ཤེས་རབ་དབང་ཆེན།
西雪群培	གཞིས་ཞོལ་ཆོས་འཕེལ།
西尼巴活佛罗桑拉杰	གཞི་གནས་པ་སྐུ་སྐྱེ་བློ་བཟང་རབ་རྒྱས།
希瓦拉江热	ཞི་བ་ལྷ་ལྷུང་ར།
锡金王	འབྲས་ལྗོངས་རྒྱལ་པོ།
喜德瓦	བཞི་སྡེ་བ།
喜桑	ཞི་བཟང་།
夏仲	ཞབས་དྲུང་།
夏巴法王降曲群培	ཤར་པ་ཆོས་རྗེ་བྱང་ཆུབ་ཆོས་འཕེལ།
夏杰仲	ཤར་རྗེ་དྲུང་།
夏麦	ཤར་སྨད།
夏仲	ཞབས་དྲུང་།
夏仲巴	ཞབས་འབྲིང་པ།
夏仲格勒热吉	ཞབས་དྲུང་དགེ་ལེགས་རབ་རྒྱས།

夏仲喇嘛梅尔刊堪布	ཞབས་དྲུང་བླ་མ་མེར་ཁན་མཁན་པོ།
夏仲罗桑丹增	ཞབས་དྲུང་བློ་བཟང་བསྟན་འཛིན།
夏孜谢阿乃噶钦格勒坚赞	ཤར་རྩེ་ཞལ་སྔ་ནས་དཀའ་ཆེན་དགེ་ལེགས་རྒྱལ་མཚན།
夏孜谢阿乃云丹坚赞	ཤར་རྩེ་ཞལ་སྔ་ནས་ཡོན་ཏན་རྒྱ་མཚན།
贤哲自在大德经师班智达	མཁས་ཤིང་གྲུབ་པའི་དབང་ཕྱུག་ཡོངས་འཛིན་པཎྜི་ཏ།
咸丰(皇帝)	ཞན་ཧྥང་།
香巴拉王	རིགས་ལྡན་རྒྱལ་པོ།
香波札赞巴	བྱང་ཕྱུག་གྲགས་བཙན་པ།
香德钦热吉巴	ཤངས་བདེ་ཆེན་རབ་རྒྱས་པ།
香多日沃格培	ཤངས་མདོ་རི་བོ་དགེ་འཕེལ།
香多日沃格培巴	ཤངས་མདོ་རི་བོ་དགེ་འཕེལ་པ།
香甘丹曲克巴	ཤངས་དགའ་ལྡན་ཆོས་འཁོར་པ།
享娱文殊王	འཇམ་དཔལ་རྒྱལ་པོ་རོལ་པ།
夏仲罗桑锦巴	ཞབས་དྲུང་བློ་བཟང་སྦྱིན་པ།
谢巴乃邬森巴	བཞད་པ་ནེའུ་གསིང་པ།
谢巴群培	བཞད་པ་ཆོས་འཕེལ།
协奔南加	ཤེ་དཔོན་རྣམ་རྒྱལ།
协管家	བཞད་གཉེར་པ།
谢聂巴旺堆	བཞད་གཉེར་པ་དབང་འདུས།
谢巴罗桑英宁	བཞད་པ་བློ་བཟང་དབྱིག་གཉེན།
协聂夏仲	བཞད་གཉེར་ཞབས་དྲུང་།
谢日卧楚增巴格隆益西昂杰	བཞད་རི་བོ་གྲུ་འཛིན་པ་དགེ་སློང་ཡེ་ཤེས་དབང་རྒྱལ།
谢札仓西木	བཞད་གྲྭ་ཚང་ཕྱི་མོ།

谢扎西格培巴	བཞད་བཀྲ་ཤིས་དགེ་འཕེལ་པ།
协宗定钦巴	ཤེལ་རྫོང་སྡིང་ཆེང་པ།
谢巴阿旺元丹	བཞད་པ་ངག་དབང་ཡོན་ཏན།
谢巴德格桑	བཞད་པ་སྡེ་སྐལ་བཟང་།
谢巴噶钦益西坚赞	བཞད་པ་དཀའ་ཆེན་ཡེ་ཤེས་རྒྱལ་མཚན།
谢巴活佛益西丹增	བཞད་པ་ཡེ་ཤེས་བསྟན་འཛིན།
谢巴罗桑班觉	བཞད་པ་བློ་བཟང་དཔལ་འབྱོར།
谢巴上师	བཞད་པ་བླ་མ།
谢巴益西达瓦	བཞད་པ་ཡེ་ཤེས་ཟླ་བ།
谢巴益西旺秋	བཞད་པ་ཡེ་ཤེས་དབང་ཕྱུག
夏扎瓦	བཤད་སྒྲ་བ།
夏斋格隆崔成桑波	ཞབས་གྲུས་དགེ་སློང་ཚུལ་ཁྲིམས་བཟང་པོ།
谢聂桑布	བཤེས་གཉེན་བཟང་པོ།
谢青总管	ཤེལ་ཆེན་འདུས་སྤྱི།
谢强布	བཞད་བྱང་སྒྲུག
谢巴贡确南加	བཞད་པ་དཀོན་མཆོག་རྣམ་རྒྱལ།
心量天母	བློ་སྒྲུག་ལྷ་མོ།
鑫度桑波	ཤིན་ཏུ་བཟང་པོ།
雄巴叶	གཞུང་སྤྲ་ཡེར།
虚空藏菩萨	ནམ་སྙིང་།
薛阁下	སྐྲུ་ཞབས་ཤོད།
雪噶巴	ཤོད་འགག་པ།
雪吉喇嘛白图巴	ཤོག་གི་བླ་མ་དཔེ་ཐུབ་པ།
雪苏康	ཞོལ་ཟུར་ཁང་།
雪瓦	ཞོལ་བ།

Y

雅玛热扎	དབྱར་ཛ་པ།
雅仲(即雅满泰)	ཡ་མ་ར་ཛཱ།
阎魔敌	ཡྣ་ཏྲུང་།
央巴颖萨	ཡངས་པ་དབྱིངས་ས།
央益西丹增	ཡང་ཡེ་ཤེས་བསྟན་འཛིན།
杨巴噶钦罗桑塔杰	གཡང་པ་དཀའ་ཆེན་བློ་བཟང་དར་རྒྱས།
也拉果桑呼图克图诺门汗	ཡེ་ལ་གོ་བཟང་ཧུ་ཐོག་ཐུ་ནོ་མིན་ཧན།
伊利堪布	ཨི་ལི་མཁན་པོ།
伊利恰噶	ཨི་ལི་ཆ་དཀར།
益西班丹	ཡེ་ཤེས་དཔལ་ལྡན།
益西班觉	ཡེ་ཤེས་དཔལ་འབྱོར།
益西贝竹珠	ཡེ་ཤེས་དཔལ་གྲུབ།
益西次旦	ཡེ་ཤེས་ཚེ་བརྟན།
益西崔成	ཡེ་ཤེས་ཚུལ་ཁྲིམས།
益西丹增	ཡེ་ཤེས་བསྟན་འཛིན།
益西单达	ཡེ་ཤེས་བསྟན་དར།
益西嘉措	ཡེ་ཤེས་རྒྱ་མཚོ།
益西坚赞大师	རྗེ་ཡེ་ཤེས་རྒྱལ་མཚན།
益西坚赞	ཡེ་ཤེས་རྒྱལ་མཚན།
益西凯珠	ཡེ་ཤེས་མཁས་གྲུབ།
益西群培	ཡེ་ཤེས་ཆོས་འཕེལ།
益西强巴	ཡེ་ཤེས་བྱམས་པ།
益西扎西	ཡེ་ཤེས་བཀྲ་ཤིས།
益西长官	ཡུ་ཤུར་དཔོན།

益西南加　ཡེ་ཤེས་རྣམ་རྒྱལ།
印经师嘉扎巴　པར་དཔོན་ལྷུགས་གྲགས་པ།
英格热且拔若　རལ་ཆེའི་ཧྲ་ར།
雍敦多吉贝　གཡུང་སྟོན་རྡོ་རྗེ་དཔལ།
拥增　ཡོངས་འཛིན།
雍洛活佛　ཡོངས་རྫོ་སྤྲུལ་པའི་སྐུ།
雍洛持金刚罗桑丹坚曲培　ཡོངས་རྫོ་རྡོ་རྗེ་འཆང་བློ་བཟང་བསྟན་རྒྱན་ཆོས་འཕེལ།
雍洛持金刚罗桑丹坚曲培贝桑布　ཡོངས་རྫོ་རྡོ་རྗེ་འཆང་བློ་བཟང་བསྟན་རྒྱན་ཆོས་འཕེལ་དཔལ་བཟང་པོ།
雍洛大持金刚　ཡོངས་རྫོ་རྡོ་རྗེ་འཆང་ཆེན་པོ།
勇武轮　དྲག་པོ་འཁོར་ལོ་ཅན།
宇妥活佛　གཡུ་ཐོག་སྐུ་ངོ་།
语自在王橙黄文殊　འཇམ་དཔལ་ངག་གི་རྒྱལ་པོ་དམར་སེར།
玉大臣(即玉宁)　གཡིན་ཨམ་པན།
玉卡瓦　ཡུལ་ཁ་བ།
玉陀巴　གཡུ་ཐོག་པ།
月光　ཟླ་བའི་འོད།
云丹坚赞　ཡོན་ཏན་རྒྱལ་མཚན།

Z

卓德康萨巴　སྒྲོ་བདེ་ཁང་གསར་པ།
孜聂罗桑班觉　རྩིས་གཉེར་བློ་བཟང་དཔལ་འབྱོར།
孜恰尼玛东珠　རྩེ་ཕྲུག་ཉི་མ་དོན་གྲུབ།
赞波诺门汗　བཙན་པོ་ནོ་མིན་ཧན།

仔恰罗桑南加	ཙེ་ཕྱག་བློ་བཟང་རྣམ་རྒྱལ།
仔恰尼东	ཙེ་ཕྱག་ཉི་དོན།
仔恰南杰	ཙེ་ཕྱག་རྣམ་རྒྱལ།
扎巴	གྲགས་པ།
扎巴塔耶	གྲགས་པ་མཐའ་ཡས།
扎郭管家	བྲག་མགོ་ཕྱག་མཛོད།
扎穷	སྒྲ་ཆུང་།
扎曲多乐噶钦格勒坚赞	བཀྲས་ ཆུའི་ རྡོར་ སློབ་ དཀའ་ ཆེན་ དགེ་ ལེགས་ རྒྱལ་མཚན།
扎萨郭奇第强多吉	ཛ་སག་ཀོལ་ཆེ་དའི་ཆེང་ཇོ་ཛེ།
扎萨活佛陈列群培	ཛ་སག་བླ་མ་འཕྲིན་ལས་ཆོས་འཕེལ།
札萨喇嘛	ཛ་སག་བླ་མ།
札萨第羌宏泰纪	ཛ་སག་དའི་ཆེང་ཧུང་ཐའི་ཇི།
扎格	བཀྲ་དགེ།
扎西格喇嘛嘉钦则巴	བཀྲས་དགེའི་བླ་མ་རྒྱལ་ཆེན་རྩེ་པ།
扎西格培瓦	བཀྲ་ཤིས་དགེ་འཕེལ།
扎西格瓦	བཀྲ་ཤིས་དགེ་འཕེལ་བ།
扎西顿珠	བཀྲ་ཤིས་དོན་གྲུབ།
扎西格培	བཀྲས་དགེ་བ།
扎西贝妃	བཙུན་མོ་བཀྲ་ཤིས་དཔལ་
扎西康萨巴	བཀྲ་ཤིས་ཁང་གསར་བ་
扎西培	བཀྲ་ཤིས་འཕེལ།
扎西曲达	བཀྲ་ཤིས་ཆུ་བཏགས།
扎热聂宁罗桑惹杰	བཀྲས་རབ་གཉེར་རྙིང་བློ་བཟང་རབ་རྒྱས།
扎西孜	བཀྲ་ཤིས་རྩེ།
扎西孜觉拉	བཀྲ་ཤིས་རྩེའི་ཛོ་ལགས།

扎雅班智达	ཛ་ཡ་པཎྜི་ཏ།
扎雅班智达罗桑久美南杰	ཛ་ཡ་པཎྜི་ཏ་བློ་བཟང་འཇིགས་མེད་རྣམ་རྒྱལ།
扎嘎总管	བྲག་དཀར་འདུས་སྤྱི།
扎格巴	བཀྲས་དགེ་བ།
札萨	ཛ་སག
札萨喇嘛朗喀	ཛ་སག་བླ་མ་ནམ་མཁའ།
札萨图王	ཛ་སག་ཐུ་རྒྱལ་པོ།
札萨喇嘛南喀格勒	ཛ་སག་བླ་མ་ནམ་མཁའ་དགེ་ལེགས།
札萨喇嘛卫津	ཛ་སག་བླ་མ་དབུས་སྤྱི།
扎细总爷	གྲྭ་བཞིའི་ཙོང་ཡེ།
札欣西宗叶登	གྲྭ་བཞིན་ཤེས་ཙོང་ཡེ་མདུན།
斋立杰	བཀྲས་ལི་རྗེ།
张格尔	སྐྲང་སྐེར།
章嘉若贝多杰吉	ལྕང་སྐྱ་རོལ་པའི་རྡོ་རྗེ།
章嘉呼图克图	ལྕང་སྐྱ་ཧུ་ཐོག་ཐུ།
章木切瓦噶钦南杰顿珠	གྲངས་མོ་ཆེ་བ་དཀའ་ཆེན་རྣམ་རྒྱལ་དོན་གྲུབ།
章木切杰仲南杰索巴	གྲངས་མོ་ཆེ་བ་རྗེ་དྲུང་རྣམ་རྒྱལ་བཟོད་པ།
章木切瓦夏仲罗桑群培	གྲངས་མོ་ཆེ་བ་ཞབས་དྲུང་བློ་བཟང་ཆོས་འཕེལ།
章切米村	གྲང་ས་ཆེ་མི་ཚན།
掌堂师尼巴	དགེ་སྐོས་གནས་པ།
哲蚌巴	འབྲས་སྤུངས་པ།
哲蚌巴罗桑坚赞	འབྲས་སྤུངས་པ་བློ་བཟང་རྒྱལ་མཚན།
哲蚌巴罗桑尊追	འབྲས་སྤུངས་པ་བློ་བཟང་བརྩོན་འགྲུས།
哲蚌藏巴堪参	འབྲས་སྤུངས་གཙང་པ་ཁམས་ཚན།
哲博活佛	ཇེ་པོ་སྤྲུལ་སྐུ།
哲布尊丹巴	རྗེ་བཙུན་དམ་པ།

哲格总管	བཀྲས་དགེ་འདུས་སྤྱི།
喀尔喀哲布尊丹巴	ཁལ་ཁ་རྗེ་བཙུན་དམ་པ།
哲布康村巴杰宁	ཇེ་བོ་ཁམས་ཚན་པ་རྗེ་ཉིད།
真实名录之文殊	མཚན་བརྗོད་ནས་གསུངས་པའི་འཇམ་དབྱངས།
至尊罗桑旦白旺秋降白嘉措贝桑布(即八世达赖喇嘛)	རྗེ་བཙུན་བློ་བཟང་བསྟན་པའི་དབང་ཕྱུག་འཇམ་དཔལ་རྒྱ་མཚོ་དཔལ་བཟང་པོ།
至尊罗桑班丹益西	རྗེ་བཙུན་བློ་བཟང་དཔལ་ལྡན་ཡེ་ཤེས།
至尊妈妈(即七世班禅额尔德尼的母亲)	རྗེ་བཙུན་མ་མ།
钟公	རྫུང་གུང་།
仲罗桑索巴	དྲུང་བློ་བཟང་བཟོད་པ།
仲巴呼图克图	དྲུང་པ་ཧུ་ཐོག་ཐུ།
仲丹真	དྲུང་ཏ་མགྲིན།
仲敦森格坚赞	འབྲོམ་སྟོན་སེང་གེ་རྒྱལ་མཚན།
仲敦巴甲瓦迥乃	འབྲོམ་སྟོན་པ་རྒྱལ་བའི་འབྱུང་གནས།
仲锦巴切囊登	མགྲོན་དཎ་པ་ཆེད་གནང་མདུན།
仲南加索巴	དྲུང་རྣམ་རྒྱལ་བཟོད་པ།
仲普巴	འབྲོང་ཕུ་བ།
仲让巴益西群培	དྲུང་རམ་པ་ཡེ་ཤེས་ཆོས་འཕེལ།
仲饶丹	མགྲོན་རབ་བརྟན།
仲夏济仲罗桑陈列	གྲོང་ཤར་རྗེ་དྲུང་བློ་བཟང་འཕྲིན་ལས།
仲益西班丹	མགྲོན་ཡེ་ཤེས་དཔལ་ལྡན།
仲义西贝觉	མགྲོན་ཡེ་ཤེས་དཔལ་འབྱོར།
仲孜巴益西雅培	འབྲོང་རྩེ་བ་ཡེ་ཤེས་ཡར་འཕེལ།
仲孜巴曲则罗桑永	འབྲོང་རྩེ་བ་ཆོས་མཛད་བློ་བཟང་དབྱིག་གཉེན།
仲孜次仁丹增达	དྲུང་གྲུས་ཚེ་རིང་བསྟན་འཛིན་ཟླ།

仲孜巴夏仲罗桑坚赞	འབྲོང་རྩེ་བ་ཞབས་དྲུང་བློ་བཟང་རྒྱལ་མཚན།
仲孜巴罗桑丹增	འབྲོང་རྩེ་བ་བློ་བཟང་བསྟན་འཛིན།
仲孜巴罗桑坚赞	འབྲོང་རྩེ་པ་བློ་བཟང་རྒྱལ་མཚན།
仲孜曲德巴罗桑南加	འབྲོང་རྩེ་ཆོས་སྡེ་པ་བློ་བཟང་རྣམ་རྒྱལ།
仲孜曲德瓦格勒群培	འབྲོང་རྩེ་ཆོས་སྡེ་བ་དགེ་ལེགས་ཆོས་འཕེལ།
仲孜巴罗桑洛布	འབྲོང་རྩེ་བ་བློ་བཟང་ནོར་བུ།
仲孜巴噶钦罗桑班觉	འབྲོང་རྩེ་པ་དཀའ་ཆེན་བློ་བཟང་དཔལ་འབྱོར།
仲孜巴曲德瓦强巴群培	འབྲོང་རྩེ་ཆོས་སྡེ་བ་བྱམས་པ་ཆོས་འཕེལ།
仲孜曲德瓦阿旺曲丹	འབྲོང་རྩེ་ཆོས་སྡེ་བ་ངག་དབང་ཆོས་ལྡན།
众敬王	མང་པོས་བཀུར་བའི་རྒྱལ་པོ།
咒师白特巴	དཔེ་ཐུབ་པའི་སྐུ་སྐྱེ།
朱倭普琼奔	ཧེ་བོ་བུ་ཆུང་དཔོན།
珠噶迥巴	འབྲུ་དཀར་སྦྱོངས་པ།
竹木日吾当钦巴	འབྲུམ་རི་བོ་མདངས་ཆེན་པ།
驻藏大臣阿奥	ཨམ་བན།
驻藏大臣西	ཞིས་ཨམ་བན།
准格尔达喇嘛锦巴嘉措	ཇུན་གར་ཏཱ་བླམ་སྦྱིན་པ་རྒྱལ་མཚོ།
准格尔伊利	ཇུན་གར་ཡི་ལི།
准曲	མགྲོན་ཆོས།
准章切次仁热旦	མགྲོན་གྲངས་ཆེ་ཚེ་རིང་རབ་བརྟན།
准仲然巴索朗旺布	མགྲོན་དྲུང་རམ་པ་བསོད་ནམས་དབང་པོ།
卓康仁布切	སྒྲུབ་ཁང་རིན་པོ་ཆེ།
卓尼阿旺却达	མགྲོན་གཉེར་ངག་དབང་ཆོས་དར།
卓尼波惹瓦	མགྲོན་གཉེར་སྤོར་བ།
卓尼波惹瓦贝丹桑波	མགྲོན་གཉེར་སྤོར་བ་དཔལ་ལྡན་བཟང་པོ།
卓尼格隆罗桑饶丹	མགྲོན་གཉེར་དགེ་སློང་བློ་བཟང་རབ་བརྟན།

卓尼罗桑坚赞	མགྲོན་གཉེར་བློ་བཟང་རྒྱལ་མཚན།
卓尼罗桑确丹	མགྲོན་གཉེར་བློ་བཟང་ཆོས་ལྡན།
卓尼罗桑崔成	མགྲོན་གཉེར་བློ་བཟང་ཚུལ་ཁྲིམས།
卓尼平措	མགྲོན་གཉེར་ཕུན་ཚོགས།
卓尼确丹	མགྲོན་གཉེར་ཆོས་ལྡན།
卓尼萨奎巴	མགྲོན་གཉེར་ས་ཁྱུད་པ།
卓尼释迦	མགྲོན་གཉེར་ཤཱཀྱ།
卓尼益西格桑	མགྲོན་གཉེར་ཡེ་ཤེས་སྐལ་བཟང་།
卓尼僧仓巴	མགྲོན་གཉེར་ཚང་པ།
卓尼益西华旦	མགྲོན་གཉེར་ཡེ་ཤེས་དཔལ་ལྡན།
卓民卓达里	མགྲོན་ཧྲའ་ལས།
卓民卓尼曼日巴罗桑南杰	མགྲོན་གཉེར་སྨན་རི་བ་བློ་བཟང་རྣམ་རྒྱལ།
绰桑热卓	ཁྲོ་བཟང་རིག་གྲོལ།
孜本贝伦	རྩིས་དཔོན་དཔལ་ལྷུན།
孜恰尼东	རྩེ་ཕྱག་ཉེ་དོན།
孜雅札玛	ཀྲི་ཡ་སྦྲགས་མ།
孜仲罗桑贡确	རྩེ་དྲུང་བློ་བཟང་དཀོན་མཆོག
孜仲罗桑赤列	རྩེ་མགྲོན་བློ་བཟང་འཕྲིན་ལས།
孜仲格桑仓央	རྩེ་མགྲོན་སྐལ་བཟང་ཚངས་དབྱངས།
孜谆仲夏济仲	རྩེ་མགྲོན་གྲོང་ཤར་རྗེ་དྲུང་།
姊妹护法神	ཆོས་སྐྱོང་ལྕམ་སྲིང་།
宗喀巴	རྫོང་ཁ་པ།
宗世罕	ཙུང་ཧྲི་ཧྲད།
尊追扎西	བརྩོན་འགྲུས་བཀྲ་ཤིས།
综合佛母	སྣ་ཚོ་ཡུམ།

宗力活佛罗桑班丹崔成丹增　ཙོང་ ལིའི་ སྤྲུལ་ སྐུ་ བློ་ བཟང་ དཔལ་ ལྡན་ ཚུལ་ ཁྲིམས་བསྟན་འཛིན།

祖鄂麻博　ཙོའུ་དམར་པོ།

尊胜佛母　རྣམ་རྒྱལ་མ།

尊者益西坚赞　རྗེ་ཡེ་ཤེས་རྒྱལ་མཚན།

尊者益西念扎　གནས་བརྟན་བླ་མ་ཡེ་ཤེས་སྙན་གྲགས།

尊者多吉帕姆活佛　སྐུ་ཞབས་རྡོ་རྗེ་ཕག་མོ།

尊者摄政多吉羌　སྐུ་ཞབས་སྲིད་སྐྱོང་རྡོ་རྗེ་འཆང་།

佐堆巴益西门朗　མཛོ་སྟུད་པ་ཡེ་ཤེས་སྨོན་ལམ།

佐仔札萨喇嘛　མཛོད་འཛིན་ཛ་སག་བླ་མ།

坐骑神骏次仁主玛　ཆིབས་ཆེན་ཚེ་རིང་གྲོ་དམར།

（二）地名汉藏对照

A

阿里　མངའ་རིས།

阿宗　མངའ་རྫོང་།

艾岗　ཨེ་སྒང་།

艾玛山　ཨེ་མ་སྒང་།

安多　ཨ་མདོ།

安乐善时宫　བདེ་ཆེན་སྐལ་བཟང་ཕོ་བྲང་།

昂仁　ངམ་རིང་།

B

巴叶　སྤྲ་ཡེར།

白堆象山　པན་སྟོད་སླང་རི།

白阔曲德	དཔལ་འཁོར་ཆོས་སྡེ།
白拉山	དཔལ་ལྷའི་རི་རབ།
白朗	པ་སྣམ།
白伦山	དཔལ་ལྷུན་རི་ཁྲོད།
白伦修行圣地	དཔལ་ལྷུན་རི་ཁྲོད།
白曲吉萨	དཔལ་ཆོས་སྐྱེ་ས།
呗喀寺	བལ་ཁ།
布让	པུ་རེང་།

C

擦绒	ཚ་རོང་།
擦绒林卡	ཚ་རོང་གླིང་ཁ།
次觉林拉扎	ཚེ་མཆོག་གླིང་བླ་གྲྭ།
蔡古林卡	ཚལ་རྒྱུར་གླིང་ཁ།
蔡夏勒林寺	མཚན་ཞབས་ལེགས་གླིང་།
参卓	མཚན་སྒྲོག
参卓寺	མཚན་སྒྲོག་སྐྱེ་ས།
策门林	ཚེ་སྨོན་གླིང་།
察雅寺	བྲག་གཡབ།
昌都札仓	ཆབ་མདོ་གྲྭ་ཚང་།
充悉鲁当	འཕྲུངས་གཞིས་ཀླུ་སྡིངས།
楚布寺	ཁྲོ་ཕུ་དགོན།
垂日	གྲུལ་རི།
聪堆陆定	ཚོང་འདུས་ཀླུ་སྡིངས།

D

达那图丹南杰寺　　ཏ་ནག་ཐུབ་བསྟན་རྣམ་རྒྱལ།

大日光寝宫　　གཟིམ་ཆུང་ཉི་འོད་ཆེན་པོ།

戴德基瓦　　བདེ་ལྡན་འཁྱིལ་བ།

戴杰布热瓦　　དར་རྒྱས་སྤག་ར་བ།

丹杰林　　བསྟན་རྒྱས་གླིང་།

当巴林卡　　དན་འབག་གླིང་ཁ།

丹恰朵扎西桑丹林寺　　འདམ་བྱ་དོལ་བཀྲ་ཤིས་བསམ་གཏན་གླིང་།

丹修行处　　འདམ་རི་ཁྲོད།

德格桑　　སྡེ་སྐལ་བཟང་།

德勒林　　བདེ་ལེགས་གླིང་།

德钦宫　　བདེ་ཆེན་ཕོ་བྲང་།

德钦寺　　བདེ་ཆེན་ཆོས་སྡེ།

德钦格桑颇章　　བདེ་ཆེན་སྐལ་བཟང་ཕོ་བྲང་།

德钦桑阿卡　　བདེ་ཆེན་གསང་སྔགས་མཁར།

德琼苏康　　ལྡེ་ཆུང་ཟུར་ཁང་།

德然　　བདེ་རབ།

德塘美喀　　བདེ་ཐང་མེད་ཁ།

德瓦坚殿　　བདེ་བ་ཅན།

德瓦坚寝宫　　གཟིམ་ཆུང་བདེ་བ་ཅན།

德央(殿)　　བདེ་ཡངས།

登永国寺　　མདུན་ཡོང་སྒོ་དགོན།

定结　　གཏིང་སྐྱེས།

东噶庄园　　གདོང་དཀར་གཞིས་ཀ།

东考噶旦法苑　　སྟོན་ འཁོར་ རགས་ བསྡུས་ ཕྱུག་ གཞུང་ རི་ ཁྲོད་
དགའ་ལྡན་ཆོས་གླིང་།

东寝宫	གཟིམ་ཆུང་ཤར།
董普	གདོང་ཕག
董鞥卡	གདོང་གཞིས།
堆巴嘉措	འདུས་པ་རྒྱ་མཚོ།
堆龙	སྟོད་ལུང་།
堆龙曲米岗	སྟོད་ལུང་ཆུ་མིག་སྒང་།
堆龙岗	སྟོད་ལུང་སྒང་།
多科仁青当	སྟོད་ཁུལ་རིན་ཆེན་སྡིངས།
朵康麦宿	མདོ་ཁམས་སྨད་ཞུར།
朵龙岗	སྟོད་ལུང་སྒང་།

E

额尔德尼麦克廓却奇巴	ཨེར་ཏེ་ནི་མེར་ཁན་པོ་ཆོས་ཆེ་པ།
鄂	ངོར།

F

法轮岗寺	ཆོས་འཁོར་སྒང་།

G

噶、陀二寺	དགའ་ཐོབ།
甘丹列谢曲林	དགའ་ལྡན་ལེགས་བཤད་ཆོས་གླིང་།
甘丹央孜寝宫	གཟིམ་ཆུང་དགའ་ལྡན་ཡང་རྩེ།
噶当宫殿	བཀའ་གདམས་ཕོ་བྲང་།
噶曲	དགའ་ཆོས།
噶热(寺)	དགའ་རབ།

噶热喇嘛佛堂	དགའ་རབ་བླ་མ་ལྷ་ཁང་།
噶桑江然迥	སྐལ་བཟང་ལྷུང་ར་སྦྱོངས།
噶塔寺	འགར་ཐར།
甘丹德庆绕杰林	དགའ་ལྡན་བདེ་ཆེན་རབ་རྒྱས་གླིང་།
甘丹列谢曲林寺	དགའ་ལྡན་ལེགས་བཤད་ཆོས་གླིང་།
甘丹颇章	དགའ་ལྡན་ཕོ་བྲང་།
甘丹热杰寺	དགའ་ལྡན་རབ་རྒྱས།
甘丹寺	དགའ་ལྡན།
甘柯色多寺	གམ་ཁྱུལ་གསེར་ཏོག་དགོན།
岗宗	གམ་རྫོང་།
岗坚	གངས་ཅན།
刚坚群培林寺	གངས་ཅན་ཆོས་འཕེལ་གླིང་།
岗仔	གམ་རྩེ།
格尔德盖山	གར་སྟེ་དགེའི་རི།
格杰林	དགེ་རྒྱས་གླིང་།
格隆甲杰竹德寺	དགེ་སློང་ཇ་བཅས་གྲྭ་སྡེ།
格桑寝宫	སྐལ་བཟང་ཕོ་བྲང་གི་གཟིམ་ཆུང་།
根素南杰寝宫	ཀུན་གཟིགས་རྣམ་རྒྱལ་ཕོ་བྲང་།
功德林	ཀུན་བདེ་གདན་ས་ཀུན་གླིང་།
贡嘎林	ཀུན་དགའ་གླིང་།
贡嘎苑	ཀུན་དགའ་ར་བ།
贡觉林	ཀུན་སྐྱབ་གླིང་།
贡林	ཀུན་གླིང་།
贡林大寝宫日光殿	ཀུན་གླིང་གཟིམ་ཆུང་ཉི་འོད་ཆེན་མོ།
贡林寺	གདན་ས་ཀུན་གླིང་།
贡萨寺	དགོན་གསར།

贡萨桑丹大乘寺	དགོན་གསར་བསམ་གཏན་ཐེག་ཆེན་གླིང་།
贡赛寝宫	གཟིམ་ཆུང་ཀུན་གསལ།
贡斯大殿	ཀུན་གཟིགས་ཕོ་བྲང་།
贡斯那巴杰瓦宫	ཀུན་གཟིགས་རྣམ་པར་རྒྱལ་བའི་ཕོ་བྲང་།
贡塘	གུང་ཐང་།
固尔桑	གུར་སང་།
果洛	མགོ་ལོག
果莽	སྒོ་མངས།
果莽康村	སྒོ་མངས་ཁམས་ཚན།
怙主	སྐྱབས་མགོན།

H

化身	སྤྲུལ་པ།
黄碧雅协	སྤྲི་ཡ་ཤི་སེར་པོ།
回遮	ཟློག་པ།
会供曼荼罗	ཚོགས་ཀྱི་འཁོར་ལོ།
霍马苏(部落)	ཧོར་མ་ཟུར།
哈尔东	ཧར་གདོང་།
哈尔东米村	ཧར་གདོང་མི་ཚན།
哈尔东康村	ཧར་གདོང་ཁམས་ཚན།
哈窝岗桑	ཧ་པོ་གང་བཟང་།
护法殿	མགོན་ཁང་།

J

基廊瓦	སྐྱི་སྐྱུར་བ།

吉那	སྐྱིད་ན།
吉祥光辉金塔	གསེར་གདུང་དགེ་ལེགས་གཟི་འབར།
基廊	སྐྱི་སྐྱུར།
基萨	སྐྱི་ས།
吉吉那喀	སྐྱིད་སྐྱིད་ན་ཁ།
吉卡	སྐྱིད་མཁར།
吉康札仓	དཀྱིལ་ཁང་གྲྭ་ཚང་།
吉姆地区	སྐྱིད་མོ་གཞོངས།
吉那日东山谷	སྐྱེ་སྣ་རི་གདོང་།
吉索	སྐྱི་སོ།
吉祥皆护院	བཀྲ་ཤིས་ཀུན་སྐྱོབ་གླིང་།
吉祥聚米塔	དཔལ་ལྡན་འབྲས་སྤུངས།
吉仲	སྐྱིད་གྲོང་།
极乐宫	བདེ་ཆེན་ཕོ་བྲང་།
极乐世界（香巴拉）	ཤམ་བྷ་ལ།
加尔各答	ཀ་ལ་ཀ་ཏྟ།
嘉绒	རྒྱ་རོང་།
甲喀尔恰登	ལྕགས་འཁར་ཇར་ཚོགས།
甲那拉康	རྒྱ་ནག་ལྷ་ཁང་།
坚贡三木旦岭	འཛམ་མགོན་བསམ་གཏན་གླིང་།
坚赞统波（寝宫）	རྒྱལ་མཚན་མཐོན་པོ།
荐斯嘉斋杂林江色	སྤྱན་གཟིགས་རྒྱ་དྲེལ་འཛོམ་གླིང་རྒྱང་སེར།
江热	ལྕང་ར།
江麦	ལྗང་སྨད།
江仁寺	རྒྱང་རམ།
江孜	རྒྱལ་རྩེ།

绛钦	བྱམས་ཆེན།
觉摩隆寺	སྐྱོར་མོ་ལུང་།
觉摩宗	ཇོ་མོ་རྫོང་།
觉囊寺	ཇོ་ནང་།
杰康札仓	དཀྱིལ་ཁང་གྲྭ་ཚང་།
嘉康则	རྒྱལ་ཁང་རྩེ།
嘉钦则寺	རྒྱལ་ཆེན་རྩེ་པ།
金丹林	སྦྱིན་བསྟན་གླིང་།
经廓顶	དཀྱིལ་འཁོར་སྡིངས།
静修地甘丹却林	དབེན་གནས་དགའ་ལྡན་ཆོས་གླིང་།
俱喜洲	ཀུན་དགའ་གླིང་།

K

喀额甘丹强秋	མཁར་སྟོན་དགའ་ལྡན་བྱང་ཆུབ།
喀尔喀	ཁལ་ཁ།
喀什噶尔城	ཀ་ཤི་ཧར་ཐ།
喀瓦喀	ཁ་བལ་ཁག
卡日农噶屯林	མཁའ་སྟོན་དགའ་མཐུན་གླིང་།
凯日	མཁར་རྟུམ།
堪布会议厅	གཞུང་མཁན།
康巴扎	ཁམས་པ་བྲག
康克贝勒	ཁང་ཁན་པའི་གླིང་།
康索	ཁམས་སོག
康扎噶寺	ཁང་བྲ་དཀར་དགོན།
克热	ཁུ་རལ།

喀什米尔　　ཁ་ཆེ།

孔那　　ཁྲུང་ནག

L

拉阿夏萨　　ལྷ་ཛ་ཞག་ས།

拉安　　ར་ངན།

拉昂平(三地)　　ལྷ་ངམ་ཕུན་གསུམ།

拉达克　　ལ་དྭགས།

拉堆洛、拉堆绛　　ལ་སྟོད་ལྷོ་བྱང་།

拉加　　ལྷ་རྒྱལ།

拉喇　　ལྷ་བླ།

拉木菩提神殿/拉木菩提寺　　ལ་མོ་བྱང་ཆུབ་ལྷོག

拉木寺　　ལ་མོ།

拉钦岗瓦桑布　　ལྷ་ཆེན་གངས་བ་བཟང་པོ།

拉瓦堆　　ར་བ་སྟོད།

拉孜寺　　ལྷ་རྩེ་ཆོས་སྡེ།

拉孜甘丹沃敏林寺　　ལྷ་རྩེ་དགའ་ལྡན་འོག་མིན་གླིང་།

喇嘛拉康(神殿)　　བླ་མ་ལྷ་ཁང་།

蓝毗尼园　　ལུམ་བིའི་ཚལ།

浪玛嚓水　　ཀླང་མ་ཚ་ཆུ།

浪玛神泉　　ཀླང་མ་ཆབ་ཁར།

列谢林寺　　ལེགས་བཤད་གླིང་པ།

列谢曲林　　ལེགས་བཤད་ཆོས་གླིང་པ།

类乌玛　　སླེའུ་མ།

列普　　སླེ་ཕུ།

炉霍	བྲག་མགོ།།
鲁定	ཀླུ་སྡིངས།
鲁鼎宁巴	ཀླུ་ལྡིངས་སྙིང་པ།
鹿野苑	ཡུལ་ཞ་ར་ན་སི།
伦饶寺	ལྷུན་རབ།
罗林(即罗布林卡)	ནོར་གླིང་།
罗布林卡格桑颇章	ནོར་གླིང་སྐལ་བཟང་ཕོ་བྲང་།
罗赛林	བློ་གསལ་གླིང་།
珞巴	ཀློ་པ།

M

马头明王林	རྟ་མགྲིན་གླིང་།
玛冈哈	མ་གང་ཧ།
玛卡	མ་ཁ།
玛拉亚园林	མ་ལ་ཡའི་ཚལ།
麦札仓喇嘛拉康(神殿)	སྨད་གྲྭ་ཚང་།
芒喀尔	མང་མཁར།
梅	སྨུས།
梅朵吉采园	མེ་ཏོག་སྐྱིད་ཚལ།
美妙利益佛殿	ངོ་མཚར་ཕན་བདེའི་ལྷ་ཁང་།
蒙吉康萨	སྣམ་སྐྱིད་ཁང་གསར།
米纳	མི་སྣ།
妙音林	སྒྲ་དབྱངས་གླིང་།
敏珠	སྨིན་གྲོལ།
摩羯陀王舍城	ཁབ་མ་ག་ཧྲ་རྗོ་རྗེའི་གདན།

木亭艾坚	མུ་ཐིང་ངལ་ཅན།

N

那巴杰瓦林	རྣམ་པར་རྒྱལ་བའི་གླིང་།
那杰宫殿	རྣམ་རྒྱལ་ཕོ་བྲང་།
那烂陀寺	ནཱ་ལེནྡྲ།
纳塘寺	སྣར་ཐང་།
乃多	སྣེ་སྟོད།
乃琼寺	གནས་ཆུང་།
乃琼扎央林	གནས་ཆུང་གྲྭ་དབྱངས་གླིང་།
乃曲德寺	གནས་ཆོས་སྡེ།
乃喜	སྣེ་བཞི།
南家札仓	རྣམ་རྒྱལ་གྲྭ་ཚང་།
南木林加纳	རྣམ་གླིང་ལྷུགས་སྣེ།
南加札仓	རྣམ་རྒྱལ་གྲྭ་ཚང་།
尼奥钦茂	ཉི་འོད་ཆེན་པོ།
尼木杰吉蔡寺	སྙེ་མོ་རྒྱལ་བྱེད་ཚལ།
尼赛	ནེ་སེར།
尼沃德钦平措贡奇(殿)	བདེ་ཆེན་ཕུན་ཚོགས་ཀུན་འཁྱིལ།
年楚河	མྱང་ཆུ།
年堆麦	ཉང་སྟོད་སྨད།
娘扎	ཉིང་གྲུས།
聂仓钦毛	གཉེར་ཚང་ཆེན་མོ།
聂多	དངོས་རྗོར།
聂切	གཉེར་ཆེ།

尼赛觉沃钦波神坐	ནེ་སེར་ཇོ་བོ་ཆེན་པོའི་ལྷ་རྟེན།
聂塘	མཉེས་ཐང་།

O

欧曲日卓甘丹孜	དངུལ་ཆུ་རི་ཁྲོད་དགའ་ལྡན་རྩེ།
欧曲	དངུལ་ཆུ།

P

帕邦	ཕ་བོང་།
帕邦卡	ཕ་བོང་ཁ།
帕充庄园	ཕག་གྲོང་གཞིས་ཀ།
帕里	ཕག་རི།
帕赛散宗寺	ཕད་སྲུག་བསམ་རྫོང་དགོན།
帕索米村	བ་སོ་མི་ཚན།
帕希庄园	ཕག་གཞིས།
帕溪庄园	ཕ་གཞིས།
帕西鲁定	ཕ་གཞིས་ཀླུ་ལྡིངས།
帕域	འཕགས་ཡུལ།
帕仲粺卡	ཕག་གྲོང་གཞིས་ཀ།
磐拉	ཕན་ལ།
彭波	འཕན་པོ།
彭措更赛	ཕུན་ཚོགས་ཀུན་གསལ།
彭措康萨	ཕུན་ཚོགས་ཁང་གསར།
彭措林寺	ཕུན་ཚོགས་གླིང་།
平林	ཕུན་གླིང་།

彭林寺	ཕུན་གླིང་གཙུག་ལག་ཁང་།
彭林县	ཕུན་གླིང་རྫོང་།
普布切大山洞寺	ཕུག་པོ་ཆེར་འཆར་ཅན།
普觉寺	ཕུར་ལྕོག

Q

恰蔡岗	ཁྲུག་འཚལ་སྒང་།
恰村	འཇའ་ཚོན།
恰卡	ཆབ་ཁ།
寝宫噶	གཟིམ་ཆུང་འགག
切巴札仓	ཁྲེས་པ་གྲྭ་ཚང་།
奇美德钦	འཆི་མེད་བདེ་ཆེན་དགའ་ཚལ།
奇美花园	འཆི་མེད་དགའ་ཚལ།
奇美林苑	འཆི་མེད་སྐྱིད་ཚལ།
曲科伦布寺	ཆོས་འཁོར་ལྷུན་པོ།
曲夏觉杰林寺	ཆུ་ཤར་འགྱུར་རྒྱས་གླིང་།

R

冉当	རམ་སྡིངས།
冉当玛寺	རམ་ལྡིངས་མ།
禳协苏	རང་ཞལ་གསུར།
饶迥札仓	རབ་བྱུང་གྲྭ་ཚང་།
热堆	ར་སྟོད།
日嘉	རི་བརྒྱ།
日喀则	གཞིས་རྩེ།

日喀则总部	གཞིས་རྩེ་ཚོ་སྤྱི
绒措瓦	རོང་མཚོ་བ།
绒吉域	རུམ་གྱི་ཡུལ།
绒强钦	རོང་བྱམས་ཆེན།
绒强钦寺	རོང་བྱམས་ཆེན་དགོན།
容湖	རོལ་མཚོ།

S

萨迦	ས་སྐྱ།
萨玛	ས་དམར།
萨玛德勒嘎蔡	ས་དམར་བདེ་ལེགས་དགའ་ཚལ།
塞诺布却阔林寺	སྲད་ནོར་བུ་ཆོས་འཁོར་གླིང་།
赛巴米村	སྲད་པ་མི་ཚན།
桑阿卡	གསང་སྔགས་མཁར།
桑巴夏	ཟམ་པ་ཤར།
桑定寺	བསམ་གཏན་གླིང་།
桑卡山	ཟངས་མཁར་རི།
桑夏即日喀则(东郊桥)	ཟམ་ཤར།
桑耶寺	བསམ་ཡས་གཙུག་ལག་ཁང་།
色拉寺	སེ་ར།
色拉吾格札仓	སེ་ར་དབུ་སྨེར་གྲྭ་ཚང་།
森阿寺	གསང་སྔགས་མཁར།
森多	གཟིམས་མདོ།
舍卫国	མཉན་ཡོད།
胜伏宫殿	ཟིལ་གནོན་ཕོ་བྲང་།

殊胜大乘洲　　ཐེག་མཆོག་གླིང་།
殊胜之地　　འཕགས་པའི་ཡུལ།
水龙滩　　ཆུ་འབྲུག་སྤོངས།
斯达河　　ཆུ་བོ་སི་ཏ།
斯摩达若卡　　སྲིན་མོ་ཛ་རོ་ཁ།
斯其札堆嘉沃　　གཟིམ་ཁྲི་དཀྲ་འདུལ་རྒྱ་བོ།
素康德穷巴　　ཟུར་ཁང་ལྡེ་ཆུང་པ།

T

塔尔林　　དར་གླིང་།
通萨木诺布札仓　　ཛོ་ཐོས་བསམ་ནོར་བུའི་གླིང་།
统瓦敦丹　　མཐོང་བ་དོན་ལྡན།
屯林　　ཐོས་གླིང་།
托杰　　ཐོབ་རྒྱལ།
托谿护法殿　　ཐོབ་གཞིས་རྒྱལ་ཁང་།
托谿庄园　　ཐོབ་གཞིས།
托杰多囊　　ཐོབ་རྒྱལ་རྡོ་ནང་།

W

威仪殿　　ཟིལ་གནོན་ཕོ་བྲང་།
卫藏　　དབུས་གཙང་།
温贡寺　　དབེན་དགོན་པ།
温寺　　དབེན་དགོན།

X

西荣玛	ཤིག་རུང་མ།
锡金	འབྲས་ལྗོངས།
谿雪	གཞིས་ཞོལ།
鞞宗	གཞིས་རྫོང་།
夏嘎巴	ཞྭ་དཀར་བ།
夏鲁	ཞ་ལུ།
夏孜萨旦寺	ཤར་རྩེ་བསམ་གཏན་གླིང་།
香甘丹却科寺	ཤངས་དགའ་ལྡན་ཆོས་འཁོར།
香波巴行宫	བྱང་ཕྱུག་པའི་བཞུགས་ཁང་།
香波神泉	བྱང་ཕྱུག་ལྷ་ཆབ།
香德钦热杰寺	ཤངས་བདེ་ཆེན་རབ་རྒྱས།
香多山格培	ཤངས་མདོ་རི་བོ་དགེ་འཕེལ།
香噶曲	ཤངས་དགའ་ཆོས།
香囊	ཤངས་ནང་།
香萨	ཤིང་ས།
谢巴乃邬赛巴	བཞད་པ་ནེའུ་གསིང་པ།
协噶	ཤེལ་དཀར།
协却寺	ཤེལ་ཆོས།
谢札西格培寺	བཞད་བཀྲ་ཤིས་དགེ་འཕེལ།
谢卡如部落	བཞད་ཁ་རུ་བ།
榭吉敦恰	བཞད་ཀྱི་སྟོན་ཆབ།
香噶曲	ཤངས་དགའ་ཆོས།
雪域	ཁ་བ་ཅན།
熏东嘎	ཕུན་གདོང་དཀར།

Y

牙合索寺 ཡག་སྡེ་སོག་དགོན།

雅德索寺 གཡག་སྡེ་སོག

亚加巴 གཡག་རྒྱབ་པ།

亚卓 གཡག་འབྲོག

央萨 དབྱིངས་ས།

夜叉岗桑神山 གནོད་སྦྱིན་གངས་བཟང་རིན་པོ་ཆེ།

伊利 ཨི་ལི།

油娃 ཡུ་བ།

玉妥 གཡུ་ཐོག

Z

藏巴康村 གཙང་པ་ཁམས་ཚན།

藏绒 གཙང་རོང་།

藏樟木神殿 གཙང་འགྲམ་ལྷ་ཁང་།

则布热 འཛེབ་རབ།

扎嘎 བྲག་དཀར།

札萨克 ཛ་སག

扎什伦布寺 བཀྲ་ཤིས་ལྷུན་པོ་དགོན།

扎寺 བཀྲས་དགོན།

扎西贡觉林 བཀྲ་ཤིས་ཀུན་སྐྱིད་གླིང་།

扎西彭德林 བཀྲ་ཤིས་ཕན་བདེ་གླིང་།

扎西桑丹林寺 བཀྲ་ཤིས་བསམ་གཏན་གླིང་།

扎西寨 བཀྲ་ཤིས་རྩེ།

扎曲 བཀྲས་ཆུ།

扎西嘎蔡(寺)	བཀྲ་ཤིས་དགའ་ཚལ།
扎西宗喀	བཀྲ་ཤིས་རྫོང་ཁ།
哲卧康萨	ཏྲེ་བོ་ཁང་གསར།
哲蚌哈尔东康村	འབྲས་སྤུངས་ཧར་གདོང་ཁམས་ཚན།
哲蚌寺	འབྲས་སྤུངས་པ།
哲蚌寺贝图康村	འབྲས་སྤུངས་དཔེ་ཐུབ་ཁམས་ཚན།
直贡汤巴	འབྲི་གུང་ཐང་པ།
仲则曲德寺	འབྲོང་རྩེ་ཆོས་སྡེ།
朱倭康村	ཏྲེ་བོ་ཁམས་ཚན།
追康	བཀྲས་ཁང་།
卓木	འབྲོག་མོ།
卓巧恰	སྒྲོལ་ཆོག་ཇ།
孜钦巴吉奈	རྩེ་ཆེན་པ་སྐྱི་གནས།
孜雪	རྩེ་ཤོད།
宗嘎	རྫོང་དགའ།
尊胜经院	རྣམ་རྒྱལ་གྲྭ་ཚང་།

(三)专有名词汉藏对照

A

阿斋	མ་བྲེལ།
啊哦吁(译音)	ཨ་ཙུ་རྩོ།
哎哇	འེ་ཝམ།
唵萨德(译音)	ཨོ་སྭ་སྟི།
昂巴札仓	སྔགས་པ་གྲྭ་ཚང་།

B

《八波罗密多》	ཕར་ཕྱིན་སྐབས་བརྒྱད།
《白伞盖三面六臂法》	གདུགས་དཀར་ཞལ་གསུམ་ཕྱག་དྲུག་མ།
《白行度母十三明论》	གཟའ་ཡུམ་རིག་བྱེད་མ་དཀར་མོ་ལྷ་བཅུ་གསུམ།
八块黄金	གསེར་རྡོ་བརྒྱད།
白色羊脂玉鼻烟壶	གཡང་ཏི་དཀར་པོའི་སྣ་དམ།
白胜乐经随许	བདེ་མཆོག་དཀར་པོའི་རྗེས་གནང་།
百长	བརྒྱ་དཔོན།
般若佛母	ཡུམ་ཆེན་མོ།
半月形披风	ཀོས་བེར།
邦结总爷(即总兵)	སྤྱང་གཅལ་ཙོང་ཡེ།
宝幢	རྒྱལ་མཚན།
贝勒	པའི་ལི།
笔贴式	སྦྲི།
币子式的牛皮(靴子)	ཀོ་པི་རྩེ།
闭关修行	བཅད་རྒྱ།
遍明之手印	ཀུན་རིག་གི་ཕྱག་རྒྱ།
钹	སྦུག་ཆལ།
博恰	སྦྲོབ་ཆགས།
《布顿佛教史》	བུ་སྟོན་ཆོས་འབྱུང་།

C

《持明三藏》	རིག་པ་འཛིན་པའི་སྡེ་སྣོད།
《慈氏五论》	བྱམས་ཆོས་སྡེ་ལྔ།
参卓僧团	མཚན་སྒྲོག་འདུས་སྡེ།

绰瓦美仔	ཁྲོ་བོ་རྨེ་བརྩེགས།
赤列巴钦波	འཕྲིན་ལས་པ་ཆེན་པོ།
赤仁布切(敬语,全称甘丹赤仁布切)	ཁྲི་རིན་པོ་ཆེ།
充金丝绸	གོས་རྒྱ་འདྲ།
穿黄色叶衣者	ལོ་གྱོན་མ་སེར་མོ།
穿圆头鞋的人	ལྷམ་ཁ་ཟླུམ་ཅན།
传钵者	ལྷུང་བཟེད་འགྲིམ་པ་པོ།
长寿佛及马头明王	ཚེ་རྟ་ཟུང་འབྲེལ།
长寿佛心经	ཚེ་གཟུངས།
《长寿灌顶》	ཚེ་དབང་།
长寿经	ཚེ་དབང་།
长寿洗礼密咒	ཚེ་དབང་བྱབས་ཁྲུས་མན་ངག
长寿闪念灌顶	ཚེ་དབང་བྱབས་ཁྲུས་མན་ངག
长寿甘露河	ཚེ་སྒྲུབ་འཆི་མེད་བདུད་རྩིའི་ཆུ་རྒྱུན།

D

《大白伞回遮》	གདུགས་དཀར་ཟློག་པ།
《大般若》	ཕར་ཕྱིན།
《大乘长净律仪传法》	ཐེག་ཆེན་གསོ་སྦྱོང་གི་སྡོམ་པ་འབོག་ཚུལ།
《大普明》	ཀུན་རིག་ཆེན་མོ།
《大手印释》	ཕྱག་ཆེན་རྩ་འགྲེལ།
《大手印直接传授速成》	ཕྱག་ཆེན་དམར་ཁྲིད་མྱུར་ལམ།
《大威德》	འཇིགས་བྱེད།
《大威德金刚次第大圆满与灌顶法》	འཇིགས་བྱེད་ཀྱི་བསྐྱེད་རྫོགས་དང་དབང་བསྐུར་ཚུལ།

《旦白玛经》	བསྟན་འབར་མ།
《道次第广论》	ལམ་རིམ་ཆེན་མོ།
《道次第偈》	ལམ་རིམ་ཚིག་བཅད་མ།
《道次乐道论》	ལམ་རིམ་བདེ་ལམ།
《地藏十轮经》	སའི་སྙིང་པོ་འཁོར་ལོ་བཅུ་པའི་མདོ།
《顶髻胜乐母三十三灌顶》	གཙུག་ཏོར་རྣམ་རྒྱལ་མ་ལྷ་སུམ་ཅུ་སོ་གསུམ།
《兜率百佛赞》	དགའ་ལྡན་ལྷ་བརྒྱ་མི་ཟློགས་ལུང་།
《兜率上师瑜伽》	དགའ་ལྡན་ལྷ་བརྒྱ་མ།
达本	མདའ་དཔོན།
达布格西	དྭགས་པོ་དགེ་བཤེས།
达仓	སྟག་ཚང་།
达罗叶	ཏ་ལོ་ཡེ།
达钦仁布切	བདག་ཆེན་རིན་པོ་ཆེ།
大白伞	གདུགས་དཀར།
大臣	བློན་པོ།
大规范师	སློབ་དཔོན་ཆེན་པོ།
大金刚手大势至菩萨	ཕྱག་རྡོར་འཁོར་ཆེན།
大纠察僧	དགེ་སྐོས།
大库伦部落	ཀལ་ཁ་ཚོ་པ།
大老爷	ཏཱ་ལོ་ཡེ།
大师派	དོན་གཅོད་པ།
大司膳	གསོལ་དཔོན་ཆེན་མོ།
大司事	འཕྲིན་ལས་པ་ཆེན་པོ།
大厅	ཚོམ་ཆེན།
大王	ཏ་ཝང་།
大威德	འཇིགས་བྱེད །

大威德独雄勇士	འཇིགས་བྱེད་དཔའ་གཅིག
大威德金刚自受灌顶	རྡོ་རྗེ་འཇིགས་བྱེད་བདག་འཇུག
大修行者	གྲུབ་ཆེན།
大掌堂师	དགེ་སྐོས་ཆེན་མོ།
大仲译	དྲུང་ཡིག་ཆེན་པོ།
大咒师	སྔགས་ཆེན།
大卓尼	མགྲོན་ཆེ།
代本	མདའ་དཔོན།
代孜	མདའ་རྩིས།
代本江建(军职)	མདའ་དཔོན་ལྟང་ཅན།
得胜鼓	རྒྱལ་ལྔ།
德朵瓦部落	རྟེལ་རྡོར་བ།
德玛塔机构	བདེ་མ་ཐག་ལས་ཁུངས།
氐宿月(藏历四月)	ས་ག་ཟླ་བ།
地方政府拉章	གཞུང་བླ།
殿律部	འདུལ་བ་སྤྱུག
笃白(熏香)	རྡུ་པེ།
度布果巴	སྤྱུག་པོ་བཀོད་པ།
度灌顶法	དུག་ཕང་།
朵央(仪轨)	རྡོར་དབྱངས།

F

《分辨法》	ལུང་རྣམ་འབྱེད།
《佛法耿达花开之月色》	ཐུབ་བསྟན་ཀུན་ད་བཞད་པའི་ཟླ་འོད།
发菩提心供奉	སེམས་བསྐྱེད་མཆོད་པ།

发新	གཙུག་ཕུད་བཞེས་པ།
法官	ཁྲིམས་དཔོན།
法界语自在文殊	འཇམ་དབྱངས་ཆོས་དབྱིངས་གསུང་གི་དབང་ཕྱུག
法王	ཆོས་རྒྱལ།
法胤	རིགས་ལྡན།
翻译	ཕྲང་སི།
佛胜利了	ལྷ་རྒྱལ་ལོ།
浮签	གདོང་དར།
副裙	སྐུ་ཤམ།

G

《嘎日嘎》	ཀཱ་རི་ཀ
《噶当书》	བཀའ་གདམས་གླེགས་བམ།
《甘丹拉噶玛》	ལྷ་བརྒྱ་མ།
《根本释量论》	རྣམ་འགྲེལ་གྱི་རྩ་བ།
《供养上师无别乐空母》	བླ་མཆོད་བདེ་སྟོང་དབྱེར་མེད་མ།
《皈依发心》	སྐྱབས་འགྲོ་སེམས་བསྐྱེད།
嘎然总管	དགའ་རབ་འདུས་སྤྱི།
噶巴	ཀ་པ།
噶当四佛	བཀའ་གདམས་ལྷ་བཞི།
噶迪	དཀར་ལྡི།
噶伦	བཀའ་བློན།
噶伦赤巴	བཀའ་བློན་ཁྲི་པ།
噶钦	དཀའ་ཆེན།
噶然巴	བཀའ་རམ་པ།

噶系	ཀ་ཤི།
甘露之酒	གསེར་སྐྱེམས།
格顶康萨	དགེ་སྡིངས་ཁང་གསར།
格勒庄严肉身金塔	གསེར་གདུང་དགེ་ལེགས་གཟི་འབར།
格西	དགེ་བཤེས།
葛丹肉身金塔	དགའ་ལྡན་གསེར་གདུང་རིན་པོ་ཆེ།
工头	དབུ་མཛད།
公商	གཞུང་ཚོང་།
公职人员	གཞུང་ཞབས།
宫殿	རྒྱལ་ཁང་།
供品	སྤྱན་གཟིགས།
供养食子	གཞི་བདག་གཏོར་མ།
古加卡	སྐུ་བཅར་ཁ།
管家/聂巴	གཉེར་པ།
管理人员	ཞབས་འབྲིང་ཚོགས་གསོག་པ།
皈依地	སྐྱབས་ཀྱི་ས།
国王	རྒྱལ་པོ།

H

《和合密续》	ཁ་སྦྱོར་གྱི་རྒྱུད།
哈达阿喜瑞	ཨ་ཧེ་རི།
哈相信周	ཞང་སྤྲིན་ཕྲུག
汉式黄陶罐	རྒྱ་ཁྱུག་སྣོད་ཛར་སེར་པོ།
黑色	མིག་སྨན།
候选人	ཚང་སྲིད།

J

继承者	ཤུལ་མི།
加行、正行和结行	སྦྱོར་དངོས་མཇུག་གསུམ།
迦陵频迦	ཀ་ལ་པིང་ཀ
坚赞团波(高耸的经幢)	རྒྱལ་མཚན་མཐོན་པོ།
江巾王	ཅང་ཇུན་ཤང་།
江孜总爷(即江孜总兵)	རྒྱལ་རྩེ་ཙོང་ཡེ།
将军官兵	ཅང་ཇུན་དཔོན་དམག
降格尔六大部落	ཇུན་གར་ཤོག་ཁ་དྲུག
觉派	ཇོ་ལུགས།
轿	ཕེབས་བྱམས།
杰沃(草坪名)	གྱེ་པོ།
戒律堪布	འདུལ་བ་མཁན་པོ།
戒律如意太阳	འདུལ་བ་བདེ་ལེགས་ཉི་མ།
尖赛	སྤྱན་བསལ།
界耶堪布	སྤྱན་ཡས་མཁན་པོ།
金奔巴	གསེར་བུམ།
金蜂	ཧྲུ་མ་ར།
金刚手坛城佛像	ཕྱག་རྡོར་འཁོར་ཆེན།
金刚尾兽	རྡོ་རྗེའི་མཇུག་མ།
金刚语	རྡོར་རྗེའི་བཀའ།
金刚尊胜佛母灌顶	རྣམ་རྒྱལ་མའི་དབང་།
金格勒宝石灵塔	གསེར་གདུང་དགེ་ལེགས་གཟི་འབར།
金瓶掣签	གསེར་བུམ་བཏག་ཞུ།
锦缎	སྐྱིན་ཁབ།

近侍	སྐུ་བཅར།
近侍	ཞབས་གྲས་གཟིམ་འགག
经师	ཡོངས་འཛིན།
旧寺(乃宁寺)佛殿香灯师	གནས་རྙིང་མཆོད་ཁང་པ།
舅父	སྐུ་ཞང་།
居士戒	བསྙེན་རྫོགས་ཀྱི་སྡོམ་པ།
居士戒	དགེ་བསྙེན་གྱི་སྡོམ་པ།
俱喜经栏	ཀུན་དགའ་ར་བ།
《吉祥三净土》	དཔལ་ལྡན་ས་གསུམ་མ།
《简明注疏解脱道》	རྣམ་བཤད་ཐར་ལམ་གསལ་བྱེད།
《解脱祷文》	རྣམ་ཐར་གསོལ་འདེབས།
《戒律劝解》	སྡོམ་གསུམ་བསླབ་བྱ།
《金刚大威德自生》	རྡོ་རྗེ་འཇིགས་བྱེད་ཀྱི་བདག་བསྐྱེད།
《经庄严论》	མདོ་སྡུད་པ།
经师仁布切	ཡོངས་འཛིན་རིན་པོ་ཆེ།

K

喀巴	ཁ་པ།
堪布	མཁན་པོ།
堪布会议厅代表	མི་སྣ་མཁན་པོ།
堪布诺门汗	མཁན་པོ་ནོ་མིན་ཧན།
坎肩	སྐྱིད་འགག
孔玛	གོང་མ།
孔钦	གོང་ཆེན།

L

《喇嘛五十颂》	བླ་མ་ལྔ་བཅུ་པ།
《利乐祈愿》	བདེ་ཆེན་སྨོན་ལམ།
《量理集论》	ཚད་མ་ལུང་རིག
《流转引领英雄战争护具》	འཕོ་འཁྲིད་དཔའ་བོ་གཡུལ་འཇུག་གི་གོ་ཆ།
《论四章》	རྣམ་གྲོལ་གྱི་ཐལ་འཕྲེང་ལེའུ་བཞི།
拉基	བླ་སྤྱི།
拉康巴	ལྷ་ཁང་པ།
拉木护法	ལ་མོ་ཆོས་སྐྱོང་།
拉木护法神	ལྷ་མོ།
拉章	བླ་བྲང་།
拉孜协钦	ལྷ་རྩེ་གཞིས་ཆེན།
喇嘛	བླ་མ།
勒参	ལས་ཚན།
勒参巴/赖才巴	ལས་ཚན་པ།
礼冠	ཅོད་པཎ།
利新哈拉	ལི་ཤྲིན་ཧ་ར།
莲池加持具德戒	པད་ཚལ་ཕྱག་མཛོད་དཔལ་ལྡན་ཚུལ་ཁྲིམས།
联络人粮台长官白伦	སྣེ་ཤན་ཐོགས་དཔོན་དཔལ་ལྷུན།
联络人员	ཤན་པ།
粮台长官	ཐོགས་དཔོན།
林仓商务官	གླིང་ཚོང་དཔོན།
领诵师	དབུ་མཛད།
领诵师当钦巴	གདངས་ཆེན་པ།
六支加行	སྦྱོར་བའི་ཆོས་དྲུག

龙刺	ཀླིན་ཚུལ།
娄宿月	ཐ་སྐར་ཟླ་བ།
鲁朵仪轨	ཀླུ་གཏོར།
绿松	གཡུ།

M

马头明王密修	རྟ་མགྲིན་གསང་སྒྲུབ།
玛尼	མ་ཎི།
嘛呢郭本	མ་ཎི་སྐོར་དཔོན།
曼札	མཎྜལ།
牦牛部	གཡག་སྡེ།
梅梅啦	མེ་མེ་ལགས།
美元	ཨ་སྒོར།
米村	མི་ཚན།
米札	མི་ཏྲ།
密法殿	སྔགས་ཁང་།
密法僧众	སྔགས་གྲྭ།
密集根本续	གསང་འདུས་རྩ་རྒྱུད།
密师	གསང་སྟོན།
密宗事部三怙主	རིགས་གསུམ་མགོན་པོ།
密宗院	རྒྱུད་གྲྭ།
《密集》	གསང་འདུས།
《密集本续》	འདུས་རྩ་རྒྱུད།
《密续胜乐金刚》	བདེ་མཆོག་རྩ་རྒྱུད།
明解脱八德	རིག་གྲོལ་གྱི་ཡོན་ཏན་བརྒྱད།

门幡 སྒོ་པན།
蒙古宾客 སོག་འགྲུལ་ཕོན་ཆེ།

N

那塘加持 ནར་ཐང་བརྒྱ་རྩའི་རྗེ་གནང་།
囊索 ང་གསོ།
内管家 གཟིམ་སྤུག
念诵礼赞 བསྐང་འཕྲིན་བསྟོད་བསྐུལ།
聂仓巴 གཉེར་ཚང་པ།
聂囊 སྙིང་སྙིང་།
牛宿月 གྲོ་བཞིན་ཟླ་བ།
诺门汗 ནོ་མིན་ཧན།

P

《菩提道次第》 ལམ་རིམ་བདེ་ལམ།
《菩提道次第》 ལམ་རིམ་ཆུང་བ།
《菩提道次第广论》 བྱང་ཆུབ་ལམ་རིམ་ཆེན་མོ།
帕巴香庚(白塔) འཕགས་པ་ཤིང་ཀུན།
平郎僧团 ཕུན་གླིང་འདུས་སྡེ།
珀本 ཕོགས་དཔོན།
菩提道次地广论 ལམ་རིམ།

Q

《七十二神灌顶》 ལྷ་བདུན་ཅུ་དོན་གཉིས།
《七支皈依诵》 སྐྱབས་སེམས་ཡན་ལག་བདུན་པ།

祛禳洗礼	བྱབས་ཁྲུས།
却本(司祭)	མཆོད་དཔོན།
强佐	ཕྱག་མཛོད།
《祈请达赖喇嘛永驻世间的祈祷》	རྒྱལ་དབང་མཆོག་གི་ཞབས་བརྟན་གསོལ་འདེབས།
恰藏池塘	ཆབ་རྫིང་།
钱财章朵	ཏམ་རྫོ།
钦差	ཆིན་ཁྲལ།
钦差代表	ཕྲལ་དུ་སྦྱར་ཆེ་ལས་ཚབ་ཆེན་གཞན།
寝宫佛事	གཟིམ་ཆུང་ཞབས་བརྟན།

R

二十九食子之日	དགུ་གཏོར།
二十一度母	སྒྲོལ་མ་ཉི་ཤུ་རྩ་གཅིག
热河总理堪布	ཞེ་ཧོར་ཙོང་ལི་མཁན་པོ།
日措	རི་ཁྲོད།
日朵	ཉིན་གཏོར།
日光殿	ཉི་འོད།
日光奇有齐美德丹	ཉི་འོད་ངོ་མཚར་འཆི་མེད་བདེ་ལྡན་ཕོ་བྲང་།
如来佛之三个舍利	དེ་བཞིན་གཤེགས་པའི་འཕེལ་གདུང་གསུམ།

S

《三敬事》	སྐུ་རིམ་རྣམ་གསུམ།
《三十四本生传》	སྐྱེས་རབས་སོ་བཞིའི་བཤད་ལུང་།
《三姊妹无别法》	ལྕམ་སྲིང་གསུམ་དབྱེར་མེད།

萨迦赤钦	ས་སྐྱ་ཁྲི་ཆེན།
萨迦达钦	ས་སྐྱ་བདག་ཆེན།
萨迦法王昆仲	ས་སྐྱ་བདག་ཆེན་སྐུ་མཆེད།
萨穆札	ས་མུ་དྲ།
三秤银子	ཀྱ་རྫོ་གསུམ།
三律仪	སྡོམ་པ་གསུམ།
三世地道	ས་ལམ་སྐབས་གསུམ།
三所依	ན་གསུམ།
色拉麦	སེ་ར་སྨད།
色拉切	སེ་ར་བྱེས།
森强民久卡	ཕྱིན་ཆེན་མིན་གྱི་ཁ།
僧帽	དབུ་པན།
沙弥戒	དགེ་ཚུལ་གྱི་སྡོམ་པ།
山鵰护法	བཙན་རྒོད།
珊瑚	བྱུར་རུ།
善金刚礼赞	རྡོར་ལེགས་པའི་བསྐང་འཕྲིན།
善说礼赞	ལེགས་བཤད།
《僧徒辨别法》	སློབ་མ་བརྟག་པ།
《上师瑜伽法》	བླ་མའི་རྣལ་འབྱོར།
《摄类学》	བསྡུས་གྲྭ།
《生圆次第之缘境》	བསྐྱེད་རྫོགས་ཀྱི་རིམ་པའི་སྨྲུན་དམིགས།
《胜乐本续》	བདེ་མཆོག་རྩ་རྒྱུད།
《胜乐六转法轮》	བདེ་མཆོག་འཁོར་ལོ་བསྒྱུར་དྲུག
《狮面佛母禳解法》	སེང་གདོང་མའི་བཟློག་སྒྱུར།
《时轮根本续》	དུས་འཁོར་རྩ་རྒྱུད།
《时轮金刚仪轨海会》	དུས་འཁོར་གྱི་ཆོ་ག་ཡོངས་རྫོགས།

《释量论》	རྣམ་འགྲེལ།
《释量论》	རྣམ་འགྲེལ་གྱི་ཐལ་འཕྲེང་།
《疏要庄严论》	རྣམ་བཤད་ཐར་ལམ།
《斯林玛》	ཟངས་གླིང་མ།
《所缘度母悲心经》	དམིགས་བརྩེ་མ།
上师颂	བླ་མ་མཆོད།
上师瑜伽坛城	བླ་མའི་རྣལ་འབྱོར་ཚོགས་འཁོར།
设灶郊迎	
摄政	རྒྱལ་ཚབ།
摄政	སྲིད་སྐྱོང་།
身言意佛像、佛经及佛塔	སྐུ་གསུང་ཐུགས་རྟེན།
神鼓管家	ལྷ་རྔ་གཉེར་པ།
圣物	རྟེན་ཆས།
胜乐	ཧེ་རུ་ཀ
施主	ཆོས་བདག
十六罗汉	འཕགས་པའི་གནས་བརྟན་བཅུ་དྲུག
十胜地佛殿	གནས་བཅུ་ལྷ་ཁང་།
十一面(观音)灌顶	བཅུ་གཅིག་ཞལ་གྱི་དབང་།
石雨	རྡོ་ཆར།
时轮金刚的全部仪轨	དུས་འཁོར་གྱི་ཆོ་ག་ཡོངས་རྫོགས།
时轮俱生	དུས་འཁོར་ལྷན་སྐྱེས།
食子	གཏོར་མ།
使者	མི་སྣ།
侍从	ཕེབས་བསྒྲུ
侍从	ཞབས་འདྲུག་པ།
侍寝官	ཞབས་འདྲུག་པ།

侍寝官	གཟིམ་དཔོན་ཟུར་ཁང་།
司膳大喇嘛	གསོལ་དཔོན་ཏཱ་བླ་མ།
释量论第四章	རྣམ་འགྲེལ་གྱི་ཐལ་འཕྲེང་ལེའུ་བཞི།
书法家	བྲིས་པ།
叔父	ཀུ་བོ།
舒爷	ཤོ་ཡེ།
双运	ཟུང་འཇུག
司膳官	གསོལ་དཔོན།
四部落	རྒྱལ་ཁག་བཞི།
四部落人员	རྒྱལ་ཁག་བཞིའི་མི་སྣ།
四个夏孜	ཤར་རྩེ་བཞི།
四侍卫	གཟིམ་འགག་པ།
伺服人员	གཞུང་གར་པ།
所依和能依	རྟེན་དང་བརྟེན་པ།
索康巴西总管	བཟོ་ཁང་པ་སྤྱི་འདུས།
索森	གསོལ་གཟིམ།
索石	སྤྲབ་རྡོ།

T

唐徐帽	ཐང་ཞུ།
天封圣王	གནམ་བསྐོས་གོང་མ་ཆེན་པོ།
天冠	ཕྲུག་ཞུ།
天龙八部	ལྷ་སྲིན་སྡེ་བརྒྱད།
推桑林仲钦	ཐོས་གླིང་དྲུང་ཆེན།
驮	ཁལ།

W

《文殊法十三经》	འཇམ་དབྱངས་ཆོས་སྐོར་ལྔ་བཅུ་གསུམ།
《文殊师利一百零八名梵赞》	འཇམ་དཔལ་མཚན་བརྗོད།
《文殊真实名录》	འཇམ་དཔལ་མཚན་བརྗོད།
外蒙国高级法官	ཕྱིའི་སོག་པོའི་ཁྲིམས་གྲྭའི་བློན་པོ།
王子装	རྒྱ་ལུ་ཆས།
维那	དབུ་མཛད།
卫藏各大部族司长	དབུས་གཙང་ཚོ་ཆེན།
闻思院	ཐོས་གླིང་།
乌班	དབུ་པན།
乌秋木旗	ཇུ་མུ་ཕྱིན།
乌辛贝色部落	ཨུ་ཤིང་པའི་སེ།
吾盖(学院)	དབུ་སྐེར།
吾雅	དབུ་རྒྱབ།
五彩阿喜哈达供	སྣན་ཤལ་སྣ་ལྔ།
五个汉式马蹄银	རྒྱ་ཏ་ལྔ།
五样千灯供	སྣ་ལྔའི་སྟོང་མཆོད།
五浊横流时代	སྙིགས་དུས།

X

《喜宴散文集》	གསུང་གི་དགའ་སྟོན་ལྷུག་པ།
《现观庄严论》	མངོན་རྟོགས་རྒྱན།
《香巴拉行愿品》	ཤམ་བྷ་ལའི་སྨོན་ཚིག
《香巴拉行愿品释》	ཤམ་བྷ་ལའི་སྨོན་ལམ་གྱི་འགྲེལ་པ།
《香巴拉祈愿经》	ཤམ་བྷ་ལའི་སྨོན་ལམ།

《小次第道》	ལམ་རིམ་ཆུང་བ།
《小支咖》	ཏི་ཀ་ཆུང་།
《心经回遮》	ཤེར་སྙིང་ཟློག་པ།
《修法海会》	སྒྲུབ་ཐབས་རྒྱ་མཚོ།
《修心七支论心髓》	བློ་སྦྱོང་དོན་བདུན་མའི་སྙིང་པོ།
《旭日初升》	ཉི་གཞོན་འཆར་ཀ་མ།

Y

《依上师》	བཟུང་བླ་མ།
《迎请七支》	སྤྱན་འདྲེན་ཡན་ལག་བདུན་པ།
雅麻苒哑	ཡ་མ་ནྟ་ཛ།
亚酷奇	ཧུར་ཁོ་ཆེ།
阎罗天地运转的坛城画法	ཤིན་རྗེའི་ས་འཁོར་གནམ་འཁོར།
羊脂彩云瓷器	ཡང་ཏི་སྤྲིན་རིས་ཀྱི་ཡོལ་གོ
耶仁	ཡབ་རིང་།
业师	ལས་སློབ།
业四支	ལས་བཞིའི་འཕྲིན་ལས།
伊利利众宝殿	ཡི་ལི་ཀུན་བདེ་གླིང་།
一钱金	གསེར་ཞོ།
一尺一肘一扎	འདོམ་གང་ཁྲུ་གང་མཐོ་གང་།
伊齐	འིལ་ཆེ།
依怙尊礼赞	མགོན་པོའི་བསྟོད་པ།
依止上师	བླ་མ་བསྟེན་པ།
益噶颇章	ཡིད་དགའ་ཕོ་བྲང་།
银制曼陀坛城	དངུལ་གྱི་མན་ཌལ།

有第银制经轮	རིན་ཆེན་གཉིས་ས་པའི་འཁོར་ལོ།
右翼	གཡས་རུ།
遇厄	སྐུ་གེགས།

Z

《中观分类解脱道广解》	རྣམ་བཤད་ཐར་ལམ་གསལ་བཤད།
《庄严释量论》	ཚད་མ་རིགས་རྒྱན།
藏币	ཏམ།
孜仲	རྩེ་དྲུང་།
赞波康村	གཙན་པོ་ཁམས་ཚན།
札仓	གྲྭ་ཚང་།
札萨克	ཇོ་སག
札萨克王部	ཇོ་སག་ཐུ་རྒྱལ་པོའི་ཤོག
斋僧茶	མང་ཇ།
瞻巴拉五神	ཛམ་བྷ་ལ་ལྔ་ལྷ།
战神	དགྲ་ལྷ།
哲蚌大格西	འབྲས་སྤུང་དགེ་བཤེས་ཆེན་པོ།
哲蚌大会	འབྲས་སྤུང་ཚོགས་ཆེན།
真言酥油	སྔགས་མར།
正屋	དཀྱིལ་ཁང་།
知宾/卓尼/礼宾/司宾	མགྲོན་གཉེར།
知时者	དུས་གོ་བ།
执事人员	ཀླ་མ་ལས་སྣེ།
侄女	སྐུ་ཚ་མོ།
仲科	དྲུང་འཁོར།

仲聂曲仔	མགྲོན་གཉེར་ཚོས་བཞད།
仲札	དྲུང་གྲས།
仲孜巴	འབྲོང་རྩེ་བ།
众堪布	མཁན་སྤོ།
咒室	སྔགས་ཁང་།
咒师	སྔགས་པ།
朱杰法系	གྲུབ་རྒྱལ་ལུགས།
珠杰教派	གྲུབ་རྒྱལ་ལུགས།
珠匝字体	འབྲུ་ཚོ།
驻藏大臣	ཨམ་བན།
追随者	རྗེས་འཇུག་པ།
卓仲	མགྲོན་དྲུང་།
孜俄玛波护法神	ཙིའུ་དམར་པོ།
孜恰	རྩེ་ཕྱུག
孜雪	རྩེ་ཤོད།
自受灌顶	བདག་འཇུག
总爷	ཙོང་ཡེ།
走上善趣之境	མཐོ་རིས་དང་ཐར་པའི་ལམ།
祖父	སྤུའི་མེས་པོ།
尊胜佛母之灌顶	རྣམ་རྒྱལ་མའི་དབང་ཆེན།

后记

藏族是个富有史学传统的民族，流传至今的藏文史籍不仅卷帙浩繁，在我国的民族古籍中占领先地位，而且门类齐全、体裁各异，各种类别的文献相辅相成、相得益彰。藏文史籍是一个宝库，挖掘越深，收获越大。它是藏族文化遗产的一个重要组成部分，也是中华民族的一笔宝贵财富。我们必须重视它、研究它、将它广泛地应用于对藏族史、整个中国历史和世界地区史的研究中去，让这笔宝贵的财富造福于今天的藏学研究。只有这样，我们才能昭彰和光大藏族优秀的史学传统，并使这种优秀传统继续下去。近年来，随着大量藏文文献被运用于藏学研究的许多领域，人们对它的价值和意义的认识得到了不断的提高。藏文史籍不仅为研究藏族社会的政治、经济、社会、军事、宗教、文化等方面提供了珍贵的资料，而且也填补了中国历史以及藏学研究领域的一些空白。藏文史料是藏学的研究基础，对藏文史籍的发掘和利用，既是藏学研究发展的迫切要求，也是我们从事藏学研究者义不容辞的职责。将藏文史籍整理、翻译、提供给研究者和读者，对我们懂藏文的人来说不仅是一项责任，而且也是一项很有意义的工作。从事藏学教学和研究的四十多年来，我对藏文文献和藏族历史文化等方面进行过深入的研究，先后独自及与他人翻译了藏文典籍《贤者喜宴——吐蕃史》《红史》《萨迦世系史》《藏族古代法典译释考》《贤者喜宴——噶玛岗仓史》等八部著作，并撰写出版了《西藏社会可持续发展研究》《藏族教育新论》《藏族宗教与文化》《雍和宫修学与教育体系研究》等著作二十多部，撰写发表了《北京雍和宫御制

“喇嘛说”碑文校录考诠》等论文一百三十余篇。主持学校重大研究项目 1 项、一般研究项目 6 项；北京市雍和宫研究项目 1 项；国家教育部重大研究项目 1 项；国家民族事务委员会研究项目 2 项；国务院侨办研究项目 1 项；国家社科基金 3 项(以上所有项目全部已经结项，其中一项社科基金项目结项为优秀)；今年申报的《古代藏族寺院法规搜集、译注与研究》，又获得国家社科基金重点项目。

译注藏文《七世班禅额尔德尼 · 旦白尼玛传》最初是西藏社会科学院副院长仲布 · 次仁多杰研究员将这一任务交给我，当时我正在翻译社科基金的项目即著名的藏族历史学家巴卧 · 祖拉陈瓦先生著的《贤者喜宴——噶玛岗仓史》，再加上繁重的教学任务，真是没有时间来完成这一任务。但仲布 · 次仁多杰副院长和普琼副社长特地从拉萨到北京亲自向我介绍了这一任务是西藏社会科学院的重大项目及其重要性，故我也就只好接受了这一任务。在任务进行的当中，仲布 · 次仁多杰副院长和普琼副社长多次到北京了解翻译的进度及有关问题，并给予了许多关心和帮助。但在 2015 年 6 月底，当我听到仲布 · 次仁多吉副院长去世的噩耗时，真是不敢相信自己的耳朵，更不愿相信仲布 · 次仁多杰先生(去世时只有 51 岁)就这样匆匆离开大家，驾鹤归仙！今天在即将出版汉文《历代班禅额尔德尼传》之际，我特表示对仲布 · 次仁多吉副院长的悼念。此外，还要感谢西藏社会科学院的保罗副院长和普琼副社长对此项目的重视和真诚的关照。另外需要说明的是附录中“七世班禅额尔德尼 · 罗桑旦白尼玛年谱”参照了马连龙先生为七世班禅额尔德尼撰写的年谱；“人名、地名、专有名词汉藏词汇对照表”由中国藏学出版社的徐华兰博士协助编撰；西藏社会主义学院的顿拉先生为《七世班禅额尔德尼 · 旦白尼玛传》进行了认真的校对和编辑，对于他们付出的辛勤劳动表示衷心感谢！无论如何，藏文翻译是一项既无比重要,又勉为其难的事业。不过,毋庸讳言的是,由于我们受到了藏文水平与学术功力的限制,《七世班禅额尔德尼·旦白尼玛传》这个译本必定会有一些错误,祈请各位方家指正,有待再版时修正。

古人云,“活到老,学到老”。在社会生活节奏加快,知识激增的当代,作为以“传道、授业、解惑”为己任的教师,需要抓住各种学习的机会,不断充实自己的知识,提高自己的素养,促进自己的专业发展。通过翻译藏文史籍让我觉得,翻译是一种幸福,一种乐趣,更是一种享受。同时在翻译藏文史籍之时,不禁有了感触,有了共鸣,藏学的内容丰富多彩、博大精深,在我有生之年要尽情享受藏学教学与研究的美好时光,为藏学事业奉献自己的全部力量。

周润年

2017 年 11 月 28 日于北京